U0549238

本研究得到国家重点研发计划"新能源汽车运行安全性能检验技术与装备研究"（No.2020YFB1600600）、国家市场监督管理总局技术保障专项项目"数据驱动的新能源汽车事故缺陷快速辨识与大数据监管机制研究"（No.2020YJ045）和中国标准化研究院院长基金项目"动力电池热失控缺陷分析与火灾深度调查技术研究"（No.282020Y-7510）的支持。

汽车大数据应用研究报告（2021）

新能源汽车安全篇

APPLICATION RESEARCH REPORT BASED ON
AUTO BIG DATA
（2021）
New Energy Vehicle Safety

国际欧亚科学院中国科学中心
中国汽车工程研究院股份有限公司
国家市场监管技术创新中心
（新能源汽车数字监管技术及应用）
汽车大数据应用联合研究中心
主 编

社会科学文献出版社
SOCIAL SCIENCES ACADEMIC PRESS (CHINA)

编委会

顾问

张景安　国际欧亚科学院中国科学中心 / 原科学技术部
巫小波　中国标准化研究院
李开国　中国汽车工程研究院股份有限公司

编委会主任

吴　锋　国际欧亚科学院中国科学中心 / 中国工程院
王　琰　国家市场监督管理总局缺陷产品管理中心
万鑫铭　中国汽车工程研究院股份有限公司

编委会副主任

肖凌云　国家市场监督管理总局缺陷产品管理中心
杨世春　北京航空航天大学
姜久春　北京理工大学

编委会成员（以姓氏笔画为序）

任　毅　国家市场监督管理总局缺陷产品管理中心
刘　琳　奇瑞新能源汽车股份有限公司
李　阳　新能源汽车国家大数据联盟
李　政　国家计算机网络与信息安全管理中心

李书恒	南京领行科技股份有限公司
李宗华	重庆长安新能源汽车科技有限公司
吴高林	国网重庆市电力公司营销服务中心
汪　伟	中车时代电动汽车股份有限公司
张成林	重庆力帆乘用车有限公司
陆　滨	比亚迪汽车工业有限公司
夏顺礼	安徽江淮汽车集团股份有限公司
徐兴无	合肥国轩高科动力能源有限公司
黄沛丰	湖南大学
董红磊	国家市场监督管理总局缺陷产品管理中心
韩守亮	郑州宇通客车股份有限公司
韩雪冰	清华大学
潘博存	特来电新能源有限公司
戴大力	浙江合众新能源汽车有限公司
魏　凤	重庆中交通信信息技术有限公司

主　编　抄佩佩　肖凌云

副主编　张怒涛　王　澎　董红磊　程端前　高金燕

编写组成员（以姓氏笔画为序）

万毓森	马明泽	王　宁	王　辉	王　毅	王　澎
王天浩	王贤军	王震坡	车云弘	邓　迟	邓忠伟
卢兰光	申任远	付建勤	白　琴	冯仁浪	冯丹丹
冯旭宁	邢云翔	曲昌辉	刘　川	刘　鹏	刘明岩
刘首彤	孙俊帆	抄佩佩	严中红	李　阳	李　哲
李　路	李君临	李宗华	杨　强	杨世春	吴　刚

吴志强　张　亮　张　敏　张玉兰　张怒涛　张照生
张馨予　陈　勇　陈雨晴　陈轶嵩　欧　阳　欧阳明高
罗　耿　罗少华　周　頔　周思达　周新岸　郑文斌
郑岳久　屈曦颂　赵亚涛　赵智超　胡广方　胡钦高
胡晓松　姜　研　姜久春　贺彦赟　夏顺礼　钱　丽
高金燕　高梓豪　陶俊龙　黄　磊　黄沛丰　曹耀光
盛　桥　韩光辉　韩雪冰　程　登　程阳阳　程悦洋
程端前　谢燕芳　翟　钧　黎　飞

主编单位介绍

国际欧亚科学院中国科学中心，简称"欧亚科学院（中国）"，于1996年12月经国家科委批准由国际欧亚科学院内的中国院士组成。欧亚科学院（中国）的总部——国际欧亚科学院，隶属于联合国教科文组织，是由世界各国著名科学家、技术专家、文化活动家组成的科学团体，其目标是通过联合各国科学家、艺术家的创新能力，探索在社会生活的社会经济、精神道德领域可持续发展的路径，解决由工业文明带来的全球问题。欧亚科学院（中国）则强调以国际欧亚科学院中国院士为纽带，围绕我国社会经济发展的需求，发挥自然科学、社会科学交叉融合以及科学、技术与工程有机结合的综合优势，促进社会经济和科技事业的发展，为提升我国创新能力作出应有的贡献。未来，欧亚科学院（中国）还将积极举办和参与更多高层次科技活动，在国内外开展多领域、跨学科、高水平、创新强的学术交流，充分发挥雄厚的院士专家智库引领作用，继续助力"一带一路"国家科技创新发展，为中华民族的伟大复兴贡献力量。

中国汽车工程研究院股份有限公司（以下简称"中国汽研"）始建于1965年3月，原名重庆重型汽车研究所，系国家一类科研院所，于2012年在上海证券交易所正式挂牌上市，是中国通用技术（集团）控股有限责任公司控股子公司。中国汽研拥有较强的汽车技术研发能力、一流的试验设备和较高的行业知名度，以建设成为我国汽车产业的科技创新平台和公共技术服务平台，发展成为国际一流、国内领先的汽车工程技术应用服务商和高科技产品集成供应商为目标，为我国汽车产业的持续健康发展发挥应有的技术支撑作用和科技引领作用。多年以来，中国汽研依托自身的技术优势与数据的沉淀，致力于汽车领域的大数据研究，创立了安全指数、智能指数、健康指数、驾乘指数、新能源评价规程、商用车评价规程、数据应用中心、新能源汽车数据西南中心等，形成了中国汽研独有的数据产品。

国家市场监管技术创新中心（新能源汽车数字监管技术及应用），是以中国汽研为牵头单位，联合北京航空航天大学、宁德时代新能源科技股份有限公司和重庆市质量和标准化研究院组成的国内新能源汽车数字监管技术创新联合体，是以协同创新等方式开展技术研究、推动科技成果转化、提供技术服务、聚集和培养优秀科技人才、开展技术交流与合作的创新平台。联合体前期已在新能源汽车事故调查、风险预警、缺陷分析、召回评估和数字监管等技术领域积累了丰富的监管服务经验，有效地支撑了国家市场监管总局对新能源汽车的缺陷调查和召回监管工作。未来将基于贯彻科技创新的总体要求，进一步做好新能源汽车数字监管支撑工作，落实国家科技创新重大战略任务部署，加强核心技术攻关，为行业提供技术创新与成果转化服务，提升新能源汽车数字监管领域的自主创新能力与核心竞争力。

汽车大数据应用联合研究中心是由中国汽车工程研究院股份有限公司联合有关部委支撑机构、汽车制造商、零部件供应商、互联网应用服务商、大数据应用服务商、科研机构、相关社团组织、高校等自愿组成的全国性、联合性的研究平台。联合研究中心的主要成员单位为国家互联网应急救援中心、中交通信、北京理工大学、清华大学、北京航空航天大学、北京交通大学、比亚迪、长安新能源、北汽新能源、奇瑞新能源、江淮汽车、力帆乘用车、合众新能源、宇通客车、中车电动、普瑞赛思、宁德时代、国轩高科、特来电、星星充电、国网重庆、东风出行、T3出行、联通等。

序

以习近平同志为核心的党中央高度重视发展新能源汽车产业，党的十九届五中全会做出了"加快壮大新能源汽车产业"的战略部署，中央经济工作会议提出了"做好碳达峰碳中和工作，大力发展新能源"的重点要求，国务院办公厅印发了《新能源汽车产业发展规划（2021—2035年）》，党中央、国务院的一系列重要决策部署，有力推动了我国新能源汽车产业持续发展壮大和实现全球引领，卓有成效地引导了我国汽车产业向电动化、智能化、网联化的"新三化"转型升级。数据表明，截至2021年6月，全国新能源汽车保有量已达603万辆，位居全球第一，2021年1~8月我国新能源汽车销量占比已超过10%，距离"2025年新能源汽车应占新车销售占比20%"的既定战略目标渐行渐近。

在此背景下，频频发生的安全问题已成为限制新能源汽车进一步发展的主要瓶颈。2019年，我国公开报道新能源汽车火灾事故90余起，2020年该数字增至120余起。2021年上半年，市场监管部门督促企业召回新能源缺陷汽车128.38万辆。新能源汽车起火事故激增及质量问题频发，严重威胁消费者生命财产安全，侵犯其合法权益。大幅降低新能源汽车火灾事故概率、全面提升新能源汽车产品质量的重要性和迫切性日益凸显，已成为保障我国新能源汽车产业高质量发展的重大又紧迫的任务。

  与此同时，新能源汽车与大数据跨界融合趋势不断加强，新能源汽车产业数据体系已从单纯数据积累阶段进入数字化跨界融合发展新阶段，大数据正从研发、生产、应用等各个环节全面推动汽车产业价值链提升，构建数据驱动的新能源汽车产业发展新生态。而依托新能源汽车大数据基础和相关数据应用技术，有效改善新能源汽车产品安全表现、切实提升产品质量水平，既是实现新能源产业高质量发展的重要手段，更是协同推动我国汽车产业转型升级的必然方向。

  因此，充分整合行业跨界资源，围绕新能源汽车与大数据融合开展专题研究，形成重要研究成果并指导产业科学发展，不仅十分必要，而且意义重大。在政府主管部门指导下，2019年中国汽车工程研究院股份有限公司联合科研机构、整车及零部件企业、高校、通信及互联网企业、出行公司等共同发起了聚焦汽车大数据研究和应用的联合性行业组织——汽车大数据应用联合研究中心。该中心充分整合新能源汽车相关的行业优质资源，于2020年10月编制出版《汽车大数据应用研究报告（2020）：新能源汽车安全篇》（以下简称：报告），全面梳理我国新能源汽车全产业链安全现状，研判未来发展趋势，探索符合中国国情的整体解决方案，并对利用大数据技术赋予汽车安全发展的全新意义进行了重要阐述。报告一经发布，在业内迅速引起了广泛关注和强烈反响。

  2021年，在国家市场监管总局缺陷产品管理中心支持下，汽车大数据应用联合研究中心于年初启动了《汽车大数据应用研究报告（2021）：新能源汽车安全篇》的编撰，本次报告继续围绕新能源汽车安全主题开展研究，进一步聚焦新能源汽车动力电池、车机、驾驶行为、车辆画像等安全相关的重要环节，并基于最新研究成果，向行业输出以大数据为基础的新能源汽车安全研究前沿技术和最新趋势，努力持续为新能源汽车产业高质量发展赋能。

希望本报告为相关单位提供研究参考，也希望本报告能为促进我国新能源汽车安全质量水平提升贡献力量，更期待有更多专家学者参与后续研究工作，共同为我国新能源汽车产业高质量发展开拓道路和前景。

国际欧亚科学院中国科学中心主席
第九届、第十届全国人大常委会副委员长

目 录
CONTENTS

Ⅰ 总报告　　　001

安全定义汽车　　　张怒涛　王　澎　高金燕　张馨予 / 001

Ⅱ 政策研究　　　023

新能源汽车年检政策体系研究　　　陈轶嵩　邢云翔　罗　耿 / 023

Ⅲ 电池安全研究篇　　　045

基于大数据分析的动力电池全生命周期设计与应用
　　　杨世春　刘明岩　周新岸　周思达　曹耀光 / 045
基于大数据的新能源汽车动力电池系统诊断与评估
　　　程阳阳　韩雪冰　郑岳久　冯旭宁　卢兰光　欧阳明高 / 067
基于特征工程的电池健康状态评价
　　　车云弘　邓忠伟　李　阳　胡晓松 / 085
基于电压不一致性偏离与离群分析的动力电池组安全风险评估
　　　黄沛丰　刘首彤　抄佩佩　冯仁浪　贺彦赟　刘　川　胡广方 / 127
新能源汽车电池健康度预测研究和应用
　　　张　亮　黎　飞　程　登　谢燕芳 / 153
锂离子电池系统故障诊断方法研究　　　姜　研　姜久春 / 183
基于多维度耦合的动力电池安全大数据监控
　　　夏顺礼　吴　刚　王　辉　杨　强　程悦洋 / 221
大数据技术在动力电池异常监控中的应用
　　　李宗华　翟　钧　王贤军　万毓森　马明泽　陈　勇　张　敏 / 233

IV 安全预警篇 257

大数据驱动的新能源汽车多维度安全预警建模方法研究

程端前　严中红　张玉兰 / 257

基于一致性的新能源汽车安全预警研究方法

王震坡　刘　鹏　张照生　曲昌辉　钱　丽　吴志强 / 275

V 数据安全篇 307

新能源汽车数据安全风险分析　　　　　　　　申任远　黄　磊 / 307

基于车辆运行数据的纯电动汽车用户驾驶风格识别与驾驶能耗分析

王　宁　王天浩　李君临 / 323

VI 综合应用篇 353

基于大数据的新能源客车安全技术研究与应用

赵亚涛　韩光辉　陈雨晴　冯丹丹　盛　桥　孙俊帆 / 353

工况适应性研究报告

——某串联式混动 HEV 车型

李　哲　欧阳　王　毅　白　琴　高梓豪　陶俊龙　罗少华 / 387

基于大数据技术的电动汽车充电过程安全保护策略

周　顿　邓　迟　郑文斌　屈曦颂 / 447

基于新能源汽车环境适应性的整车能量流测试研究报告

赵智超　欧阳　李　路　王　毅　付建勤 / 469

总报告 | **安全定义汽车**

◎张怒涛 王 澎 高金燕 张馨予[*]

[*] 张怒涛,中国汽车工程研究院股份有限公司数据中心副主任;王澎,中国汽车工程研究院股份有限公司数据中心副主任;高金燕,中国汽车工程研究院股份有限公司应用场景科科长;张馨予,中国汽车工程研究院股份有限公司产品经理。

摘　要：安全是新能源汽车产业发展的命门。本文首先结合我国新能源汽车产业背景及未来走向，从发布的政策、车辆安全风险及安全技术等方面系统地对新能源汽车安全技术发展进行了梳理。其次，从汽车安全理念到车辆信息安全全方位地介绍了车辆安全的重要性，并提出了大数据平台在汽车安全领域发挥的作用以及从汽车安全大数据平台里衍生的应用服务。最后对新能源汽车安全技术、数据与安全相结合的发展进行了总结和展望。

关键词：汽车安全　动力电池　大数据　信息安全

一 引言

在能源问题和环境问题不断加剧的今天,全球各个国家都在发展新能源汽车以替代传统的燃油汽车。我国是一个汽车生产和销售大国,发展新能源汽车已经是落实国家减排、发展低碳经济要求的重要战略。各个车企都制定了全新的发展路线,相继出台新能源车替代传统燃油车的企业计划。但随着新能源汽车投入使用的场景越来越多,新能源汽车安全问题也逐步凸显。新能源汽车安全主要集中在电池安全和系统安全等方面,作为新能源汽车安全的核心,动力电池的安全技术一直受到政府和车企的重视。在政策层面,政府不断加大在新能源汽车安全方面的支持力度,在国家原有汽车行业政策标准的基础上,结合电动汽车市场形势和生产管理制度,制定了适用于电动汽车的相关政策,这些政策能进一步提高和优化对电动汽车整车和动力电池相关产品的安全技术要求。在企业层面,汽车安全问题一直是各个车企关注的焦点,车企一直不断地对新的技术路线和产品进行探索和尝试,不断提高新能源汽车用车安全水平。中国新能源汽车产业的快速发展,必将推进包括动力电池在内的相关产业飞速发展。安全作为新能源汽车产业的首要问题,也将成为未来推动新能源汽车行业发展的重要动力。

二 汽车安全新定义

(一)汽车安全仍是全社会高度关注的问题

近年来,随着汽车保有量的提升,以及人口加速向大中城市集中,汽车交通事故发生数等指标呈现震荡向上的趋势。据中国汽研统计分析,2019年我国交通事故死亡人数5.3万人,直接经济损失达13.5亿元,2009~2018年中国汽车交通事故统计数据如图1所示。汽车交通安全总体形势依然严峻,汽车和交通安全依然是全社会最关注的问题。保"安全"、促"交通"始终是道路交通管理的重要目标。

图 1　2009~2018 年中国汽车交通事故发生数 / 受伤人数 / 死亡人数统计

年份	汽车交通事故死亡人数（人）	汽车交通事故发生数（起）	汽车交通事故受伤人数（人）
2009	47896	158210	178545
2010	46878	148367	167897
2011	46100	145338	159195
2012	44679	142995	152478
2013	42927	138113	143672
2014	42847	136386	141718
2015	42388	129155	132925
2016	45990	145820	149433
2017	46817	139180	139412
2018	46161	166906	169046

资料来源：公开资料整理。

（二）安全始终是产业发展第一要务

党中央、国务院历来高度重视安全问题，陆续作出一系列重大决策部署，从政策、标准等多个路径不断强化安全重要性，以安全力保发展。相关重大决策部署中，多处涉及汽车领域，安全已上升为汽车产业转型升级发展的重大主题。

政府在不同时段都出台了汽车安全相关政策（见表1）。2020 年 11 月，国务院办公厅印发《新能源汽车产业发展规划（2021~2035 年）》，全文共计 29 处提及"安全"问题。2020 年 5 月上旬，《电动汽车用动力蓄电池安全要求》《电动汽车安全要求》《电动客车安全要求》三项强制性国家标准正式发布，并且这些标准已于 2021 年 1 月 1 日正式实施。这些政策重点强调了新能源汽车动力电池的安全问题，将汽车生产、管理制度规范化，进一步提高汽车安全技术。

（三）汽车安全面临新问题和新挑战

伴随汽车产业的迅速发展，汽车行业技术发展已进入"摩尔定律"时代，汽车安全面临众多新问题和新挑战。高级自动驾驶、OTA 升级、新型电池材料、高精度地图、线控底盘、芯片及算法等都对汽车安全提出了新的难题。这不仅要求车辆自身形成从架构到节点层、传输层等纵深防御体系，还需要从车联网、云控平台以及交通系统的角度考虑。新型技术在发展的同时，还要求考验其安全验证能力、验证速度以及标准法规适应性。

表1 国家在不同时段发布的汽车安全相关政策

时间	发布的政策
2011年4月	全国人大常委会修订《中华人民共和国道路交通安全法》
2012年7月	国务院《关于加强道路交通安全工作的意见》
2015年9月	工信部《关于开展节能与新能源汽车推广应用安全隐患排查治理工作的通知》
2016年12月	中共中央、国务院《关于推进安全生产领域改革发展的意见》
2017年1月	国务院办公厅《关于印发〈安全生产"十三五"规划〉的通知》
2017年4月	工信部、国家发改委、科技部联合印发《汽车产业中长期发展规划》，全文23处提及"安全"
2017年6月	全国人大常委会通过《中华人民共和国网络安全法》
2017年9月	发布国家强制性标准《机动车运行安全技术条件》(GB7258-2017)
2018年1月	中共中央办公厅 国务院办公厅印发《关于推进城市安全发展的意见》
2019年10月	国家市场监管总局《关于进一步规范新能源汽车事故报告的补充通知》
2020年5月	国家市场监管总局、国家标准化管理委员会批准发布三项强制性国家标准《电动汽车安全要求》(GB18384-2020)、《电动客车安全要求》(GB38032-2020)和《电动汽车用动力蓄电池安全要求》(GB38031-2020)

另外，新型攻击汽车手段层出不穷。2020年以来，仅针对车联网的相关恶意攻击就高达280余万次。汽车信息安全目前面临众多风险，包括不安全的云端接口、未经授权的访问、系统存在的后门、不安全的车载通信、车载网络未做安全隔离等。车载信息安全涉及成千上万人的生命安全，一旦发生事故，危

害更加严峻。

再者,汽车数据成为安全核心要素,大数据已贯穿汽车全产业链,同时,数据与安全紧密相关,这些数据在带给行业便利的同时,也易引发连锁问题。

为此,车辆安全防护已成为系统性工程,涉及产业上中下游,横跨多个领域。融入交通安全大体系,需要从车端、移动终端、通信管端、云端等多个方面布局安全需求,促进车联网产业的健康发展,提升车联网网络安全防护水平。

三 汽车安全发展新趋势

(一)汽车安全新理念

1. 汽车安全 3.0 阶段

汽车安全的发展可以主要分为三个阶段,即起初的安全融入汽车阶段,发展中的安全界定汽车阶段,以及当前的发展新阶段——安全定义汽车阶段(见表2)。

由于当前汽车产品正从单一交通工具逐步向智能移动空间转型,车辆必须满足主被动安全、信息安全、通信安全等一系列要求。安全已从汽车的一项基本属性,逐步上升为汽车开发的前提条件和交通应用的准入条件,安全定义汽车成为新热点及新趋势。

表2 汽车安全发展三阶段

阶段	事件
安全融入汽车(1.0阶段)	1959年,汽车首次引入安全理念。奔驰W111汽车史上首次正面碰撞硬质壁障
安全界定汽车(2.0阶段)	1978年,汽车安全进入等级划分时代。美国交通安全管理局(NHTSA)创立全球首个新车评价规程(NCAP)
安全定义汽车(3.0阶段)	2017年,汽车安全将成为未来应用的必备前提,从车辆安全延伸到人身安全、财产安全、信息安全及隐私安全等。OmniAir Consortium宣布正式推出全球首个V2X设备认证项目

2.汽车全新安全体系

汽车安全体系已从传统的以碰撞结构为代表的"小安全",演化至包含新平台(电动车)、新技术(主动安全+功能安全)、新交互(信息安全及OTA)、新场景(数字化道路交通)等的全新"大安全"汽车安全体系。新体系以数据为纽带,贯穿整体,具体可以划分为信息交互、整车技术以及基础环境三个方面(见表3),形成全方位的汽车安全保障。

表3 汽车安全体系

板块	板块内容	详细内容
信息交互	信息安全	近/远程通信安全(Wifi、蓝牙、2/3/4/5G等) 车载网络及终端安全(CAN、以太网、OBD等) 移动终端及App安全 信息服务平台安全
	OTA安全	OTA安全验证 OTA云端安全 OTA连接安全 OTA车端安全
整车技术	主被动安全	碰撞结构安全 ADAS安全 主被动一体化安全 事故预警救援
	新能源汽车安全（新平台）	动力电池与电池管理 电机驱动与电力电子 电子控制与智能技术
	功能安全	系统性随机失效 硬件随机失效 软件随机失效
基础环境	道路交通安全	对采集终端积累的海量数据进行分析,应用到基于数字化交管系统的公安交通管理工作,将道路安全由"事后"提前到"事前",达到事故主动预防的目的

（二）汽车安全技术的多样化和智能化

近年来，各类新型汽车主被动安全技术不断涌现，且主被动安全凸显一体化发展趋势，但车辆对场景的识别和处理能力仍有较大提升空间。

1. 汽车主被动安全技术

汽车主动安全技术就是为预防汽车发生事故、避免人员受到伤害而采取的安全技术，如防抱死制动系统（ABS）、电子制动力分配系统（EBD）、车道偏离预警系统（LDWS）等。主动安全技术侧重于监测到事故发生或者车辆失控的可能性，从而通过一系列接入车辆操控的手段去避免。与主动安全技术的概念相对应的是被动安全技术，被动安全指交通事故发生后，汽车本身减轻人员伤害和货物损失的能力，侧重于在遇到事故时尽可能地减少车内乘客受到的伤害，例如安全气囊、笼式车身就属于典型的被动安全范畴。

汽车主动安全技术正朝着多功能、集成化方向发展，在与被动安全技术及高速通信网络结合后，集主被动于一体的综合安全技术成为未来汽车安全技术的发展方向。随着主被动安全技术的发展，两者逐渐融合，形成综合安全技术，相信在未来，将会形成一整套城市安全系统和智能安全系统。

表4 汽车主被动安全技术

安全技术类型	具体的安全技术
主动安全技术	防抱死制动系统（ABS）
	电子制动力分配系统（EBD）
	电子稳定程序（ESP）
	紧急刹车辅助系统（EBA）
	车道偏离预警系统（LDWS）
	自动刹车系统

续表

安全技术类型	具体的安全技术
被动安全技术	碰撞安全技术： 吸能车身 安全带 安全气囊 安全头枕
	碰撞后伤害减轻与防护技术： 紧急门锁释放机构 事故自动报警系统 汽车黑匣子 …

2. 汽车主被动安全技术的发展

从2018~2019年保险汽车安全指数测评结果优秀比例（见图2）可以看出，汽车企业正在不断努力提高车辆安全装置的配置率，全面提升整车安全性能，其中行人保护、顶压两项的优秀比例均提升了30个百分点以上，25%小偏置正面碰撞和侧面碰撞的优秀比例均提升了10个百分点以上。

图2　2018~2019年保险汽车安全指数测评结果优秀比例

25%小偏置正面碰撞　22%→33%
侧面碰撞　30%→46%
顶压　57%→88%
挥鞭伤　91%→96%
行人保护　57%→88%

单车主被动安全技术的应用有效减少了交通事故，交通事故中的人员伤亡情况得到了明显改善。近十年来，中国汽车交通"万车死亡率"呈明显下降趋势（见图3）。

图3 2009~2018年中国汽车交通事故率/死亡率走势

年份	十万人口死亡率	万车死亡率	十万人口事故率	万车事故率
2009	25.19	7.63	11.86	3.59
2010	19.02	6.01	11.06	3.50
2011	15.53	4.93	10.79	3.42
2012	13.08	4.09	10.56	3.30
2013	10.90	3.39	10.15	3.15
2014	9.97	3.13	9.34	2.94
2015	9.40	3.08	7.93	2.60
2016	10.55	3.33	7.85	2.48
2017	10.03	3.37	6.67	2.24
2018	11.96	3.31	7.18	1.99

资料来源：根据公开资料整理。

3. 车辆安全系统测评

大部分车辆利用智能车载装置对行车风险进行预警，达到避免或减少交通事故的发生、降低人员伤亡和财产损失的目的。当前主动安全技术集中于利用各类传感器感知行车环境进行预警。通过中国智能汽车指数对目前市面主流车型的安全系统进行测评，可以分析得到车辆安全系统目前的发展情况，测评内容主要包括ACC目标车静止场景得分率、车位搜索能力、LDW250m弯道场景测评及BSD测评，具体测评结果如下。

（1）ACC目标车静止场景得分率

汽车自适应巡航控制系统（Adaptive Cruise Control，ACC）是一种智能化的自动控制系统，是在早已存在的巡航控制技术的基础上发展而来的。在车辆（主车）行驶过程中，安装在车辆前部的车距传感器（雷达）持续扫描车辆前方道路，同时轮速传感器采集车速信号。当与前车（目标车）之间的距离过小时，

ACC控制单元可以通过与制动防抱死系统、发动机控制系统协调动作，使车轮适当制动，并使发动机的输出功率下降，以使车辆与前方车辆始终保持安全距离。针对目标车静止的试验场景，主车车速分别设定为30km/h、40km/h、50km/h和60km/h，中国智能汽车指数测评发现在该场景下得分率都不高，ACC静态场景识别能力仍需提升。

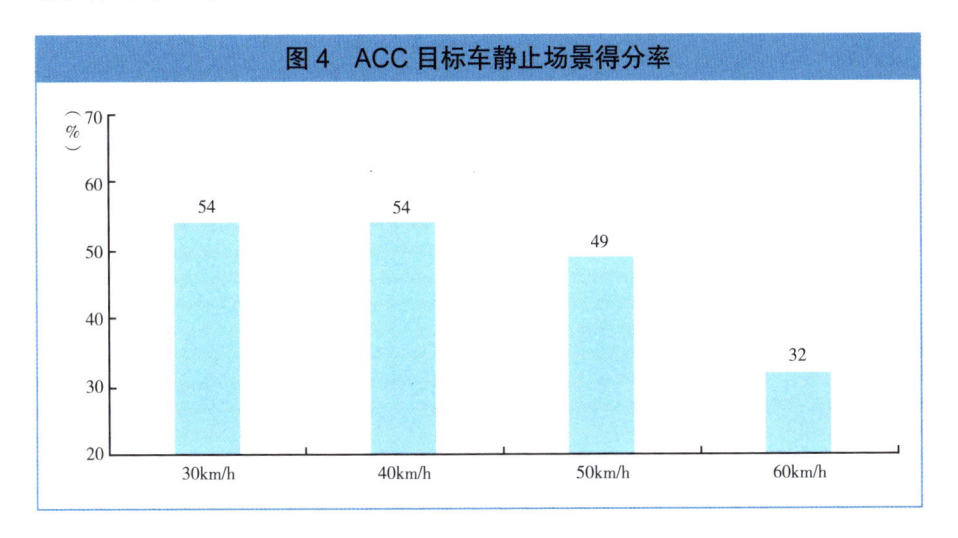

图4 ACC目标车静止场景得分率

车速	得分率(%)
30km/h	54
40km/h	54
50km/h	49
60km/h	32

资料来源：中国智能汽车指数。

（2）车位搜索能力得分情况

汽车自动泊车辅助系统（Automated Parking System，APS）通过传感器系统感知环境信息，包括视频传感器（摄像头）、毫米波雷达、超声波雷达等，根据传感器系统的信息得出有效车位信息、车辆相对位置，从而决策泊车初始位置。该系统对周围环境的要求比较高，并且在自动泊车时的安全问题也需得到关注。根据中国智能汽车指数对APS车位搜索能力的测评结果，APS系统搜索双边界车位和斜向车位得分率比较高，而搜索和识别白色标线车位的能力仍需优化。

（3）LDW250m弯道场景得分情况

车道偏离预警系统（Lane Departure Warning，LDW）属于汽车安全系统的重要部分，主要是由红外传感器、数据传输总线、行车电脑、座椅振动传感器组成的。当车辆在道路上行驶时，在没打转向灯的情况下偏离本车行驶车道，

图5 ACC车位搜索能力得分情况

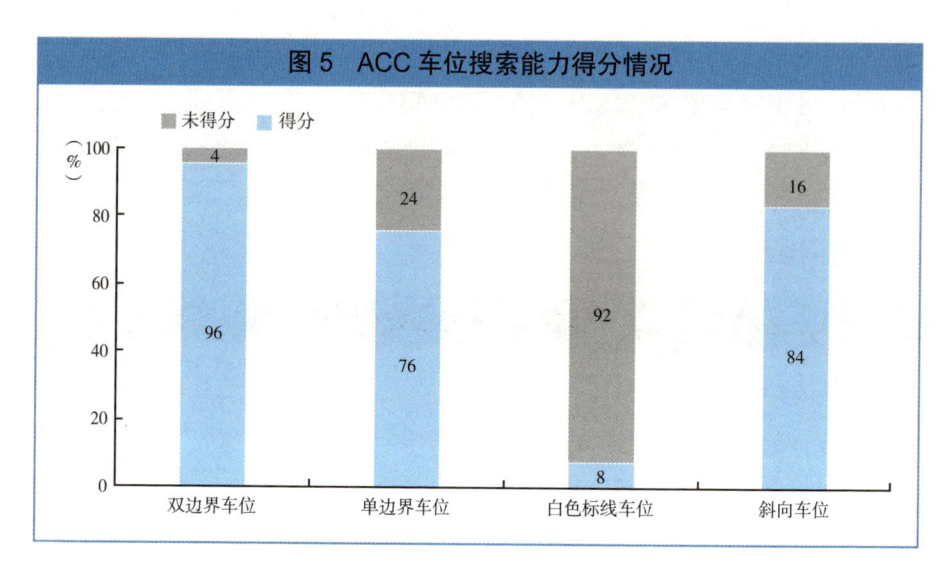

车位类型	得分	未得分
双边界车位	96	4
单边界车位	76	24
白色标线车位	8	92
斜向车位	84	16

资料来源：中国智能汽车指数。

安装在前保险杠下部一侧的3个红外传感器会感知到这一情况，并通过数据传输总线传输到行车电脑内。行车电脑在收到信号后，会根据当前的行驶状态，向安装在驾驶员一侧座椅下的振动传感器发出振动指令，以便给驾驶员进行预

图6 LDW250m弯道场景得分情况

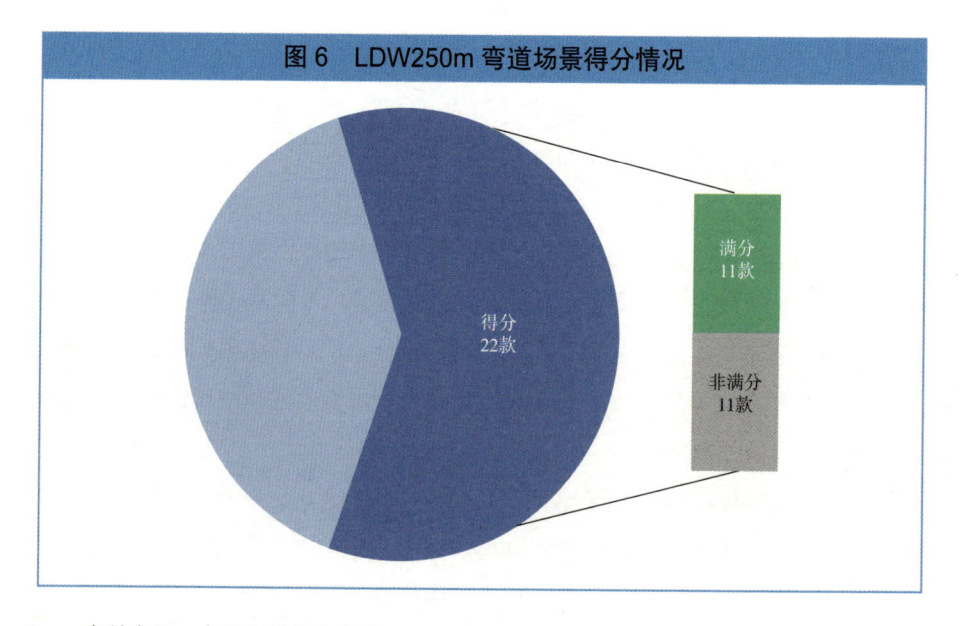

得分 22款（其中：满分11款，非满分11款）

资料来源：中国智能汽车指数。

警。中国智能汽车指数对LDW进行测评得出：在本次试验中，得分的车辆共有22款，其中获得满分的车辆只有11款，部分车型的LDW对250m半径弯道识别能力较弱，有待提升。

（4）BSD测评结果分布

盲区监测系统（Blind Spot Detection，BSD）通过毫米波雷达在车辆行驶时对车辆（主车）后方两侧盲区进行探测，如果有其他车辆（目标车）进入盲区范围内，会在后视镜或者指定位置对司机进行灯光提示和蜂鸣器报警，从而告知司机并线的最好时机，大幅降低因并线发生交通事故的概率。从中国智能汽车指数对BSD的测评结果可以看出：绝大部分车型对目标车超主车的场景都能有效识别，但车辆BSD在高速较差场景的探测能力还有待提升，即车辆在相对极端的场景中（速度为120km/h的目标车超主车）存在无法准确识别的情况。

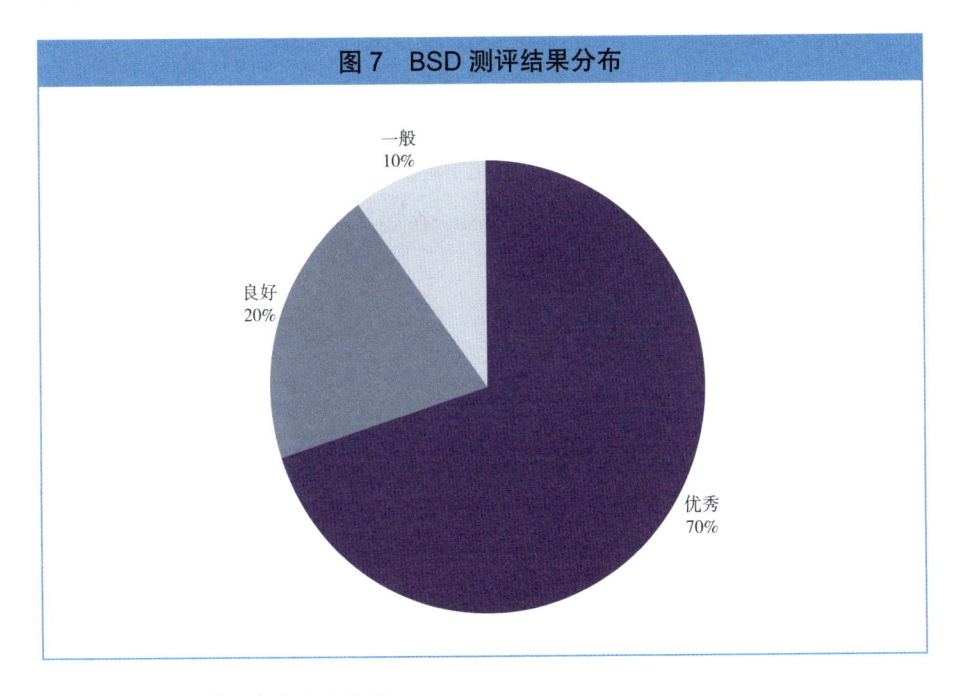

图7 BSD测评结果分布

资料来源：中国智能汽车指数。

（三）新能源汽车安全新挑战

随着新能源汽车保有量的增加，新能源汽车安全事故数量激增，运行安全隐患问题日益严峻，成为消费者关注的焦点。根据火灾调查协作网2019年报告，2019年共有145起新能源汽车自燃事故。仅2019年5~7月，新能源汽车国家监管平台共发现79起安全事故。

通过对新能源汽车起火事故的原因进行调查，发现事故的可能成因众多。这些新技术、新产品、新场景下的问题给汽车安全的发展带来了不同的挑战。

表5　新能源汽车起火事故的可能成因

车辆状态	成因
行驶中	单体不一致性变差，部分单体异常发热
碰撞后	电池模组产生变形，单体电池漏电、短路 高低压线束、继电器、电连接等失效
静置中	单体内部热量蓄积，隔膜破损，引起内短路
充电中	电池负极析锂，引起内短路 单体一致性差导致部分单体过充
水淹（极端环境）后	接插件内触片、端子锈蚀、外短路
其他	低压线束、高压线束、继电器、电连接等部件失效导致起火

（四）新能源汽车安全风险评估和缺陷识别的突出难题

预警、监管集成化不足是新能源汽车安全管理困难的重要原因。新能源汽车虽然带来了海量的数据，但是需要花费大量精力从这些数据中挖掘有用信息，事故数据逆向解析较为困难。其次，新能源汽车的火灾风险模式比较多样，当前的安全预警技术还存在短板，风险识别困难较大。最后，由于新能源运行涉及能源、城建等多个领域，应用场景割裂、协同性差，为此，还存在管理复杂化的问题。

（五）新能源汽车安全风险评估全链全生命周期管理体系

鉴于上述提到的汽车安全问题及困境，新能源汽车现有数据平台需由"监控"向"预警监管"升级，建立全链全生命周期的安全预警与监管子系统，从事前预警、事中提示和事后调查三个方面提供监管服务，并形成全生命周期事故车分析报告，为新能源汽车安全提供保障。图8展示了数据平台在汽车安全风险评估里的全监管过程。

表6 新能源汽车运行难题

突出难题	问题内容
逆向解析	从数据分析结果中得到事故原因
缺陷识别	火灾缺陷识别
风险评估	安全风险评估，根据数据对新能源汽车潜在风险进行安全预警

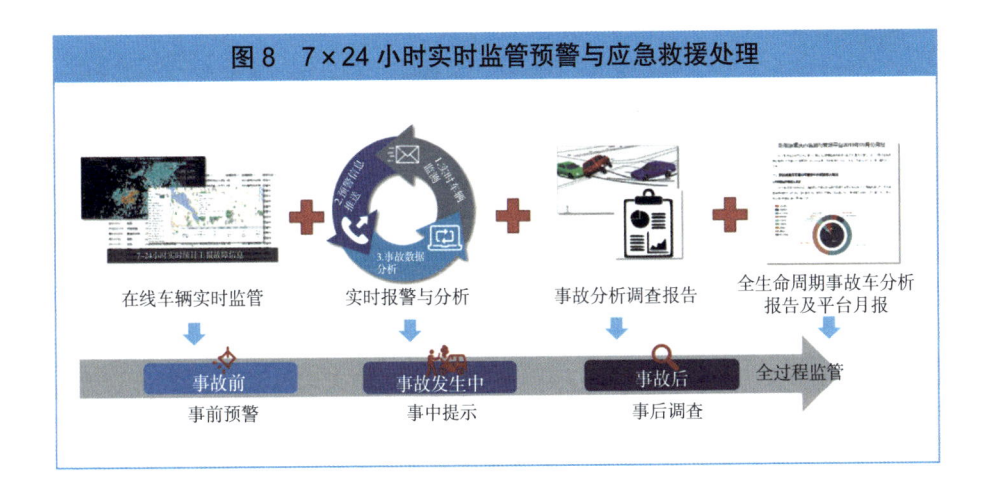

图8 7×24小时实时监管预警与应急救援处理

（六）车辆信息安全

1. 五大变化带来五类风险

当前车联网正在通信、平台、应用服务、数据和车端等五大方面不断发生着变化，五大变化的具体内容如下。

车端变化：车端集成通用智能芯片、车载操作系统、应用软件及车载计算处理平台，集感知、决策、智能辅助驾驶于一体。

通信变化：车联网形成"人—车—路—云"全方位的网络互联互通，打破了汽车无外部通信的封闭载体状态。

平台变化：车联网服务平台集成公有云和私有云进行通信。

应用服务变化：汽车及服务深入人心，个性化定制、生产设计协同、特定行业管理等业务模式兴起。

数据变化：数据信息在产业链主体和各环节间的流动共享打破了产业壁垒。

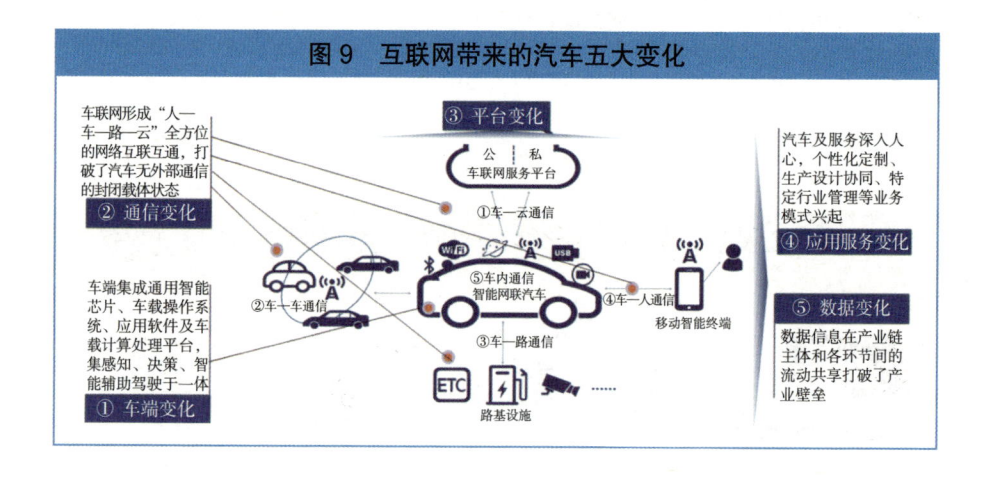

图9 互联网带来的汽车五大变化

这些变化同时带来了信息安全风险，催生了新的信息安全需求，具体如：近/远程通信安全（Wifi、蓝牙、2/3/4/5G等）、信息服务平台安全、移动终端及App安全、相关数据安全、车载网络安全（CAN、以太网）等。

2. 五大趋势应对安全防护挑战

面对产业数字化、智能化发展带来的众多变化和挑战，汽车标准法规的协调体系化，信息安全的全过程化、全生态化，数字认证和加密，虚拟仿真技术的发展等正逐步形成趋势，来积极应对安全防护挑战，推动产业高质量发展。

表7 安全挑战

安全挑战	具体内容
标准法规—协调体系化	跨行业、跨部门修订信息安全标准法规 协同全生命周期管理 适用于中国特定环境及场景
信息安全—全过程化	融入整车及零部件正向开发全过程 逐步融入产品全生命周期 建立全过程防护体系
信息安全—全生态化	自身产品安全 智能交互安全 智能物联应用服务安全 智能生活应用服务安全 智慧交通服务安全 全生态协同和强化监管
技术要求—数字认证和加密	建立"通信安全身份认证机制" 采用软/硬件加密系统对车辆数据进行加密 核心层防护
测评技术-虚拟仿真	实际测试成本及代价过高 仿真测试成为信息安全检测必要手段和趋势 高效测试与验证

四 汽车安全与大数据的探索实践

在大数据时代，汽车安全隐患仍为消费者关注焦点，整车和核心部件的安全问题不容忽视，同时，当前可以利用大数据的特点和优势，使交通运营及管理更为高效。为更好地保障政府和企业对汽车安全的监管，目前汽车行业的研究结合大数据和汽车行业资源，从车辆信息安全、OTA安全、新能源汽车安全等方面全方位地解决新能源汽车安全问题，保障车辆安全，减少车辆安全事故造成的人员及财产损失。

（一）车联网安全体系

目前，各行各业都在随时随地地产生新的数据，这些数据涵盖了大量的信息资源。在汽车行业，车辆信息、车辆运行状态及车辆维修信息等都成为重要的数据，这些信息推动着汽车行业的发展。车联网即车辆借助传感设备实现车与路、车与车、车与人以及车与应用平台的连线，并且通过这些设备收集大量数据进行数据分析、挖掘，从而提供更为丰富的车辆运行和综合信息服务。

为了保证车联网系统的长期、稳定运行，需要从多方面采取安全防护措施，包括政策法规以及车联网系统各层次的安全防护体系。李小刚等提出，完整的车联网安全防护体系应该包括国家政策法规、应用层安全、网络层安全和感知层安全等方面（见图10）。

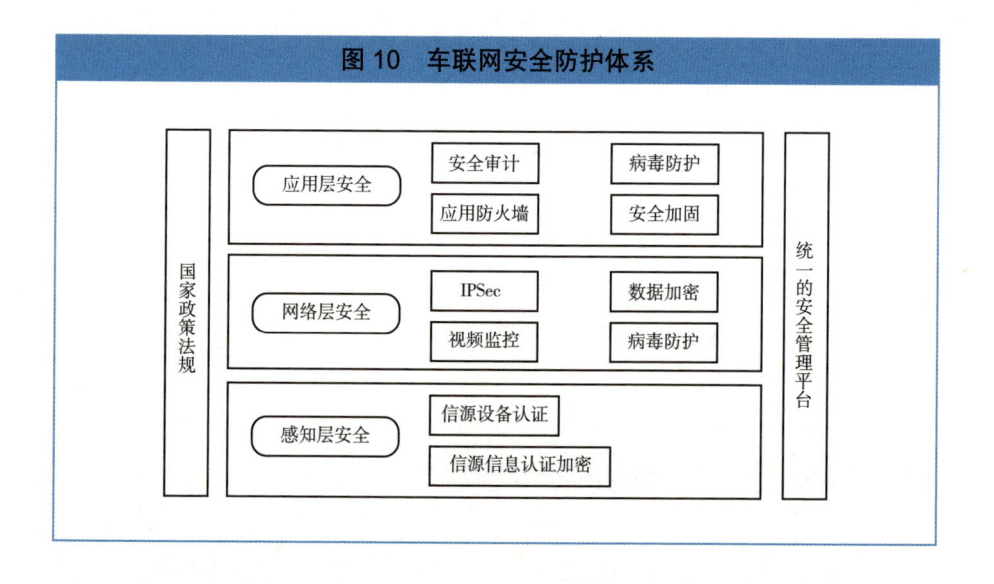

图10 车联网安全防护体系

车联网感知层包括采集车辆运行时的各种信息，包括车与车、车与路、车与人等交互中各种信息的传输，信息传输带来的安全问题需引起注意。在感知层方面，应从信源设备的认证及信源信息认证加密方面着手建立安全防护体系。网络层安全应从视频监控、数据加密、病毒防护等方面进行维护。应用层安全则应从安全审计、病毒防护、应用防火墙和安全加固等方面进行安全防护设计。

（二）基于大数据的新能源汽车安全研究

1.新能源汽车事故成因分析体系研究

通过对大量新能源事故车及关键数据的研究，事故成因分析应形成一个整体的体系，以事故成因分析为引导，以动力电池安全测评体系为验证，建立新能源汽车安全评估体系。

该体系包括事故基本信息调查、事故现场调查、事故数据分析到电池安全测评体系四大环节，具体分析流程如下（见图11）。

①事故基本信息调查：调查时空位置信息、车辆状态和车辆及动力电池基本信息。

②事故现场调查：在事故现场对整车、电池外观勘察，初步分析事故数据，从而定位故障单体，进一步对电池包内部和电池单体拆解进行勘察。

③事故数据分析：分析多个车辆数据维度，包括电压、温度、直流内阻、容量衰减及绝缘电阻。

④电池安全测评体系：基于对3000万个电池单体的研究，建立起动力电池安全测试评价体系；该体系分为基本性能测试、安全性能测试、环境测试和可靠性测试。

图11 事故成因分析体系

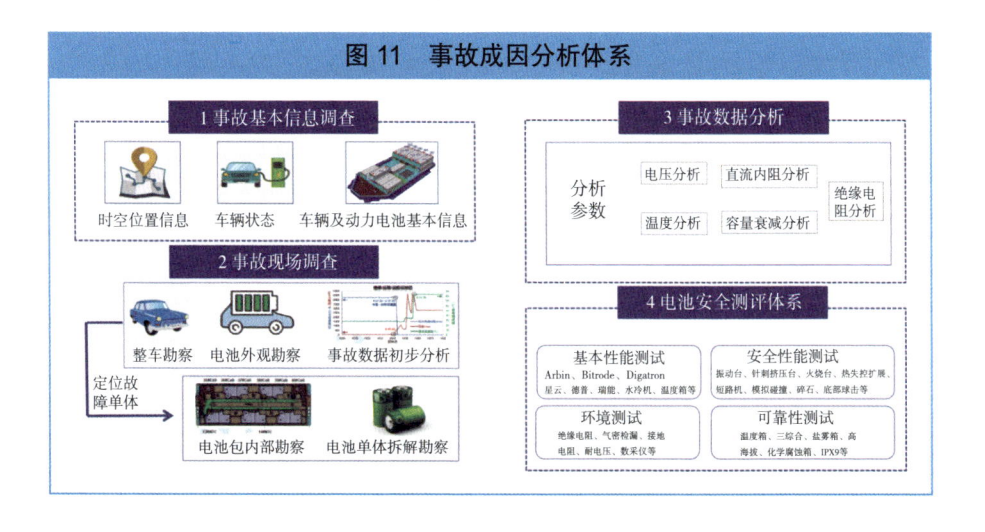

2. 基于大数据的新能源汽车安全预警平台建设

根据多种数据分析结果总结出目前新能源汽车的十大事故原因分别是单体异常发热、性能衰减、内短路、滥用、外短路、过充、电路失效、热失控、部件失效和控制策略不当；以及造成事故发生的 5 个关键参数：电压（单体）、总电流、阻抗、温度和 BMS 控制信令。

中国汽研建设的新能源汽车安全预警平台由五大安全预警模型协同运作，对各个关键参数项建立短期和长期的观测期，以在发生异常时及时告警，模型的预警准确率达 80%[①]。

中国汽研数据中心通过参与大量的新能源事故车调查工作，对动力电池各项事故特征机理开展深入研究，提取安全风险因子，建立动力电池安全测评体系，构建安全预警算法模型。同时，线上线下数据融合互补，线上数据监测（早期预警、比对分析、低成本）+线下设备检测验证（故障诊断、数据质量高），有效提升准确率。预警平台实时接收车企发来的车辆数据，对数据进行分析生成报告模板再反馈给企业服务门户（见图 12）。

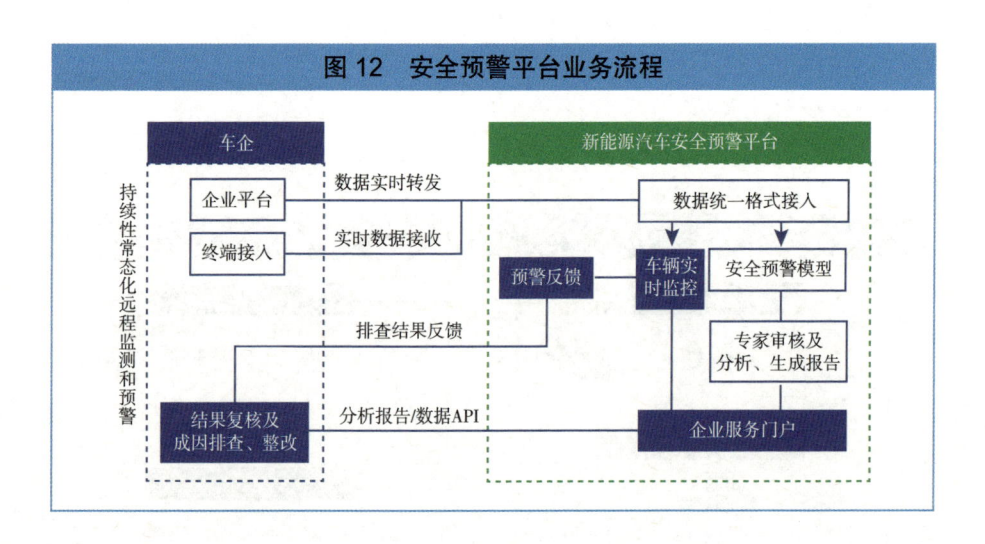

图 12　安全预警平台业务流程

---

① 33 万辆新能源汽车实测验证，发现风险车辆 92 台，80% 证实。

从新能源汽车数据中挖掘有用的信息，根据这些信息得出新能源汽车的安全信息。在对新能源汽车数据进行分析前，会对数据进行处理，因为收集来的数据往往会存在重复、噪点等问题，所以需要用数据预处理技术对整个数据进行清洗。之后再采用大数据平台对数据进行挖掘，提取车辆在运行状态中的关键性特征，从而建设起汽车安全预警平台。

3. 探索车辆后端安全预警应用服务

建设一个更全面的车辆安全预警应用平台，应整合资源，实现事故信息数字化交互，快速进行救援响应，提供及时、公益、高效的应急救援服务，并建立以时间、效果等为评价指标的安全事故全过程管控、监督、评估、追责体系。

应用平台依托实时解析事故数据、及时预估事故形态及快捷预估乘员伤情三大核心功能，提供事前——多平台、多部门信息共享、多维度事故预防，事中——及时传递信息并整合救援资源，事后——查找事故原因、还原事故真相、科学责任认定等全方位服务。

图13展示了该平台采用的安全预警体系的组成，首先新能源汽车通过在车载终端里设定的条件来判断事故是否发生，对问题车辆进行监测预警。然后再对这个预警信息进行快速响应，实时解析事故数据、及时预估事故形态和快捷预估乘员伤情。最后根据事故情况，呼叫相应的救援资源，减少事故发生时造成的时间延迟。

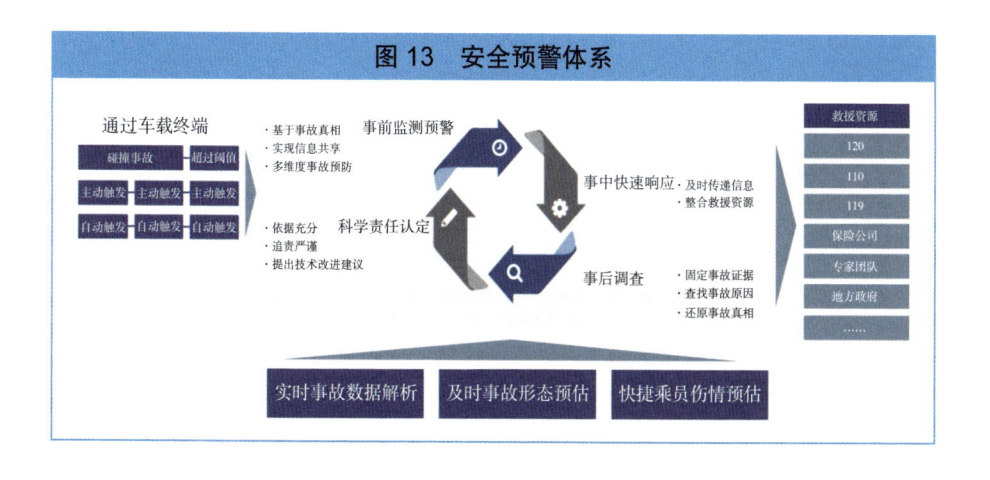

图13 安全预警体系

五 总结与展望

随着车联网、云计算等技术的不断进步，除了基本的出行服务外，第三方的娱乐、社交、资讯等一系列服务将实现更高水平的互联互通。智能手机、智能硬件、车机多端等的互联，也将构成车上、车下连贯的无缝服务生态。

当下是一个智能化时代，多种智能化技术被汽车安全技术吸收。未来的汽车安全技术，主要有以下几个发展方向。一是车企将更加重视汽车主动安全技术的研究，消费者对主动安全技术的需求也会越来越强烈。相较于以前被动安全技术受更多关注，在汽车安全技术未来的发展中，主动安全技术将逐步成为人们关注的重点，以此提高汽车安全性能的要求。二是主动安全与被动安全技术将进行集成，相辅相成，达到共同保护乘员安全的目的。三是随着智能化时代的来临，汽车安全研究将结合当下的智能技术进行，现在已经显现的智能安全技术有自适应巡航控制系统、主动事故预防系统等。在新能源汽车快速发展的当下，汽车智能安全技术的发展空间广阔。

在3.0汽车时代，汽车重新定义，安全重新定义，通过传统手段已无法完全保证汽车及交通的安全性，大数据将是解决全新问题和挑战的第三维手段。从数据中发现问题、寻找规律，以数据为手段，并最终形成行业标准，可系统性地解决汽车安全和交通安全问题。安全定义汽车，数据让汽车更安全。

参考文献

[1] 王文杰:《基于全国联网联控平台大数据的车辆主动安全预警应用研究》，载《2019年全国公共安全通信学术研讨会优秀论文集》，2019，第5页。

[2] 智能汽车集成系统试验区 i-VISTA:《中国智能汽车指数报告》，2020。

[3] 卢瀚清:《论大数据在智能交通建设中的应用》，中文科技期刊数据库存（引文版）工程技术，2016年第4期。

[4] 李小刚、杨彬:《车联网安全防护问题分析》，《移动通信》2015年第11期，第30~33页。

政策研究 | 新能源汽车年检政策体系研究

◎陈轶嵩　邢云翔　罗　耿 *

* 陈轶嵩，博士，长安大学汽车学院系主任，副教授，主要研究方向为汽车技术战略与产业政策；邢云翔，长安大学汽车学院，主要研究方向为汽车技术战略与产业政策；罗耿，博士，长安大学汽车学院讲师，主要研究方向为新能源汽车轻量化。

摘　要： 新能源汽车相较于传统燃油车辆，有其特殊的"三电"系统，内部结构更为复杂。随着新能源汽车技术创新发展及国家政策大力支持，我国新能源汽车产销量占比持续提高，但运行安全问题不断凸显，迫切需要强化对电安全、动力电池安全等运行安全性能的周期性检验，以有效消除车辆的安全隐患，进一步提高新能源汽车的安全性。目前我国新能源汽车年检政策体系仍存在年检制度缺失、专门化程度不足、动力电池标准难统一等问题。本文运用理论分析方法，结合我国新能源汽车发展现状，从结构、特点等视角剖析我国现行新能源汽车年检政策体系，找出政策体系的不足，并给予一定的政策建议，以进一步完善我国新能源汽车年检政策体系，提升新能源汽车使用期间的安全性。

关键词： 新能源汽车　汽车年检政策　汽车安全

一　新能源汽车发展现状及趋势

（一）全球新能源汽车发展现状

就新能源汽车而言，当下全球主要国家已经形成比较完善的包括新能源汽车购买补贴、推广使用、配套设施建设的政策支持体系。与此同时，新能源汽车研发和技术也取得巨大进步，由此将推动全球新能源汽车产业快速发展。

1. 全球新能源汽车产业格局逐渐明晰

根据麦肯锡公司在 2020 年 7 月发布的最新一期电动汽车指数（EVI），当前，全球的新能源汽车产业在发展上呈现四个板块。第一大板块是中国，中国凭借最大的新能源汽车产能和最完整高效的供应链体系，成为全球范围内最大的新能源汽车生产国，大幅领先排在后面的国家。第二大板块包括德国、美国、日本、韩国、法国五个汽车工业强国，占据一定规模的新能源汽车产能和市场。第三大板块包括意大利和印度两个国家，无论是在工业产能还是市场需求方面发展程度都相对较低。第四大板块由一些自身不具备新能源汽车产能却对新能源汽车有很大需求的国家和地区组成，主要包括北欧、西欧以及加拿大等发达国家和地区，虽然其人口普遍较少，但整体的经济水平较高，加之国家政策的扶持，在这些国家和地区新能源汽车的渗透率保持在较高的水平。

2. 全球新能源汽车产销量近年来取得了较大的突破

2018 年，新能源汽车产销量突飞猛进，全球新能源乘用车销量突破 200 万辆，达到历史性的 201.8 万辆，新能源汽车渗透率达到 2.1%。2019 年，全球共销售 220.9 万辆新能源乘用车，同比增长 9.5%，其中，纯电动汽车占 74%，同比增长了 5%；增速较上一年大幅回落，新能源汽车渗透率达 2.5%。2020 年，虽受到全球范围的新冠肺炎疫情影响，上半年新能源汽车产销量陡降，月销量持续低于 2019 年同期，然而从下半年开始，新能源汽车市场开始强劲反弹，月销量同比增长超过 50%，第四季度更是超过 100%，在整体汽车市场萎缩近 15% 的大背景下，2020 年全球新能源汽车销量依然实现了 41% 的大幅增长，

图 1 新能源汽车产业全球格局

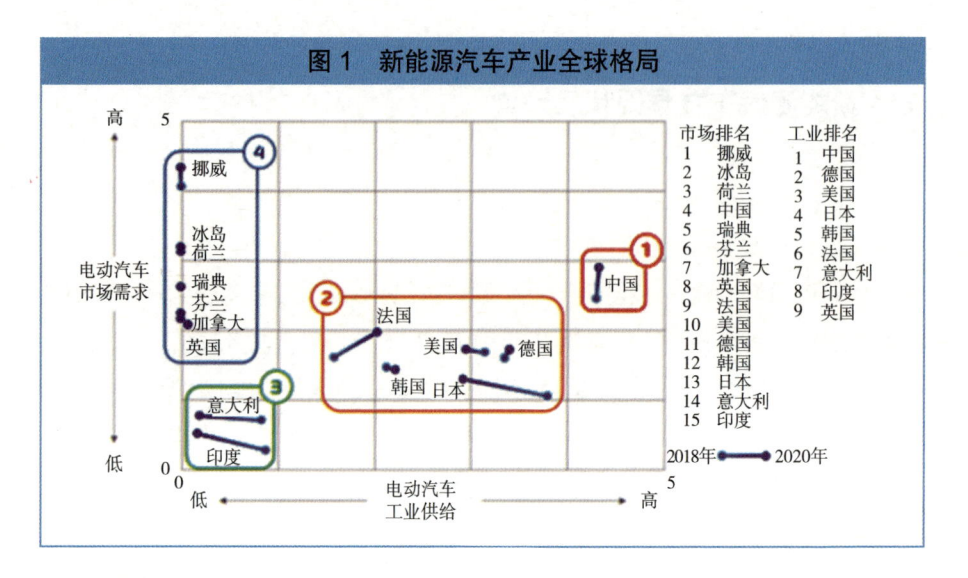

数据来源：McKinsey & Company。

总销量达 312.48 万辆，其中中国市场占 40.7%，欧洲市场占 43.8%，欧洲市场超越中国成为 2020 年新能源汽车的最大市场。

总而言之，全球新能源汽车产业格局逐渐成熟，市场大趋势持续利好，新能源汽车产业已进入百花齐放的电动化 3.0 时代，产业链景气度持续上行，拥有极其广阔的前景。据预测，在未来较长的一段时间内，新能源汽车仍将保持较快的增长速度，远超传统燃油汽车。

（二）我国新能源汽车发展现状及趋势

"十三五"以来，为实现能源发展战略服务好国民经济和社会发展的宏观战略目标，我国把资源和环境约束定为经济发展的基本制约条件。2020 年 9 月，我国在联合国大会上向世界宣布中国将在 2030 年前实现碳达峰、2060 年前实现碳中和的目标，而发展新能源、推动能源结构转型是实现碳达峰、碳中和的关键。新能源汽车作为新能源产业的重要组成部分，是我国重要战略新兴产业，对实现碳达峰、碳中和目标具有重要的作用，新能源汽车发展迎来新机遇。

1. 国家、地方政策双重驱动，持续推动新能源汽车高速发展，法规政策日趋完善

从我国目前汽车产业发展趋势来看，新能源汽车产业已上升至国家发展战略的高度，成为不可逆转、不可替代的新兴发展方向。仅 2020 年，国家就出台多项政策继续鼓励新能源汽车发展，虽然降低了新能源企业的准入门槛，但提高了新能源汽车的产品要求，完善了法规、标准，同时延长了对新能源汽车的财政补贴期限。2020 年 10 月，国务院正式发布了《新能源汽车产业发展规划（2021~2035 年）》，规划指出在未来 15 年，我国仍然将坚持电动化、网联化、智能化发展方向，深入实施发展新能源汽车国家战略，以融合创新为重点，突破关键核心技术，提升产业基础能力，构建新型产业生态，完善基础设施体系，优化产业发展环境，推动我国新能源汽车产业高质量可持续发展，加快建设汽车强国。与此同时，地方层面也纷纷出台政策鼓励新能源汽车消费。国家与地方政策体系的相互融合推动，赋予了新能源汽车产业发展的新动能。

表 1　2020 年新能源汽车部分产业政策

国家层面			地方层面		
时间	政策名称	政策内容	地区	政策名称	政策内容
2020 年 10 月	《新能源汽车产业发展规划（2021~2035 年）》	从技术创新、制度设计、基础设施等领域支持新能源汽车产业加快发展步伐。明确到 2025 年，中国新能源汽车新车销量占比达到 25% 左右	安徽省	《2020 年安徽省汽车和新能源汽车发展工作要点》	2020 年安徽省生产汽车将达到 90 万辆以上，汽车制造业主营业务收入达到 2500 亿元左右，新能源汽车产销量继续保持在全国前列

续表

国家层面			地方层面		
时间	政策名称	政策内容	地区	政策名称	政策内容
2020年8月	《关于推动交通运输领域新型基础设施建设的指导意见》	引导在城市等重点高速公路服务区建设超快充、大功率汽车充电设施	浙江省	《进一步完善省级新能源汽车推广应用财政奖补政策的通知》	将按照新能源汽车推广使用、产业发展、充电基础设施建设及运维、新业态培育等4个方面进行分配，权重分别为20%、30%、40%、10%
2020年7月	《工业和信息化部关于修改〈新能源汽车生产企业及产品准入管理规定〉的决定》	删除生产企业准入有关"设计开发能力"的要求；停止生产的时间由12个月调整为24个月；删除有关新能源汽车生产企业申请准入的过渡期临时条款	北京市	《关于一次性增发新能源小客车指标配置办法的通告》	本年度一次性增发2万个新能源小客车指标。全部向符合条件的家庭配置
2020年6月	《关于修改〈乘用车企业平均燃料消耗量与新能源汽车积分并行管理办法〉的决定》	完善了新能源汽车积分灵活性措施。降低积分供需失衡风险、保障积分价格	四川省	《四川省支持新能源与智能汽车产业发展若干政策措施（征求意见稿）》	对新获批的国家级制造业创新中心，按照国家支持建设资金的一定比例给予专项奖补

续表

国家层面			地方层面		
时间	政策名称	政策内容	地区	政策名称	政策内容
2020年5月	《关于实施电动汽车强制性国家标准的通知》	发布了《电动汽车安全要求》《电动客车安全要求》《电动汽车用动力蓄电池安全要求》三项强制性国家标准	天津市	《天津市促进汽车消费若干措施的通知》	放宽京、冀户籍以外的非本市户籍人员参与小客车个人增量指标竞价条件。并给予新能源小客车充电补助
2020年4月	《关于完善新能源汽车推广应用财政补贴政策的通知》	将新能源汽车推广应用财政补贴政策实施期限延长至2022年底，提高了整车耗能和纯电航驶里程门槛	上海市	《推进新型基础设施建设行动方案》	将新建10万个电动汽车智能充电桩，建设国内领先的车路协同车联网和智慧道路
2020年2月	《智能汽车创新发展战略》	到2025年实现有条件自动驾驶的智能汽车达到规模化生产	海南省	《海南省清洁能源汽车推广2020年行动计划》	2020年全省各级党政机关、国有企事业单位新增和更换的公务用车除特殊用途车辆外，要100%使用新能源汽车
2020年1月	《新能源汽车废旧动力蓄电池综合利用行业规范条件(2019年本)》	规定了技术装备和工艺的总体要求	江西省	《江西省新能源公交车推广应用实施方案(2020~2022年)》	到2022年末，实现全省新增与更换公交车中新能源公交车比重达92%

2. 国内新能源汽车产业由导入期向成长期快速转换，市场销量、保有量逐年递增

据中国汽车工业协会统计，2019年，新能源汽车产销分别完成124.2万辆和120.6万辆，同比分别下降2.3%和4.0%。其中纯电动汽车生产完成102万辆，同比增长3.4%；销售完成97.2万辆，同比下降1.2%；插电式混合动力汽车产销分别完成22万辆和23.2万辆，同比分别下降22.5%和14.5%；燃料电池汽车产销分别完成2833辆和2737辆，同比分别增长85.5%和79.2%。2020年，新能源汽车产销分别完成136.6万辆和136.7万辆，同比分别增长7.5%和10.9%。其中纯电动汽车产销分别完成110.5万辆和111.5万辆，同比分别增长5.4%和11.6%；插电式混合动力汽车产销分别完成26万辆和25.1万辆，同比分别增长18.5%和8.4%；燃料电池汽车产销均完成0.1万辆，同比分别下降57.5%和56.8%（见图2）。① 综合2019年与2020年新能源汽车产销量数据不难看出，近年来我国新能源汽车产销量始终保持良好态势，纯电动汽车所占比重逐年增加，新能源汽车产业逐渐从导入期迈向成熟期。

图2　2015~2020年国内各类新能源汽车销量

---

① 《2020年我国新能源汽车销量创历史新高》，中国工信产业网，2021年1月21日。

中国新能源汽车行业飞速发展，正在从萌芽期向成长期迈进，2015~2019年保有量增长了8倍有余（见图3）。截至2020年底，全国新能源汽车保有量达492万辆，占汽车总量的1.75%，比2019年增加111万辆，增长29.18%。其中，纯电动汽车保有量400万辆，占新能源汽车总量的81.32%。新能源汽车增量连续三年超过100万辆，呈持续高速增长趋势。2020年10月，国务院办公厅印发了《新能源汽车产业发展规划（2021~2035年）》，提出到2025年新能源汽车新车销售量应占新车总销量的20%左右的发展愿景，在此大环境下，利好新能源汽车行业发展的新政策有望持续出台；同时未来几年新能源汽车也将迎来新的增长点，大量国3、国4排放标准的车辆面临更新换代，类似北京、上海等部分限购城市的新能源汽车将存在较大的增长空间；此外，伴随着行业发展不断与充电基础设施建设、资本融合，与国家和地方政策相结合，新能源汽车将会在10~15年大规模地普及，到2025年我国新能源汽车年销量预计为530万辆，新能源汽车保有量将达2000万辆。

图3　2015~2019年中国新能源汽车保有量

3. "三电"技术基本成熟，续航里程和电池组能量稳步提升

"三电"系统指新能源汽车的电池、电机和电控系统，其代替了传统燃油汽车的内燃机、变速箱等装置，组成了新的动力系统，是新能源汽车的核心构

成零部件，"三电"系统的技术发展也成为新能源汽车性能指标的决定因素。当前，我国新能源汽车电池生产已经领先全球，电机已经实现本土化替代，并且在诸多企业积极推动产品升级、发展"三合一"集成产品的大背景下，我国"三电"系统产品逐渐向小型化、轻量化、低成本化方向加速迈进。随着新能源汽车的大批量投产，动力系统形成了高度集成化、高功率密度化、电机永磁同步化、减速系统多挡化、冷却系统多样化的良好趋势。未来几年，在新能源汽车市场从政策导向向市场导向转变的过程中，降低"三电"系统成本以及突破关键技术难关成为新能源汽车产业发展的重中之重。

图4 2014~2020年平均纯电动乘用车续航里程和电池组能量（基于各批次《免征车辆购置税的新能源汽车车型目录》）

二 新能源汽车现行年检政策体系

（一）国外机动车年检政策体系

1. 日本

日本法律规定普通轿车新车第一次车检在购车登记后的第三年，以后每两年检一次，但卡车、客车、特种车辆等需每年进行车检。具体执行方面，日本与我国一样专门设有验车场所（东京及周边地区除外），积极发挥维修保养机构在车辆检验中的作用。维修保养机构主要包括两种，一是"认证维修工厂"，此类维修保养机构不能替代国家进行检验；二是"指定维修工厂"，包括大型汽车用品店、4S店等，甚至在某些偏远地区还会授权一些加油站，可由具备机动车检测员资质的人员（由国土交通省考核认定）进行检验。检验流程方面比我国更加复杂，检验项目因车型不同而有所区别，最多可达100余项，主要包括转向系统、制动系统、行驶系统、悬架、传动系统、电气装置、发动机、车身、座椅、尾气排放等。

2. 美国

美国各个州的机动车年检政策不一。对于明确年检要求的州来说，法律要求两年一检，少部分州例如阿拉斯加州实行终身免检政策，既没有安全检查，也没有尾气排放检查。检验机构方面，美国没有专门的验车机构，所有车辆年检工作基本交由拿到授权的车行、修理厂或加油站完成，验车流程也相对简单，对检测站的监管更为注重事后监管。此外，国家并不会实施强制性的淘汰或是限行政策，甚至会针对不同时期的旧车采取相对应的检车制度。检测项目方面，美国联邦主要针对商用车的制动系统、转向系统、悬架、灯光、燃油系统、排气系统、轮胎、玻璃等13个基本检验项目进行检查。

3. 欧洲

欧盟的2014/45/EU指令规定了公共道路上使用的车辆应满足定期检验要求，家用车购置四年后进行第一次年检，随后每两年进行一次年检，检验项目包括制动系统、转向系统、行驶系统、可视性、照明、信号装置和其他电气设备、底盘、安全装置、尾气排放等三十大类。检测机构方面，奥地利、爱尔兰、荷兰等国家的检测机构主要为不同的私营检测单位；瑞典、卢森堡等国家政府则授权一个独立的检测机构开展车辆检验工作；德国机动车检验实行国家统一法规、政府制定价格的检测方式，检测中心既可由交通部门建立，又存在由其他机构或私人建设的，但均需通过政府部门认可的检测管理单位的验收、资格审核后才能投入使用，并且各省均设有检测管理机构,负责从技术标准方面对检测中心进行监管并提供技术层面的帮助。

表 2　部分国家或地区机动车检验周期

国家或地区	非运营汽车	强制检测周期
欧盟（各成员国在此基础上可以自行增加要求）	私人乘用车和轻型商用车（3.5T以下）	新车 4 年内检测一次（含安检和环检），此后每两年一次（含安检和环检）
爱尔兰	私人乘用车	新车 4 年后每两年一次（含安检和环检）
美国（各州自行规定）		18 个州规定定期（一年或两年）安检一次
日本	私人乘用车和摩托车	新车 3 年后检测一次（含安检和环检），此后每两年一次（含安检和环检）
新加坡	私人乘用车	新车从第 3 年后每两年检测一次,满 10 年每年一次
新西兰	乘用车和轻型车	6 年内每年一次,6 年后每半年一次

（二）我国新能源汽车现行年检政策体系

1. 车辆免检政策

新能源汽车与传统燃油车相同,私家车同样享有 6 年免上线检测的特权。2020 年 11 月,为深化放管服改革,公安部推出 12 项便民利民的措施,其中就包含对年检的调整,进一步扩大机动车免检范围,在实行 6 年内 6 座以下非营运小微型客车免检基础上,将 6 年内的 7~9 座非营运小微型客车（面包车除外）纳入免检范围。

表3　9座以下非营运车辆年检时间

序号	注册登记时间	免检（但要申领年检合格标志）	不用年检（什么都不需要做）	上线检测时间	备注
1	2020年刚买的新车	第2年、第4年	第1年、第3年、第5年、第7年、第9年	第6年、第8年、第10年	
2	2018年11月1日之后	第2年、第4年	第3年、第5年、第7年、第9年	第6年、第8年、第10年	
3	2016年11月1日至2018年10月31日	第4年	第5年、第7年、第9年	第6年、第8年、第10年	以下情况除外：①面包车；②非法改装被依法处罚的车；③车辆曾经发生人员伤亡交通事故的
4	2014年11月1日至2016年10月31日		第7年、第9年	第6年、第8年、第10年	
5	2013年11月1日至2014年10月31日		第7年、第9年	第8年、第10年	
6	2011年11月1日至2013年10月31日		第9年	第10年	
7	2011年10月31日之前	不予免检		第10年	

对10年以上的，仍要按照原规定的检验周期执行，每年检验一次

2. 新能源汽车年检项目及标准

当前，我国传统燃油汽车与新能源汽车年检主要遵循《机动车安全技术检验项目和方法》（GB 38900-2020）、《机动车运行安全技术条件》（GB7258-

2017）。年检方式主要分为外观检测、尾气检测、上线检测，检测对象主要涉及发动机、底盘、制动系统、传动系统、车身等。

表4 《机动车运行安全技术条件》（GB7258-2017）中新能源汽车检验项目及特殊规定

序号	检验项目		有关新能源汽车检验的特殊规定
1	整车	整车标志	纯电动汽车、插电式混合动力汽车、燃料电池汽车还应标明驱动电机型号和峰值功率，动力电池系统额定电压和额定容量（安时数），储氢容器型式、容积、工作压力（燃料电池汽车）；纯电动汽车不标发动机相关信息；最大设计车速小于70km/h的汽车(低速汽车、设有乘客站立区的客车除外)还应标明最大设计车速 纯电动汽车、插电式混合动力汽车、燃料电池汽车和电动摩托车应在驱动电机壳体上打刻电机型号和编号。对除轮边电机、轮毂电机外的其他驱动电机，如打刻的电机型号和编号被覆盖，应留出观察口，或在覆盖件上增加能永久保持的电机型号和编号的标识：增加的标识应易见，且非经破坏性操作不能被完整取下
		驾驶人耳旁噪声要求	汽车（纯电动汽车、燃料电池汽车和低速汽车除外）驾驶人耳旁噪声声级应小于等于90dB
		产品使用说明书	纯电动汽车、燃料电池汽车、混合动力汽车的产品说明书中，应注明操作安全和故障防护特殊要求
		其他要求	插电式混合动力汽车的纯电动续驶里程应大于等于50km
2	发动机和驱动电机		纯电动汽车的电机系统应运转平稳
3	转向系统		无
4	制动系统		无
5	照明、信号装置和其他电气设备		无
6	行驶系统		无
7	传动系统		无
8	车身		无

续表

序号	检验项目		有关新能源汽车检验的特殊规定
9	安全防护装置	纯电动汽车、插电式混合动力汽车的特殊要求	车辆驱动系统的车载可充电储能系统(REESS)可以通过车辆外电源充电的纯电动汽车、插电式混合动力汽车，当车辆被物理连接到外部电源时，应不能通过自身的驱动系统移动
			纯电动汽车、插电式混合动力汽车在车辆起步且车速低于20km/h时，应能给车外人员发出适当的提示性声响
			纯电动汽车、插电式混合动力汽车B级电压电路中的可充电储能系统(REESS)应用符合规定的警告标记予以标识；当人员能接近REESS的高压部分时，还应清晰可见地注明REESS的种类（例如，超级电容器、铅酸电池、镍氢电池、锂离子电池等）。当移开遮栏或外壳可以露出B级电压带电部分时，遮栏和外壳上也应有同样的警告标记且清晰可见
			纯电动汽车、插电式混合动力汽车B级电压电气设备的外露可导电部分，包括外露可导电的遮栏和外壳，应当按照要求连接到电平台以保持电位均衡
			当驾驶人离开纯电动汽车、插电式混合动力汽车时，若车辆驱动系统仍处于"可行驶模式"，则应通过一个明显的信号装置（例如，声或光信号）提示驾驶人。切断电源后，纯电动汽车应不能产生由自身电驱动系统造成的不期望的行驶
			对没有嵌入一个完整的电路里的REESS，其绝缘电阻Ri除以最大工作电压的REESS阻值①若在整个寿命期内没有交流电路，或交流电路有附加防护，应大于等于$100\Omega/V$；②若包括交流电路且没有附加防护，应大于等于$500\Omega/V$。若REESS集成在一个完整电路里，则REESS阻值应大于等于$500\Omega/V$或制造厂家规定的更高阻值
			若REESS自身没有防短路功能，则应有一个REESS过电流断开装置能在车辆制造厂商规定的条件下断开REESS电路，以防止对人员、车辆和环境造成危害
			当纯电动汽车、插电式混合动力汽车的绝缘电阻值低于12.13.6规定的数值（或车辆制造厂家规定的更高阻值）时，应通过一个明显的信号装置（例如，声或光信号）提示驾驶人
			纯电动汽车、插电式混合动力汽车应具有能切断动力电路的功能

注：车长大于等于6m的纯电动客车、插电式混合动力客车电池箱安全防护的特殊要求自本标准实施之日起第13个月开始对新生产车实施。

资料来源：《机动车运行安全技术条件》（GB7258-2017）。

表5 《机动车安全技术检验项目和方法》(GB 38900-2020)新能源汽车检验项目及特殊要求

序号	检验项目	有关新能源汽车检验的特殊规定
1	联网查询	无
2	车辆唯一性检查	对2014年3月1日起出厂的具有ECU的乘用车(纯电动乘用车为2018年1月1日起出厂)和2019年1月1日起出厂的具有ECU的其他汽车,至少有一个ECU应记载车辆识别代号等特征信息
3	车辆特征参数检查	无
4	车辆外观检查	新能源汽车注册登记安全检验和在用机动车安全检验时,车辆还应满足以下要求: 插电式混合动力汽车、纯电动汽车(换电式除外),应具有外接充电接口,且充电接口表面不应有明显变形或烧蚀痕迹; 目视检查可见区域内,高、低压线束、连接器不应有断裂、破损、表面材料溶解或烧蚀痕迹;2018年1月1日起出厂的纯电动汽车、插电式混合动力汽车,目视检查可见区域内B级电压电路中的REESS应用符合规定的警告标记予以标识; 纯电动汽车、插电式混合动力汽车的REESS外壳不应有裂纹、外伤或电解液泄漏等情形;纯电动汽车、插电式混合动力汽车应标明主驱动电机型号和峰值功率,动力电池系统额定电压和额定容量(安时数);燃料电池汽车应标明储氢容器型式、容积、工作压力
5	安全装置检查	无
6	底盘动态检验	无
7	车辆底盘部件检查	无
8	仪器设备检验	无

注:纯电动汽车、插电式混合动力汽车、燃料电池汽车送检时不应有与电驱动系统、高压绝缘、动力电池等有关的报警信号。

资料来源:《机动车安全技术检验项目和方法》(GB38900-2020)。

三 新能源汽车年检政策体系建设存在的问题与困难

（一）检测方法针对性不强，关键部件未纳入检测范围

机动车年检是对机动车基本安全性能、环保性能的最低限度保障，与所有社会交通参与者的安全密切相关。当前，我国机动车年检一般通过外观检测与上线检测的方式对机动车安全技术进行检验。外观检测主要包括车辆是否在限制范围外进行改装、改造、改型，发动机、底盘、车身及其附属设备是否完备、清洁、齐全等方面；上线检测则包括尾气检测、车身底盘检验、仪器设备检验等几大方面，但是由于新能源汽车在动力构造、零部件设计等方面，与传统燃油车存在较大差别，我国现行的基本基于传统燃油汽车所制定的检测项目与方式，难以检测出新能源汽车最为核心的"三电"系统可能产生的故障，例如：新能源汽车动力电池系统的传感器、接触器、电芯故障，电动机驱动系统的定子绕组与转子绕组故障等。目前，我国针对新能源汽车生产已制定了一系列的国家标准，但针对年检尚未有专门的国家标准出台，这已成为全国新能源汽车年检存在的普遍性问题。

另外，现行检测方法与标准中，新能源汽车关键部件未纳入检测范围。虽然在《机动车安全技术检验项目和方法》（GB 38900-2020）第5、6条中新增了对新能源送检车辆的要求以及对纯电动汽车、插电式混合动力汽车安全防护的特殊要求，包括纯电动汽车、插电式混合动力汽车、燃料电池汽车不应有与电驱动系统、高压绝缘、动力电池等有关的报警信号；插电式混合动力汽车、纯电动汽车（换电式除外），应具有外接充电接口，且充电接口表面不应有明显变形或烧蚀痕迹等。但针对新能源汽车的三大核心零部件——电机、电控、电池，尚无成熟的检验方法与标准。据国家市场监督总局统计，2020年新能源汽车缺陷线索报告1173例，反映动力电池、电机、电控系统问题占新能源汽车缺陷线索的49.4%。新能源汽车年检引入"三电"系统，并制定专门的标准进行检验已迫在眉睫。

（二）电池电器特性难统一，专业检测人员与设备缺乏

我国新能源汽车品牌、种类繁多，根据新能源汽车国家监测平台统计，截至 2019 年 3 月，国家平台累计注册新能源整车企业 635 家，成功注册新能源整车企业 486 家，通过"平台符合性检测"的新能源整车企业有 450 家，通过"车辆符合性检测"的车型多达 5827 个，由此也导致了目前国内的新能源汽车市场鱼龙混杂，发展略显凌乱。以动力电池为例，目前市场上各新能源汽车品牌所用电池种类繁多，主要包括以特斯拉 Model s 为代表使用的钴酸锂电池、比亚迪大规模应用的磷酸铁锂电池、丰田 prius 使用的镍氢电池、北汽新能源等品牌使用的三元锂电池等。不同种类的电池各有优劣，但这也使不同品牌、不同车型间的电池与电器特性不同，加之全球各大汽车厂商持续加大对氢能、动力电池、电子控制等关键技术的攻关，单一围绕某个品牌、某种车型制定的检测方法与标准难以适行于所有新能源汽车。另外，对于新能源汽车中的纯电动、混动等不同类型车型，检测标准方法也应有所区别，这也进一步增大了检测的难度。

此外，新能源汽车的动力电池、电器设备等的性能指标需要使用专业设备、经由专业测试人员进行检测。目前，我国机动车检测站尚未配备针对新能源汽车的专业检测设备，如何研究开发新型、标准、经济、精确、快捷，且适合新能源汽车检测和检测站使用的智能化综合测试设备成为新能源汽车年检的又一大难题。另外，检验人员也是汽车技术检验工作的重要因素，其业务知识、技术水平直接决定了检测结果的科学性、公正性，但当前大多数检测技术人员业务知识及经验仅限于传统燃油机检测。现在新能源汽车进行年检主要是根据国标要求简单测断是否合格，较难检测出潜在风险。

（三）年检周期设定过于超前

与传统汽车具备相当的成熟度不同，新能源汽车整体还不完善，新能源汽车充电技术、智能化科技配置技术等尚未达到稳定期，召回率远高于燃油汽车。据国家市场监督总局统计，2020 年新能源汽车召回 45 次，涉及车辆

35.7万辆，占全年召回总数量的5.3%，其中因"三电"系统缺陷召回11.2万辆，占新能源汽车召回总数量的31.3%。此外，据不完全统计，2020年全年被媒体报道的烧车事故共124起，事故率（事故数/电动汽车保有量）与2019年基本持平，但随着电池安全技术的提升，老旧车辆不断退出，事故率却没有明显的下降，这些数据足以说明现行年检周期设定过于超前。2021年正式实施的《机动车安全技术检验项目和方法》（GB 38900-2020）中，不仅没有缩短新能源汽车的年检周期，甚至六年免检期过后实行两年一检，过长的年检周期，不利于及时发现新能源汽车隐患、确保行车安全。

四 进一步完善新能源汽车年检政策体系的建议

（一）实现年检专门化，加快关键标准制定

顺应改善新能源汽车整体安全状况的大趋势，从国家层面出发，逐步设立完善的年检制度，建立一套专门化的年检标准和流程，弄清"怎么检""检什么"，增强社会对新能源汽车的安全认识。首先，通过国家法律法规明确新能源汽车强制年检制度，初步建成标准体系框架，确保依法依规进行安全检验。其次，针对不同类别新能源汽车特点制定专门化的检测项目与检测流程，将检验项目更合理地细分，提升检验结果的可靠性、科学性。

其一，针对电池、电机、电机控制器等关键部件设定性能检查指标与检测项目，重点检测电池内部的单体故障、均衡性、绝缘效果、密封性、防尘性、涉水能力以及整个电池包安装位置的移动性等，尤其针对不同电池类型，如氢燃料电池、锂离子电池、镍氢电池制定不同的检测标准，填补当下年检制度中针对"三电"系统检测的空白，确保作为新能源汽车核心部件的电池等在年检时"有标可依"。其二，围绕新能源汽车的充电过程建立相应的检测标准，特别应加强对电池管理系统（BMS）的检测，电动汽车的充电安全与BMS有直接关系，包括充电过程中的通信中断、误报信息等。其三，不能忽视充电设施的安全检测，目前，市场上老旧的充电设施已经开始出现充电枪破损、充电接头老化、电缆碾压等一系列问题，直接影响充电过程中的使用安全。

（二）自上而下，多方联动

进一步提高新能源汽车的安全标准，强化维修保养在保障新能源汽车使用安全方面的作用。新能源汽车"三电"系统内部结构复杂，以动力电池为例，在出厂安装时就已对动力电池的滥用工况，包括短路、过放、火烧、浸水、振动、撞击、挤压、针刺、跌落、过流/过压充电、高/低温充放电等方面进行检测，在年检时若要重复这些检测，就需对动力电池进行拆卸，如此在检测过程中较易对电池造成不可恢复的损伤。因此，可以从上游入手，将生产、维护保养与年检制度相结合，降低年检压力，增强新能源汽车年检的可操作性。一是从设计、研发和生产环节确保新能源汽车安全，提高新能源汽车企业准入门槛，强化产品安全监控，进一步要求企业不断提升整车设计制造和测试验证水平，特别是加强对动力电池系统的安全防护和可靠性验证，加强对动力电池等关键零部件供应体系的管理，严格把控质量；二是通过维护保养定期排除安全隐患，在维修保养方面可以考虑通过厂家制定强制措施，或由保险公司通过经济手段对消费者进行约束，当车辆达到一定行驶里程和使用年限时必须针对核心部件进行维护保养或更换。

（三）推进市场改革进程，引入第三方检测机构

针对新能源汽车检测的复杂性，转换思路，推动车辆年检市场化改革。从技术层面看，我国新能源汽车车辆经销商或者维修服务企业都具有较高的专业水准，这些机构自身就存在车检场地与设备，完全具备对车辆进行安全技术检验的能力。因此，可以借鉴国外的经验，将机动车安全技术检验交给市场中的汽车修理部门、汽车配件经销商、加油站等第三方检测场所与机构，允许更多的社会化服务机构承担车检职责，以形成有效的服务竞争机制。车管部门只负责制定车辆年检的规则、项目、标准以及提供技术方面的支持，进一步节约社会成本和时间成本。例如，由电池厂参与的电池检测机构、主机厂授权的4S店等出具电池、电机、电控系统等健康状态评估函，事后由车管部门或者行业协会负责监督，并建立相应的责任机制，明确责任主体和处罚规定，随时对产品

进行抽查，确保检验程序规范，出具的检验检测数据和结果真实、客观、准确，保障新能源汽车在使用过程中的安全性。

（四）调整年检周期，培养专业人才

鉴于新能源汽车技术发展尚未到达稳定期，建议运用大数据与云计算技术，通过工信部、国家市场监管总局等部门联合认证的第三方监测平台，对新能源汽车安全状态进行监控，广泛收集新能源汽车故障率、召回率等信息数据并进行多维度监管与精细化分析，合理制定符合新能源汽车现状的年检周期政策。将不同年限、不同种类、不同用途的新能源汽车年检周期进一步细化，针对影响新能源汽车使用安全的主要因素和环节，实施动态化检验制度，引入使用强度、运行公里数、故障率等指标作为判断年检周期的主要因素，动态调整检测周期，确保年检能及时发现隐患，达到检测效果。

此外，要加大人才培养力度，改善国内新能源汽车检测维修领域新型专业技能人才短缺的现状。一是引导高校和职业院校紧密对接行业发展需求，深化与检测机构间的合作，在学科建设、教师培养、科技研发、社会培训以及实验室建设等方面，开拓创新，开展"产学研"合作的新模式，打造人才培养基地；二是对在岗的车辆安全技术检验人员进行培训，帮助其对知识结构进行调整，深入了解和掌握新能源汽车、动力电池的技术结构、原理等。二者相互结合，为车辆检测机构培养、输送高水平的应用型专业技能人才，促进新能源汽车检测更严谨、更科学。

参考文献

[1] 沈宇辉：《车辆年检时间提到的"第1年、第2年……"是从什么时候算起？有哪些规定？》，《道路交通管理》2021年第3期，第60~61页。

[2]《机动车运行安全技术条件》（GB7258-2017）。

[3]《机动车安全技术检验项目和方法》（GB38900-2020）。

[4] 殷小锋、王黎徽、卢玫:《机动车辆年检现状与对策分析》，《山东交通科技》2018年第4期，第30~33页。

［5］彭忆强、芦文峰、邓鹏毅、王洪荣、马媛媛、徐磊、何波、杨丽蓉：《新能源汽车"三电"系统功能安全技术现状分析》,《西华大学学报》(自然科学版) 2018 年第 1 期, 第 54~61 页。

电池安全研究篇

基于大数据分析的动力电池全生命周期设计与应用

◎ 杨世春　刘明岩　周新岸　周思达　曹耀光*

> * 杨世春，北京航空航天大学交通科学与工程学院院长、教授、博士生导师，主要研究方向为电动汽车能源动力系统优化与控制；刘明岩，北京航空航天大学交通科学与工程学院，研究方向为动力电池控制算法和机器学习在动力电池中的应用；周新岸，北京航空航天大学交通科学与工程学院，研究方向为新能源汽车能源动力系统优化控制、动力电池智能管理等；周思达，北京航空航天大学交通科学与工程学院，研究方向为动力电池智能化管理控制、动力电池理论模型构建与设计等；曹耀光，北京航空航天大学交通科学与工程学院助理研究员，研究方向为新能源汽车能源动力系统优化控制、智能无人驾驶与信息感知等。

摘　要： 发展新能源汽车是我国迈向汽车强国的重要发展战略，动力电池作为新能源汽车的重要储能系统，其生产、制造、管理、应用等全生命周期的设计与管控难。随着动力电池全生命周期数据库的构建与先进大数据算法的应用拓展，大数据技术在动力电池全产业链下获得了更多应用。本文系统地总结了数据驱动算法与技术在动力电池全产业链下的应用情况，分析在电池材料设计优化、生产及出厂后选型配组、装机后应用管理、梯次利用等场景下大数据算法应用效果及落地可能性，为大数据分析技术在新能源汽车领域深入推广提供参考。

关键词： 新能源汽车　动力电池　大数据　数据驱动

一 前言

发展新能源汽车是我国应对国家能源战略需求、实现 2060 年碳中和目标的重大战略选择。我国新能源汽车产销量连续 6 年位居全球第一，累计推广已超 550 万辆；国务院 2020 年发布的《新能源汽车产业发展规划（2021~2035 年）》提出，到 2025 年，我国新能源汽车销售量达到汽车新车销售总量的 20%。然而，新能源汽车仍存在续驶里程估计精度低、环境适应性差等问题，严重制约了产业快速、健康发展。动力电池系统作为电动汽车的主要储能装置，其功率特性、寿命特性、安全特性等严重影响整车性能，因此优选长寿命、高安全的动力电池并设计优秀电池管理系统成为解决新能源汽车及电池问题的关键方法。

随着先进通信技术与信息技术的发展，大数据和人工智能为解决电池管理问题提供了新的契机。基于车载电池管理系统监控并上传的电池信息及状态实现全生命周期数据库构建，利用大数据算法开展海量行车数据下电池性能、状态的智能化分析研究，从而实现面向不同应用场景、工况、气候、地域条件的智能化电池管理。同时，基于云端的大数据平台也可实现多车数据互通协作，从而提高电池管理的适应性与准确性，优化在地域切换、环境变化等场景下电池管理。

目前，基于大数据算法的动力电池管理技术研究仍处于起步阶段，仍需深入挖掘大数据算法在电池管理中的应用场景。本文基于目前大数据算法在电池系统中的研究与应用，系统分析了从电池材料设计、电池生产，到电池成组后选配、装车应用，再到梯次利用与回收的电池全产业链的大数据应用场景，阐明基于大数据方法在传统动力电池生产设计、应用管理、残值评估问题上的解决方案，分析并总结了目前研究工作的不足与改进方向，为大数据分析技术在新能源汽车领域深入推广提供参考。

二 大数据技术在动力电池全产业链的应用

大数据算法为动力电池设计、生产、装配、应用等提供了新的方案。区别于传统的依经验或实验方法，大数据算法可使用动力电池全生命周期数据，包括动力电池材料基础测试数据、生产加工测试数据、电池单体/系统测试数据、实际运行数据等，实现电池从最初的设计到寿命终止时的梯次利用或拆解的全寿命数据跟踪，并基于数据驱动方法实现在缺乏电池机理分析等条件下基于输入输出映射关系的电池设计、应用。

目前，依据大数据算法在动力电池方向已有较多应用，如图1所示，包括电池材料设计、电池生产、电池选配、电池应用、电池回收等方面。此外，随着对动力电池热失控、新能源汽车火灾事故的关注度提升，以云端行车数据为基础的热失控预警算法成为行业内关注的热点，为大数据在动力电池应用提供了新的平台。

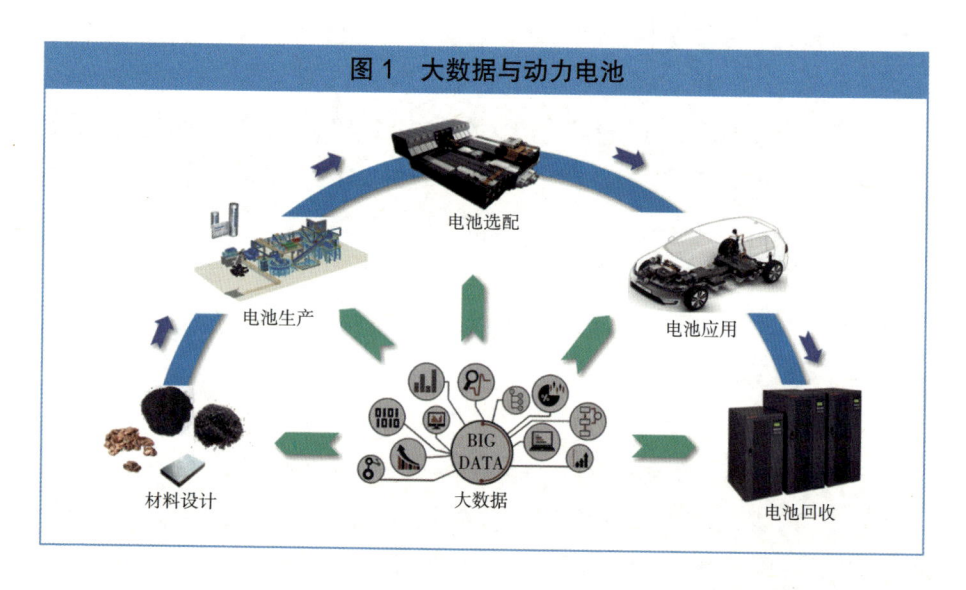

图 1　大数据与动力电池

三　基于大数据算法的电池材料设计与优化

（一）基于数据驱动算法的电池材料设计与优化

1. 电池全生命周期材料数据库构建

随着锂离子电池生产制造技术逐渐成熟，其循环寿命、功率特性、安全性能等已获得了较大的改进，但是目前车载动力电池仍存在高温行为不稳定、低

图 2　大数据在电池材料的应用

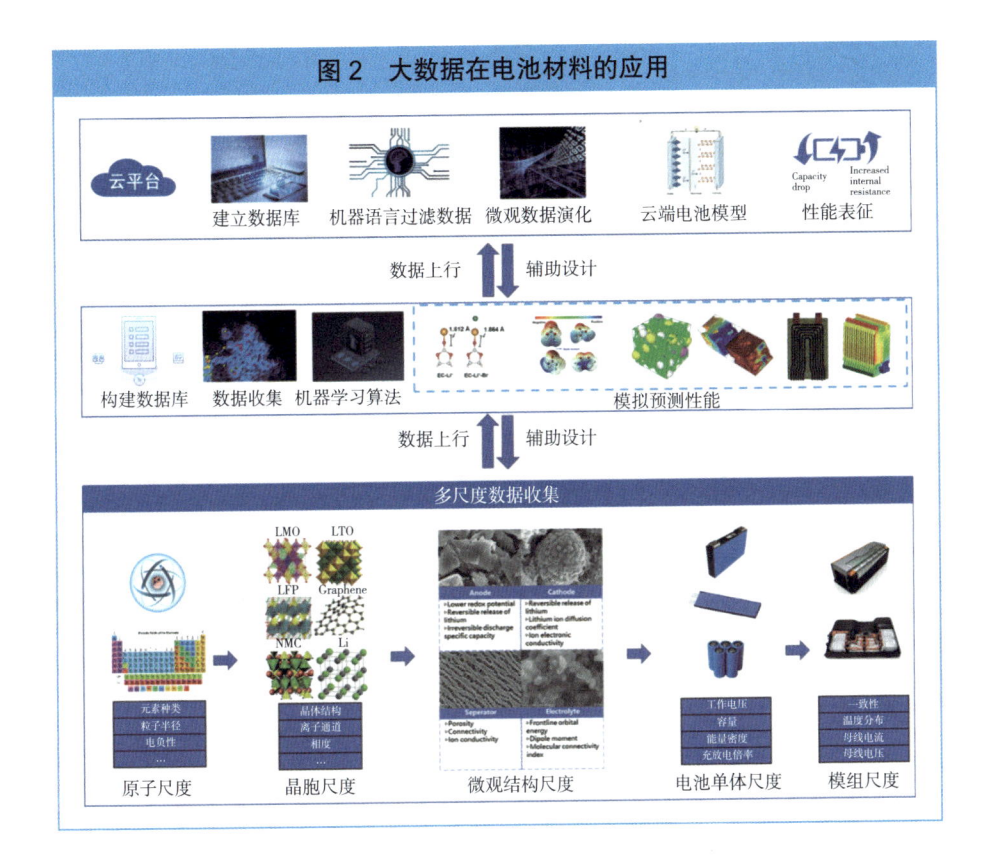

温充放电性能下降、安全性难以评估等问题，设计高性能电池结构材料、定量化构建电池等效模型预测电池性能为解决这些问题提供了思路。传统动力电池材料改进依赖大量重复性实验，而重复的实验和理论表征研究耗时长、效率低，难以在短时间内出现大量的材料创新从而实现电池技术进步，因此传统的材料设计方法难以满足电池产业快速、健康发展的需求。

大数据算法与技术的成熟为解决传统材料设计问题提供了新的思路，在材料研究领域引入机器学习、数据挖掘等人工智能技术并建立材料数据库，实现基于数据的预测设计将有效加速新材料的探索和研发，而先进电池数据库将为之奠定基础。Ghadbeigi 等人从 200 多份文献中获取了大量锂离子电池材料数据并构建了数据库。ChemDataExtractor 从 229061 篇学术论文中收集约 30 万条数据，建立了第一个从科学论文中提取的电池材料数据库。目前，大量基于文献、实验获得的数据集已经被收录，供研究人员访问和使用，包括 Materials Project

数据库、AFLOWLIB、Open Quantum Materials 数据库和 Material Go 等。

优秀的数据库可以为研究人员提供充分的电池材料设计、电池全生命周期使用数据，实现材料使用、测试数据、历史数据分析，利用机器学习和大数据分析相关算法，可以为加速电池材料的优化、发现和设计提供强大的助力。在未来的研究过程中，电池材料数据库需要在提供材料数据的基础上，进一步实现面向应用需求的材料数据库构建。通过分析多层级、多尺度电池数据，整合嵌入通用机器学习算法，实现研究人员从数据获取、数据挖掘到数据预测的新材料探索过程。

2. 性能预测和新材料预测制备

传统材料性能预测方法主要包括计算模拟与实验测量。然而材料性能、器件配置和相关因素关系复杂，演化机理难以揭示，直接通过有限元计算模拟或实验测量的方法耗时长、效率低，同时精度也难以保障。通过结合传统材料设计方法和大数据技术，基于构建的电池材料数据库，可实现高效模拟材料、器件性能和电化学性能之间的复杂关系，使用相对少量的计算和实验验证，训练机器学习的模型，预测尚未合成材料的性能。

目前，基于大数据的电池材料性能预测与设计已取得较多研究进展。Eslamloueyan 等人利用人工神经网络，选用多层感知器的网络类型，将盐的温度、浓度、分子量和电子数作为神经网络模型的输入变量，预测电解液在大气压力下的热导率。Hezave 等人基于人工神经网络，建立了纯离子液体导热系数的预测模型，将 21 种不同电解液的 209 个数据点用于训练和测试，实现电解液热导率的精确预测。Sodeyama 等人利用了多元线性回归、最小绝对收缩与选择算子、详尽搜索—线性回归三种算法，预测了液体电解质的配位能和熔点。Hezave 等人将神经网络的方法应用于三元体系电解液，研究神经网络工具在预测复杂体系的电解液电导率方面的适用性，并通过实验验证了算法的准确度。Kauwe 等人基于 scikit-learn 工具箱，通过内核岭回归、随机森林和支持向量回归算法，实现了电池系统 25 次循环下的放电容量预测，应用机器学习技术完成潜在电池材料发现与优化。

数据驱动方法可促进电极材料发现或优化。2010 年，Hautier 等人就给出了利用机器学习算法加速三元材料及其晶体结构的发现过程，通过建立基于实验晶体结构数据库的概率预测模型，对新的三元材料进行了大规模研究并发现了 209 种新的化合物。2014 年，Meredig 等人开发了基于启发式算法的大数据算法，筛选出其中 8 种有望成为新型稳定材料的三元化合物。Sendek 等人提出了一种大规模计算筛选方法，可用于识别锂离子电池固态电解质的可选材料，并通过对离子电导率分类模型进行训练，将 12000 多种候选材料筛选至 21 种。

机器学习技术为海量数据处理提供了算法基础并为新材料设计提供了新的解决思路——利用各类机器学习算法，揭示材料性能和微观结构映射关系，在长时间尺度大规模系统中进行高精度模拟。然而，机器学习在电池材料设计应用方面仍然存在一些问题，如机器学习建立模型的质量对数据集的质量和数量都有较高的要求；模型的效果对特征的选取有依赖性等。在未来的研究中，通过建立自动化特征工程，可有效缩短经验性模型训练过程，提高机器学习模型的可解释性，并利用模型获得的结果加深对机理的理解。

（二）结合大数据技术的电池生产优化

锂电池的生产成本对废料率和工艺偏差高度敏感，其使用材料成本占生产成本的 75% 左右。同时，在碳排放与碳平衡方面，锂离子电池生产过程排放的二氧化碳占电动汽车二氧化碳排放量的 50%。考虑到成本和环境影响，深入了解锂电池生产与质量管理过程，有利于生产故障及工艺偏差管控的有效实现。数据驱动为锂电池生产过程中经济效率的提升提供了一种新的管控途径，可有效解决传统生产制造中偏差管控难、效率低的问题。

Turetskyy 等人提出了一种基于数据驱动模型的电池产品设计方法，可以从中间产品特征预测最终产品的特性。Riexinger 等人将数据驱动方法与电池生产应用结合，建立电池生产可追溯系统，实现电池全生命周期数据汇总与故障识别。刘凯龙等提出了基于高斯过程回归的机器学习算法，量化电池生产中的特征变量，实现对电池电极质量负荷影响的预测，保证电池的性能和生产效率。Thiede 等人将机器学习方法应用于电池生产的电极涂布/干燥机，在不需要大量先验知识的条件下实现较好的机器性能管控，并分析影响因素以辅助提高生产效率。

综上，基于大数据的机器学习算法在锂电池生产过程的质量预测、加工等方面取得了良好的应用效果，可以有效改善电池的生产品质。然而，数据驱动的方法仍然存在一些问题。由于机器学习算法建立在大规模数据集群基础上，因此对于新电池的生产过程在缺乏充分数据集的条件下可能难以保证性能管控及预测精度。此外，目前机器学习参与电池生产的环节较少，更多应用场景仍不明确，在电池生产过程的涂布、碾压、注液、化成等阶段中均可能会有大数据算法预测及管控的参与，更多生产应用技术亟待突破。

（三）基于分类算法的动力电池分选与配组优化

动力电池使用时通常以串并联结构形成动力电池组，以满足电动汽车使用时的功率和能量需求。然而，在电池成组过程中，因生产制造过程中存在随机性、材料特征的各向异性、动力电池容量及内阻等参数不相同等问题，电池成组后通常存在不一致性，表现为各单体端电压值、内阻、真实容量等不一致，导致部分单体长期处于相对较高倍率的循环过程中，产生加速老化、内阻上升等问题，并对电池安全性产生影响。对于出厂后的电池组，可使用均衡技术管控不一致性，而在出厂前，对单体电池的分选、配组等则是管控电池初始不一致性的重要方式。

目前的电池配组方案大多基于电池外特性参数，如外电压特性、内阻特性等，配组效果难以评估，准确性难以保证。采用基于数据驱动的方法，特别是分类算法可有效实现电池优化配组。如采用聚类算法对电池不一致性进行评估并对电池按特征进行自动分类，或采用支持向量机等基于部分人工分类结果对其余电池进行按需分类。

王晴等人提出了一种Squeeze算法，用于电池的快速测试和分拣系统，该算法基于完整充放电特性数据库，通过电池测试所得的局部曲线与数据库曲线对比完成聚类，实现了100节电池的自动聚类，准确度达到86%。贺奉贤等人研究了基于神经网络的磷酸铁锂电池分选方法，并通过电池容量和热性能完成聚类。经分选后电池的最大电压不一致性为0.197%，最高温度不一致性为0.665%，优于未分选电池组温度不一致性（0.95%）。崔许健等人提出了一种基于自组织映射的神经网络算法实现锂离子电池的一致性评估，综合比较和分析充放电过程中获得的真实锂离子电池参数及数据，配组为高一致性的电池组，实验结果表明经聚类后配组电池组容量比随机配组的电池组可用容量提高1.9%。冯雪松等人提出了基于时间序列数据的聚类质量评价指标的电池组不一致性评价方法，通过建立单个电池的时间序列模型，利用模式距离来测量电池之间的电压差，然后利用 K 均值聚类算法实现各单元的聚类分析，最后利用 Davis-Bouldin 聚类质量评价指标对电池包的不一致性进行了判定，可以实现动力电池组的不一致性评估。

基于机器学习的选配组装的模组在性能上较现有的多参数配组、单参数配组方法实现了提升。然而，其现阶段对电池的分选主要从电池电压、内阻和温度等外特性参数入手，并未综合考虑电池性能，在未来仍需深入研究基于综合性能指标设计的配组方案。

四　数据驱动下动力电池模型构建

（一）基于大数据的电池建模

随着大数据学习发展，以数据驱动算法为代表的新一代动力电池模型为动力电池建模提供了新的解决思路与理论基础。数据驱动模型通过线性或非线性的映射关系来描述电池动态特性，而无须了解电池内部机理，从而解决了传统动力电池建模过程中参数辨识难度大、电池机理依赖度强等问题。早期的数据驱动模型大多建立于已有算法基础之上，通过耦合简单的动力电池理论实现模型构建。该类模型可用于实现动力电池管理的基本功能，包括 SOX 估计、模型辨识等，然而，受限于计算系统能力，模型的适用性差、训练速度慢等问题难以解决。

2007 年，Parthiban 等建立了基于神经网络的锂离子电池寿命预测模型，而 2008 年 Bharath 等引入支持向量机算法研究动力电池容量估计。2009 年 Saha 等利用回归向量机算法实现了锂离子电池模型的参数辨识与估计。随着神经网络算法的发展与普及，先进的数据驱动算法、数据驱动与锂离子电池机理耦合建模方法等成为动力电池数据驱动模型的重要研究方法。为提高数据驱动模型适应性，降低对训练数据集性能要求，国内外学者针对该模型提出了多种改进方法，包括原始数据修复降噪、高效特征提取等方法降低模型对数据集要求，耦合电化学机理等实现模型微观参数观测，改进学习算法提高模型精度、鲁棒性等。Klass 等人采用 SVM 建模方法实现了锂离子电池在车用工况下的 SOH 估计，其中 SVM 模块的功能是将电流、温度和 SOC 作为输入参数，用于估计内阻和容量，从而实现锂离子电池 SOH 估计。实验结果表明，在 30%~90% 的 SOC 区间和 0~40℃范围内，该模型具有较好的估计精度。Yang 等人将支持向量机用于磷酸铁锂电池的 SOH 估计，结合粒子群优化算法来改善全局最优性能；采用稳态及动态工况结果加以验证，其 SOH 的估计误差在 3% 以下。

然而，神经网络模型受限于有限的训练集内容，无法实现复杂工况、地域、气候下的高适应性与强泛化能力；同时神经网络模型也因数据分布不均、计算节点工作量不同而产生长尾效应，难以实现高效分布式计算，同时神经网络模型建模复杂，计算量较大，不适用于在线实时运行过程。

（二）基于行车数据的电池模型修正

除了以数据驱动算法为基础的电池模型外，等效电路模型与电化学模型也是重要的电池模型类型。等效电路模型通过一系列电阻电容元件模拟电池外特性与动态计划特性，电化学模型则通过一系列偏微分方程组描述动力电池内部电化学反应、副反应、产热传热机制等，实现高精度电池宏观、微观性能模拟与仿真。然而等效电路模型与电化学模型在实际应用的过程中，存在全生命周期下模型自适应性差、不同应用场景下泛化性差、参数依赖出厂标定等问题。使用数据驱动算法在云端实现动力电池模型参数辨识并实现电池模型的自学习更新，可有效解决动力电池模型精确构建难题。

Hashemi 等人提出了基于二阶等效电路模型的自适应锂离子电池模型，模型的参数采用支持向量机算法实现有监督实际学习范式估计，验证结果表明基于机器学习的参数估计具有良好的准确性和鲁棒性，实现高精度电池模型构建，平均误差小于 0.4%。朱闪等人通过电化学阻抗谱测试数据，利用支持向量机算法进行电化学阻抗谱参数识别，给定电化学阻抗谱的最优等效电路模型，获得了较好的拟合效果。Kim Minho 等人提出了一种基于机器学习的锂离子电池参数识别方法，采用深度贝叶斯神经网络对等效电路模型进行了有效识别，与遗传算法、粒子群算法和最小二乘估计算法相比，该方法识别最优参数所需的模型仿真运行次数较低，且误差比优化算法低 10 倍左右。

然而基于数据驱动的参数辨识过程难以应用于电化学模型，在缺乏对动力电池运行机理分析、电化学模型内宏观参数与微观参数强耦合的条件下，基于外特性参数实现电池电化学模型参数辨识算法仍需深入研究。此外，分析动力电池运行特征，构建特征库与电池模型参数映射关系，也可为实现基于大数据算法的动力电池模型参数辨识提供参考。

五　基于大数据的动力电池全生命周期管理方法

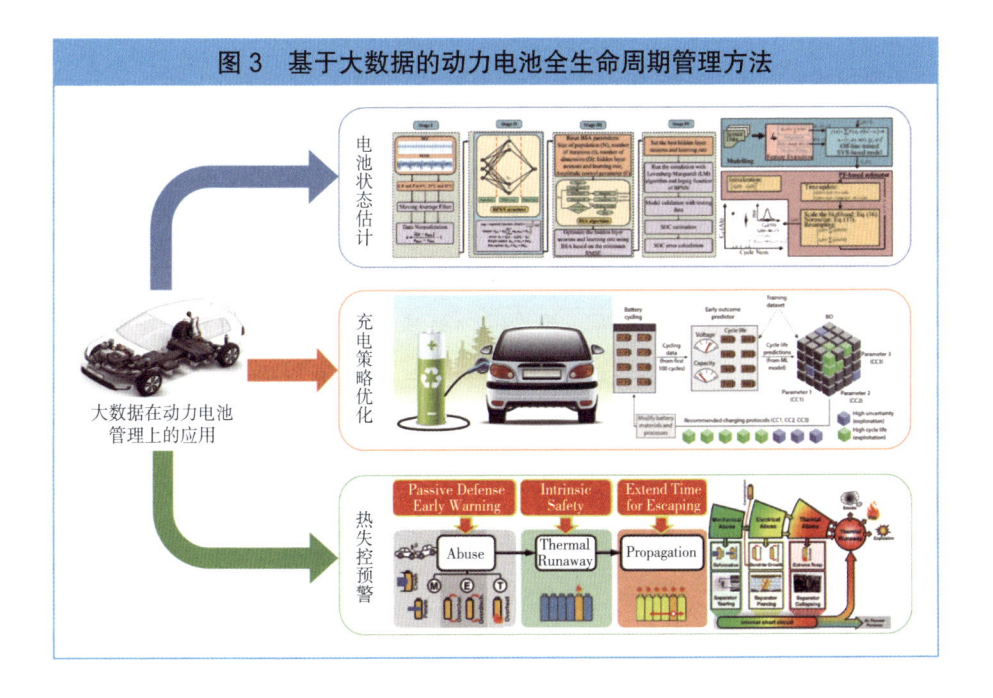

图 3　基于大数据的动力电池全生命周期管理方法

（一）高精度 SOC 估计

电池的 SOC 直接表征了电池的充电与放电边界，因此，高精度、全环境适应性的 SOC 估计深刻影响了动力电池的高效、安全控制。传统动力电池 SOC

估计方法主要包括安时积分法、滤波法与电化学模型法等，然而这三类方法在计算复杂度、精度、参数辨识难度、环境适应性等方面难以达到平衡。随着对神经网络模型的深入研究，基于行车数据的数据驱动算法是近年来新提出的高效 SOC 估计算法。不仅避免了对复杂电化学机理的研究，而且通过不同地域、时域下的数据集训练实现较好的环境适应性，从而成为目前 SOC 估计算法的重要研究方向。同时，云平台技术、云端电池管理技术的发展也为基于大数据算法的 SOC 估计提供了基础。

2013 年 Juan 等人利用支持向量机，从一个实验数据集估算高容量锂电池的荷电状态，绝对误差在所有运行状态下都低于 6%。Sheng 等人针对常用机器学习策略对噪声敏感的问题，提出了一种基于模糊最小二乘支持向量机的 SOC 估计方法。该方法运用模糊推理和非线性相关度量，降低具有较低置信度样本对结果的影响，并针对 24 个 50Ah 的磷酸铁锂电池进行试验验证。Li 等人基于支持向量机模型，建立了锂离子电池系统 SOC 预测模型，采用粒子群算法对支持向量机参数进行优化，并通过交叉验证对预测模型的性能进行评估，有效提高了模型的准确率和泛化程度。Zhang 等人提出了一种实时 SOC 的新型稀疏学习机，通过开发一种新的基于传统最小二乘支持向量机来实现，以实时捕捉锂离子电池的过程动态。该学习机在不丢失输入信息的情况下，降低了投影的高维特征空间的位数，提高了模型的稀疏性和精度，最大绝对误差只有传统回归算法的 1/6，且在运算速度上较其快将近 10 倍。

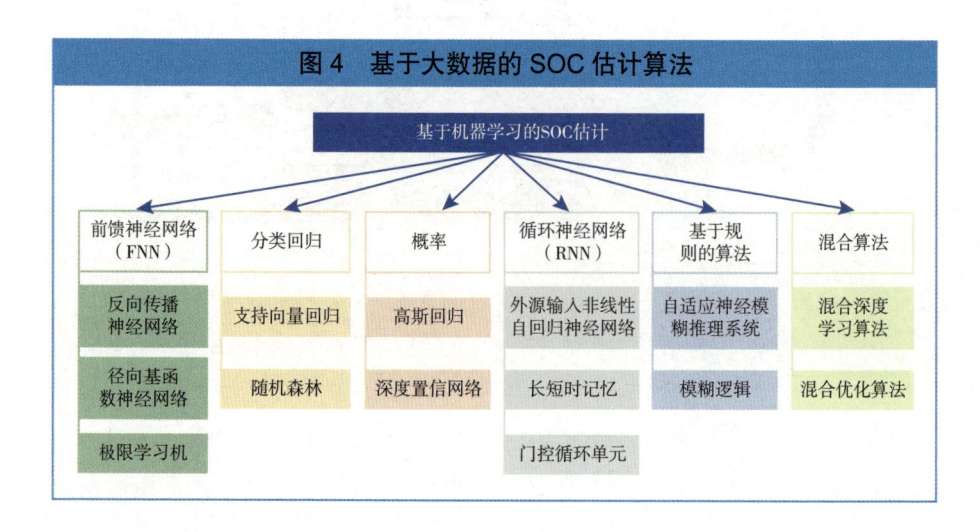

图 4　基于大数据的 SOC 估计算法

基于机器学习的SOC估计

前馈神经网络（FNN）	分类回归	概率	循环神经网络（RNN）	基于规则的算法	混合算法
反向传播神经网络	支持向量回归	高斯回归	外源输入非线性自回归神经网络	自适应神经模糊推理系统	混合深度学习算法
径向基函数神经网络	随机森林	深度置信网络	长短时记忆	模糊逻辑	混合优化算法
极限学习机			门控循环单元		

Ephrem 等人提出了利用深度前馈神经网络进行电池荷电状态估计的方法，将电池测量结果直接映射到荷电状态，模型经训练后，能够在各种环境温度下估算 SOC，并且在不同数据的验证后，在 25℃平均绝对误差为 1.10%，-20℃平均绝对误差为 2.17%。Wei 等人利用长短时记忆算法，但他们将混合基于带外源输入的非线性自回归神经网络模型嵌入长短时记忆的内存中，在时间展开的模型中提供了跳跃式连接，减少了对递归神经网络的长期依赖，经实验证明，模型估计性能均方根误差小于 1%。赵波提出以电压增量作为锂离子电池荷电状态估计的新的输入特征，一端口电压、电流和电压增量作为输入，当前 SOC 作为输出训练神经网络，降低了算法复杂度，避免了神经网络算法不考虑电池内部结构导致的估计不准确问题，提高了估算速度和估计精度。Huang 等人利用卷积门控递归单元网络进行 SOC 估计，可以学习整个神经网络的所有参数，将研究人员从人工参数化建模中释放出来，并且可以估计各种环境温度下的荷电状态。

目前，大多数机器学习模型都只给出了"黑盒"的电池状态预测，难以用机理对其进行解释。实现在线估计的机器学习相关算法对数据集的体量和准确性有较高的要求，难以在硬件中实现，如何减少计算量且能够在硬件中实现在线估计是需要解决的问题。

（二）SOH 估计

实车长期运行下电池会老化，性能显著下降，表现为容量衰减或功率衰减。电池健康状态（State of health，SOH）量化了锂离子电池内部的状态和老化的程度。通过准确的 SOH 估计，不仅可以指导动力电池使用，而且可以为电池提供最好的保护，延长电池系统的使用寿命。

由于复杂的电化学反应和应用条件，获得准确和鲁棒性高的 SOH 难度较大。SOH 估计算法可以分为三类：直接标定方法、基于模型的估计方法和机器学习方法（见图 5）。由于电池在频域的阻抗谱随电池老化而产生规律性变化，因此 EIS 被广泛地应用于 SOH 的估计。此外，增量容量分析和差分电压分析等外特性分析方法、基于电化学阻抗谱的电化学分析技术，可用于分析不同化学成分电池电压响应的降解行为。该类 SOH 估计方法较为基础但可靠性较高，对

图 5　常用的 SOH 估计机器学习算法

非循环神经网络：
- 前馈神经网络（FNN）
- 径向基函数（RBF）
- 汉明神经网络（HNN）
- 支持向量机（SVM）
- 贝叶斯神经网络（BN）

循环神经网络：
- 长短时记忆（LSTM）
- 双向长短时记忆（BiLSTM）
- 动力驱动递归神经网络（DRNN）

于测试条件的要求比较严格，难以在实际应用中实现。随着数据采集和分析技术的发展，利用数据驱动的方法实现电池 SOH 的在线评估，成为一种重要的方法。

Severson 等人也利用机器学习的方法，对生成的包含 124 块磷酸铁锂电池的综合数据集中进行训练，最好的模型在前 100 个周期定量预测周期寿命时达到 9.1% 的测试误差，强调了将数据和数据驱动模型结合起来预测复杂动力系统行为的前景，该成果发表在 *Nature Energy*。宋凌珺等人提出了一种基于大数据平台收集电动汽车真实数据的智能 SOH 估计框架，在退化指数驱动的前馈神经网络中实现深度学习，通过 700 辆不同行驶方式的车辆进行了为期一年的监测，数据集验证了方法的有效性，结果表明估计 SOH 的最大误差为 4.5%，能够描述基于大数据平台的电池组老化趋势。Wei 等使用电池容量作为状态变量，以恒流恒压协议下的代表性特征为输入变量，建立了基于支持向量回归的 SOH 状态空间模型来模拟电池老化机理，并采用粒子滤波器估计阻抗退化参数来抑制电流和电压的测量噪声，通过实验检测提出的估计方法拥有较好的精度和鲁棒性。而 He 等则采用长短期记忆递归神经网络学习锂离子电池容量退化，采用弹性均方反向传播方法对神经网络进行自适应优化，并使用 dropout 技术解决过拟合问题，取得了较好的估计效果。

（三）热失控预警

以数据驱动算法、物理模型驱动算法为基础的热失控预警算法等为动力电池安全管理提供了理论和技术支撑。北京理工大学孙逢春院士团队基于实际火灾车运行数据分析了典型的电动汽车起火原因与动力电池热失控诱因，系统分析了电池过充电、外部短路、内部短路、过放电以及挤压碰撞等安全问题，并建立了存在外部短路情况下的动力电池三维热模型，描述了动力电池单体的内外温度场分布。华南理工大学的李志杰等人运用复杂系统安全理论结合电动汽车实际工况，提出基于整体精细化模型可量化、层次化的动力电池包系统安全性评价。时玉帅等人从短期安全预警与长期健康预警两个层面分析了动力电池 SOC 跳变、单体过压、单体欠压、单体过温、压差过大、温差过大等常见动力电池故障，并阐述了故障产生的可能原因及预警方法。

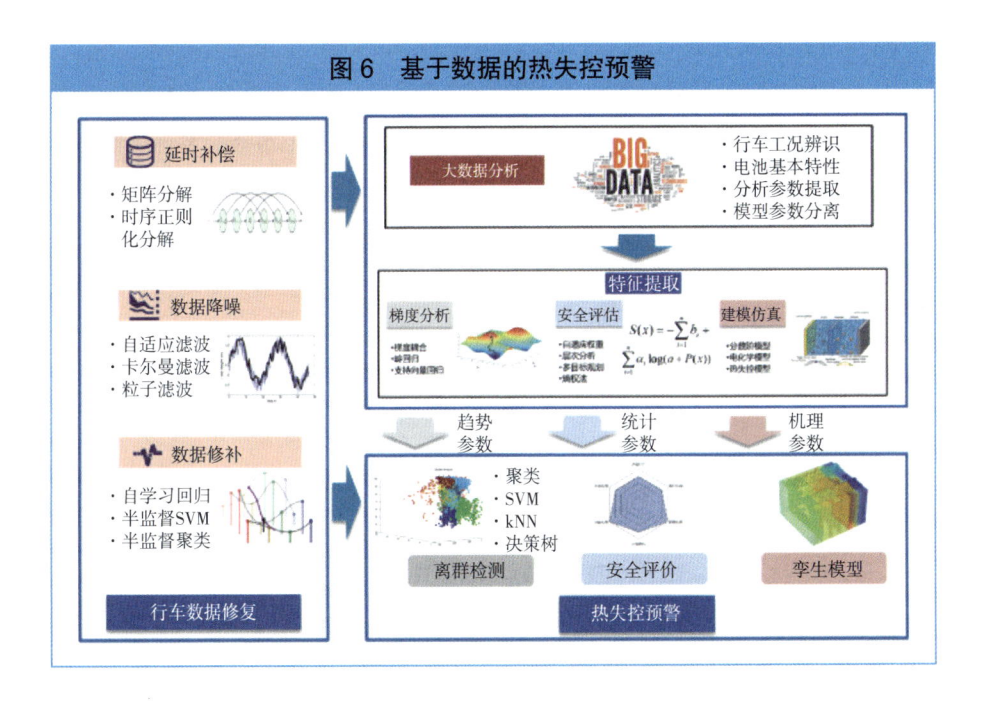

图 6　基于数据的热失控预警

然而，现有的热失控技术大多基于热失控发生后的应急管控，针对长时间热失控预警算法与机制设计仍存在理论与技术难题。现有的动力电池建模理论无法支撑全生命周期、全气候、复杂场景下的热失控触发模型构建，现有的特征提取方法也无法阐述热失控发生前微观结构的缓慢变化与宏观特性参数之间的映射关系。

（四）充电策略优化

快充是支撑电动汽车长时间运行的关键技术之一。传统的动力电池快充策略设计大多依据实验完成，通过设计大量电池快充实验，结合三电极测试、拆解后显微结构测试等实现动力电池快充策略评价。传统设计方法耗时费力，且难以保证最终快充策略高效安全。

机器学习技术通过动力电池实际运行数据及测试数据，实现快充策略的设计与性能预测，在电池快充策略设计中提供了新的方法。Severson 等人提出通过电池早期循环数据来准确预测电池寿命，并将其应用在电池生产、使用和优化中，特别是快充策略的优化。通过利用早期循环数据准确预测磷酸铁锂电池的循环寿命，在 72 种不同的快充策略中进行优选。Attia 等人利用 Severson 生成的数据集，使用机器学习方法，实现了 10 分钟快速充电策略的设计并预测了电池电流和电压分布，在 16 天内快速识别了 244 个候选的高循环寿命充电策略（未经机器学习进行早期预测的穷举搜索花费时间超过 500 天），该成果发表在 Nature 上。Frendo 等人将机器学习模型与智能充电算法结合，实现充电边界预测，通过利用从 2016 年至 2018 年 1001 辆电动汽车获取的电池充电数据，设计了 18 个电池充电策略，充电电流提高了 21%。

机器学习让短时间内实现多参数的优化、充电策略优化成为可能，为快速充电和电网更新升级提供助力，有望解决电动汽车里程焦虑的难题。

六 大数据技术在梯次利用场景下的应用

电动汽车中应用的动力电池组老化后存在容量下降与内阻上升问题，在达到寿命终止条件后（通常为 SOH 降至 80%）应停止装车使用并进入回收阶段。目前，电池回收主要包括梯次利用与拆解回收两方面。梯次利用将老化电池用于储能等场景，在缺乏对电池寿命、内阻等准确估计的情况下，梯次利用电池难以实现健康、安全状态评价，梯次利用价值评估难。而电池拆解，则是直接将电池包拆解成模组、单体、电池材料，实现电池的全生命周期利用。

北京航空航天大学宋凌珺等结合上海市新能源汽车公共数据采集与监测研

究中心的数据资料，从历史运行数据中提取健康特征，使用前馈神经网络结合深度学习算法实现动力电池 SOH 估计。华北电力大学邓浩然等基于对磷酸铁锂动力电池特性参数分析提出采用欧姆内阻表征电池健康状态的方法，并通过单体电池加速老化试验建立了电池实际容量与欧姆内阻间的关系，应用等效电路模型与自适应无迹卡尔曼滤波算法辨识欧姆内阻与 SOH 映射关系，实现对各单体电池健康状态的实时在线评价。Yu 等人提出采用神经网络模型实现梯次利用寿命评估，综合考虑电池类型、型号、材料、状态等电池特性，对电池进行编码和跟踪，然后利用训练样本对神经网络模型进行训练，从而构建能够预测退役锂电池剩余能量的神经网络模型，对梯级利用寿命进行估算。Wang 等人提出了一种根据中心最小二乘法获取电池单体容量的新算法，通过估算电池组的静态开路电压，预测电池组 SOC，实现电池梯次利用评估。

目前，基于大数据的动力电池残值评估技术主要解决动力电池剩余容量估算或健康状态估计问题，通过电池特征提取、关键参数辨识等实现 SOH 估计。同时，基于内阻估计、容量估计的梯次利用评估方法也提供了可行的解决方案。然而，目前针对电池实际可用的梯次利用方案仍基于实验测试等方法，且缺乏针对老化后电池组的明确处理方法。基于大数据技术开发的残值评估技术仍需探索评价体系构建方法，从而为大数据在实际的梯次利用应用落地上提供理论与技术支持。

七　总结和展望

本文综述了大数据技术在动力电池全生命周期中的应用，特别是在电池的材料设计、生产制造、一致性筛选、电池管理，以及梯次利用和回收等阶段的研究中，机器学习表现出了较好的性能，在未来电池技术的发展中可能获得更多应用。

然而，目前大数据技术的应用仍然存在局限性。首先，机器学习模型和算法可以进一步开发和优化，以满足电池在生产应用中的需求，在处理包含复杂特征的海量数据时，能够获得更高的学习精度和训练效率；同时，通过与先进的机器学习算法结合可实现更高精度、环境适应性的模型构建，如采用迁移学习算法实现在不同电池型号、体系、使用地域等环境下的算法适配。其次，大数据方法可以在电池全产业链中获得更多的应用，例如电池老化机理分析、故障诊断、热失控预警和已有电池模型的参数辨识和调节。此外，在电池的设计、制造和选配过程中，数据的获取常依赖于复杂的实验和昂贵的设备，研究人员获取数据后进行相应处理，在计算机中建立数据驱动模型进行训练，此类传统研究过程的智能化程度较低，处理的效果会受到人工误操作的影响，且效率较低；目前的车载电池管理系统受车规级嵌入式系统的存储和计算能力限制，难以实现电池全生命周期数据的存储，无法满足高精度电池状态估计算法运算能力的需求。

随着物联网技术的发展，基于云端计算平台的动力电池全生命周期设计与管理方法将成为大数据技术应用的新基础。跟踪动力电池从材料设计，到生产制造加工、装车应用，再到寿命终止时的残值评估，大数据算法通过全生命周期数据库与精细化模型构建实现动力电池的全寿命管理与应用，并结合车云协同、多车协作的数据网络，实现面向不同地域、应用场景与环境的动力电池设计与管理方法。未来，基于动力电池云端管理平台将会实现更多大数据方法的落地应用，为电池提供更为全面的全生命周期管理解决方案。

参考文献

［1］卢婷、杨文强：《锂离子电池全生命周期内评估参数及评估方法综述》，《储能科学与技术》2020 年第 3 期，第 657~669 页。

［2］陈泽宇、熊瑞、孙逢春：《电动汽车电池安全事故分析与研究现状》，《机械工程学报》2019 年第 24 期，第 93~104+16 页。

［3］李志杰、陈吉清、兰凤崇、郑文杰：《机械外力下动力电池包的系统安全性分析与评价》，《机械工程学报》2019 年第 12 期，第 137~148 页。

［4］时玉帅、熊金峰、樊海梅：《动力电池常见故障分析与预警方法》，《广东化工》2019 年第 13 期，第 115~116+3 页。

［5］邓浩然：《锂离子动力电池组健康状态评价及梯次利用》，华北电力大学硕士学位论文，2018。

［6］Meftahi N, Klymenko M, Christofferson AJ, Bach U, Winkler DA, Russo SP. Machine learning property prediction for organic photovoltaic devices. npj Computational Materials.

2020;6.

[7] Eslamloueyan R, Khademi MH, Mazinani S. Using a Multilayer Perceptron Network for Thermal Conductivity Prediction of Aqueous Electrolyte Solutions. Industrial & Engineering Chemistry Research. 2011;50:4050-6.

[8] Hezave AZ, Raeissi S, Lashkarbolooki M. Estimation of Thermal Conductivity of Ionic Liquids Using a Perceptron Neural Network. Industrial & Engineering Chemistry Research. 2012;51:9886-93.

[9] Sodeyama K, Igarashi Y, Nakayama T, Tateyama Y, Okada M. Liquid electrolyte informatics using an exhaustive search with linear regression. Phys Chem Chem Phys. 2018;20:22585-91.

[10] Hezave AZ, Lashkarbolooki M, Raeissi S. Using artificial neural network to predict the ternary electrical conductivity of ionic liquid systems. Fluid Phase Equilibria. 2012;314:128-33.

[11] Kauwe S, Rhone T, Sparks T. Data-Driven Studies of Li-Ion-Battery Materials. Crystals. 2019;9.

[12] Hautier G, Fischer CC, Jain A, Mueller T, Ceder G. Finding Nature's Missing Ternary Oxide Compounds Using Machine Learning and Density Functional Theory. Chemistry of Materials. 2010;22:3762-7.

[13] Meredig B, Agrawal A, Kirklin S, Saal JE, Doak JW, Thompson A, et al. Combinatorial screening for new materials in unconstrained composition space with machine learning. Physical Review B. 2014;89.

[14] Sendek AD, Cubuk ED, Antoniuk ER, Cheon G, Cui Y, Reed EJ. Machine Learning-Assisted Discovery of Solid Li-Ion Conducting Materials. Chemistry of Materials. 2018;31:342-52.

[15] Turetskyy A, Wessel J, Herrmann C, Thiede S. Battery production design using multi-output machine learning models. Energy Storage Materials. 2021;38:93-112.

[16] Bussa GA, Schöbelb K, Enslingb D, Bauernhansla T. Integration of Traceability Systems in Battery Production. Procedia CIRP. 2020.

[17] Liu K, Wei Z, Yang Z, Li K. Mass load prediction for lithium-ion battery electrode clean production: A machine learning approach. Journal of Cleaner Production. 2021;289.

[18] Thiede S, Turetskyy A, Loellhoeffel T, Kwade A, Kara S, Herrmann C. Machine learning approach for systematic analysis of energy efficiency potentials in manufacturing processes: A case of battery production. CIRP Annals. 2020;69:21-4.

[19] Cui X, Garg A, Trang Thao N, Trung NT. Machine learning approach for solving inconsistency problems of Li-ion batteries during the manufacturing stage. International Journal of Energy Research. 2020;44:9194-204.

[20] Hong J, Wang Z, Chen W, Wang L, Lin P, Qu C. Online accurate state of health estimation for battery systems on real-world electric vehicles with variable driving conditions considered. Journal of Cleaner Production. 2021;294.

[21] He F, Shen WX, Song Q, Kapoor A, Honnery D, Dayawansa D. Clustering LiFePO4 cells for battery pack based on neural network in EVs. ITEC Asia-Pacific2014.

[22] Feng X, Zhang X, Xiang Y. An inconsistency assessment method for backup battery packs based on time-series clustering. Journal of Energy Storage. 2020;31.

[23] Parthiban T, Ravi R, Kalaiselvi N. Exploration of artificial neural network [ANN] to predict the electrochemical characteristics of lithium-ion cells. Electrochimica Acta. 2007;53:1877-82.

[24] Pattipati B, Pattipati K, Christopherson JP, Namburu SM, Prokhorov DV, Qiao L. Automotive Battery Management Systems. IEEE AUTOTESTCON. 2008.

[25] Saha B, Goebel K, Christophersen J. Comparison of prognostic algorithms for estimating remaining useful life of batteries. Transactions of the Institute of Measurement and Control 2009;31:293–308.

[26] Guo Y, Huang K, Hu X. A state-of-health estimation method of lithium-ion batteries based on multi-feature extracted from constant current charging curve. Journal of Energy Storage. 2021;36.

[27] Yang D, Wang Y, Pan R, Chen R, Chen Z. State-of-health estimation for the lithium-ion battery based on support vector regression. Applied Energy. 2018;227:273-83.

[28] Hashemi SR, Baghbadorani AB, Esmaeeli R, Mahajan A, Farhad S. Machine learning-based model for lithium-ion batteries in BMS of electric/hybrid electric aircraft. International Journal of Energy Research. 2021;45:5747-65.

[29] Zhu S, Sun X, Gao X, Wang J, Zhao N, Sha J. Equivalent circuit model recognition

of electrochemical impedance spectroscopy via machine learning. Journal of Electroanalytical Chemistry. 2019;855.

[30] Kim M, Chun H, Kim J, Kim K, Yu J, Kim T, et al. Data-efficient parameter identification of electrochemical lithium-ion battery model using deep Bayesian harmony search. Applied Energy. 2019;254.

[31] Alvarez Anton JC, Garcia Nieto PJ, Blanco Viejo C, Vilan Vilan JA. Support Vector Machines Used to Estimate the Battery State of Charge. IEEE Transactions on Power Electronics. 2013;28:5919-26.

[32] Sheng H, Xiao J. Electric vehicle state of charge estimation: Nonlinear correlation and fuzzy support vector machine. Journal of Power Sources. 2015;281:131-7.

[33] Li R, Xu S, Li S, Zhou Y, Zhou K, Liu X, et al. State of Charge Prediction Algorithm of Lithium-Ion Battery Based on PSO-SVR Cross Validation. IEEE Access. 2020;8:10234-42.

[34] Zhang L, Li K, Du D, Guo Y, Fei M, Yang Z. A Sparse Learning Machine for Real-Time SOC Estimation of Li-ion Batteries. IEEE Access. 2020;8:156165-76.

[35] Chemali E, Kollmeyer PJ, Preindl M, Emadi A. State-of-charge estimation of Li-ion batteries using deep neural networks: A machine learning approach. Journal of Power Sources. 2018;400:242-55.

[36] Wei M, Ye M, Li JB, Wang Q, Xu X. State of Charge Estimation of Lithium-Ion Batteries Using LSTM and NARX Neural Networks. IEEE Access. 2020;8:189236-45.

[37] Huang Z, Yang F, Xu F, Song X, Tsui K-L. Convolutional Gated Recurrent Unit–Recurrent Neural Network for State-of-Charge Estimation of Lithium-Ion Batteries. IEEE Access. 2019;7:93139-49.

[38] Zhao B, Hu J, Xu S, Wang J, Zhu Y, Zhang L, et al. Estimation of the SOC of Energy-Storage Lithium Batteries Based on the Voltage Increment. IEEE Access. 2020;8:198706-13.

[39] Barré A, Deguilhem B, Grolleau S, Gérard M, Suard F, Riu D. A review on lithium-ion battery ageing mechanisms and estimations for automotive applications. Journal of Power Sources. 2013;241:680-9.

[40] Shu X, Li G, Shen J, Lei Z, Chen Z, Liu Y. A uniform estimation framework for state of health of lithium-ion batteries considering feature extraction and parameters optimization. Energy. 2020;204.

[41] Stroe DI, Swierczynski M, Stroe AI, Kaer SK, Teodorescu R. Lithium-ion battery power degradation modelling by electrochemical impedance spectroscopy. IET Renewable Power Generation. 2017;11:1136-41.

[42] Li X, Wang Z, Zhang L, Zou C, Dorrell DD. State-of-health estimation for Li-ion batteries by combing the incremental capacity analysis method with grey relational analysis. Journal of Power Sources. 2019;410-411:106-14.

[43] Honkura K, Takahashi K, Horiba T. Capacity-fading prediction of lithium-ion batteries based on discharge curves analysis. Journal of Power Sources. 2011;196:10141-7.

[44] Severson KA, Attia PM, Jin N, Perkins N, Jiang B, Yang Z, et al. Data-driven prediction of battery cycle life before capacity degradation. Nature Energy. 2019;4:383-91.

[45] Song L, Zhang K, Liang T, Han X, Zhang Y. Intelligent state of health estimation for lithium-ion battery pack based on big data analysis. Journal of Energy Storage. 2020;32.

[46] Wei J, Dong G, Chen Z. Remaining Useful Life Prediction and State of Health Diagnosis for Lithium-Ion Batteries Using Particle Filter and Support Vector Regression. IEEE Transactions on Industrial Electronics. 2018;65:5634-43.

[47] Zhang Y, Xiong R, He H, Pecht MG. Long Short-Term Memory Recurrent Neural Network for Remaining Useful Life Prediction of Lithium-Ion Batteries. IEEE Transactions on Vehicular Technology. 2018;67:5695-705.

[48] Attia PM, Grover A, Jin N, Severson KA, Markov TM, Liao YH, et al. Closed-loop optimization of fast-charging protocols for batteries with machine learning. Nature. 2020;578:397-402.

[49] Frendo O, Graf J, Gaertner N, Stuckenschmidt H. Data-driven smart charging for heterogeneous electric vehicle fleets. Energy and AI. 2020;1.

[50] Yu H, Dai H, Tian G, Wu B, Xie Y, Zhu Y, et al. Key technology and application analysis of quick coding for recovery of retired energy vehicle battery. Renewable and Sustainable Energy Reviews. 2021;135.

[51] Wang L, Wang X, Yang W. Optimal design of electric vehicle battery recycling network – From the perspective of electric vehicle manufacturers. Applied Energy. 2020;275.

电池安全研究篇 | **基于大数据的新能源汽车动力电池系统诊断与评估**

◎ 程阳阳　韩雪冰　郑岳久　冯旭宁　卢兰光　欧阳明高*

* 程阳阳，清华大学电池安全实验室，主要研究方向为电池耐久性与电池系统一致性；韩雪冰，清华大学车辆与运载学院助理研究员，主要研究方向为动力电池的建模仿真、机理辨识、优化设计与管理；郑岳久，上海理工大学机械工程学院副教授、博士生导师，主要研究方向为电池成组理论、单体间不一致性、梯次利用、故障诊断、状态估计；冯旭宁，清华大学车辆与运载学院助理教授、博士生导师，主要研究方向为动力及储能电池安全性；卢兰光，清华大学车辆与运载学院副研究员，主要研究方向为车用燃料电池、混合动力及动力电池等新能源动力研发；欧阳明高，清华大学教授，中国科学院院士。

摘　要： 新能源车电池系统由成百上千个电池单体以不同串并联方式组合而成，在新能源车的使用过程中，系统内各电池单体性能不断衰减，单体间的不一致性逐渐增加。在一些不当使用的工况下，单体间的不一致性还有可能剧烈增加，导致动力电池系统提前失效，甚至引发安全性问题。电池系统的一致性是电池状态的重要表征，可用于系统的诊断与评估。随着车联网的发展，新能源车的运行数据被实时监控并上传至云端大数据平台，但数据平台的数据普遍存在采样周期长、精度低、错漏多等问题，传统的方法难以正常运行，亟须考虑云端数据的典型特性，探索可靠高效的诊断评估算法。本文以车用锂离子电池系统为研究对象，采用容量－电量二维矢量指标，考虑云端场景，提出了一种基于最优均衡理论的系统诊断与评估方法，并在实车数据集上进行了方法的验证。验证结果表明，本文所提出的方法能有效表征电池系统衰退过程中的不一致性演化特性，可以实现对系统性能的快速诊断与评估，是一种物理意义突出的系统定量评价指标。此外，本文提出的方法考虑了电池系统的最佳工作状态，探索了电池系统内各单体的最优均衡路径，对于电池系统高效均衡策略的开发具有显著的指导意义。

关键词： 电动汽车　大数据　系统评估　电池寿命

一 引言

　　锂离子电池因具有循环寿命长、能量密度高、安全性好、环境友好的优点，近年来被广泛应用于新能源汽车等领域。作为混合动力电动汽车的部分动力来源、纯电动汽车的全部动力来源，单个锂离子电池无法满足实车运行过程中所需的功率输出和能量续航，因此成百上千个电池单体通常以串联、并联或串并联混合连接方式构成整车的动力电池系统。电池系统的使用性能和安全性无疑取决于每个电池单体的固有性能。然而，由于电池生产过程是十分复杂且精细的，对生产环境和制备工艺均有严格的要求，在任意环节出现微小误差，电池组内电池单体在出厂时即存在初始性能的差异。另外，车用动力电池系统由于使用环境不同、运行工况复杂多变，电池单体间不一致性进一步恶化。电池系统的性能并不是简单地电池单体按比例放大，电池单体成组之后存在"木桶效应"，即电池系统的性能取决于性能最差的单体，电池单体间不一致性的逐渐放大致使电池系统性能和使用寿命急剧衰减。由于这种效应的存在，电池组在一些不当使用工况下可能会出现单体过充、过放等异常情况，严重影响电池系统的安全性。

　　电池组中电池单体间性能差异产生的根本原因是电池生产与组装过程中的差异，对应制备过程中的一致性研究也可以分为四个层级：原材料的一致性、电极的一致性、单体电芯的一致性、电池系统的一致性。这种单体间的不一致性表现为电池外特性参数的不一致，包括电池的电压、容量、内阻、SOC、库伦效率、自放电率等。此外，电池组还存在连接结构不同、电池与连接件间的接触内阻和产热差异。原材料的粒径分布、比表面积、电解液的离子电导率都将影响到电极界面固体电解质界面膜形成的均匀一致性，从而对整体电池的一致性带来极大影响。根据参考，初始容量和容量衰减的速度取决于电极水平的制造差异，尤其是电极厚度和孔隙率的差异。本文介绍了采用工艺链仿真和工艺仿真以及电池性能仿真技术的结合，描述并分析了从锂离子电池电极制造过程到电极结构参数的不确定性的传播以及由此产生的电化学性能差异；并得出结论，阴极层的厚度和质量载荷对涂覆过程中的不确定性敏感，阴极孔隙率对压延过程中的不确定性敏感。正负极材料、电池的制备工艺、电解液的性质与浓度、隔膜厚度、孔隙率的大小、电池存放的温度湿度和时间等因素都会影响电池的自放电程度，其中，自放电率对温度的依赖性较大。电池容量、内阻的一致性及电池的安全性能与电池涂布效果有一定关系，影响涂布质量的主要因素是温度和时间。容量和内阻是与电池老化有关的两个重要参数。由于电池制造产生的差异性，同一批次电池的初始容量通常适合正态分布，即使电池单体组合到电池组中，除了初始不一致之外，它们的衰减率随时间和循环而不同，导致电池间容量差异。内阻主要包括两部分：欧姆内阻和极化内阻。欧姆内阻由正极和负极电极材料、隔膜材料、电解质和其他电池组件的内阻确定。在制造过程中，正极和负极材料的均匀性，电解质和混浆可能存在误差，都可能导致欧姆内阻的差异。极化内阻是由电池组内的极化反应引起的。由于极化内阻依赖于电池温度和SOC，SOC差异和温度差异可能导致极化内阻差异。接触内阻的一致性与连接技术具有很强的关系，包括不同类型、表面粗糙度和接触材料。电池参数的不一致性对采用不同连接方式的电池组有不同的影响。王琳霞等的研究认为，并联电池组应着重保持电池直流内阻的一致性，以保证电流分配均匀；而串联电池组应着重保持容量的一致，因为串联电池组的性能由其中"最差"的电池决定，容量不一致会使电池组的容量下降。孙逢春等对电池组各种连接方式的可靠性进行了讨论，认为先串后并的连接方式的可靠性高于先并后串。接触内阻产热在正常工作温度下占主导地位；反应和焦耳热占在低温下产热的大部分。同时，为了减少发热对电池性能的影响，可以采用冷却方法。然而，由于电池位置和冷却系统设计，每个电池的冷却可能会差异很大，导致产热差异。不均匀的热量和温度是不一致的电池容量衰减的原因。

收集并利用从电池单体到模块再到电池系统等多个级别信息的诊断与评估技术，对于确保电池系统的理想性能和安全性是必要的。锂离子电池组不一致诊断主要取决于提取一组可以评估不一致并区分其原因的特征。北京理工大学的王震坡等人通过5个月的电动公交车的运行试验，运用统计学理论对电池电压不一致性发展规律进行了分析，提出了电压不一致性分布遵循正态分布理论并给出了正态分布的基本参数及计算方法。Jonghoon Kim等人基于离散小波变换对电池电压信号进行特征提取，针对不同频率的电压特征信号取极值和均值表征电池组内单体间的不一致性。Xia等人使用电压曲线的相关系数来检测电

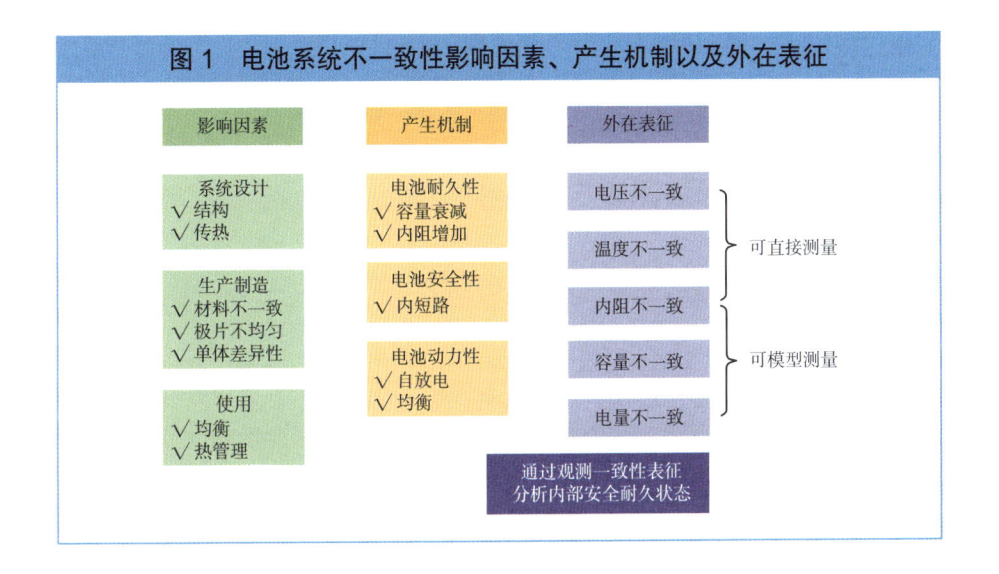

图 1 电池系统不一致性影响因素、产生机制以及外在表征

影响因素	产生机制	外在表征	
系统设计 √结构 √传热	电池耐久性 √容量衰减 √内阻增加	电压不一致 温度不一致	可直接测量
生产制造 √材料不一致 √极片不均匀 √单体差异性	电池安全性 √内短路	内阻不一致 容量不一致 电量不一致	可模型测量
使用 √均衡 √热管理	电池动力性 √自放电 √均衡		
		通过观测一致性表征 分析内部安全耐久状态	

池组的故障，故障检测标准是相关系数低于0.5。Lu等人选取了代表电池不一致性的5个指标，包括容量不一致、电量不一致、内阻不一致等，对每个指标取平均值和均方差并与阈值比较进行单独打分，然后基于层次分析法确定每个指标的权重系数进行综合评价。均值忽略了数据内的数据分布情况因而在应用中会经常导致分析结果失真和模糊，而均方差降低了异常值对数据整体的影响，因此这些统计量不能准确地定量评价电池系统不一致性。清华大学的郑岳久提出了容量—电量二维矢量图（EQ图）使电池组容量及SOC的一致性变成线性问题，并可以图形化。基于容量—电量二维矢量图，清华大学的冯旭宁等人提出了用几何面积来量化电池组一致性的程度。梯形面积评价方法存在缺陷，在某些极端情况比如容量一致而电量差异较大时梯形面积为0，其根本原因是容量和电量不对等，而且梯形面积大小是由四个处在边界的单体决定的，并不能衡量组内其他单体的不一致程度，对于电池系统而言是没有任何物理意义的，因此不存在价值。

基于以上分析可知，电池系统的一致性是电池状态的重要表征，基于电池组不一致性产生机理分析，开发电池系统的不一致性诊断与评估算法，对于有效延长电池组使用寿命并保证电池工作的安全性是必要且有意义的。本文选取了能体现电池状态差异的容量和电量指标，采用容量—电量二维矢量图对电池系统的最佳状态进行研究，基于此研究提出最优均衡理论，实现了对电池系统性能的快速诊断与评估。

二　电池系统诊断与评估方法介绍

（一）电池系统容量—电量二维矢量图理论分析

电池容量通常被定义为电池从厂家指导的上截止电压放电到下截止电压的总电量。电池系统的充放电过程限制于单体电压窗口，因此单体容量将会影响电池系统容量。在没有均衡管理系统作用下，成组单体的容量和SOC不一致导致电池组内某个或某些单体放电到达截止电压时，其他单体仍有电量没有放出，但此时电池组不能继续放电，否则电池组会过放而导致寿命急剧衰减。同样地，某个或某些单体达到其满充电量时，其他单体仍具有可充电能力，但电池组不能继续充电（见图2）。因此，电池组的容量可以定义为组内单体最小剩余可放电电量与最小可充电电量之和，其计算表达式为：

$$C_{pack}= \min（SOC \cdot C）+ \min（1-SOC）\cdot C \qquad (1)$$

式中 C_{pack} 表示电池组容量，SOC 为电池组内所有单体 SOC 构成的向量，C 为电池组内所有单体容量构成的向量。由电池组容量定义可以得出，当单体电池具有最小剩余可放电电量的同时其可充电电量最小，电池组容量等于该单体电池容量，且该单体电池的容量为组内容量最小的单体。但在实际中，由于电池衰减与不一致性的存在，剩余电量最小的单体电池其可充电电量不一定是最小的，因此实际电池系统的容量小于组内任意单体的容量，并且电池系统的容量衰减规律与单体容量衰减规律有较大区别。

对于一个电池组而言，传统方法是通过柱形图 [见图3（a）] 的形式，在一维上展示其组内单体状态差异的情况。虽然柱形图的表示形式比较直观，但是难以从中直接定量找到电池组的状态，对于分析电池组老化过程中容量和电量衰减无明显数学意义。以电池的剩余可放电电量作为纵坐标，容量作为横坐标，将柱形图包含的信息映射在二维图 [见图3（b）] 上，每个单体在图中的坐标由其剩余放电电量和容量唯一确定。显然，在 E-Q 图中等值 SOC 线是穿过原

图 2　电池组容量定义

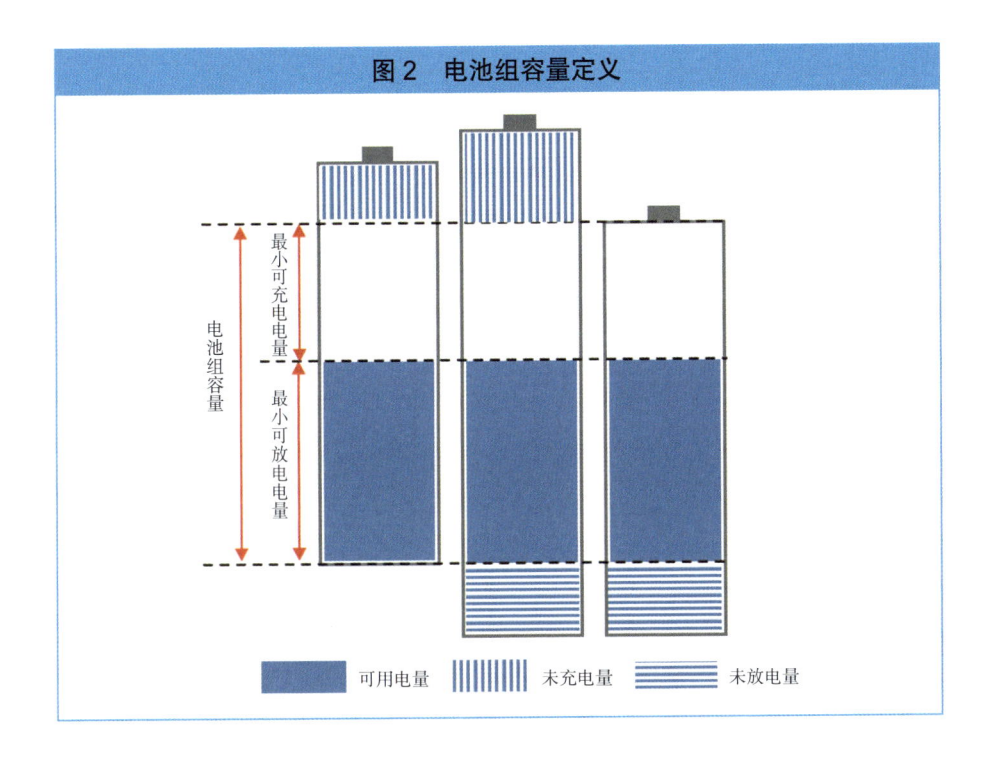

可用电量　未充电量　未放电量

点的斜直线，横坐标轴对应 0%SOC，而斜率为 1 的黑色点划线代表 100%SOC 等值线。电池组内单体的充放电过程为沿纵坐标方向的平移，其满充状态落在黑色点划线也即 100%SOC 等值线上。由于电池组中的所有单体在该示意图上表现为分布的散点，因此可以将此图称为用于描述电池组状态的容量—电量（E-Q）散点图。

图 3（b）中平行于 100%SOC 等值线的平行线簇为等剩余充电电量线，每条等剩余充电电量线上的单体剩余充电电量相等。而平行于容量轴的平行线簇为等剩余放电电量线，每条等剩余充电电量线上单体剩余放电电量相等。图中经过单体 1 的橙色等剩余充电电量线为最小剩余充电电量线，经过单体 2 的蓝色等剩余放电电量线为最小剩余放电电量线。根据电池组容量、电量的定义，最小剩余充电电量线与最小放电电量线相交的红色点所示的即电池组当前的状态。在此图中，可以看到除非最小剩余放电电量的单体具有最小充电电量（即单体 1 与单体 2 重合），电池组的容量在一般情况下小于组内任一单体容量。容量—电量二维矢量图相比传统的电池组单体状态差异的图形化表示方式可以快

图 3　电池组内单体状态差异图解

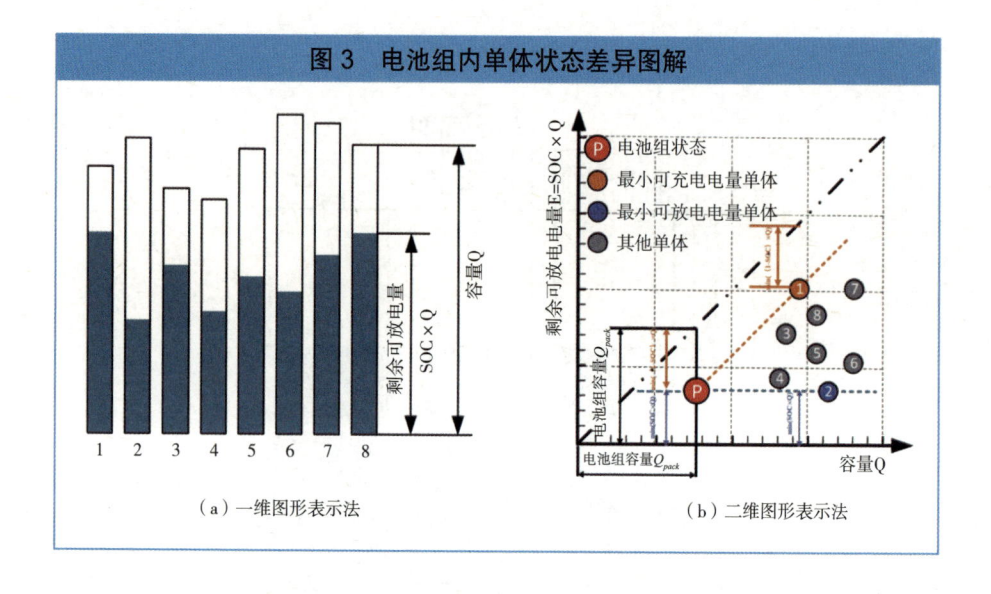

（a）一维图形表示法　　　（b）二维图形表示法

速准确地找到电池组当前的状态。同时 E-Q 图具有非常好的线性动态特性，可以形象地表示组内单体的不一致性演化与电池组衰减过程。

（二）系统诊断与评估方法原理介绍

在没有外界作用下，由于不一致性的存在，电池组的寿命一般小于组内任一单体寿命。因此需要均衡管理系统对电池系统进行均衡。均衡管理系统通过调整各单体间的电量，使电池组容量达到组内最小单体容量或者接近组内单体平均容量，从而延长电池系统的使用寿命。

对于电池系统的均衡方式广泛意义上可以分为能量耗散式均衡和非能量耗散式均衡。能量耗散式均衡的常用拓扑结构是在每个电池单体上并联功率电阻和控制开关，通过控制开关实现对不同单体进行独立放电，将电池中过剩的能量通过电阻转化为热量。能量耗散式均衡通过对电池组中电压高即荷电状态高的单体进行额外的放电，调节单体电池的电量，进而减少由于电池系统内单体不一致性造成的电池系统容量衰减并且达到一致性目的。容量—电量二维矢量图形象地展示了能量耗散式均衡的过程（见图 4），高电压单体的额外放电在矢量图中表现为平行于电量轴向下移动，所放出电量为纵坐标的变化量。能量耗散式均衡条件下，容量最小的单体电池可以实现全充全放，此时电池组容量即

容量最小的单体电池容量，即

$$C_{pack} = \min(C) \quad (2)$$

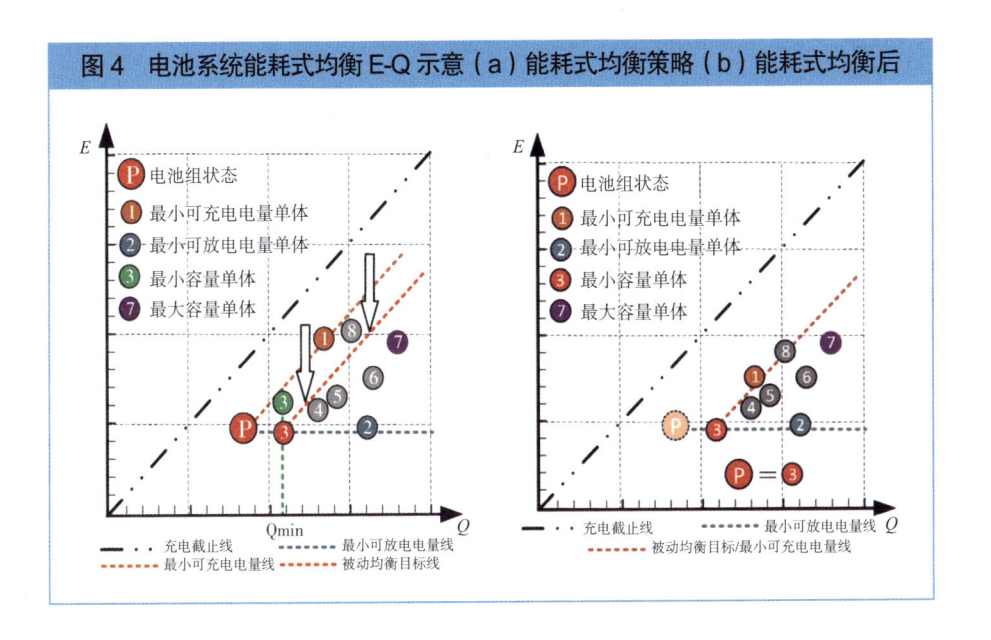

图4 电池系统能耗式均衡 E-Q 示意（a）能耗式均衡策略（b）能耗式均衡后

非能量耗散式均衡的工作模式定义为将电池单体的多余电量从电池单体转移到需要能量来满足一致性评估的另一节或多节电池单体，是通常意义上的主动能量均衡。非能量耗散式均衡采用储能元件实现能量的转移，能够对电池组内荷电量过高的单体进行放电均衡，也能对荷电量过低的单体进行充电均衡，均衡电流较大从而均衡效率高，但电路拓扑架构复杂，可靠性需要评估。图5的容量—电量二维矢量图展示了充放电过程中的非能量耗散式均衡策略。如果采用实时的非能量耗散式均衡，均衡最大潜力是使电池组容量达到组内所有单体电池的平均容量，即

$$C_{pack} = \text{mean}(C) \quad (3)$$

但前提是组内每个单体均能实现满充满放。

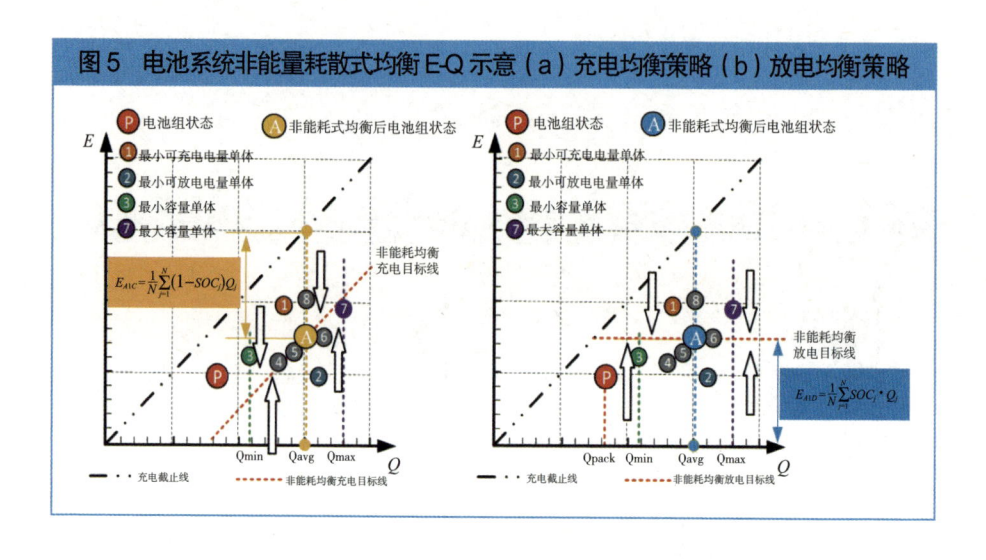

图5 电池系统非能量耗散式均衡 E-Q 示意（a）充电均衡策略（b）放电均衡策略

均衡管理系统不论是采用能耗式均衡策略还是非能耗式均衡策略，最终的输出始终都是均衡电流，是通过调节各单体电量尽可能实现组内电池单体一致、延长电池系统使用寿命。因此，基于电池系统可工作最佳状态即电池系统内单体状态一致且电池系统可用容量最大化，提出最优均衡理论来诊断电池系统不一致性。容量—电量二维矢量图的引入使电池组单体状态差异可以图形化表示，令电池系统不一致性诊断与评估易于实现。图6展示了最优均衡理论原理，红色点划线代表最优均衡目标线即电池组内单体最佳工作状态。最优均衡路径为位于最优均衡目标线上方的单体放电，位于最优均衡目标线下方的单体充电，且组内所有单体到达其最佳状态所需要充放电电量即均衡电量之和最小。由此可见，最优均衡策略是非能量耗散式均衡的一种，且该方法可保证最小单体容量得到充分利用，可以认为是理论上的最优均衡策略。基于最优均衡路径的评价方法，可以计算当前系统与其到达最佳状态之前的差距，而且各单体所需均衡电量可以作为电池系统不一致性诊断的量化指标，具有实际物理意义。

（三）系统诊断与评估方法实现方法：目标函数与参数辨识

电池系统内各单体的容量与电量可以由基于恒流充电电压曲线一致性假设

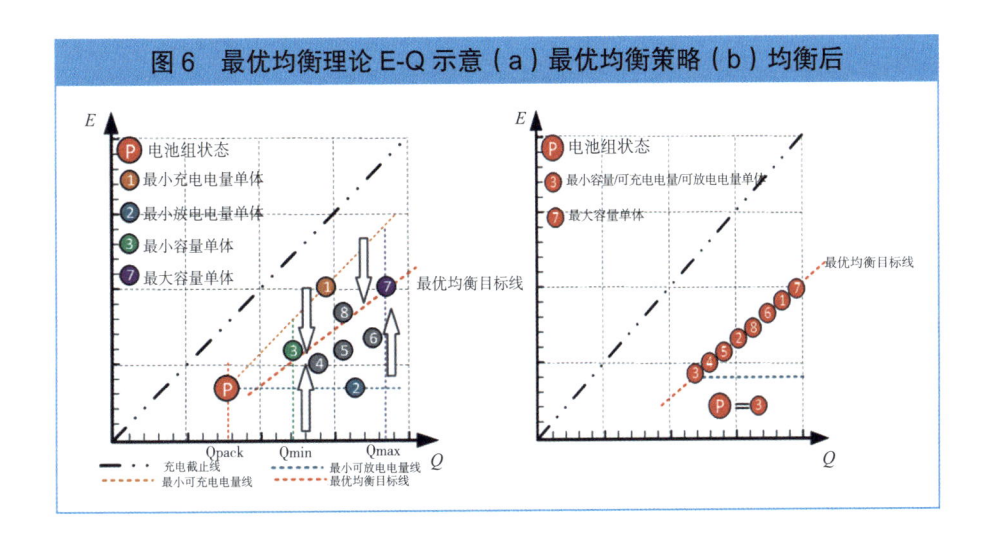

图 6　最优均衡理论 E-Q 示意（a）最优均衡策略（b）均衡后

估计得到，具体估计过程这里不详细赘述。在得到各单体状态后建立容量—电量二维矢量图，根据上文所提出的最优均衡理论，可以使用一元线性回归函数拟合电量散点图得到最优均衡目标线。

$$y = kx + b + \text{Loss Fuction} \tag{4}$$

对于上述线性回归问题，需要求解的目标变量包括斜率 k 和截距 b。由于求最优均衡路径问题可以转化为最小化损失函数的优化问题，而且单体所需均衡电量为纵坐标即剩余放电电量的绝对变化量，因此以单体当前剩余放电电量与理想工作状态下剩余放电电量平均绝对误差作为损失函数。优化问题的目标函数为：

$$\min: f(x) = \frac{1}{n} \sum_{i=1}^{n} | y_i - \hat{y}_i | \tag{5}$$

其中 y_i 表示的是第 i 单体当前剩余放电电量，$\hat{y}_i$ 表示的是第 i 单体均衡后处于最佳工作状态时剩余放电电量，n 是电池系统内单体数量。

目前常用的优化算法诸多，本文使用遗传算法对斜率 k 和截距 b 进行求解。遗传算法与传统优化算法有比较大的区别，传统优化算法是从单个初始值迭代求最优解，容易误入局部最优。遗传算法从串集开始搜索，覆盖面大，有利于全局择优。遗传算法常用于函数优化领域，对于一些非线性、多模型、多目标的函数优化问题，用其他优化方法较难求解，而遗传算法可以方便地得到较好的结果。

三 实验

为了验证本方法在电池系统不一致性诊断上的有效性,我们对三辆同三元材料体系、不同行驶里程的实际运营电动车辆进行了充放电测试。这三辆电动汽车包括老化严重的锂离子电池组(命名为 PackA)、轻度老化的电池组(命名为 PackB)、新电池组(命名为 PackC)。充电截止电压设置为厂家推荐的 4.15V,放电截止电压设置为厂家推荐的 3.1V。PackA 由 96 个单体串联组成,并内置 18 个温度传感器。实验中的电流、单体电压、温度等实验数据通过数据采集仪获得,并最终保存在电脑中。单体电压采集精度约 1mV,电流采集精度约为 0.1mA,温度采集精度约 0.1℃,实验的采样频率为 1Hz。实验在 25℃的温箱中进行,具体步骤如下。

①将电池组在 25℃的温箱中静置 3 小时,使电池系统达到热稳定;
②将电池组以 1/3C 恒流放电至放电截止电压;
③将电池组搁置 30 分钟;
④将电池组以 1/3C 恒流充电 2 小时;
⑤将电流切换至 1/4C,继续恒流充电至充电截止电压;
⑥将电池组搁置 30 分钟;
⑦将步骤②至步骤⑥循环 5 次。

图 7 描述了从实验中获取的时间、电流、电压和温度等数据。图 7(a)、(c)和(e)描述了五次充放电循环过程中流过 PackA 的总电流、96 个单体的电压和 PackA 的总 SOC;图 7 紫色虚线框内的(b)、(d)和(f)展示了五次充放电循环过程中最后一次的充电数据。

四 结果

(一)纵向对比结果——PackA

基于实验获取的数据,根据恒流充电电压曲线一致性假说可以计算得到充电结束后电池组内各单体电池的容量和电量,结果如图 8(a)所示。进一步,

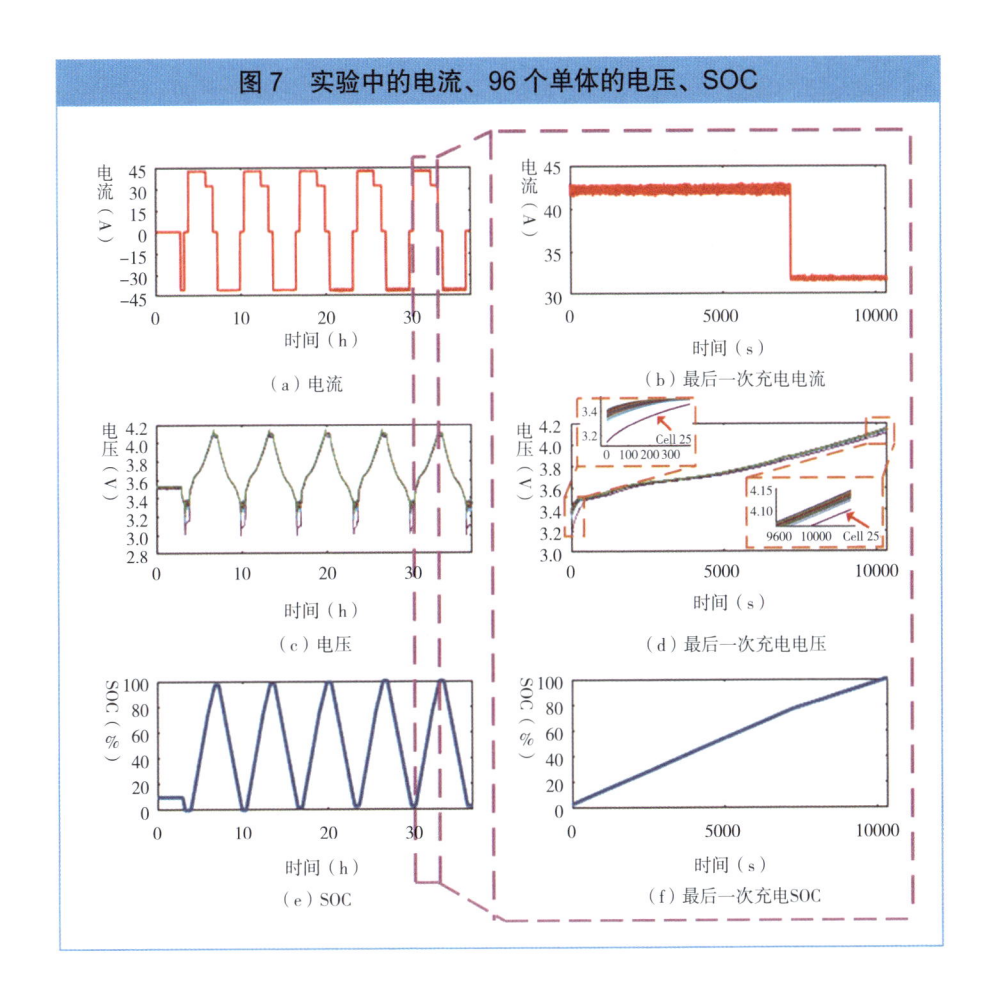

图7 实验中的电流、96个单体的电压、SOC

（a）电流
（b）最后一次充电电流
（c）电压
（d）最后一次充电电压
（e）SOC
（f）最后一次充电SOC

我们可以对容量和电量结果进行统计性描述，结果如图8（b）所示。图8显示在PackA中容量分布比较集中，电量分布却比较离散。出现这种现象的原因是组内25号单体容量是所有单体中最大的，但是电量最小并且与其他单体严重偏离。这些结果表明了25号单体与其他单体严重不一致，PackA的一致性较差。以上基于容量-电量二维矢量图的分析仅是对于电池组A不一致性的定性分析，对于PackA的不一致性程度以及组内各单体的差异无法给出定量的评价指标。

根据最优均衡理论可以得到最优均衡目标线［见图9（a）］，进而得到电池系统到达最佳状态之前每个单体需要的均衡电量［见图9（b）］。其中均衡电量为正表示需要放电即分布在最优均衡目标线以上的单体，均衡电量为负表示需

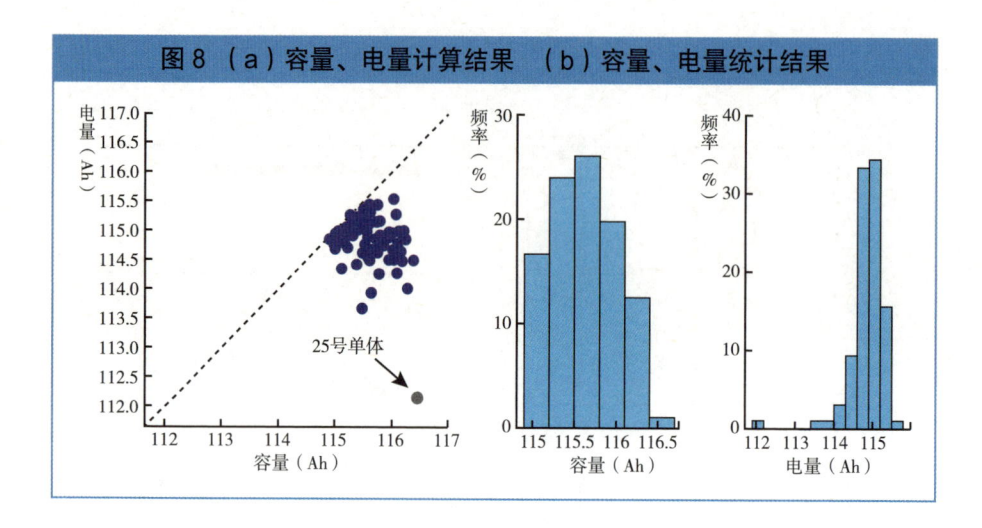

图8 （a）容量、电量计算结果 （b）容量、电量统计结果

要充电即分布在最优均衡目标线以下的单体。可以看到，大部分的单体所需均衡电量分布在 0.5Ah 内，但是 25 号单体所需的均衡电量远大于组内其他单体，表明 PackA 的一致性较差，因此单体间的不一致性程度可以用最优均衡理论下的均衡电量进行定量评价。

根据在实验中获取的 PackA 的数据，基于最优均衡理论计算出五次充电过程中电池系统内各单体的充放电电量［见图 10（a）］以及总均衡电量［见图 10（b）］。图 10（a）所示的箱型图描述了五次充电过程中电池系统内单体所需均衡电量分布的离散程度，可以看出中位数变化趋势不明显，但是箱

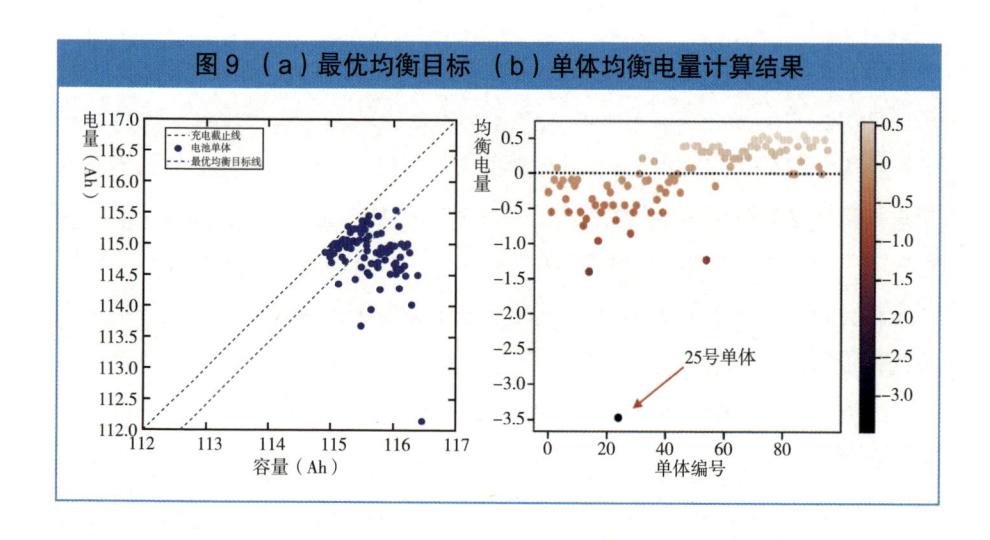

图9 （a）最优均衡目标 （b）单体均衡电量计算结果

体长度和上下边界值逐渐变大，表明电池系统的不一致性逐渐变差，并且在五次充放电过程中均存在离群点即均衡电量较大的单体，表明 PackA 在没有均衡系统作用下的不一致性一直较差并逐渐加剧。图 10（b）通过计算每次充电过程中电池系统所需的总均衡电量可以定量衡量电池系统不一致性的变化趋势。以上分析表明，最优均衡理论可以对电池系统不一致性进行有效诊断和定量评估。

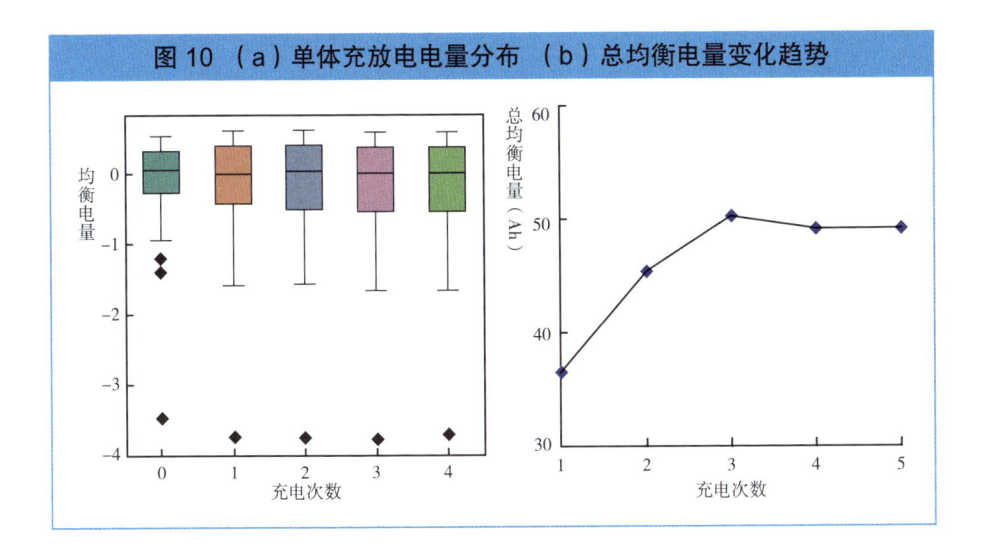

图 10 （a）单体充放电电量分布 （b）总均衡电量变化趋势

（二）横向对比结果——PackA、PackB、PackC

图 11 所示的容量电量散点图为三个电池组当前状态。组成每个电池组的单体数量以及电池标准容量不同，对每个电池组的总均衡电量取平均值并除以标准容量进行同一量级的横向比较，结果如图 12 所示。蓝色柱状图代表不同电池组内单体均衡电量分布，黄色点划线代表不同电池组消除量纲后平均均衡电量，可以看出 PackA 老化严重，每个单体所需要的均衡电量较大，PackC 为新电池组，平均均衡电量较小。综上所述，最优均衡理论可以对电池系统进行有效诊断，并量化评估不一致性的程度。

图 11　电池组当前状态

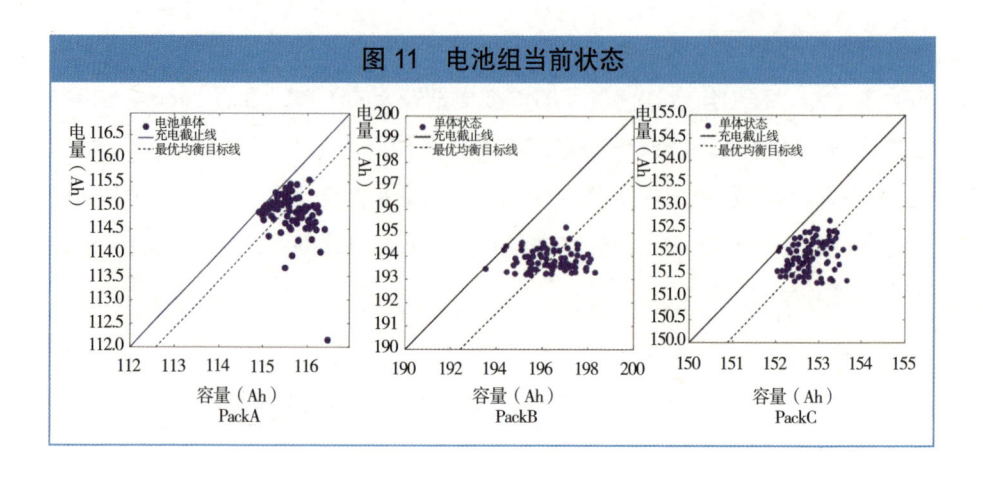

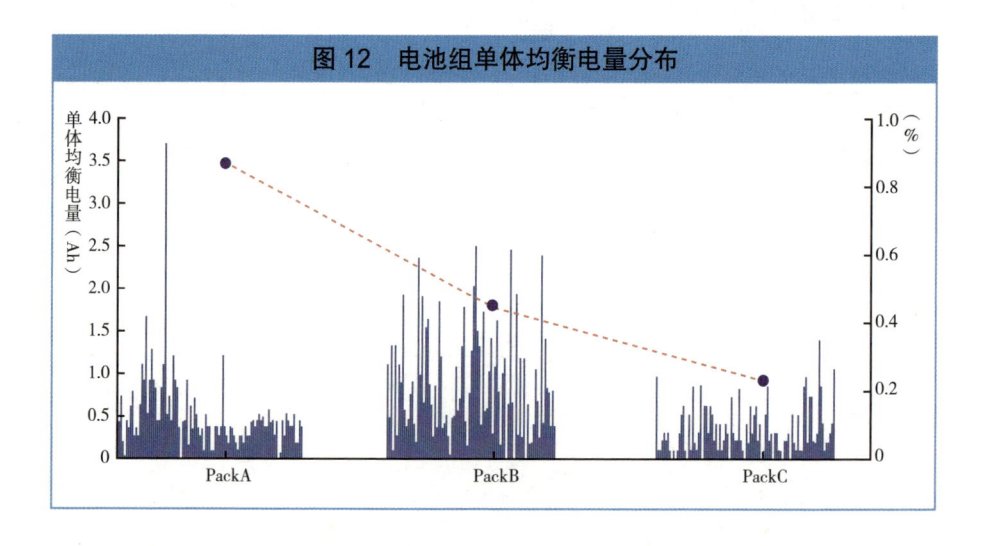

图 12　电池组单体均衡电量分布

五　结论

本文对电池系统不一致性产生的原因以及外在表征进行调研分析，对电池系统不一致性的产生机理有了根本性认识之后，采用容量—电量二维矢量图，对电池系统最佳状态以及最优均衡路径进行探索，进而提出最优均衡理论并建立了目标函数，确定参数辨识方法。通过对电池组进行纵向与横向对比，验证了本方法能够对电池系统性能进行快速、有效的诊断与评估。本文考虑了电池系统的最佳工作状态，以电池系统内各单体的最优均衡电量为评价指标，因此物理意义突出，并且对于电池系统高效均衡策略的开发具有显著的指导意义。

参考文献

［1］贺虹：《电动汽车电池组均衡系统设计及控制策略研究》，吉林大学硕士学位论文，2015。

［2］刘伶、张乃庆、孙克宁、杨同勇、朱晓东：《锂离子电池安全性能影响因素分析》，《稀有金属材料与工程》2010年第5期，第936~940页。

［3］徐晓东、刘洪文、杨权：《锂离子电池内阻测试方法研究》，《中国测试》2010年第6期，第24~26页。

［4］王琳霞、王涌、郑荣鹏：《锂离子电芯一致性对电池组影响的研究》，《电源技术》2012年第9期，第1282~1284页。

［5］王震坡、孙逢春：《电动汽车电池组连接方式研究》，《电池》2004年第4期，第279~281页。

［6］王震坡、孙逢春：《电动汽车电池组连接可靠性及不一致性研究》，《车辆与动力技术》2002年第4期，第11~15页。

［7］王震坡、孙逢春、张承宁：《电动汽车动力蓄电池组不一致性统计分析》，《电源技术》2003年第5期，第438~441页。

［8］郑岳久：《车用锂离子动力电池组的一致性研究》，清华大学博士学位论文，2014。

［9］H.Jannesari, M.D.Emani, Effect of electrolyte transport properties and variations in the morphological parameters on the variation of side reaction rate across the anode electrode and the aging of lithium ion batteries，Journal of Power Sources,2011,196(22):9654-9664.

［10］Ben Kenney, Ken Darcovich, Modelling the impact of variations in electrode manufacturing on lithium-ion battery modules，Journal of Power Sources,213(2012):391-401.

［11］Oke Schmidt, Modeling the Impact of Manufacturing Uncertainties on Lithium-Ion Batteries，Journal of The Electrochemical Society,2020,167,060501.

［12］Lithium-ion cell-to-cell variation during battery electric vehicle operation

［13］Sebastian Paul, Analysis of ageing inhomogeneities in lithium-ion battery systems,Journal of Power Sources, 239 (2013):642-650.

[14] Billy Wu, Coupled thermal–electrochemical modelling of uneven heat generation in lithium-ion battery packs, Journal of Power Sources, 243 (2013):544-554.

[15] Christoph Bolsinger, Electrical contact resistance measurements of clamped battery cell connectors for cylindrical 18650 battery cells, Journal of Energy Storage, 12 (2017): 29-36.

[16] Billy Wu, Coupled thermal–electrochemical modelling of uneven heat generation in lithium-ion battery packs, Journal of Power Sources, 243 (2013):544-554.

[17] Yan Jiang, Recognition of battery aging variations for LiFePO4 batteries in 2nd use applications combining incremental capacity analysis and statistical approaches, Journal of Power Sources, 360 (2017):180-188.

[18] Fei Feng.el., Propagation mechanisms and diagnosis of parameter inconsistency within Li-Ion battery packs, Renewable and Sustainable Energy Reviews, 112(2019): 102-113.

[19] Bing Xia. A correlation based fault detection method for short circuits in battery packs. Journal of Power Sources, Volume 337,1 January 2017: 1-10.

[20] Jonghoon Kim. Discrete Wavelet Transform-based Feature Extraction of Experimental Voltage Signal for Li-Ion Cells Consistency.

[21] A Method of Cell-to-Cell Variation Evaluation for Battery Packs in Electric Vehicles with Charging Cloud Data.

[22] X. Feng, C. Xu, X. He, L. Wang, S. Gao, and M. Ouyang, A graphical model for evaluating the status of series-connected lithium-ion battery pack, International Journal of Energy Research, vol.43,no.2,（2019）: 749-766.

[23] Y . Zheng, L. Lu, X. Han, J. Li, and M. Ouyang, LiFePO4 battery pack capacity estimation for electric vehicles based on charging cell voltage curve transformation, Journal of power sources, vol. 226,（2013）: 33-41.

电池安全研究篇 | 基于特征工程的电池健康状态评价

◎车云弘 邓忠伟 李 阳 胡晓松*

* 车云弘，重庆大学，主要研究方向为锂离子电池建模、状态估计和寿命预测；邓忠伟，博士，重庆大学，弘深青年教师，主要从事锂离子电池数据驱动和机理建模等方面研究；李阳，重庆大学，主要研究基于大数据的电动汽车电池组健康诊断；胡晓松，博士，重庆大学教授，主要研究锂离子动力电池/超级电容系统管理、机电复合动力总成优化设计与控制等。

摘 要：随着新能源汽车的快速普及，电池系统的性能和使用寿命更加受到社会的关注。针对电池老化状态快速精确估计及长时间尺度剩余寿命预测的难题，本文开展了基于特征工程的电池系统健康诊断研究。总结并分类介绍了现有数据驱动方法的关键健康特征提取方法，分析了各种特征与电池容量的相关性，并提出基于过滤与封装法融合的特征子集筛选方法，提高了特征子集的有效性和容量估计的准确性，同时有效降低了特征维度从而降低计算复杂度。针对宏观车载使用条件，提出基于电池包特征带和局部充电工况特征提取的剩余里程预测方法，实现车载条件下的剩余里程准确预测。针对不同电化学体系的电池和不同使用条件特别是动态使用工况，提出基于局部放电工况的通用健康特征提取方法，在不同条件下实现了高精的健康预测，并分析了不同机器学习算法的健康诊断效果。

关键词：锂离子电池　特征工程　健康评价　电池系统

一　引言

在石油资源日益枯竭和环境污染日渐严重背景下，国家政策向新能源领域大力倾斜，新能源产业发展急速爆发，成功推动了动力锂电池等相关储能电池以及新能源汽车的飞速发展。2020年10月29日，中共中央审议通过《中共中央关于制定国民经济和社会发展第十四个五年规划和二〇三五年远景目标的建议》，明确发展战略性新兴产业，加快壮大新能源汽车产业发展。纯电动汽车因绿色环保、能源效率高、低噪声等优势，已被公认为新能源汽车发展的主流方向之一。根据公安部最新统计数据，截至2020年底，新能源汽车保有量达492万辆，与2019年底相比增长29.18%。其中，纯电动汽车保有量400万辆，占新能源汽车总量的81.32%。新能源汽车增量连续三年超过100万辆，呈持续高速增长趋势。

锂电池尽管具有诸多优点，已成为主流的新能源汽车动力源，但仍存在价格昂贵、故障频发的问题，新能源汽车的安全问题逐渐受到国家的高度重视。为促进新能源汽车产业的健康发展，工信部等相关部门多次发布相关法规文件。2020年5月，工业和信息化部组织制定《电动汽车安全要求》（GB 18384-2020）、《电动客车安全要求》（GB 38032-2020）和《电动汽车用动力蓄电池安全要求》（GB 38031-2020）三项强制性国家标准，并计划于2021年初开始实施。三项强制性标准重点强化了电池系统热安全、机械安全、电气安全以及功能安全要求，进一步提高和优化了对电动汽车整车和动力电池产品的安全技术要求，对提升新能源汽车安全水平、保障产业健康持续发展具有重要意义。

为了保证动力电池系统及整车的安全性和可靠性，需要通过电池管理系统（Battery Management System，BMS）对电池组和单体进行有效管理。BMS由执行器、传感器、控制器以及各类信号线组成，其主要功能包括实现荷电状态（State of Charge，SOC）、健康状态（State of Health，SOH）等参数的实时监测以及电池的故障诊断与监控等。随着大数据平台的兴起，获得新能源汽车的海量数据成为可能，这不仅有利于车载服务期间的有效安全管理，也为新能源汽车的状态估计、健康管理、故障诊断等方面提供了宝贵的数据支撑。不同类型和不同使用条件造成电池SOH估计难度巨大。如何在可观测数据的基础上提取出高效的健康特征是决定健康估计效果的关键。此外，与实验室循环数据相比，实车运行数据存在大倍率充放电和随机波动性两大特点，因此，基于实际工况循环数据并结合相关算法对锂电池进行寿命预测极具挑战性和现实性。电动汽车实际运行工况复杂多变，受多种因素耦合影响，在宏观时间尺度下实现对电动汽车的循环里程预测并提出个性化的保养维修建议，对延长电动汽车电池组的使用周期至关重要，同时也是具有实际意义的科学和技术难题，有助于推动新能源汽车产业的健康稳定发展。

电池 SOH 是指当前条件下可使用的容量和额定容量的比值。动力电池剩余使用寿命（Remaining Useful Life，RUL）是指在一定的充放电条件下动力电池容量衰退至寿命终结点所需经历的充放电循环次数。一般认为，当车载电池容量衰减至其初始容量的 80% 时，汽车的安全性与可靠性将无法保证，因此车载电池的失效阈值设为初始容量的 80%。电池在使用过程中，电池老化会伴随着电池容量衰减、内阻增加等现象。电池 SOH 与 RUL 都能够反映电池老化，因此成为学术界和工程界迫切研究的课题之一。

锂离子电池健康估计和寿命预测方法主要分为基于模型、基于数据驱动以及基于融合方法三类。基于模型的方法一般选取机理模型、等效电路模型或经验模型描述电池老化行为与路径，但无法满足实时、在线、高精度、快速预测的要求。基于数据驱动的方法是从电池的历史数据中挖掘隐含的电池健康状态信息及演变规律，无须建立容量衰减的具体模型。这种方法规避了电池内部复杂的老化机理与反应，仅仅基于数学统计分析方法挖掘输入与输出的内在关系，其高灵活性和强适应性得到众多学者的关注，但也存在需要大量训练数据以及长期预测精度不高的缺点。基于融合的预测方法取长补短，保留了基于模型和基于数据驱动方法的优点，既充分发挥各算法的优点，又提高 SOH 估计和 RUL 的预测精度和模型的泛化能力，但毫无疑问，算法融合也会引起计算复杂度骤增和不确定性增加等问题。近年来，随着新能源汽车监控平台的建立以及机器学习的广泛应用，基于数据驱动的 SOH 估计和寿命预测方法越来越受到青睐。

国内外不少学者开展了基于数据驱动的锂电池健康估计和寿命预测研究，已取得了一定的成果。主要思路都是通过监督学习，拟合输入健康因子（Health Indicators，HIs）与输出 SOH 或 RUL 之间的非线性关系，建立逼近内在规律的统计模型，再外推模型使容量达到失效阈值，从而预测电池的剩余使用寿命。健康因子即表征电池性能退化的特征参数，可分为直接健康因子和间接健康因子两类。其中，直接健康因子包括容量、内阻等直接反映电池老化状态的参数。而间接健康因子因其提取的灵活性和普适性，常用于寿命预测，如等压降放电时间、等时平均压降、电压样本熵等与容量有强相关性的特征。在健康因子确定后，应用各类 RUL 预测方法拟合输入健康因子与输出寿命间的关系，主要方法包括人工智能、统计分析和信号处理三类，其中人工智能相关研究居多。统计分析方法一般基于经验知识和可用数据构建统计模型，进而预测电池容量下降的趋势，其中最典型是各类熵分析方法。熵可以衡量时间序列的混乱程度，多尺度熵常被用于 RUL 预测。信号处理方法以离散小波变换为代表，目前用于 RUL 预测的研究还相对较少。

现有的健康状态评价方法大多基于实验室工况，以及特定种类和型号的电池单体数据。对于健康因子缺乏统一的提取方法和子集筛选方法，且更加缺乏实际使用工况下的拓展应用和实车应用。另外，电池组内各单体的不一致性也是不容忽视的问题之一，在实际循环过程中，电池组内各单体的不一致性程度逐渐增大，对准确高效地估计电池组健康增加了难度。

二 基于特征融合筛选的电池健康状态估计

（一）健康因子提取方法综述

基于数据驱动的电池健康状态估计的关键步骤之一为健康特征提取。好的健康特征不仅能反映真实的电池健康程度，更能有效地精确估计电池健康状态。特征主要是指与电池老化状态存在内部耦合关系的某些参量。电池的健康状态不可直接测量，但随着电池的不断老化，电池的特性参数逐渐发生改变，导致某些特征也随之发生规律性的变化，因此能够基于特征建立电池健康状态的估计方法。特征提取方法主要可分为基于外部测量参数和基于计算参数两类，其分类如图 1 所示。本文接下来将分别详细介绍每种特征提取的方法。

1. 基于外部测量数据的特征提取

BMS 可以测量的参数主要包括电流、电压、温度和时间。因此，直接且简单的方法是从这些测量变量中提取 HIs。此类型的提取方法主要包含以下四类：基于电压曲线的特征提取、基于时间的特征提取、基于温度的特征提取和其他方法。

（1）基于电压曲线的特征提取

在储存和运行过程中，锂离子电池内部的物理和化学反应会随着老化而逐渐发生变化，导致内部欧姆电阻增加和容量损失。这将导致电压曲线在老化循环过程中显著变化。一般地，在整个循环寿命中充电工况保持不变，充电曲线会随着电池的逐渐老化而变化。因此，从充电曲线中提取 HIs 引起了广泛关注。现有研究通过电压提取的 HIs 主要有：相等充电时间电压升高量、充电电压曲线斜率、上截止电压点、始充电电压。这里的相等充电时间电压升高量是指在预设起始电压的基础上充电一段时间后计算得到的电压增量。由于老化过程中容量损失和内阻增加，相等充电时间电压升高量通常在循环过程中逐渐变大。在老化过程中由于内阻的增加，电压斜率会增大。此外，老化会导致上截止电压点逐渐向较早的点转移，始充电电压会逐渐增加。

放电电压曲线也会随着电池的逐渐老化呈现规律性变化，特别是当电池进行恒流放电老化实验时，放电电压曲线的一些特性可以有效提取为 HIs。现有研究中的 HIs 主要包括：等放电时间电压降、初始放电电压、下截止点、放电电压曲线斜率。等放电时间电压降表示在固定的放电时间间隔内电压的衰减量。初始放电电压表示加载放电电流时的初始电压。另外，容量损失和内阻增加会缩短放电时间，从而使下截止点向左移动，放电电压曲线斜率逐渐增大。然而，基于放电曲线的提取往往受到工况的限制，在动态工况下的提取方法更有价值，这将在第四部分的通用 HI 提取方法中介绍。

（2）基于时间的特征提取

电池充放电时间与电流倍率、充放电深度、老化状态密切相关。在老化实验中，一般保持电流倍率和放电深度不变，因此充放电时间会随老化周期呈现规律性变化。随着电池老化，由于容量损失，恒流充放电时间会缩短；而内阻增大会使电压上升或下降更快，从而导致恒流阶段时间进一步缩短。相反地，恒压充电时间通常增加。最为常见的特征提取方法包括在恒流充电过程中等电压升量的时间间隔、在恒流放电过程中等电压下降的时间间

图 1　健康因子提取方法分类

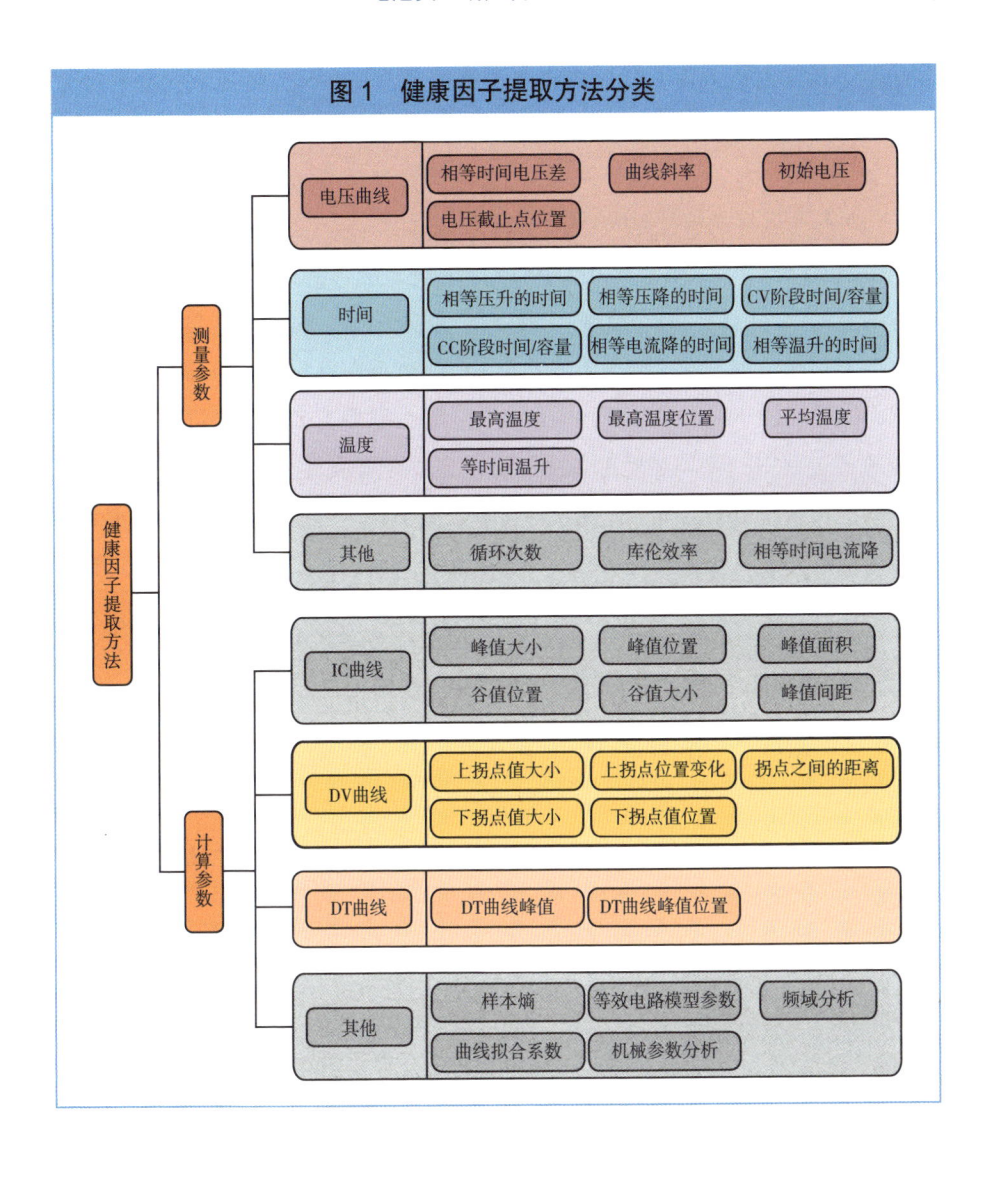

- 健康因子提取方法
  - 测量参数
    - 电压曲线：相等时间电压差 / 曲线斜率 / 初始电压 / 电压截止点位置
    - 时间：相等压升的时间 / 相等压降的时间 / CV阶段时间/容量 / CC阶段时间/容量 / 相等电流降的时间 / 相等温升的时间
    - 温度：最高温度 / 最高温度位置 / 平均温度 / 等时间温升
    - 其他：循环次数 / 库伦效率 / 相等时间电流降
  - 计算参数
    - IC曲线：峰值大小 / 峰值位置 / 峰值面积 / 谷值位置 / 谷值大小 / 峰值间距
    - DV曲线：上拐点值大小 / 上拐点位置变化 / 拐点之间的距离 / 下拐点值大小 / 下拐点值位置
    - DT曲线：DT曲线峰值 / DT曲线峰值位置
    - 其他：样本熵 / 等效电路模型参数 / 频域分析 / 曲线拟合系数 / 机械参数分析

隔。这里的时间间隔的具体提取方法为，从一个预设电压起点开始，充电或放电到另一个电压预设截止点的时间。此外，研究者也提取了恒压充电过程中相等电流下降的时间间隔，即两个预设电流点之间经历的时间。另外，两种广泛使用的基于时间的 HIs 是恒流充电时间和恒压充电时间，这两个 HIs 直接反映了恒流和恒压充电过程中的电荷量。由于温度也是由 BMS 测量的，所以等温升的时间间隔也是一个有效的基于时间的 HI，它表示温度从一个起点到达预设值的时间间隔。此外，值得注意的是，一些研究者提到的基于容量的 HIs 也可以分为基于时间的 HIs，因为容量是通过电流随时间的积分来计算的。

（3）基于温度的特征提取

与电压一样，温度也能够被 BMS 实时采集，并且温度被认为是影响电池老化的关键因素。因此，基于温度的 HIs 对于数据驱动的 SOH 估计具有价值。在充放电老化循环中，温度会因内部的化学和物理反应而反复上升和下降。具体而言，由于充放电时间变化及内阻的变化，最大温度及其出现的位置和一次充电或放电过程中的平均温度都会发生变化。根据焦耳定律，由于内阻的增大，在相同的负载电流下温度会升高。通常最大温度和平均温度会随着循环次数的增加而增加。随着充放电时间的变化，最高温度点也会发生位置的偏移。与电压提取方式类似，等时间间隔的温升也是一个有效的 HI，表示从初始温度达到预设温度的时间间隔。

（4）其他方法

除了前面提到的 HIs 外，文献中也使用循环数作为 HI。在恒压充电过程中，电压保持不变，电流逐渐减小，等时间间隔电流减小量也被提取作为 HI。此外，通过恒流充电和恒压充电时间也可以计算出二者的比值，也被视为一个有用的 HI。

2. 基于计算数据的特征提取

测量参数的变化能够反映电池的健康信息，但仍有限，所以学者们通过计算变量进一步提取 HIs。该类方法首先对测量变量进行变换，然后从变换后的曲线中提取 HIs。主流的转变包括容量增量（Incremental Capacity, IC）分析、差分电压曲线（Differential Voltage, DV）分析和差分温度曲线（Differential Temperature, DT）分析。尽管曲线的变化会引入了更多的计算成本，但通常可以提取出更多有用的 HIs。

（1）基于容量增量曲线的特征提取

IC 曲线分析是一种功能强大的无创电化学分析方法，可以检测由于容量损失而引起的电化学过程的细微变化。IC 曲线可以根据电压曲线转换得到，因此更容易在 BMS 中实现。电压曲线的平台期（相平衡阶段）可以通过 IC 曲线峰来更清晰地表示，而电压快速上升阶段（相变阶段）可以通过变换后的 IC 曲线的谷来更清晰地体现。IC 是由一个小电压区间的容量差得到的，IC 曲线描述了 IC 值与电压的关系。IC 曲线峰值、IC 曲线谷值、IC 曲线峰值位置、IC 曲线谷值位置、IC 曲线峰值面积等特征被广泛提取和用于电池 SOH 估计。随着充放电过程容量损失和内阻增加，电压曲线的斜率逐渐变大，导致电压平台期缩短，从而造成 IC 曲线峰值和 IC 曲线谷值的降低，IC 曲线峰值位置和 IC 曲线谷值位置的提早出现。IC 曲线峰值面积是根据 IC 峰下的面积来计算的，由于 IC 的峰值减小，IC 曲线峰值面积也会减小。此外，一些电池有多个电压平台，这将导致 IC 曲线上出现多个峰值。两个峰值之间的距离也是有效的用于 SOH 估计的 HI。

（2）基于差分电压曲线的特征提取

DV 曲线也被广泛用于 HIs 提取，与 IC 曲线相反，DV 曲线中的峰值代表了相变过程，而谷代表了相平衡阶段。DV 是由一个小容量区间的电压差得到的，DV 曲线描述了 DV 值与容量的关系。与 IC 曲线类似，提取 DV 曲线波峰值和波谷值、波峰出现的位置和波谷出现的位置能够作为有效的 HIs。这些 HIs 的提取方法与基于 IC 曲线 HIs 的提取方法相似。此外，有些电池有不止一个谷/峰，其距离也为有效的 HIs。

（3）基于差分温度曲线的特征提取

受差分电压曲线的启发，温度曲线也可以转化为 DT 曲线，以更清晰地反映温度的变化。DT 的值是通过一个小的电压区间温度差得到的，DT 曲线表示 DT 值与电压的关系。同样地，DT 曲线峰值及其位置也广泛被用于 SOH 估计。

（4）其他方法

上述三种基于计算量的提取方法是应用最广泛的 HIs 提取方式。然而，文献中也提出了一些基于其他计算变量的 HIs 提取方法。例如，样本熵可以用来评估时间序列的可预测性、量化数据序列的规律性。等效电路模型的参数可以有效地反映电池内阻的变化，因此在不同老化条件下识别的模型参数也可以有效地表示电池的 SOH。与参数识别思想类似，曲线拟合系数的分析也可以用来反映电池的 SOH，如开路电压曲线拟合系数、恒压充电电流曲线拟合系数等。近年来，频率分析得到的特征也被用于电池 SOH 的估计。此外，机械参数分析方法也被用来提取 HIs 并估计电池 SOH。

（二）特征选择方法

一般来说，提取的 HIs 是多维的。其中一些参数与输出的相关性较差，或者参数之间可能存在很强的相关性。如果所有 HIs 均作为输入，会影响估计精度。选择合适的特征可以减少所需数据的维数，并有效提高 SOH 估计的效率和可靠性。特征选择方法一般分为以下三类。

1. 基于过滤的特征选择方法

基于过滤的方法是从模型训练算法中分离出来的特征筛选过程。一般来说，评价每个特征与目标之间的相关性的方法是计算每个特征与容量（或 SOH）的相关系数，剔除相关性低于一定阈值的特征，保留相关性较高的特征作为模型的输入。基于过滤的方法的优点是它与模型训练分离，不影响过滤后的后续应用。这使它很容易被应用于高维数据，并且计算成本相对较小。但是，单独计算每个特征的相关性而忽略了特征之间的相关性，可能导致所选特征集的冗余性较大，从而估计 SOH 的性能较差。相关系数法在电池 HIs 的选择中应用广泛，主要有灰色关联度、Pearson 相关系数、Spearman 相关系数。在这三个相关系数中，Pearson 相关系数能够有效分析 x 与 y 之间的线性关系，因此本文选择 Pearson 相关系数进行滤波处理。公式如下：

$$Pearson = \frac{\sum_{i=1}^{n}(x_i - \bar{x})(y_i - \bar{y})}{\sqrt{\sum_{i=1}^{n}(x_i - \bar{x})^2 \sum_{i=1}^{n}(y_i - \bar{y})^2}} \tag{1}$$

其中，x 和 y 分别表示第 k 时刻的特征和目标。

2. 基于封装法的特征选择方法

基于封装法的特征选择方法使用特定的学习算法来评估所选特征子集的质量，例如用模型预测性能来评价特征子集。一般的过程是：选择一个子集，根据预测性能对子集进行评估，然后选择一个新的子集，继续评估，直到达到预期的质量。通常的搜索方法可分为三类：完全搜索、序列搜索和随机搜索。完全搜索方法可以通过评价所有的特征子集从而找到全局最优子集。然而，计算成本相当大。序列搜索可分为序列前向搜索、序列后向搜索和双向搜索三种类型。序列前向搜索方法从一个特征开始，每次增加一个特征并评估结果，直到评估效果开始衰减时停止，并选取停止前的特征子集作为最终子集。序列后向搜索包含所有的特征，并且在每个迭代中删除一个特征，直到结果达到预设阈值为止。双向搜索方法将序列前向搜索和序列后向搜索特征结合在一起，直到达到预设阈值。序列搜索的优点是效率高，缺点是容易陷入局部最优。随机搜索方法通过启发式规则找到近似的最优子集。因此，它通常比序列搜索更精确，但需要更高的计算成本。在本文中，为了在计算速度和选择效率之间取得良好的平衡，在基于封装法的特征选择中使用序列后向搜索进行子集搜索。

3. 基于融合方法的特征选择方法

从上文的描述可知，封装法和过滤法各有优势且是相辅相成的。基于过滤的方法能高效快速地在特征空间中进行搜索，但对后续学习任务的评价偏差较大。而基于封装的方法具有较好的精度，但搜索速度较慢。因此，过滤法与封装法相融合的方法被广泛应用，以保证精度和降低计算复杂度。对于电池 SOH 估计，一些特征与 SOH 的相关性不强，而另一些特征之间的相关性较强，容易导致过拟合。融合方法可以在滤波过程的基础上滤除不重要的特征，在包装过程的基础上去除冗余特征，建立精度高、计算成本低的 SOH 估计器。本文首先采用 Pearson 相关系数过滤掉相关性较低的 HIs，然后采用 SBS 封装法去除冗余的 HIs。

（三）电池健康状态估计精度验证

本部分基于 NASA 数据集评估 SOH 估计效果，使用 B0005~B0007 和 B0018 号电池用于验证。使用早期的实验数据用于模型训练，剩余的数据用于 SOH 估计。首先，用 50% 的数据训练高斯过程回归（Gaussian Process Regression，GPR）模型。各电池基于不同 HI 选择方法的估计误差结果见表 1。

B0006 的估计结果如图 2 所示，其中（a）至（d）分别为初始 HIs（InH）、过滤法选择后的 HIs（FiSH）、封装法选择后的 HIs（WSH）、融合法选择后的 HIs（FuSH）的结果。可以明显看出，图 2（b）的置信区间最宽，平均绝对误差（Mean Absolute Error，MAE）和均方根误差（Root Mean Square Error，RMSE）也是最大的。图 2（c）的估计误差最小，而图 2（d）的置信区间是最窄的，且误差也很小。从表 1 可以看出，FuSH 提供了令人满意的估计结果，它比 WSH 略大，但比 FiSH 小得多。此外，基于融合的方法选择的 HI 子集具有最小的维数，这有助于建立一个计算时间更短、存储内存更小的 SOH 估计器。

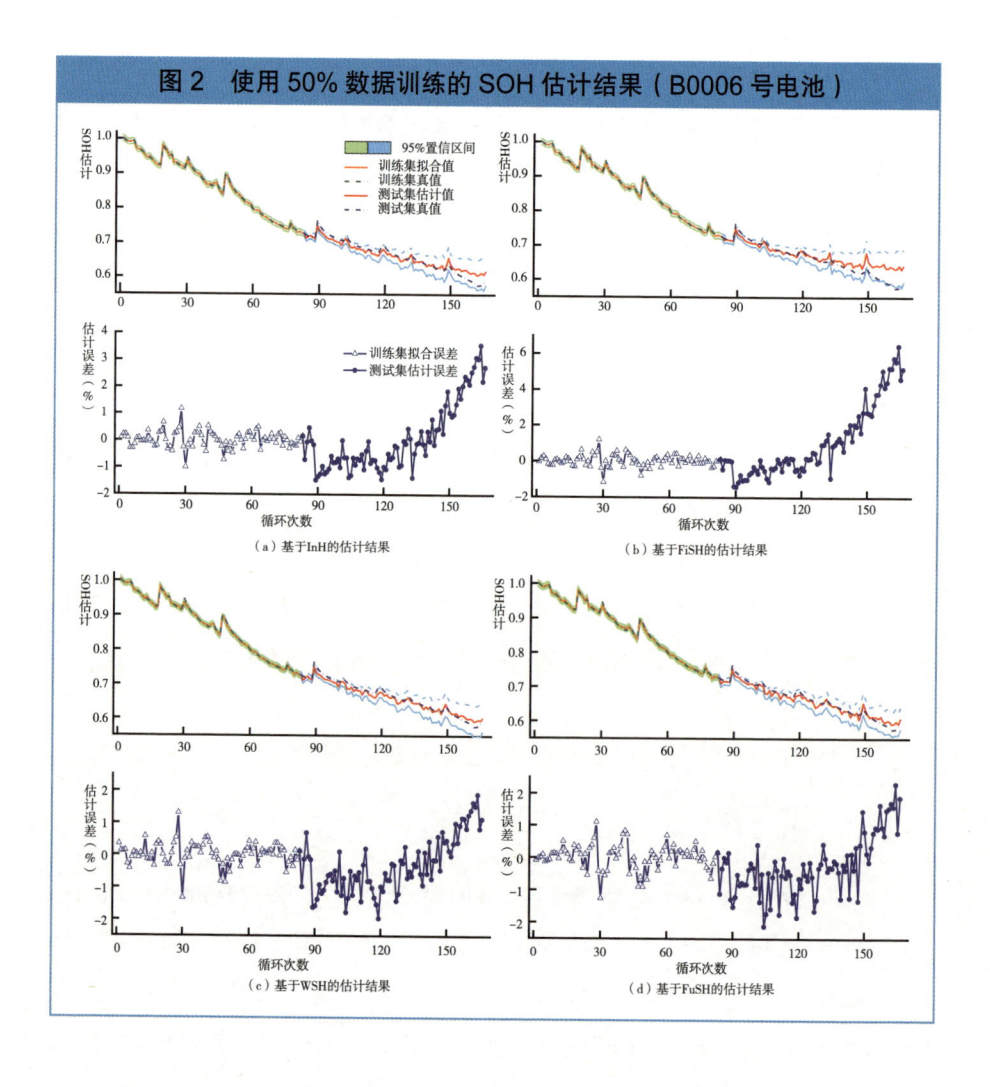

图 2　使用 50% 数据训练的 SOH 估计结果（B0006 号电池）

（a）基于 InH 的估计结果
（b）基于 FiSH 的估计结果
（c）基于 WSH 的估计结果
（d）基于 FuSH 的估计结果

表1 使用不同特征选择方法的估计误差（50%数据用于模型训练）

电池编号	InH			FiSH			WSH			FuSH		
	D	R	M	D	R	M	D	R	M	D	R	M
B0005	30	0.55	2.07	18	1.25	2.91	20	0.28	1.29	13	0.24	0.82
B0006	30	1.27	3.55	20	2.27	6.43	22	0.93	1.98	11	0.96	2.29
B0007	30	0.39	1.03	16	1.41	3.33	23	0.30	1.00	9	0.35	1.44
B0018	30	1.63	5.14	16	2.89	6.82	21	1.38	4.07	13	1.01	2.54

注：D 表示特征维度，R 代表 RMSE，M 表示 MAE。

接下来，将数据集减少到 10% 来训练回归模型，验证每个 HI 子集的鲁棒性和适应性。误差结果列于表 2，B0005 的估计结果如图 3 所示。显然，当使用较少的数据进行模型训练时，所有的结果都变差。图 3 中的四幅图中，前两幅结果是发散的，后两幅结果仍然是收敛的，但所有的置信区间都增大了。从图 3（a）和图 3（b）可以看出，在前几个循环内，估计值接近真值，在接下来的循环内，估计的准确性就会下降，这说明 HIs 的估计效果不好。相反，图 3（c）和图 3（d）中的估算可以在整个循环寿命内拟合真值。此外，基于融合的方法选择的 HI 比基于封装的方法要少得多，置信区间在早期周期也较窄。B0005~B0007 和 B0018 的 RMSE 均小于 1.5%，MAEs 均小于 4.0% 和 7.5%，满足实际使用的准确性要求

表2 使用不同特征选择方法的估计误差（10%数据用于模型训练）

电池编号	InH			FiSH			WSH			FuSH		
	D	R	M	D	R	M	D	R	M	D	R	M
B0005	30	10.16	16.94	18	10.57	17.49	22	0.75	4.42	13	0.56	2.72
B0006	30	5.78	12.02	20	6.17	12.98	23	1.22	3.34	11	1.50	3.69
B0007	30	8.82	14.81	16	1.32	3.43	21	1.04	3.14	13	1.30	3.39
B0018	30	5.55	8.39	16	11.49	23.81	23	1.49	7.07	13	1.61	7.44

注：D 表示特征维度，R 代表 RMSE，M 表示 MAE。

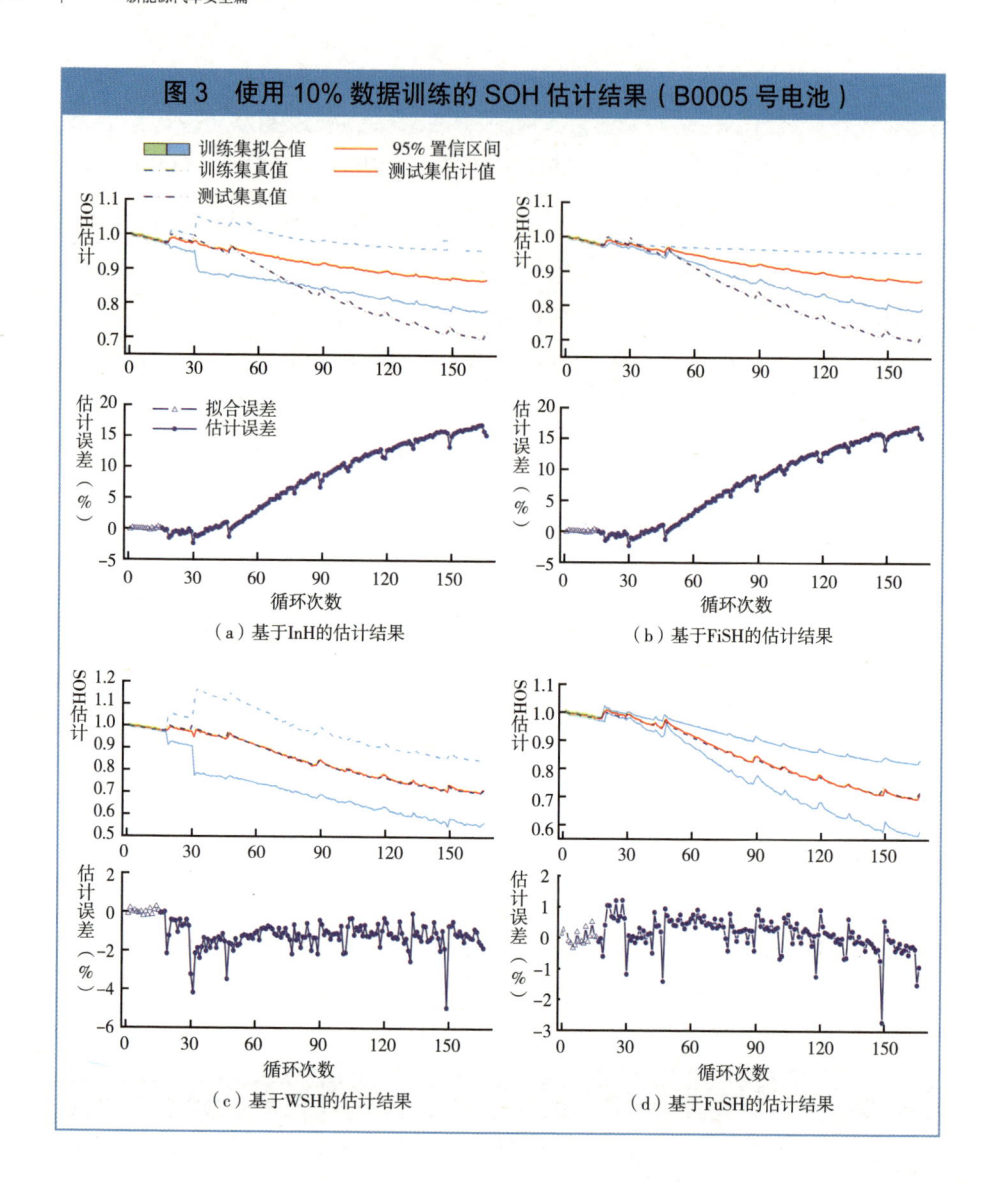

图 3　使用 10% 数据训练的 SOH 估计结果（B0005 号电池）

（a）基于 InH 的估计结果

（b）基于 FiSH 的估计结果

（c）基于 WSH 的估计结果

（d）基于 FuSH 的估计结果

（四）小结

特征提取和选择是数据驱动 SOH 估计的关键。本部分总结了现有的 HI 的提取方法，将其分为基于测量参数的提取和基于计算参数的提取，并详细介绍了每种特征的提取方式。介绍了三类特征选择方法，并利用 NASA 的公开数据集进行了验证。结果表明，当使用足够的数据进行模型训练时，估计性能并不能表现出显著的差异。然而，在训练数据减少的情况下，基于封装法和融合的方法在更有效的 HIs 基础上仍能提供满意的估计。InH 和 FiSH 迅速恶化，甚至失去了它们的估计性能，而 WSH 和 FuSH 仍然能准确可靠地评估 SOH。对于一些测试电池来说，WSH 比 FuSH 更准确，但对于一些电池来说，也可能更糟糕。一个可能的原因是 WSH 的特征尺寸比 FuSH 大，而有些 HIs 在测试电池时效率不高。

三 基于电池包特征带的剩余里程研究

（一）数据源介绍

本部分采用的数据来自某品牌电动汽车大数据云平台，云端数据是由电动汽车上配备的智能终端采集实时并按固定的间隔上传所得，数据间隔及质量如表 3 所示。

表 3 数据间隔和数据质量

数据采集频率	数据上传频率	电压	电流	温度	SOC
1s/次	10s/次	0.001V	0.1A	1℃	0.1

本文选取编号分别为 3103（记作 A 车）和 1226（记作 B 车）的同款电动汽车数据进行分析，该款车型的电池组由 85 个三元单体串联组成。每个单体都配备对应的电压传感器，电池组内设计并配备了 22 个温度传感器。电动汽车的充电策略一般为多段充电，根据每个充电片段内的平均电流是否超过 I_o，可分为慢充和快充两类，针对本文数据 I_o 取 15A。表 4 为 A 车和 B 车的基本信息概览。

（二）特征带提取

容量增量分析法（Incremental Capacity Analysis，ICA）是在线评估电池健康状态的常用方法之一。该方法的核心思想是把传统恒流充电的电压平台转化为

表 4 数据概览

参数		车辆	
		A 车	B 车
开始时间		2017-08-17 11:52:08.0	2017-05-24 23:40:53.0
终止时间		2019-07-02 21:15:41.0	2017-11-24 17:54:16.0
起止里程（km）		5995~47759	21221~58751
电池组总电压（V）		357	357
电池组额定容量（Ah）		103.5	106.9
充电次数	快充	132 次	444 次
	慢充	438 次	90 次
充电电流范围	快充	−152A ~ −3.6A	−113.1A ~ −8.2A
	慢充	−10.5A ~ −3.1A	11.3A ~ −3.3A

IC 曲线上的易于观察的峰值和谷值以对应电池内部的老化状态和老化机理。IC 曲线不仅适用于各类电池的老化分析，而且可灵活应用于实验室和车载端。容量增量等于前后两时刻充入电量之差与电压之差的比值，其中充入电量是由电流序列对时间积分得到的。容量增量的具体计算方法如下：

$$Q = \int_0^t I(t)\,dt \qquad (2)$$

$$IC = \frac{dQ}{dV} = \frac{Q_k - Q_{k-1}}{V_k - V_{k-1}} \qquad (3)$$

其中，Q 是在时间 t 内安时积分充入的累积电量，Q_k 为第 k 时刻充入电量，Q_{k-1} 为第 $k-1$ 时刻充入电量。V_k 为第 k 时刻的电压值，V_{k-1} 为第 $k-1$ 时刻的电压值。

实际上，由于测量数据受噪声影响，仅通过上述方法绘制的 IC 曲线存在毛刺，几乎无法用于下一步分析。为解决这一问题，本文采用高斯滤波法平滑处理 IC 曲线，该方法的核心思想是使用附近点的加权平均值平滑每个采样点，为下一步 IC 特征提取做准备。图 4 为 A 车 1 号单体某个慢充片段滤波后的 IC 曲

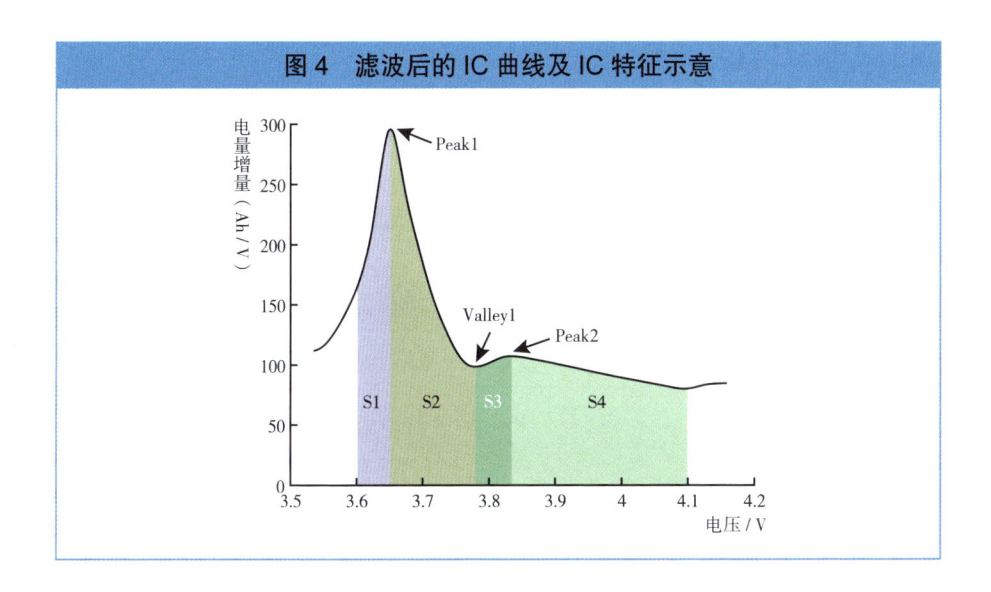

图 4　滤波后的 IC 曲线及 IC 特征示意

线，可明显观察到曲线上的峰值和谷值。按照相同的计算方法，快充片段也可以绘制 IC 曲线，但由于充电电流较大，绘制的 IC 曲线失去很多峰值、谷值细节，因此本文只针对慢充充电片段的 IC 曲线进行分析。

1. IC 特征的初步提取

现有文献基于 IC 曲线提取的特征包括峰值或谷值位置所对应的横纵坐标值，某一电压区间内 IC 曲线下的面积以及 IC 曲线两峰之间的距离。IC 曲线的变化能有效表征电池内部电化学反应，图 4 中 Peak1 对应着电化学反应中负极活性材料的消耗，Peak2 表征电池内部连续的相变转换过程。IC 曲线各峰值、谷值高度和位置的变化与电池内部的容量衰减有关。

根据图 4 的 IC 曲线，本文尝试采用多个特征，具体符号和表征含义如表 5 所示。IC 曲线面积计算的下边界电压取 3.6V，因为大多数充电片段的充电起始电压都高于 3.6V。IC 曲线面积计算的上边界电压取 4.1V，排除 IC 曲线在 4.1V 至 4.2V 之间的异常波动对特征提取的影响，曲线波动是由于充电末期电流的显著下降引起的，与电池内部的老化状态无关。各个连续电压区间内的 IC 曲线面积也可自由组合为新的特征，如 S1+S2+S3+S4，S3+S4，S1+S2 等。图 5 为上述各 IC 特征随汽车行驶里程的变化趋势。

表 5　基于 IC 曲线提取的各个特征

符号	表征含义
S1	IC 曲线在 3.6V 至 Peak1 电压间所围面积
S2	IC 曲线在 Peak1 电压至 Valley1 电压间所围面积
S3	IC 曲线在 Valley1 电压至 Peak2 电压间所围面积
S4	IC 曲线在 Peak2 至 4.1V 电压间所围面积
Peak1_V	最高峰 Peak1 对应的电压值
Peak2_V	第二个峰值 Peak2 对应的电压值
Valley1_V	两峰之间谷值对应的电压值

2.IC 特征的筛选

在实际应用场景下，大多数用户会选择在电池荷电状态仍处于"安全"范围之内就进行充电，大多数充电片段的起始 SOC 为 20%~60%。因此，如何选取有效的 IC 特征使尽可能多的慢充片段能够进行特征提取是应用实车数据分析电池老化状态的关键。图 5 为 12 个 IC 特征随行驶里程的变化趋势，不仅要选择与车辆行驶里程单调性较强的 IC 特征，还要选择尽可能基于后半段部分 IC 曲线即可提取的特征。其中，S4（图 d）、Valley1_V（图 k）、Peak1_V（图 j）、Peak2_V（图 i）、S3+S4（图 f）这 5 个特征与车辆的行驶里程的单调性很强，能很好地表征电池的老化状态。但 Peak1_V（图 j）的提取对充电片段的起始充电电压有很高要求，可提取该特征的片段不多，因此予以排除。其他 7 个特征的变化趋势存在一定的随机性，且特征提取受充电片段起始电压的影响，因此也予以排除。

在初步筛选之后，四个 IC 特征满足实车慢充片段的提取条件。需要进一步通过计算并比较各特征与汽车行驶里程的相关系数来筛选最优的 IC 特征。本文选用 Pearson 相关系数法计算二者间的相关性，各特征与行驶里程的相关系数如表 6 所示。各特征与行驶里程的相关性都很高，本文选取单体特征中相关性最高的 IC 特征（S3+S4）构造用于后文预测循环里程的特征带。本文要求慢充

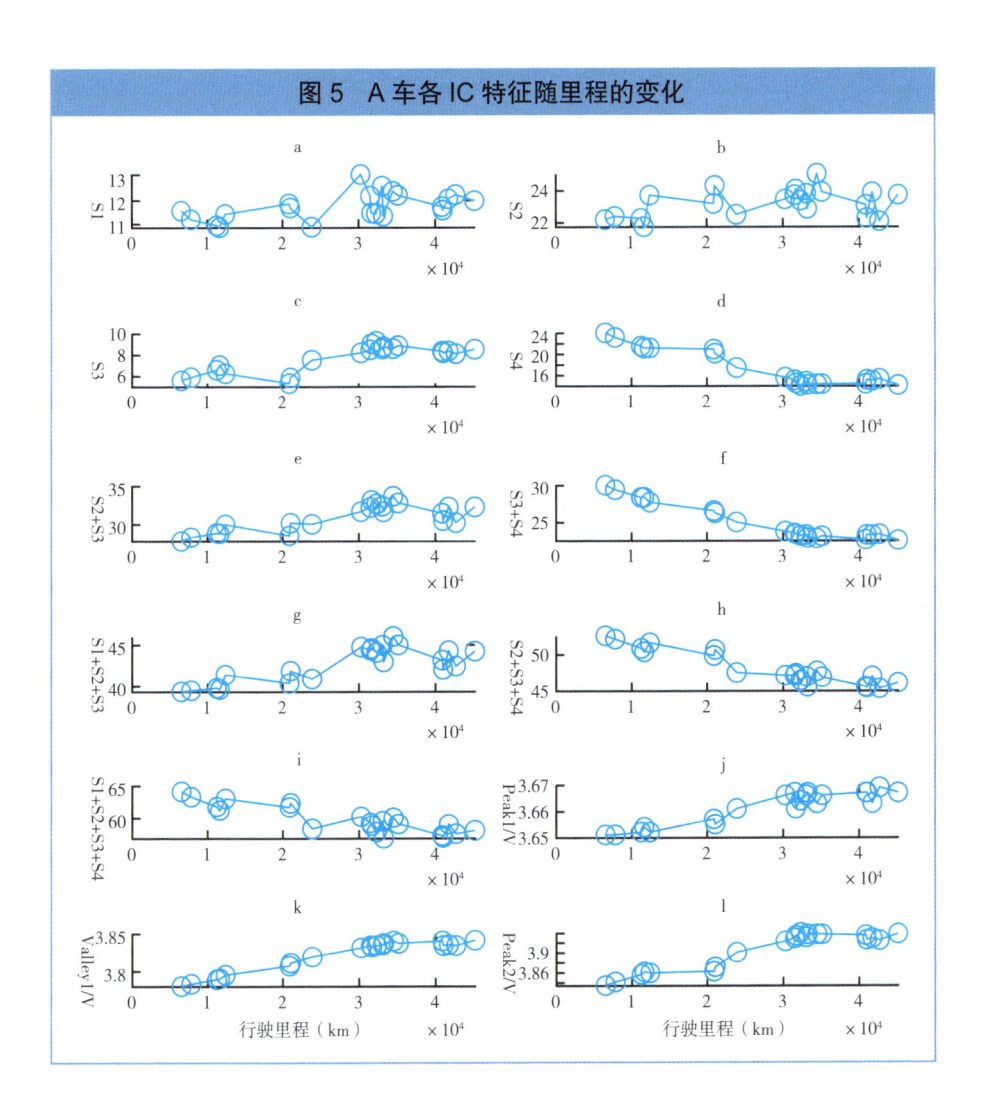

图 5　A 车各 IC 特征随里程的变化

片段的充电起始电压不得高于 3.75V，对应的充电起始 SOC 不得高于 55%，以此过滤掉因残缺而无法提取 IC 曲线特征的充电片段。A 车共有 438 个慢充片段，能提取 IC 特征的片段有 173 个。图 6 为基于 A 车 1 号单体所有慢充片段绘制的一组 ICA 曲线，显然随着行驶里程的逐渐累加，ICA 的谷值电压点逐渐右移，对应的 IC 值逐渐下降，呈现明显的单调性。

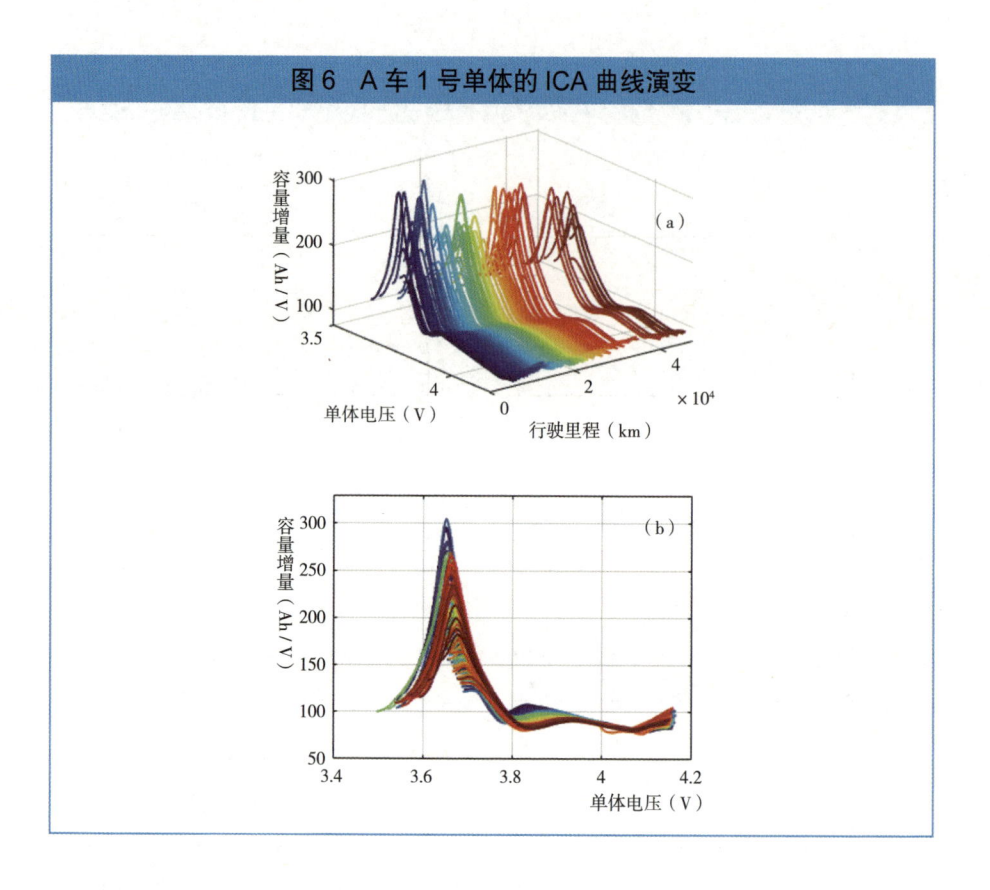

图6 A车1号单体的ICA曲线演变

表6 初步筛选后各IC特征与汽车行驶里程的相关系数

特征	相关系数
谷值电压 (Valley1_V)	0.9052
峰值电压 (Peak2_V)	0.8944
谷值电压到4.1V间的IC面积 (S3+S4)	−0.9557
Peak2到4.1V间的IC面积 (S4)	−0.8950

3.IC特征带

基于以上分析，电池组是由85个单体串联组成的，因此对于每个慢充片段，85个单体都可以绘制各自的IC曲线，提取各自的IC特征。假设可提取IC

特征的慢充片段数取值在 1，2，…，N 之间，其中，第 n 个片段对应的 IC 特征带序列可记作 IC_1^n，…，IC_{85}^n，因此该车 IC 特征带为 $85 \times N$ 的矩阵：

$$\begin{bmatrix} IC_1^1 & IC_2^1 & \cdots & IC_{84}^1 & IC_{85}^1 \\ IC_1^2 & IC_2^2 & \cdots & IC_{84}^2 & IC_{85}^2 \\ \cdots & & & & \cdots \\ IC_1^{N-1} & IC_2^{N-1} & \cdots & IC_{84}^{N-1} & IC_{85}^{N-1} \\ IC_1^N & IC_2^N & \cdots & IC_{84}^N & IC_{85}^N \end{bmatrix}$$

图 7 为 A 车和 B 车对应的 IC 特征带，其中每个点代表某个单体的 IC 特征值，每个行驶里程对应 85 个单体的特征值。图 7 中 IC 特征带的部分"中断"是由于该里程对应的充电片段为快充或不满足 IC 特征提取条件的慢充片段，IC 特征带随行驶里程的变化斜率反映了电池组的衰减速率。如图 7 所示，A 车特征带的变化斜率变化频繁，而 B 车特征带的变化斜率相对稳定。由此分析得知，在长时间行驶中，B 车的电池老化速率比较均匀，可能是由于环境因素变化不大；A 车电池的老化速率先快后慢，可能与环境因素剧烈变化和驾驶员的驾驶习惯有关。特征带宽度为某个充电片段内 85 个单体 IC 特征值的最大值与最小值之差，表征电池组内各单体的老化不一致性，包含了电池容量和内阻两方面的不一致。若电池组内存在明显老化异常的单体，该单体在 IC 特征带中会明显偏离其他正常单体，因此 IC 特征带也可以用于识别组内异常单体。

综合以上分析，选取 IC 特征带的两个统计特征用于未来循环里程的预测，分别是 F_1：某个充电片段 IC 特征带的平均值；F_2：某个充电片段 IC 特征带的宽度，如图 8 所示。假设电池组由 m 个单体组成，共有 N 个充电片段。特征 F_1 向量序列可表示为：$F_1=[x_1, x_2, \cdots, x_k, \cdots, x_N]$，$x_k$ 表示第 k 个充电片段的 IC 特征带平均值。特征 F_2 向量序列可表示为：$F_2=[y_1, y_2, \cdots, y_k, \cdots, y_N]$，$y_k$ 表示第 k 个充电片段的 IC 特征带的宽度。其中，第 k 个充电片段各特征的计算公式如下：

$$x_k = \frac{\sum_{i=1}^{m} IC_i^k}{m} \tag{4}$$

$$y_k = \max(IC_1^k, IC_2^k, \cdots, IC_m^k) - \min(IC_1^k, IC_2^k, \cdots, IC_m^k) \tag{5}$$

图 7　A 车和 B 车的 IC 特征带

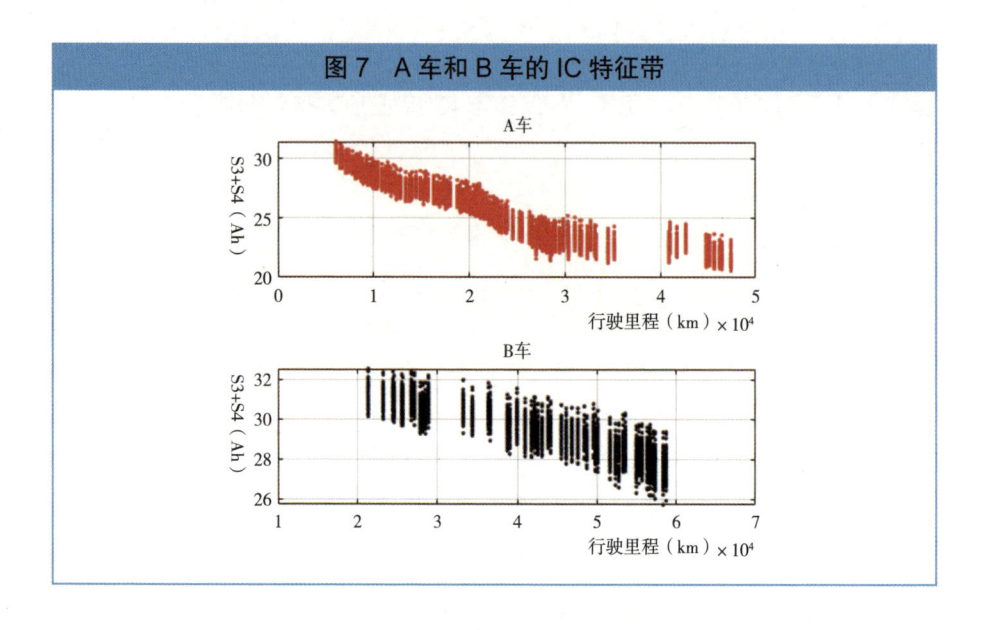

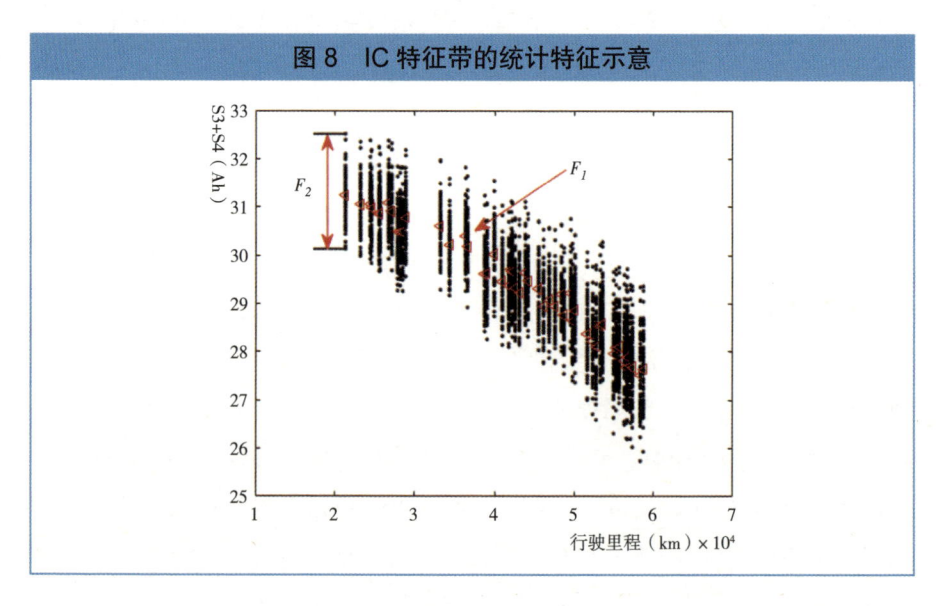

图 8　IC 特征带的统计特征示意

（三）等效循环次数

在实际行驶过程中，电动汽车充放电的起止 SOC 之差即放电深度，具有

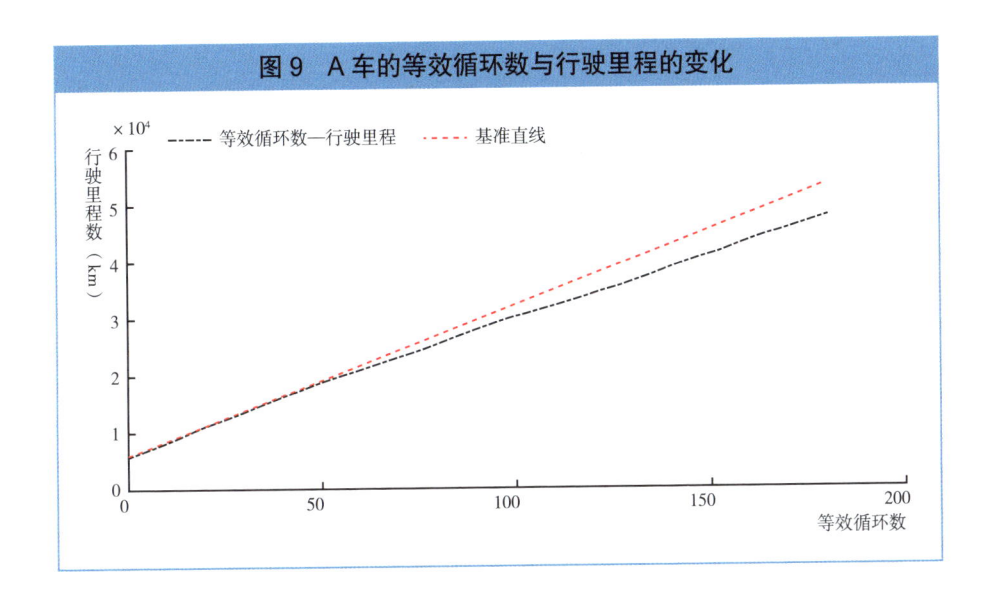

图 9　A 车的等效循环数与行驶里程的变化

随机性。大多数用户都习惯充电时把电池充满，而放电时一般很少放至 SOC 低于 20% 再去充电。因此，电动汽车的充放电循环次数并不能真实反映电池的老化状态，把实际充放电次数折合成等效循环数才能与电池的老化状态相对应。

雨流计数法，也叫作"塔顶法"，被广泛用于计算疲劳寿命。该方法可以根据被研究对象的应变—时间之间的随机非线性关系进行计数，即使用雨流计数法对样本进行有效计数。一个完整的循环周期是由一个放电半周期和一个充电半周期组成的，如某个循环过程，即 $SOC_1 \to SOC_2 \to SOC_1$，充电或放电半周期记作 $SOC_1 \to SOC_2$，其中 $0 \leqslant SOC_1 \neq SOC_2 \leqslant 1$。因此，可应用雨流计数法计算电动汽车等效循环数，设第 i 个循环的充电深度为 DOC_i，把充电深度 DOC_i 等效为 $DOC=1$ 下的循环次数 $Cycle_i$，取值范围为 0~1。若实际工况是半循环需要折半计算，再与前 $i-1$ 个循环计算的 $Cycle_1$，$Cycle_2$，…，$Cycle_{i-1}$ 加和即该循环下的等效循环数 N_i。

$$N_i = \sum_{n=1}^{i} Cycle_n \qquad (6)$$

如图 9 所示，A 车的等效循环数—行驶里程的曲线斜率有降低的趋势，离斜率为 1 的标准直线距离越来越远，这表明在相同条件下，与新电池相比，老化电池需要更多的等效循环数才能行驶相同的里程。因此，等效循环数也与电池的老化状态密切相关，可记作特征 F_3，用于后文的未来循环里程预测。

（四）其他基于局部充电过程的特征提取

除了上述提出的三个特征之外，再引入两个特征，分别记作 F_4：每个充电片段的充电时间；F_5：每个充电片段各测温点的平均温度。温度与电池的老化、不一致性等各方面性能都有很强的相关性，如图 10 所示，A 车温度变化幅度极大，最高温度为 42℃，出现在 7 月；最低温度为 12℃，出现在 12 月。30℃ 温度极差必然会影响电池的工作状态，从图中可以明确把温度升降的拐点对应到 IC 特征斜率变化的拐点。文献给出温度对 IC 曲线的影响，温度降低会使 IC 曲线朝着老化方向移动，因此温度降低时，IC 特征带的衰减斜率更大，而温度升高时，衰减斜率明显放缓。对于 B 车来说，温度极差不超过 15℃，在变化可接

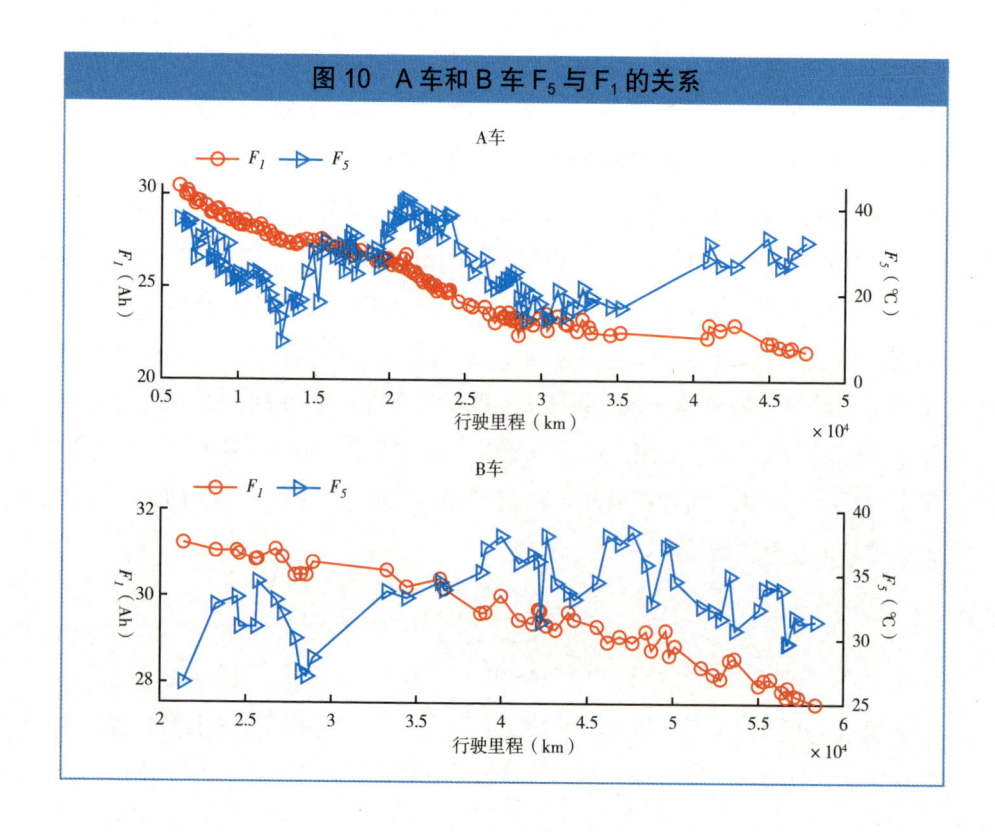

图 10　A 车和 B 车 F_5 与 F_1 的关系

受范围之内，因此温度对 IC 特征带的影响不大，B 车的 IC 特征带几乎是线性衰减。表 7 为本部分提取的多维特征表示符号及含义汇总，为后文基于多维特征预测循环里程的数据驱动模型做准备。

表 7 多维特征符号及含义汇总

符号	含义
F_1	IC 特征带的平均值
F_2	IC 特征带的宽度
F_3	等效循环数
F_4	充电时间
F_5	各测温点的平均温度

（五）基于车载数据的预测验证

本部分先基于 A 车提取的多维特征，使用 SVR 模型进行循环里程预测。其中，前 70% 数据作为训练集，后 30% 数据作为测试集，得到循环里程预测结果如图 11 所示。

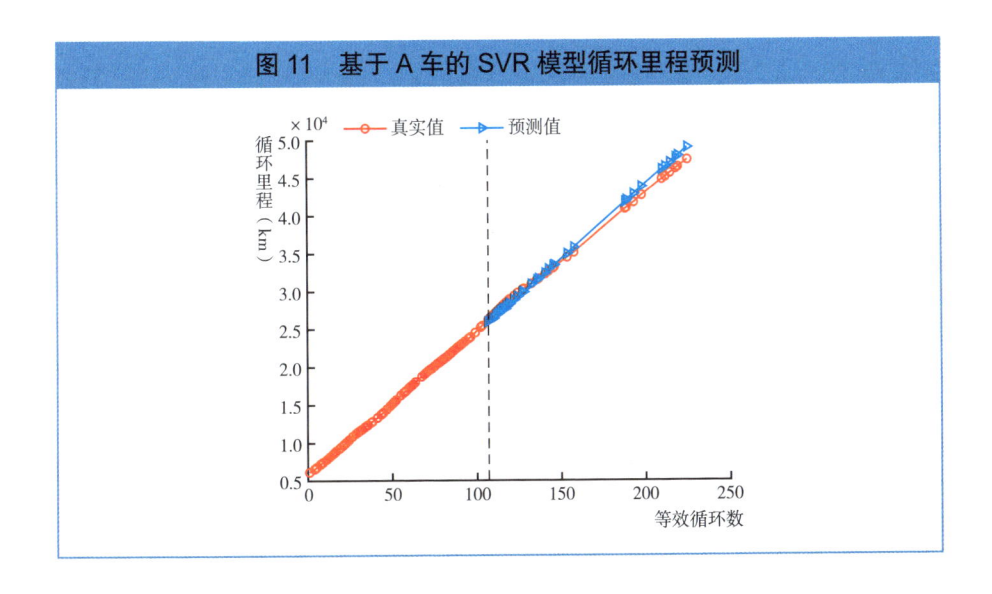

图 11 基于 A 车的 SVR 模型循环里程预测

为评估 SVR 模型预测循环里程的优劣，本文将本模型和其他模型进行对比，改变训练和测试数据的比例，并使用平均绝对百分比误差（Mean Absolute Percentage Error，MAPE）作为模型的评价指标。表 8 分别列出使用 SVR 模型的循环里程预测精度。从表 8 来看，增加训练数据的比例时，模型预测精度并没有单调下降，模型的预测精度与原始训练数据的比例并无直接关系。与 A 车相比，B 车各模型的预测精度更高，这符合 IC 特征带和温度特征提取的结论。B 车的工作温度范围变化不大，且特征带衰减速率较慢，因此循环里程预测模型能更精准预测未来行驶里程。

为进一步评估模型的准确性并针对不同车辆给出个性化的维修保养建议，本文先把 A、B 两车的历史特征分别代入 SVR 最优预测模型，进行历史行驶里程估计；然后基于历史特征数据进行特征递推，并代入 SVR 模型，实现未来循环里程的预测；分别比较 A 车和 B 车在固定等效循环数下对应汽车的行驶里程变化趋势。与新电池相比，在等效循环数相同的情况下，老化电池所对应的电动汽车行驶里程数必然更少。图 12 绘制了 A 车和 B 车在每 20 个等效循环数下的行驶里程，其中竖直分割线前半部分为两车的真实里程和估计里程，由于 A 车环境因素变化较大，其估计线与真实线偏差略大

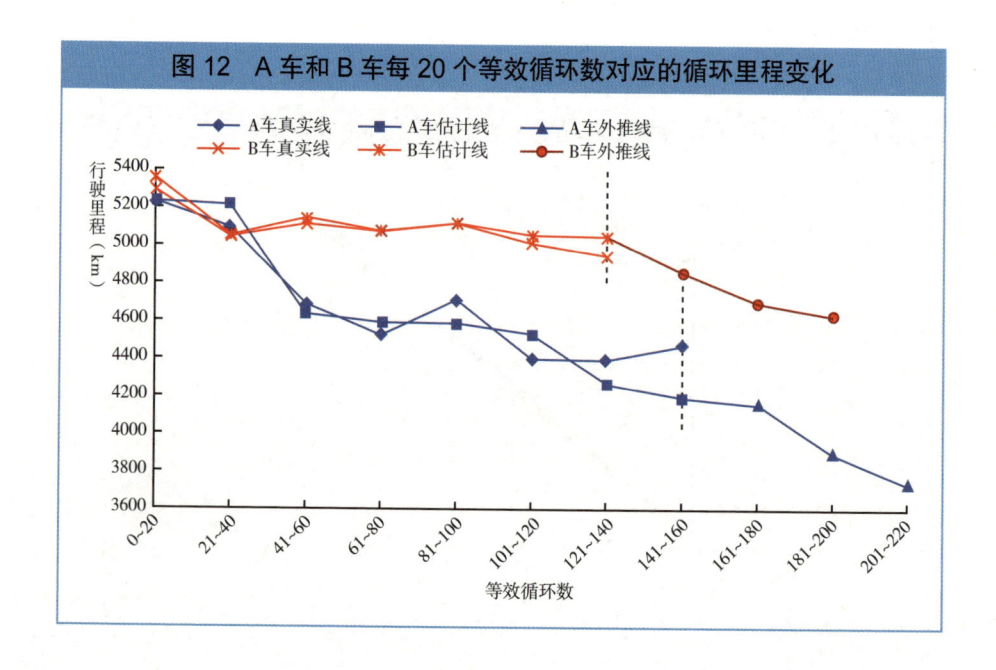

图 12 A 车和 B 车每 20 个等效循环数对应的循环里程变化

于 B 车，但估计线的总体趋势仍与真实线相近；竖直分割线后半部分为递推特征预测的未来循环里程，两车外推线的变化趋势都与真实线具有较高的一致性，说明该模型具有较高的可信度。A 车和 B 车的历史数据量不同，递推特征的数量为各自历史数据量的一半。A 车曲线下降趋势明显，与第一个 20 圈相比，最后一个 20 圈的里程数不足 4000km，下跌幅度超过 20%。因此 A 车电池老化衰减速率过快，需要及时维修保养，以延长电池的使用寿命。然而，B 车曲线下降速率较慢，在最后一个 20 圈仅衰减不到 5%，与正常电池老化速率相近，因此 B 车电池暂时无须维修保养，其健康状态需要定期诊断。

表8 不同训练比例下 A 车和 B 车的预测精度

模型	训练比例	A 车 MAPE（%）	B 车 MAPE（%）
SVR	0.5	0.99	0.09
	0.7	1.42	0.07
	0.9	0.95	0.06

（六）小结

本文基于某品牌同款电动汽车 A 车和 B 车充电数据提取多维特征，把支持向量回归模型用于宏观时间尺度下的未来循环里程的预测。针对 A 车而言，其各充电片段的工作温度差距较大，造成循环里程预测的误差偏大。而对 B 车而言，其工作温度变化不大，电池的衰减速率在合理区间内，因此循环里程预测的误差偏小。基于循环里程的预测值计算每 20 个等效循环数对应的行驶里程数，发现 A 车衰减速率明显快于 B 车，这表示 A 车电池的衰减速率异常，亟须合适的维修和保养策略以延长电池的使用时间；B 车电池的衰减速率较慢，可持续定期诊断其健康状态，暂时无须维修保养。

四 基于通用特征提取的电池健康状态估计

(一) 基于局部放电过程的通用健康因子提取

电池老化会导致电池放电容量曲线发生明显变化。如图 13 所示,在相同恒流条件下,老化电池的放电曲线偏离新电池的放电曲线,同一电压点下老化电池释放的电量明显降低。放电曲线 $Q(V)$ 的循环到循环演变包含了大量与电池健康相关的信息,并已被用于电池健康诊断。定义 $Q_{c2-c1}(V)=Q_{c2}(V)-Q_{c1}(V)$,文献证明了 $Q_{c2-c1}(V)$ 的方差与电池容量高度相关,该序列的其他统计特性也具有良好的相关性。为了获得 $Q_{c2-c1}(V)$ 序列,电池电压必须单调降低,这是该 HI 提取方法的主要局限性。

由于测量噪声的存在,即使在恒流条件下放电电压也不是完全单调的。因此,需要进行数据处理才能得到一个单调降低的电压。为了计算不同周期的 $\Delta Q_{c2-c1}(V)$ 序列,需要进行电压插补,以保持电压点对齐。上述方法在本文中称为原始方法,只能在恒流放电条件下使用。为了从一般放电条件下获得 $\Delta Q_{c2-c1}(V)$ 序列,本文提出了改进的提取方法。

假设放电电压曲线等分为 N_p 段,电压区间可计算为:

$$\Delta V = (V_{max} - V_{min}) / N_p \tag{7}$$

电压序列 V_s 可以表示为:

$$V_s = [V_{max}, V_{max} - \Delta V, \cdots, V_{min}] \tag{8}$$

对每个电压段 $[V_{max}-(k-1)\Delta V, V_{max}-k\Delta V]$,$1 \leq k \leq N_p$,通过对电流积分计算累积电荷 Q_k,得到 $Q(V)$ 序列为:

$$Q(V) = [Q_1, Q_2, \cdots, Q_{N_p}] \tag{9}$$

两个周期之间的 $Q(V)$ 之差定义为 $\Delta Q_{c2-c1}(V)$ 序列。

这种电压划分策略的优点包括以下几点。①避免了数据处理带来的负面影响。该策略不需要通过数据处理来获得单调递减的电压,也不需要通过电压插值来实现数据对齐。②降低电流噪声。通过对电压段的电流进行积分,可以降低电流噪声。③扩展到脉冲电流条件。对于脉冲电流条件下的放电,当电流率突然增加时,电压突然下降,导致多个电压点丢失。当电流率突然下降时,电压反弹到以前发生的相同水平,这种情况不可能调整电压点。通过该策略,$Q(V)$的提取不受局部电压升高的影响,可以应用于脉冲电流放电条件下。④方便优化。当N_p趋于无穷时,此方法与原方法相同。通过合理选择N_p,可以更好地从$\Delta Q_{c2-c1}(V)$序列中提取HIs。

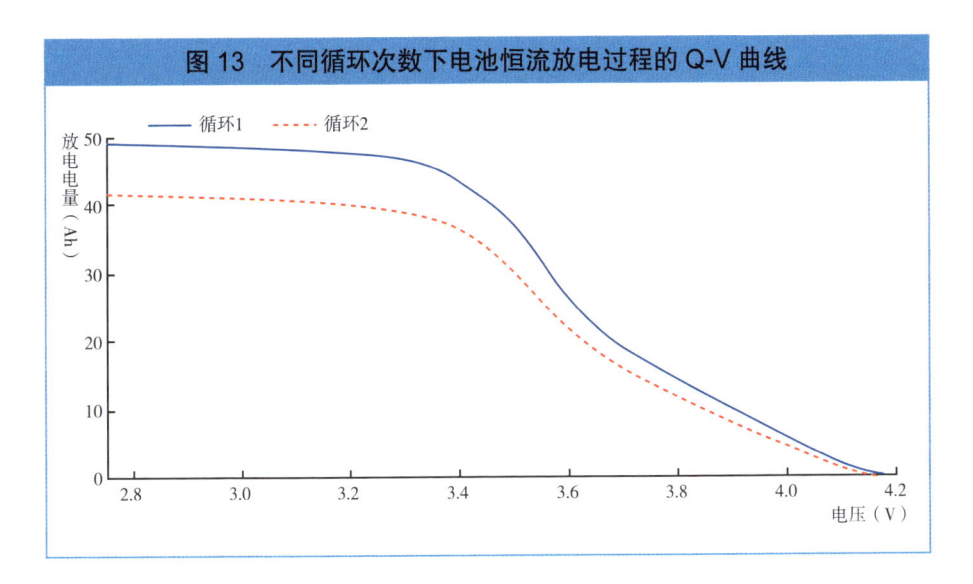

图13 不同循环次数下电池恒流放电过程的Q-V曲线

(二)动态工况下的提取方法

对于动态工况,大量相同值的电压点频繁重叠,无论是采用原始方法还是采用电压划分策略都难以提取出$Q(V)$序列。针对这一难题,本文提出了一种滤波策略,具体介绍如下。在电池建模中,Thevenin模型被广泛用于描述电池的外部特性,其数学表达式可以概括为:

$$\overset{*}{V}_P = -V_p/(C_p R_p) + I/C_p$$
$$V = V_{oc} - V_p - R_{int} I \tag{10}$$

其中 C_p 为极化电容，R_p 为极化内阻，V_p 为 RC 网电压，R_{int} 为串联内阻，V_{oc} 为电池的开路电压。虽然电池电压在动态电流下波动较大，但开路电压随着 SOC 的变化而稳定变化。本文采用带遗忘因子的递推最小二乘法在线识别 Thevenin 模型的参数，并将电池的开路电压作为参数。

在恒定电流放电条件下，MIT-Stanford 数据的相关结果如图 14 所示，测试电池的数据来自 10 号通道。将所提出的电压划分策略与原始方法的结果进行了比较。根据测试规范，电池的放电截止电压是 2V，但有些电池的电压直接从 2.5V 以上降至 2V 以下。在实际应用中，电池很少完全放电到截止电压。为了验证局部放电条件下 HIs 的有效性，在图 14 中将电压范围设置为 3~3.5V，由于电压范围较窄，将 N_p 设置为 20，无论是基于原始方法还是电压划分策略，所有的 HIs 都具有较高的相关性（$\rho>0.98$）。

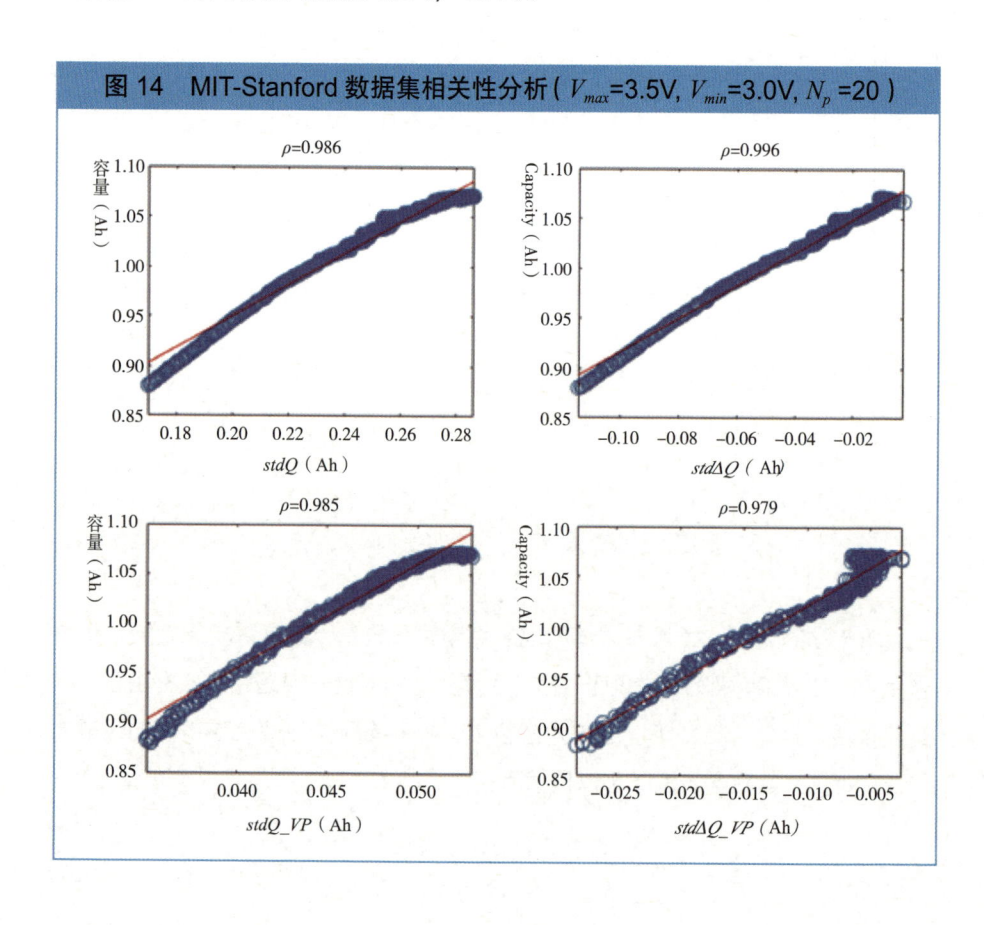

图 14　MIT-Stanford 数据集相关性分析（V_{max}=3.5V, V_{min}=3.0V, N_p=20）

然后，利用重庆大学车辆动力系统实验室（VPSL）收集的数据集对动态当前条件下提取的 HIs 进行评价，验证所提出的滤波策略。该实验数据集在恒流放电条件下获得电池的实际容量，并在电池老化测试过程中每月进行一次动态电流放电。需要注意的是，不同于采用 LiFePO4 阴极的 MIT 标准数据，VPSL 数据使用了 NCM 阴极的电池。25℃和45℃ FUDS 循环下 HIs 的结果分别如图 15 和图 16 所示。对于动态放电情况，首先采用滤波策略，然后再采用电压划分策略。电压范围设置为 3.55~4V，N_p 设置为 28。如图 15 和图 16 所示，所提出的滤波策略可以有效提取平滑度较好的开路电压曲线。随着电池老化，电压曲线和开路电压曲线逐渐下降，释放的容量减少。$stdQ\_V_P$ 和 $std\Delta Q\_V_P$ 与容量的相关性均大于 0.85。

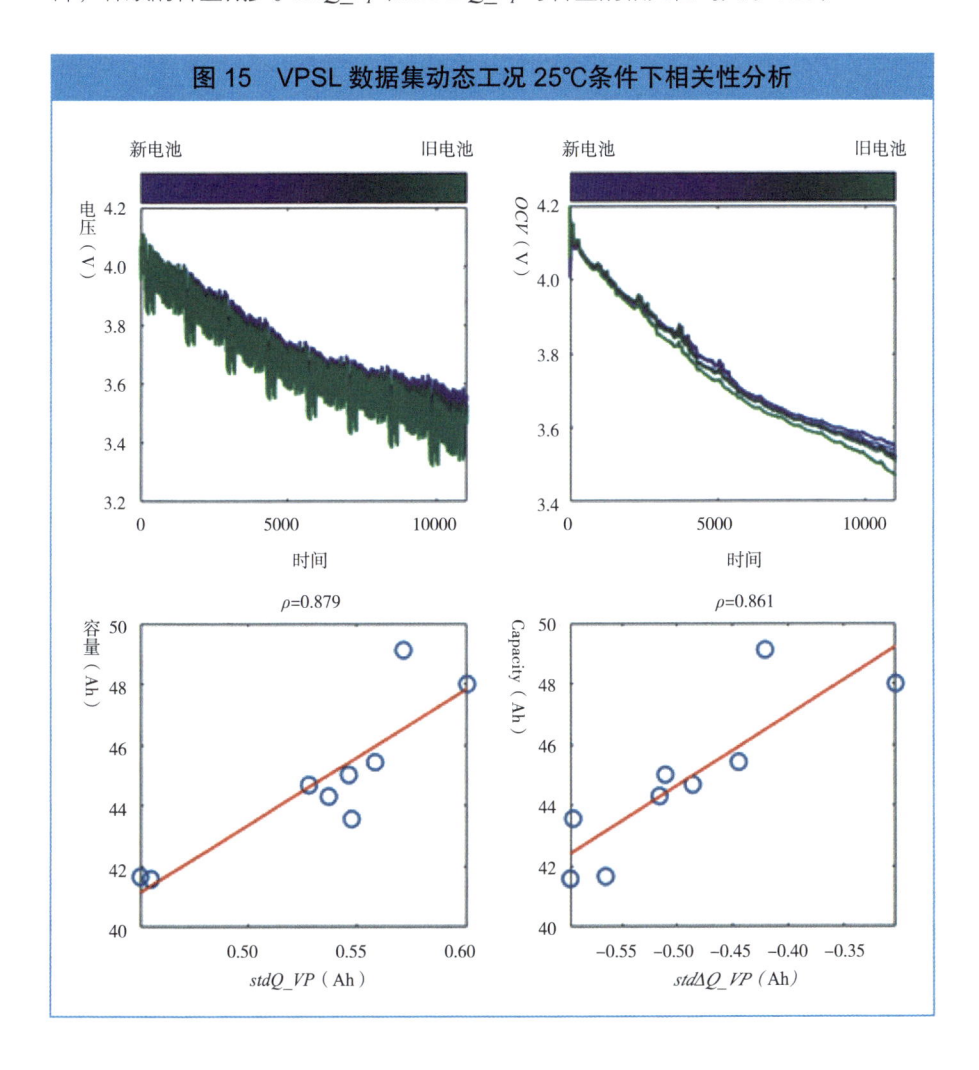

图 15　VPSL 数据集动态工况 25℃条件下相关性分析

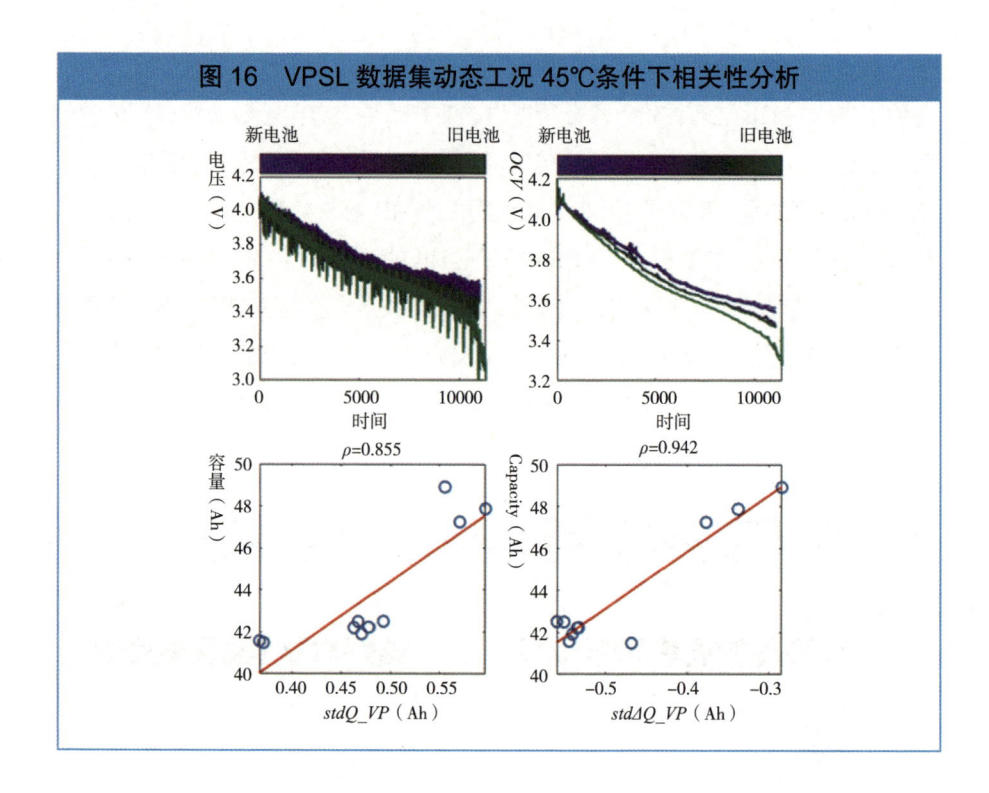

图 16　VPSL 数据集动态工况 45℃条件下相关性分析

（三）SOH 估计验证

对于 MIT-Stanford 恒流放电条件下的数据，从第 10 通道采集 HIs 和电池容量等样本，对预测模型进行训练，并利用第 11 通道采集的样本对预测模型进行估计验证。并对比不同机器学习算法的估计效果，包括线性回归（Linear Regression，LR）、支持向量机（Support Vector Machine，SVM）、相关向量机（Relevance Vector Machine，RVM）和 GPR。MIT-Stanford 数据集的 SOH 估计结果如图 17 所示，包括训练和测试过程。估计误差的统计结果列于表 9。结果表明，所有方法都能获得较好的 SOH 估计精度。这是由于它与电池容量的强相关性。其中，GPR 的精度最好，其测试过程的 MAE 和 RMSE 分别只有 0.21% 和 0.29%。而 LR 的精度最差，其测试过程中的 MAE 和 RMSE 分别为 0.31% 和 0.42%。可以发现，使用先进的数据驱动算法可以实现更高的精度。GPR 的 95% 可信区间（Confidence Interval，CI）可以评价估计结果的不确定性。较窄的 CI 表明 GPR 估计的值具有较高的置信度。

图17 MIT-Stanford 数据集 SOH 估计结果（a）训练过程 SOH 估计结果；（b）训练过程 SOH 估计误差；（c）训练过程的 95% CI；（d）测试过程 SOH 估计结果；（e）测试过程 SOH 估计误差；（f）测试过程的 95% CI

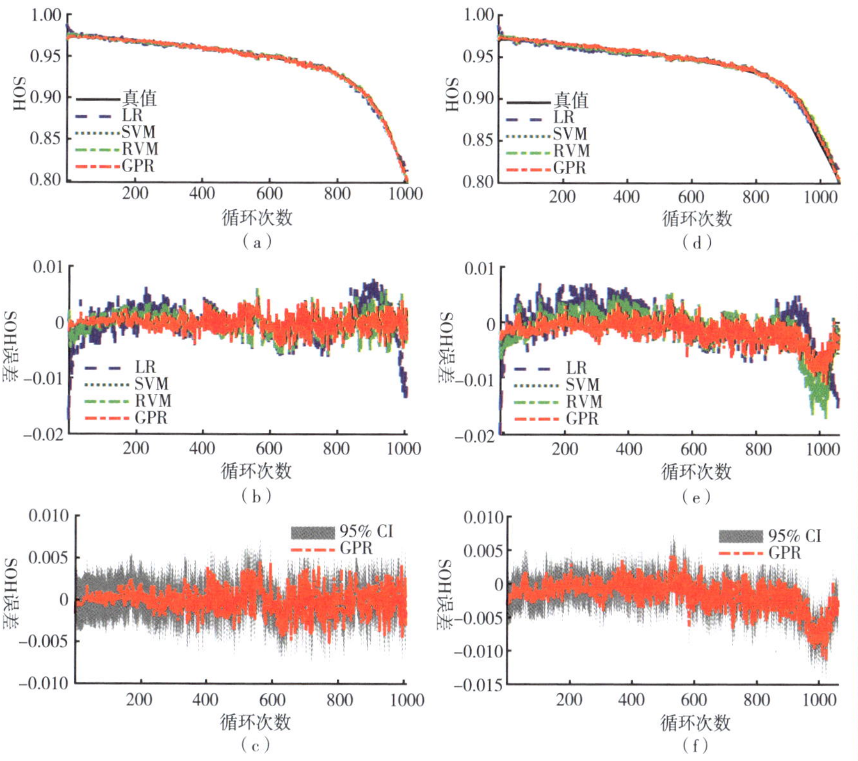

表9 MIT-Stanford 数据集 SOH 估计误差统计结果

方法		训练集（%）	测试集（%）
LR	MAE	0.24	0.31
	RMSE	0.33	0.42
SVM	MAE	0.13	0.24
	RMSE	0.16	0.32
RVM	MAE	0.15	0.28
	RMSE	0.19	0.40
GPR	MAE	0.12	0.21
	RMSE	0.16	0.29

对于动态放电条件下的 VPSL 数据，使用 25℃条件下提取的样本进行模型训练，使用 45℃条件下提取的样本进行模型测试。VPSL 数据集的 SOH 估计结果如图 18 所示，估计误差的统计结果如表 10 所示。结果表明，所有方法都能

表 10 VPSL 数据集 SOH 估计误差统计结果

方法		训练集（%）	测试集（%）
LR	MAE	1.13	1.25
	RMSE	1.81	1.77
SVM	MAE	0.69	1.34
	RMSE	1.26	1.66
RVM	MAE	1.68	1.32
	RMSE	2.03	1.92
GPR	MAE	1.20	0.94
	RMSE	1.77	1.15

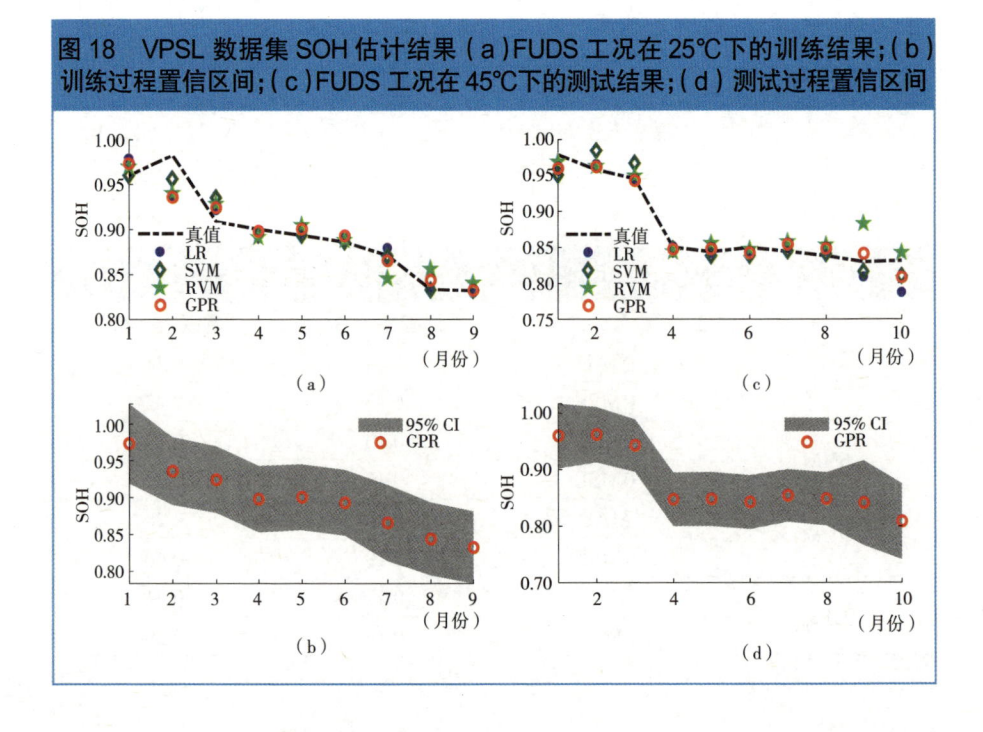

图 18 VPSL 数据集 SOH 估计结果（a）FUDS 工况在 25℃下的训练结果；(b) 训练过程置信区间；(c) FUDS 工况在 45℃下的测试结果；(d) 测试过程置信区间

达到较好的 SOH 估计精度。其中，GPR 的精度最好，其测试过程中的 MAE 和 RMSE 分别只有 0.94% 和 1.15%。而 LR 的精度最差，其测试过程的 MAE 和 RMSE 分别为 1.25% 和 1.77%。与 MIT-Stanford 数据相比，VPSL 数据的样本量要小得多，从而导致更宽的 CI。

以上结果表明，将提出的 HIs 作为 LR、SVM、RVM 和 GPR 模型的输入特征，可以获得较好的 SOH 估计精度。所有方法对恒流和动态电流条件都有良好的适应性。由于 GPR 具有最高的估计精度和提供估算值的不确定性的能力，因此在这四种模型中，GPR 是最佳选择。

（四）小结

电池 SOH 估计对于及时维护电池系统，避免安全事故的发生至关重要。为了从电池实际运行状态获取 SOH，本文提出了基于两种策略的特征提取方法，该方法可以从一般放电曲线中提取具有代表性的 HI，即采用电压划分策略重构非单调放电电压曲线中的 $\Delta Q(V)$ 序列，采用滤波策略平滑动态电压曲线。验证了两种类型电池在不同数据集中 $Q(V)$ 和 $\Delta Q(V)$ 序列的标准差与电池容量的相关性。在恒流条件下，这两个 HIs 与电池容量的 Pearson 相关系数大于 0.95，在动态电流条件下大于 0.85。

将其作为输入特征，采用 LR、SVM、RVM 和 GPR 等典型数据驱动方法构建 SOH 估计器。所有方法均能获得较好的估计精度，并能适应不同的放电工况。其中，GPR 的精度最好，在典型放电条件下，其 MAE 和 RMSE 分别低于 1% 和 1.3%。此外，它还可以提供估计值的不确定度评估，因此可以认为它是该问题的最佳估计值。由于特征提取方法的计算复杂度较低，以及 SOH 的长尺度更新机制，所提出的 SOH 估计方法在嵌入 BMS 中具有很大的潜力。

五 总结与展望

本文聚焦锂离子电池的健康状态估计和电动汽车剩余里程预测的方法研究。首先，针对基于数据驱动的电池健康估计中特征提取及子集筛选的关键技术问题，分类总结了现有的特征提取方法，验证对比了不同特征子集筛选方法所选特征的优劣。结果表明基于融合式的特征筛选方法能够筛选出最小维度的特征子集并且能够有效保证估计的精度。其次,针对实际车用的复杂工况,提出了基于IC特征带和局部充电数据的健康评估方法,基于SVR预测电动汽车实际使用条件下的剩余里程。对两款大数据平台监控的电动车进行了验证,结果表明所提出的方法能够有效地预测电动车的剩余里程。最后,针对不同电化学体系的电池和不同使用工况,提出了通用的健康特征提取方法,在恒流和动态放电工况下均能够提取出高效的健康特征,基于不同的数据集和机器学习算法验证了本文所提出的健康因子的有效性。未来的研究将关注于通用特征在复杂车用工况下的适用性,提出统一的电池组的健康状态评估体系。

参考文献

[1]《中共中央关于制定国民经济和社会发展第十四个五年规划和二〇三五年远景目标的建议》,2020年10月29日。

[2] 中华人民共和国公安部交通管理局:《2020年全国新注册登记机动车3328万辆 新能源汽车达492万辆》,2021年1月。

[3]《三项电动汽车强制性国家标准正式发布》,工业和信息化部网站,2020年5月14日。

[4] 戴海峰、张艳伟、魏学哲等:《锂离子电池剩余寿命预测研究》,《电源技术》2019年第2期,第2029~2035页。

[5] 林娅:《基于数据驱动的锂电池剩余使用寿命预测方法研究》,南京航空航天大学硕士学位论文,2018。

[6] 庞景月、马云彤、刘大同等:《锂离子电池剩余寿命间接预测方法》,《中国科技论文》2014年第1期,第28~36页。

[7] 王明:《风储联合应用中储能的需求评估方法研究》,湖南大学硕士学位论文,2015。

[8] ARMAROLI N, BALZANI V. Towards an electricity-powered world [J]. Energy & Environmental Science, 2011, 4(9): 3193-3222.

[9] WOOD E, ALEXANDER M, BRADLEY T H. Investigation of battery end-of-life conditions for plug-in hybrid electric vehicles [J]. Journal of Power Sources, 2011, 196(11): 5147-5154.

[10] HU X, XU L, LIN X, et al. Battery Lifetime Prognostics [J]. Joule, 2020,

[11] NG S S Y, XING Y, TSUI K L. A naive Bayes model for robust remaining useful life prediction of lithium-ion battery [J]. Applied Energy, 2014, 118(114-123).

[12] HU X, LI S E, JIA Z, et al. Enhanced sample entropy-based health management of Li-ion battery for electrified vehicles [J]. Energy, 2014, 64(953-960).

[13] ZHOU Y, HUANG M, CHEN Y, et al. A novel health indicator for on-line lithium-ion batteries remaining useful life prediction [J]. Journal of Power Sources, 2016, 321(1-10).

[14] HU X, JIANG J, CAO D, et al. Battery Health Prognosis for Electric Vehicles Using Sample Entropy and Sparse Bayesian Predictive Modeling [J]. IEEE Transactions on Industrial Electronics, 2015, 63(2645-2656).

[15] CHEN Y, BAO J, XIANG Z, et al. Predictability analysis of lithium-ion battery remaining useful life with multiscale entropy; proceedings of the 2013 International Conference on Computational and Information Sciences, F, 2013 [C]. IEEE.

[16] FENG F, HU X, HU L, et al. Propagation mechanisms and diagnosis of parameter inconsistency within Li-Ion battery packs [J]. Renewable and Sustainable Energy Reviews, 2019, 112(102-113).

[17] LU L, HAN X, LI J, et al. A review on the key issues for lithium-ion battery management in electric vehicles [J]. Journal of Power Sources, 2013, 226(272-288).

[18] LIU J, CHEN Z. Remaining Useful Life Prediction of Lithium-Ion Batteries Based on Health Indicator and Gaussian Process Regression Model [J]. IEEE Access, 2019, 7(39474-39484).

[19] LIU D, SONG Y, LI L, et al. On-line life cycle health assessment for lithium-ion battery in electric vehicles [J]. Journal of Cleaner Production, 2018, 199(1050-1065).

[20] YANG D, ZHANG X, PAN R, et al. A novel Gaussian process regression model for state-of-health estimation of lithium-ion battery using charging curve [J]. Journal of Power Sources, 2018, 384(387-395).

[21] HU C, JAIN G, ZHANG P, et al. Data-driven method based on particle swarm optimization and k-nearest neighbor regression for estimating capacity of lithium-ion battery [J]. Applied Energy, 2014, 129(49-55).

[22] DATONG L, JIANBAO Z, HAITAO L, et al. A Health Indicator Extraction and Optimization Framework for Lithium-Ion Battery Degradation Modeling and Prognostics

[J]. IEEE Transactions on Systems, Man, and Cybernetics: Systems, 2015, 45(6): 915-28.

［23］RAZAVI-FAR R, FARAJZADEH-ZANJANI M, CHAKRABARTI S, et al. Data-driven prognostic techniques for estimation of the remaining useful life of Lithium-ion batteries [J]. IEEE International Conference on Prognostics and Health Management (ICPHM), 2016,

［24］SEVERSON K A, ATTIA P M, JIN N, et al. Data-driven prediction of battery cycle life before capacity degradation [J]. Nature Energy, 2019, 4(5): 383-91.

［25］ZHAO Q, QIN X, ZHAO H, et al. A novel prediction method based on the support vector regression for the remaining useful life of lithium-ion batteries [J]. Microelectronics Reliability, 2018, 85(99-108).

［26］ZHOU D, XUE L, SONG Y, et al. On-Line Remaining Useful Life Prediction of Lithium-Ion Batteries Based on the Optimized Gray Model GM(1,1) [J]. Batteries, 2017, 3(4).

［27］DENG Y, YING H, E J, et al. Feature parameter extraction and intelligent estimation of the State-of-Health of lithium-ion batteries [J]. Energy, 2019, 176(91-102).

［28］REN L, ZHAO L, HONG S, et al. Remaining Useful Life Prediction for Lithium-Ion Battery: A Deep Learning Approach [J]. IEEE Access, 2018, 6(50587-50598).

［29］TAGADE P, HARIHARAN K S, RAMACHANDRAN S, et al. Deep Gaussian process regression for lithium-ion battery health prognosis and degradation mode diagnosis [J]. Journal of Power Sources, 2020, 445.

［30］ZHANG Y, GUO B. Online Capacity Estimation of Lithium-Ion Batteries Based on Novel Feature Extraction and Adaptive Multi-Kernel Relevance Vector Machine [J]. Energies, 2015, 8(11): 12439-12457.

［31］LI J, LYU C, WANG L, et al. Remaining capacity estimation of Li-ion batteries based on temperature sample entropy and particle filter [J]. Journal of Power Sources, 2014, 268(895-903).

［32］GUO P, CHENG Z, YANG L. A data-driven remaining capacity estimation approach for lithium-ion batteries based on charging health feature extraction [J]. Journal of Power Sources, 2019, 412(442-450).

［33］RICHARDSON R R, OSBORNE M A, HOWEY D A. Gaussian process regression for forecasting battery state of health [J]. Journal of Power Sources, 2017, 357(209-219).

［34］LI Y, LIU K, FOLEY A M, et al. Data-driven health estimation and lifetime prediction of lithium-ion batteries: A review [J]. Renewable and Sustainable Energy Reviews, 2019, 113.

[35] XIONG R, LI L, TIAN J. Towards a smarter battery management system: A critical review on battery state of health monitoring methods [J]. Journal of Power Sources, 2018, 405(18-29).

[36] DUBARRY M, LIAW B Y, CHEN M-S, et al. Identifying battery aging mechanisms in large format Li ion cells [J]. Journal of Power Sources, 2011, 196(7): 3420-3425.

[37] WENG C, CUI Y, SUN J, et al. On-board state of health monitoring of lithium-ion batteries using incremental capacity analysis with support vector regression [J]. Journal of Power Sources, 2013, 235(36-44).

[38] ANSEAN D, GARCIA V M, GONZALEZ M, et al. Lithium-Ion Battery Degradation Indicators Via Incremental Capacity Analysis [J]. IEEE Transactions on Industry Applications, 2019, 55(3): 2992-3002.

[39] LI X, WANG Z, ZHANG L, et al. State-of-health estimation for Li-ion batteries by combing the incremental capacity analysis method with grey relational analysis [J]. Journal of Power Sources, 2019, 410-411(106-114).

[40] WANG Z, MA J, ZHANG L. State-of-Health Estimation for Lithium-Ion Batteries Based on the Multi-Island Genetic Algorithm and the Gaussian Process Regression [J]. IEEE Access, 2017, 5(21286-21295).

[41] WENG C, SUN J, PENG H. A unified open-circuit-voltage model of lithium-ion batteries for state-of-charge estimation and state-of-health monitoring [J]. Journal of Power Sources, 2014, 258(228-237).

[42] LI Y, ABDEL-MONEM M, GOPALAKRISHNAN R, et al. A quick on-line state of health estimation method for Li-ion battery with incremental capacity curves processed by Gaussian filter [J]. Journal of Power Sources, 2018, 373(40-53).

[43] DUBARRY M, TRUCHOT C, LIAW B Y. Synthesize battery degradation modes via a diagnostic and prognostic model [J]. Journal of Power Sources, 2012, 219(204-216).

[44] TANG X, ZOU C, YAO K, et al. A fast estimation algorithm for lithium-ion battery state of health [J]. Journal of Power Sources, 2018, 396(453-458).

[45] FENG X, LI J, OUYANG M, et al. Using probability density function to evaluate the

state of health of lithium-ion batteries [J]. Journal of Power Sources, 2013, 232(209-218).

[46] KATO H, KOBAYASHI Y, MIYASHIRO H. Differential voltage curve analysis of a lithium-ion battery during discharge [J]. Journal of Power Sources, 2018, 398(49-54).

[47] GAO Y, JIANG J, ZHANG C, et al. Aging mechanisms under different state-of-charge ranges and the multi-indicators system of state-of-health for lithium-ion battery with Li(NiMnCo)O2 cathode [J]. Journal of Power Sources, 2018, 400(641-651).

[48] LI X, SHU X, SHEN J, et al. An On-Board Remaining Useful Life Estimation Algorithm for Lithium-Ion Batteries of Electric Vehicles [J]. Energies, 2017, 10(5).

[49] BERECIBAR M, GARMENDIA M, GANDIAGA I, et al. State of health estimation algorithm of LiFePO4 battery packs based on differential voltage curves for battery management system application [J]. Energy, 2016, 103(784-796).

[50] MERLA Y, WU B, YUFIT V, et al. Novel application of differential thermal voltammetry as an in-depth state-of-health diagnosis method for lithium-ion batteries [J]. Journal of Power Sources, 2016, 307(308-319).

[51] SHIBAGAKI T, MERLA Y, OFFER G J. Tracking degradation in lithium iron phosphate batteries using differential thermal voltammetry [J]. Journal of Power Sources, 2018, 374(188-195).

[52] WIDODO A, SHIM M-C, CAESARENDRA W, et al. Intelligent prognostics for battery health monitoring based on sample entropy [J]. Expert Systems with Applications, 2011, 38(9): 11763-11769.

[53] HU X, JIANG J, CAO D, et al. Battery Health Prognosis for Electric Vehicles Using Sample Entropy and Sparse Bayesian Predictive Modeling [J]. IEEE Transactions on Industrial Electronics, 2015, 63(2645-2656).

[54] PAN H, Lü Z, WANG H, et al. Novel battery state-of-health online estimation method using multiple health indicators and an extreme learning machine [J]. Energy, 2018, 160(466-477).

[55] SAHA B, GOEBEL K, POLL S, et al. Prognostics Methods for Battery Health Monitoring Using a Bayesian Framework [J]. IEEE Transactions on Instrumentation and Measurement, 2009, 58(2): 291-296.

[56] WANG Z, ZENG S, GUO J, et al. State of health estimation of lithium-ion batteries based

on the constant voltage charging curve [J]. Energy, 2019, 167(661-669).

[57] KHALEGHI S, FIROUZ Y, VAN MIERLO J, et al. Developing a real-time data-driven battery health diagnosis method, using time and frequency domain condition indicators [J]. Applied Energy, 2019, 255.

[58] BARAI A, TANGIRALA R, UDDIN K, et al. The effect of external compressive loads on the cycle lifetime of lithium-ion pouch cells [J]. Journal of Energy Storage, 2017, 13(211-219).

[59] SOMMER L W, RAGHAVAN A, KIESEL P, et al. Monitoring of Intercalation Stages in Lithium-Ion Cells over Charge-Discharge Cycles with Fiber Optic Sensors [J]. Journal of The Electrochemical Society, 2015, 162(14): A2664-A2669.

[60] BENIWAL S, ARORA J. Classification and feature selection techniques in data mining [J]. International Journal of Engineering Research & Technology, 2012, 1(6): 1-6.

[61] TANG J, ALELYANI S, LIU H. Feature Selection for Classification: A Review [J]. Data classification: Algorithms and applications, 2014, 37(37-64).

[62] SAEYS Y, INZA I, LARRANAGA P. A review of feature selection techniques in bioinformatics [J]. Bioinformatics, 2007, 23(19): 2507-2517.

[63] KOHAVI R, JOHN G H. Wrappers for feature subset selection [J]. Artif Intell, 1997, 97(1-2): 273-324.

[64] LI X, WANG Z, YAN J. Prognostic health condition for lithium battery using the partial incremental capacity and Gaussian process regressio [J]. Journal of Power Sources, 2019, 421(56-67).

[65] ZHU Z X, ONG Y S, DASH M. Wrapper-filter feature selection algorithm using a memetic framework [J]. Ieee T Syst Man Cy B, 2007, 37(1): 70-76.

[66] HSU H H, HSIEH C W, LU M D. Hybrid feature selection by combining filters and wrappers [J]. Expert Systems with Applications, 2011, 38(7): 8144-8150.

[67] CRONE S F, KOURENTZES N. Feature selection for time series prediction - A combined filter and wrapper approach for neural networks [J]. Neurocomputing, 2010, 73(10-12): 1923-1936.

[68] Y. LI M A-M, R. GOPALAKRISHNAN, M. BERECIBAR, E. NANINI-MAURY, N. OMAR, P. VAN DEN BOSSCHE, J. VAN MIERLO. A quick on-line state of health estimation method for Li-ion battery with incremental capacity curves processed by

Gaussian filter [J]. Journal of Power Sources, 2018, 373(40-53).

［69］JIANG Y, JIANG J, ZHANG C, et al. Recognition of battery aging variations for LiFePO4 batteries in 2nd use applications combining incremental capacity analysis and statistical approaches [J]. Journal of Power Sources, 2017, 360(180-188).

［70］WENG C, SUN J, PENG H. An Open-Circuit-Voltage Model of Lithium-Ion Batteries for Effective Incremental Capacity Analysis [M]. Dynamic Systems and Control Conference. 2013.

［71］HAN X, OUYANG M, LU L, et al. A comparative study of commercial lithium ion battery cycle life in electrical vehicle: Aging mechanism identification [J]. J Power Sources, 2014, 251(38-54).

［72］WANG L, PAN C, LIU L, et al. On-board state of health estimation of LiFePO4 battery pack through differential voltage analysis [J]. Appl Energy, 2016, 168(465-472).

［73］SEVERSON K A, ATTIA P M, JIN N, et al. Data-driven prediction of battery cycle life before capacity degradation [J]. Nat Energy, 2019, 4(5): 383-391.

［74］ATTIA P M, GROVER A, JIN N, et al. Closed-loop optimization of fast-charging protocols for batteries with machine learning [J]. Nature, 2020, 578(7795): 397-402.

电池安全研究篇

基于电压不一致性偏离与离群分析的动力电池组安全风险评估

◎ 黄沛丰　刘首彤　抄佩佩　冯仁浪
　 贺彦赟　刘　川　胡广方 *

* 黄沛丰，博士，湖南大学机械与运载工程学院硕士研究生导师，助理教授，研究方向为新能源汽车动力电池失效机理、电动汽车动力电池热管理等；刘首彤，湖南大学机械与运载工程学院，研究方向为机械滥用下锂离子电池的失效模式、锂离子电池在渐变性损伤下的演变规律等；抄佩佩，中国汽车工程研究院股份有限公司，主要基于大数据进行新能源汽车行业政策研究；冯仁浪，湖南大学机械与运载工程学院，主要研究方向新能源汽车动力电池热管理系统等；贺彦赟，湖南大学机械与运载工程学院，研究方向为基于大数据的动力电池安全风险评估及故障诊断；刘川，中国汽车工程研究院股份有限公司，中级工程师，研究方向为基于新能源大数据的动力电池系统失效机理、电池系统故障识别等；胡广方，湖南大学机械与运载工程学院，研究方向为锂离子电池安全指标评级和锂离子电池的析锂特性。

摘　要： 及时的故障诊断或安全预警是保证汽车安全运行的重要条件。本文基于电压不一致性偏离及其在电池寿命周期内的演变，提出了一种全新的安全风险评估方法。该评估方法的评价依据是电压均方差绘制的散点图及其在不同使用周期内的离散程度。其中在电池包层面，根据散点图的平均质心距离在不同使用时期内的变化实现安全评估；电芯层面则是基于数据点的偏离度及其在使用周期内的演变进行评估。在本文中我们使用实际电动汽车的运行数据验证了该评价方法的有效性。

关键词： 风险评估　电压一致性　离群分析　偏离演变

一 引言

（一）电池安全研究背景

随着各国政府相继出台有关扶持电动汽车发展的政策，电动汽车已经由初创阶段发展到稳步上涨的阶段。《中国制造2025》明确指出，我国将大力发展电动汽车、插电式混合动力汽车与燃料电池电动汽车。同时作为全球最大的汽车市场，我国的电动汽车销量逐年上升，2020年纯电动汽车的销量已达到111.5万辆，同比增长11.6%。

电动汽车销量在持续上涨的同时，其安全问题也一直备受关注。除了传统的碰撞安全问题，电动汽车还存在由能源系统所带来的安全问题。锂离子电池具有寿命长、能量密度高等优点，因此被广泛用作电动汽车的动力电池，但其安全性和稳定性一直饱受争议，特别是近些年对于高能量密度的过度追求，使电动汽车动力电池的燃烧事件频频发生。据不完全统计，2020年全年被媒体报道的烧车事故多达124起。其中包括国内外知名的汽车品牌，如特斯拉、蔚来等。据统计，在这上百起汽车燃烧事故中，有20余起是电动汽车的自燃事件，如表1所示，其中超过半数的事故发生在汽车充电过程中或充电结束的静置过程中。除此之外，电动汽车由于碰撞、线路老化、涉水等原因发生起火的事故也占一定比例。

表1 2020年电动汽车着火事故

序号	时间	地点	车辆类型	动力类型	事件
1	1月7日	山东临沂	乘用车	纯电动	行驶中自燃
2	5月4日	浙江杭州	乘用车	纯电动	行驶中自燃
3	5月8日	广东东莞	乘用车	纯电动	充电时自燃
4	5月8日	湖南长沙	乘用车	纯电动	行驶中自燃
5	5月18日	广东广州	乘用车	纯电动	停车自燃
6	5月26日	深圳福田	专用车	纯电动	追尾自燃

续表

序号	时间	地点	车辆类型	动力类型	事件
7	5月28日	深圳	乘用车	纯电动	充电时自燃
8	6月7日	浙江长兴	乘用车	纯电动	停车自燃
9	6月20日	江苏靖江	专用车	纯电动	行驶中自燃
10	6月22日	河北保定	乘用车	纯电动	充电时自燃
11	6月23日	河南郑州	乘用车	纯电动	行驶中自燃
12	6月27日	浙江杭州	乘用车	纯电动	停车自燃
13	6月28日	浙江杭州	乘用车	纯电动	停车自燃
14	7月27日	上海松江	乘用车	纯电动	停车自燃
15	8月6日	广东肇庆	乘用车	纯电动	事故后起火
16	8月11日	广东琶洲	乘用车	纯电动	停车自燃
17	8月12日	深圳坪山	乘用车	纯电动	行驶中自燃
18	8月20日	福建三明	乘用车	纯电动	充电时自燃
19	8月21日	上海	乘用车	纯电动	行驶中自燃
20	8月23日	海南海口	乘用车	纯电动	路口自燃
21	8月27日	福建厦门	乘用车	纯电动	充电时自燃
22	8月27日	湖南长沙	乘用车	纯电动	街头自燃
23	10月5日	福建邵武	乘用车	纯电动	路边自燃
24	10月13日	福建邵武	乘用车	纯电动	充电时自燃
25	10月19日	江苏泰州	乘用车	纯电动	路边自燃
26	10月27日	北京海淀	乘用车	纯电动	停车自燃
27	11月6日	江西萍乡	乘用车	纯电动	停车自燃

电动汽车起火事故最主要的三大起因是电池的自热、充电和汽车碰撞，这些起因会导致电池发生内、外部短路等故障，并进一步引发电池热失控。从电池热失控的诱发机理上，电池滥用大致可以分为三大类——机械滥用、电滥用和热滥用。机械滥用方面如针刺、挤压、冲撞，电滥用方面如过充、过放，热滥用方面

如外界高温、火焰烤燃。尽管加载的滥用方式不同，引发电池失控或失效的机理路径却十分相似，而滥用条件的加载能将电池置于该机理路径中的某一状态。

1. 机械滥用导致的电池失效机理

锂离子电池在机械滥用下的热失控过程大致分为四个步骤。①机械加载导致电池产生不同程度变形；②电池的变形会引起隔膜或电极的机械失效，继而引发内短路、温度升高、压力增加和气体释放等现象；③内短路的发生触发一系列放热型副反应，这些反应的持续进行，在产热率高于散热率时，使温度急剧升高，导致电池热失控；④在更极端的情况下，电池热失控导致起火甚至爆炸。

2. 电滥用导致的电池失效机理

电滥用主要包含过充、过放和快充等滥用方式。当锂电池发生过充时，锂电池正极电位会高于正常充电终止电压，这会引起正极活性材料的溶解，使锂电池内阻增大，同时电解液发生氧化反应并释放大量热。若负极电势降低到0V以下，负极出现锂沉积现象。沉积的锂容易与电解液反应，促进固体电解质膜（SEI膜）变厚并释放大量热，并有可能形成枝晶，导致隔膜刺穿，引起内短路的发生。过放电滥用中，铜集流体在一定过放电压下会被溶解形成铜离子，并在负极处被还原而沉积在负极表面，导致铜枝晶的形成。

在快速充电的工况下，高倍率的电流会导致锂在电解液中传输速度过快，而阳极的嵌锂速度在给定的温度下是一定的，当锂离子传输到阳极表面的速度大于嵌锂速度时，阳极表面会发生锂沉积的现象。若沉积锂的速度过快，生成的锂枝晶甚至会刺破隔膜，引发内短路，因此有可能触发热失控等危险情况。此外，电滥用容易导致可传输锂损失和活性材料损失，致使电池容量快速衰减。

3. 热滥用导致的电池失效机理

高温热滥用是电池热失控的直接原因，机械滥用、电滥用以及内短路都可能造成电池过热。温度过高时电池内部会发生化学副反应，产生大量的热，使电池温度升高更加剧烈，进而引发热失控现象。在温度上升过程中，电池内部发生的副反应主要包括SEI膜分解反应、负极与电解液反应、隔膜熔化导致大规模内短路、正极材料分解释氧、黏结剂分解和电解液分解等，这些副反应都是放热型反应，造成电池温度急剧上升，引发热失控。

低温环境下，电解液的黏度增大，电解液的离子导电率降低。低温滥用使离子在电解液中迁移困难，扩散性能大幅下降，导致电池内阻增大。锂离子电池还有一个典型的低温失效机理，即析锂，特别是在低温充电时更容易发生析锂。沉积在负极表面的锂可以与电解液反应生成新的 SEI 膜，沉积在负极表面的锂也可能脱落成为死锂，造成活性锂不可逆的损失，导致电池容量的衰减。另外，沉积在负极表面的锂生长成锂枝晶时，可能会刺穿隔膜，造成电池的内短路，从而引发热失控。

（二）安全风险评估 / 故障诊断研究现状

针对不同的诱发机理，研究人员相应地开发出了不同的防护措施，例如，比亚迪开发的刀片电池，通过增大电池的散热能力，有效避免针刺时的起火事件；广汽的弹匣电池结构，通过增强电池包的散热和阻热能力，尽可能地避免了电池包起火事件；此外，在电池管理系统的算法层面，及时对高安全风险电池进行诊断和预警也是预防电池事故发生的有效手段，在此方面，已经有很多国内外学者进行了相关研究。故障诊断从方法上可以分为阈值法、模型法和数据驱动法。阈值法主要是基于电池电压、温度等参数值及其变化特征设定相关的阈值来诊断是否存在故障。比如直接通过检测电压、电压变化率及温度是否超过高、低阈值评估电池是否存在过充行为。阈值法相对很容易实现，被广泛运用在电池管理系统中，但该方法仅能对信号异常程度超过一定层级的故障进行诊断，对于较弱的故障信号则很难判定。模型法可以更好地从内部机理提取和分析多参数特征，诊断出电池中的各种故障。如熊瑞团队使用等效电路模型检测测量电压与预测电压之间的残差来诊断外短路和传感器故障；陈自强团队使用混合系统模型、粒子滤波器和扩展卡尔曼滤波模型诊断传感器故障和继电器故障；Sidhu 等人建立多自适应非线性模型来诊断过充、过放故障。数据驱动法可以很好地构建电池故障与参数特征之间的非线性关系，被广泛运用在大数据分析中。王震坡团队基于新能源汽车大数据平台开发了多种数据驱动模型来进行故障诊断和预警，如通过长短期记忆神经网络结合天气、车辆和驾驶员的影响分析电压的异常变化；通过样品熵、香农熵根据电压偏离来实时监测电池健康状态，及时诊断电池故障。数据驱动法具有很好的鲁棒性，可以较为准确地识别故障，而模型法可以更好地对故障进行分类。这些诊断模型算法均根据电池电压、温度等在发生故障时表现的异常特征而建立，为本项目的研究工作提供了重要的研究基础。

目前的故障诊断算法可以有效诊断特征较为明显的故障，但对不当快充、机械挤压变形等弱滥用造成的微小故障特征鲁棒性相对较低，且一种模型算法只能作用于特定的故障。因为受到电池组不一致性的影响，这些微小故障特征很难被发现。弱滥用加载下的故障诊断需消除电池组内电池本身不一致性的影响，根据相关参数的变化提取出特征参数建立诊断模型。例如，欧阳明高团队针对强迫型或自发型内短路损伤造成的微内短路故障可以通过建立等效电路模型计算等效内短路内阻诊断电池是否发生微内短路。在前期研究工作中，锂电池在微过充滥用条件下的损伤机理得到了研究，即在微过充循环过程中，锂电池内部出现可传输锂损失、活性材料损失等损伤，这些损伤会加速电池容量衰减，在电池组充放电曲线中表现出充电末期电压逐渐偏高，而放电末期电压逐步偏低的现象。基于该"充高放低"现象，可以通过分析故障电芯在电压高、低荷电状态一致性上的演变规律，使用电压一致性偏离来诊断故障电芯。同时，大多数的故障，包括外短路、内短路、过充电、过放电等故障都会在电压特性上表现出差异，电池故障导致单体电压出现偏差和异常，从而出现电压的不一致性。此外，较差的电池管理系统和电池管理策略也会在全寿命周期影响电池的电压不一致性，通过分析全寿命周期的电压不一致性变化还可以用来评估电池全寿命周期的管理策略。

（三）本文研究工作

本文提出一种基于电压一致性偏离度的故障诊断方法。该方法将每个电芯的电压均方差作为基础评价参数，并绘制所有电芯在不同荷电状态下和不同寿命阶段的电压相对偏离关系散点图。使用平均质心距离算法从电池系统整体评价电池安全风险，使用偏离度阈值法实现单体电芯的安全风险评估。并根据"充高放低"现象，计算不同时期电芯高、低荷电状态下产生的电压相对偏离度，通过识别其是否具备该现象来诊断异常电芯。最终从电池包到电池单体，对电池系统进行安全风险评价。

二 研究方法

本文的动力电池安全风险评估方法实施步骤如图 1 所示,首先对电池电压数据进行预处理,分 SOC 区间计算电池电压均方差。随后根据均方差绘制出偏离关系散点图,并分别从整体安全风险、单体安全风险及单体偏离度演变进行评估,最后通过加权得到综合安全风险值。

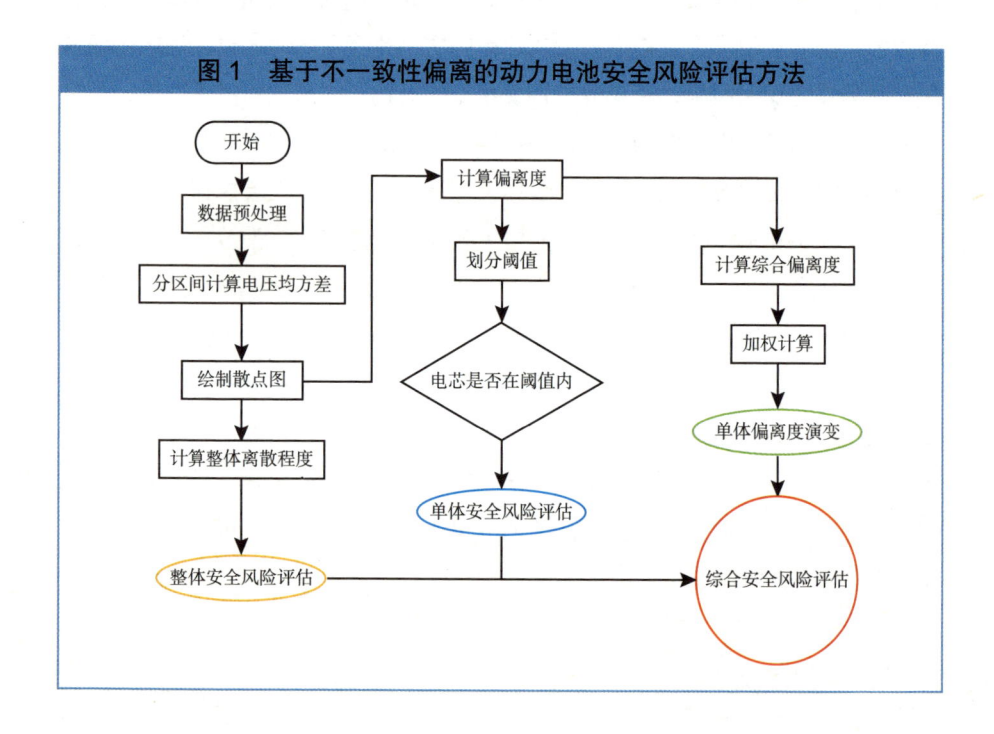

图 1 基于不一致性偏离的动力电池安全风险评估方法

(一)分区间计算电压均方差

分区间是指将动力电池的电压曲线依据 SOC 划分为三个部分,即低 SOC 部分、中 SOC 部分和高 SOC 部分。划分区间后,根据均方差公式,计算每个部分的电压均方差,其中均方差的计算公式为:

$$V_{ave\text{-}j} = \frac{1}{N} \sum_{i=1}^{N} V_{i\text{-}j} \tag{1}$$

$$\sigma i = \sqrt{\frac{1}{K_m} \sum_{j=1}^{K} (V_{i\text{-}j} - V_{ave\text{-}j})^2} \tag{2}$$

其中，V_{ave} 表示所有电池在 j 时刻的平均电压；$V_{i\text{-}j}$ 表示第 i 个电池单体在 j 时刻的电压；σi 表示第 i 个电池电压的均方差；N 表示电池包中电芯总数；K_m 表示第 m 时间段的总时间。将低 SOC 部分的电压均方差记作 σ_l，中 SOC 部分和高 SOC 部分分别记作 σ_m、σ_n。

理论上，每次充电或放电可以都计算出一组均方差，即低、中、高 SOC 部分的电压均方差 σ_l、σ_m 和 σ_n，其中充电电压计算出的均方差称为充电均方差，放电的为放电均方差。在车辆的使用周期内，可以计算出该车充电（放电）次数相同的均方差组。但当充（放）电所覆盖的 SOC 区间不符合低、中、高区间的设定时，可以不计算，下文中以理论情况讲述。

（二）整体一致性安全风险评价方法

电池包的一致性与动力系统的性能、效率和安全性有很强的相关性，对其进行有效的评估是十分必要的。为实现这一方面的评估，使用上述内容中计算出的均方差绘制散点图，散点图的横坐标为中 SOC 部分的电压均方差 σ_m，纵坐标有两种，分别为低和高 SOC 部分的电压均方差 σ_l 和 σ_h，根据充放电计算出的不同均方差，共可以绘制出四种散点图。散点图的示意如图 2 所示，当电池包中各电池的电压一致性较好时，则每块电池的低、中、高 SOC 部分的电压均方差 σ_l、σ_m 和 σ_h 会近似相等，在图中将会集中在 45° 斜线上。

绘制出散点图后，计算每次充（放）电数据绘制的散点图的离散程度，使用的算法是基于质心距离的离散度，计算公式如下。

$$C = \frac{1}{m} \sum_{x \in c} X \tag{3}$$

$$D_{ave} = \frac{1}{m}\sum_{i=1}^{m}\sqrt{(X_i-C)^2} \qquad (4)$$

其中，C 为质心坐标，m 为散点图中点的数量，X 为散点图中所有点的坐标。D_{ave} 为散点图中每个数据点到数据质心的平均距离，称为质心距离。D_{ave} 越大，表示散点图整体越发散，电池包内各单体电池一致性越差，安全性越差。D_{ave} 越小，表示散点图整体越聚集，电池包内各单体电池一致性越好，安全性越好。

根据上述公式，计算出车辆使用周期内每次充（放）电散点图的 D_{ave}，并依据电池包健康状态 SOH 将车辆的使用周期均分为前中后三个时期，分别求出每个时期所有充（放）电散点图的 D_{ave} 的平均值，根据这些平均值进行整体安全风险评估，具体方法如下。

$$\overline{D}'_{ave3} = \left(\frac{\overline{D}_{ave2}-\overline{D}_{ave1}}{S_2-S_1} \times (S_3-S_2)\right) \qquad (5)$$

$$M_1 = \frac{\overline{D}_{ave3}}{\overline{D}'_{ave3}} \qquad (6)$$

其中，$\overline{D}_{ave1}$ 和 $\overline{D}_{ave2}$ 分别为前期和中期对应散点图的质心距离的平均值，S_1、S_2 和 S_3 分别对应前期、中期和后期的汽车行驶里程，$\overline{D}'_{ave3}$ 为根据前期和中期的 $\overline{D}_{ave1}$、$\overline{D}_{ave2}$ 算出理论上的后期散点图的质心距离的平均值，$\overline{D}_{ave3}$ 分别为实际后期散点图的质心距离的平均值，M_1 为整体安全风险评估指标。根据评估指标，将整体安全风险分为三级，划分规则如表 2 所示。

表 2 整体一致性安全风险评价

划分依据	安全风险等级	对应安全问题
$M_1=(1,1.5]$	1	
$M_1=(1.5,2]$	2	电池管理系统、热管理系统不佳；使用环境差，充放电策略不当等
$M_1>2$	3	

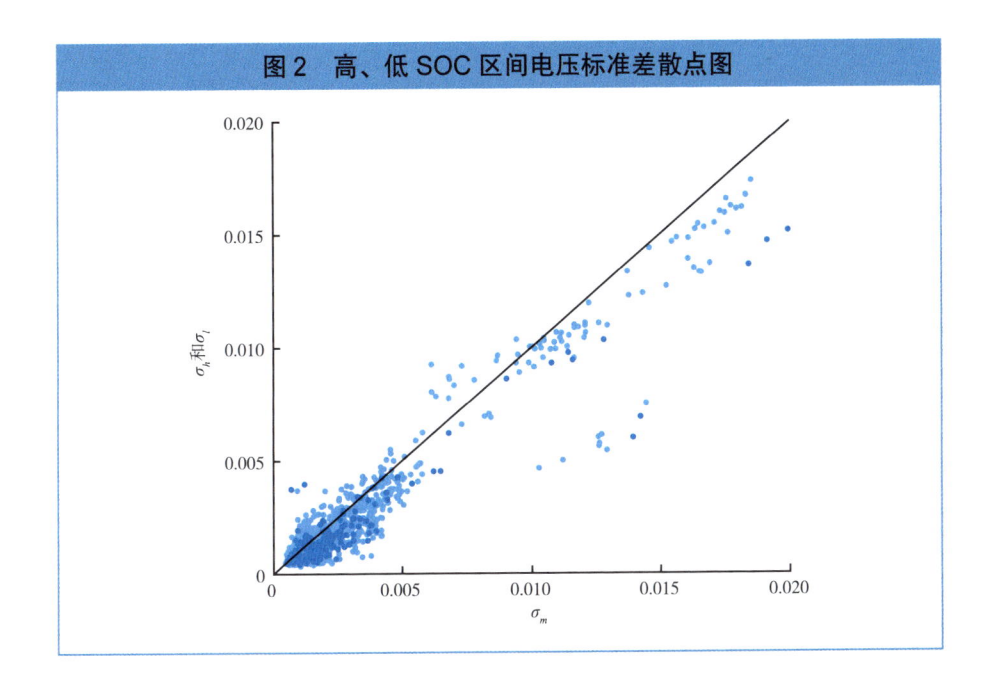

图2 高、低SOC区间电压标准差散点图

（三）单体偏离度风险评价方法

当电池发生过充、过放、外短路等滥用时，故障电池的电压相对于其他电芯将出现较大程度的偏离。此外，若电池组中某块电芯长期处于异于其他电芯的使用情况，如散热不佳导致该电芯的温度长期高于其他电芯，这种情况将导致该电芯内部发生损伤，影响其在不同荷电状态下的充放电性能，在电压不一致性上也将表现出一定程度的偏离特性。对动力电池的运行数据进行加工处理后，筛选出有明显异常特征的电芯，是单体电池安全风险评估的重要方法，也是本模型进行电芯安全风险评估的主要思想，具体评估方案如下。

在上述构建的散点图上，我们发现，若电池包电压一致性较好，则这组电芯的散点图中的数据点将集中在45°线附近。但若某块电芯的电压异于其他电芯，如电压的变化快于或慢于其他电芯，则这块电芯的数据会偏离45°线，出现较为明显的离群现象。基于这种现象，定义数据点偏离45°线的角度为偏离度，如图3（a）所示。

在单体偏离度风险评估部分，我们使用阈值判断的方法实现最后的评估。

即为偏离度设定一定的阈值：偏离度阈值是指以 45° 线为基准，向上平移一定的距离得到新的斜线，斜线与 Y 轴截距即偏离度的阈值，同样地，依对称原则，向下平移后也会得到相同的阈值。为实现阈值的划分，使用基于相对密度（LOF）的异常点检测算法，算法的计算公式如下。

$$ave.\rho(x,k) = \left(\frac{\sum_{y\epsilon(x,k)}dist(x,y)}{k}\right) - 1 \tag{7}$$

$$LOF(x,k) = \frac{\sum_{[y\epsilon(x,k)}ave.\rho(y,k)]/k}{ave.\rho(x,k)} \tag{8}$$

其中，$dist(x,y)$ 为点 x 和 y 的欧式距离；$ave.\rho(x,k)$ 为点 x 附近 k 个最近邻点的平均密度；$LOF(x,k)$ 为点 x 的异常分数值。

某一点的异常分数值越大，表明此点相对于其他点离群程度越高。规定一定的分数值为异常点界限，将分数高于界限的数据点判定为异常，就可以实现阈值的划分。另外，均方差本身就反映一个数据集的离散程度，因此为均方差设定阈值也可以实现一定程度的安全评估。

阈值划分完成后，就可以对每个数据进行大小判定，判断每次充放电计算出的均方差和偏离度是否超出阈值，并依据不同的情况发出不同类型和等级的报警。如图 3（b）所示，将报警信号分为两级三类：1A、1B、2C，其中若均方差超出阈值而偏离度未超出阈值，则发出 1A 级报警，若均方差未超出阈值但偏离度超出阈值，则发出 1B 级报警，若均方差和偏离度均超出阈值，则发出 2C 级报警。

根据电芯发出报警的频率，为单体电芯安全进行评级，其中若 1A 级报警频率过高，则评为 1 级风险，若 1B 级报警频率过高，则评为 2 级风险，若 2C 级报警频率过高，则评为 3 级风险，其对应的安全信息如表 3 所示。

表 3　单体偏离度风险评价

报警等级	安全风险等级	对应情景	安全问题
1A	1	生产制造，使用不当造成一致性较差	电池包性能变差
1B	2	电芯性能与其他有偏差	电芯性能恶化
2C	3	电池包连接器件分压；电池充放电不足	外短路或电芯异常

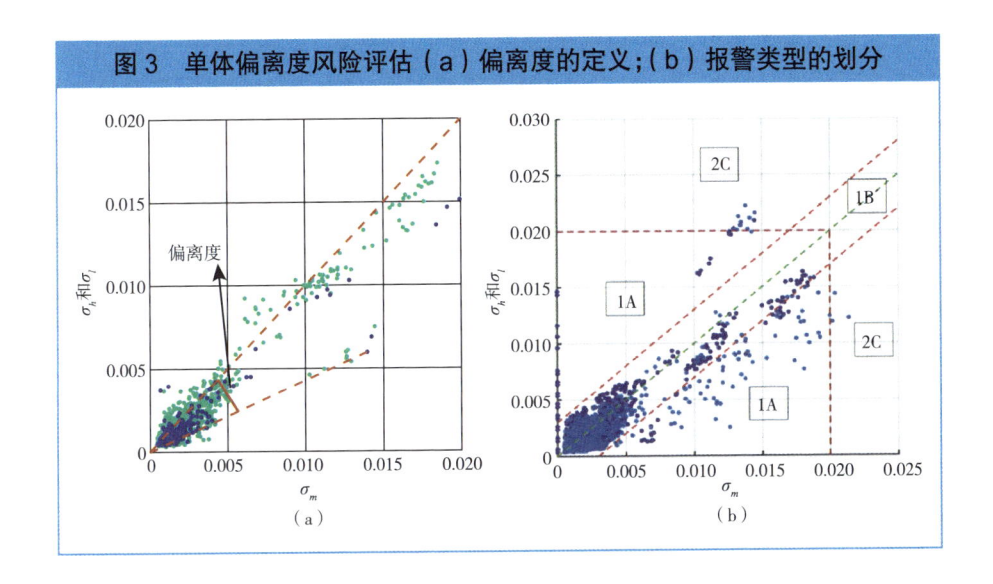

图3 单体偏离度风险评估（a）偏离度的定义；（b）报警类型的划分

（四）单体偏离演变——"充高放低"

电池遭受例如微短路或微过充等轻微滥用行为后，电芯内部会发生轻微损伤，但其在前期并不会产生明显的特征，此时这类电芯的电压在充电末期和放电末期与其他电芯表现一致，但随着损伤的发展，电芯容量减小，电池内阻增大，电压曲线出现充电末期电压偏高、放电末期电压偏低的情况，即充高放低现象。对于这类充高放低的电芯使用传统的安全评估方法难以对故障进行检测和预警，我们基于电池一致性偏离度的概念，使用综合偏离度向量对这种存在充高放低现象的电芯进行评估，并且结合电芯在使用周期中的偏离度演变过程，提出综合偏离度演变评价指标，通过这种方法来对遭受轻微滥用电芯的损伤发展进行评估，识别潜在的安全风险。

以电芯放电过程为例，轻微滥用电芯由于存在充高放低现象，在放电初期SOC较高时，由于电压均衡等原因，电压的一致性较好，电芯的高SOC均方差σh较小；随着放电的进行，遭受轻微滥用电芯内阻大，电压下降快，在电芯处于中SOC状态时，电压一致性变差，电压中SOC均方差σm增大，此时，高—中SOC电压均方差散点图中电池特征点在散点图上位于45°下方，偏离度为 DAH；在放电末期时，由于轻微滥用电芯电阻较大，容量较低，电压下降快，一致性更差，低 SOC 均方差 σ_l 进一步增大，低—中 SOC 电压均方差的电池特征点在散点图上位于 45° 上方，偏离度为 DAL。

由 DAL 和 DAH 得到综合偏离度 CDA，通过综合偏离度来表示电压充高放低的变化过程，计算式如下。

$$CDA = \overline{DAL} - \overline{DAH} \tag{9}$$

其中，$\overline{DAL}$ 为某个时期内 DAL 的平均值，$\overline{DAH}$ 为某个时期内 DAH 的平均值。

在放电末期低 SOC 电压均方差 σ_l 最大，电芯一致性最差，因此，结合放电末期的电压均方差 σ_l 和综合偏离度 CDA 对遭受轻微滥用电池进行评估，以低 SOC 的均方差 σ_l 为向量模，以综合偏离度为向量角度，构建电池的综合偏离度向量，如图 4 所示，通过综合偏离度向量可以清晰直观地表示轻微滥用电芯充高放低现象。

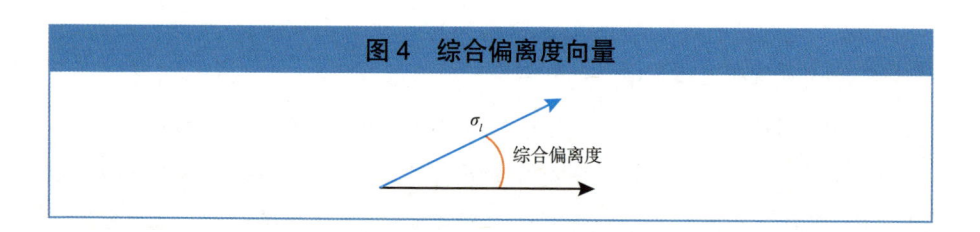

图 4　综合偏离度向量

根据动力电池使用时间（或充放电次数）将电池使用阶段分为前期、中期和后期，通过计算得到综合偏离度和综合偏离度向量模 σ_l 从前期到后期随行驶里程的变化率，用来表征轻微滥用电芯的演变过程。

综合偏离度 CDA 和综合偏离度向量模 σ_l 变化率计算如下。

$$\begin{cases} \Delta k_{DA} = \dfrac{CDA_3 - CDA_1}{S_3 - S_1} \\ \Delta k_{\sigma l} = \dfrac{\sigma_{l3} - \sigma_{l1}}{S_3 - S_1} \end{cases} \tag{10}$$

其中，CDA_1 为电芯前期的综合偏离度，CDA_3 为电芯后期的综合偏离度；σ_{l1} 为电芯前期的综合偏离度向量模，σ_{l3} 为电芯后期的综合偏离度向量模；S_1 为前期汽车总行驶里程，S_3 为到后期的汽车总行驶里程；Δk_{DA} 为综合偏离度变化率，$\Delta k_{\sigma l}$ 为综合偏离度向量模变化率。

对综合偏离度 CDA、综合偏离度向量模 σ_l、综合偏离度变化率 Δk_{DA}、综合偏离度向量模变化率 $\Delta k_{\sigma l}$ 四个特征进行归一化加权处理得到单体偏离度演变评价指标 M_2，计算公式如下：

$$M_2 = \frac{w_1 M_{DA} + w_2 M_{\sigma l} + w_3 M \Delta k_{DA} + w_4 M \Delta k_{\sigma l}}{w_1 + w_2 + w_3 + w_4} \tag{11}$$

其中，M_{DA}、$M_{\sigma l}$、$M\Delta k_{DA}$、$M\Delta k_{\sigma l}$ 为综合偏离度 CDA、综合偏离度向量模 σ_l、综合偏离度变化率 Δk_{DA}、综合偏离度向量模变化率 $\Delta k_{\sigma l}$ 的归一化结果，w_1，w_2，w_3，w_4 分别为 M_{DA}、$M_{\sigma l}$、$M\Delta k_{DA}$、$M\Delta k_{\sigma l}$ 对应权重，M_2 为单体偏离度演变评价指标。

使用单体偏离度演变评价指标 M_2 对单体电芯隐藏故障在全寿命周期内的演变进行评估，根据 M_2 的值，将安全风险等级划分为 4 个等级，如表 4 所示，3 级安全风险为最高等级风险，意味着电芯内部存在损伤，容量衰减，充高放低现象明显，电芯继续使用可能出现失效或失控等安全风险。

表 4 单体偏离演变风险评价

划分依据	安全风险等级	对应安全问题
$0 < M_2 \leq 0.3$	0	电池工作正常，无异常情况
$0.3 < M_2 \leq 0.6$	1	电池正常的衰减，不影响使用
$0.6 < M_2 \leq 0.8$	2	容量出现衰减，有充高放低趋势，可能影响电芯的使用性能
$0.8 < M_2 \leq 1$	3	电芯内部损伤，有明显充高放低现象，可能出现失效或失控等情况

三 数据

（一）数据采集介绍

目前，为了实现远程监控和诊断电动汽车的运行状况，国标《电动汽车远程服务与管理系统技术规范》（GB/T 32960-2016）规定了电动汽车在初次使用后，需将汽车的运行数据传入远程数据平台。其中包括电动汽车的行驶里程、充放电数据等，以及动力电池的基本数据，包括电压、电流和温度等，且要求电动汽车的车载系统有一定的数据辨别能力。但受限于车载系统的运算能力，车端只能实现短期的和基本的故障处理，如过压欠压等。而远程数据平台可以记录电动汽车全寿命周期内的使用数据，可以从全寿命周期角度进行故障识别或安全风险评估。中国汽车工程研究院股份有限公司（下称中国汽研）依托中国汽研数字化转型和数据平台建设，专门成立了数据中心部门，为汽车行业提供包括新能源汽车安全监管、汽车产业监控平台、智能网联汽车平台建设运营等综合解决方案。本文所采用的数据均为中国汽研数据中心部门所提供。

为了验证模型的有效性和可靠性，本文使用的中国汽研数据中心提供的不同安全状况的汽车数据，主要包括三种：在运行的正常车辆，在运行的高危车辆和事故车辆。不同状况的汽车数据主要有以下特点和不同。

A 在运行的正常车辆。这类车辆指用户正在使用，汽车一直处于正常的使用工况下，且未遭受过意外的滥用情况，例如严重磕碰、不正常地充放电等，这类车辆的电池运行数据没有明显的异常情况，如图5（a）所示。这类汽车的数据一直处于正常范围内，且一致性较好。这类车辆通过现有算法并未诊断出故障或未鉴定出任何风险。

B 在运行的高危车辆。这类汽车指用户正在使用，汽车虽然一直处于较正常的使用工况下，但汽车的电池数据中存在明显的异常情况，例如某块电芯的电压明显低于或高于其他电芯、车辆报警次数较多等，如图5（b）所示。该车辆某块电芯电压明显低于其他电压，且未处于正常电压范围内。

C 事故车辆。这类汽车指发生了严重安全事故的电动汽车，例如发生了

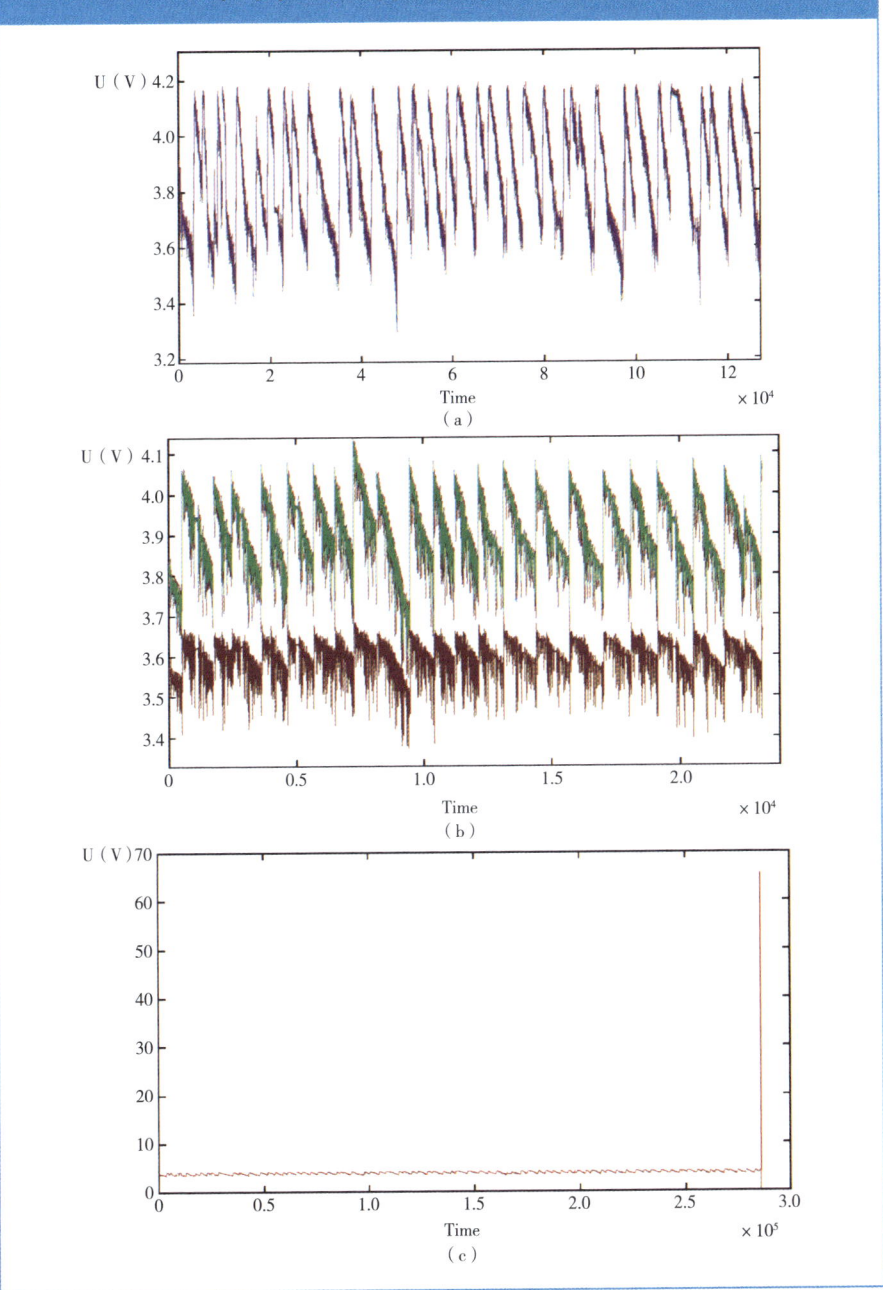

图5 不同安全状况车辆的电压数据：(a) 在运行的正常车辆；(b) 在运行的高危车辆；(c) 事故车辆

自燃事件的汽车。这类汽车在事故前或事故发生时将数据及时地传入数据平台，可以分析该数据结合现场调查分析事故诱因，如图5（c）所示。该车辆在发生事故时将电压数据上传云端，在汽车运行的最后一段时间，多块电芯出现异常数据。

（二）数据预处理

国标 GB/T 32960.3-2016 要求电动汽车上报数据的最低时间间隔为 30s，发生故障时为 1s。但在传入数据平台时，由于传输信号等原因，数据平台接收到的数据偶尔会出现个别数据的丢失，会导致数据质量有所下降。就整体上而言，这些缺失的数据并不会对后期的数据处理和故障识别有重大影响，但可能会增加计算模型的误差。因此，在处理数据平台的数据前，进行合理的数据筛选和清洗是十分必要的。在本文中，模型计算所需要的数据主要有电池电压、SOC、运行里程、充放电状态等，对于数据中出现的异常数据，主要的处理工作有以下几点。

1. 异常数据的删除

车端信号采集故障或车端数据在上传云端的过程中若未成功，云端处理器可能会返回 0 值，导致部分信号出现跳变。这种情况对后续的数据计算有较大的影响。因此，在计算之前，将出现异常数据的时刻直接删除，消除异常数据可能造成的计算误差。

2. 缺失车辆状态的补足

部分汽车型号在上传数据时，未将汽车的充放电状态作为默认上传项，或者在数据传输过程中，由于传输方式或者数据收集设备的影响，可能出现充放电数据缺失的情况，但车辆的充放电状态是进行模型计算的重要参数。因此，根据电压数据和 SOC 的增减，将该状态的缺失值进行补足。

3. 紊乱数据的重新排序

国标规定，当数据通信链路异常时，车端应将实时上报数据进行本地存储。在数据通信链路恢复正常后，在实时上报数据的空闲时间补发存储的上报数据。但补发的数据可能未插入正确的时间位置，这就导致云端存储的数据出现时间顺序错乱的现象。针对这种情况，根据汽车的续航里程和记录时间将数据重新排序。

四 结果与讨论

通过上述提到的安全风险评估方法，可以做到对电池包和电芯单体两个层级的评估。对于不同安全状况的汽车，接下来将从电池包整体、电芯单体以及单体安全演变三个方面展示结果。

（一）整体安全风险评价

图 6 中展示了正常车辆 1 和事故车 1 前中后期的整体散点分布，从图 6（a）中可以看出，正常车辆的散点图的离散程度在前中后期基本相同，因此其电芯的整体安全风险较低。而图 7（b）中事故车 1 的散点图后期明显更加发散，因此其安全风险较高。此外，由于高危车辆的数据量未达到计算要求，此部分评价并未进行。

（二）单体安全风险评价

图 7 展示了高危车辆 1 和事故车 1 的单体偏离度，从图 7（a）可以看出，有数个数据点严重脱离群体，其在单体安全风险评估中为 3 级风险，是需要进行检测或更换的电芯，对比原始电压数据发现，该电芯的电压低于其他电芯约 300mV，需要进行严格检修，否则不仅会影响电池包的性能，更有可能是会引发危险的故障电芯。图 7（b）展示了事故车 1 中各个电芯的偏离度，其中 13 号和 31 号电芯有明显的离群现象，其安全风险等级都是 3 级。对比原始电压

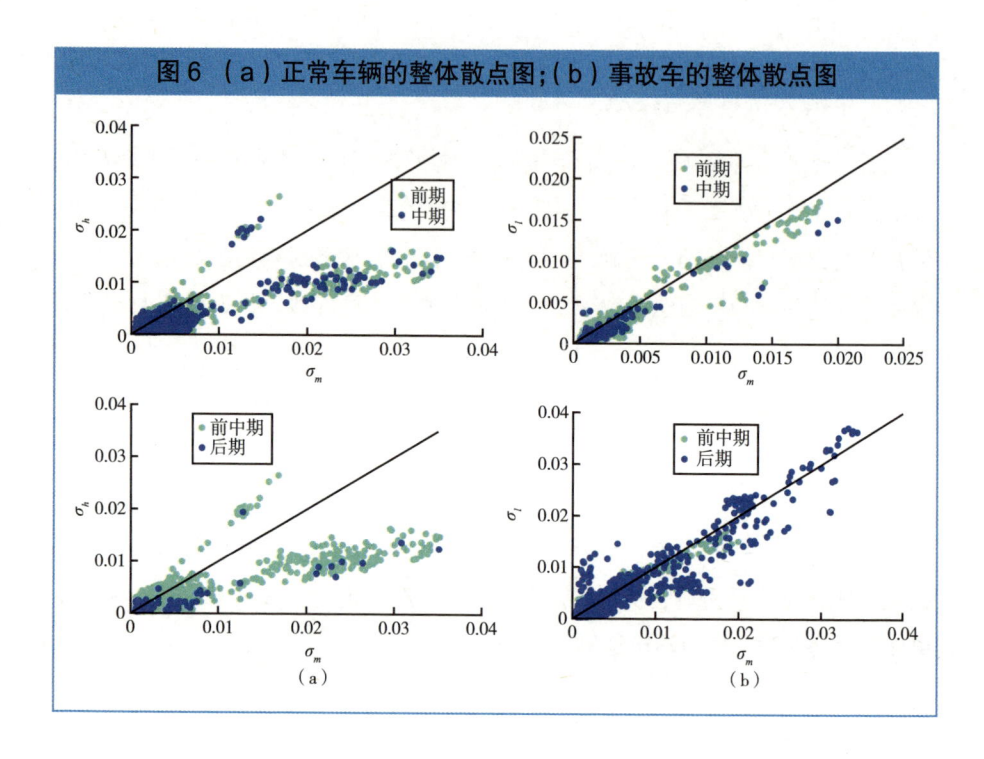

图6 (a)正常车辆的整体散点图;(b)事故车的整体散点图

数据发现,13号电芯的电压略低于其他电芯,这种现象可能是由线路分压造成的,属于线路结构的设计问题,需要对线路进行重新检测。31号电芯将在下一部分详细分析。

(三)单体偏离演变安全风险评价

如图8所示,将事故车2的单体电芯在不同时期的综合偏离度向量依次绘制出,可以看到62号电芯在前期一致性好,综合偏离度DA和综合偏离度向量模σ_t都较小,如图8(a)所示;随着电芯的继续使用,到中期的时候,电芯综合偏离度DA和综合偏离度向量模σ_t都增大,如图8(b)所示;到了电芯使用的后期,电芯综合偏离度DA和综合偏离度向量模σ_t显著增大,如图8(c)所示。从62号电芯综合偏离度向量的演变可以看出,该电芯前期无明显特征,但使用过程中可能遭受轻微滥用,电芯的综合偏离度向量在中后期明显增大,继续使用可能会引发安全问题。

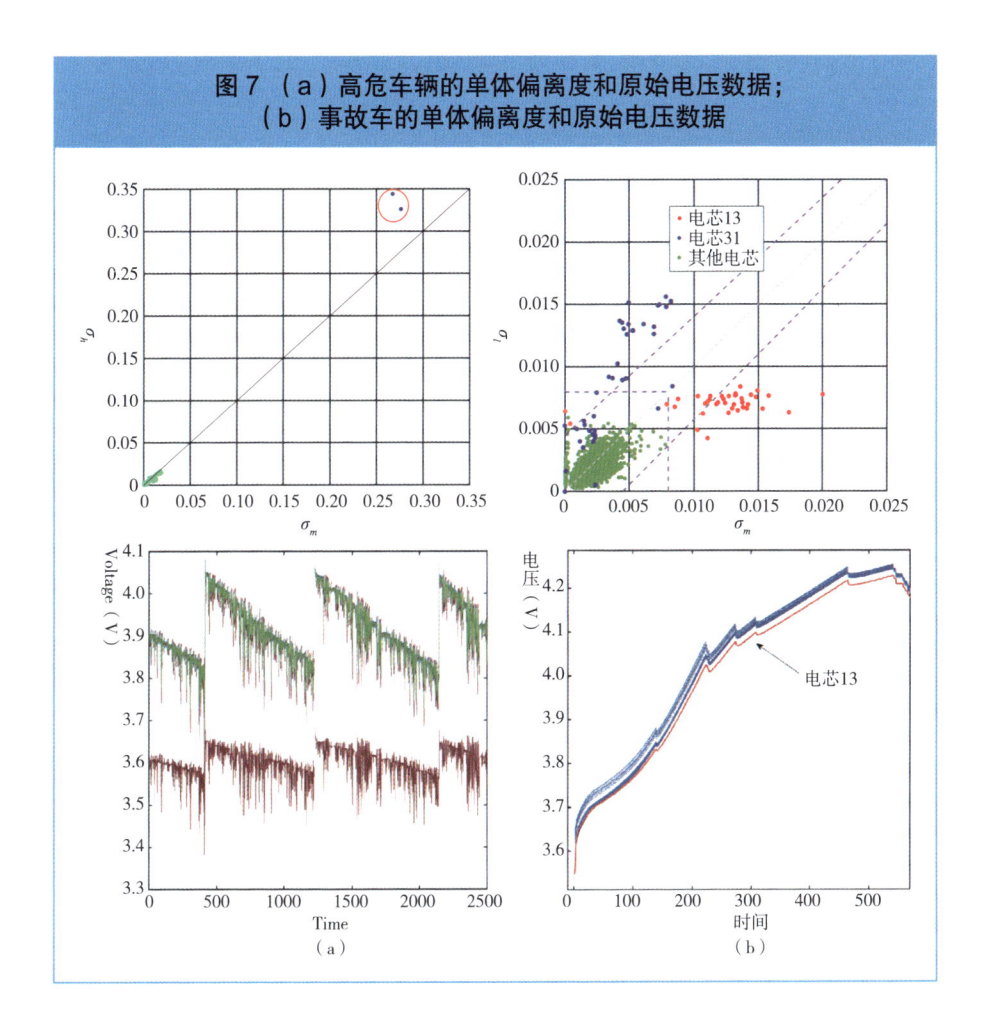

图 7 （a）高危车辆的单体偏离度和原始电压数据；
（b）事故车的单体偏离度和原始电压数据

取各特征权重 $w_1=w_2=w_3=w_4=1$，加权计算得到的偏离度演变评价指标 M_2 如图 9 所示。可以看出 62 号电芯出现了 3 级安全风险，因此可以认为该电芯内部出现损伤，存在较严重的安全风险，继续使用可能出现失效或失控等风险。

图 10 展示了事故车 1 的单体偏离度演变安全风险评估结果，从中可以明显地看到 31 号电芯的 M_2 值明显大于其他电芯，其安全风险等级为 3 级。如图 11（a）所示，在车辆使用前期，31 号电芯的电压状态良好，基本与其他电芯保持一致；但是在使用后期，如图 11（b）所示，该电芯在放电末端或充电初始的电压处于电池包中的最低水平，甚至低于上述提到的 13 号电芯，而在

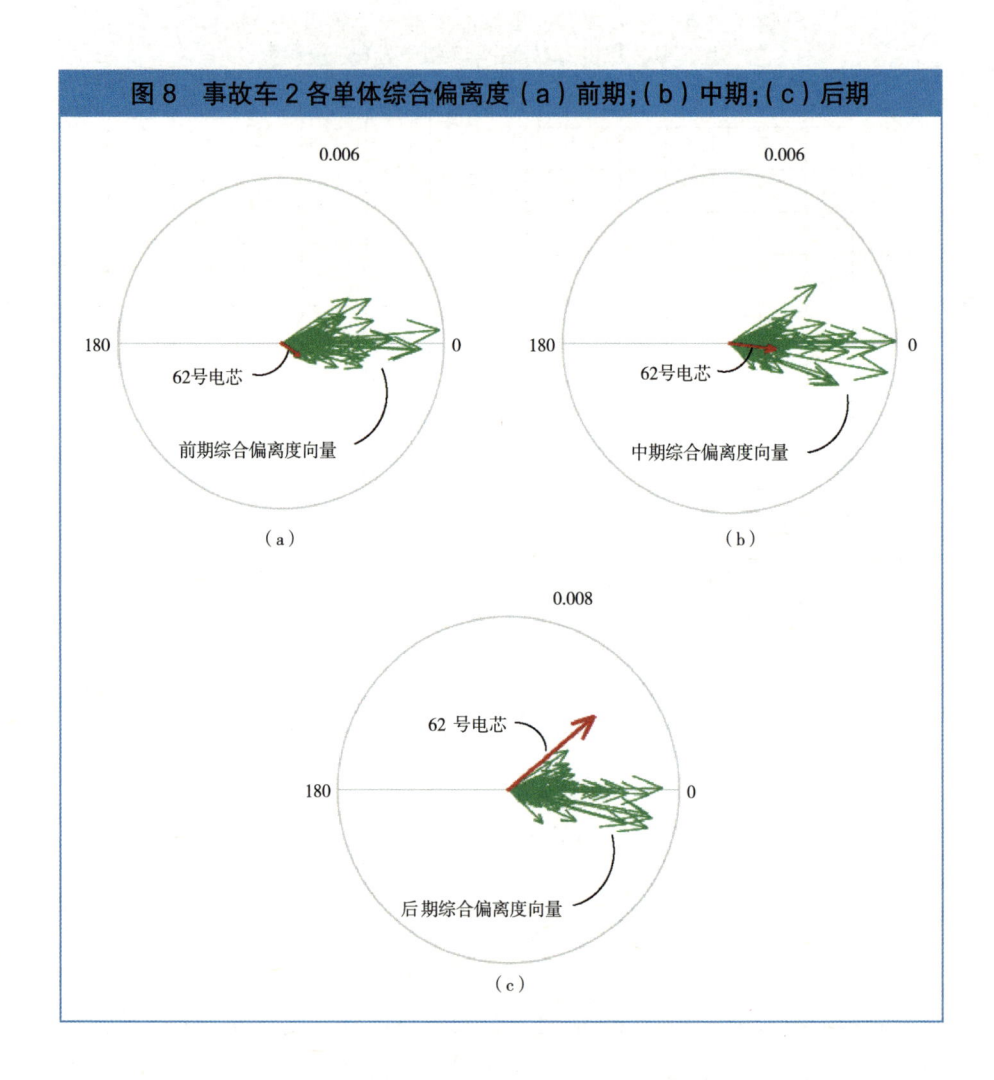

图 8　事故车 2 各单体综合偏离度（a）前期；（b）中期；（c）后期

充电末端，其电压在电池包中处于较高水平，也就是出现了典型的充高放低现象。出现这种现象，可以认为该电芯的容量可能已经出现衰减，这块电芯可能遭受过轻微滥用，属于轻微损伤的电芯，需要及时更换，避免后续的使用过程中发生危险。

图 9 事故车 2 偏离度演变评估结果

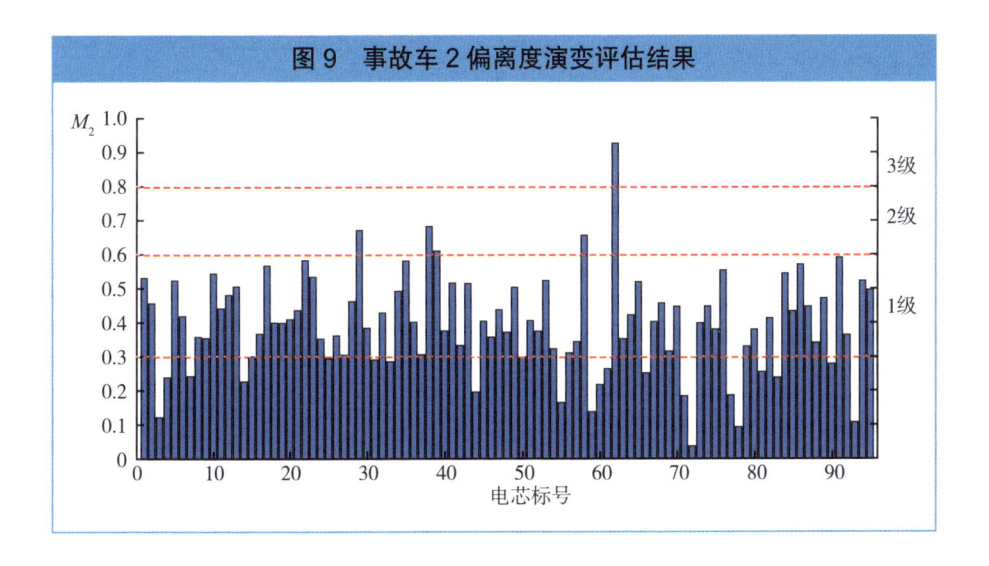

图 10 事故车 1 的偏离度演变评估结果

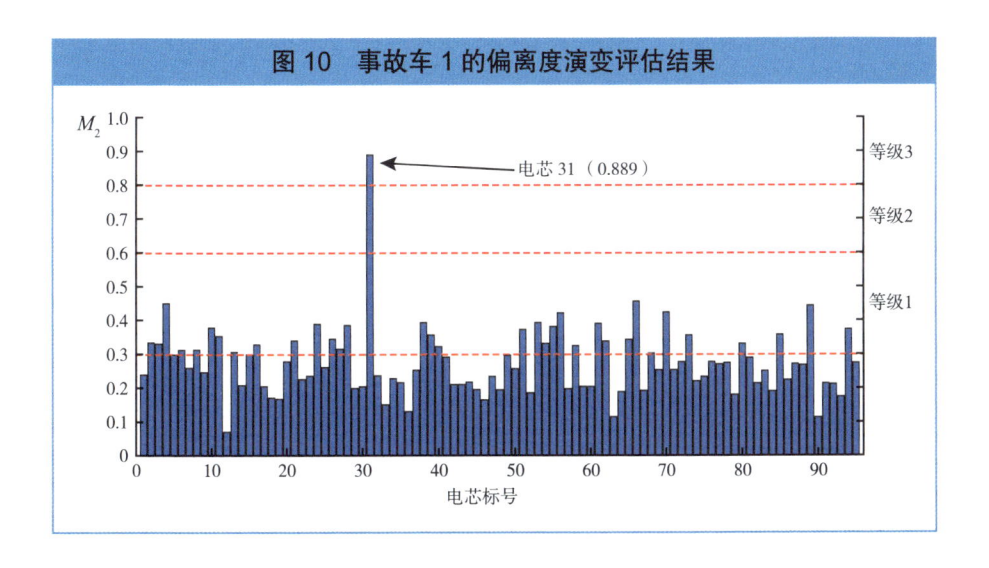

电芯 31（0.889）

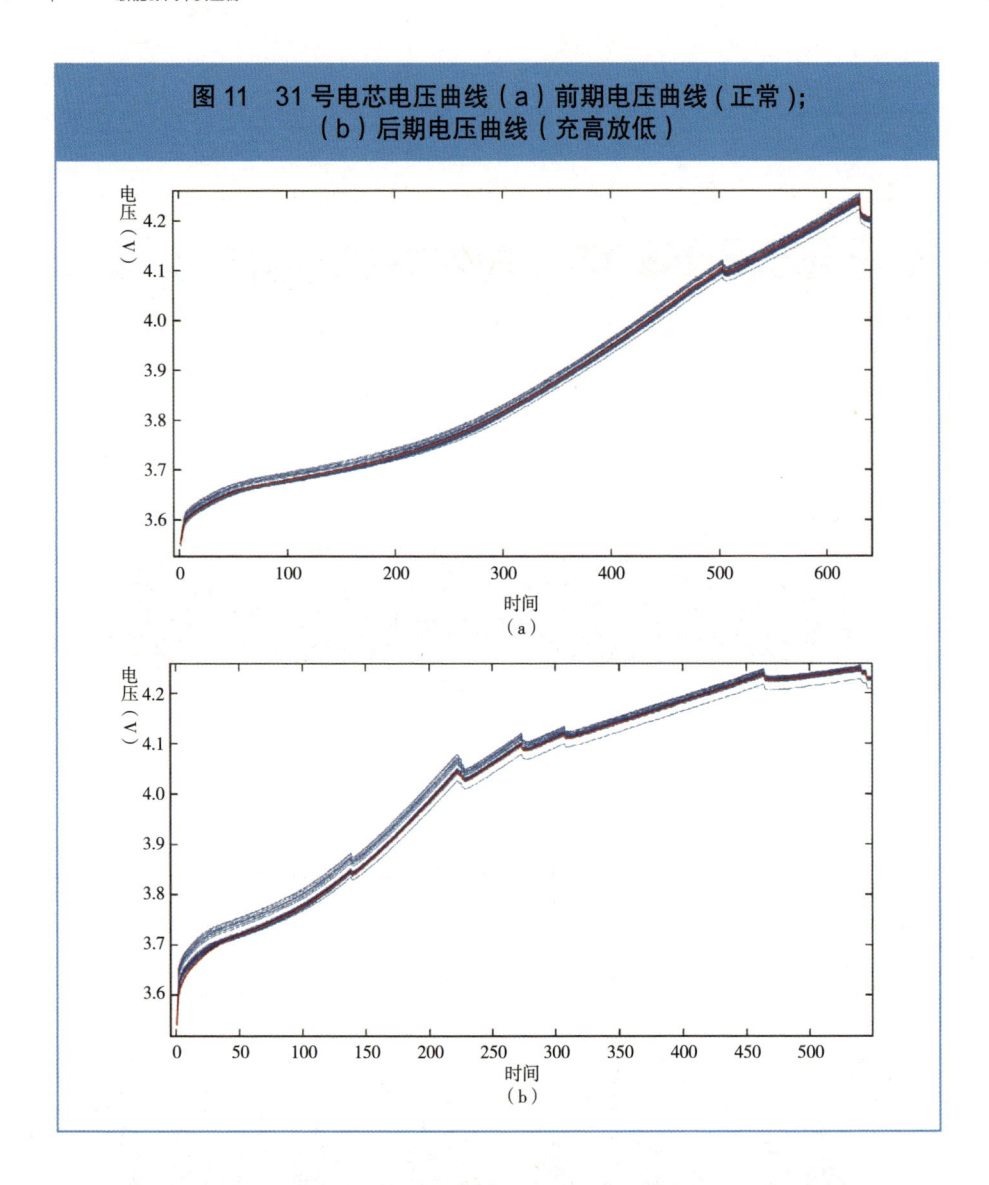

图 11　31 号电芯电压曲线（a）前期电压曲线（正常）；（b）后期电压曲线（充高放低）

五　结论

电动汽车的动力电池安全已经成为电动汽车发展的焦点问题，增强汽车本身的安全防护是一大重要措施，也能从根本上保护汽车和乘员。另外，对高安全风险电池进行诊断和预警也是预防电池事故发生的有效手段。本文从电压的电池一致性出发，提出了一种新的电动汽车动力电池安全风险评估方法。该方法能够实现对电池包和电芯两个层级的风险评估，其中电池包层级的评估基于所有电芯的电压一致性在车辆使用周期内的变化，电芯层级的评估使用了离群分析的思想。此外，在电芯层级的评估中，不仅可以实现对普通离群电芯的评级和诊断，更重要的是可以对充高放低现象进行诊断和风险评估。在对实车进行安全评估后，验证了本文提出方法的有效性，该安全风险评估方法可以实现实车的多级安全风险评估，可以基本保证电池包的安全。

参考文献

［1］Huang P, Wang Q, Li K, Ping P, Sun J. The combustion behavior of large scale lithium titanate battery. Sci Rep. 2015;5:7788.

［2］Binghe Liu, Jia Yikai, Yuan Chunhao, et al. Safety issues and mechanisms of lithium-ion battery cell upon mechanical abusive loading: A review. Energy Storage Materials. 2019.

［3］Xiong R, Yang R, Chen Z, Shen W, Sun F. Online Fault Diagnosis of External Short Circuit for Lithium-Ion Battery Pack. IEEE T IND ELECTRON. 2020;67:1081-1091.

［4］Hong J, Wang Z, Chen W, Yao Y. Synchronous multi-parameter prediction of battery systems on electric vehicles using long short-term memory networks. APPL ENERG. 2019;254.

［5］Sidhu A, Izadian A, Anwar S. Adaptive Nonlinear Model-Based Fault Diagnosis of Li-Ion Batteries. IEEE T IND ELECTRON. 2015;62:1002-1011.

［6］Zhu X, Wang Z, Wang Y, Wang H, Wang C, Tong L, et al. Overcharge investigation of large format lithium-ion pouch cells with Li(Ni0.6Co0.2Mn0.2)O2 cathode for electric vehicles: Thermal runaway features and safety management method. ENERGY. 2019;169:868-880.

［7］Li D, Zhang Z, Liu P, Wang Z, Zhang L. Battery Fault Diagnosis for Electric Vehicles Based on Voltage Abnormality by Combining the Long Short-Term Memory Neural Network and the Equivalent Circuit Model. IEEE T POWER ELECTR. 2021;36:1303-1315.

［8］Li D, Zhang Z, Liu P, Wang Z, Zhang L. Battery Fault Diagnosis for Electric Vehicles Based on Voltage Abnormality by Combining the Long Short-Term Memory Neural Network and the Equivalent Circuit Model. IEEE T POWER ELECTR. 2021;36:1303-1315.

［9］Shang Y, Lu G, Kang Y, Zhou Z, Duan B, Zhang C. A multi-fault diagnosis method based on modified Sample Entropy for lithium-ion battery strings. J POWER SOURCES. 2020;446.

［10］Wang Z, Hong J, Liu P, Zhang L. Voltage fault diagnosis and prognosis of battery systems based on entropy and Z-score for electric vehicles. APPL ENERG. 2017;196:289-302.

［11］Zhao Y, Liu P, Wang Z, Zhang L, Hong J. Fault and defect diagnosis of battery for electric vehicles based on big data analysis methods. APPL ENERG. 2017;207:354-362.

［12］Xia B, Shang Y, Nguyen T, Mi C. A correlation based fault detection method for short circuits in battery packs. J POWER SOURCES. 2017;337:1-10.

［13］Li D, Zhang Z, Liu P, Wang Z. DBSCAN-Based Thermal Runaway Diagnosis of Battery Systems for Electric Vehicles. ENERGIES. 2019;12:2977.

［14］Hong J, Wang Z, Yao Y. Fault prognosis of battery system based on accurate voltage abnormity prognosis using long short-term memory neural networks. APPL ENERG. 2019;251.

［15］Gao W, Zheng Y, Ouyang M, Li J, Lai X, Hu X. Micro-Short-Circuit Diagnosis for Series-Connected Lithium-Ion Battery Packs Using Mean-Difference Model. IEEE T IND ELECTRON. 2019;66:2132-2142.

电池安全研究篇 | 新能源汽车电池健康度预测研究和应用

◎张 亮 黎 飞 程 登 谢燕芳*

---

*张亮，上汽通用五菱汽车股份有限公司总监，工程师，研究方向为大数据挖掘与应用；黎飞，上汽通用五菱汽车股份有限公司经理，工程师，研究方向为人工智能算法；程登，上汽通用五菱汽车股份有限公司经理，工程师，研究方向为大数据挖掘与应用；谢燕芳，上汽通用五菱汽车股份有限公司数据应用专家，工程师，研究方向为大数据挖掘与应用。

摘 要: 近年来,我国新能源汽车进入加速发展新阶段,销量连续 5 年居全球第一,截至 2020 年底,我国新能源汽车累计推广超过 550 万辆,占全球一半以上。随着新能源汽车产销量迅速增长,电池衰减问题随使用年限增长日渐凸显,影响大众对电动汽车的接受度。本文结合我国新能源汽车产业现状,分析了新能源汽车电池健康影响因素,基于车联网大数据对电池健康度进行了预测,并介绍了新能源汽车电池大数据分析平台技术架构与功能实现,对新能源汽车电池健康度预测的运用进行了展望。

关键词: 新能源汽车 电池健康度 电池容量 车联网大数据

一 引言

随着全球气温逐年上升和化石能源日益紧缺，全世界对新能源汽车的关注和需求日渐增长。各国车企开始探索交通工具发展模式，积极发展新能源汽车。随着越来越多的新能源汽车在全球投入使用，新能源汽车保有量逐年急剧上升，新能源汽车动力电池的健康和安全受到各大车企和用户的关注。传统的电池健康度情况一般通过用户返厂进行电池检测得到，每台车的检测成本高且效率极低，无法满足日益上涨的新能源汽车需求。随着汽车市场逐渐朝着智能化、网联化和信息化迅猛发展，基于车联网大数据的电池健康度预测是汽车企业的核心能力。通过智能识别来探索车联网数据的用途，开发汽车新的零售产品和服务（包括预测性维护、应用程序和数据应用等），汽车厂商在用户购买车辆后可以定期与用户进行互动。基于车联网大数据的电池健康度预测可以使汽车企业及时获取用户车辆电池安全情况，以便主机厂及时开展用户关怀和救援，对汽车企业有非常重要的意义和应用价值。

二 我国新能源汽车产业状况

（一）近年新能源汽车产业发展分析

近年来，世界各国不断加强对新能源汽车产业的战略谋划，强化政策支持。各大汽车企业不断加大研发投入，完善产业布局。新能源汽车成为全球汽车产业转型发展的主要方向，是促进世界经济持续增长的重要引擎。推动新能源汽车快速发展是我国从汽车大国迈向汽车强国的必由之路，是应对气候变化、推动绿色可持续发展的重要战略举措。

自2012年国务院发布《节能与新能源汽车产业发展规划（2012~2020年）》以来，我国始终坚持纯电驱动战略取向，新能源汽车行业飞速发展。2011~2018年，新能源汽车的产销量逐年上升，并且在2018年产销量均首次突破100万辆。但是受到补贴退坡影响，2019年新能源汽车产销量小幅下降，首次出现负增长。2020年，面对"行业销量下行、疫情和退补"等多重因素影响，国内新能源乘用车销量仍逆势增长,达到136.7万辆(见表1)。截至目前,我国新能源汽车累计销售超过550万辆,产销量连续6年位居全球第一。新能源汽车产业已经进入叠加交汇、融合发展的新阶段。

表1 2011~2020年中国新能源汽车产量和销量   单位:万辆

年份	2011	2012	2013	2014	2015	2016	2017	2018	2019	2020
产量	0.84	1.26	1.75	7.85	34.05	51.7	79.4	127	124.2	136.6
销量	0.82	1.28	1.76	7.48	33.11	50.7	77.7	125.6	120.6	136.7

资料来源:中国汽车工业协会数据。

(二)新能源汽车产业发展趋势分析

当前,全球新一轮科技革命与产业变革蓬勃发展,交通、信息通信、汽车与能源等领域的有关技术加速融合,汽车产品形态、交通出行模式、能源消费结构与社会运行方式也在发生深刻变革,电动化、网联化、智能化成为汽车产业的发展潮流和趋势,为新能源汽车产业提供了前所未有的发展机遇。预计到2035年,汽车产业或将基本实现电动化转型。

同时国家出台多项政策鼓励新能源汽车行业发展,降低了新能源企业的进入门槛,提高了产品要求,完善了新能源汽车的强制性标准。2020年10月,国务院常务会议通过了《新能源汽车产业发展规划(2021~2035年)》,从提供技术创新能量、构建新型产业生态、推动行业融合发展、完善基础设施体系与深化开放合作等角度部署了战略任务,为新能源汽车行业未来15年的发展打下了坚实的基础。地方层面也纷纷出台政策鼓励新能源汽车消费。国家与地方的政策体系逐渐成形,给予了新能源汽车行业发展极大的支持。国家、地方政策双轮驱动,将持续推动新能源汽车发展浪潮。目前来看,新能源汽车产业已上升至国家发展战略的高度,成为不可逆的发展方向。各大企业必须抢抓战略机遇,巩固良好势头,充分发挥基础设施、信息通信等领域优势,不断提升产业核心竞争力,推动新能源汽车产业高质量、可持续发展。

（三）新能源汽车电池健康问题凸显

随着新能源汽车产业的迅速发展，产销量不断增加。大众对新能源汽车存疑的关键原因就是其充电时间长、续航里程短、使用寿命短等问题。然而这些问题，究其根本就是电池问题。动力电池不仅是新能源汽车的动力源泉，更是新能源汽车的关键组件。

随着用户使用时长不断增长，电池衰减问题日渐凸显。由于用户的使用习惯不同，电池常会出现过充或者过放现象，并且受环境、运行状态等影响，电池性能退化，致使续航里程缩短。电池健康状态直接影响着电池系统的安全性与可靠性。因此，电池健康度不仅影响着大众对新能源汽车的接受度，也决定了新能源汽车的发展前景。研究新能源汽车电池健康问题至关重要。

电池健康度的传统检测方式是对返厂车辆电池的额定容量、内阻、充放电深度、自放电率、充放电电流、温度等进行检测，这种检测方式成本极高，且检测时长在1天以上，无法满足新能源汽车日益上涨的电池检测需求。随着车联网时代的到来，上汽通用五菱汽车股份有限公司开始研究电池在车联网方面的特性特征，利用车联网大数据对新能源电池健康度进行预测。

三 新能源汽车电池健康影响因素分析

（一）新能源汽车用户使用分析

1. 新能源汽车行驶分析

（1）出行场所

新能源汽车主要用于工作、生活等方面，用户出行场所 Top5 为大型超市、办公场所、商场、学校和公园/景区（见图1）。根据对新能源汽车的主要出行场所的分析，用户主要将新能源汽车作为日常代步工具使用，电池的健康与用户日常生活息息相关。

图 1　新能源汽车出行场所分布

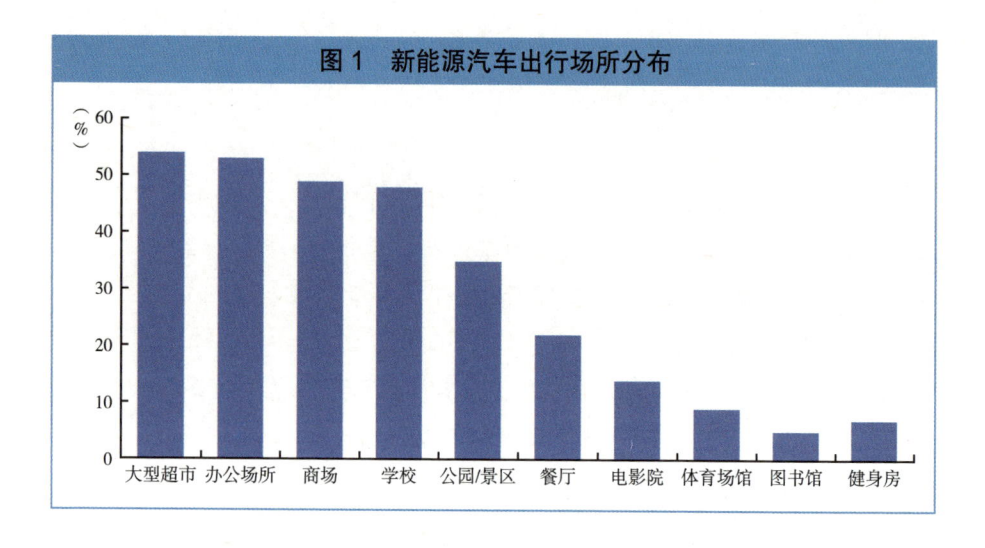

（2）出行时段

新能源汽车用户出行时间集中在 7 点和 17 点，形成明显的早晚高峰；尽管在 9~16 点也有不少车辆出行，但该时段的出行数据整体较为平稳（见图 2）。因此推断新能源汽车用户多为上班族，对新能源电池健康度感知较为敏感。

（3）出行频次

新能源汽车用户月均行驶次数高于 30 次，新能源汽车用户基本上每天都会

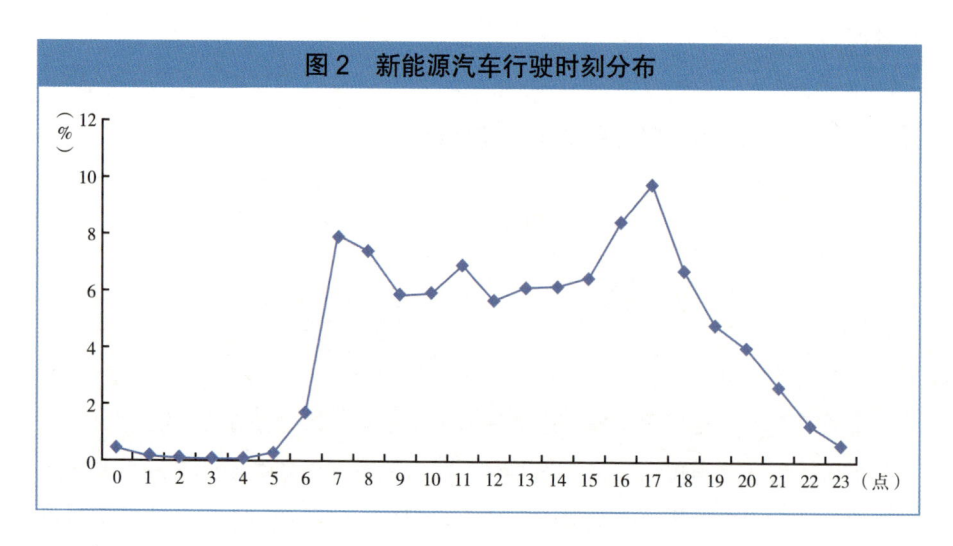

图 2　新能源汽车行驶时刻分布

资料来源：北京亿维新能源汽车大数据应用技术研究中心。

使用新能源汽车，使用频率较高。尽管数据表明在疫情期间用户月均行驶次数有所下降，但疫情平稳后月均行驶情况有所恢复，趋近于疫情前用户的月均行驶次数（见图3）。高频次的新能源电池使用也会影响电池的健康度。

图3　新能源汽车月均行驶频次

资料来源：北京亿维新能源汽车大数据应用技术研究中心。

（4）出行里程

新能源汽车用户月均行驶里程集中在200~1000公里，部分用户月均行驶里程大于2000公里（见图4）。根据工信部规定，从2016年起乘用车生产企业对电池、电机等核心部件必须提供8年或12万公里质保（以先到者为准）。按照每月2000公里推算，2016年投产的少量新能源汽车已进入新能源衰退期，新能源汽车的电池健康预测迫在眉睫。

2. 新能源汽车充电分析

（1）充电时刻

新能源汽车用户开始充电时刻集中在早7点以后，白天时段的开始充电情况波动不大，夜晚开始充电情况有所下降（见图5），可推测新能源汽车私人充电桩普及率比较低。公共电桩电压和信号都比较稳定，有利于使用充电数据预

图 4 新能源汽车月均行驶里程分布

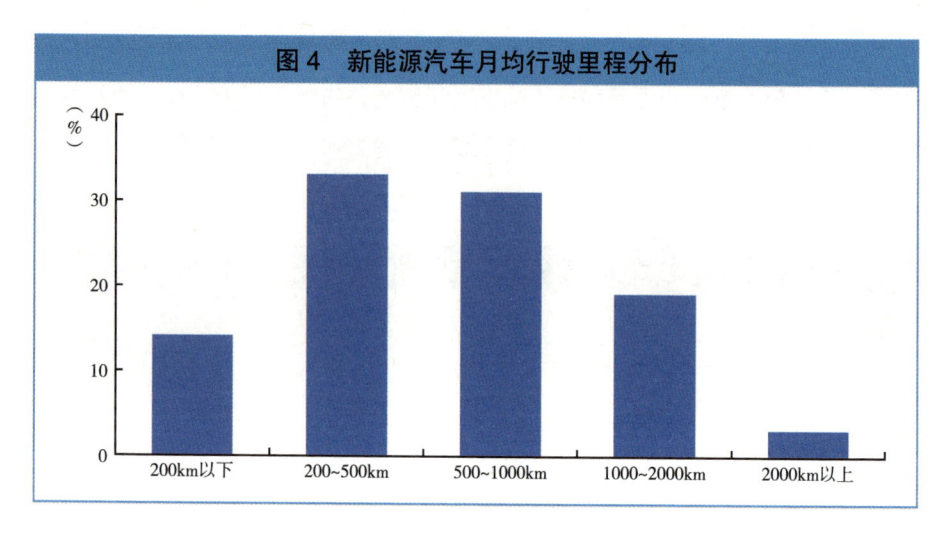

资料来源：北京亿维新能源汽车大数据应用技术研究中心。

图 5 新能源汽车充电时刻分布

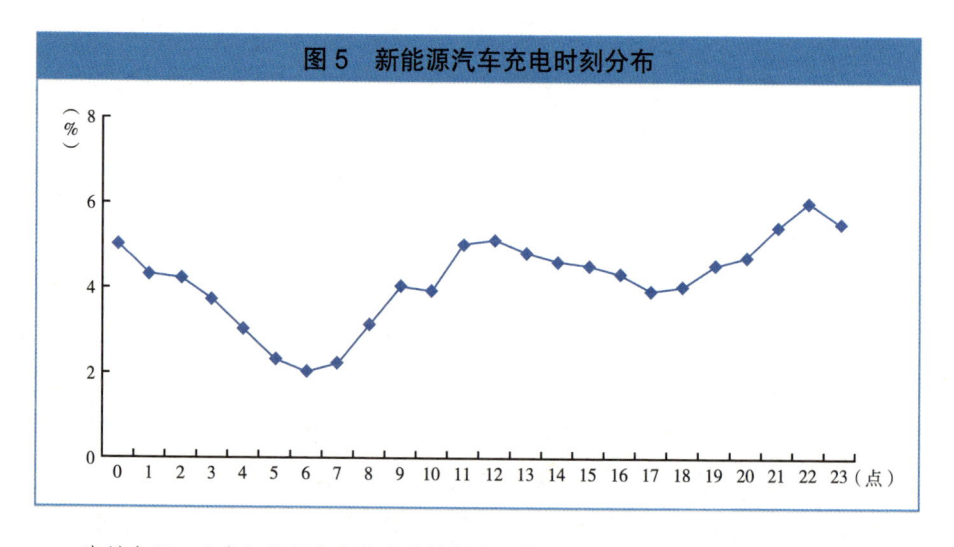

资料来源：北京亿维新能源汽车大数据应用技术研究中心。

测电池容量，保证电池充电部分的数据质量。

（2）充电频次

根据北京亿维新能源汽车大数据应用技术研究中心发布的《中国小型纯电动乘用车出行大数据报告》，新能源汽车的月均充电次数总体达到9.7次，反映出新能源汽车普遍续航里程较短，并且从侧面反映出新能源汽车电池容量较小，需要高频次补电,这对新能源电池是一个很大的考验。而在所有充电次数中,快充仅占3.6%,慢充占比较高。

(3)充电时长

总体来说,新能源汽车次均充电时长基本能保持在4小时左右,对电池健康度预测取数有很大帮助,持续充电可以保证数据维持在稳定水平,减少开始充电和结束充电对整个电池容量预测造成的误差。

图6 新能源汽车次均充电时长

资料来源:北京亿维新能源汽车大数据应用技术研究中心。

从新能源汽车的出行场所、出行时段、出行频次、出行里程、充电时刻、充电频次、充电时长来看,新能源汽车日渐成为广大人民群众的出行工具,使用频率非常高。应对新能源汽车高频次使用的用户需求是新能源电池健康面临的一个很大的挑战,因此电池健康监控是企业必备的一个技能。另外,新能源汽车的高频使用,为新能源电池健康度大数据提供了大量的样本数据,进而为使用车联网大数据预测电池健康度提供了很好的机会。

(二)新能源汽车电池健康影响因子

电池随着使用和存储时间的增长其健康状态会逐渐变差。因此,在日常工作中，电池的工作状态并不是最理想的，电池健康度往往受众多因素影响，因而研究影响因素对电池健康度造成的影响是很有必要的，对改善电池性能、延长电池寿命有重大的指导意义。目前主要有下述几个常见影响电池健康度的因素。

（1）当前容量

电池当前容量是表征电池健康度的主要参数之一，当电池的当前容量低于额定容量的80%，说明这块电池各方面性能的老化和退化较为严重。电池容量的衰减程度直接影响电池的健康状态。当电池耐久性下降时，电池的容量也跟着下降，这就使能源电池寿命也在不断缩短，车辆续航里程变短。

（2）内阻

电池工作时会被内阻损耗一部分电能，而损耗的电能与电池内阻成正比。对于锂离子电池，在多次充放电工作以后，由于其内部化学变化，内阻会逐渐增加，相应的内阻损耗也会逐渐增加，这就造成了电池可用能量的降低。

（3）充放电深度

放电深度对电池健康度有很明显的作用，不同的充放电深度对锂离子电池寿命的影响不同。充放电深度增加，电池内部的活性物质激活的就多，电池释放的电量就大，进而电池健康度衰减更明显。

（4）充放电速率

当使用电池时，如果没有按照电池自身的充放电倍率对其进行充放电，会对电池的性能造成很大影响，甚至影响电池的使用寿命。虽然高倍率充电能够缩短充电时间，但是高倍率充电时由于电池内阻的存在电池温度升高过快，给热管理增加难度，导致电池健康度恶化。除此之外，高倍率充电还容易造成电池过充，也会影响电池健康度。

（5）自放电率

电池的自放电率是电池性能的主要参数之一，同时也是电池健康度的主要影响因素之一。电池的自放电率也称为电池的电荷量保持能力，指的是在不接外部负载的条件下，电池内部储存电量能够保存的时间长短。

（6）过充与过放

放电截止电压与锂离子电池等效电阻密切相关，放电截止电压升高意味着等效电阻变大，锂离子电池散热增加，加速电池损耗。同理，过充电也会对电池寿命造成影响。

（7）循环次数

电池内部不仅有充放电可逆反应也会有部分副反应发生，是不可逆的。随着电池循环次数增加，电解液变稀，有效成分的降低导致电池可用容量降低，进而电池的老化更明显。

（8）充放电电流

充放电电流因素也会对电池健康度产生不同影响。李艳等研究了不同放电电流对锂离子电池循环容量衰退造成的影响，并通过X射线衍射法、透射电子显微镜法和扫描电子显微镜法分析了不同放电电流情况下电池内部材料的衰退程度。研究结果表明，放电电流越大电池容量衰退越快，电池健康度下降越快。

（9）温度

锂离子电池的正常工作温度范围为（-20℃，60℃），理想工作温度为25℃，此时电池性能最佳。电池温度的变化会引起电池自身参数的变化，如内阻的增加和充放电率的抖动。当锂离子电池所处的环境温度过高或过低时，电池性能恶化，导致电池容量降低，电池健康度下降。因此温度是影响电池寿命的一个关键因素。

（三）新能源汽车电池健康评分常用方法概述

动力电池为新能源汽车存储车载能量，提供驱动力能源，因此，电池是新能源汽车非常重要的组成部分。电池的健康状态（SOH）是评估电池性能的关键指标，帮助判断电池的寿命。电池健康状态被定义为当前电池的容量和电池初始容量的比值，即 SOH=$\frac{C1}{C0}\times 100\%$，其中，$C0$ 表示电池初始容量，$C1$ 表示电池当前的容量。随着电池的使用，其 SOH 值会逐渐减小，而当电池的最大容量小于其初始容量的80%时，意味着这组电池作为车载动力电池寿命的结束。

由于电池健康度能够直接影响新能源汽车的可持续使用性以及安全性，针对电池健康状态估算的研究是非常必要且有意义的，能有效促进了新能源汽车行业的发展。目前国内外对电池 SOH 的估算方法有模型法、数据驱动法、融合法。

1. 模型法

模型法是基于电池内外部特性，建模分析电池健康状态的方法，包括等效电路模型、SOH 经验模型以及电化学模型等。

（1）等效电路模型法

通过等效电路模型估算电池健康状态的原理是以电压源、电感、电容以及电阻等元件模拟电池在充放电时的特性，从而建立电池的等效电路模型。常见的模型有 PNGV 模型、Rint 模型等。由于动力电池的充放电参数与其健康状态之间复杂的非线性关系，这种预测电池 SOH 的方法在精度和准确性上没有优势，并且由于计算等效电路模型元器件参数值的过程非常复杂烦琐，该方法不作为主要推荐的部分。

（2）SOH 经验模型法

SOH 经验模型估算方法需要基于大量的电池充放电实验，利用这些实验数据拟合获取电池健康状态与各个变量之间的非线性关系式，并通过多次修正公式，才能建立电池 SOH 的经验模型。这个方法的弊端在于需要反复实验获取大量实验数据，建立经验模型耗时较长，因此不作为主流推荐。

（3）电化学模型

基于电化学模型估算电池健康状态的方法主要是通过分析研究电池在充放电过程中电池内部的化学反应，建立电池容量衰退模型，进而实现电池健康状态的估算。这种方法的优点在于其估算电池健康状态的精确度和准确度高，并且表达了很明确的物理意义，其劣势在于模型中变量较多，涉及知识面较广，使用有一定的难度。

2. 数据驱动法

数据驱动法是基于电池的状态参数（如电池电容、SOC、温度、电流、内阻、电压等），通过支持向量机和人工神经网络等数据方法对电池的健康状态进行预测和估算。

（1）人工神经网络

人工神经网络是一种非线性的预测估算电池健康状态的机器学习方法，它的优点在于模拟电池特性的时候能够达到很高的准确度和精确度，缺点在于对数据量和数据的全面性要求高,训练模型明显受限于训练数据的质量。

(2)支持向量机

由于电池健康状态的预测是一种线性不可分问题,需将其转化为线性可分的问题。支持向量机法的优势在于高维模式识别以及解决非线性问题。

(3)高斯回归

高斯回归在实现方法上比人工神经网络和支持向量机更容易,并且同样在高维模式识别以及解决非线性问题上具有优势,除此之外,它还能够支持置信区间的结果,并能够自适应地获取到超参数。

3. 融合法

融合法是指结合多种预测估算电池 SOH 的方法,取各种方法的优点,并去其糟粕。一般来说,融合多个不同的模型,可能提升机器学习的性能,这一方法在各种机器学习中被广泛应用。常见的集成学习 & 模型融合方法包括:简单的 Voting/Averaging(分别对于分类和回归问题)、Stacking、Boosting 和 Bagging。

四 基于车联网大数据的电池健康预测方法

(一)新能源汽车车联网数据采集说明

车联网(Internet of Vehicles,IoV),属于物联网(Internet of Things,IoT)的一种,是一个非常庞大的体系。它不仅仅指的是车与车之间的连接,还包括车与行人、车与路、车与基础设施、车与网络、车与云的连接。真正的车联网,其实就是车连万物(Vehicle to everything,V2X)。

在 DT 时代(Data Technology),车联网数据的价值已经毋庸置疑。当前车联网数据采集的方法主要有三大类。一是以车载自诊断系统(On-Board Diagnostics,OBD)等后装硬件作为数据收集载体;二是以手机 App 作为数据收集方式;三是基于 T-Box、车机等前装设备,通过 CAN 总线读取数据。本文所用的车联网数据就是通过 CAN 总线进行数据采集。

CAN 总线是当今自动化领域最具有应用前景的技术之一，具有可靠性高、实时性和灵活性强等优势，可以提供速度高达 1Mb/s 的数据传送。通过 CAN 总线实时采集车辆总线上各个控制单元的数据、车辆的运行状态信息、GPS 数据等，并将所得的数据通过无线数据传输系统上传到远程云端服务器进行分类存储与数据处理。处理后的数据会根据需求传送到对应的数据存储处理平台上，进行车辆实时监控与数据应用。

（二）新能源汽车电池数据预处理

1. 数据说明

（1）车辆数：40 辆。

（2）数据时间：2020 年 12 月 1 日至 2021 年 2 月 28 日。

（3）研究目的：通过电池健康度相关影响因素预测新能源汽车电池健康评分。

2. 数据探索

（1）数据字段：额定容量、1~32 号单体电压、电池包总电流、SOC、采集时间。

（2）数据精度：电池当前容量采用安时积分法，即 Σ 单体电压 × 电池包总电流 × 时间 /SOC，从各数据字段的实际精度和计算方式来看，单体电压保留 1 位小数即可，其他字段保持原有数据的精度。32 号单体电压为预留项，后续需删除。

表 2 数据字段精度

字段	精度要求	原始数据精度	样例数据
额定容量	整数	整数	120
1 号单体电压	保留一位小数	保留三位小数	3.932
2 号单体电压	保留一位小数	保留三位小数	3.924
3 号单体电压	保留一位小数	保留三位小数	3.924

			续表
字段	精度要求	原始数据精度	样例数据
4号单体电压	保留一位小数	保留三位小数	3.923
5号单体电压	保留一位小数	保留三位小数	3.923
6号单体电压	保留一位小数	保留三位小数	3.922
7号单体电压	保留一位小数	保留三位小数	3.921
8号单体电压	保留一位小数	保留三位小数	3.920
9号单体电压	保留一位小数	保留三位小数	3.920
10号单体电压	保留一位小数	保留三位小数	3.920
11号单体电压	保留一位小数	保留三位小数	3.919
12号单体电压	保留一位小数	保留三位小数	3.919
13号单体电压	保留一位小数	保留三位小数	3.919
15号单体电压	保留一位小数	保留三位小数	3.919
16号单体电压	保留一位小数	保留三位小数	3.918
17号单体电压	保留一位小数	保留三位小数	3.918
18号单体电压	保留一位小数	保留三位小数	3.918
19号单体电压	保留一位小数	保留三位小数	3.918
20号单体电压	保留一位小数	保留三位小数	3.918
21号单体电压	保留一位小数	保留三位小数	3.918
22号单体电压	保留一位小数	保留三位小数	3.918
23号单体电压	保留一位小数	保留三位小数	3.917
24号单体电压	保留一位小数	保留三位小数	3.916
25号单体电压	保留一位小数	保留三位小数	3.916
26号单体电压	保留一位小数	保留三位小数	3.915
27号单体电压	保留一位小数	保留三位小数	3.915
28号单体电压	保留一位小数	保留三位小数	3.915

续表

字段	精度要求	原始数据精度	样例数据
29 号单体电压	保留一位小数	保留三位小数	3.914
30 号单体电压	保留一位小数	保留三位小数	3.913
31 号单体电压	保留一位小数	保留三位小数	3.913
32 号单体电压	保留一位小数	—	NA
电池包总电流	保留一位小数	保留一位小数	13.1
SOC	整数	整数	88
采集时间	秒级	秒级	2021/2/1 0:10:42

（3）数据质量：(a)时间数据质量良好，重复时间数据很少，10秒间隔基本稳定；(b)充电数据质量较好，充电次数较多，充电SOC跨度较大，利于模型训练；(c)跳变数据少。

表3　数据字段质量

时间间隔	<10 秒	10 秒	>10 秒
质量评估	极好	良好	较差

3. 数据预处理

为了使预测结果更精确，需要控制数据质量，因而本文对收集的数据进行了预处理，主要是对原始数据字段中的一些异常值、空值和跳变数据进行处理，具体如下。

（1）对数据进行去重，对每个电池包的完全重复的数据，都只会保留其中一条，其余数据删除。

（2）时间戳异常值处理，主要针对年、月、日、时、分、秒设定各自的取值范围，比如月的取值范围是1~12，日的取值范围是1~31等，超出范围的数据会整条被删除。

(3)按照时间顺序对数据值进行排序。

(4)去除"脏"数据,剔除超出数据范围的数据,并对其余的数据按照给定的范围进行数据筛选。

(5)对缺失值(NAN)进行处理,当字段的缺失比例非常低时(如5%以内)利用线性插值法填补存在缺失的观测数据,当某些变量的缺失比例非常高时(超过85%),直接删除这些缺失变量。

(6)32号单体电压为空,剔除。

(7)对在时间上有跳变的数据进行拼接。

(三)新能源汽车电池健康预测模型

1. 容量在线估计流程

(1)提取单车数据:提取每台车的原始数据,车联网颗粒度最小的数据。

(2)数据切分:以车号为索引筛选各车辆数据,并将原始文件拆分为仅包含单车数据的若干文件。

(3)数据合并:根据相关规则将每辆车的数据切分成若干片段,切分后相邻的片段若满足合并条件则进行合并。

(4)建模过程:筛选车辆停车充电片段及充电前后车辆静置片段,计算充电过程的各项数据,然后使用SOC-OCV曲线和二叉树模型筛选符合条件的数据,剔除不满足条件的数据。

(5)容量筛选:使用低通滤波处理容量计算值。

(6)结束:输出结果。

2. 建模方法说明

(1)电池容量计算

图8中t_0、t_1表示充电前车辆静置的开始及结束时刻;t_2、t_3表示充电后车辆静置的开始及结束时刻,t_1至t_2时间段内,电池进行充电。若充电前车辆静置持续时间、充电后车辆静置持续时间超过设定值,可将t_1及t_3时刻电池端电压近似认为开路电压OCV值,并通过SOC-OCV曲线查询电池SOC,以计算充电前后SOC变化值(ΔSOC)。由于车辆充电过程电流相对平稳,基于车联

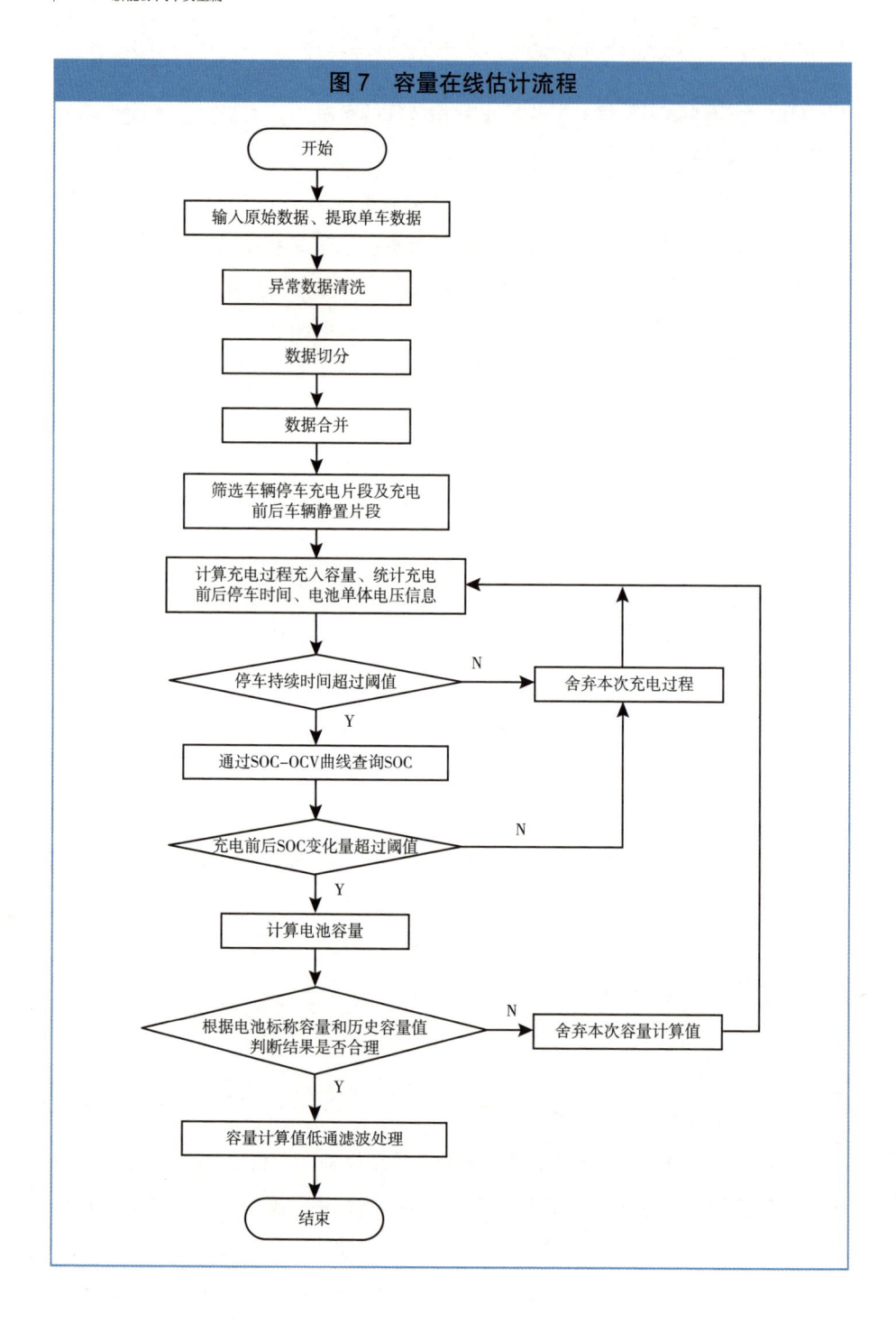

图 7 容量在线估计流程

```
开始
  ↓
输入原始数据、提取单车数据
  ↓
异常数据清洗
  ↓
数据切分
  ↓
数据合并
  ↓
筛选车辆停车充电片段及充电前后车辆静置片段
  ↓
计算充电过程充入容量、统计充电前后停车时间、电池单体电压信息 ←──────┐
  ↓                                                                    │
停车持续时间超过阈值 ──N──→ 舍弃本次充电过程 ───────────────────────┤
  ↓Y                                                                   │
通过SOC-OCV曲线查询SOC                                                 │
  ↓                                                                    │
充电前后SOC变化量超过阈值 ──N──────────────────────────────────────┤
  ↓Y                                                                   │
计算电池容量                                                           │
  ↓                                                                    │
根据电池标称容量和历史容量值判断结果是否合理 ──N──→ 舍弃本次容量计算值 ┘
  ↓Y
容量计算值低通滤波处理
  ↓
结束
```

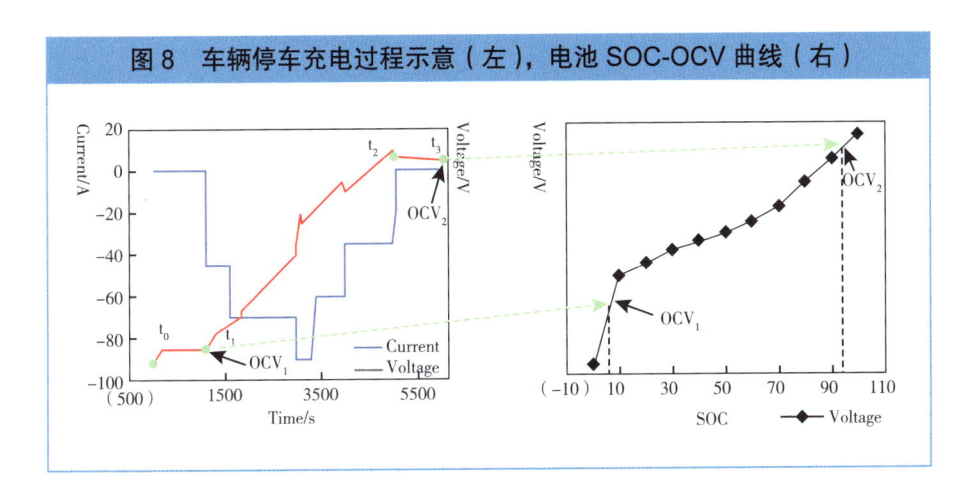

图 8　车辆停车充电过程示意（左），电池 SOC-OCV 曲线（右）

网大数据计算充电容量相对准确。若充电前后电池 ΔSOC 超过设定阈值，可使用充电容量除以 ΔSOC 来计算电池容量。

计算得到的容量值需要结合该电池标称容量或容量衰退趋势判断是否合理。且由于电池容量在生命周期内缓慢变化，可将应用上述方法计算得到的容量值进行合理的低通滤波，用来减少充电容量计算或查询电池 SOC 过程中所引入的误差。

（2）低通滤波平滑数据

低通滤波指的是去除高于某一阈值的数字，本文会根据额定容量和历史预

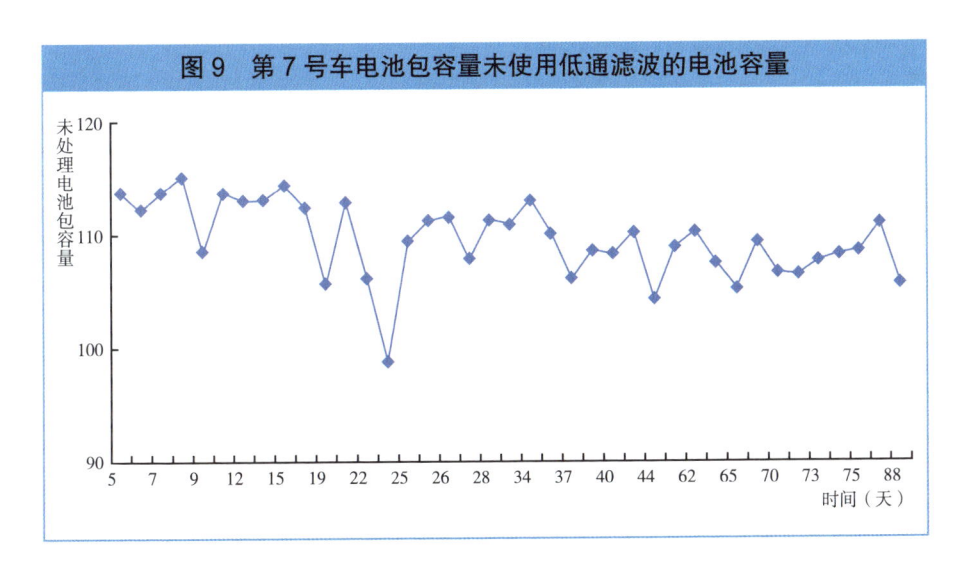

图 9　第 7 号车电池包容量未使用低通滤波的电池容量

注：受排版限制，本图只标注了部分数据以展示大趋势。

测的电池容量进行数字筛选，滤波逻辑如下。

$$D=\begin{cases} 1 & (\sum_n^{n+5}Cx/5-C_{n+6}) \geq 3\times\sigma \text{（其中 }\sigma\text{ 为 }C_n\text{ 到 }C_{n+5}\text{ 的标准差）} \\ 0 & (\sum_n^{n+5}Cx/5-C_{n+6}) < 3\times\sigma \text{（其中 }\sigma\text{ 为 }C_n\text{ 到 }C_{n+5}\text{ 的标准差）} \end{cases}$$

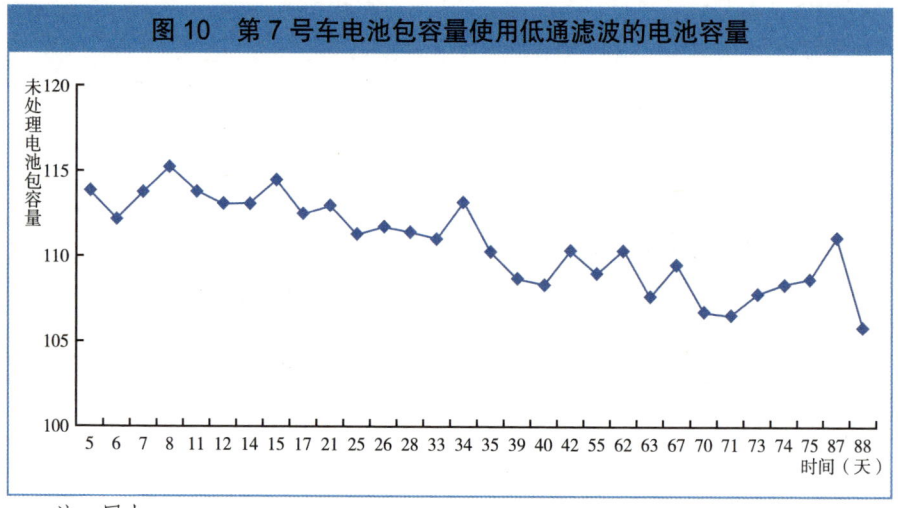

图 10　第 7 号车电池包容量使用低通滤波的电池容量

注：同上。

从图 9、图 10 看出，使用低通滤波后预测的电池容量较为稳定，减少充电容量计算或查询电池 SOC 过程中所引入的误差。

（3）电池容量结果说明

以 13 号车为例，电池容量计算结果随时间的变化情况及单体容量分布情况如图 11、图 12 所示。

从 2020 年 12 月至 2021 年 2 月，13 号车的电池包容量从约 112Ah 略有下降（约 111Ah）。由图 12 可知，该车第 4、5、12 号单体容量相对较低，可以开展对应的均衡策略来缓解电池包内各单体容量的不一致性。

（4）电池健康度评分说明

电池健康度评分最终等于预测电池容量除以额定电池容量，本文采用了两种额定电池容量的车辆，具体得分如表 4 所示。

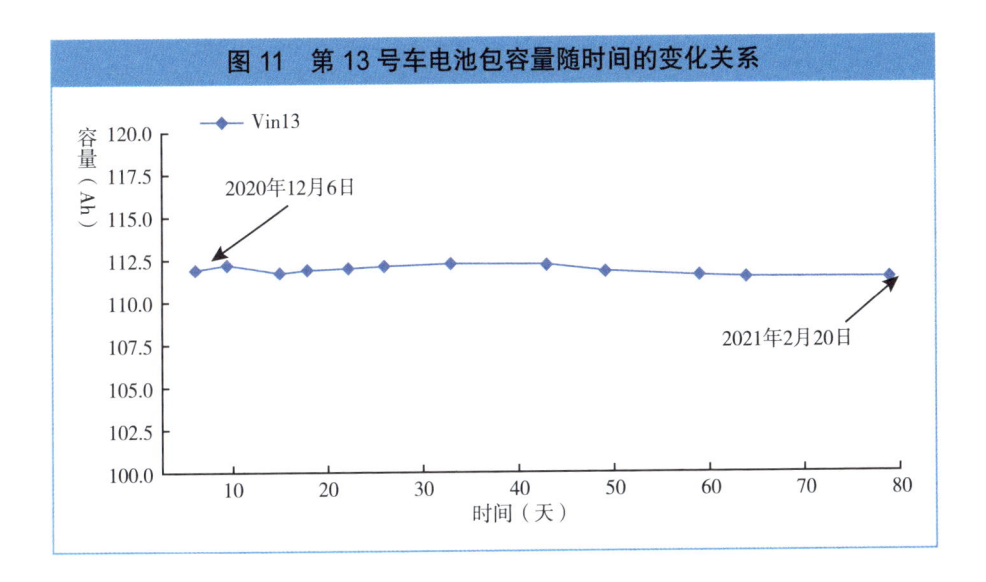

图 11　第 13 号车电池包容量随时间的变化关系

图 12　第 13 号车电池包各单体容量分布

表 4 新能源汽车电池健康评分

车号	预测电池容量	额定电池容量	电池健康度评分（%）
1	109.5	120	91.3
2	108.8	120	90.7
3	108.1	120	90.1
4	115.4	120	96.2
5	107.9	120	89.9
6	108.8	120	90.7
7	110.6	120	92.2
8	110.5	120	92.1
9	110.3	120	91.9
10	111.7	120	93.1
11	111.8	120	93.2
12	112.1	120	93.4
13	108.2	120	90.2
14	108	120	90.0
15	116.6	120	97.2
16	107.9	120	89.9
17	109.2	120	91.0
18	109.1	120	90.9
19	112.8	120	94.0
20	111.1	120	92.6
21	165.4	210	78.8
22	194.1	210	92.4
23	197.4	210	94.0
24	177.9	210	84.7

续表

车号	预测电池容量	额定电池容量	电池健康度评分（%）
25	204.9	210	97.6
26	202.2	210	96.3
27	178.5	210	85.0
28	196.8	210	93.7
29	187.3	210	89.2
30	178.4	210	85.0
31	194.1	210	92.4
32	201.7	210	96.0
33	178	210	84.8
34	181.2	210	86.3
35	186.1	210	88.6
36	182.5	210	86.9
37	206.4	210	98.3
38	180.3	210	85.9
39	187.3	210	89.2
40	192.1	210	91.5

（四）电池容量准确率验证

为了验证电池容量准确性，本次召集了 40 辆新能源汽车到电池容量测试站，根据《电池包及系统高能量应用测试规程》（GBT 31467.2-2015）标准进行电池容量预测，测试了 1/3C、1/2C、1C 的电池容量。对比实测电池容量，偏移度基本在 5% 以内。其中，电池容量偏移度等于（预测电池容量－实测电池容量）/ 实测电池容量的绝对值。

表 5　预测 & 实测电池容量对比

车号	预测电池容量	实测电池容量	电池容量偏移度（%）
1	109.5	110.3	0.7
2	108.8	111.5	2.4
3	108.1	108.0	0.1
4	115.4	110.2	4.7
5	107.9	112.0	3.7
6	108.8	110.2	1.2
7	110.6	110.6	0.0
8	110.5	108.9	1.4
9	110.3	106.3	3.8
10	111.7	110.9	0.7
11	111.8	111.7	0.0
12	112.1	111.6	0.4
13	108.2	106.8	1.3
14	108.0	105.0	2.9
15	116.6	116.2	0.4
16	107.9	105.7	2.1
17	109.2	108.4	0.8
18	109.1	111.4	2.1
19	112.8	115.1	2.0
20	111.1	115.1	3.4
21	165.4	169.8	2.6
22	194.1	193.3	0.4
23	197.4	199.4	1.0
24	177.9	180.5	1.4

续表

车号	预测电池容量	实测电池容量	电池容量偏移度（%）
25	204.9	201.0	1.9
26	202.2	196.5	2.9
27	178.5	182.2	2.0
28	196.8	195.8	0.5
29	187.3	181.7	3.1
30	178.4	193.2	7.7
31	194.1	191.0	1.6
32	201.7	197.7	2.0
33	178.0	193.2	7.9
34	181.2	185.5	2.3
35	186.1	191.4	2.8
36	182.5	190.1	4.0
37	206.4	201.4	2.5
38	180.3	189.6	4.9
39	187.3	183.0	2.3
40	192.1	193.3	0.6

五　新能源汽车电池大数据分析平台技术架构与功能实现

（一）新能源汽车电池大数据平台搭建技术框架

车联网大数据平台的构架主要分为四层——终端、采集层、存储＆运算层、应用层，如图13所示。

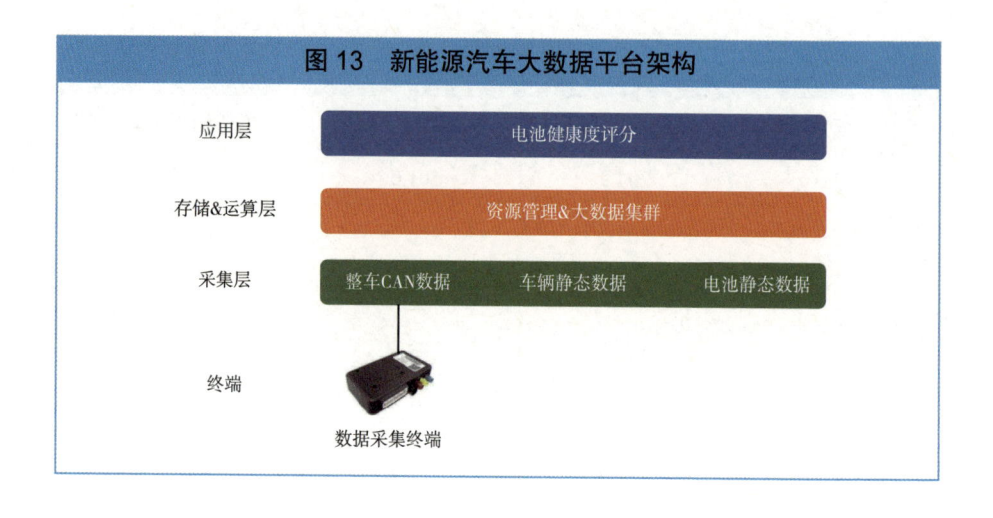

图 13　新能源汽车大数据平台架构

应用层	电池健康度评分
存储&运算层	资源管理&大数据集群
采集层	整车CAN数据　车辆静态数据　电池静态数据
终端	数据采集终端

终端主要为感知层，承担车辆自身与道路交通信息的全面感知和采集，是车联网的神经末梢，也是车联网"一枝独秀"于物联网的最显著部分。通过传感器、RFID、车辆定位等技术，实时感知车况及控制系统、道路环境、车辆与车辆、车辆与人、车辆与道路基础设施、车辆当前位置等信息，为车联网应用提供全面、原始的终端信息服务。

采集层，通过制定专用的网络架构和协议模型，整合感知层的数据；通过向应用层屏蔽通信网络的类型，为应用程序提供透明的信息传输服务；通过云计算、虚拟化等技术的综合应用，充分利用现有网络资源，为上层应用提供强大的应用支撑。采集层从数据采集终端获取数据，并存储于存储层。

存储&运算层，主要是将采集回来的数据进行存储，并根据业务需求进行离线或者在线计算，主要部署两方面的组件，一是大数据分析处理组件，二是资源调度和管理组件。在一般情况下，这二者都是有机地结合在一起，组成一个产品。随着大数据的发展，大数据的分析和处理技术如井喷一般涌现。比如有Hadoop、Spark、Storm、Dremel/Drill等大数据解决方案"争先恐后"地展现出来。资源调度管理，主要是维护、分配、管理、监控软硬件资源，包括节点、网络资源、CPU、内存等，根据数据处理的需求来分配资源，并负责回收。

应用层。应用需求是推动车联网技术发展的原动力，车联网在实现智能交通管理、车辆安全控制、交通事件预警等高端功能的同时，还应为车联网用户提供电池健康评分、车辆信息查询、信息订阅、事件告知等各类服务。应用层将存储 & 运算层离线计算得到的结果展示出来，以便业务人员监控新能源汽车的电池健康度。

（二）新能源汽车电池健康度预测模型搭建

工程实践中，模型如果无法被用到实际生产环境中产生价值，那么也只是一个玩具。一般简单的问题，直接 SQL 部署就可以解决，一些复杂的模型转化为 SQL 还是存在一定的难度。目前工程上，python 模型部署主要存在以下问题。

（1）计算性能。在桌面操作系统环境下，譬如工作笔记本电脑上，受到内存的影响；解决方法：使用 linux 服务器，加大内存。

（2）数据通路。在一些环境中，数据往往不在 python 服务器上，出于数据安全考虑，使用起来不是很方便。

（3）调度问题。通过 python 部署模型，基于一定的时间周期定期执行，就涉及调度。目前调度系统还缺少这方面的支持。解决方法：在 python 服务器上直接写 crontab 命令进行调度，尽量减少依赖的层次。

现在，成熟的车企一般都部署了 hadoop 集群处理数据，主要是通过如下方式处理 python 模型部署：①通过 hive，进行数据抽取、转换和加载；②从 hdfs 上获取数据到本地；③启动 python，写 python 模型代码（并行化计算）；④结果校验；⑤结果写入 hadoop 集群；⑥ crontab 定时调度 python 代码进行部署。

（三）新能源汽车电池健康度应用

在当前新能源汽车兴起的时代，新能源汽车的电池健康度越来越受到各行各业的关注，电池健康度的应用也成为非常重要的关注点。电池健康度即电池的剩余容量，通俗点理解就是电池还剩多少能量。基于这一概念，电池健康度的应用就集中在电池健康度检测系统、电池梯次利用、二手车残值评估、电池寿命评估、汽车保险评估等。电池健康度检测系统，可对电池和车辆进行安全监控，从而引导车主正确使用和维护电池，从而降低电池故障和事故的概率，将电池安全贯彻落实。电池梯次利用，比如现在电池健康度在 50% 左右即可用以吸收大风带来的能量，满足高负载需求；对退役电池进行拆解重组，形成梯次利用能源站或梯次利用能源车等。对于二手车残值评估，目前据了解第三方检测机构对新能源二手车的检测，只能基于车辆外观、内饰和起火等常规方面，在评估新能源二手车的过程中，无标准可依；而新能源汽车最核心的组件是电池，因此电池健康度可作为二手车残值评估的重要依据。对于电池寿命评估也是基于当前电池健康度以及电池之前的使用情况进行寿命预测，也可作为二手车残值评估的依据。基于准确率较高的电池健康度，也可结合用户的驾驶行为，对汽车电池进行电池保价应用，从而提供一些电池无忧和延保无忧的服务，增强车主使用信心和保障车主使用安全。因此，电池健康度的应用有非常重要的意义和价值。

六　总结与展望

本文阐述了近年新能源汽车产业发展趋势，从新能源汽车使用情况和发展趋势可以看出新能源汽车电池健康问题凸显。从新能源汽车行驶和充电角度分析使用车联网大数据预测电池健康度的可能性。学习传统的电池健康影响因子和常用电池健康评分模型，找到基于车联网大数据预测新能源汽车电池健康度的方法。

第四部分介绍了利用车联网数据评价新能源电池健康度的方法。第一，获取车联网的充电数据，例如时间、各个单体电压和电流等数据。第二，计算用于评价电池健康度的各个单体的电池容量的参数值，然后使用单体电池容量计算总体电池容量。第三，基于总体电池容量和额定电池容量计算电池健康度评分。实验结果表明，此方法既可以有效区分不同电池组的一致性，又可以量化电池健康度。

第五部分简单介绍了新能源汽车电池大数据平台搭建技术框架、模型搭建和电池健康度应用。结果表明，利用此方法，可以通过电动汽车充电数据准确地估计和预测电池健康度。同时，此方法为动力电池预测性维护提供数据支持。

参考文献

[1]《节能与新能源汽车产业发展规划（2012~2020年）》,《地球》2015年第9期,第13页。

[2] 北京亿维新能源汽车大数据应用技术研究中心:《中国小型纯电动乘用车出行大数据报告》,(2021-01-02)[2021-03-26]。

[3] 熊平、刘翼平、游力、丁永明:《动力电池健康因子提取实验研究》,《湖北电力》2020年第2期,第99~106页。

[4] 余仲宝、胡俊伟、初旭光、刘庆国:《过放电对MCMB-LiCoO2电池性能的影响》,《电池工业》2006年第4期,第223~226页。

[5] 郑英等:《电动汽车锂离子电池健康度SOH预估方法研究》,《西南汽车信息》2017年第4期,第9~14页。

[6] 罗卫兴:《电动汽车动力锂离子电池健康状态估计研究》,重庆交通大学硕士学位论文,2017。

[7] 王文:《动力电池健康状态评估算法的研究》,青岛科技大学硕士学位论文,2020。

[8] 李艳、胡杨、刘庆国:《放电倍率对锂离子蓄电池循环性能的影响》,《电源技术》2006年第6期,第488~491页。

[9] 李梦飞:《基于数据挖掘的电动汽车动力电池健康状态研究》,上海交通大学硕士学位论文,2018。

[10] 孙庆、杨秀金、代云飞、周寿斌:《温度对磷酸铁锂电池性能的影响》,《电动自行车》2011年第9期。

[11] 刘建强、叶从进、窦贤云、刘枫:《锂离子电池健康状态估计研究》,《轻工科技》2017年第6期。

[12] 黄业伟:《电动汽车锂离子动力电池健康状态估计方法研究》,合肥工业大学硕士学位论文,2014。

[13] 张金龙、佟微、孙叶宁等:《锂电池健康状态估算方法综述》,《电源学报》2017年第2期,第128~134页。

[14] 桂壮:《面向车联网安全通信的密码应用技术研究》,电子科技大学硕士学位论文,2020。

[15] 黄智勇:《基于车联网的汽车CAN总线数据采集质量控制系统》,《兰州文理学院学

报》(自然科学版)2019 年第 2 期, 第 71~76 页。

[16] Kenza Maher,Rachid Yazami.Effect of overcharge on entropy and enthalpy of lithium-ion batteries[J].Electrochimica Acta, 2013, 101(7):71-78

[17] Barre A,Deguilhem B,Grolleau S,et al.A review on lithiumion battery ageing mechanisms and estimations for automotive applications[J].Journal of Power Sources,2013,241: 680-689.

[18] LI F, XU J P. A new prognostics method for state of health estimation of lithium-ion batteries based on a mixture of Gaussian process models and particle filter[J]. Microelectronics Reliability, 2015, 55(7):1035-1045.

| 电池安全研究篇 | 锂离子电池系统故障诊断方法研究

◎姜 研 姜久春*

*姜研，博士，欣旺达电子股份有限公司，工程师，主要研究方向为锂离子电池状态估计、故障诊断和梯次利用技术；姜久春，博士，欣旺达电子股份有限公司，教授，主要研究方向为电力电子技术、微网技术及电动汽车充电机设计与优化等。

摘 要： 近年来，电动汽车锂离子电池的安全问题越来越受到社会的关注。锂离子动力电池系统的故障原因大多与单体电池的异常有关，本文基于某电动汽车生产厂家提供的故障电动车辆的实际运行数据，开展锂离子电池系统故障诊断方法研究。利用电池系统故障树分析、电池参数统计特性分析和电池一致性判别等方法对锂离子电池系统进行故障诊断和模式识别，分析了造成车辆事故的各种原因，保障电池系统的使用安全。

关键词： 电动汽车　锂离子电池　离群点检测

一　引言

近年来，在日益严重的全球环境问题以及能源短缺问题背景下，世界上越来越多的国家将发展目光转移到新能源产业上来，制定了许多相关政策来支持新能源产业的快速发展。借此契机，新能源汽车行业和车用动力电池行业得到了迅速发展，新能源汽车在全世界得到普及和推广，我国新能源汽车产销量逐年上升，新能源汽车由于其节能环保等诸多优点越来越受到广大消费者的青睐。从乘用车到客车再到物流车，电动车辆在交通运输领域应用广泛，在实现全社会节能减排、绿色出行上发挥了显著作用。

伴随着我国电动汽车数量的快速增长，近年来电动汽车起火事故频频发生，给许多人的生命和财产安全造成巨大损害，使越来越多的人更加关注新能源汽车的安全问题。清华大学电池安全实验室发布的《2019年动力电池安全性研究报告》显示，2019年1~7月与动力电池相关的电动汽车安全事故达40余起；特来电和《电动汽车观察家》联合发布的"2020年电动汽车起火事故分析"中显示，根据不完全统计，2020年全年被媒体报道的烧车事故共124起。如何快速准确地诊断和识别出导致电动汽车各类事故的种种因素，为电动汽车故障监测和安全运行提供可靠保障成为关键。锂离子电池系统作为电动汽车的能量和动力来源，比较容易发生诸如电池的短路、过充、过放、漏液等故障，进一步引发电动汽车起火自燃事故。更进一步分析电动汽车事故原因可以发现，大多数造成电动汽车事故的原因与电池系统有关，因此进行锂离子电池系统故障诊断显得尤为重要。

（一）锂离子电池系统故障诊断研究现状

随着故障诊断技术的不断发展，国内外针对各种不同对象的故障诊断研究开展已久。由于近年来频发的电动汽车事故，各电动汽车企业和有关科研机构对电动汽车故障及其电池系统故障诊断的研究也不断开展，越来越多新的技术和研究方法被运用到故障诊断中来，为故障诊断提供更加便捷有效的技术和方法支撑。

现有的锂离子电池系统故障诊断方法分类有两种：一种分类方法是将其分为定性分析方法和定量分析方法两类；另一种是将其分为基于电池模型的诊断方法和无电池模型的诊断方法。两种故障诊断方法分类示意如图1中（a）和（b）所示。可以看出，这两种分类方法有相似之处，基于数据驱动的方法和基于统计分析的方法既属于定量分析方法也属于无电池模型的方法，定量分析方法中基于解析模型的方法就是通过建立电池模型来进行电池参数和状态估计，而无电池模型的诊断方法中基于专家系统的方法为定性分析方法。

现有各类文献中对电池系统故障诊断研究所采用的方法大多基于以上分类中的一种或者多种方法相结合来进行。文献首先利用故障树定性分析电池系统故障原因，初步判断各类故障带来的后果，接着建立电池模型得到四种单体电

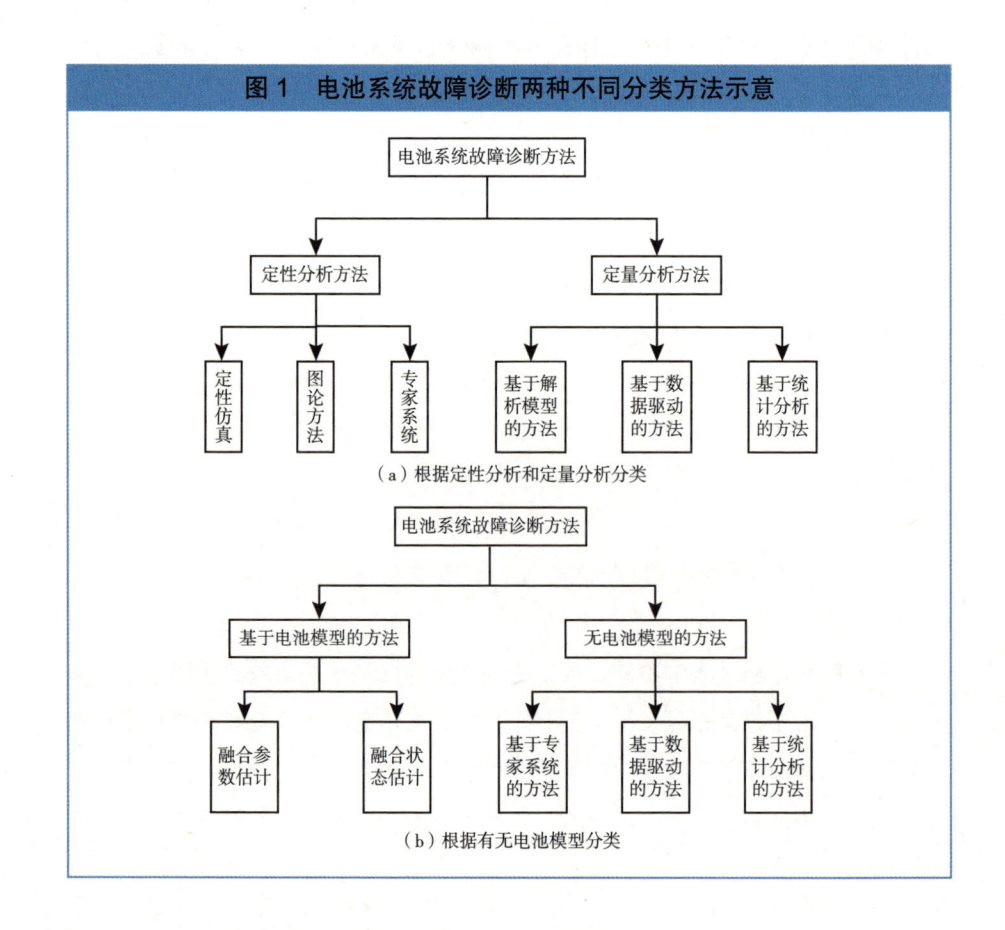

图1 电池系统故障诊断两种不同分类方法示意

（a）根据定性分析和定量分析分类

（b）根据有无电池模型分类

池的仿真数据，通过小波分析提取故障诊断特征量，建立电池系统故障诊断神经网络，设计故障诊断硬件电路及软件系统，从而实现电池系统的故障诊断。文献分析了滤波方法和电压间隔对IC曲线的影响，提出了识别电池内阻异常、SOC异常、容量异常的方法，并提出了变异系数法和熵权法等识别异常电池的方法，通过对比分析表明熵权法识别异常电池位置具有很大的优点；利用模糊推理方法建立专家诊断系统，实现了电池的外电压异常模式识别；通过编程设计异常电池诊断软件，验证了异常电池诊断方法的准确性。

文献通过进行电池系统的外部短路实验研究了电池组在充放电过程中单个电池发生短路情况下的特性，提出了基于人工神经网络的方法来估计短路电池的电流，利用估算的电流预测外部短路电池内部和表面温度的分布以及最高温升，通过两组实验验证了方法的稳定性和准确性。文献提出了一种基于机器学习方法的锂离子电池内部短路实时检测方法，该方法基于电池的等效电路模型，从电池的充放电循环数据中识别和提取了一组包含短路故障的特征，利用训练特征训练随机森林分类器，得到的测试数据集的故障检测精度在97%以上。文献基于对称回路电路拓扑结构对串并联混合动力电池组的内部短路进行了检测，提出了基于递归最小二乘法的故障电池在线检测算法，该算法能够高效准确地检测出电池组的内部短路故障。北京理工大学王震坡教授团队利用电动车辆国家大数据平台中的大量电动车辆运行数据，对电动车辆的故障诊断和安全预警开展了广泛研究，提出了基于熵值的电动汽车电压故障预警方法和基于大数据分析的电动汽车故障诊断方法，并且验证了方法的有效性，结果表明这两种方法都能够很好地实现故障诊断和故障预警。

（二）本文的主要研究内容

通过文献调研可知，目前针对电动汽车动力电池系统的故障诊断，多为基于定量分析和无电池模型的方法。考虑到电动汽车实际运行中数据的采样间隔不一致、采样精度较低、采样时间长、数据量庞大等特点，不适合用对数据质量要求很高的解析模型来进行研究，故本文将采用电池系统故障树分析方法和数据统计分析方法两种方法相结合来进行锂离子电池系统故障诊断研究工作。

二 基于故障树的电池系统异常分析

如前所述,电池系统故障诊断的方法包括定性分析和定量分析两种。本部分将采用定性分析中基于图论方法的故障树分析法,针对电池系统的故障状态从上而下初步分析造成故障的各种可能原因。

(一)故障树分析方法介绍

故障树分析(Fault Tree Analysis,FTA)方法由美国贝尔实验室的 H.A. Watson 在 20 世纪 60 年代初提出,一开始被运用于导弹发射控制系统的评估,后来被广泛应用于工程领域,成为分析系统安全和可靠度的重要技术之一。故障树分析方法是一种运用自上而下的演绎推理来分析系统中不希望出现的状态的方法,通过画出故障树来确定造成系统故障的各类原因及其各种可能的组合方式。

故障树通过利用各类事件符号、逻辑门符号以及转移符号表示事件之间的因果关系,其本质上是一种倒立的树状逻辑因果关系图。基本的逻辑门包括与门、或门和非门等,逻辑门的输入事件为原因,输出事件为结果。故障树中所用的基本符号如表 1 所示。

表 1 故障树基本符号表示及说明

符号名称	符号表示	符号说明
基本事件	○	基本事件为仅导致其他事件的底事件,无须探明其发生的原因
结果事件	□	结果事件包含顶事件与中间事件,由其他事件或其组合导致,位于某个逻辑门的输出端
未探明事件	◇	未探明事件为底事件,暂时不必或不能探明发生原因
与门	⌒	表示当全部的输入事件发生时,输出事件才发生

续表

符号名称	符号表示	符号说明
或门	∩	表示至少有一个输入事件发生时,输出事件就发生
转移符号	△	为使其简明和避免画故障树时重复而设置

(二)电池系统的故障树分析方法

锂离子电池系统的故障类型主要包括电池本体故障、电池管理系统故障、传感器故障、绝缘故障和连接组件故障。本文主要分析电池本体故障和电池管理系统故障,对另外三种故障类型暂不做讨论。

1. 电池本体故障

电池本体故障包括电池单体故障和电池组故障两部分,其故障树分析如图2所示,其中电池单体故障的中间事件主要有电池的电压偏低和温度偏高。造成单体电池电压偏低的可能原因有电池的容量变小、SOC过低、内阻增大和自放电高等;导致电池温度偏高的可能原因是电池连接松动、散热风扇未开启以及电池的内阻增大。电池组故障的中间事件包括电池单体之间的不一致、电池组充电故障和电池放电电压低。单体不一致主要由电池电压和温度的不一致所导致;充电故障可能是因为充电设备发生故障,也可能有另外两种情形:一种情形是充电电压高,出现此种情形的主要原因有电池到了生命后期、电池连接松动和充电环境温度低,另一种情形是充不进去电,而造成这种情形的主要原因是电池短接或极板损坏;电池放电电压低可能是因为电池连接松动及电池的内阻增大。

2. 电池管理系统故障

电池管理系统故障大致包括CAN通信中断、检测信号不准和系统无执行三部分,其故障树分析如图3所示。其中,CAN通信中断的可能原因有三个:一

图 2　电池本体的故障树

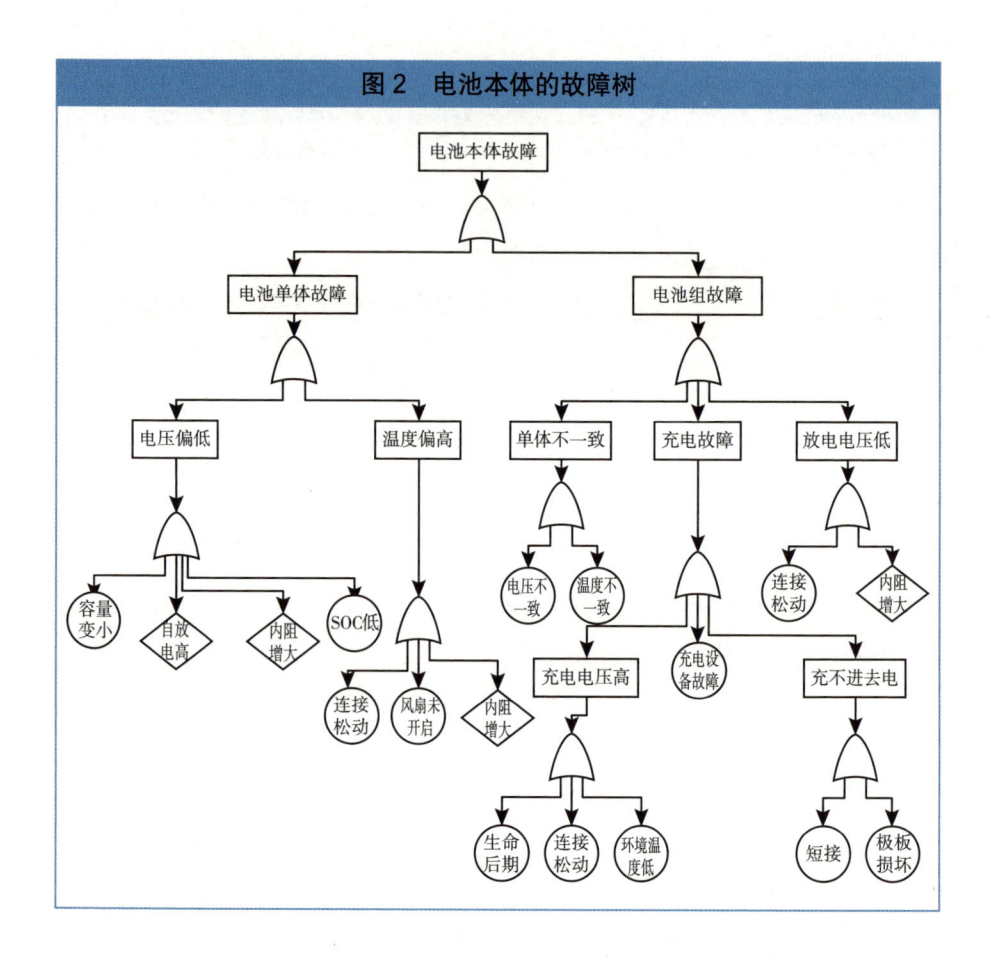

是软件故障，二是 CAN 的高低端反接，三是无外挂内阻。造成电池管理系统检测信号不准故障的原因比较多，主要有采样电路故障、连接线路故障、电磁干扰、冲击故障、偏执故障。系统无执行的中间事件有主继电器故障和风扇故障，造成主继电器故障的原因有继电器驱动电压低或者无工作电源，线路损坏或者风扇损坏会造成电池管理系统的风扇故障。

通过故障树分析可知，造成电池本体故障和电池管理系统故障的原因是多样且复杂的，往往不是由其中一种原因所导致的，而是存在多种原因之间相互耦合的现象，其故障的症状表现也不是单一的。因此，在进行电池系统故障诊断时，需要综合分析各类异常表现下的故障原因，避免单一的分析对故障诊断结果准确性和合理性的影响。

图3 电池管理系统的故障树

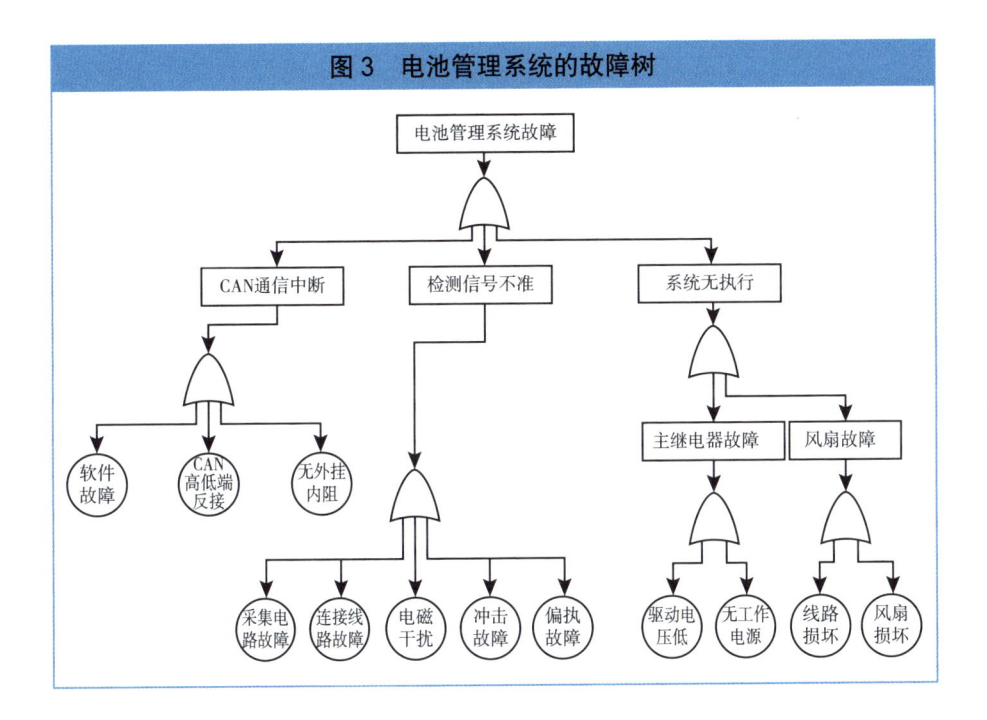

（三）电池系统异常结果的初步分析

通过上文对车辆运行数据的预处理和电池系统故障树分析，我们对锂离子电池系统的故障类型及其表现有了初步的了解，此部分我们将根据某厂家生产一款电动车辆的实际运行数据对电池系统的异常结果进行初步的分析，该车型配备的动力电池为三元材料锂离子电池，其正常工作电压范围为2.5~4.2V，电池包结构为5并84串，单体电池的容量为28Ah，电池包的总容量为140Ah，电池充电方式为阶梯式降电流快速充电，充电电流依次为1C、1/2C、1/4C、1/10C，也有个别车辆使用不同倍率的恒流充电方式。

在对电池系统异常结果进行分析之前，需要先了解电动车辆动力电池系统的故障报警等级。我国在2016年出台的标准《电动汽车远程服务与管理系统技术规范 第3部分：通讯协议及数据格式》（GB/T 32960.3-2016）中将动力电池系统故障等级划分为三级，并给出了相关说明，如表2所示。

表 2　动力电池系统故障等级划分及说明

故障等级	说明
一级	该等级不会影响车辆的正常行驶
二级	该等级会影响车辆性能，需要驾驶员限制行驶
三级	该等级为最高故障等级，驾驶员应快速处理或请求救援

本部分主要对车辆系统级别的故障进行诊断和识别，单体的故障诊断将放在后文进行。电池系统级别故障有温度采集电路故障、单体电压采集电路故障、绝缘电阻过低故障、总电压欠压故障、SOC 过低故障、SOC 跳变故障等六种主要的故障类型，以下将根据该车型车辆运行过程中记录的数据对这六种类型故障的判别进行人为定义，以便用于系统的故障诊断。需要说明的是，此定义只适用于本文中，其他情况还需要根据车辆的运行数据作出相应的变化。

（1）温度采集电路故障：某一时刻一个或多个温度检测点的温度值为 0℃ 或 130℃，且该时刻之后一直为此值，无法恢复到正常值，即可判定为发生温度采集电路故障。

（2）单体电压采集电路故障：某一时刻一个或多个单体电池的电压值为 0V 或 1.44V，且该时刻之后一直为此值，无法恢复到正常值，即可判定为发生单体电压采集电路故障。

（3）绝缘电阻过低故障：某一时刻动力电池正极对地绝缘电阻或负极对地绝缘电阻低于 200Ω，即可判定为发生绝缘电阻过低故障。

（4）总电压欠压故障：当动力电池内部总电压出现连续多个时刻值为 0V 的情况时，即可判定为发生总电压欠压故障。

（5）SOC 过低故障：当动力电池剩余电量 SOC 出现连续多个时刻值为 0 且动力电池充/放电电流不为 0 的情况时，即可判定为发生 SOC 过低故障。

（6）SOC 跳变故障：当动力电池剩余电量 SOC 在前后两个连续时刻的差值的绝对值大于 10% 时，即可判定为发生 SOC 跳变故障。

根据以上对六种故障类型的定义，对六辆该车型的车辆进行电池系统故障的初步诊断，诊断结果如表 3 所示，"1"表示该车辆发生了此种故障，"0"表示没有发生此种故障。

表3 六辆车的电池系统故障诊断结果

故障类型	车辆1	车辆2	车辆3	车辆4	车辆5	车辆6
温度采集电路故障	1	1	1	1	1	1
单体电压采集电路故障	1	1	0	1	0	1
绝缘电阻过低故障	0	1	0	1	1	0
总电压欠压故障	0	0	0	0	0	0
SOC过低故障	0	1	0	0	0	0
SOC跳变故障	0	1	0	0	0	0

从表3中的结果可以看出，这六辆车都发生了温度采集电路故障，有四辆车发生了单体电压采集电路故障，结合上文中电池管理系统的故障树分析可以知道，该车型车辆配备的电池管理系统发生故障的概率较高，存在较大的安全风险。同时，可以看出几乎每一辆车发生的故障类型不止一种，而车辆2的电池系统同时发生了五种故障，这说明电池系统的故障具有耦合性和并发性，这使对于电池系统的故障诊断将变得更为复杂，同时也对电动汽车企业如何提高电动车辆安全性能带来了巨大的挑战。

三 电池特征参数的演变规律及统计分析

本文将根据电动车辆的电池管理系统所采集到的动力电池的电压数据和温度数据来构建电池特征参数，分析各个参数在车辆运行过程中的演变规律，对每个参数异常时可能造成电池某种故障的原因进行统计分析，找出能够显著表征电池故障的参数，确定参数的安全阈值，为电池的故障模式识别奠定基础。

（一）电池特征参数的构建

电池特征参数的构建包括电压数据的特征参数构建和温度数据的特征参数构建，由于采集的温度数据为每个检测点的数据而不是每个单体的数据，因此将重点构建电池电压数据的特征参数,对温度数据的特征参数进行简单构建和简要阐述,不做更加深入的分析。

1. 电压特征参数

构建电池电压的特征参数主要考虑两个方面:一是不同单体电池在同一时刻的电压数据;二是同一单体电池在不同时刻的电压数据,即通过横向和纵向来构建电压特征参数。为了便于分析,先构造电池的电压数据矩阵如下。

$$U = \begin{Bmatrix} U_{11} & \cdots & U_{1m} \\ \vdots & \ddots & \vdots \\ U_{n1} & \cdots & U_{nm} \end{Bmatrix} \tag{1}$$

其中,m 为单体电池个数,n 为数据的总采样数。以下将逐一介绍电池的各个电压特征参数的构建过程。

(1)电压差及电压变化率

动力电池的电压在电动车辆充电、放电及静置过程中会发生变化,分析前后时刻的电压差和电压变化率在车辆运行过程中的变化情况,可以较为直观地发现电压的异常情况及所对应的异常单体电池的编号,同时也可以快速实现电压异常单体的定位。

① 电压差

单体电池的电压差为当前时刻电压与上一时刻电压的差值,即

$$\Delta U_i = U_i - U_{i-1}, \ i = 2, \cdots, n \tag{2}$$

对每个单体电池在所有时刻都计算电压差,可以得到($n-1$)维的电压差矩阵。

$$\Delta U = \begin{Bmatrix} \Delta U_{11} & \cdots & \Delta U_{1m} \\ \vdots & \ddots & \vdots \\ \Delta U_{(n-1)1} & \cdots & \Delta U_{(n-1)m} \end{Bmatrix} \tag{3}$$

在得到电压差矩阵 ΔU 之后,通过设定合适的阈值来判断矩阵中各元素与阈值之间的大小关系,从而判断是否有某个单体电池发生异常。

② 电压变化率

单体电池的电压变化率为相邻两个时刻的电压差与时间差之比,即

$$k_i = \frac{\Delta U}{\Delta t} = \frac{U_i - U_{i-1}}{t_i - t_{i-1}}, \quad i = 2, \cdots, n \tag{4}$$

同样，对每个单体电池在所有时刻都计算电压变化率，得到（n-1）维的电压变化率矩阵：

$$K = \begin{Bmatrix} k_{11} & \cdots & k_{1m} \\ \vdots & \ddots & \vdots \\ k_{(n-1)1} & \cdots & k_{(n-1)m} \end{Bmatrix} \tag{5}$$

与电压差矩阵判断异常的方法类似，电压变化率矩阵 K 也是通过设定合适的阈值来进行判断，但是后者的阈值更容易确定，因此也更方便判断。

（2）最大值、最小值和极差

对于同一时刻的不同单体电池的电压数据求最大值、最小值和极差，可以判断单体电池过压、欠压以及单体之间的不一致故障。

电压最大值、最小值和极差可以通过以下公式得到：

$$\begin{cases} U_{\max} = \max\{U_1, \cdots, U_m\} \\ U_{\min} = \min\{U_1, \cdots, U_m\} \\ U_R = U_{\max} - U_{\min} \end{cases} \tag{6}$$

对不同时刻的电压数据均求取最大值、最小值和极差，构造不同时刻的电压最大值矩阵、最小值矩阵和极差矩阵如下。

$$U_{\max} = \begin{Bmatrix} U_{1\max} \\ \vdots \\ U_{n\max} \end{Bmatrix}, \quad U_{\min} = \begin{Bmatrix} U_{1\min} \\ \vdots \\ U_{n\min} \end{Bmatrix}, \quad U_R = \begin{Bmatrix} U_{1R} \\ \vdots \\ U_{nR} \end{Bmatrix} \tag{7}$$

通过设定阈值来判断各矩阵中元素是否在阈值范围之内，若超出阈值范围，则视为异常。

（3）电压偏离度

偏离度可以反映一组数据中各个值与该组数据的平均值之间的离散程度，可用于评价数据的一致性，也可以用于判断数据的异常情况。

某一时刻单体电压的偏离度为：

$$D_j = \frac{|U_j - \bar{U}|}{\bar{U}}, \quad j = 1, \cdots, m \tag{8}$$

其中，$\bar{U}\sum_{j=1}^{m}=U_j/m$ 为该时刻所有单体电压的平均值。

计算所有时刻的单体电压偏离度可以得到电压偏离度矩阵如下：

$$D = \begin{Bmatrix} D_{11} & \cdots & D_{1m} \\ \vdots & \ddots & \vdots \\ D_{n1} & \cdots & D_{nm} \end{Bmatrix} \tag{9}$$

当矩阵中元素超出正常的偏离度范围时，视为发生异常。

（4）充电起始/结束电压排名

提取的充电段电压数据除了用以上参数判断异常外，也可以通过充电起始/结束的电压值来判断电池的容量异常和SOC异常，而电压值的高低可以通过电压排名的方式来实现。

对各单体的充电起始电压值和结束电压值从小到大进行排名，得到电压排名由低到高对应的单体电池编号，重点关注起始和结束排名最低以及最高的单体电池。若有单体始终存在"充高放高""充高放低""充低放高""充低放低"等现象，则有很大可能其容量或SOC发生异常。

（5）充电内阻

由于电动车辆放电工况复杂且数据采样间隔不一，而充电工况较为固定且数据均为10s间隔采样，故而只计算充电内阻。充电电流有恒流充电和阶梯式变电流充电两种，所以充电内阻的计算方式也有两种，如式（10）所示。

$$R = \begin{cases} \dfrac{\Delta U}{\Delta I}, & I\text{为变电流} \\ \dfrac{\Delta U}{I}, & I\text{为恒流} \end{cases} \tag{10}$$

由式（10）可知，在计算电池的充电内阻之前需要判断充电电流为变电流还是恒流，从而选取合适的公式来进行。一个充电段内计算得到的电池充电内阻一般会有多个值，此时需对这多个值取平均，将得到的平均值作为单体电池在该充电段内的充电内阻，然后分析其在不同充电过程中的变化情况。对不同充电过程每个单体进行计算得到的内阻可以构造充电内阻矩阵如下：

$$R = \begin{Bmatrix} R_{11} & \cdots & R_{1m} \\ \vdots & \ddots & \vdots \\ R_{f1} & \cdots & D_{fm} \end{Bmatrix} \quad (11)$$

其中，f 为充电次数，m 为单体电池个数。

2. 温度特征参数

温度特征参数的构建与电压特征参数的构建思路一致，也是通过纵向跟横向两个方面来构建特征参数。纵向构建的特征参数包括温度差和温度变化率，横向构建的特征参数包括温度最大值、最小值和极差。在构建电压特征参数时先构造了电压数据矩阵，这里也同样构造温度数据矩阵 T：

$$T = \begin{Bmatrix} T_{11} & \cdots & T_{1P} \\ \vdots & \ddots & \vdots \\ T_{n1} & \cdots & T_{nP} \end{Bmatrix} \quad (12)$$

其中，n 为数据的总采样数，p 为温度检测点个数。

（1）温度差及温度变化率

在电动车辆运行过程中动力电池的温度会不断发生变化，而电池发生热失控的一个很明显的表现就是电池的温度在短时间内快速上升，因此分析前后时刻温度差和温度变化率在车辆运行过程中的变化情况，可以比较快速地发现电池温度的异常情况，从而判断是否有发生热失控的可能。但是并不是所有的单体电池都配置了温度传感器，所以通过判断温度异常只能说明该异常温度检测点附近的几只电池发生了异常，并不能够实现具体异常单体的定位。

①温度差

温度检测点的温度差为当前时刻温度与上一时刻温度的差值，即

$$\Delta T_i = T_i - T_{i-1}, \quad i=2, \cdots, n \quad (13)$$

对每个温度检测点在所有时刻都计算温度差，可以得到（n-1）维的温度差矩阵：

$$\Delta T = \begin{Bmatrix} \Delta T_{11} & \cdots & \Delta T_{1p} \\ \vdots & \ddots & \vdots \\ \Delta T_{(n-1)1} & \cdots & \Delta T_{(n-1)p} \end{Bmatrix} \quad (14)$$

通过设置的阈值来判断温度差矩阵 ΔT 中各元素与阈值之间的大小关系，从而判断某个温度检测点的温度是否发生异常。

②温度变化率

温度变化率定义为相邻两个时刻的温度差与时间差之比，即

$$h_i = \frac{\Delta T}{\Delta t} = \frac{T_i - T_{i-1}}{t_i - t_{i-1}}, \quad i = 2, \cdots, n \tag{15}$$

同样，对每个温度检测点的温度值在所有时刻都计算温度变化率，得到 (n-1) 维的温度变化率矩阵：

$$H = \begin{Bmatrix} h_{11} & \cdots & h_{1P} \\ \vdots & \ddots & \vdots \\ h_{(n-1)1} & \cdots & h_{(n-1)p} \end{Bmatrix} \tag{16}$$

与电压变化率矩阵的判断方法一致，温度变化率矩阵 H 也是通过设定阈值来判断其中的元素是否超出正常的阈值范围。

③最大值、最小值和极差

对于同一时刻的不同温度检测点的温度数据求最大值、最小值和极差，可以判断温度过高、过低以及单体之间的不一致温度不均衡故障。

温度最大值、最小值和极差可以通过以下公式得到：

$$\begin{cases} T_{\max} = \max\{T_1, \cdots, T_p\} \\ T_{\min} = \min\{T_1, \cdots, T_p\} \\ T_R = T_{\max} - T_{\min} \end{cases} \tag{17}$$

对不同时刻的温度数据均求取最大值、最小值和极差，构造温度最大值矩阵、最小值矩阵和极差矩阵如下：

$$T_{\max} = \begin{Bmatrix} T_{1\max} \\ \vdots \\ T_{n\max} \end{Bmatrix}, \quad T_{\min} = \begin{Bmatrix} T_{1\min} \\ \vdots \\ T_{n\min} \end{Bmatrix}, \quad T_R = \begin{Bmatrix} T_{1R} \\ \vdots \\ T_{nR} \end{Bmatrix} \tag{18}$$

对各个矩阵中的元素通过设定阈值来进行判断，若超出正常的阈值范围，则视为发生异常。

可以看出，构建的这些电压特征参数和温度特征参数都需要通过设置合适的阈值范围来进行异常判断，这里我们将阈值设置分为两种情况：第一，对于

电压和温度的最大值、最小值及极差可以根据已有经验进行人为设置，例如电压最大值不能超过 4.2V，温度最大值不超过 65℃等；第二，对于电压差、温度差及变化率等其他的特征参数，可通过计算矩阵每一行元素的均值 μ 和标准差 σ，然后通过 $\mu \pm 3\sigma$ 阈值来进行判断。

（二）电池特征参数的演变规律

上文中我们构建了电池的电压特征参数和温度特征参数，并且说明了如何设置这些特征参数的阈值范围。本部分将通过车辆实际运行数据来分析电池电压和温度特征参数在历史运行过程中的变化规律，看能否找出可以明显表征电池故障的特征参数。以车辆 4 的运行数据为例来进行分析。

1. 单体电压离群频次统计

在分析电池特征参数变化规律之前，先对运行过程中单体电池电压超出 $\mu \pm 3\sigma$ 范围的离群频次进行统计，找出离群率最高的单体电池，具体过程如下。

（1）对式（3）中电压矩阵的每一行 $U_i = (U_{i1}, \cdots, U_{im})(i=1, \cdots, n)$ 求均值和标准差，得到 $U_i \sim (\mu_i, \sigma_i)$；

（2）对每一行中的单体电压值 $U_{ij} = (j=1, \cdots, m)$ 与 $\mu \pm 3\sigma_i$ 的值进行比较，若超出该阈值范围记为 1，反之记为 0，得到 $n \times m$ 且元素中只含 0 和 1 的故障频次矩阵 F；

（3）对故障频次矩阵 F 的每一列求和，得到 $1 \times m$ 维的总故障频次矩阵 F_A，F_A 中的最大值所在位置即离群频次最高的单体电池编号。

利用以上方法对车辆 4 的单体电压进行离群频次统计，得到的结果如图 4 所示，其中图 4（a）为充电离群频次，图 4（b）为放电离群频次。

从图 4 中可以明显看出，21 号单体电池无论是在充电过程还是放电过程中离群频次都很高，远高于其他单体电池，这说明该单体存在较大安全风险，发生故障的可能性较大。图 5 为车辆 4 某次充电时的电流、SOC 和电压曲线，通过分析其充电电压曲线发现，该单体电池电压一直低于其他电池电压，电压一直偏低则表明电池处于低容量或低 SOC 状态，容易导致电池组不一致故障。

图 4 车辆 4 单体电压离群频次统计

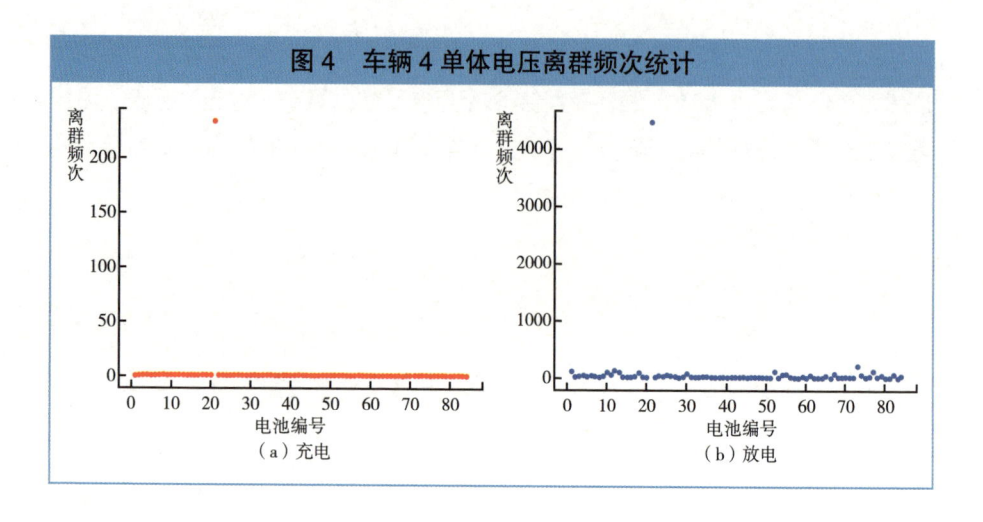

（a）充电

（b）放电

图 5 车辆 4 单体充电电流、SOC 和电压曲线

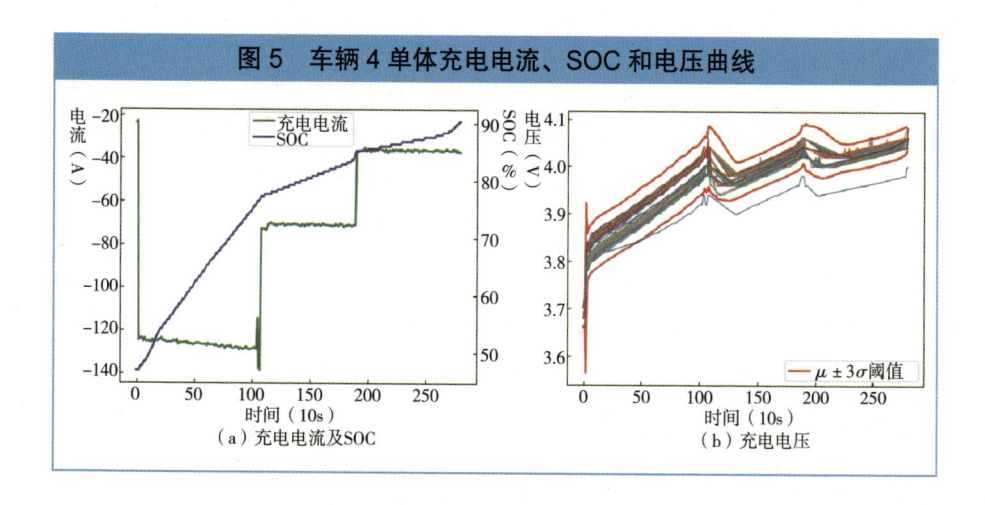

（a）充电电流及SOC

（b）充电电压

2. 电压特征参数的演变规律

在上文中我们构建了几类电压特征参数，这里我们将依次分析每个特征参数在车辆历史运行过程中的演变规律。

（1）电压差及电压变化率

所有单体电池电压差的变化曲线和电压变化率曲线如图6和图7所示，其中图6（a）和图7（a）为从车辆运行开始到结束全部时刻的值，图6（b）和图7（b）为运行后期部分压差异常时刻的值。从中可以看到，电池电压差和电

图 6 单体电池电压差

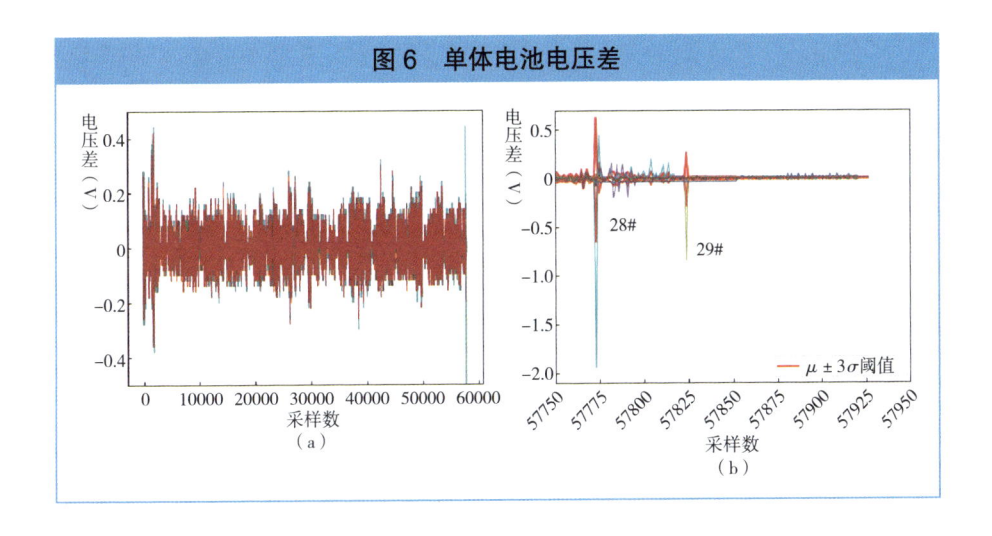

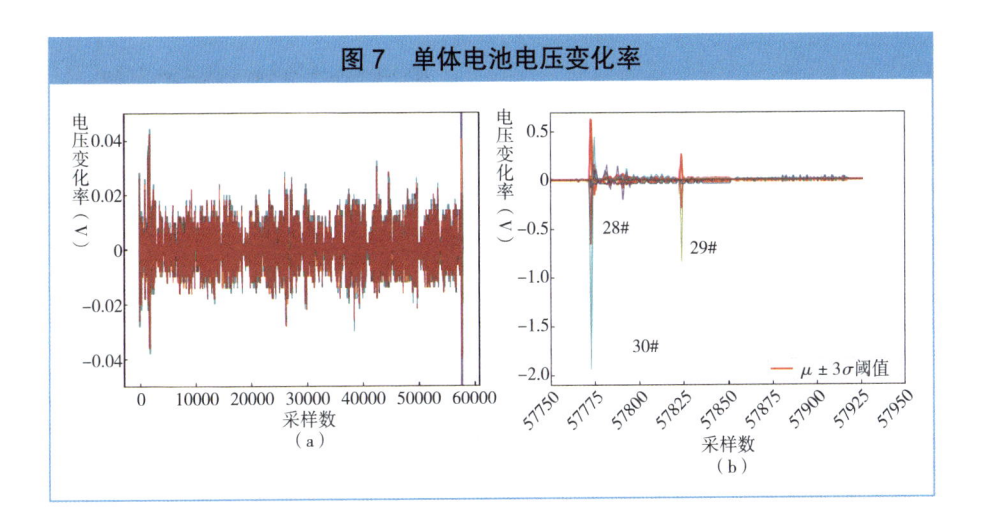

图 7 单体电池电压变化率

压变化率的趋势相同,在车辆运行前期和中期,所有单体电压差的变化趋势基本一致;在运行后期,28#、29#、30# 单体的电压差出现异常,超出了阈值范围,说明这三只单体电池发生了故障导致其电压出现异常。

(2)最大值、最小值和极差

根据上文可得到车辆 4 的最大值、最小值和极差矩阵,绘制成曲线如图 8 中所示,左图为电压最大值、最小值曲线,右图为电压极差曲线。三元电池的正常工作电压范围是 2.5~4.2V,而车辆 4 中单体电压最大值在正常范围之内,最小值在运行后期低于 2.5V，最低低至 1V 以下，很明显有单体电池在车辆运行后期处于欠压状态。从电压极差来看，正常的电压极差一直处于 0~0.5V 内，而当发生单体异常时，极差最高达到 3V 以上，说明由单体欠压造成了电池组电压不均衡故障。

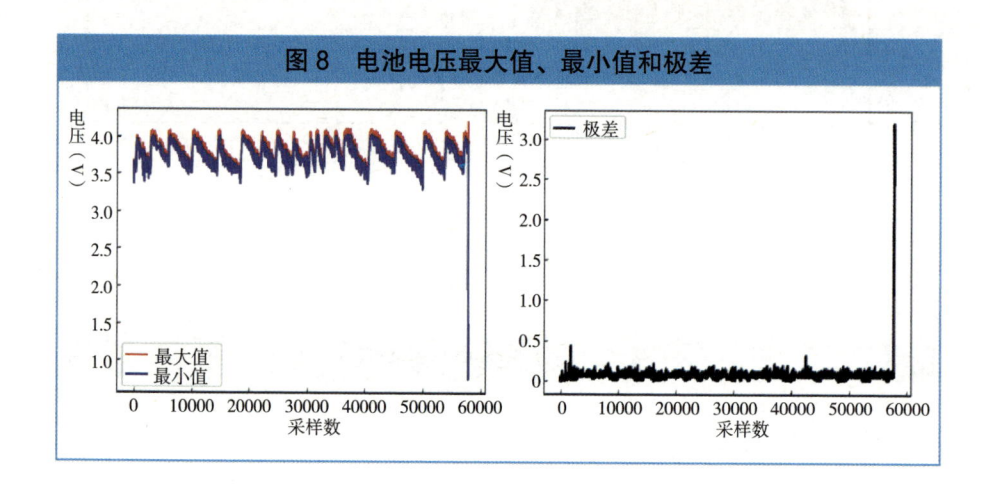

图 8　电池电压最大值、最小值和极差

（3）电压偏离度

根据上文可得到车辆 4 的单体电压偏离度，绘制每只单体电池的电压偏离度曲线如图 9 所示，其中左图为整体图，右图为局部放大图。从图中可以看出，电压偏离度的正常变化范围为 0~0.1，在车辆运行后期 29#、30#、31# 单体电池的电压偏离度超出了正常范围，28# 单体的电压偏离度虽然有较为明显的波动，但仍在 0~0.1，这与电压差及电压变化率异常的情况稍微有所不同。可见，只用一种特征参数是无法完全将所有异常判断出来的。

（4）充电起始/结束电压排名

在分析单体电池充电起始/结束电压的排名之前，先绘制充电起始/结束电压分布箱型图，如图 10 所示。一次充电的起始电压箱型图中包含所有单体电压中的最大值、最小值、中位数、上四分位数和下四分位数以及电压超出上下限的异常值。从电压分布箱型图来看，有单体电池在不同充电过程中起始电压和结束电压一直处于箱型图下限之下，即"充低放低"状态。

图 9　单体电池电压偏离度

图 10　单体电池充电起始/结束电压分布箱型示意

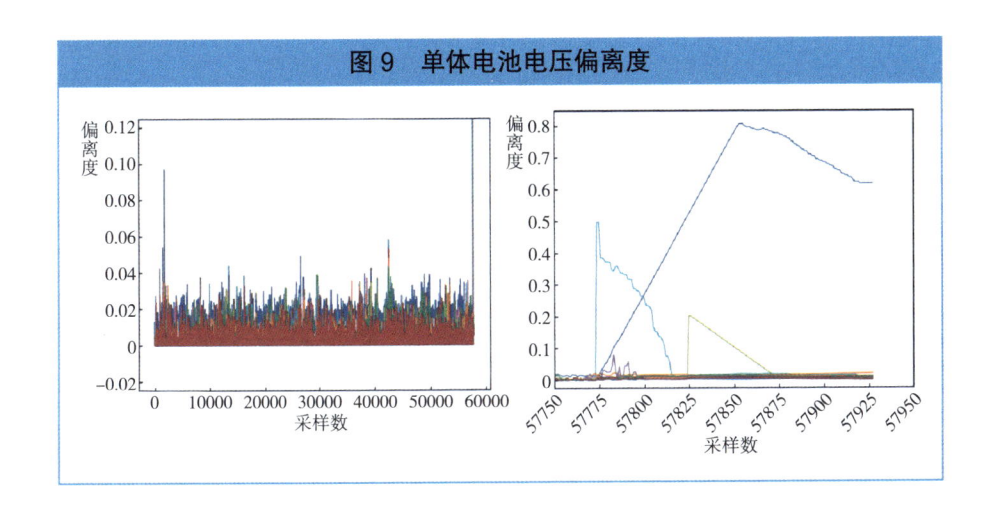

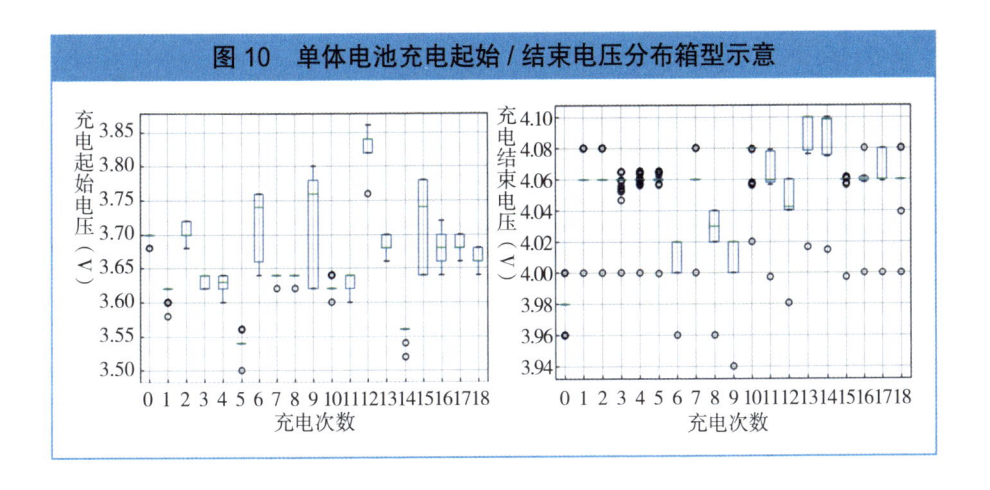

从电压分布箱型图我们知道了有单体电池一直处于"充低放低"状态，因此我们需要通过对充电起始和结束电压进行排名的方法来确定具体的单体电池。对电压从小到大进行排名，找出每次充电起始排名最低、起始排名最高、结束排名最低、结束排名最高的单体电池，得到电压排名随充电次数变化的情况如图11所示。可以看到，起始排名最高和结束排名最高的单体电池随充电次数在不断变化，而起始排名最低和结束排名最低出现次数最多的单体电池为 21# 电池，也就是说 21# 电池处于"充低放低"状态，这与电压离群频次统计结果一致。

图 11 单体电池充电起始 / 结束电压排名

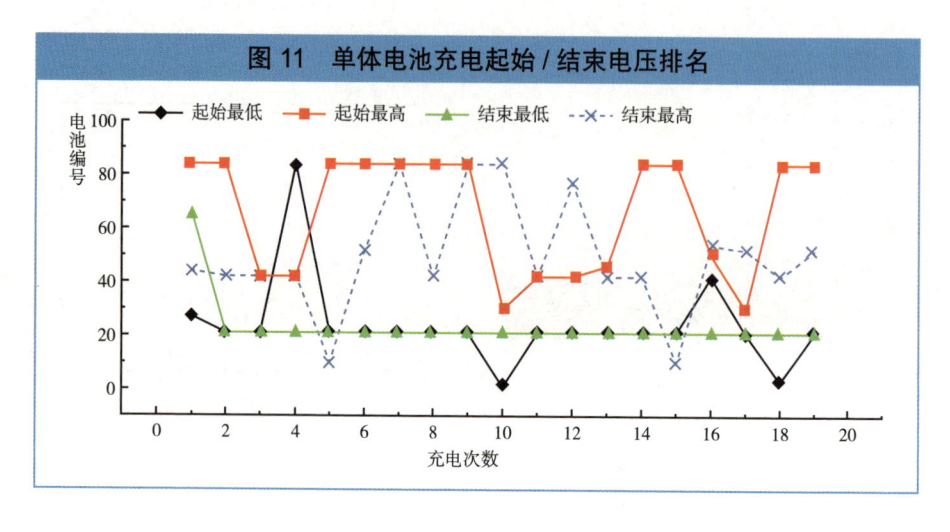

（5）充电内阻

由于车辆 4 每次充电的电流均为阶梯式变电流，所以采用第一种计算充电内阻的方法，并将计算得到的多个内阻值求平均，从而可以得到每个单体电池的充电内阻随充电次数的变化情况，如图 12 所示。从图中我们可以发现，同一

图 12 单体电池充电内阻随充电次数变化曲线

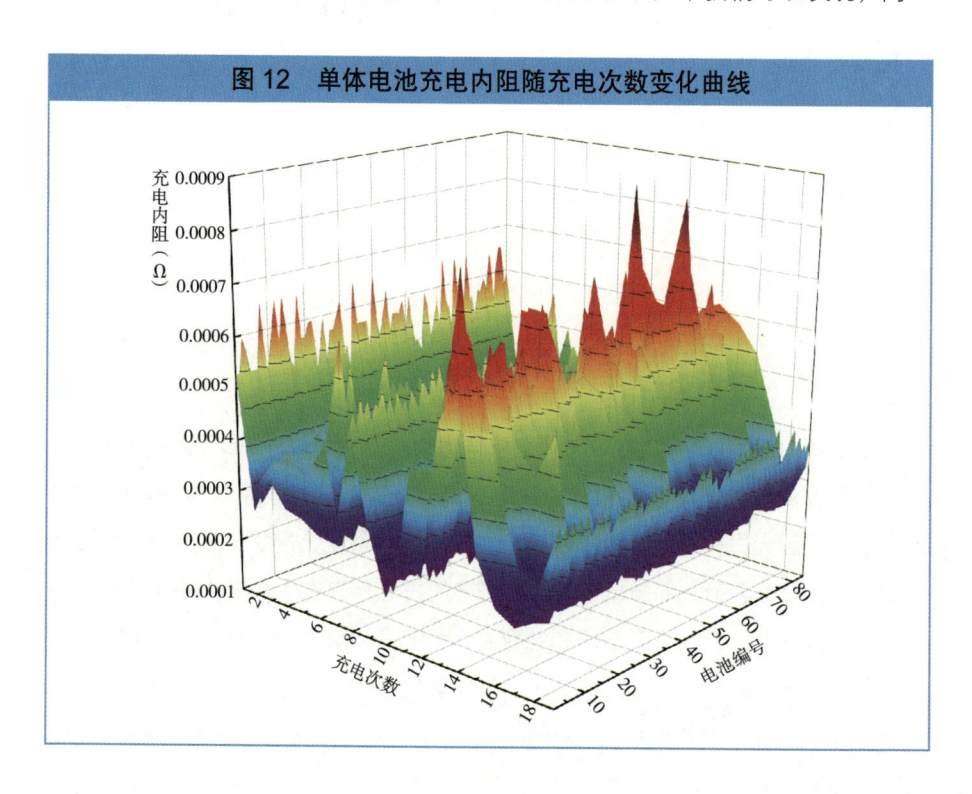

次充电过程中各单体之间的充电内阻无明显差异，但是同一只单体电池的充电内阻随充电次数增加时变化较大，特别是在第 13 次和 14 次充电时，电池内阻明显增大，而后又逐渐降低。在车辆运行后期有单体电池电压发生异常的情况下，其充电内阻反而无任何异常出现，因此可以说明，通过分析充电内阻的变化无法判断出车辆 4 的单体电池存在异常情况。

3.温度特征参数的演变规律

（1）温度差及温度变化率

车辆 4 的 28 个温度检测点的温度差变化曲线如图 13 所示。从中可以看出，大多数温度检测点前后时刻的温度差变化不大，有个别检测点的温度差在某些时刻出现了明显的增大或减小，但是随后又恢复了正常。在车辆运行的后期，某些检测点的温度差持续增大，表明温度持续上升，当温度上升至一定值时，会引发电池的热失控。

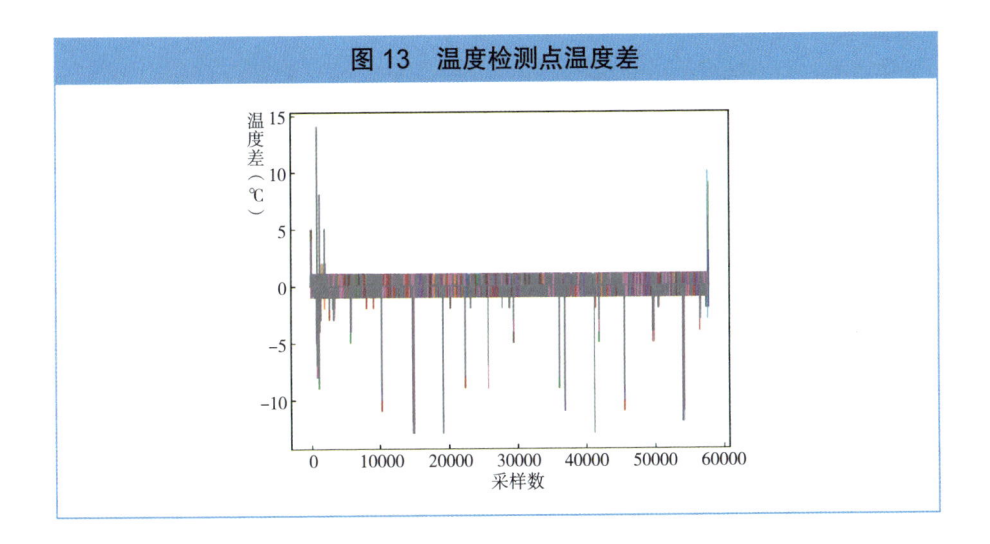

图 13　温度检测点温度差

图 14 中所示为检测点的温度变化率曲线，与电压差曲线的变化趋势一致。在发生温度故障之前，温度变化率一直在 -1~1，当发生温度故障时，温度变化率超出了此范围。对温度变化率进行阈值判断如右图所示，可以看到，有三个相邻的温度检测点的变化率超出了阈值范围，分别为 9#、10# 和 11# 温度检测

点，其中 10# 的温度变化率最高超过了 4，出现了非常明显的偏离，说明 10# 温度检测点所在位置的单体电池很大可能发生了热失控，从而导致了 9# 和 11# 检测点的温度也随之升高。

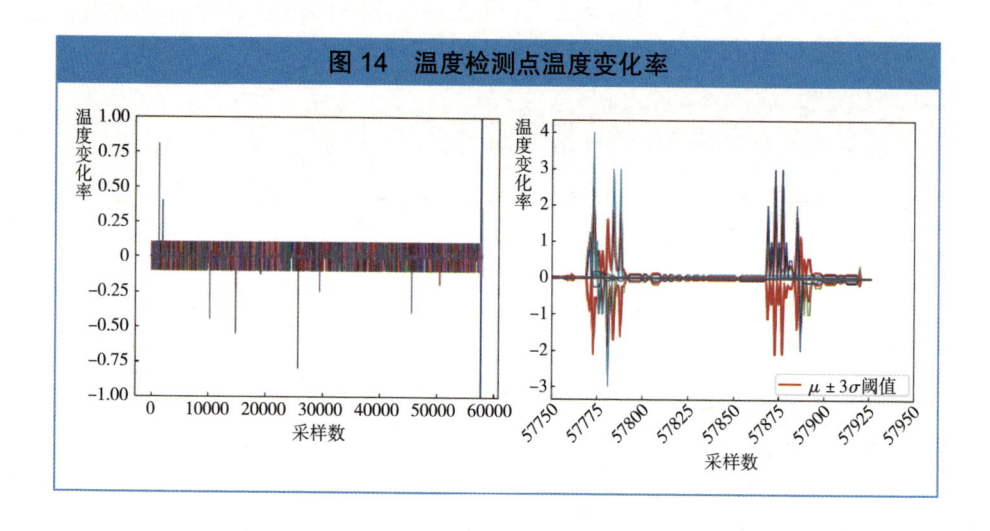

图 14　温度检测点温度变化率

（2）最大值、最小值和极差

由上文所述公式可以计算温度最大值、最小值和极差，并且得到对应的矩阵，绘制成图形见图 15，左图为温度最大值、最小值，右图为温度极差。从左图中可以看到，温度最大值和最小值随着车辆的运行在不断地变化，在后期温度最大值不断增大，最高升至 68℃，出现温度过高的情况；从右图中的温度极差可以看出，车辆正常运行期间的温度极差范围在 0~15℃，后期发生故障时温度极差最大达到了 39℃，各温度检测点之间温度不均衡，电池系统有温度不均衡故障发生。

（三）电池特征参数的统计特性分析

上文中以车辆 4 的运行数据为例分析了电压特征参数和温度特征参数随车辆运行时间的变化情况，此部分将根据其他车辆的运行数据对电池特征参数进行统计特性的分析。

首先，对其他车辆的运行数据进行电池特征参数的提取，得到每辆车特征

图 15 温度最大值、最小值和极差

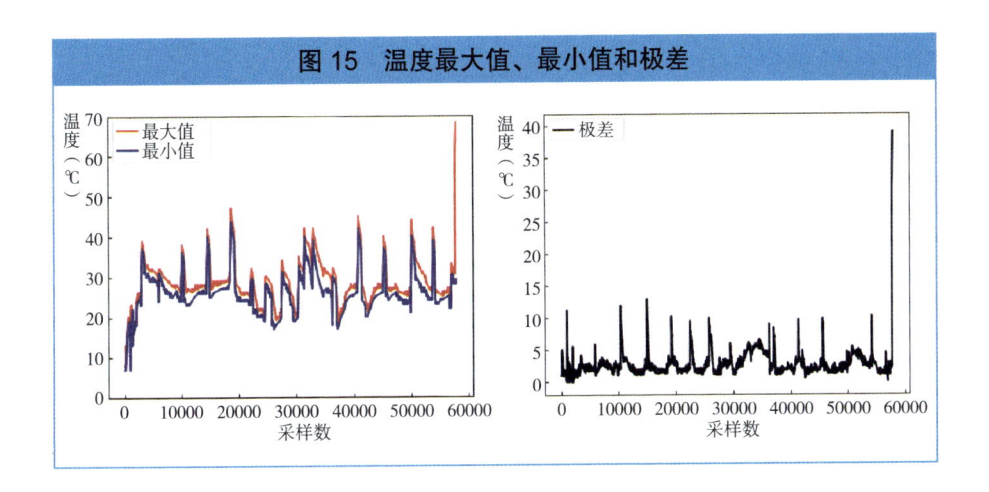

参数的变化情况，以每个参数的变化范围为统计值来统计所有车辆的参数分布情况，得到的结果如表 4 中所示，其中电压差、最大值、最小值和极差的单位为 V，温度差、最大值、最小值和极差的单位为 ℃，其余参数没有单位。

从表 4 中可以看出，数据的采样间隔前后不一，导致了纵向的特征参数电压变化率和温度变化率的变化范围与电压差和温度差的变化范围不是理论上相一致的情况，而实际中我们需要考虑采样间隔对数据带来的影响，因此在差值和变化率这两类参数中，变化率更能反映出数据的真实变化情况，所以我们选择电压变化率和温度变化率作为诊断电池故障的参数，不再考虑电压差和温度差。另外，电压极差和温度极差是由最大值和最小值相减得到的，当这两个值中有任意一个出现异常时，极差也会随之出现异常。从表中所有车辆的参数变化范围看，电压极差的异常与电压的最小值有关，而电压最大值一直在正常范围之内；温度极差的异常与温度的最大值有关，而温度最小值也在正常范围以内。由于极差表征的是单体之间的差异，而最大值、最小值表征的是某个单体的异常，所以我们选择电压最小值、电压极差和温度最大值、温度极差作为极端异常的参数，不考虑电压最大值和温度最小值。电压偏离度反映的是同一时刻各单体电压偏离平均值的离散程度，单体的电压偏离度越大，说明该单体电压偏离其他单体，因此电压偏离度可以作为诊断单体电压异常的参数。

表 4 不同车辆的电池特征参数变化范围

特征参数	车辆 1	车辆 2	车辆 3	车辆 4	车辆 5	车辆 6
电压差	-0.4~0.52	-3.96~0.46	-0.5~0.54	-1.94~0.84	-0.46~0.54	-0.86~0.92
电压变化率	-0.04~0.052	-0.99~0.046	-0.28~0.34	-0.485~0.84	-0.08~0.085	-0.24~0.133
电压最大值	3.4~4.08	3.3~4.1	3.3~4.1	3.42~4.2	3.32~4.14	3.1~4.16
电压最小值	3.3~4.06	0.02~4.08	3.18~4.06	0.74~4.02	3.18~4.06	1.24~4.06
电压极差	0~0.34	0~4.02	0~0.5	0~3.2	0~0.36	0~2.92
电压偏离度	0~0.079	0~0.995	0~0.13	0~0.81	0~0.07	0~0.693
温度差	-16~18	-9~12	-13~3	-13~14	-14~8	-23~10
温度变化率	-0.1~0.4	-1~1.33	-1~3	-3~3	-1~3	-1~3
温度最大值	3~48	10~38	10~51	7~68	5~53	-7~46
温度最小值	3~35	9~31	9~44	7~44	4~40	-9~38
温度极差	0~15	0~12	0~11	0~39	0~19	0~10

通过之前的分析，将电池的特征参数由 11 个减少至 7 个，结合表 4 中多辆车的参数变化范围以及车辆发出报警时刻前后的数据，利用报警之前的数据确定了 7 个特征参数的安全阈值范围（见表 5）。根据特征参数的安全阈值范围即可判断单体电池是否发生异常，至于每个参数异常时对应的故障类型是什么，将在下一部分进行讨论。

表5 特征参数的安全阈值范围

特征参数	安全阈值范围
电压变化率	-0.5~0.5
电压最小值	2.5V~4.1V
电压极差	0~0.5V
电压偏离度	0~0.5
温度变化率	-1~1
温度最大值	60℃及以下
温度极差	0~15℃

四 电池一致性评估及故障模式识别

上文通过构建电池的特征参数以一辆车的数据为例分析了其变化规律，并以多辆车的运行数据对各类特征参数的变化范围进行了统计分析，得到用于电池故障诊断的参数及其阈值范围。除了分析电池参数的异常之外，单体电池之间的一致性也是影响电池安全的主要因素之一，本部分将利用基于距离和基于密度的两类离群点检测方法来对单体电池的一致性进行评估，通过离群点检测方法可以找出单体异常的电池，最后对诊断出来的异常电池结合上文的参数分析进行故障模式识别。

（一）离群点检测方法

离群点检测方法是数据挖掘领域中常用到的检测数据异常值的方法之一，它是一种基于统计分析的数据异常识别方法，在统计学领域得到广泛应用。目前主要有基于分布、距离、密度、聚类以及深度的离群点检测这五类方法。

其中基于分布的离群点检测方法对于大量不同的数据集往往无法建立合适的分布模型，而选择什么样的模型对检测结果影响很大，因此现在已不多用；

基于深度的离群点检测方法在实际使用过程中并不能够解决高维数据的检测效率问题,目前也很少使用。而基于距离、密度和聚类的方法目前被很多研究者所采用,广泛应用于各类实际问题的异常检测中,具有较好的检测效果。本章将选用基于距离的检测方法和基于密度的检测方法来进行异常单体的检测。

(二)基于离群点检测的异常电池诊断

1. 电压曲线距离分析

空间中两点之间的距离有多种度量方式,例如欧式距离、曼哈顿距离、切比雪夫距离、闵可夫斯基距离以及马氏距离等,每一种度量方式都有其对应的计算公式。这里我们选用较为简单的欧氏距离作为单体电池充电电压曲线的度量方式,通过计算每两条曲线之间的欧氏距离来分析所有单体之间的差异性,找出差异性最明显即欧氏距离最大的单体,认定为电池组中该单体的一致性最差。

两条曲线之间的欧氏距离的计算公式如下:

$$dist(X, Y) = \sqrt{\sum_{i=1}^{n}(x_i - y_i)^2} \quad (1)$$

其中,$X=\{x_1, \cdots, x_n\}$,$Y=\{y_1, \cdots, y_n\}$ 为两条曲线上所有数据点的集合。

继续使用车辆 4 的数据来分析曲线距离,电池包中有 84 只单体电池,需要两两之间逐一进行计算,具体的计算过程为:先以 1 号单体电压曲线为基准,计算其与其他 83 只单体电压曲线的欧氏距离,可得到 83 个距离值;然后计算 2 号单体与剩余 82 只单体的欧氏距离,可以得到 82 个距离值,以此类推,直至计算完 83 号单体与 84 号单体之间的欧氏距离,这样就得到了所有曲线之间的欧式距离值,每个距离值对应两只单体电池的编号,将这些值由大到小排序,取前 20 个较大的值进行分析。对车辆 4 最后一次充电的电压数据计算得到的结果如表 6 所示,其充电电压曲线如图 16 所示。

从表 6 中可以明显看出,出现次数最多的单体为 21 号单体,并且每个欧式距离值对应的单体中都有 21 号,所以可以说明 21 号电池的充电电压曲线与其余电池的充电电压曲线距离较远,且 21 号单体的一致性较差,从图 16 中可以看到,21 号单体的充电电压一直处于偏低状态,很大可能是由其容量偏小或 SOC 偏低所导致的不一致。

表 6　单体电压曲线的欧式距离

欧氏距离	单体 1	单体 2
1.364555	21	30
1.363841	21	74
1.357026	14	21
1.355474	21	44
1.344939	21	60
1.339611	21	52
1.338491	21	76
1.327806	21	56
1.314523	21	40
1.312813	21	80
1.310414	21	42
1.306568	21	62
1.306325	21	82
1.305297	21	22
1.304694	21	70
1.304465	21	48
1.304173	21	78
1.30375	21	24
1.303354	21	26
1.303293	21	32

图 16　车辆 4 单体充电电压曲线

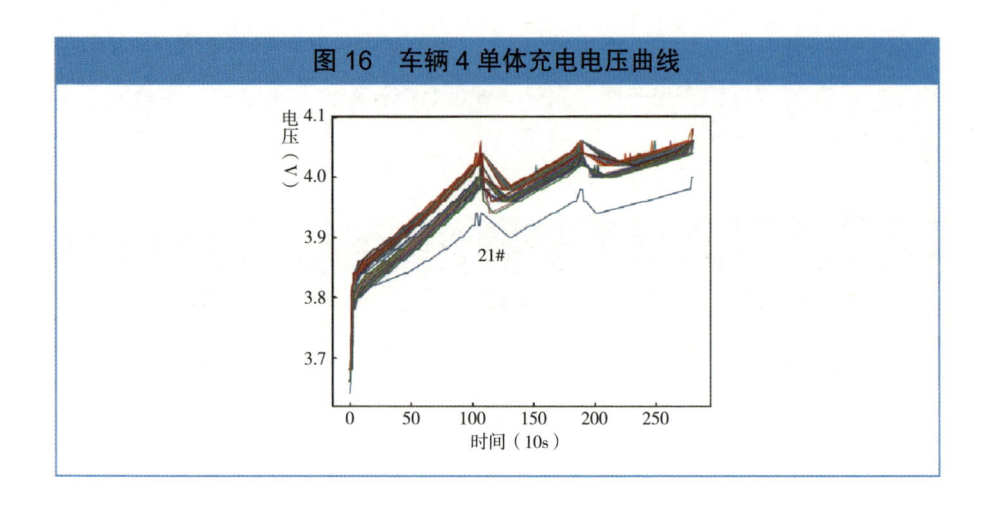

对其余五辆车也提取充电过程的电压数据，计算单体电池之间的欧氏距离，它们各自的欧氏距离最大值以及不一致单体电池结果见表 7，充电电压曲线如图 17 中（a）至（e）所示。

表 7　其他五辆车的欧氏距离分析结果

项目	车辆 1	车辆 2	车辆 3	车辆 5	车辆 6
最大欧氏距离	0.5639	1.0579	2.2351	1.6437	1.7703
不一致单体编号	10#	1#	39#、68#	38#	29#

从表 7 以及图 17 中可以看出，车辆 1 的各单体电压曲线之间欧氏距离的最大值小于 1，而且 10 号单体电池的充电电压偏离其他单体电压并不明显，因此不能够认定为 10 号单体的一致性较差，这也说明通过欧氏距离判断单体一致性时也需要设置一个合适的阈值。此处我们将欧氏距离的阈值设置为 1，当单体的欧氏距离小于 1 时，认为其一致性较好；反之，当欧氏距离大于 1 时，则认为其一致性较差。

而车辆 2、3、5、6 的单体电池电压曲线的最大欧氏距离均大于 1，结合每辆车的充电电压曲线可以判断，每辆车所对应的单体电池的不一致性较差。其中，除了车辆 3 的 68 号单体电池的充电电压一直偏高之外，其余不一致电池的充电电压均在偏低水平，其异常模式应与车辆 4 的 21 号单体一致，均为 SOC 偏低，而车辆 3 的 68 号电池充电电压偏高很大可能是由 SOC 偏高所导致的。

图 17 其余车辆充电电压曲线

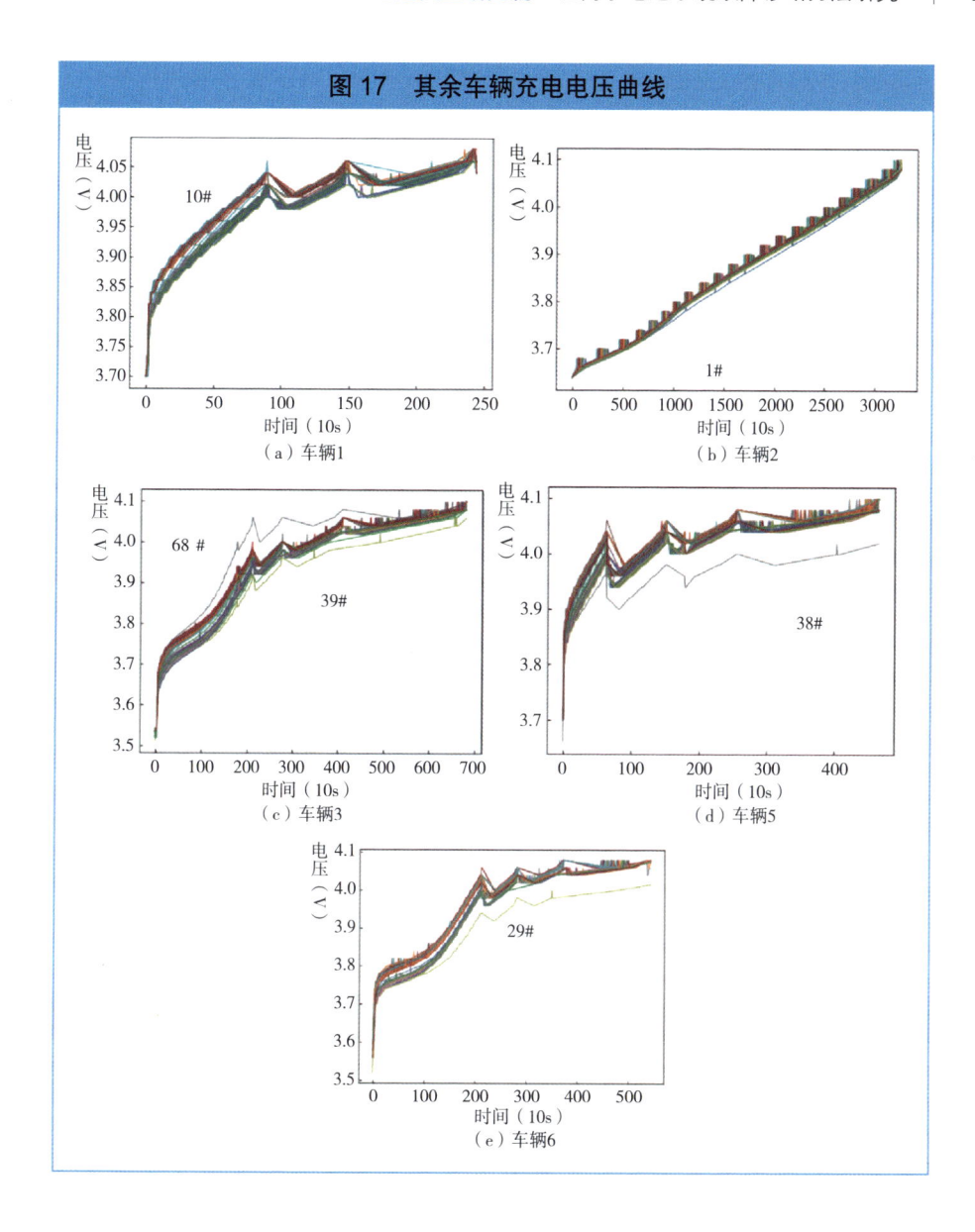

2. LOF 局部离群点检测

基于欧式距离的异常单体检测可以通过曲线间欧氏距离来定量分析电池的不一致程度，但是由于一个距离值对应两只电池，无法直接判断是哪一只电池存在不一致，需要通过多个欧式距离值来统计出现次数最多的单体。而局部离群因子（local outlier factor，LOF）离群点检测虽然不能定量分析单体的不一致程度，但是可以直接检测出不一致单体，而且检测结果准确、速度较快。

基于 LOF 的离群检测算法的核心思想是离群点的密度小于邻域内其他点的密度，也就是说，邻域内的其他所有的点都较为集中，而离群点较为离散。LOF 通过检测相对密度来反映数据点的离散程度，如果一个数据点的相对密度极低，则认为该数据点是异常值的概率较大。这里主要利用电池的充电电压数据通过 LOF 算法来识别离群因子较高即一致性较差的单体。

LOF 检测算法的原理有以下几个步骤。

（1）计算数据集中任意两点的距离，通常计算的是欧式距离，见公式（1）。

（2）求 x 点的第 k 距离：将该点与其他点的距离从小到大排序，第 k 个即第 k 距离。

（3）k 距离邻域：该邻域内的所有点到 x 点的距离小于等于第 k 距离，记为 $N(x, k)$。

（4）局部可达距离：若到点 x 的实际距离小于第 k 距离，则为第 k 距离，若大于第 k 距离则为实际距离，即 $reach\_dist = \max\{d_k, d(x, y)\}$。

（5）局部可达密度定义为 k 距离邻域内点到 x 点的可达距离平均值的倒数，用公式表示为：

$$denisty(x, k) = \frac{|N(x, k)|}{\sum_{y \in N(x, y)} reach\_dist(x, y)} \quad (2)$$

（6）局部离群因子：其等于 k 距离邻域内点的局部可达密度的平均值除以 x 点的局部可达密度，其表达式为：

$$LOF(x, k) = \frac{\sum_{y \in N(x, k)} denisty(x, k) / |N(x, k)|}{denisty(x, k)} \quad (3)$$

根据式（3）即可得到数据点的局部离群因子，LOF 值越高，则说明数据点的离群概率越高。

对于车辆的单体充电电压由于无法直接代入计算局部离群因子，所以我们要通过提取电压曲线的特征来实现，此处我们选择电压曲线数据的均值和标准差来作为描述曲线的两个特征。计算得到 84 只单体电压的均值和标准差，将均值和标准差作为 LOF 算法的输入，可以得到每只电池的局部离群因子，通过阈值判断来确定正常点和离群点，这里我们设置的 k 值为 5，即取第五距离邻域，LOF 的阈值设置为 2，得到每辆车的离群点检测结果如图 18 中（a）至（f）所示。

通过表 8 可以直接看到每辆车的离群单体电池、第 k 距离和离群单体的离群因子。从每辆车检测到的离群单体来看，其结果与欧氏距离分析结果一致。除车辆 1 的 10 号单体的离群因子靠近 LOF 的阈值以外，其余离群单体的离群因子均远大于 LOF 阈值。上文中在分析单体电压曲线的欧氏距离时，由于 10 号单体电压偏离不明显且欧氏距离值较小，没有将其判定为不一致单体，这里我们如果也要将 10 号单体判定为不离群，只需要将 LOF 的阈值上调至一个合适的值，比如 2.5 或 3，这样就可以避免将 10 号单体判断为离群点而其他的离群点均能够准确检测到，从而使离群点检测的结果更加合理。

表 8　车辆离群单体的第 k 距离和 LOF 离群因子

项目	车辆 1	车辆 2	车辆 3		车辆 4	车辆 5	车辆 6
离群单体编号	10#	1#	39#	68#	21#	38#	29#
第 k 距离	0.0057	0.0085	0.0175	0.0298	0.0505	0.0392	0.0473
LOF 离群因子	2.4691	4.3215	3.9735	6.9929	11.9196	6.5614	11.3447

以上两种方法的不一致异常单体诊断，检测结果完全一致，特别是针对车辆 3 的 39 号单体和 68 号单体利用两种检测方法均能检测出结果，表明这两种方法都可以用于电池组的离群点检测。改变阈值将车辆 1 的 10 号单体视为正常电池，综合两种离群点检测的结果可以得到车辆 1 至车辆 6 的异常单体，如表 9 所示。

图 18 LOF 离群点检测结果

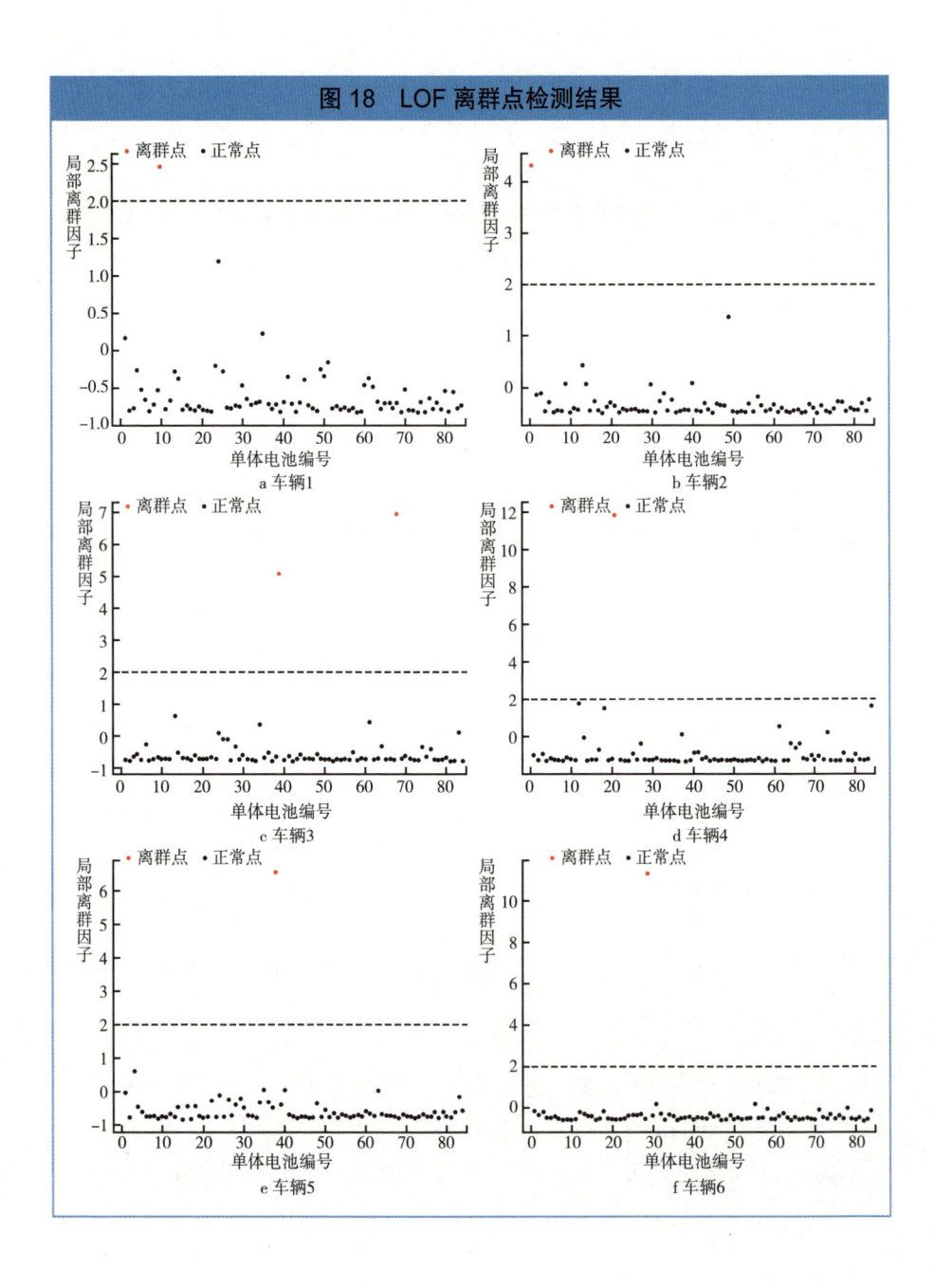

表 9　各车辆异常单体诊断结果

项目	车辆 1	车辆 2	车辆 3	车辆 4	车辆 5	车辆 6
异常单体	无	1#	39#、68#	21#	38#	29#

（三）电池故障模式识别

上文通过特征参数分析确定了每个参数的安全阈值范围之后，需要根据参数的阈值范围来识别各个车辆异常单体的故障模式，结合离群点检测的异常单体结果对每辆车的所有异常单体进行故障模式的综合识别，利用上文所述锂离子常见异常模式、表现及原因和电池本体故障树的分析结果来判断异常单体大致可能的异常原因。

由上文中得到的特征参数的安全阈值范围及离群点检测结果综合判断，车辆 1 的电池包中无异常电池，故对车辆 1 不做异常原因分析。对车辆 2 至车辆 6 的所有异常单体根据电压异常表现来识别其故障模式，识别结果如表 10 所示。

表 10　车辆 2 至车辆 6 的异常单体故障模式识别结果

项目	异常单体	异常表现	故障模式
车辆 2	1#	充电电压偏低	SOC 偏低
	42#	电压低于 2.5V，偏离度大	单体欠压
	43#	电压低于 2.5V，偏离度大	单体欠压
	44#	电压低于 2.5V，偏离度大	单体欠压
车辆 3	39#	充电电压偏低	SOC 偏低
	68#	充电电压偏高	SOC 偏高

续表

项目	异常单体	异常表现	故障模式
车辆 4	21#	充电电压偏低	SOC 偏低
	28#	电压变化率较快	内部短路
	29#	电压变化率快	内部短路
	30#	电压变化率快	内部短路
	31#	电压低于 2.5V，偏离度大	单体欠压
车辆 5	38#	充电电压偏低	容量偏小或 SOC 偏低
车辆 6	3#	电压低于 2.5V，偏离度大	单体欠压
	29#	充电电压偏低	容量偏小或 SOC 偏低

从表 10 可以看出，有多辆车的异常单体不止一个，异常单体的电压异常表现主要集中在充电电压偏低、电压低于 2.5V、电压偏离度较大、电压变化率较快这几个方面，主要的故障模式为单体容量偏小或 SOC 偏低、单体欠压以及内部短路，也有个别单体的充电电压偏高，其容量偏大或 SOC 偏低。

由于实际中车辆的运行环境、运行工况、充电方式以及驾驶员的驾驶行为等不尽相同，所以导致单体电池异常的原因会有很多种，除此之外，电池的生产制造工艺的好坏也对电池有很大的影响。因此，对于异常电池的故障模式识别，我们只是根据参数变化的异常凭经验来大致判断，并不能够确定其发生某种故障的具体原因。

五 总结

本文基于电动车辆的实际运行数据，开展了锂离子电池系统故障诊断方法的研究工作。利用故障树方法对电池系统故障中的电池本体故障和电池管理系统故障绘制故障树，分析了各类异常表现对应的可能故障原因。从电压和温度两个方面构建了电池的特征参数，以一辆车的数据分析了这些特征参数的演变规律。对多辆车的特征参数变化范围进行统计特性分析，确定了用于电池故障诊断及模式识别的参数和它们的安全阈值范围。针对电池组中单体电池的不一致问题，使用基于距离和基于密度的两种离群点检测方法，计算单体充电电压曲线的欧氏距离和单体电池的局部离群因子，通过设置合适的距离阈值和 LOF 阈值来找出离群的异常单体电池，两种检测方法检测到的结果非常一致。综合所有数据分析结果，根据单体异常表现对每辆车的异常单体故障模式进行了识别，发现单体异常的主要原因为单体 SOC 偏低、单体欠压和内部短路。本文所提出的电池故障诊断方法可有效识别电池故障，保证了电池组的使用安全。

参考文献

[1] 檀斐:《车用动力锂离子电池系统故障诊断研究与实现》，北京理工大学硕士学位论文，2015。

[2] 李欢:《基于运行数据的异常电池诊断及实现》，北京交通大学硕士学位论文，2018。

[3] 朱慧丽、马玉林、徐姜楠:《故障树分析在可靠性、安全性分析中的作用与运用》，《航空电子技术》2014 年第 4 期，第 20~25 页。

[4] Ruixin Yang, Rui Xiong, Suxiao Ma, Xinfan Lin. Characterization of external short circuit faults in electric vehicle Li-ion battery packs and prediction using artificial neural networks[J]. Applied Energy, 2020, 260.

[5] Naha Arunava, Khandelwal Ashish, Agarwal Samarth,etl. Internal short circuit detection inLi-ion batteries using supervised machine learning[J]. Scientific reports, 2020, 10(1).

[6] Yue Pan, Xuning Feng, Mingxuan Zhang, Xuebing Han, Languang Lu, Minggao Ouyang. Internal short circuit detection for lithium-ion battery pack with parallel-series hybrid connections[J]. Journal of Cleaner Production, 2020, 255.

[7] Jichao Hong, Zhenpo Wang, Peng Liu. Big-Data-Based Thermal Runaway Prognosis of Battery Systems for Electric Vehicles[J]. Energies, 2017.

[8] Yang Zhao, Peng Liu, Zhenpo Wang, Lei Zhang,Jichao Hong. Fault and defect diagnosis of battery for electric vehicles based on big data analysis methods[J]. Applied Energy, 2017.

电池安全研究篇 | 基于多维度耦合的动力电池安全大数据监控

◎夏顺礼 吴 刚 王 辉 杨 强 程悦洋*

* 夏顺礼，安徽江淮汽车集团股份有限公司副总工程师，新能源乘用车公司党委书记、总经理，新能源汽车研究院院长，正高级工程师，主要研究方向为新能源汽车研发及产业化；吴刚，安徽江淮汽车集团股份有限公司新能源乘用车公司部长，正高级工程师，主要研究方向为质量管理；王辉，安徽江淮汽车集团股份有限公司新能源乘用车公司大数据分析主管工程师，主要研究方向为动力电池系统安全大数据分析与监控；杨强，安徽江淮汽车集团股份有限公司新能源乘用车公司大数据分析工程师，助理工程师，主要研究方向为动力电池系统安全大数据分析与监控；程悦洋，安徽江淮汽车集团股份有限公司新能源乘用车公司大数据分析工程师，助理工程师，主要研究方向为动力电池系统安全大数据分析与监控。

摘　要： 近年来，在国家政策引导、标杆企业示范以及市场需求推动的共同作用下，我国电动汽车的保有量有了大幅的增加，且每年的总销量仍在不断地突破，随之而来的动力电池安全也成为一个全行业必须面对的问题。除了在设计验证、生产制造等环节进行安全问题规避外，在车辆运行的过程中依靠监控系统进行车辆运行大数据监控及预警也很有必要。受限于数据采集频率以及数据采集质量等多个因素，目前动力电池安全的监控难度较高，算法不成熟，监控准确率低。本文分析了影响动力电池安全的可能因素，并且对每种因素可能导致安全事故发生的概率进行分析，对是否可对动力电池安全进行预警做了探索分析，同时基于可能影响电池安全的原因阐述了一种多维度耦合的动力电池安全监控策略。

关键词： 电池安全　大数据监控　电动汽车

一 引言

随着近 10 年来电动汽车产业化的深入，电动汽车的市场保有量不断刷新纪录，消费者对电动汽车的认可度不断提高，电动汽车各项关键技术也进一步成熟，但是目前电池系统的安全性一直是电动汽车行业无法回避的问题，而且随着市场存量车运行里程的增加，电池安全问题也更加突出。电池安全问题逐渐成为电动汽车进一步普及的瓶颈因素之一。

目前解决电池安全问题的方案主要有以下几种。①电芯设计层面，主要是电芯厂商通过改良正负极配方，优化制造工艺，加强品质管控以及生产环境管控等手段提升电芯本身的安全性。但是以当前的制造技术及工艺没有办法将电芯失效的概率降低到 0。②电芯成组设计层面，电池 PACK 厂商通过优化电芯排布、走线设计、散热设计等手段降低电芯失效的概率，以及降低电芯失效后引起 PACK 失效的概率。③电池管理层面，依靠优化电池管理算法，识别潜在的各类电池故障，防止过充过放过温等滥用工况的发生。但是鉴于管理系统 MCU 计算能力较弱而无法嵌入复杂的识别算法，也无法存储过多的历史数据，同时由于工耗设计的考量系统需要休眠，这些因素都会影响到电池安全的防护。④基于车辆运行数据的大数据监控与识别，主要依靠车载终端采集的车辆运行数据，在云端进行历史数据分析挖掘，实现电池的运行安全评估、安全事故预测及预警，也是短时期内最有可能取得成效的方式。

二 基于车辆运行数据的动力电池安全监控技术分类

从监控算法的处理实时性来分类，主要有同步监控以及异步监控。同步监控的实现需要将监控算法整合进远程监控系统，通常部署在消息队列层，同时为了保证实时性监控算法不能有特别耗时的计算，因为通常平台的接入量可能是几十或几百万组，特别耗时的计算对服务器的承载能力会产生较高的要求，同时涉及历史数据的检索系统设计也会较为复杂。异步监控系统工作于车辆运行的历史数据上，相对同步监控可能略有延迟，但是这种方案会有更大的自由性，而且可以运行更复杂的算法模型。实际部署中会将同步监控与异步监控进行结合。在同步监控层面做简单的值率或者整车电子控制单元（ECU）定义的故障标志的过滤，可以迅速排除明显运行正常的车辆。将值率或者整车 ECU 定义的故障标志识别出的潜在问题转到异步监控模块结合历史数据及数学模型进行更深入的甄别。

三 由动力电池安全引起的事故过程分析

（一）电芯起火爆炸的内外因素

电芯自身起火爆炸的原因分内因和外因。内因方面主要有电极材料纯度差，隔膜厚度设计不合理，电解液浸润不均，铜箔铝箔切割毛刺，析锂刺破隔膜，卷绕错位等。这些因素根据程度的不同表现的现象也不一样，轻度的可能表现为自放电速度较快，严重的可能出现电芯温度异常升高，特别严重的热量积聚达到临界温度引起严重的热失控。另外，电芯内部的以上缺陷也通常不会处于稳定状态，可能在大电流充放电过程中产生瞬间的劣化。

外部因素主要有过充电、机械损伤、外部高温、外部短路、过放电等，其中外短路以浸水和绝缘材料破损引起的直接外短路比较常见。在实际车辆运行中，BMS 在大部分情况下都可以避免过充或者过放的发生，过充或过放引起的起火爆炸事例发生的较少。另外汽车本身的碰撞事故发生的概率较低，所以碰撞导致的爆炸起火率也较低。实际运行中外部因素发生较多的主要是电池组进水引起的外短路以及车辆托底事故导致的电池包损伤。

（二）电池组起火或热失控过程分析

由于当前电动汽车的动力电池组主要是由单体电芯串并联而成，成组内部有电芯起火爆炸时与之并联的电芯会出现外短路，电芯爆炸后的外短路状态持续的时间不同，可能会是短暂的外短路也可能是持续的外短路。电芯爆炸瞬间会释放大量的热，热量会导致临近的电芯出现过温热损伤，如果温度足够高甚至会引起隔膜损伤进而导致内短路的发生。爆炸会释放出较多的导电物质，这些导电物质喷射到周边的高压连接部件上引起外短路。以上这些情况的发生都会在一定概率上引起电芯爆炸的扩散进而引起整包电池组的起火。此类故障的发生通常都是突变过程。

除了电芯爆炸引起的电池组起火外，电池包积水也是起火的一个重要原因。由于电池组比较重，电动汽车的动力电池一般都是布置于车辆底部，但是随着车辆运行年限的增加其防护性能会下降，另外在夏季暴雨积水的情况下长时间浸泡也可能导致电池组进水。电池组进水后是一种不确定的状态，电池组本身的结构以及高压连接部件的位置分布和绝缘检测电路的布置会直接影响到进水后车辆的状态。电池组进水引起的电池组及整车起火一般是一个渐变过程，在单体电压分布以及温度变化上都会有明显的表现。

事故引起的起火事故，托底事故以及碰撞事故引起电池包变形并波及电芯引起整车起火的情况理论上可能发生，但是在实际运行过程中此类情况发生较少，这可能主要是由于电动汽车在高速公路上运行的较少，而在城市道路的事故一般不会太严重，大多仅为车身覆盖件的变形。

四 动力电池安全事故的可预测性及可监控性分析

对于电池系统引起的安全事故的可监控性及可预测性的研究目前还比较少，主流的观点是渐变过程可监控可预测，突变过程无法预测但事故发生时可监控。从事故本身来说有些事故的发生是渐变的，而有些事故的发生是突变的。对于突变的事故是无法提前预测的。对于渐变的事故可以有针对性地总结渐变过程的各类数据特征，优化模型。

电芯导致的起火，其中一种故障比如电芯内的析锂，锂晶枝的生长是个渐变过程，但是在宏观上可观测的物理量，比如电压、电流、温度等方面并没有明显的特征，一旦锂晶枝长大到一定程度使隔膜被刺破就会引发局部较为激烈的内短路，此类故障表现出来的特征就是一直运行正常的电芯突然出现爆炸起火。此类故障因为可观测特征没有明显变化自然是不能被监控及预测的。随着BMS技术的进步后期可能会解决此类问题。目前还是在电池成组及热管理层面想办法保证电芯爆炸后可控而不会引起更大范围的起火爆炸。同时在爆炸后能够通过红外线传感器、粉尘传感器或者振动传感器等及时检测出来并及时维修以消除隐患。

另一种是渐变过程，比如电芯内部杂质导致的电芯缺陷通常是渐变过程，初期表现为电池一致性变差，但是管理系统的均衡功能会在一定程度上掩盖这种自放电，当自放电变严重后整个运行过程中问题电芯的温度都会明显高于其他电芯，长期在高温下充放电电芯老化速度也会加快，由于均衡系统的补电电芯循环寿命也会降低，总体上电芯在逐渐劣化，当此类渐变过程达到一定程度时可能导致电芯突然爆炸引起整车起火。对类似于此类故障的渐变过程可以进行提前预测及识别。

五 动力电池出现安全事故的监控数据特征及分析

BMS 检测的物理量主要有电池总电压及各单体电压、电池总电流、各温度传感器的数据、绝缘电阻值、充放电安时数、电池组热管理状态、剩余电量、电池健康度，以及电压和温度的极差，以及根据这些数据简单计算得来的结果比如内阻等。数据特征分析主要是为了发现事故发生时相应数据的变化规律以及相互之间的关系。以下所列为可能引起电池安全问题的多维度因素。

（一）电压类故障

（1）电压过高：电池管理系统（BMS）初始化成功后，电池单串或几串电压明显偏高，其他单体正常（见图1）。

故障原因：①采集误差；②BMS 均衡功能差或失效；③电芯容量低，充电时电压上升较快。

（2）电压过低：BMS 初始化成功后，电池单只或几只单体电压明显偏低，其他单体正常（见图2）。

故障原因：①采集误差；②BMS 均衡功能差或失效；③电芯自放电功率大；④电芯容量低，放电时电压下降较快。

（3）压差过大（动态压差/静态压差），充电时单体电压迅速至满电截止电压跳枪；踩油门时，单体电压比其他串下降迅速；踩刹车时，单体电压比其他串上升迅速（见图3）。

故障原因：①连接电池铜牌紧固螺母松动；②连接面有污物；③电芯自

放电率大；④电芯焊接连接铜牌开焊（造成该串单体容量低）；⑤个别单体电芯漏液。

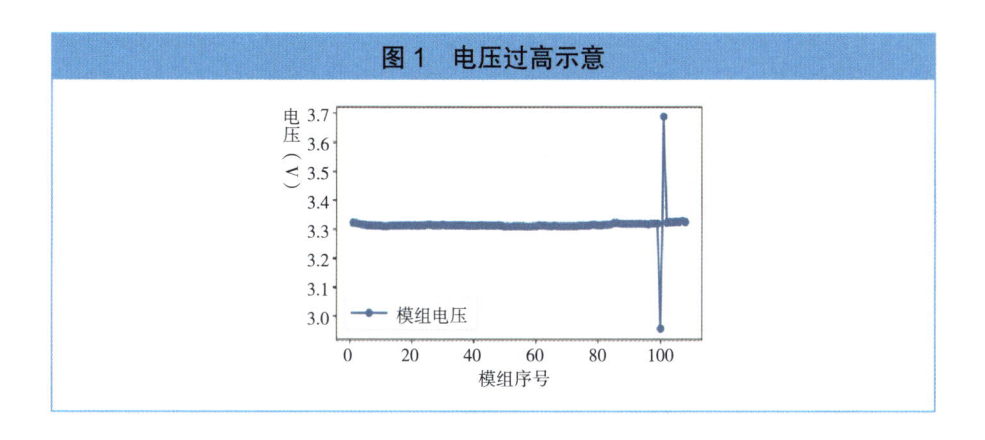

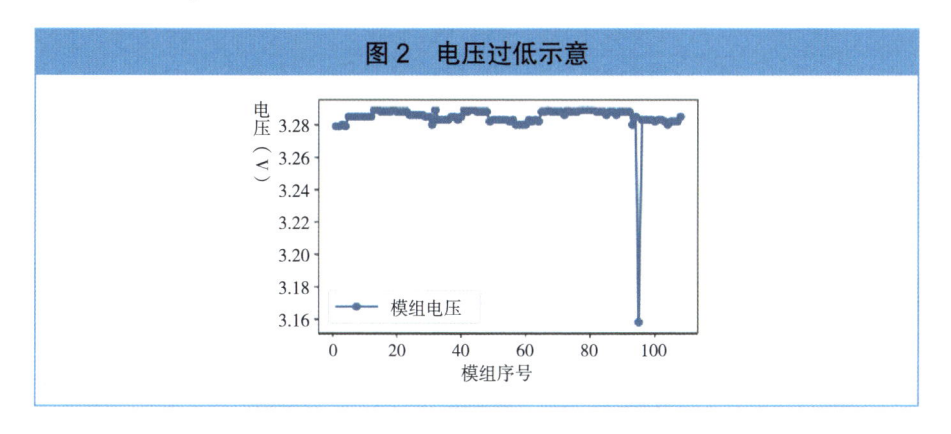

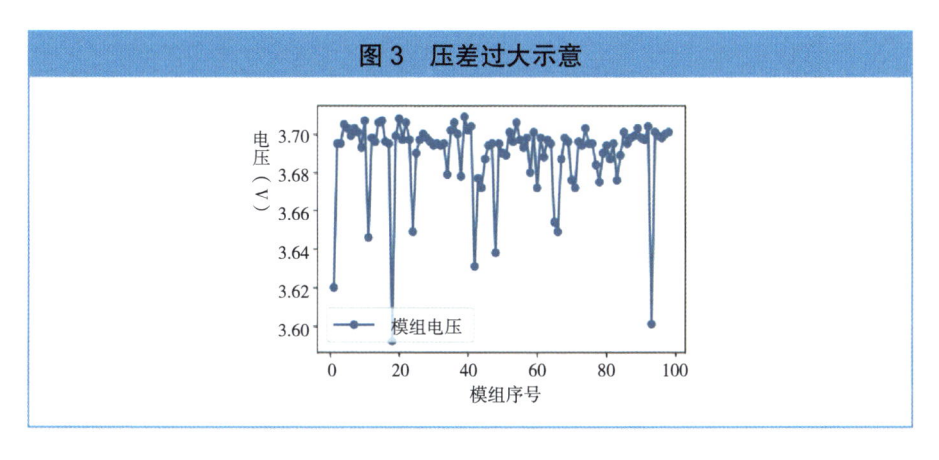

图 1　电压过高示意

图 2　电压过低示意

图 3　压差过大示意

（二）温度类故障

（1）温度过高：电池系统中某个或者某几个温度点偏高，运行或充电中达到报警阈值。

故障原因：①温度传感器故障；②电池短路；③电连接异常，局部发热；④风扇故障；⑤靠近电机等热源；⑥过充电。

（2）温升过快：较短时间内，某个或者某几个点温度上升快，运行或充电中达到报警阈值（见图4）。

故障原因：①温度传感器故障；②电池短路；③电连接异常，局部发热；④风扇故障。

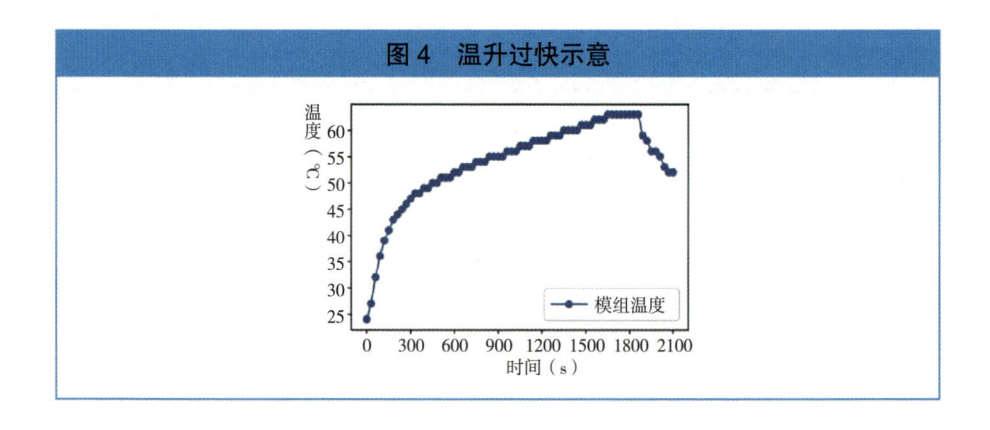

图4 温升过快示意

（三）绝缘类故障

动力电池的绝缘类故障可以分为电池内部和外部绝缘故障，主要表现为绝缘阻值异常。根据严重程度可划分不同等级。

故障原因：①检测失效或异常；②外部高压接件异常；③内部电解液泄漏、外部液体进入、绝缘层被破坏之后电池模组和单体出现了导电的回路；④模组内部由振动、冲击导致绝缘纸、蓝膜磨损，绝缘失效。

（四）其他严重故障

失火、单体爆喷、BDU过温等。

故障原因：本类故障都是较为严重的电池安全故障，需马上对动力电池进行处理，但出于硬件可靠性等的影响，仍存在误报的情况。

六 电池安全问题的多维度耦合分析

电池安全问题发生前一段时间远程数据可能会有一些较明显特征，但也不能确认出现这些特征就一定会导致电池安全问题，有的时候会出现硬件或者软件导致的故障误报，极大地耗费了进店维修的人力物力，所以需要一种更为准确的方法对电池安全进行判断，并根据严重程度来划分等级，方法如下。

首先对各类故障根据不同的严重程度进行赋值（见表1）。

表1 不同故障的赋值

电压类故障	轻微压差故障 a1=1
	严重压差故障 a2=2
	电压过低 a3=3
	电压过高 a3=3
温度类故障	温度过高 b1=4
	温升过快 b2=4
绝缘类故障	轻微绝缘故障 c1=1
	严重绝缘故障 c2=3
其他故障	其他严重类故障 d=9

再用动力电池的SOH（电池健康度）进行不同梯度的划分，确定系数 m 的值：

$95\% < SOH \leqslant 100\%$，$m=0.8$；

$90\% < SOH \leqslant 95\%$，$m=1$；

$SOH \leqslant 90$，$m=1.2$。

时间变量为 T，若只上报一种故障，$T=1$，若上报两种及以上种类的故障，根据不同种类故障采样时间间隔 t（以天为单位）来确定 T 的值：

若 $t \leqslant 3$，则 $T=3$；

若 $3 < t \leqslant 7$，则 $T=2$；

若 $t > 7$，则 $T=1$。

当同一类故障上报多个时，取该类故障数值的最高值，当某类故障未上报时，则该类故障的值为 0。最后根据公式 $S=m \times t \times (a+b+c+d)$ 得出 S 的值。

S 的值越大，说明该动力电池安全风险越高，根据 S 值的不同划分三个动力电池风险处理级别，对 30 辆进店处理的车辆进行统计，得出一个初步的评分标准（见表 2）。

表2 30辆进店维修车辆的 S 值统计

电池安全风险程度	无风险或一般风险	严重风险	重大风险
S 值	2/4/7.2/2/6.4/6/1/3.2/6/1/7.2/4.8/2/3.2/6.4/1/0/1.6/2/7.2/3.2/3/7.2/3/0.8/1	12/15/10	19.2
合计（辆）	26	3	1

$S < 7.2$ 时，动力电池存在一般风险，持续进行跟踪观察，存在一般风险，暂时不需进店处理；

$7.2 \leqslant S < 18$ 时，动力电池存在较大风险，通知客户需进店处理；

$S \geqslant 18$ 时，动力电池存在重大风险，通知客户并进行紧急处理。

目前关于 S 值的风险级别划分未能达到最优的结果，参数 m 和 T 也是一个初步定值，后期随着样本量的增加、策略的改进以及新的故障分析，可持续优化，监控结果更为精准。

七 监控策略的准确性验证及干扰因素分析

根据市场上运行车辆的实际情况,随机抽取 2 辆上报故障的车辆,邀约进店进行电池安全检测,情况如表 3 所示。

表 3 上报故障车辆情况分析

序号	S 值	车辆情况
1	4.8	1 天内上报轻微压差和轻微绝缘故障,SOH 为 99%,电芯自放电导致,进行补电处理,无电池安全风险
2	12	3 天内上报轻微压差和严重绝缘故障,SOH 为 95,由电芯漏液导致,存在严重电池安全风险

随机抽取的两辆车的真实情况,基本符合监控策略。

针对可监控可预测事故,实际运行中仍然可能存在影响监控效果的干扰因素,主要有以下几个方面。

首先是数据采样准确性的问题。准确性分为两个方面,一方面是 BMS 采集精度,通常 BMS 的设计精度是满足数据分析要求的,但是随着车辆的运行,因为机械振动以及冷热冲击,BMS 的采样精度会下降,此时就会导致监控系统的误判。另一方面是 BMS 数据采集策略引起的,由于车辆单体电芯较多,但 CAN 传输的速度有限,并且 BMS 主控芯片的硬件资源有限最终导致电压温度采样速度低,并且一帧数据的时间跨度也较大,这样监控获取的一帧数据就不是同一时刻,可能是在 100ms 甚至更长的一个时间区间的数据,如果客户正在驾驶,那么驾驶工况越恶劣,同一帧数据的相关性也会越低。

其次就是数据修正的问题。针对数据采样的问题监控算法在设计时就考虑数据清洗或者修正。针对温度的异常修正主要是通过计算温升速率以及温度变化趋势进行判断。

另外客户的使用习惯也会在一定程度上对监控结果产生影响。例如,有些客户习惯于激烈驾驶,导致系统采集来的数据大量都是低置信度数据,有些客户经常在地下车库等信号覆盖差的地方充电,缓存数据超过车载终端的最大存储量而导致数据丢失，再或者有些客户习惯浅充浅放，类似的因素都可能造成分析结果出现偏差。

八　结论

随着电动汽车的不断成熟与发展，其最终取代燃油车辆成为大众出行工具的主流将是不可逆转的历史趋势。从目前的行业发展现状来看，动力电池的成本问题以及安全问题是电动汽车行业发展最关键的制约因素。引发电池安全问题的原因是多种多样的，而且不同原因导致的事故在宏观可检测物理量上的表现也有可能相同。目前，通过电芯、模组、电池包不断的优化设计已经很好地规避了大多数的安全风险，但进一步实现技术突破，保证电池安全零风险是个艰巨的任务。短时期内依据多维度耦合的方法进行电池安全的监控可有效地识别各类型安全故障，且在不同季节不同地区或者针对不同用途的车辆各维度影响比重可调整，将更好地帮助我们更高效准确地识别电池安全问题，不断地提升动力电池系统安全性。

电池安全研究篇 | 大数据技术在动力电池异常监控中的应用

◎李宗华 翟 钧 王贤军 万毓森
马明泽 陈 勇 张 敏*

*李宗华，重庆长安新能源汽车科技有限公司整车开发部副总经理，正高级工程师，新能源汽车大三电、智能化领域资深专家，主要研究方向为新能源三电控制系统、整车智能化和大数据；翟钧，重庆长安新能源汽车科技有限公司整车控制系统开发经理，副高级工程师，主要研究方向为新能源整车功能特性设计、功能逻辑开发及分配、整车电子电气平台开发等；王贤军，重庆长安新能源汽车科技有限公司车联网大数据开发室主管，工程师，参与GB/T32960的制定，主导新能源大数据平台的设计开发，主要研究方向为车载终端互联网产品以及大数据应用分析；万毓森、马明泽、陈勇、张敏，重庆长安新能源汽车科技有限公司助理工程师，新能源大数据开发工程师，主要研究方向为新能源汽车车联网大数据应用研究、模型研究、用户行为研究等。

摘　要： 新能源电动汽车的安全性一直困扰着行业的发展，传统电池管理系统（BMS）存储及计算能力不足，难以实现动力电池的异常状态预测。本文基于车联网数据，搭建了大数据监控与管理平台，提出了动力电池热失控及健康度关键算法，并实现了算法的平台集成与应用。应用结果表明，此系统应用能够有效地评估和预测动力电池潜在安全风险，并能及时有效地指导安全处置，从而降低整车安全事故发生概率。

关键词： 电动汽车　动力电池　大数据平台　安全预警　健康度

一 引言

近年来，随着全球化石能源资源枯竭的威胁迫近、生态环境污染日益严重，为保障能源安全，应对日益严苛的环境保护法规，大力发展新能源汽车产业已成为世界各国共识。新能源汽车融汇了新能源、新材料、互联网、人工智能等多种高新技术，已逐步从交通工具转变为移动多功能空间、大型智能移动终端、数据采集载体及能源存储单元，对带动上下游产业发展、促进能源结构优化、提升交通智能化体系具有重要意义，正成为全球汽车产业转型发展的主要方向和促进经济增长的重要引擎。但随着电动汽车销量的急剧上升，电动汽车电池起火事件频发，引起了极高的公众关注度，进一步提升动力电池安全性及完善异常监测技术成为降低电动汽车安全风险的重要手段，本文依托于某车联网大数据平台对动力电池安全监测进行了研究。

二 新能源汽车产业概况

（一）新能源汽车产业发展概况

发展新能源是我国从汽车大国迈向汽车强国的必由之路，是应对气候变化、推动绿色发展的战略举措，我国政府在2010年发布的《国务院加快培育和发展战略新兴产业的决定》，将新能源汽车列为七大战略性新兴产业之一，并后续出台了新能源汽车补贴政策，2012年国务院发布《节能与新能源汽车产业发展规划（2012~2020年）》。经过多年持续发展，2015年以来我国新能源汽车产销量、保有量连续多年位居前列，2020年在全球疫情蔓延、经济低迷的背景下，我国新能源汽车产销分别完成136.7万辆和136.7万辆，同比分别增长7.5%和10.9%，其中纯电动汽车产销分别完成110.5万辆和11.5万辆，同比分别增长5.4%和11.6%。据中汽协相关预测，2021年我国汽车销量有望超过2600万辆。以特斯拉、蔚来、小鹏、威马等互联网车企为代表的新能源造车新势力不断涌现，展现良好的发展势头。

但我国新能源汽车发展也面临核心技术创新能力不强、质量保障体系有待完善、基础设施建设仍显滞后、产业生态尚不健全、市场竞争日益加剧等问题，为持续推动新能源汽车产业高质量发展，2020年国务院发布《新能源汽车产业发展规划（2021~2035年）》，规划以市场主导、创新驱动、协调推进、开放发展为基本原则，发展愿景指出，到2025年我国新能源汽车市场竞争力明显增强，动力电池、驱动电机、车用操作系统等关键技术取得重大突破，安全水平全面提升；力争经过15年的持续努力，我国新能源汽车核心技术达到国际先进水平，质量品牌具备较强国际竞争力。

（二）新能源汽车安全现状

电动汽车起火事故具有易触发、多诱因、潜伏性强的特点，随着电动汽车销量的急剧上升，电动汽车电池起火事件引起了极高的公众关注度。据不完全统计（仅被曝光的引起社会关注的严重事故），2017年、2018年相继发生了18起与25起电动汽车事故，而2020年全年被曝光的烧车事故达124起，事故车辆以纯电动汽车为主，起因主要是动力电池的自燃。可以看出，电池安全问题仍未得到很好的解决，使人们对电动汽车这一新生事物的安全性产生了严重质疑，究其原因，早期动力电池技术不成熟、生产制造工艺不过关、相关安全标准缺失是很大一方面，在《节能与新能源汽车产业发展规划（2012~2020年）》中，对新能源汽车的推广规模、动力电池能量密度等目标做了明确规定，但安全问题则因相关标准缺失而只是强调，并没有强制。

近年来，新能源电池安全的相关技术逐步突破，比亚迪、宁德时代相继推出高可靠性、安全性的电芯产品，为新能源电池安全提供了技术保障；相关的法律法规也逐渐成熟完善，2020年5月，《电动汽车安全要求》、《电动客车安全要求》和《电动汽车用动力蓄电池安全要求》三项针对电动汽车领域的首批强制性国家标准颁布，为新能源汽车安全提供了标准规范，一系列举措不断优化改善电动汽车安全品质；而对于前期市场存量电动汽车，为了保障其运行的安全性，一方面，需要通过BMS对电池状态进行有效控制，及早发现电芯潜在异常，另一方面，需要对引发电池热失控的电池故障特性进行深入分析，构建有效的诊断方案与预测模型，目前部分车企基于车联网数据，应用相关的大数据平台构建算法模型，已实现对动力电池安全的监控和预警。

三 动力电池安全预警研究概况

(一) 传统动力电池安全预测手段

动力电池作为新能源车的能量来源,在车辆运行过程中存在电池端电压、局部温度过高和表面温度分布不均匀等问题,影响其性能和寿命,进而影响整车的安全性和可靠性。热失控作为引起电池安全问题最主要的因素,是国内外学者研究的重点方向,当动力电池出现热失控时常伴随着电池的温度、电压、内阻和逸出的气体等特征参数的异常,因此能够有效地预测此类参数就能够确保电动汽车安全、可靠地运行。杨赟等通过实验对电池表面温度进行实时监控并对结果进行分析,确定了50℃、70℃和80℃为预警温度。张斌等和Li等,分别用红外成像技术和电阻温度检测器来对电池温度进行监控,提高了监测时的响应速度和效率,进而更好地对电测温度进行监测。此外,电池内阻是电池一个非常重要的参数,在电池异常时也常伴随着电池内阻异常,Srinivasan等发现在电池热失控前,电池内部阻抗相移出现异常,因此可以通过监控电池内阻来对电池热失控进行预警。电池电压方面,在动力电池出现异常时,电池的电压通常变化很复杂且无特定的规律,如果单一使用电池电压作为预警的参数很难起到及时预警的作用。通常电池电压可作为一个辅助预警的参数,邓原冰使用电池温度、温度变化速率以及电池电压作为预警参数,结果表明:针刺引发电池热失控反应最剧烈,电池温度在针刺后瞬间急剧升高,电池电压迅速降为0V。电池在热失控时会产生CO、CO_2和碳氢化合物等气体,因此采用传感器来检测对应气体浓度和比例进行预警也是目前电池安全预测的一个重要手段。王春力等通过采集电池热失控前后的气体并对气体成分含量进行分析,发现CO气体浓度的变化率最高,最终确定了将CO和温度作为典型的侦测依据来实现锂电池热失控的早期预警。

传统的动力电池安全预测手段依赖于电池热失控机理分析的发展、传感器的精度和预警模型的完整性等,不能未雨绸缪地有效防止电池安全事故的发生。

（二）基于大数据的电池安全监控应用及发展

基于大数据的电池安全监控方面，国内外的学者和机构开展了基于大数据的动力电池在安全方面的研究。Li 等基于大数据平台通过样本熵的故障检测方法，实现了动力电池热失控的预测，Panchal 等通过热传感器采集锂离子电池放电时的数据，再以环境温度、放电电流和电池容量作为神经网络模型的输入，以电池生热速率为输出。结果表明，该神经网络模型具有良好的效果，其模型预测的生热速率与实验结果相一致。Liu 等提出了一种混合的数据驱动方法，该方法采用神经网络模型和卡尔曼滤波算法，以电池的电压、电流和电池表面温度作为模型的输入，实测的电池内部温度作为模型的输出来训练该模型，结果表明该混合的数据驱动方法可以实现良好的估计精度。上述方法局限于实验数据，在实车数据方面，Hong 等基于大数据平台和熵方法，提出了电动汽车电池系统的热失控预测方法，结果表明，该方法可以准确预测电池组内部温度故障的时间和位置。

基于大数据的电池安全监控，主要是根据采集到的大量动力电池运行数据，运用神经网络模型和各种算法来实现对电池安全的预测。一方面使车辆运行时产生的大量数据得到有价值的运用，另一方面也将推动我国新能源汽车产业的发展。

为实现海量数据的分析处理，传统的数据分析工具已无法支撑，而基于 Hadoop 的分布式数据处理架构体系提供了良好的解决方案，故以 Hadoop 为技术框架，搭建了大数据分析平台，实现车联网数据的采集、存储、管理及使用，为电池异常监控提供技术基础。

四 大数据平台数据处理方案

（一）新能源大数据采集

大数据平台针对车联网数据制定了信号采集标准，在《电动汽车远程服务与管理系统技术规范》（GB/T 32960）的基础上新增了 1000 余项企标信号，按照信号分析场景设定不同的采集周期和上传频率，按照企业自定义的 CAN 报文透传格式，经压缩加密后上传至云端；这些车联网实时信号多用于电池安全监控及健康评分模型、驾驶行为分析及评分模型、车辆故障监控等功能。

大数据分析平台同样接入车辆相关的 DCS 数据，其中包括车辆销售信息、售后维修记录信息、经销商信息、车辆车型车系信息、电池包溯源信息等；该类数据作为离线数据通过数据库表同步的方式定期更新，结合车联网的实时数据，实现更加精准的、多维度的数据分析。

（二）大数据平台架构

1. 主流大数据架构

Hadoop 是一个能够让用户轻松架构和使用的分布式计算平台，Hadoop 在大数据处理应用中的广泛应用得益于其自身在数据提取、转换和加载（ETL）方面的天然优势。Hadoop 的分布式架构，将大数据处理引擎尽可能地靠近存储，对例如 ETL 这样的批处理操作相对合适，因为类似这样操作的批处理结果可以直接走向存储。

Hadoop 由许多元素构成。其最底部是 Hadoop Distributed File System（HDFS），它存储 Hadoop 集群中所有存储节点上的文件。HDFS 的上一层是 MapReduce 引擎，该引擎由 JobTrackers 和 TaskTrackers 组成。Hadoop 分布式计算平台最核心的分布式文件系统 HDFS、MapReduce 处理过程，以及数据仓库工具 Hive 和分布式数据库 Hbase，还有 YARN 资源调度，涵盖了 Hadoop 分布式平台的所有技术核心。

Hadoop 的 MapReduce 功能实现了将单个任务打碎，并将碎片任务（Map）发送到多个节点上，之后再以单个数据集的形式加载（Reduce）到数据仓库里。

YARN 的基本思想是将 JobTrackers 的两个主要功能（资源管理和作业调度 / 监控）分离，主要方法是创建一个全局的 Resource Manager（RM）和若干个针对应用程序的 Application Master（AM）。

基于 Hadoop 分布式存储及计算平台，衍生了以下大数据架构。

（1）传统大数据架构引入 Hadoop 框架，通过 sqoop 实现传统数据仓库的数据导入 Hadoop 分布式系统中用于数据存储、分析。

（2）流式架构在传统大数据架构基础上将原有的批处理更换为流处理形式，在数据接入端采用了数据通道，Hadoop 架构仅完成数据的分布式计算，而结果数据存储选择的是外围系统。

（3）Lambda 架构充分利用了批处理和流处理各自的强项，平衡了数据延迟、吞吐量和容错。借助流处理提供在线数据分析，利用批处理生成深度聚合的数据视图。

（4）Kappa 架构以 Lambda 架构为基础，将批处理架构去掉，只留下了流处理架构。引入消息队列作为数据通道，一条支路将数据实时存入 Hadoop 系统，另一条支路则对数据进行实时处理。对于已存储的历史数据分析，可以再次写入消息队列，采用流处理方式进行数据分析。

2. 大数据架构实现

平台参考了 Lambda 架构，批处理和流处理并存，采用 Hadoop2.0 搭建了整个大数据平台分布式架构，可兼容市场上主流的大数据服务组件（spark、Strom、flink、pig、hive、sqoop、Hbase、Tez 等）；目前引入了 flume、sqoop、kettle 等 ETL 工具，部署了 hive、flink、Tez 大数据计算引擎可对离线数据和实时数据进行分布式计算处理，搭载了 Hbase、TIDB 分布式数据库和传统 Mysql 数据库，通过 zookeeper、ambari、azkaban、prometheus 实现平台服务器、大数据组件、java 应用服务的高可用、任务调度、集群管理、集群运维。

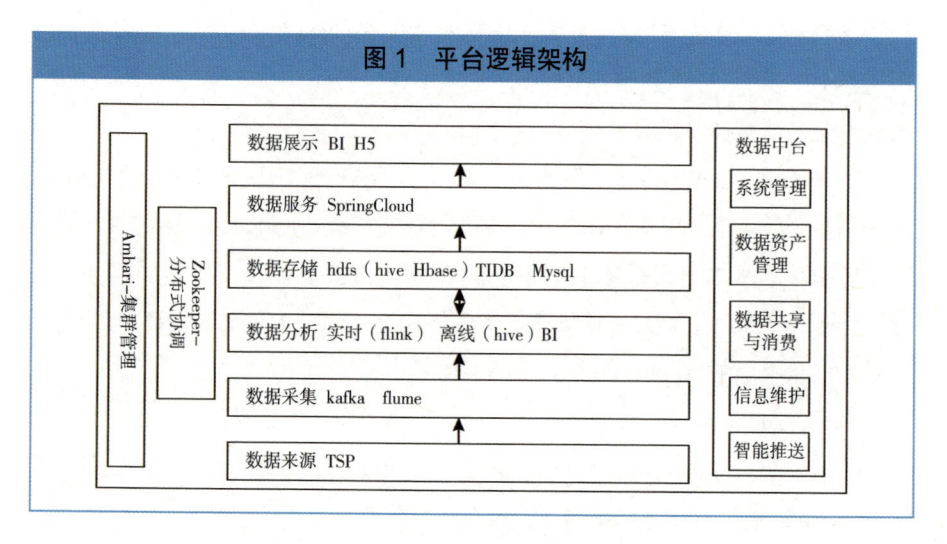

图 1 平台逻辑架构

平台数据接入层接入的数据源包括车辆运行数据、车辆 DCS 系统相关数据、电池溯源系统相关数据、车辆 sim 卡数据；车辆实时的运行数据分为国标和企标，数据均采用 json 格式进行传输，源端系统将数据实时地逐条写入 kafka 消息队列指定的 topic，大数据平台通过 flume 将数据实时消费到集群自身的 kafka 队列中，然后通过 flink 对对应 topic 中的数据进行流处理，最终数据会存入 hdfs 和 Myslq 中。整个数据接入流程主要通过 kafka+flume+flink 技术路线实现数据的无缝对接，保障平台对高并发数据处理的稳定性，同时降低了数据处理的延迟性，提高了系统对乱序数据的容错性能。

针对非实时性数据，采用 kettle 技术实现数据的同步更新；kettle 支持连接 Myslq、orcle、DB2、mongdb 等多类数据库，支持转换 XML、Json、txt 文本、csv、xls 等多种数据格式，同时 kettle 具备流程控制，可以设定自动执行时间。

平台数据存储层对接入数据的存储方式为 HDFS 存储和传统数据库存储，大幅降低了数据在磁盘上丢失的风险；车辆实时的运行数据由 flink 流处理直接写入 Hadoop 集群的 HDFS，并通过 hive、Hbase 技术实现对历史数据的挖掘分析，与此同时 flink 还会根据实时指标展示需求，将计算后的数据同步到 TIDB 或者 Mysql 数据库中，用于 BI 对数据的即时查询和可视化展示；平台同时搭建了 Mysql、TIDB 数据库用于接收并存储非实时性数据和指标分析的结果数据，TIDB 为分布式集群部署，完全兼容 Mysql 数据库，提高了数据读写性能。

平台存储采用分层逻辑架构，原始数据层为 ods，数据仓库层为 dw，数据集市层为 dm。原始数据层是存储所有未清洗的数据，数据仓库层是按照业务需求增加清洗规则后的中间数据，数据集市层的数据为具体指标实现可视化的支撑数据；为了合理利用平台磁盘存储空间，大数据平台对接入的原始数据会进行压缩存储，压缩比可达到 8∶1，节省磁盘空间的同时还提高了集群 MR 计算速度。针对原始数据、中间数据、结果数据均设定了存储时长，定期删除冗余数据的任务、每天合并 HDFS 上的小文件。

平台应用层采用 Spring Cloud 微服务架构，实现服务发现注册、配置中心、消息总线、负载均衡、数据监控等，通过 Spring Boot 可做到一键启动和部署；通过数据中台对高层应用、系统权限、数据资产、信息维护等板块进行综合管理。

平台数据可视化集成了专业 BI 工具，对 TIDB 和 Mysql 中的结果数据可以进行查询，生成多样化、可视化的图标，最终展示在 Web 客户端，实现了用户对指标数据的交互查询，通过 BI 工具还可对数据进行灵活的自主分析和二次挖掘。

基于以上的架构方案，完成了数据采集、存储、管理、使用的闭环流程，为进一步数据应用奠定了技术基础。

五 动力电池监控算法及应用

（一）动力电池安全模型算法

1. 常见的安全监控模型算法

常见的模型算法可以分为两类：第一类，基于电化学机理的算法；第二类，基于电化学机理和深度学习相结合的算法。

基于电化学机理的研究算法，首先需要对电池过热的几类原因进行分析，针对不同的原因采取相对应的监控算法。

（1）过热触发热失控。导致动力电池过热的原因来自电池的选型和热设计的不合理，或者外短路导致电池的温度升高、电缆的接头松动等。

（2）过充电触发热失控。电池管理系统本身对过充电的电路安全功能缺失，比如电池的 BMS 已经失控却还在充电会产生过热风险。值得注意的是，随着电池的老化，各个电芯之间的一致性会越来越差，这时过充就更容易发生。

（3）内短路触发热失控。电池制造杂质、金属颗粒、充放电膨胀的收缩、析锂等都有可能造成内短路。这种内短路是缓慢发生的，时间非常长，而且不知道什么时候会出现热失控。若进行试验，无法重复验证。这意味着必须要找到单体的特征参数，可以先从一致性着手。电池是不一致的，内阻也是不一致的，只要找到中间有变异的单体，就可以将其辨别出来。

（4）机械触发热失控。碰撞是典型的机械触发热失控的一种方式，一般而言，某电芯热失控发生之后，会向周边电芯扩散传播，继而导致模组及整包热失控。针对这种传播，可以建立一个模型，包含中间温度升高率、化学能电能的产热、传热对流等。整个热电耦合的模型，可以用量热仪来做一个相关的定量分析。

2. 大数据平台热失控模型算法

（1）自定义规则报警

车辆动力电池在发生过热时，往往会在电压、电流、温度等参数上具有明显的表现。自定义规则报警是针对车辆上传的国标、企标信号，自行定义判断规则、算法并进行异常情况的检测及报警。目前已经采取了针对单体电压、压差、温度等的自定义规则算法。

（2）电压排序

电压排序是通过电池各单体电压值连续下降时出现异常的规律，构建电池单体电压排序判断异常策略。通过对电池各个单体的电压进行监控，并按照特定周期对每个单体电压值进行排序，并分析排序后的电压连续下降变化情况，使用电池单体电压排序判断异常策略，进而发现异常的电池单体。

在具体实施中，使用大数据分布式实时流处理技术，如 Spark Streaming、flink 等。实时采集车辆中 T-BOX 上的信号数据，以监控车辆电池单体的电压。利用分布式实时计算技术，对电池各个单体的电压数据滤波降噪处理，如移动均值滤波方法。并根据单体的电压值进行排序和编号，分析每个电池单体电压排序变化和电压值连续下降情况，通过电池单体电压排序判断异常策略，实时监控并发现车辆电池将要发生异常的单体，并及时发出告警，避免导致车辆电池的热失控和其他电池安全事故。

（3）基于工程经验的过热预警算法

由于电池过热可由多种因素引发，包括环境工况、电池热容、电池导热系数、电池产热、TMS 加热系统等，产生原因复杂多样。本算法利用大数据分布式实时流数据处理技术在实时性、计算速度等方面的优势，提出一种电池过热状态实时预警的模型。多角度、多参数地对车辆 T-BOX 实时上传的信号数据进行处理和分析，通过电池过热判断策略实时监控，在车辆发生电池过热时及时发出报警。

使用 flink 或 Spark Streaming 等大数据实时流处理框架，实时处理车辆上传的电池信号，包括单体电压、温度、总电压、总电流、绝缘电阻、充电状态、故障等级、故障码等电池相关信号数据。并计算电池温度和电压相关的特征值，电池温度特征主要包括在连续不同时刻温度的差异值、电池最高温度值。

温度差异值（temp Δ）等于当前时刻的温度值（$temp_t$）减去上一时刻的温度值（$temp_{t-1}$）。计算方法如式（1）所示。

$$temp\Delta = temp_t - temp_{t-1} \tag{1}$$

其中，t 表示当前时刻，$t-1$ 表示上一时刻。电池电压特征主要包括电池单体电压在连续不同时刻电压的差异值、单体电压最后时刻的电压值。单体电压差异值（vol Δ）等于当前时刻单体电压值（vol_t）减去上一时刻的单体电压值（vol_{t-1}），计算方法如式（2）所示。

$$vol\Delta = vol_t - vol_{t-1} \tag{2}$$

电芯 ΔSOC 表示电芯的 SOC 值在不同时间范围内的变化量，此判异方法是基于电动汽车电池组中各单体自放电特性和单体一致性维度构建。

根据各电芯电压值，结合 OCV-SOC 映射表，得到电芯的 SOC 值。根据电芯的电压值和 SOC 中位数，计算得到各个电芯的 ΔSOC 值，计算方法如式（3）所示。

$$\Delta SOC_i^t = SOC_i^t - SOC_{median}^t \tag{3}$$

其中，i 表示电芯编号，SOC_i^t 表示在 t 时刻电芯 i 的 SOC 值。ΔSOC_i^t 表示在 t 时刻电芯 i 的 ΔSOC 值。电芯的 ΔSOC 自偏差表示 ΔSOC 在统计时间范围内不同时刻与均值的差异量。ΔSOC 自偏差计算方法如式（4）所示。

$$p_i^t = \Delta SOC_i^t - \Delta SOC_{avg} \tag{4}$$

其中，p_i^t 表示单体 i 在 t 时刻的 ΔSOC 自偏差值，ΔSOC_i^t 表示电芯 i 在 t 时刻的 ΔSOC 值，ΔSOC_{avg} 表示电芯 i 在统计时间范围内的 ΔSOC 平均值。

基于以上实时计算得到的相关特征，输入电池过热判断策略。首先判断电池温度在连续不同时刻的电池最高温度上升值、连续不同时刻的温度差异最大值等，是否超过或者低于相对应的阈值。其次判断连续不同时刻电池单体电压差异值、电池单体最后时刻电压值、不同时刻电压连续下降电压差值等，是否超过或者低于相对应的阈值。ΔSOC 判异策略主要包括各电芯 ΔSOC 值和电芯的 ΔSOC 自偏差值在一定时间范围内的连续变化情况，通过对车辆整包电池组定期监控各电芯这两者的变化量，判断是否超出正常区间阈值。综合以上判断条件，可对电池安全状态实现预警。

此方法具有的快速分析计算、迅速过热判断、实时性强的特点，可有效及时地发现将要发生或者正在发生电池过热的车辆并发出告警，得以让相应人员快速开展行动，避免造成因电池过热而产生的电池寿命衰退、车辆起火等安全事故甚至更严重的损失。基于电化学机理的算法，监控往往比较单一，适用的范围窄，因为数据质量等问题存在误报的情况，而且电池本身的化学机理复杂，通过单一的模型很难进行建模，因此引入深度学习算法，结合电化学原理进行建模，在一定程度上可以提升准确率并减少误报的情况。

（4）基于机器学习的过热预警算法

电池会随着时间逐渐退化，自身的化学反应，加之车主用车习惯、用车工况等各不相同，电池出现热失控的原因错综复杂。

为了最大化地覆盖发生热失控的所有情况，本算法建立一种基于神经网络预测电池热失控的方法。通过基于实验室和车辆大数据平台积累的海量数据，包括电池正常状态数据、出现各种不同异常状态数据、发生热失控数据、用车行为等数据，建立可能导致发生热失控相关、车辆工况环境相关、用户行为相关、电池内部机理相关等的大量特征参数。利用神经网络的深度学习算法能有效从大量特征参数中自动学习数据规律的特点，构建并生成可预测动力电池热失控的卷积神经网络模型。通过海量数据和大量特征参数训练出的预测模型，能有效覆盖电池出现热失控情况。再结合大数据实时流处理技术，实时采集车辆信号数据并通过卷积神经网络模型预测车辆发生热失控的风险，并及时发出预警。

实际提取的数据字段包括总电压、总电流、电池温度、电容、内阻、单体电压电流、单体温度、电芯电压、电芯温度、SOC、车速、充电状态、电池异常等信号数据。并建立大量特征参数，如过充过放、充电电流、电芯电压、温度差、静态压差、单体过温、静态单体电压离群、内阻差、自放电差、绝缘阻抗、快充压差等。然后将这些大量特征变量归一化处理后输入神经网络模型进行训练。电池热失控预测模型实际采用卷积神经网络（CNN）。其中输入层神经元数量与特征变量的数据量保持相同。卷积层使用的激活函数是 ReLu，如式（5）所示。输出层只有一个神经元，其激活函数是 sigmoid，如式（6）所示。

$$f(x)=\begin{cases} 0 & x \leq 0 \\ x & x \geq 0 \end{cases} \quad (5)$$

$$g(x) = \frac{1}{1+e^{-wTx}} \qquad (6)$$

通过 sigmoid 函数可输出概率值，概率越大表示电池发生热失控的风险越大。通过以上的输入层、卷积层、输出层构成完整的神经网络模型。在实际使用中，可设定电池发生热失控概率阈值为 ә。当模型输出的概率大于等于 ә 时，可认为此电池出现热失控异常并及时预警。一般 ә 的范围可控制在 [0.60, 0.98] 内，可根据实际发生热失控的历史数据分析得出最适合的取值。

3. 模型应用结果

将以上不同的热失控模型算法，部署到实际大数据平台中，可有效监控各个实际车辆的电池情况。如图 2 展示了平台 ΔSOC 电池异常告警列表，通过告警类型及异常值的大小可以实现对电池安全风险的评估。

图 3 展示了实时监控下的电池异常告警，包含 BMS 报警、电压排序异常报警、ΔSOC 报警及模型算法的报警。

图 2 ΔSOC 的电池异常告警

VIN	车系	车型	日期	单体编号	告警类型	ΔSOC	异常值
LS5A3AJC7JD			2021-03-18 23:11:28	24	ΔSOC小于-15%	-23.4417	-23.99
LS6A3E0M5LA			2021-03-18 23:10:12	81	ΔSOC小于-15%	46.2814	46.04
LS6A3E0M5LA			2021-03-18 23:10:12	82	ΔSOC小于-15%	46.2814	46.04
LS6A3E0M5LA			2021-03-18 23:10:12	83	ΔSOC小于-15%	46.8902	46.49
LS6A3E0M5LA			2021-03-18 23:10:12	84	ΔSOC小于-15%	45.7936	45.55
LS6A3E0M5LA			2021-03-18 23:10:12	85	ΔSOC小于-15%	46.4902	46.28
LS6A3E0MXMA			2021-03-18 21:28:15	90	ΔSOC小于-15%	67.0104	-67.06
LS6A3E0MXMA			2021-03-18 21:28:15	61	ΔSOC小于-15%	66.8074	-67.06
LS6A3E0MXMA			2021-03-18 21:28:15	89	ΔSOC小于-15%	66.9089	-67.06
LS5A3AJC1/B			2021-03-18 21:25:50	84	ΔSOC小于-15%	-18.1827	-16.83
LS5A3AJC1/B			2021-03-18 21:25:50	71	ΔSOC小于-15%	-15.091	-15.77
LS5A3AJC1/B			2021-03-18 21:25:50	72	ΔSOC小于-15%	-19.641	-19.27
LS5A3AJC1/B			2021-03-18 21:25:50	53	ΔSOC小于-15%	-15.091	-15.97
LS5A3AJC0/B			2021-03-18 21:04:00	17	ΔSOC小于-15%	-45.9867	-45.82
LS5A3AJC8JJ			2021-03-18 21:01:15	9	ΔSOC自偏差小于-4%	-3.7452	-4.06
LS4ASE2E2JJZ			2021-03-18 20:41:49	9	ΔSOC连续3次下降大于3	-20.2008	-3.16
LS4ASE2E2JJZ			2021-03-18 20:41:49	9	ΔSOC小于-15%	-20.2008	-17.25
LS4ASE2E2JJZ			2021-03-18 20:41:49	95	ΔSOC小于-15%	-27.9946	-29.32
LS4ASE2E2JJZ			2021-03-18 20:41:49	92	ΔSOC小于-15%	-25.2553	-25.24

图 3 过热监控算法的电池异常告警

序号	VIN号	用途	单体编号	车型	风险等级	异常发生地点	电芯厂家	触发时间	异常名称
1	LS6A2E0E7[illegible]7	模型运营车	/	[illegible]	中	未知	[illegible]	2021-03-19 11:14:15	过热-BMS
2	LS6A2E0EX[illegible]8	模型运营车	56	[illegible]	中	未知	[illegible]	2021-03-19 10:44:52	电压排序异常
3	LS4AJB4X1[illegible]31	模型运营车	/	[illegible]	中	山西省晋中市灵石县	[illegible]	2021-03-19 08:53:49	过热-BMS
4	LS5A3AJC1[illegible]4	模型私家车	4,5,8,9,...	[illegible]	中	未知	[illegible]	2021-03-19 08:31:41	行驶过热-算法
5	LS4AJL4X0[illegible]7	模型运营车	/	[illegible]	中	内蒙古自治区乌兰察布市化德县	[illegible]	2021-03-19 07:12:02	过热-BMS
6	LS4AJL4X0[illegible]7	模型私家车	/	[illegible]	中	内蒙古自治区乌兰察布市化德县	[illegible]	2021-03-19 07:03:32	过热-BMS
7	LS6A2E0E0[illegible]7	模型运营车	47	[illegible]	中	安徽省合肥市瑶海区	[illegible]	2021-03-19 02:33:38	电压排序异常
8	LS5A2AJX9[illegible]0	模型运营车	/	[illegible]	中	浙江省宁波市鄞州区	[illegible]	2021-03-18 22:46:26	过热-BMS
9	LS6A2E0EX[illegible]21	网约车	/	[illegible]	中	重庆市南岸区	[illegible]	2021-03-18 18:24:17	过热-BMS
10	LS5A2AJX0[illegible]5	模型私家车	/	[illegible]	中	未知	[illegible]	2021-03-18 17:25:20	过热-BMS

（二）动力电池健康度模型算法

动力电池健康度（SOH）评估对电池的使用、维护和经济性分析具有指导意义，电池健康度表征当前电池相对于新电池存储电能的能力，以百分比形式表示电池从寿命开始到寿命结束期间所处的状态，电池健康度能够反映出车辆当前的电池健康程度，尤其是定量地评估电池容量衰减程度，是电池管理系统中最重要的参数之一。精确掌握电池健康度可为其自身的监测与诊断提供依据，有助于及时了解电池的健康状态，及时更换老化的电池，提高电动车的安全性及动力性能。

1. 常见电池健康度模型算法

目前电池健康度的定义主要体现在容量、电阻、内阻、循环次数和峰值功率等几个方面。目前常见的动力电池健康度模型主要有经验模型、等效电路模型和电化学模型。

（1）经验模型

经验模型通过大量实验数据分析、拟合、试凑、经验公式和统计处理来获取电池性能状态的变化,总结出电池健康度的变化规律,经验模型主要有电池阻抗经验模型和电池容量估计经验模型。

(2)等效电路模型

等效电路模型从电池的电工学角度,结合大量状态数据进行分析,将锂电池等效为一个基本的电路模型,用电路模型进行电池的健康状态评估。锂电池基本等效电路模型有 Rint 模型、RC 模型和 Thevenin 模型 3 种,PNGV 模型和 GNL 模型是在 Thevenin 等效电路模型基础上改进的模型。

(3)电化学模型

电化学模型从电池的电化学反应机理出发分析电池运行过程中的健康状态变化,考虑电池的老化因素对电池内外部状态变量(如温度、电流倍率、截止电压等)的影响。锂电池电化学模型研究包括基于 SEI 机理模型、电化学第一原理模型、单因子和多因子综合电化学模型的复杂电化学模型等。

2. 平台电池健康度模型算法

电池健康度即电池的容量衰减程度。本平台的电池健康度模型主要基于电池当前的容量衰减程度来构建,通过大数据统计分析充电容量的月度水平,对比其与初始值的下降比例,并设定初始健康分为 100 分,然后进行量化评定。

具体方法是通过平台中已经积累的海量数据,提取充电行程、放电行程等原始数据。对数据进行数据预处理,包括行程有效性检验、数据时间有效性筛选等方法过滤异常数据。首先统计充电电量的月度平均水平,并与最早的 30 天的数据对比,计算电池容量环比下降幅度,以得到电池容量衰减程度。其中衰减程度值在 [0,100] 区间。然后分析并挖掘出能表征电池容量衰减程度的特征变量,以及进行相关性分析和结合专家经验选择适当的特征,最终构建数据集。数据集包括车辆在每月的充电平均起始 SOC、充电平均结束 SOC、电池平均温度、电压峰值、快充电量、放电平均温度等特征变量。使用多项式回归模型,通过数据集多元特征变量,对电池容量衰减程度进行拟合训练。每次训练完模型后,都会对模型的效果进行评估。MSE 和 r^2 的公式如下。

$$MSE = \frac{1}{n}\sum_{i=1}^{n}(f_i-y_i)^2$$

$$r^2 = 1 - \frac{SS_{res}}{SS_{tot}} = 1 - \frac{\sum(y_i - f_i)^2}{\sum(f_i - \bar{y})^2}$$

上述公式中，f_i 代表真实值，y_i 代表模型预测值，$\bar{y}$ 代表真实值的均值。MSE 表示均方误差，也就是真实值和预测值的偏差平和的平均值。但解释性和可读性较差，衡量标准不统一，这里需要使用 r^2 为模型的最终评判标准。r^2 表示决定系数，统计学中用于度量因变量的变异中可由自变量解释部分所占的比重，以此来判断模型的解释力。r^2 的值的范围在 [0, 1]，越接近 1，表示模型越好。最终此模型可用于预测车辆当前以及未来两个月的电池健康度。

3. 模型应用结果

将算法部署至平台并应用，典型车辆预测数据曲线如图 4 所示，通过实测 SOH 与模型预测 SOH 之间的对比分析，本预测模型 r^2 值为 0.9877，表明该 SOH 预测算法能够很好地对电池 SOH 状态进行预测。

六 其他安全监控支撑应用

基于大数据平台，结合过热监控预警算法实现了异常车辆的识别，为支撑

图 4 典型车辆 SOH 预测情况

完整的监控应用闭环，指导各部门及时处置异常问题，大数据平台开发了一系列支撑应用，以支撑和保障监控体系的运行。

（一）智能推送

基于车联网大数据平台开发了"智能推送"软件功能模块，实现了企业微信、短信、邮件等多渠道、自动推送与手动推送并举的双重推送应用，基于智能推送的应用，当模型运算预计发生故障后，能够及时推送至技术板块进行故障确认，必要时能提醒用户注意车辆安全检修。

智能推送除了实现电池异常状态推送外，还能作为平台化推送引擎，扩展以下推送功能。

（1）基于用户充电次数、频率、充电间隔时间、SOC等数据，搭建电池健康度评分模型，个性化推送电池健康评分；

（2）基于用户行驶里程、保养维修数据、个性化推荐用户保养信息等，提升用户满意度；

（3）基于用户车联网故障数据，实时监控故障车辆状态，当发生故障报警后，及时通知用户，防范危险的发生；

（4）基于用户出行习惯，智能推荐消费、娱乐信息。

其功能实现逻辑如下。

（1）实时采集车联网大数据；

（2）搭建电池异常监控模型、建立个性化推送规则；

（3）以实际车联网大数据作为输入，经过模型运算得出计算结果；

（4）通过企业微信、短信、企业内部即时通信软件等多种渠道，实时推送电池异常监控模型结果，系统推送对应专业板块；

（5）不断训练、优化模型，改进推送规则。

（二）实时监控

顾名思义，实时监控就是实时监控车辆数据，包括车辆的各种运行数据，如电压、温度、电流、车辆定位等。实时监控实现了车辆的远程监控，从原来传统的车辆发生故障后，派遣相关技术人员实地拷贝数据进行维修的方法，转变为远程诊断故障、解决故障的新式方法，极大地提高了故障处理效率。实时监控功能板块主要应用如下。

（1）实时监控车辆运行状态，实时报警以及电池安全预警。

（2）发生故障后，精准定位车辆位置，快速救援。

（3）通过分析车辆的各种运作数据，快速分析故障原因，解决故障。

（4）故障管理能力，在大数据平台存储了全部故障历史记录，可追述可查询故障记录。

（5）通过监控新能源车行驶状态，第一时间排查骗补等违规行径。

（6）支持对车辆历史轨迹数据进行查询，并支持车辆运行轨迹在线回放。

（三）电池溯源

动力电池是电动汽车最核心的组成部件之一，同时目前市场上用户普遍关注电动汽车的电池安全隐患、电池衰减问题。因此，对电池管理水平的高低很大程度上决定了企业的成败。大数据可以在电池生产、整车生产及销售、电池维修、电池更换、电池回收等环节，管理电池数据流，提升信息化水平，提高效率。

"电池溯源"功能模块存储了电池全生命周期的数据，包括电池生产时间、对应 VIN、电池容量、电池厂家、电池类型等多方面的数据。当电池需要维修的时候，可立即调出该电池的"档案"，快速获得相关专业板块、电池厂家等多方面的技术支持，快速地解决问题以提高效率，也提升客户体验。同时，电池溯源功能根据电池历史数据，并结合整车生产数据，提供了二手车评估功能。电池溯源也是后期电池梯次利用的重要储备。

七 安全管控体系搭建

高效完备的异常监控体系需要平台基础功能的支撑，同时更离不开高效协作的安全监控体系及应急处理机制，本部分将介绍基于动力电池的安全监控体系。

（一）电池异常监控

基于电池安全监控算法模型识别，存在异常的车辆基本信息会通过平台智能推送功能将相关信息推送至 7×24 小时安全监控团队。

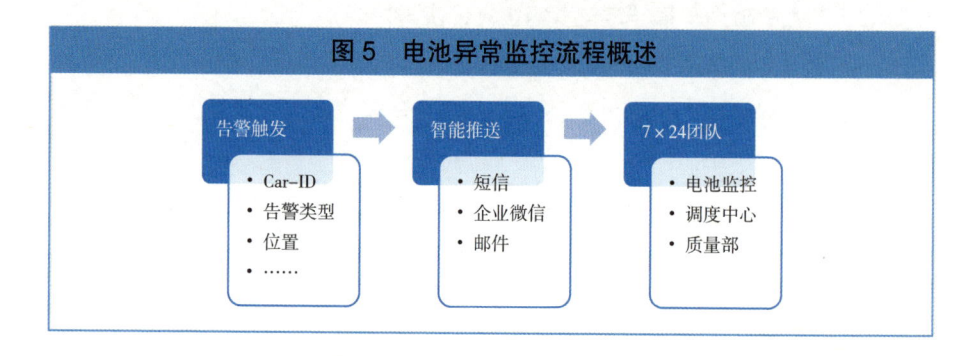

图 5　电池异常监控流程概述

告警触发
- Car-ID
- 告警类型
- 位置
- ……

智能推送
- 短信
- 企业微信
- 邮件

7×24团队
- 电池监控
- 调度中心
- 质量部

（二）异常类型确认

基于监控算法模型，将故障分级分类，可实现普通问题的自动判定确认，针对疑难问题，依托平台远程诊断功能，可实现车端故障时刻数据实时回传功能，满足专业团队进行故障异常判定核实的需求，表 1 列举了部分电池异常分级分类情况。

表 1　电池异常分级分类

故障等级	故障类型 故障和缺陷	外部因素	数据异常	其他原因
一级	电池高温绝缘	碰撞	—	……
二级	压差	直流过冲	—	……
三级	小电瓶亏电	长期停放	数据上传异常	……

（三）应急处理流程

针对高风险问题，以 1 小时停运、24 小时进站为处理目标，由各地区应急处理团队保障车辆安全风险及时管控（见图 6）。

图 6 应急处理流程

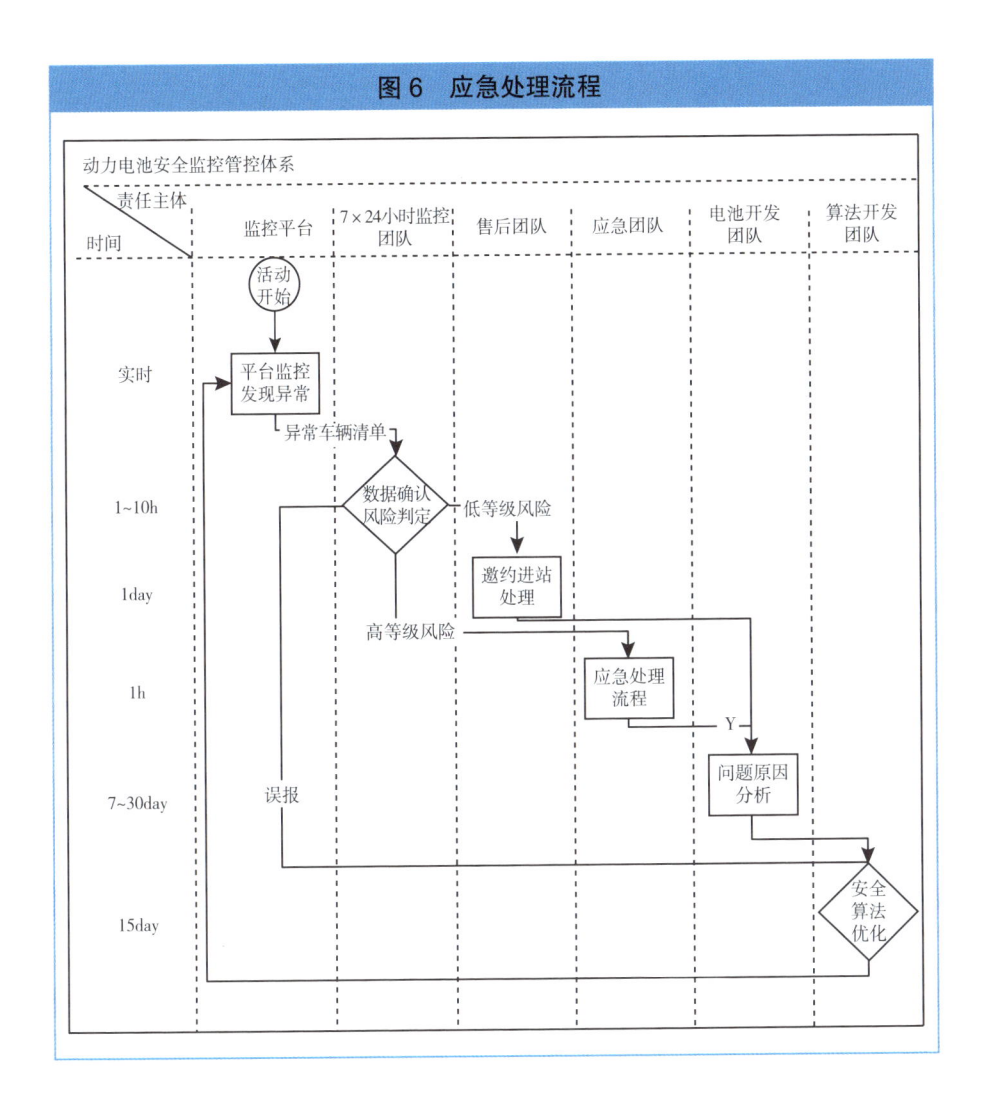

（四）算法迭代更新

针对所有异常问题，15 日内完成问题原因分析，并及时审视更新安全监控算法，持续迭代优化。

八 总结与展望

（一）总结

本文以企业自建大数据平台为基础，建立了较为完善的大数据采集及接入标准，搭建了大数据处理基础架构，实现海量数据的采集、存储、管理、使用的闭环流程，基于现有动力电池安全及寿命主要问题，进行了电压排序、ΔSOC、电池过热监控、电池健康度等算法模型搭建及应用。应用结果表明，基于大数据平台的电池异常安全算法，能够有效识别和预测电池的异常状态，并以此结果为基础形成了动力电池异常监测管理机制，保障车辆安全性。

（二）现有研究不足及后续研究方向

现有自定义报警、ΔSOC、电池过热监控算法等电池异常监控算法模型主要依托于传统的电化学模型或等效电路模型修改而来，在电池动态加载条件下的模型可信度和适用性有待考究，因此传统的电池模型并不能准确刻画故障状态下的电池机理，针对电池各类故障失效形式，分析并建立高精度、高可信度的电池模型，是透析电池安全问题本质、形成有效诊断机制及安全管理方法的必由之路。基于神经网络的深度学习算法能有效从大量特征参数中自动学习数据规律，是探究包括极端故障及多故障并发复杂情况下的电池多域特性耦合机理的重要研究手段，后续平台将重点推进神经网络的深度学习安全算法，建立更加全面有效、面向实际的电池安全管理体系。

参考文献

[1] 中国汽车工业协会：《2020年12月汽车工业产销综述》，http://www.caam.org.cn/chn/4/cate_30/con_5232919.html，2021年1月13日。

[2] 陈泽宇、熊瑞、孙逢春：《电动汽车电池安全事故分析与研究现状》，《机械工程学

报》2019 年第 24 期，第 93~104+116 页。

［3］杨赟、刘凯、陈翔宇等：《18650 型锂离子电池火灾爆炸预警装置研究》，《消防科学与技术》2018 年第 7 期，第 939~942 页。

［4］张斌、吴楠、赵希强等：《基于红外热成像技术的动力电池组热失控监测系统》，《电池工业》2019 年第 4 期，第 171~175 页。

［5］冯旭宁：《车用锂离子动力电池热失控诱发与扩展机理、建模与防控》，清华大学博士学位论文，2016。

［6］邓原冰：《锂离子动力电池热失控及其预警机制的试验与仿真研究》，华中科技大学硕士学位论文，2017。

［7］王春力、贡丽妙、亢平等：《锂离子电池储能电站早期预警系统研究》，《储能科学与技术》2018 年第 6 期，第 1152~1158 页。

［8］Li B , Parekh M H , Adams R A , et al. Lithium-ion Battery Thermal Safety by Early Internal Detection, Prediction and Prevention[J]. Scientific Reports, 2019, 9(1).

［9］Srinivasan R , Demirev P A , Carkhuff B G . Rapid monitoring of impedance phase shifts in lithium-ion batteries for hazard prevention[J]. Journal of Power Sources, 2018, 405(NOV.30):30-36.

［10］Li X , Dai K , Wang Z , et al. Lithium-ion batteries fault diagnostic for electric vehicles using sample entropy analysis method[J]. Journal of Energy Storage, 2020, 27(Feb.):101121.1-101121.11.

［11］Panchal S , Dincer I , Agelin-Chaab M , et al. Experimental and theoretical investigations of heat generation rates for a water cooled LiFePO4 battery[J]. International Journal of Heat & Mass Transfer, 2016, 101(oct.):1093-1102.

［12］Liu K , Li K , Deng J . A novel hybrid data-driven method for li-ion battery internal temperature estimation[C]// 2016 UKACC 11th International Conference on Control (CONTROL). IEEE, 2016.

［13］Hong J, Wang Z, Liu P. Big-Data-Based Thermal Runaway Prognosis of Battery Systems for Electric Vehicles[J]. Energies, 2017, 10(7):919.

安全预警篇 | 大数据驱动的新能源汽车多维度安全预警建模方法研究

◎程端前　严中红　张玉兰 *

* 程端前，中国汽车工程研究院股份有限公司数据中心数据产品部副部长；严中红，重庆理工大学教授，中国汽车工程研究院股份有限公司高级顾问；张玉兰，中国汽车工程研究院股份有限公司数据分析工程师。

摘 要：新能源汽车安全已是一个非常严峻的现实问题，直接影响到产业的未来与发展。本文综合阐述了基于大数据驱动的安全预警技术建模的方法学问题。从多个层次、多个维度讨论了安全预警的技术方法，重点分析提出了基于系统稳定性、相关性、一致性等的累积风险模型与事故特征匹配追踪模型两大类模型。介绍稳态概率建模方法、累积风险计算方法、累积风险曲线识别方法。介绍了基于中心矩、能量一致性的累积风险模型与应用情况，介绍一类全新的模式匹配识别模型——事故特征匹配追踪模型。总结提出了一个包括微观定义安全、宏观预警安全、智能完善安全、数据保障安全的比较完整的安全预警体系与方法。

关键词：新能源汽车　安全预警　电池系统　风险识别　大数据

一 引言

（一）新能源汽车安全的严峻现状

我国新源汽车产业受国家政策的支持和引导目前处于高速发展期，2019 年产销量超过 120 万辆，保持全球领先地位。新能源汽车数量增长的同时，安全问题也日渐突出，仅 2019 年 5~7 月，新能源汽车国家监管平台共发现 79 起安全事故，涉及车辆 96 辆。2019 年新能源汽车全年火警报警超过 500 辆，新能源汽车因质量问题召回超过 3 万辆。2020 年新能源汽车保有量突破 490 万辆，火警报警超过 700 辆，新能源汽车因质量问题召回超过 9 万辆。目前新能源汽车质量主要指向动力电池安全问题，电池失效所引发的热失控导致火灾事故频发。事故当中经常伴随冒烟、起火和爆炸的现象，锂离子电池的热失控仍然是动力电池安全事故的核心原因。

（二）新能源汽车安全与大数据

目前，新能源汽车事故分析方法主要源于传统火灾事故调查，主要以事故现场调查、事后统计分析以及实验定性测试方法为主。随着新能源汽车运行大数据国家平台的建立，基于新能源汽车大数据驱动的安全调查、事故分析与安全预警已成为可能。大数据时代到来，数据挖掘技术作为一种新型的数据处理方式，目前得到快速发展，数据挖掘技术也在各行各业得到广泛应用，为多种领域发展提供支撑。常见的数据挖掘技术主要分为三大类，涵盖了特征聚类分析、关联分析、人工神经网络方法等。大数据技术在新能源汽车领域展现良好的应用前景，新能源汽车和大数据的融合是未来大趋势，也是国家汽车行业转型升级的战略重点方向。当前，新能源汽车运行大数据分析技术主要应用于动力蓄电池领域，包括动力电池故障诊断与热失控预警。此外，运行大数据在车辆运行状况监控、关键零部件检测、整车安全、区域交通安全、新能源汽车用户行为研究、基础设施建设布局等方面也开始有了一些研究与应用。新能源汽车安全仍是目前需要解决的重要行业痛点，影响产业的发展与应用，紧密结合新能源汽车实际运行情况，利用大数据挖掘技术，针对性建立相关安全检测、安全预警模型显得至关重要。

（三）安全预警关键技术问题

什么是一个系统的安全？如何量化描述系统的安全是一个哲学方法学上的问题；没有绝对的安全只有相对的安全，这取决于观察者的尺度，因此，安全既是主观的也是客观的。通常，若系统是稳定的，则该系统就是安全的，系统的稳定性取决于系统内因，即表征系统安全核心参数的稳定性。系统稳定性表现为多个方面，如单参数本身的稳定性，多个关联参数之间相关关系的稳定性，特征匹配协同程度的稳定性等。因此，可以从多个维度去分析系统的稳定性，从而研究系统的安全性。在弄清影响一个系统的安全要素的基础上，如何实现系统的安全量化描述是问题的关键所在。

二 安全预警技术方法学问题

（一）如何克服传统报警方法的缺陷

新能源电动汽车的使用过程中，电池失效或热失控是其安全危害的主要形式，而影响它们的核心参数主要有电流、电压、温度、电阻、单体电压、SOC等。在利用这些参数来判断车辆安全的时候通常有阈值判断法、离群点法、信息熵法等各种各样的方法。以传统的阈值报警方法为例，通常是设置一个安全阈值，某个时刻安全参数超过这个阈值就报警，我们把这种模型称为微观瞬态报警模型。阈值报警最大的优势是形式简单、计算快。微观报警模型最大的缺陷是报警阈值设置困难，不同场景、不同工况、不同系统阈值可能存在明显差异性，因此通常误报多。同时安全程度的量化指标难以实现，不同标准的阈值在行业内很难比较，通常指标对正常车与事故车的区分度不高且误报多。因此，如何报警或预警是一个十分重要的方法学问题。

（二）安全风险是一个从量变到质变的过程

在传统的安全报警方法中，各种参数类阈值报警通常并不考虑安全的变化趋势与风险变化速度、加速度，未能反映车辆安全运行过程、车辆生命周期中安全风险是如何演变的，很难体现安全风险是一个从量变到质变的发生过程。因此，有必要研究新的安全预警技术思路，同时我们也需要克服传统阈值报警方法中把风险量化为绝对的 0 或 1 的问题，以及解决安全阈值设置困难的问题。我们需要提出全新的安全量化方法，在更大的时间尺度上表征安全与实现安全预警。因此，本文重点提出累积风险模型，主要依据系统的稳定性、相关性、一致性等去量化描述安全问题；在车辆生命周期或运行过程中比较大的时间尺度上关注安全；把安全理解为一个风险累积过程，基于车辆运行历史大数据，在全局时间尺度上，在多个特征维度上实现有效的长时宏观安全预警。安全风险是一个从量变到质变的过程。累积风险模型是不需要阈值的模型，或者对阈值没有严苛的要求，累积风险模型设计安全风险来源于故障机理但并不受机理的限制。

三 安全预警的累积风险模型与应用

（一）基于稳态概率的建模方法

依据系统的稳定性、相关性、一致性等累积风险模型的思想是相似的。本文以稳态概率为例量化描述安全问题。假定安全要素在符合正态分布的情况下，参数的数学期望代表系统所处的稳态，方差大小反映了系统的稳定程度特征。通过状态稳定性概率计算方法，实现安全的抽象与量化表示，通过表征系统稳定性特征（即安全特征）的稳态概率计算，把其非稳态概率定义为安全风险，并通过风险从量变到质变的累积过程实现安全风险建模。

影响电池安全的某个物理要素，总存在某些不确定性因素的干扰，会在某个范围内波动，通常只能描述该要素影响安全的统计特征。我们假定该要素是服从正态分布的,它的均值态就是最稳定的状态,即该要素在它的均值态范围内的概率越大越安全,因此我们只需要检测该要素在均值态下的方差,方差越大在均值态范围内的概率就越小,可靠性就越低,安全性就越差。

算法原理:设 $x(t)$ 是一个影响安全的观测信号,比如等效开路电压(EOCV)、等效内阻(EIR)、电压变化速度、电压极差、温度极差等,假定在某个时间窗内服从高斯正态分布函数:$g(x,\sigma) = \frac{1}{\sqrt{2\pi}\sigma} e^{\frac{(x-u)^2}{2\sigma^2}}$,则该参数出现在某个固定观察窗内(度量信号的变化尺度)的概率可表示为:

$$p(T) = \int_{|x-u|<T} \frac{1}{\sqrt{2\pi}\sigma} e^{\frac{(x-u)^2}{2\sigma^2}} dx = \int_{|t|<T/\sigma} \frac{1}{\sqrt{2\pi}} e^{\frac{t^2}{2}} dt$$

因此,该概率取决于该信号变化的局部方差 σ 与度量该信号波动变化的尺度 T。稳态概率模型的优势如下。

(1)尺度参数的选择范围较宽,具有很强的柔性,适应性强。

(2)稳态概率计算稳定,有很强的抗干扰数据的能力,鲁棒性高。

(3)稳态概率模型适应的参数很广,比如描述极差电压、极差温度的稳定性,极差电压或极差温度提升速度的稳定性等。

(二)累积风险计算方法

以新能源汽车运行安全为例,假定我们能观察到的汽车运行过程中的一些重要物理参数是可知的,如电压、电流、温度、内阻等参数,通常这些物理参数应该是稳定的,或者说处于一个稳态下,当然它们会有些波动或变化,波动范围越小,越稳定,稳态概率越大,反之稳态概率越小,安全的风险也越大。累积风险模型的计算路径归结为如下几点。

(1)采集运行中随时间变化的运行参数,即具有时标的时变数据。

(2)确定观测时间窗口的大小及参数变化的范围。

(3)计算某时刻稳态概率 p,风险概率定义为 $r=1-p$。

(4)风险概率积分。

大量的事实表明，在整个车辆生命周期中，刚开始安全隐患风险通常比较低，然后进入平稳运行期，风险相对较小，到车辆生命周期的后期，安全风险会越来越大，因为系统的稳定性越来越差，参数波动范围变大，处于某个稳态的概率越来越小，因此累积汽车运行中风险发生的概率大小就可判断汽车可能的安全问题，从而实现安全预警。因此，我们认为处在不同生命周期阶段的车辆的风险是不相同的，同时风险累积的程度可以预测车辆的安全性。

（三）电压极差累积风险模型

图1为新能源电动汽车电压极差累积风险模型的预测结果，计算过程如下。
（1）获取新能源汽车运行监控数据得到单体各个时刻的最大及最小电压。
（2）计算极差电压 = 最大电压 − 最小电压，视为稳态概率中的 σ。
（3）极差电压的理想期望值是 0。
（4）计算极差电压的总体方差 ×3，视为稳态概率中的观察尺度 T。
（5）随机抽取 33 辆目前未发生事故的正常车与已发生事故的 6 辆事故车（红色为事故车，蓝色为正常车）。

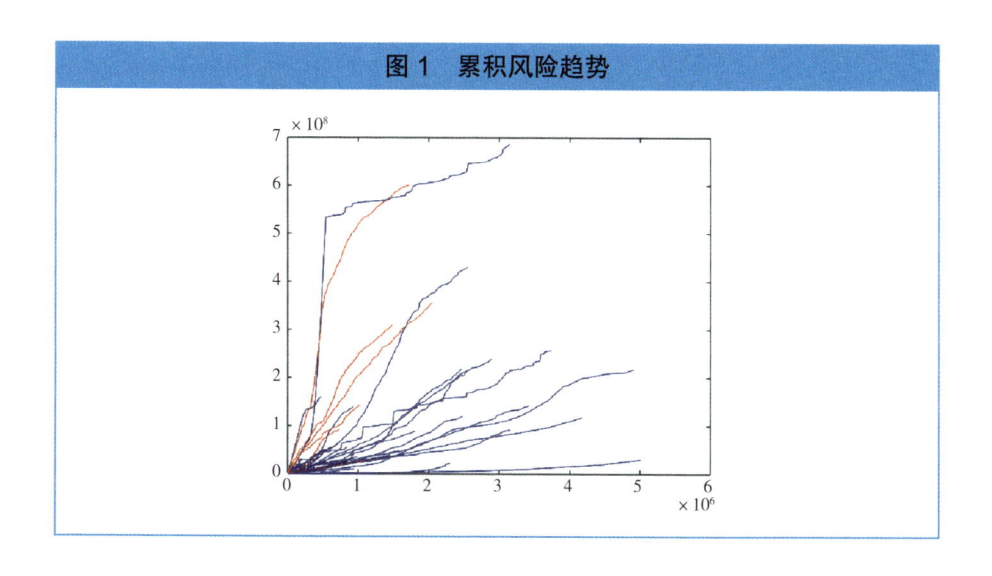

图 1　累积风险趋势

（四）电芯电压分布中心矩累积风险模型

当前新能源汽车很多类似故障或问题都是在时间维度上从量变到质变，最终才发生的，例如，新能源汽车发生起火事故时，往往是少数电芯先发生问题，继而引发周围电芯的热失控。因此，可通过电池包的单体一致性反映电池包内部的安全状态。观察电池包单体一致性实际上就是观察各单体电压数据特征的差异。在量化表示各最小监控单元电压差异时通常有值域方法、描述统计方法、内阻估算方法、特征分析方法等，这些方法存在一些明确的缺陷，如事故车辆和正常车辆区分度小、量化的运算量大等。中国汽研提供了一种基于中心矩的判断电池包电压一致性的累积风险建模方法，解决的技术问题在于：现有量化电池电芯电压差异的方法，量化的运算量大，并且事故车辆和正常车辆区分度小。模型如下。

（1）获取单体电池随时间变化的单体电压值。

（2）计算所述单体电压值的中心参考电压值 u_c；计算一阶中心矩 $m_i=|u_i-u_c|$，m_i 表示第 i 个单体电压值的一阶中心矩，u_i 表示单体电压。利用中心矩量化表示单体电压值的不一致性。

（3）对所述一阶中心矩进行累计积分，得到所述单体电池的累积风险的时间序列值。

相比现有值一率方法、内阻估算方法、特征分析方法等量化方法，本方法更能表现单体电压值的差异性，使事故车和正常车区分度较大，且本方法采用简单的公式计算，运算量小。图2为新能源汽车单体电芯电压中心矩累积风险模型预测结果，某事故车数据1台有88个单体电芯。

（五）电芯能量一致性的累积风险模型

汽车电池系统由多个电芯构成，电芯在充电放电的过程中，由于各自的电量不同、内阻不同，同一时间内充电或放电所产生的能量存在差异，这种差异性越大，电芯一致性越差，将导致电池系统中电芯出力或储能不均衡，电量低的电芯在低 SOC 或高 SOC 下这种能量差异会加剧，电芯能量均衡性会更差等。

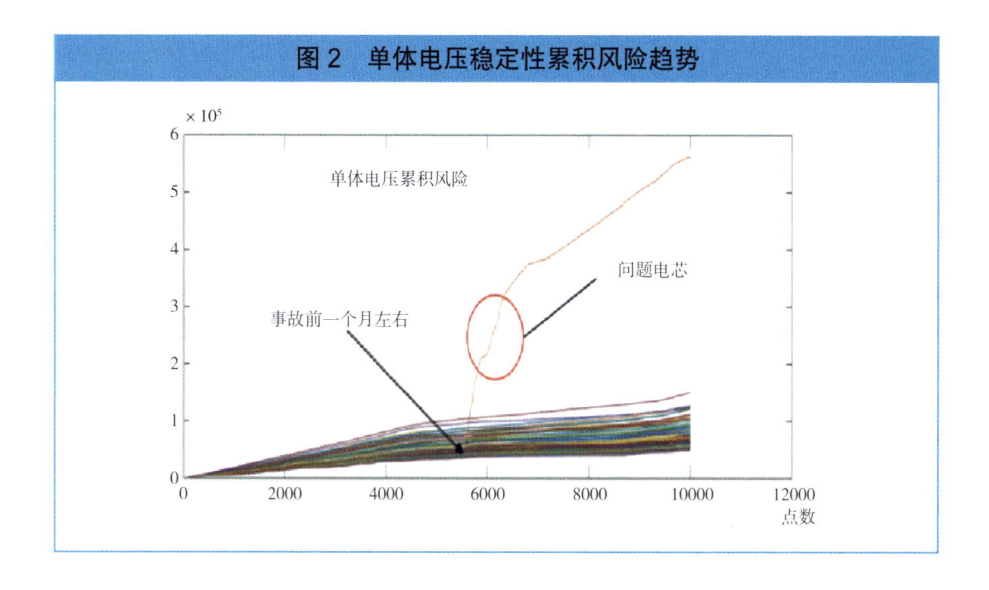

图 2 单体电压稳定性累积风险趋势

因此，我们提出用能量一致性概念来分析电池安全性。下面重点介绍我们提出的能量一致性模型。如何描述多个单体能量变化的一致性，以及如何度量这种一致性随时间发生的变化？假定某 n 个电芯对象，每个对象包括 m 个时间的电压数据，可表示为如下矩阵。

$$\begin{Bmatrix} U_{11} & U_{12} & \cdots & U_{1n} \\ U_{21} & U_{22} & \cdots & U_{2n} \\ U_{m1} & U_{m2} & \cdots & U_{mn} \end{Bmatrix}$$

其中每列数据的能量可等效表示为：$E_j = \sum_{i=1}^{m} \dfrac{u_{ij}^2}{R_j} \dfrac{1}{F_s}$ $j=1, 2, \cdots, n$

其中 R_j 是电芯的等效电阻，F_s 为信号采样频率，在短时间内可认为 R_j 是不变的。因此每个电芯能量可等效定义为：$E_j = \sum_{i=1}^{m} u_{ij}^2$ $j=1, 2, \cdots, n$。

n 个电芯能量的一致性用方差商来定义。

$$\eta = \dfrac{(\sum_{j=1}^{n} E_j/n)^2}{\sum_{j=1}^{n} E_j^2/n} \qquad 0 \leq \eta \leq 1$$

图 3 给出了某事故车的能量一致性的累积风险，η 越接近于 1，电芯系统的能量一致性越高，把 $r=1-\eta$ 理解为安全风险，对风险进行积分作为累积风险。最后通过累积风险表或累积风险变化趋势（速度或加速度）来判断电芯能量不一致性所带来的安全风险。

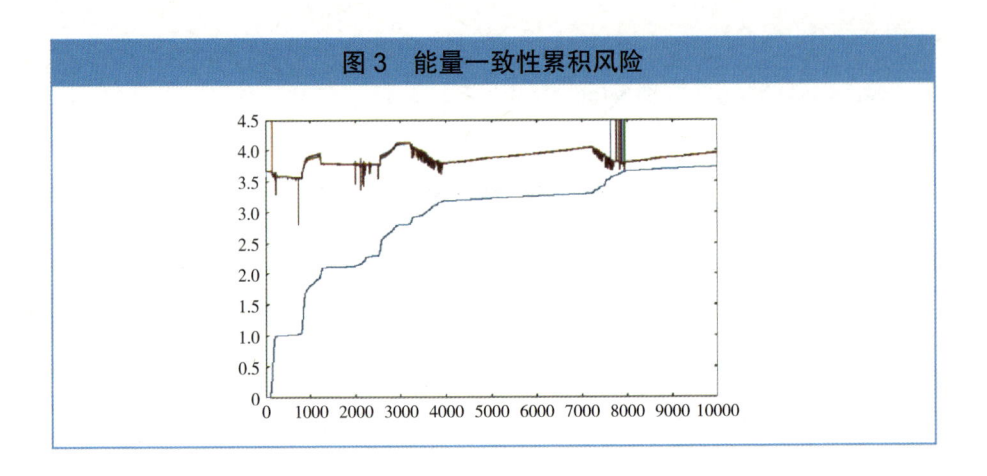

图 3　能量一致性累积风险

（六）累积风险曲线识别方法

累积风险曲线图已经成为描述电池系统安全性的重要工具，图 3 表明了以下重要信息：无论是充电还是放电，电池累积风险都可能存在，在一些工况下也可能是安全的，累积风险变化比较缓慢，我们把这样的过程称为正常状态，换言之，累积风险变化速度反映了电池运行过程的安全状态程度。注意其中大量干扰数据并未影响风险的累积过程。在正常状态下，累积风险变化的平均速度通常比较慢，而高风险变化的平均速度则比较快，因此定义

$$\eta = \frac{\text{RiskSpeedMax}}{\text{RiskSpeedMin}}$$

η 为车辆运行安全风险一致性指数。在图 3 中能量一致性的累积风险变化速度比 $\eta=108.6$。通常正常车 η 比较小，越小越安全。不过不同的车辆类型安全

值可能差异较大,大量统计表明 $\eta > 100$ 通常都是高风险车辆,$\eta < 70$ 是比较安全的车辆。

表 1 是同一品牌 307 辆车(其中 7 台事故车)的安全一致性指标 η 部分计算数据,表中前 7 辆(标记为蓝色)为事故车辆,第 55 号与第 57 号疑是高风险车辆(标记为蓝色),第 7 辆错判为正常车。

表 1   307 辆车(其中 7 辆事故车)η 指标部分数据

115.5	152.5	127.3	223.5	255.4	200.7	36.2	51.7	53.3	40.1
34.4	17.3	9.6	44.9	41.5	33.9	22.8	7.8	8.8	44
28.8	44.1	31.5	9.1	5.2	8.9	31.4	19.3	15.2	78.8
47.7	16.8	14.7	23.7	29.1	13.4	18.6	10.9	15.6	44.2
48.5	63.2	60.5	34.8	66.9	38.7	26.4	78.6	51.7	37.4
38.5	35	54.5	52.8	173.5	33.1	101.2	63.2	43.9	42.5
83.3	52.8	48.2	33.8	29.4	37.1	27.9	34	43.6	22.6

注:表里每个空代表一辆车的 η 值,车辆序号从左往右开始编排。

从表 1 总结为:

表 2   风险指数总结

速度比范围	风险级别	车辆分布(307 辆)
$0 \leq \eta \leq 50$	安全	288 辆(含 1 辆事故车)
$50 < \eta \leq 70$	低风险	7 辆
$70 < \eta \leq 100$	中风险	4 辆
$\eta > 100$	高风险	8 辆(含 6 辆事故车)

注:准确率为 6/8=75%,覆盖率为 6/7=85.7%。

（七）累积风险模型的技术优势

（1）累积风险模型提供了安全量化风险统一的形式与工具，客观描述了安全风险随着时间的累积发生过程，深刻揭示了风险变化的速度与加速度过程，对发现事故原因的快速定位有明确的指导意义。

（2）累积风险模型描述了安全风险从量变到质变的过程，计算稳定，有很强抗干扰能力，鲁棒性高。

（3）累积风险模型适应各种物理参数的稳定性、相关性、一致性分析，利用该工具可以建立各种各样的判断工具，从不同角度描述系统的安全性，同时提供了事故分析、故障分析时间定位、特征定位的方法。

（4）累积风险模型从根本上解决了在时间维度上事故车辆和正常车辆安全特征区分度小的问题。

四 基于事故特征的匹配追踪建模方法

通过事故车辆数据的专家分析，我们可以得到影响电池安全的某个物理要素，同时通过车辆监控平台我们得到其事故特征的模式数据。由于事故或故障的复杂性、多样性、随机性，不同类型的故障可能会相互交叉干扰，导致故障模式的精准识别定位是一个具有挑战性的工作。精准定位故障的前提是对故障模式的认知，包括发生故障前电池系统的数据会有什么样的表现，这些表现是否具有普适性和代表性，是否可以进行特征抽取并归纳总结提炼为相应的故障模式，因此对事故或故障车辆的深度逆向分析，并建立相应的故障模式库是非常有必要的。进一步，需要对不同类故障模式的微观表现进行研究，挖掘不同类故障模式之间存在的微观差异性，这种微观差异性在构建模式识别模型时可以进一步放大，达到有效区分各种类型故障的目的。那么我们如何构建事故的模式特征？由于事故模式数据中有很多变化细节本质上与实际工况、系统本身的物理条件密切相关，直接进行相关性匹配计算这些细节往往会影响计算结果，很难检索到有价值的目标信号，为了更好地提取模式信号，我们需要对模式数据进行特征抽取，抽取模式信号最重要的特征。我们提出了基于自适应模式特征的抽取方法。

算法原理：设 $x(t)$ 是一个影响安全的观测信号，比如电压、温度、EOCV、DCIR 等（可以理解为一个有 N 个点的行向量）。首先我们给出一组滤波器 $f_1(t)$，$f_2(t)$，$\cdots$，$f_m(t)$（这组滤波器可以是任意形式的滤波器组，包括采用高斯高阶导数滤波器组）。若 Fourier 变换 $\hat{f}_1(\omega)$，$\hat{f}_2(\omega)$，$\cdots$，$\hat{f}_m(\omega)$ 满足如下条件：

$$\|\hat{f}_1(\omega)\|^2 + \|\hat{f}_2(\omega)\|^2 + \|\hat{f}_3(\omega)\|^2 \cdots + \|\hat{f}_m(\omega)\|^2 = C$$

则以下分解可以完成重建原始信号 $x(t)$。

$$x_{fi} = x(t) \otimes f_i(t),\ i=1,\ 2,\ \cdots,\ m$$

$$x = \sum_{i=1}^{m} x_{fi}(t) \otimes \breve{f}_i(t),\ i=1,\ 2,\ \cdots,\ m$$

其中 $\breve{f}_i(t)$ 代表 $f_i(t)$ 的倒置。

令 $X=(x_{f1};\ x_{f2};\ \cdots;\ x_{fm})$ 按行排列成为一个 m 维的向量组，现在可以把 X 理解为 m 维空间中的多个点（假设为 N 个点，此方法也称为点神经元方法）。现在对点做分析，我们希望寻找这 N 个点的主要特征。我们寻找与这 m 维空间中的 N 个点最相关的特征，记为 $(\beta_1,\ \beta_2,\ \cdots,\ \beta_m)$，$X=(x_1,\ x_2,\ \cdots,\ x_N)$。

定义相关能量为：

$$E = \frac{1}{2}\sum_{i=1}^{m}(\beta^T x_i)^2 = \frac{1}{2}\beta^T X X^T \beta$$

选择单位化 β 使相关能量最大化，定义：

$$L(\beta,\ \lambda) = \frac{1}{2}\sum_{i=1}^{m}(\beta^T x_i)^2 + \frac{1}{2}\lambda(1-\|\beta\|^2)$$

$$\frac{\partial L(\beta,\ \lambda)}{\partial \beta} = X X^T \beta - \lambda \beta = 0$$

即 β 是 XX^T 的特征向量。将最大 K 个特征值对应的特征向量记为 $(\lambda_i,\ \beta_i)$，$i=1,\ 2,\ \cdots,\ K$，进一步可以得到每个 m 维向量的 K 个压缩特征，记为：

$$(\beta_1^T X,\ \beta_2^T X,\ \beta_3^T X,\ \cdots,\ \beta_K^T X)$$

进一步，这 K 个特征可以由以下方法计算：

$$\beta_1^T X = \beta_{i1} x_{f1} + \beta_{i2} x_{f2} + \cdots + \beta_{im} x_{fm}$$
$$= x \otimes (\beta_{i1} f_1 + \beta_{i2} f_2 + \cdots + \beta_{im} f_m)$$
$$= x \otimes \alpha_i, \ i = 1$$

其中记 $\alpha_i = \beta_{i1} f_1 + \beta_{i2} f_2 + \cdots + \beta_{im} f_m$，$i=1, 2, \cdots, K$，由此得到 K 个最优化的滤波器组（$\alpha_1, \alpha_2, \cdots, \alpha_k$），最后得到模式信号 x 的 K 个特征模板信号：($x \otimes \alpha_1$，$x \otimes \alpha_2$，$\cdots$，$x \otimes \alpha_k$）。进一步利用 K 个滤波器组与目标信号做卷积，再与上面的 K 个特征模板信号（$x \otimes \alpha_1$，$x \otimes \alpha_2$，$\cdots$，$x \otimes \alpha_k$）分别做相关运算，分别计算其相关系数。采用相关系数计算联合概率，把联合概率作为模式匹配程度的度量，最终完成模式信号的匹配程度计算，最后实现目标信号的故障模式匹配分析。

如图 4、图 5 展示了一个事故模式特征匹配的图例，包括电压与温度。在

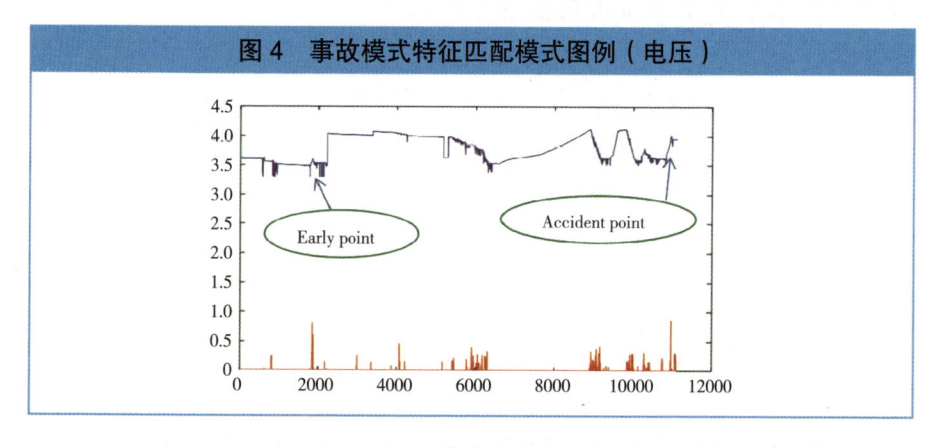

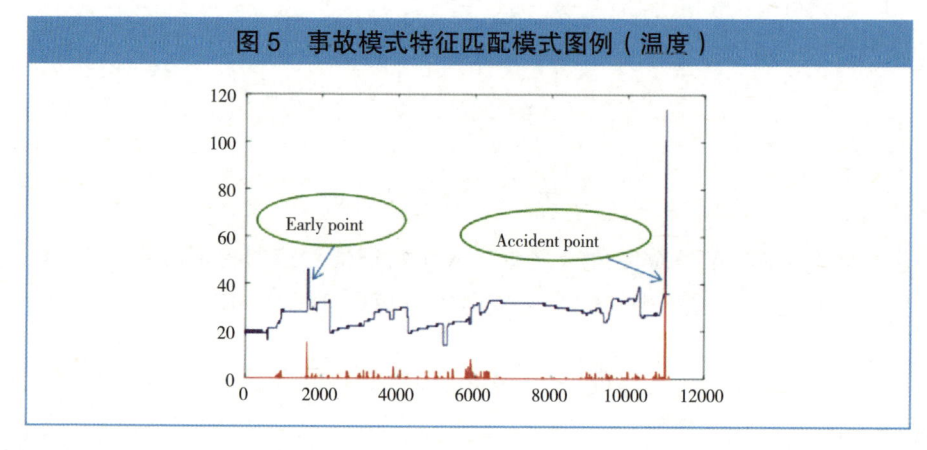

图 4 事故模式特征匹配模式图例（电压）

图 5 事故模式特征匹配模式图例（温度）

信号末端有一个充电过程的电压迅速下降，同时伴随温度迅速上升，我们发现早期也有相似的特征，红色是模式匹配最终的结果。

五　总结与结论

　　累积风险模型是我们提出的系统化安全预警建模工具。基于稳定性、一致性、相关性建立的各种模型具有完整的物理、化学、数学理论基础的支撑，并经过数十万车辆测试验证了模型的合理性与有效性。模型能揭示不同车辆、不同电池系统、不同工况在安全上所表现的共性特征与差异性特征，比如能量一致性模型、中心矩模型、极值商模型等比较准确地反映了电池系统在热失控、故障等方面的共同特征，因此模型更具有广泛的适应性。同时，各个参数的安全建模思想统一、量化工具统一，编程方法无论是在 BMS 端或是平台端都容易实现。考虑新能源汽车运行数据具有复杂性、多样性和随机性，从新能源汽车安全综合因素及故障机理出发，微观角度定义安全；针对事故分析多因素随机变化特征，创造性提出离散卷积小波变换攻克模式特征提取、特征分类难题，实现安全要素的模式描述、通过模式匹配实现事故模式特征追踪安全；建立多要素安全状态量化描述的稳态概率模型，安全风险从量变到质变，建立累积风险模型宏观预警安全；通过大数据统计确保安全检测、预警边界参数、预警模型等超参数确定的可靠性，通过大数据保障安全；通过对不同车辆、不同系统、不同工况进行分类，构建有针对性的精准安全状态量化描述模型，实现分类保证安全；创新性提出人工智能新方法，如点神经元方法、自编码相关聚类等方法，解决安全要素综合量化问题，利用人工智能方法系统完善安全，这些方面后续我们将给出更多的研究成果展示。因此，本文主要技术思想总结为微观定义安全、匹配追踪安全、宏观预警安全、数据保障安全、分类精准安全、智能完善安全，安全是一个从量变到质变的过程。

参考文献

［1］王震坡、孙逢春、林程：《不一致性对动力电池组使用寿命影响的分析》，《北京理工大学学报》2006 年第 7 期，第 577~580 页。

［2］吴忠华、李海宁：《电动汽车的火灾危险性探讨》，《消防科学与技术》2014年第11期，第1340~1343页。

［3］刘斌：《电动车辆动力电池包热管理控制策略研究》，北京理工大学硕士学位论文，2015。

［4］方凯正、陈佚、刘沙等：《新能源汽车安全分析及发展建议》，《汽车实用技术》2020年第4期，第16~18页。

［5］阮艺亮、王佳：《我国新能源汽车起火事故分析与对策》，《汽车文摘》2019年第5期，第39~43页。

［6］苏晓倩、庄越、代华明：《新能源汽车燃爆风险与防控研究》，《中国安全科学学报》2018年第5期，第92~98页。

［7］佟丽珠：《新能源汽车安全问题现状分析》，《时代汽车》2018年第9期，第62~63页。

［8］吴志强、廖承林、李勇：《新能源电动汽车消防安全现状与思考》，《消防科学与技术》2019年第1期，第148~151页。

［9］孙培坤：《电动汽车动力电池健康状态估计方法研究》，北京理工大学硕士学位论文，2016。

［10］何佳星：《基于数据挖掘的电动汽车动力电池的故障预测研究》，北方工业大学硕士学位论文，2019。

［11］杨风召：《高维数据挖掘中若干关键问题的研究》，复旦大学博士学位论文，2003。

［12］鄢羽、孙成：《基于聚类分析的心电节拍分类算法》，《计算机应用》2014年第7期，第2132~2135页。

［13］王莉：《数据挖掘中聚类方法的研究》，天津大学博士学位论文，2003。

［14］孙吉贵、刘杰、赵连宇：《聚类算法研究》，《软件学报》2008年第1期，第48~61页。

［15］张玺：《数据挖掘中关联规则算法的研究与改进》，北京邮电大学硕士学位论文，2015。

［16］汤德俊：《人脸识别中图像特征提取与匹配技术研究》，大连海事大学博士学位论文，2013。

［17］陈佩：《主成分分析法研究及其在特征提取中的应用》，陕西师范大学硕士学位论文，2014。

［18］黄高明：《数据挖掘及其在医疗卫生领域中的应用》，《广西医学》2006年第2期，第161~164页。

［19］袁亚光:《基于金融大数据的客户风险评估及预测》,北京邮电大学硕士学位论文,2018。

［20］林楠:《基于数据挖掘的电动汽车 TCS 模糊控制研究》,东北大学硕士学位论文,2011。

［21］张文、王东、郑静楠等:《电动汽车领域的大数据研究与应用》,《大众用电》2016年第 S2 期,第 64~68 页。

［22］顾荣:《大数据处理技术与系统研究》,南京大学博士学位论文,2016。

［23］窦晓军:《电动汽车充电负荷预测模型及对城市负荷影响研究》,《电网与清洁能源》2016 年第 2 期,第 15~20 页。

［24］王晓峰:《电动汽车示范运行综合评价方法研究》,重庆交通大学硕士学位论文,2010。

［25］佘承其、张照生、刘鹏等:《大数据分析技术在新能源汽车行业的应用综述——基于新能源汽车运行大数据》,《机械工程学报》2019 年第 20 期,第 3~16 页。

［26］ARIAS M B, BAE S. Electric vehicle charging demand forecasting model based on big data technologies[J]. Applied Energy, 2016, 183:327-339.

［27］TU W, LI Q, FANG Z, et al. Optimizing the locations of electric taxi chargingstations: A spatial-temporal demand coverage approach[J]. Transportation Research Part C: Emerging Technologies,2016, 65:172-189.

安全预警篇 | **基于一致性的新能源汽车安全预警研究方法**

◎王震坡 刘 鹏 张照生 曲昌辉 钱 丽 吴志强*

* 王震坡,博士,北京理工大学机械与车辆学院教授,博士生导师,主要研究方向为动力电池系统集成与应用及新能源汽车大数据分析与应用等;刘鹏,博士,北京理工大学机械与车辆学院副教授,硕士生导师,主要研究方向为新能源汽车安全预警及大数据分析与应用技术等;张照生,博士,北京理工大学机械与车辆学院副教授,硕士生导师,主要研究方向为新能源汽车大数据分析及动力电池性能衰退评价等;曲昌辉,博士,北京理工大学机械与车辆学院助理研究员,主要研究方向为新能源汽车动力电池故障诊断及预警;钱丽,北京理工大学机械与车辆学院,中级工程师,主要研究方向为动力电池安全预警;吴志强,北京理工大学机械与车辆学院,主要研究方向为动力电池安全预警。

摘 要：动力电池在生产制造过程中不可避免地存在一致性差异，在复杂的应用工况下这种差异进一步扩大恶化，最终导致电池性能快速衰减甚至引发突发失效。本文以电动汽车实车数据为研究对象，通过探究电池一致性差异与外特性之间的表征关系，运用聚类等离群点筛查及统计学方法提取故障特征参数，提出了基于电池电压变化差异的电池劣化分析方法，同时针对微小故障特征采用数理统计方法进行一致性特征参数辨识，提出了基于香农熵、波动性检测、压降一致性以及统计学的故障诊断模型。通过评估故障特征参数及变化规律判断电池状态并进行车辆安全风险关联性分析，构建了灵活高效的多维、分级安全预警机制。

关键词：新能源汽车　动力锂离子电池　一致性故障诊断　分级预警体系

一　引言

　　近年来，随着新能源汽车保有量的增加，动力电池热失控事件在国内外频发，热失控的安全隐患逐步凸显。电池成组后单体之间的不一致性是导致电池系统安全性、耐久性问题的根源之一。如何准确地进行一致性故障诊断，实现动力电池安全风险评估已经成为新能源汽车动力电池系统安全研究的重点问题之一。首先，单体之间的不一致性会造成电池组工作中各单体所处的电压、温度、充放电倍率、充放电深度等使用条件存在差异，一致性差的电池组相较于一致性好的电池组更容易触发过充、过放、过温等安全风险条件，同时由于总会有部分单体处于相对恶劣的使用条件，其电池衰减速率也会加快。其次，单体电池成组后初期的不一致主要来源于电池生产制造过程中的质量控制，如原材料品质控制，极片涂覆面密度控制，极片硌点、暗斑等缺陷控制，生产过程金属异物控制以及环境水分控制等，而这些失效影响因素很有可能造成电池内部析锂、电解液异常分解以及自放电等反应的发生，极端情况下甚至会导致隔膜刺穿进而引发电池突发内短路等热失控行为。Y. S. Lee 等通过大量的实验数据证明了一致性直接影响动力电池系统的使用寿命，最大压差是动力电池系统的重要影响因素。Gogoana 等研究发现，对于并联的电池模组，当各电池单体的欧姆电阻差异达到 20% 时，模组使用寿命将降低 40%。内阻差异引发电池包内温度分布差异，进而导致电池单体衰减速率差异。Ganesan 等研究表明当电池单体间的温差达到 15℃时将会造成 5% 的系统容量损失。T. H. Phung 等研究发现动力电池系统电压一致性控制在一定范围，可有效地延长系统的使用寿命。G. J. Offer 等分析了动力电池在正常运行和发生故障时电压一致性的差异，提出监控动力电池系统的最大压差和最大温差，可保证动力电池系统始终处于安全可控状态。

　　新能源汽车实车动力电池故障诊断具有可观测参数少、数据非线性强以及解耦难度大等特点，同时，其故障或失效机理复杂，多种因素互为前提，给车辆安全预警带来了较大困难。目前，动力电池故障诊断方法可大致分为两大类，一是基于电池模型的故障诊断方法，二是无电池模型的故障诊断方法。其中，基于电池模型的故障诊断关键是建立精确、可靠的电池模型，通过比较模型预测值与实测值的差异实现故障诊断,等效电路模型由于计算复杂度低且预测性能优良,目前应用最为广泛,其故障诊断策略分为两种:一是融合电池模型与参数估计方法建立正常电池模型或电池故障模型,通过比较实测与模型预测值进行故障诊断,二是融合电池模型与状态估计方法利用估计得到的电池内部状态(SOC、内部温度等)进行故障诊断。无电池模型的故障诊断方法依赖于样本数据,无须针对电池进行建模从而避免了电池模型的在线参数更新,效率高但外推能力相对较差。该类故障诊断方法包括基于信息熵等统计分析的故障诊断、基于数据驱动建模(人工神经网络、径向基神经网络、多模型融合策略等)的故障诊断、基于专家系统的故障诊断等。此外,研究人员提出了基于云计算的电池状态监测与故障诊断方法。

大数据技术是当前最热门的研究领域之一,得到全世界的广泛关注。新能源汽车和大数据的融合是未来大趋势,也是我们国家汽车行业转型升级的战略重点方向。在新能源汽车领域,各整车企业已经建立了大数据平台,通过新能源汽车大数据的采集、处理、存储和深度挖掘,实现车辆状态监测管理、精准售后服务等。基于数据驱动的新能源汽车一致性故障诊断主要是基于电池容量的估计以及内阻的识别。贾学翠等提出了一种模糊评估方法,对电流、电压、温度以及标准偏差和范围等数据进行衡量分析,评估动力电池系统的一致性。Richardson等利用基于高斯过程回归的贝叶斯无参数估计方法对电池容量衰退进行估计,除传统的电流、电压和温度变化数据之外,研究人员提炼测量数据,得到新的数据标签如温度和电流分布情况等,使预测模型更为高效准确。Weng等和Li等采用容量增量分析法(ICA)对电池SOH衰退进行分析和预测,根据充电时电压和容量的变化关系,比较不同健康状态下IC曲线的峰值、谷值移动情况,建立IC曲线峰谷值与SOH间的关系方程,实现对电池SOH的预估。Zhao等提出了基于方向传播神经网络机器学习算法和3σ多级筛选策略(3σ-MSS)的动力电池单体电压故障离群点识别方法,其中3σ多级筛选方法用于建立无电压故障指标,方向传播神经网络用于构建故障分布模型,并进行了实车验证,通过与局部异常因子和聚类异常因子分析两类方法比较验证了该方法的有效性。

目前,国内外研究人员对动力电池系统一致性故障诊断技术进行了大量的研究,有力地促进了锂离子动力电池系统安全管理策略和方法的发展。但是影响动力电池系统一致性差异演变的因素往往互不独立、相互关联，可能同时发生且相互耦合，大部分现有研究多是基于失效模拟实验室数据与方法，而大数据分析技术也仍存在数据稀疏及动力电池非线性强等问题，二者均难以满足复杂失效机理和多因素影响下的车辆故障风险预警需求。本文以电动汽车动力电池系统海量实车运行数据为研究对象，提取与动力电池一致性故障及性能衰退依赖度高的故障特征参数，采用离群数据检测及统计方法评估故障特征参数及其变化规律，判断电池状态并进行车辆安全风险关联性分析，构建了灵活高效的多维、分级安全预警机制，实现有效的电动汽车安全预警。

二 新能源汽车运行与事故概况

近期，有关新能源汽车热失控事故的报道越来越多，社会公众也更加关注新能源汽车安全。截至 2021 年 4 月 1 日，新能源汽车国家监测与管理平台（简称国家监管平台）接入量达 449 万辆。

对事故车辆类型、事故车辆动力电池类型、已查明着火原因以及已查明着火时的状态进行统计，结果如图 1 所示。由图可知，乘用车在事故车辆类型统计中占比较高，达到 68.24%，其次是专用车；三元材料电池在事故车辆动力电池类型统计中占比最高，达到 87.65%；另外，电池质量问题仍然是着火事故的主要原因，充电状态、充满电后静置状态、行驶状态是着火事故的主要构成部分。由此可见，增强动力电池自身安全性以及解决充电相关安全性问题对增强新能源车辆的安全性尤为重要。

对新能源汽车不同 SOC 区间的事故数占比进行统计分析，如图 2 所示。由图 2 可知新能源汽车安全事故大多发生在高 SOC 状态。其中，SOC 在 85% 以上的事故占比达到 58%。

三 新能源汽车安全多级风险预警体系

（一）车辆风险诊断决策体系构建

在车辆实际使用过程中，大多数故障在最终发生时，电压、温度、绝缘阻

图1 事故统计相关情况

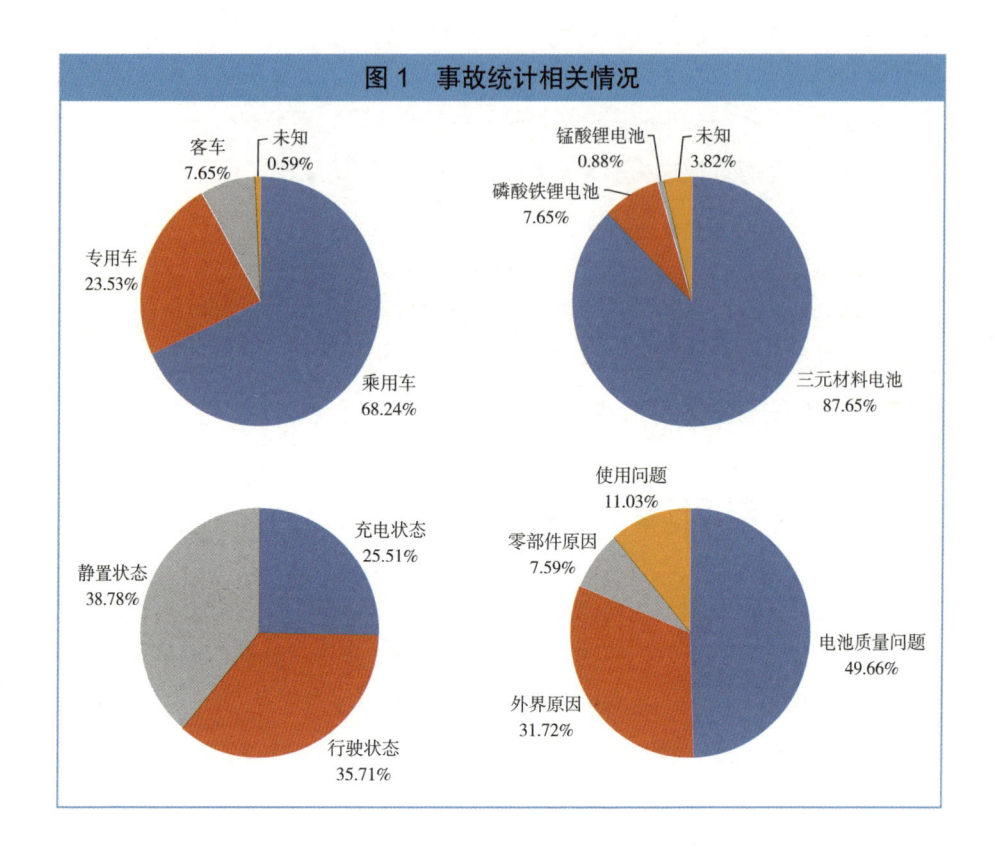

车辆类型分布：
- 乘用车 68.24%
- 专用车 23.53%
- 客车 7.65%
- 未知 0.59%

电池类型分布：
- 三元材料电池 87.65%
- 磷酸铁锂电池 7.65%
- 锰酸锂电池 0.88%
- 未知 3.82%

车辆状态分布：
- 静置状态 38.78%
- 行驶状态 35.71%
- 充电状态 25.51%

事故原因分布：
- 电池质量问题 49.66%
- 外界原因 31.72%
- 使用问题 11.03%
- 零部件原因 7.59%

图2 不同SOC区间的事故数占比情况

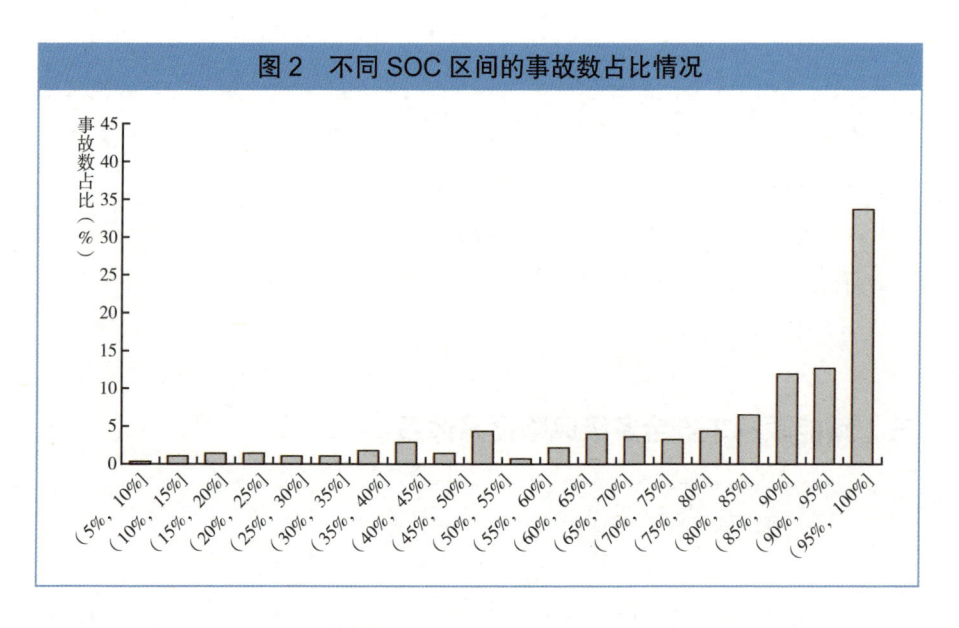

值等参数会有表征。当各参数已超出电池安全工作区间时，可判断该特征与电池热失控失效风险具有很强的关联性，如电池温度超温、单体电压过压、温升速率过快或单体压降速率过高等，可以直接采用"值—率"阈值判断的方式——简单且快捷。当通过电压、温度等参数值及其变化率无法作出有效判断时，通过回溯车辆历史运行数据，根据动力电池发生异常衰退或故障时内部材料的化学、物理等异常变化导致的故障特征参数波动，可进行特征参数辨识与提取，开发电池故障或衰减机理与数据驱动模型相耦合的诊断机制，进行车辆安全风险相关性分析并进行风险等级划分，实现车辆早期风险预警与提示，如图 3 所示。

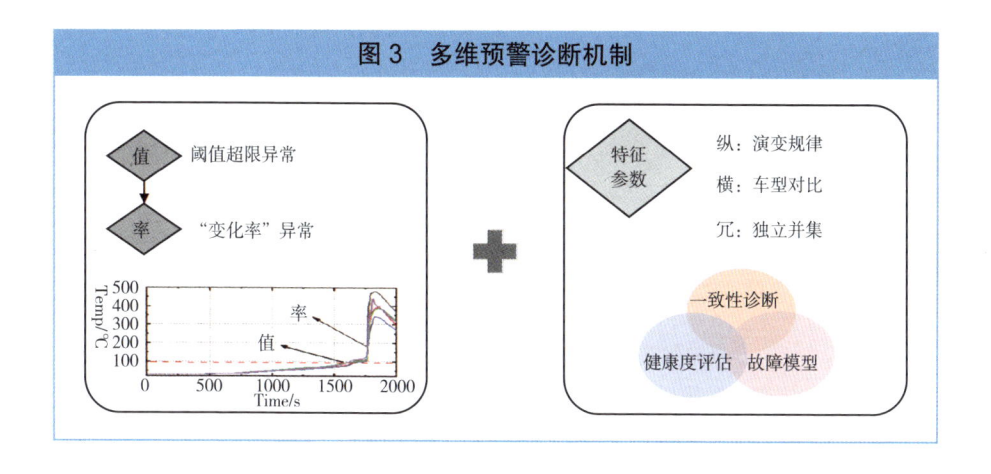

图 3 多维预警诊断机制

本文诊断决策体系根据电池运行数据特征与电池失效关联性分析构建电池故障特征参数，通过评估特征参数及变化规律判断电池状态并进行风险等级划分。针对无法或短期内难以与故障或衰减建立单向映射关系的微小电压变化，本文提出以波动一致性模型、熵值诊断模型、压降一致性模型为核心，进行电压变化特征描述，再通过对各模型异常系数结果进行时间维度及车辆维度的统计对比分析，进行电池一致性衡量及异常单体诊断。同时，考虑模型对微小参数波动变化拾取的敏感性，本文提出通过模型融合算法提高其预测准确度。具体实施框架如图 4 所示。

图 4　车辆安全风险诊断体系框架

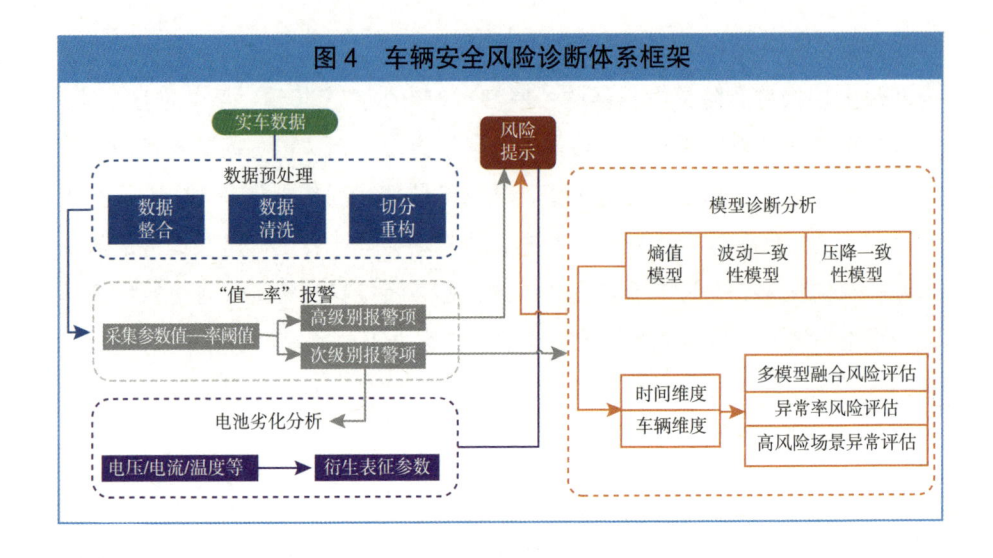

（二）动力电池一致性故障外特性表现

动力电池异常失效行为具有多方面的表征参数，包括电参数、热参数以及机械参数等。然而，由于目前新能源汽车动力电池系统传感器数量和精度的限值，对于应力或应变等复杂机械特征参数的采集存在一定难度。对于可表征电池内部反应的气体含量变化也难以实现原位在线检测。同时对于热参数异常表征，由于电池包内温度测点较少，也给热参数分析带来了困难。因此，本文重点研究基于云端平台单体电压数据的一致性故障特征参数提取和分析。

车载动力电池随工作时间增加不可避免地存在性能衰退及一致性恶化问题，与此同时，电池生产制造中的质量控制、环境控制、电池包排布设计以及车辆使用环境要素（如使用温度、DOD 区间、充电行为、充电策略、行驶加速/减速行为、日均行驶里程等）也会影响性能衰退及一致性恶化速率。此外，电池包内其他相关零部件故障（如连接松动导致的电压极化现象等）会间接影响动力电池性能，从而可能会导致电池参数呈现一定的波动特征。综合来讲，电池一致性故障的异常表现可简单描述为电池内阻差异、容量差异及自放电差异，常见的数据表现则为某一个或某一组单体电压出现离群趋势或波动差异，如图 5 所示。

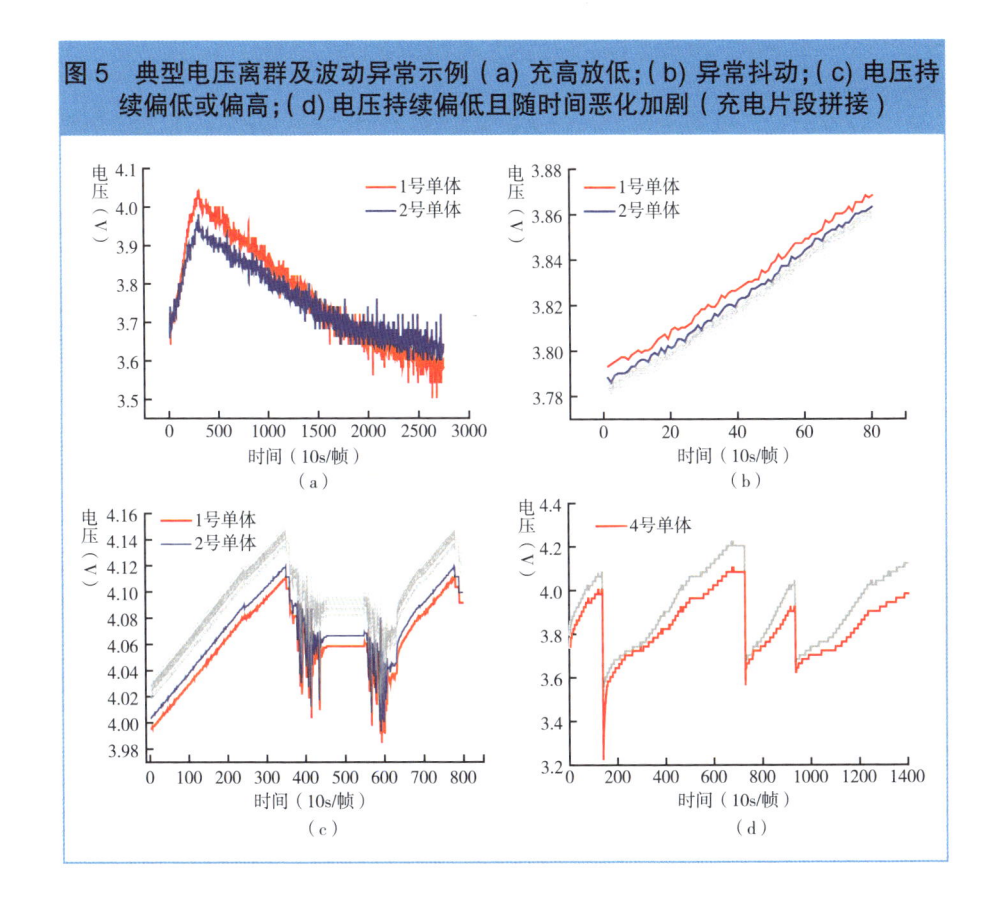

图5 典型电压离群及波动异常示例（a）充高放低；（b）异常抖动；（c）电压持续偏低或偏高；（d）电压持续偏低且随时间恶化加剧（充电片段拼接）

1. 内阻一致性

动力电池内阻可简单分为欧姆内阻和极化内阻，其中欧姆内阻主要为电池各部件的接触内阻，极化内阻又可分为电化学极化和浓差极化，分别由正负极电化学反应速率和锂离子在材料中的固相扩散速率决定，体现在相应的电压响应时间上，其先后顺序为：首先为欧姆极化，在电流通过时瞬间发生；其次为电化学极化，响应时间为微秒级；最后为浓差极化，响应时间为秒级。

当给予一定的电流激励时，欧姆内阻及电化学内阻引发的差异，一般会造成电压的突升或突降；浓差极化引发的差异，则表现为电压增长或降低速率较正常电池单体偏快。当停止电流激励时,内阻偏大的电池单体电压回落程度也将高于正常电池。

2. 容量一致性

当电池串联时,各电池单体处于相同的电流条件,由于容量的差异,充电时,容量偏低的电池单体将最先充满,即电压最先达到其上限电压。相反,放电时,容量偏低的电池单体电压也将最先达到其下限电压,整体表现为电压的"充高放低"现象。容量不一致不仅会造成电量的浪费,如果不加以控制,各电池单体使用的 SOC 区间不同,导致其衰减速率不一致,如果不加以均衡控制,由于活性材料损耗及副反应的差异,容量的不一致一般会加剧内阻不一致及产热差异,三者相互影响,形成电池加速衰减的负反馈循环。

3. 自放电一致性

造成电池自放电的原因很多,在生产制造层面,极片毛刺控制或金属异物控制不良;在应用层级,发生过充或电池劣化导致锂枝晶析出,均可能造成隔膜刺穿形成短路点;此外当电池不合理存储时,也可能发生较快的化学自放电现象。当某电池单体发生自放电时,由于其相对正常电池单体电量的持续降低,整体表现为电压偏低且随 SOC 增加与正常电池单体之间电压压差持续增大。此外,由于自放电往往会造成电池衰减的恶性循环,表现为随使用时间延长其压差增长速率逐渐加快。

四 基于大数据的风险诊断及安全预警方法

(一)数据预处理

车辆安全风险诊断体系基于 GB/T 32960 上传车辆历史数据与增量数据,本文预警诊断方案建立涵盖解析、清洗、分类、合并、去重、筛选、采样等数据预处理流程,并提出数据缺失值的剔除与插补、离群点的筛选、数据切片与重构方法,可有效降低实车数据质量问题对故障模型准确度的影响。数据预处理具体流程如下。

1. 数据准备

国家监管平台数据通常为车辆上传的原始报文，首先需要进行数据解码将原始报文解析为结构化标准数据。数据解码通常包括三个部分。①国标协议解码。由于国家监管平台数据传输和存储均基于 GB/T 32960 协议，因此数据解码的第一步是将原始数据按照国标传输协议进行解码，形成结构化数据。通常，解码后的数据矩阵每一行代表某个时刻的车辆数据，且行与行之间时间戳的间隔不超过 30 秒。②偏移处理。由于数据矩阵中诸如总电压、总电流、车速、经度、纬度等数据项在存储和传递过程中为无符号整型数据，需要对其进行偏移以获取真实的车辆数据。③协议二次解码。在数据矩阵中，由于通用故障标识等数据项采用 32 位二进制的编码方式，因此需要依据 GB/T 32960.3 中的二级协议进行数据解码。

2. 数据整合

由于平台数据存储方式的局限性，同一车辆不同年份的数据储存于不同文件中，因此，需要对不同文件中时间、单体电压以及 SOC 等数据项进行拼接整合处理，并对数据属性值及数据结构进行统一规范化操作。通常，数据解码后车辆部分数据项的数据结构会发生变化，例如动力电池单体电压数据为 $[n, 1]$ 向量，在解码后数据向量会变为 $[n, m]$（其中，m 为单体数量）。基于所研究的目标问题，对解码后的车辆数据项进行筛选，并重新整理拼接，从而初步得到可用于分析的数据矩阵。

3. 数据清洗

国家监管平台数据传输过程中常见的数据异常主要包括数据缺失和数据错误两种。针对数据缺失问题，若缺失形式为某一时刻整行缺失、某数据项整列缺失，同时缺失行数占比较低时，通常采用直接剔除法；若某个数据项缺失部分占比较低且时间戳连续，则可以采用插补法（如均值插值、中值插值、回归插值等）。针对数据错误问题，需要基于车辆各数据项的正常阈值范围对错误数据进行辨识和清洗。通常，正常的车辆数据需满足所有参数均在合理范围内，但若某些属性数据与所研究目标无关，可以不参与数据错误判断，以提高数据清洗效率。

4. 数据切分与重构

数据经过清洗整合后，可以得到车辆全生命周期运行原始数据集。若要对车辆实际问题进行应用分析，需要依据不同研究角度对数据进行分类，而数据切分与重构是数据分类的主要手段。在新能源汽车安全预警模型研究中，车辆数据的常见切分形式主要包括：①对车辆类型切分；②对行驶累计里程切分；③对充电和行驶工况切分；④对时间维度切分；⑤对地理维度切分。数据切分后可以按照研究目标和模型输入要求进行计算和重构，便于开展预警模型的开发和验证工作。

（二）值—率报警及电池劣化特征诊断

本文建立了基于故障特征参数及电池衰退特征的多维风险诊断方案。提取能够与电池热失控风险建立强关联性的值—率特征，当超出特征参数设定阈值时，对车辆直接报警，简单快速；同时基于电池衰退表现进行历史数据回溯提取特征参数用于一致性故障的快速风险诊断分析。

1. 值—率报警

当电池出现严重过充或过温现象时，电池热失控风险概率较高，因此本文方案采集值—率报警仅考虑电压及温度上限阈值。

根据车型全量数据固有特性分析，形成不同里程条件下的车型离群点规律。单车里程与车型里程在同一区间的条件下，比较单车的离群点与车型离群点的差异化，辅以判定标准，进行电池单体的报警判定。同时考虑采样时间间隔，尽量避免过程中未超过参数阈值时的突变性问题。针对一次变化率出现的问题，本文采取连续帧校准的规则排除数据传输异常引发的误报。

2. 充电末端压差异常诊断

为降低过充安全风险，一般在设定动力电池充电策略时，当接近满充状态时，电流上限值会设置得较小，此时，电池基本处于一个近似稳定的状态，也就是动力学极化较小的状态。因此，在该状态下单体间压差可以在一定程度上反映电池自放电程度及单体不一致程度，同时，通过日均压差增长表征电池渐变式劣化特征，用于电池自放电状态的快速判断。本文定义"充电末端"为充电至 98% SOC 以上的充电片段，具体方案如下。

将原始数据按时间序列排序，划分出停车充电片段，提取每个充电片段中超过 98% SOC 的数据片段作为数据分析样本，计算该充电片段数据分析样本中每一帧的压差（即该帧电压最大值与电压最小值之差），取压差最大值作为该条充电片段的充电末端压差值，第 i 次充电片段末端压差计算公式如下。

$$V_{diff,\,i} = \max(V_{max} - V_{min})$$

将充电末端压差按照时间序列排序，取两次时间间隔大于 15 天的充电末端压差 $V_{diff,\,i}$ 及 $V_{diff,\,j}$ 用于计算日均压差增长，第 i 次充电对应时间下的日均压差增长计算公式如下。

$$V_{inc,i} = \frac{V_{diff,\,i} - V_{diff,\,j}}{真实间隔天数}$$

3. 容量及内阻融合风险诊断

一般而言，充电状态工况相对稳定，因此本文对于容量一致性特征的判定重点是对充电原始数据进行分析，主要基于容量差异造成的电压"充高放低"特征进行相关参数提取，记录最低容量对应的电池单体编号为 C_Q，具体方案如下。

将原始数据按时间序列排序，划分出起始 SOC ≤ 20% 或者结束 SOC ≥ 98% 的停车充电片段，提取最近一次充电超过 98% SOC 片段中 SOC 最大的第一帧（记为 $D_{SOC} ≥ 98\%$）及最近一次充电起始 SOC 低于 20%SOC 片段中 SOC 最小的第一帧（记为 $D_{SOC} ≤ 20\%$）作为数据分析样本。将 $D_{SOC} ≥ 98\%$ 中单体电压值由高到低排序，提取单体电压最高值对应的单体编号，$D_{SOC} ≤ 20\%$ 中单体电压由低到高排序，提取单体电压最低值对应的单体编号。将上述识别单体编号进行比对，若存在相同的单体，则输出相应电芯编号 C_Q。

对于内阻判定，当各单体处于同一电流激励下时，其前、后帧电压压降绝对值可反映电池极化内阻大小。本文主要对行驶片段数据进行分析，重点考虑行车大电流放电和回馈工况，可有效进行电池单体间内阻差异的放大识别。通过提取并判定瞬间电压变化进行电池单体内阻大小排序，识别内阻离散的电池

单体 C_R，具体方案如下。

将原始数据按时间序列排序，划分出 30% SOC~80% SOC 下的行驶片段，选取近 20000 帧数据作为数据分析样本。计算分析样本中每个单体各时刻下前、后帧电压压降，形成压降矩阵 $K_{m \times n}$（m 为串联单体数，n 为后一帧时间序列数），将数据矩阵进一步划分为 ΔV_i 为正值和负值的数据矩阵，分别记为 K^+ 和 K^-，分别从 K^+ 和 K^- 中筛选出电流绝对值最大值对应的压降矩阵，记为 H^+ 和 H^-，分别对 H^+ 和 H^- 中同一时刻下单体 ΔV_i 绝对值进行降序排序，并输出排名前三的电压对应的电芯编号 $B^+ \varepsilon\ [B_1^+ \sim B_3^+]$ 及 $B^- \varepsilon\ [B_1^- \sim B_3^-]$，将 B^+ 及 B^- 中的单体编号进行匹配，编号相同的进行编号记录 C_R。

考虑车辆复杂应用工况及传输延迟干扰等问题造成误报，本文提出容量及内阻融合风险诊断以提高风险预测准确度。当 C_Q 和 C_R 电池单体识别存在交集时，则该电池单体发生故障概率较大，电池单体健康状况较差，风险值较高。

（三）电池一致性故障诊断预警模型

1. 基于香农熵的故障诊断模型

（1）模型理论

车辆运行过程中，当电池组中某单体发生故障时，其电压易偏离整体电压水平。本文提出熵值故障诊断模型，引入香农信息熵和基于分数方法相结合的安全管理策略，增大电池单体一致性识别敏感度，通过时间维度结合一致性维度，实现对异常单体进行有效识别，适用于长时间维度的动力电池系统风险预警。

熵值故障诊断模型主要实现过程如下：截取一个时间窗口，以该窗口中的单体电池电压值为对象，采用改进的熵值算法计算各个单体电池在该时间窗口下的熵值，滑动窗口，生成熵值曲线，通过熵值分数变异系数进行单体电池异常情况的评判与预测，变异系数绝对值大于等于规定阈值，将触发电池故障报警。研究方案路线如图 6 所示。

（2）熵值故障诊断模型在动力电池故障分析中的应用

车辆于 7 月 30 日通过熵值故障诊断模型显示 162 号单体超出阈值程度较高，进行风险预警。经企业排查，该电池中 162 号单体存在自放电问题，进而导致整体不一致性加剧，存在较大的安全隐患。企业于 9 月 9 日对问题电池包保养

图6　熵值故障诊断模型方案路线

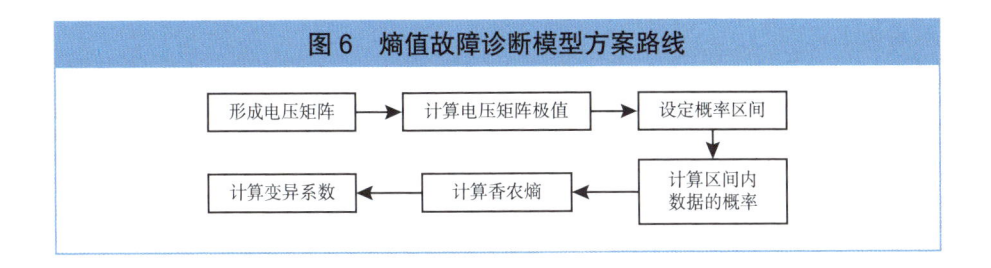

形成电压矩阵 → 计算电压矩阵极值 → 设定概率区间 → 计算区间内数据的概率 → 计算香农熵 → 计算变异系数

更换，通过预警模型监测发现，更换电池包后熵值分数趋于平稳，无超出阈值异常单体，如图7所示。

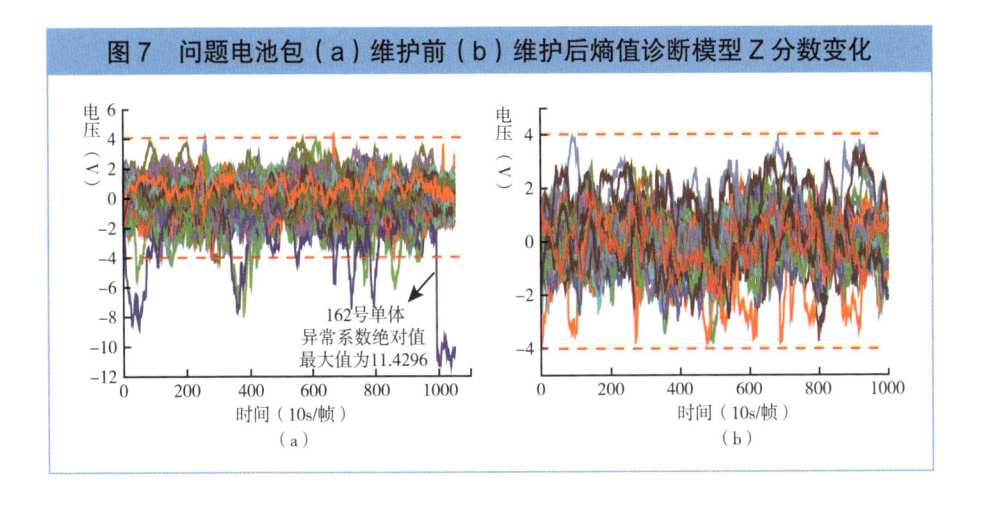

图7　问题电池包（a）维护前（b）维护后熵值诊断模型Z分数变化

2. 基于波动性检测的故障诊断模型

（1）模型理论

电池包中各单体电池内阻存在一定差异性，同时，当电池系统发生连接件虚焊、漏液和密封失效等故障时，会使内阻差异性进一步扩大且可能存在工作回路不畅导致的电压不平稳抖动现象，表现在外特性上则是状态较差的单体电压出现一定的离散型偏差或无规律波动现象。本文提出基于波动性检测的故障诊断模型，以电化学中的失效单体在电压波动中的数据表征进行故障评价，利用统计方差定量衡量电压波动性异常程度，同时引入中位数去趋势化方法以避免电压曲线在充放电过程中的趋势化特征对方差的影响，可有效实现电压波动的定量评估。

波动性检测故障诊断模型主要实现过程如下：截取一个时间窗口，以该窗口中的单体电池电压值为对象，将所有单体电压采用中位数去趋势化，计算各个单体电池在该时间窗口下的方差，形成波动性评价标准，对不在指定倍数标准差的单体编号进行标记，实现异常单体识别。

（2）基于波动性检测的故障诊断模型在动力电池故障分析中的应用

事故车辆的某段局部充电数据具体如图8（a）所示，其中39号单体存在异常波动特征且3号单体存在一定离群特征。针对所有动力电池单体的电压数据进行波动性检测故障诊断模型运算，得到模型诊断结果具体如图8（b）所示，其中3号单体和39号单体的方差值排名前二，3号和39号单体在相同时间段内电压数据波动离群情况较为异常，因此模型将进行安全风险提示，并可以有效地识别和定位3号和39号故障单体。

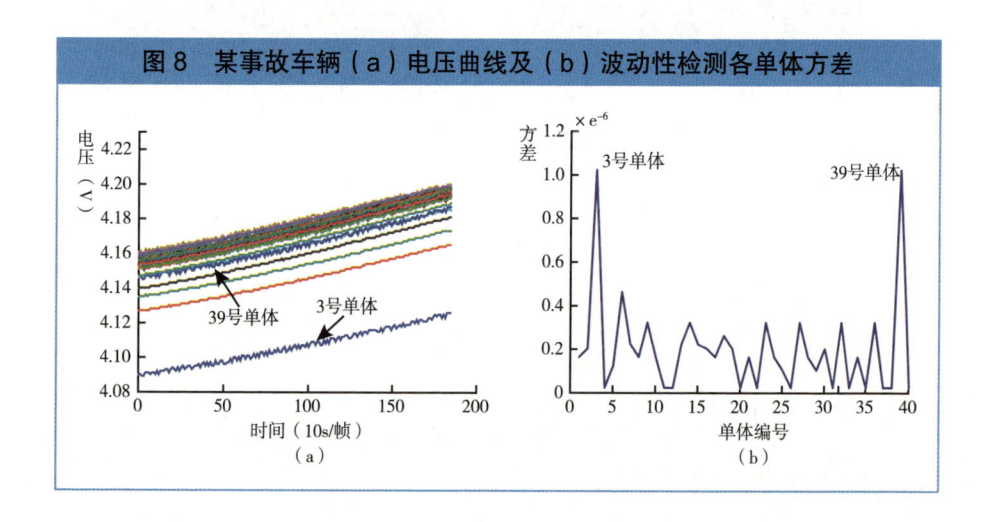

图8 某事故车辆（a）电压曲线及（b）波动性检测各单体方差

3. 基于压降一致性的故障诊断模型

（1）模型理论

若电池包内各单体一致性程度较高，当对其施加相同的电流激励时，各个电池单体的前后两个时间点的电压变化幅度及表现（本文统称为压降）应相近，也即，如果某个电池单体的压降离群程度过高，则有理由认为该电池单体存在一定程度的故障。

本文提出基于压降一致性的故障诊断模型，作为单体一致性识别模型，该模型对电压数据波动较为敏感，适用于基于电压短时瞬变性的动力电池系统风险评估，但该模型易受数据质量影响，因此相比熵值模型异常识别定位性偏弱，主要用于多模型融合，以增强风险识别的抗干扰因素，保证多模型运算结果的准确性。

压降一致性故障诊断模型主要实现过程为：计算每个单体前后帧之间的压降，取最高压降与最低压降倍数比为异常系数值，通过全量车大数据筛选确定压降预警阈值，当异常系数超出阈值时产生预报警。同时，考虑到电流对于压降的影响，设置产生报警的压降最低限值，以弥补小电流造成最低压降过低，导致倍数过高误报的情况。

（2）基于压降一致性的故障诊断模型在动力电池故障分析中的应用

事故车辆的某段局部充电数据具体如图9（a）所示，其中42号单体在图中150帧时存在电压局部突降的异常情况，单体存在较大的安全风险。为衡量电压数据的短时瞬变性，将电压数据进行压降一致性故障诊断模型运算，得到每个时刻下的模型诊断结果。选取图中第150帧时刻模型运算结果进行具体分析，结果如图9（b）所示。此时，42号单体前后时刻绝对压降最大，具体为500mV，其他单体的绝对压降的最小值为3mV，进而可以计算该时刻的异常系数值为166，超出了正常阈值倍数。因此，模型将进行安全预警，同时定位高风险的单体编号。

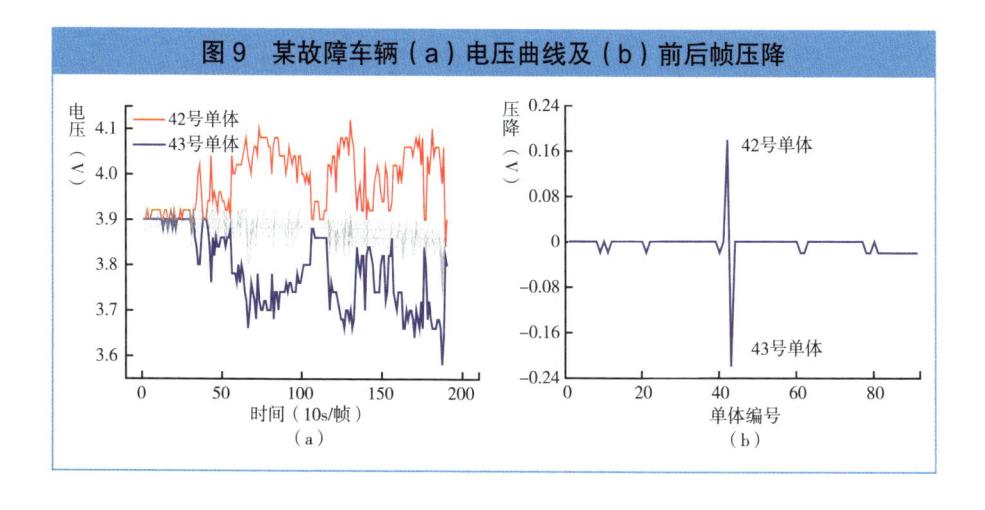

图9 某故障车辆（a）电压曲线及（b）前后帧压降

4.基于统计学的异常单体诊断模型

（1）模型理论

随着电池组工作时间增加，动力电池的一致性变差，最终会影响到动力电池的寿命。本文提出基于统计学的故障诊断模型，在相同 SOC 区间、相同采集帧数条件下，基于统计学概念提出值指标来判定电池组的性能优劣，用每个单体电池在采集时间周期内的电压比重偏差和来反映电池的一致性水平，进而表示电池的性能状况。同时考虑车辆电压在充电过程和行驶过程中的数据存在一定差异性，导致在对不同车辆电池性能进行对比时不在同一维度上，因此引入差异化片段划分评价。研究方案路线如图 10 所示。

图 10　基于统计学的故障诊断模型方案路线

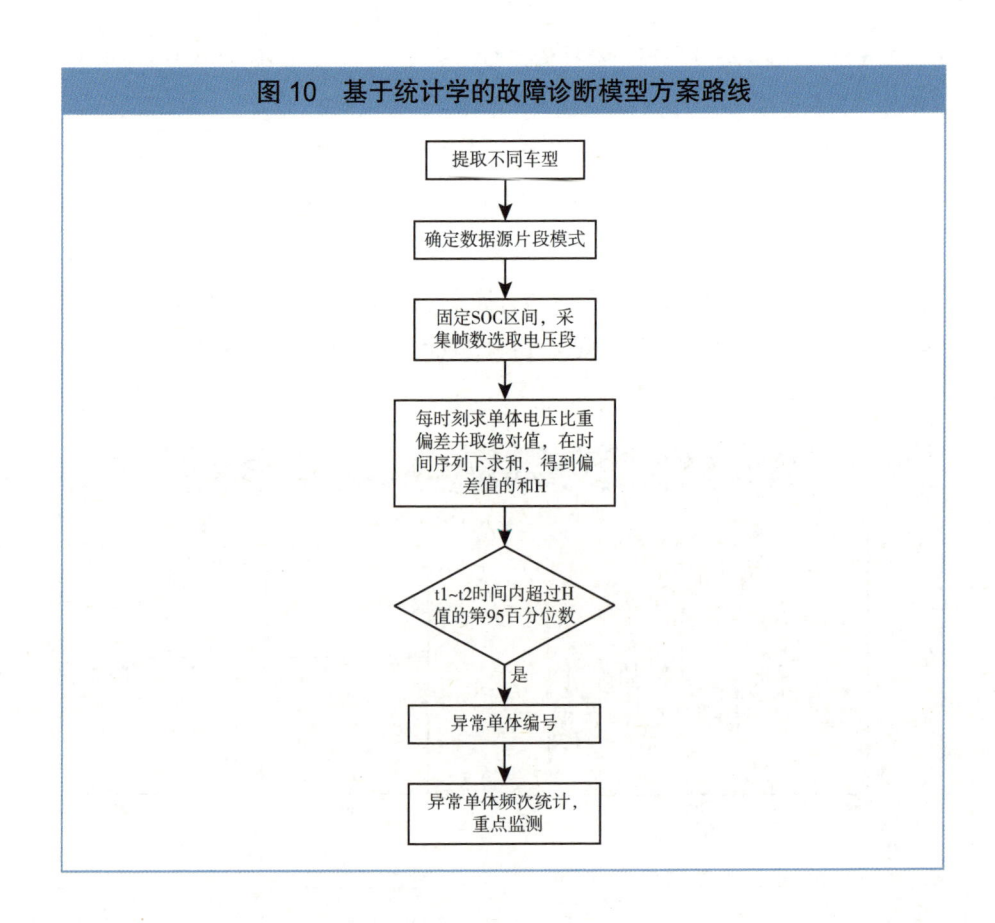

（2）基于统计学的异常单体诊断模型在动力电池故障分析中的应用

为识别和定位某车型动力电池系统中共性动力电池故障单体，选取了25辆同一车型的动力电池实车运行电压数据，按照上述流程进行统计学故障诊断模型运算。结合异常单体的判定规则，基于25辆车的模型运算结果，将模型识别的所有异常单体编号进行汇总，结果如图11所示。基于统计结果，已知编号为10的单体电池出现异常的频次最多且能够发现在单体电池编号是10的整数倍时异常频次明显偏高。此外，模型基于95百分位的筛选规则，将对异常频次较高的动力电池单体进行重点监测并提示安全风险。

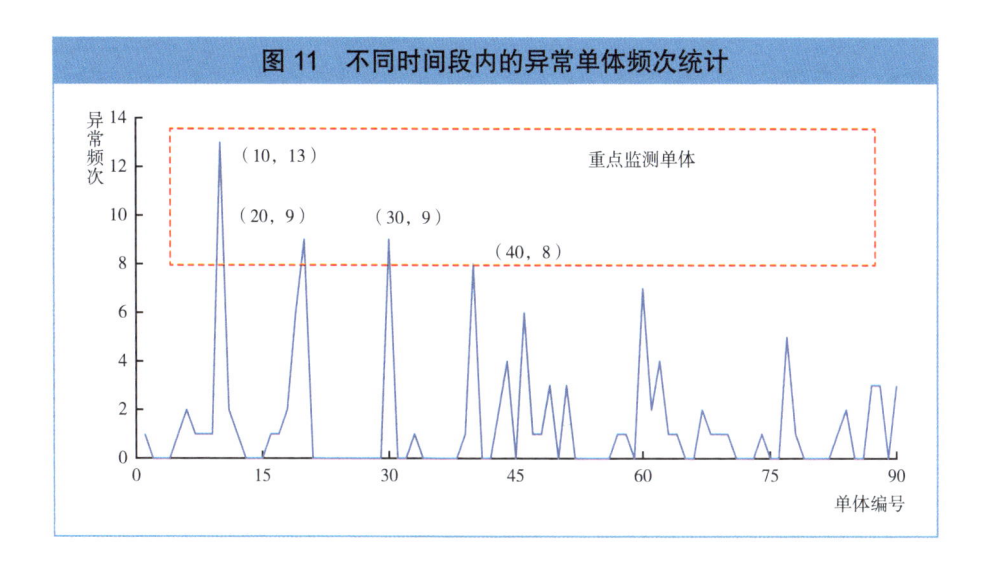

图11 不同时间段内的异常单体频次统计

（四）模型融合决策算法

考虑熵值故障诊断模型、基于波动性检测的故障诊断模型和基于压降一致性的故障检测模型对电池系统失效模式、表征时域、异常程度方面的差异性识别，同时考虑电压数据质量受采集颗粒度、EMC电磁干扰、车辆运行工况的复杂多变性等多因素影响，本文在前述故障诊断模型研究的基础上提出多模型融合算法，并引入时间维度异常变化特征诊断，建立多因子风险分析，更准确地将电压离群或波动性差异与车辆安全风险建立有效关联。模型融合诊断以车辆风险分值形式表示,主要由多模型融合风险评估、异常率增量风险评估、高风险场景异常评估三部分结果加权所得,车辆最终加权所得分值越高,风险越大。

1. 多模型融合风险评估

基于多模型识别风险程度和准确度高于单模型的风险识别,多模型融合诊断通过建立多因子风险分析和分值设定评价体系,实现单车风险识别,如图12所示。安全风险评估相关性如下。

$$W \propto (C_1 \sim C_7)$$

其中 W 为多模型融合风险评估值,C_1 为三个模型识别异常单体个数,C_2 为熵值和波动一致性共同识别单体个数,C_3 为熵值和压降一致性共同识别单体个数,C_4 为波动一致性和压降一致性共同识别单体个数,C_5 为单一熵值模型识别单体个数,C_6 为单一波动一致性模型识别单体个数,C_7 为单一压降一致性识别单体个数。

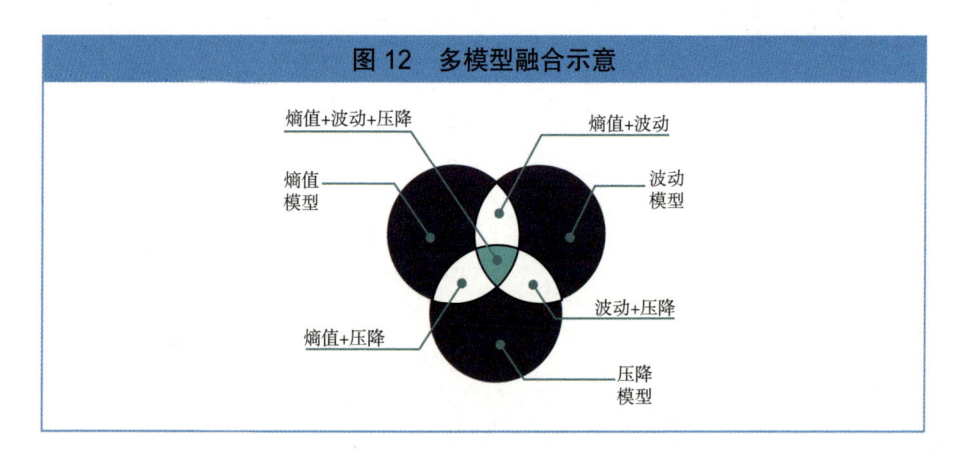

图 12 多模型融合示意

2. 异常率增量风险评估

考虑长时间维度下的动力电池渐变式恶化特征抓取,本文以周异常率(单体异常频次在所有单体异常频次的占比)为分析对象,并提取异常率增量特征,根据时间维度异常率变化趋势来判定车辆的安全风险情况,如图13所示。当异常率增量出现"上扬"趋势性特征时,车辆故障风险较大。

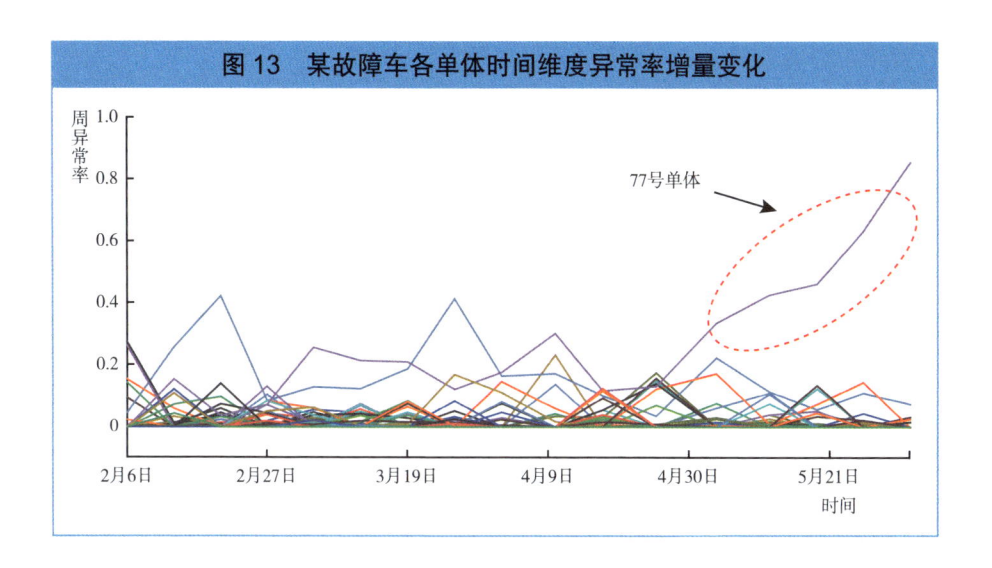

图 13　某故障车各单体时间维度异常率增量变化

具体实现流程为：用"f"代表周单体异常率，以时间倒序进行排列，每个模型对应单体的异常率时间矩阵则为 $[f_1, f_2, f_3, \cdots, f_n]$。

本文根据批量车型数据分析总结典型故障车异常率增量特征如表 1 所示。

表 1　典型风险车辆异常率增量特征

类别	特征描述	适用场景
类别 1	周异常率持续增加	动力电池长时间持续恶化
	数据开端周次异常率正常，近 2 周异常率大幅增加	短时动力电池故障特征
类别 2	周异常率出现连续波峰递增或波谷递增	考虑环境及工况对异常率增量表征的影响

3. 高风险场景异常评估

在车辆上线使用过程中，高 SOC 大倍率充电（包含停车充电及行车异常回馈），低 SOC 高功率放电，行车频繁高功率充、放电，高温高 SOC 运行以及温差异常等工况更容易造成电池性能劣化，甚至引发析锂等安全问题。据此，引入高风险场景诊断权重，对高风险运行条件下模型拾取的异常进行统计分析。

由高风险运行条件与统计特征参数组合形成高风险场景特征参数，结合事故车特征进行场景阈值标定，对超出阈值的风险车辆进行风险加权。

（1）定义五种车辆高风险运行条件，如表2所示。

表2 高风险场景设定

风险场景	工况条件	风险因素
频繁高功率充放电	20% ≤ SOC ≤ 90%，倍率≥ 0.5C	电池长期处于高脉冲电流下运行，可能导致电池加速裂化，健康度下降
高SOC充电或回馈	SOC ≥ 90%，倍率≥ 0.5C	可能会导致电池局部过充，进一步导致电池负极异常析锂或电池正极材料破坏
高温高SOC运行	60% ≤ SOC ≤ 100%，温度≥ 30℃	高温导致电极材料与电解液之间副反应加速，加速材料裂化及内阻增加，积累到一定程度会导致电池突发失效
低SOC大功率放电	SOC ≤ 20%，倍率≥ 0.5C	存在一定程度的过放风险，长期低电量行驶易引发电极材料破坏
温差大	温差≥ 8℃，倍率≤ 0.5C	电池包中各电池单体充放电活性不一致性，长期温差大导致不一致性加剧

（2）定义6种模型拾取电池异常统计特征参数，如表3所示。

表3 异常统计特征参数定义

特征参数类别	特征参数定义
异常总频次 X	对满足某高风险运行条件的所有片段中超出阈值的单体进行异常频次统计，异常频次累计加和
最高异常频次 X_{max}	对满足某高风险运行条件的所有片段中超出阈值的单体进行异常频次统计，各片段的异常频次中的最大值
单位时间异常频次 X_t	对满足某高风险运行条件的所有片段中超出阈值的单体进行异常频次统计，时间维度进行归一化

续表

特征参数类别	特征参数定义
单位片段异常频次 $\bar{X}_f$	对满足某高风险运行条件的所有片段中超出阈值的单体进行异常频次统计，片段次数维度进行归一化
总异常距离 Z	对满足某高风险运行条件的所有片段中超出阈值的单体进行统计，超出模型阈值的距离累计加和
最大异常距离 Z_{max}	对满足某高风险运行条件的所有片段中超出阈值的单体进行统计，超出模型阈值距离最大的单体对应的距离

五 典型事故案例数据分析

（一）"值—率"报警

某纯电动出租乘用车电压极差曾多次触发国家监管平台 2 级报警（0.1V＜V极差≤0.2V），经电压数据回溯，7 号、67 号、44 号单体一致性不佳，如图 14 所示，在放电状态下 7 号、67 号单体放电较快，44 号单体放电较慢；在充电状态下 7 号、67 号较其他单体电压值上升较快，44 号单体电压值落后于其他单体。

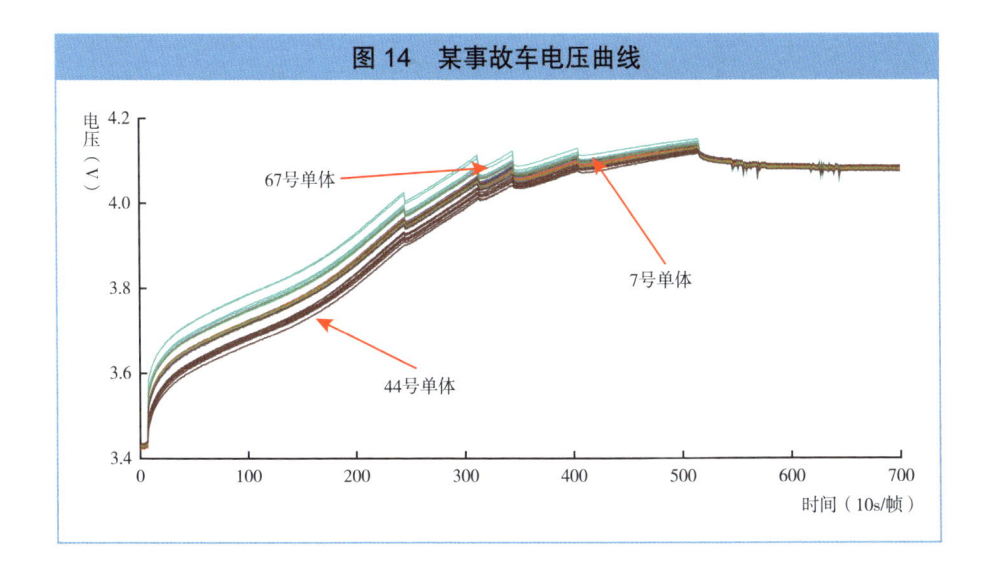

图 14 某事故车电压曲线

事故发生前，车辆电池包温升速率过快触发国家监管平台3级报警（ΔT＞10℃/1s），4s时间内从29℃升温至88℃，绝缘阻值降至0.083MΩ，随后34~36号、38~44号、66~67号单体出现严重离群现象，41号单体电压降至0.264V，最高温度值达到119℃，车辆发生起火事故，如图15所示。

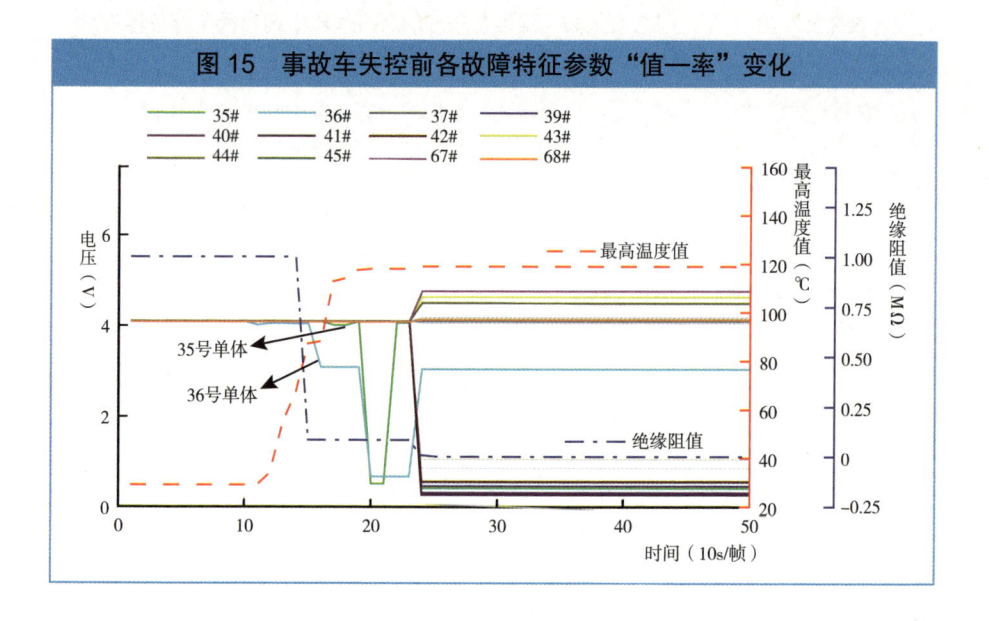

图15 事故车失控前各故障特征参数"值—率"变化

（二）充电末端压差及日均压差增长

图16为某故障车辆全生命周期充电末端（≥98%SOC）压差及日均压差增长情况，前期车辆充电末端压差加速增长，在第34天时增长加速，由306mV增长为408mV，对电池包均衡处理后充电末端压差恢复至100mV，但之后仍继续快速增长，压差增长约4.8mV/d。通过回溯电压曲线，26号单体电压始终处于较低水平且随SOC增加压差呈现逐渐扩大趋势。经原因回溯，该问题车电池系统一致性差进而导致单体电池性能劣化。第95天经维修后单体电压一致性良好，充电末端压差基本在50mV以内，且日均压差增长几乎为零。

图 16　某故障车辆全生命周期（a）充电末端压差及（b）第 34 天、（c）第 95 天充电电压曲线

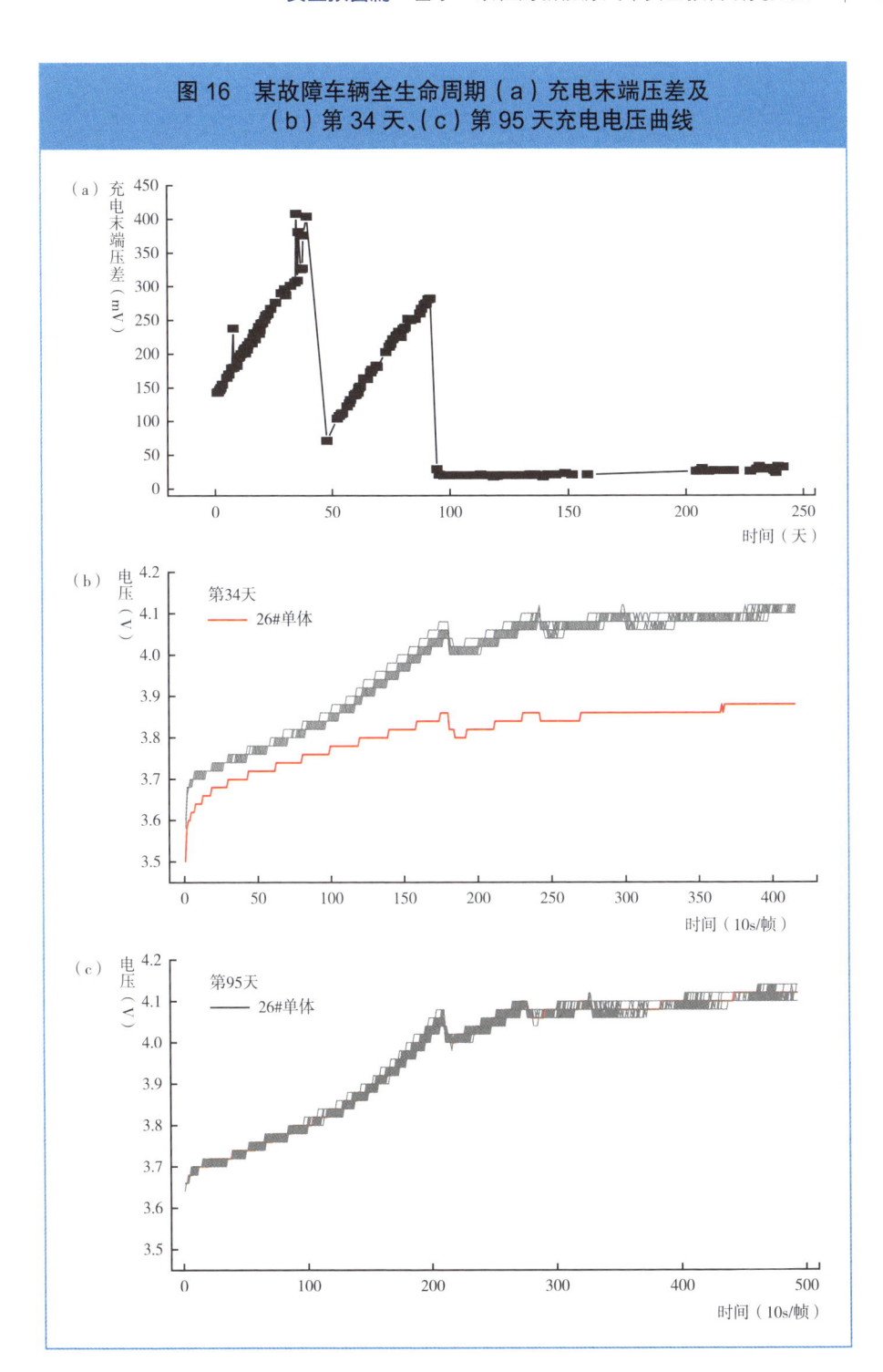

（三）模型异常率统计分析

对某同车型 4 辆事故车通过熵值模型、波动性诊断模型以及压降一致性诊断模型进行异常拾取，定义单体异常频次在所有单体异常频次的占比为异常率，主要用于单车中动力电池单体风险程度分析。统计各模型中异常率排名前 5 的单体号，结果如表 4 所示。可以看出，29 号及 86 号单体在所有事故车以及三个模型中均被识别且排名靠前，其次较为突出的共性单体为 6 号、17 号、53 号、65 号单体。经原因追溯，该车型电池包中 6 号、17 号、29 号、41 号、53 号、65 号、76 号、86 号、91 号单体为补偿电池单体位置，即铜巴单体，其内阻偏高。

表 4　同车型 4 辆事故车模型识别单体异常率 TOP5　　单位：%

车辆编号	波动一致性模型		熵值故障模型		压降一致性模型	
	单体编号	异常率	单体编号	异常率	单体编号	异常率
事故车 1	86	24.07	29	40.79	29	35.43
	29	23.95	86	23.96	86	17.12
	17	5.80	65	4.65	17	8.14
	53	5.39	17	4.58	65	4.19
	65	4.93	91	3.15	6	2.58
事故车 2	29	5.23	29	27.59	29	40.14
	20	5.22	86	25.02	86	10.53
	86	5.06	65	5.52	17	5.69
	32	4.35	53	4.46	65	3.92
	69	3.13	16	4.23	6	2.30

续表

车辆编号	波动一致性模型		熵值故障模型		压降一致性模型	
	单体编号	异常率	单体编号	异常率	单体编号	异常率
事故车 3	29	6.60	65	24.01	29	21.01
	86	6.52	86	17.55	86	11.49
	65	4.38	29	16.17	17	7.13
	53	2.96	31	5.91	65	5.06
	31	2.15	13	3.02	6	2.82
事故车 4	86	15.43	86	20.27	29	16.25
	29	14.38	29	15.10	86	8.80
	76	6.23	6	4.90	17	6.14
	65	4.71	65	4.88	65	3.52
	17	4.38	21	3.48	2	2.76

（四）模型融合综合风险评估

对某事故车及同车型正常车通过多模型融合算法进行异常诊断，结果表明，事故车通过熵值模型及波动一致性模型均诊断出 91 号单体异常，同时识别出该车辆存在高温高 SOC 风险运行场景，且在该场景下多次超出熵值模型及波动一致性模型特征参数阈值，且超模型阈值情况较为严重，导致该车在该高风险片段下异常总距离 Z 及最大异常距离均处于较高水平，如图 17 所示，模型融合风险分值较高。证明车辆在高温高 SOC 片段下存在电压波动一致性差异。

经原因回溯，该车现场事故调查热失控位置定位于某模组，该模组单体号为 64 号~91 号，与多模型融合诊断相匹配；同时通过回溯电压及温度特征，发现该车曾多次触发温差国标 2 级报警（温差＞8℃），温控能力差，与高风险场景诊断相匹配。

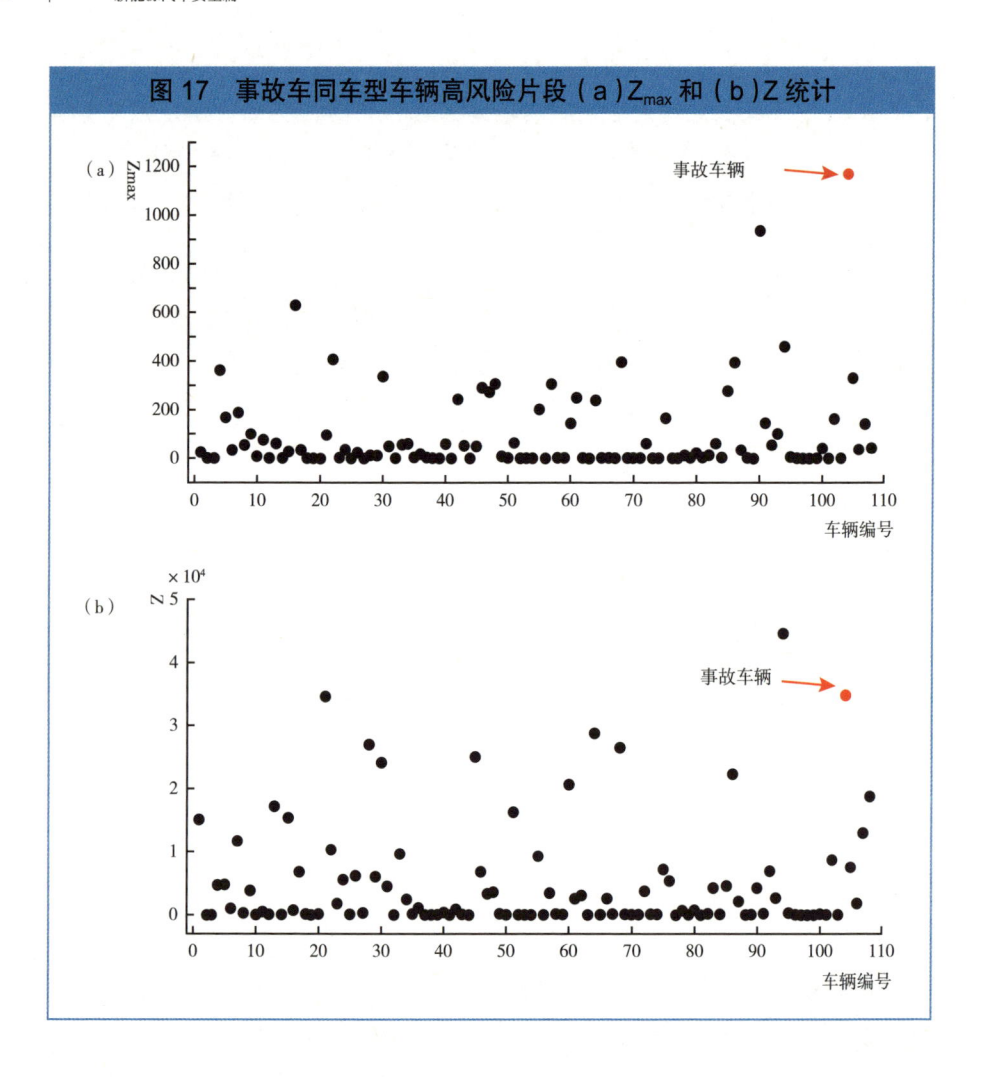

图 17 事故车同车型车辆高风险片段（a）Z_{max} 和（b）Z 统计

六 结论

本文以海量电动汽车实车数据为研究对象，基于数据驱动的方法提取有效信息，实现对电池组内异常电池单体的识别及车辆安全风险诊断。本文构建了灵活高效的多维分级安全预警机制，首先当电压、温度等参数可以与电池热失控失效风险建立强关联性时，可采用"值—率"阈值进行风险判断；当无法通过故障特征参数值进行有效判断时，本文通过回溯车辆历史运行数据及结合动力电池衰退特征，开发了基于一致性故障外特性表现的风险诊断方案。针对无法或短期内难以与故障或衰减建立单向映射关系的微小电压变化，本文从电压一致性维度以及短时瞬变性维度设计开发了波动一致性模型、熵值诊断模型及压降一致性模型，并设计开发了多模型融合决策算法、异常率增量特征识别及高风险场景异常评估，能够提高模型识别准确度及有效性。本文通过形成针对不同风险等级的差异化响应方案，实现了车辆早期安全风险预警与故障诊断。

参考文献

[1] 戴海峰、王楠、魏学哲等:《车用动力锂离子电池单体不一致性问题研究综述》,《汽车工程》2014 年第 2 期,第 181~188 页。

[2] 孙振宇:《基于数据驱动的纯电动汽车动力电池故障诊断方法研究》,北京理工大学硕士学位论文,2018。

[3] 郑岳久:《车用锂离子动力电池组的一致性研究》,清华大学博士学位论文,2014。

[4] 贾学翠、李相俊、汪奂伶等:《基于运行数据融合的储能电池一致性评估方法研究》,《供用电》2017 年第 4 期,第 29~35 页。

[5] Lee, Y.S. and M.W. Cheng, Intelligent Control Battery Equalization for Series Connected Lithium-Ion Battery Strings[J]. IEEE Transactions on Industrial Electronics, 2005. 52(5): 1297-1307.

[6] Gogoana R, Pinson MB, Bazant MZ, et al. Internal resistance matching for parallel-connected lithium ion cells and impacts on battery pack cycle life[J]. Journal of Power Sources, 2014, 252: 8–13.

[7] Ganesan N, Basu S, Hariharan KS, et al. Physics based modeling of a series parallel battery pack for asymmetry analysis, predictive control and life extension[J]. Journal of Power Sources, 2016, 322: 57–67.

[8] Phung, T.H., A. Collet and J. Crebier, An Optimized Topology for Next-to-Next Balancing of Series-Connected Lithium-ion Cells[J]. IEEE Transactions on Power Electronics, 2014. 29(9): 4603-4613.

[9] Offer, G.J., et al., Module design and fault diagnosis in electric vehicle batteries[J]. Journal of Power Sources, 2012. 206: 383-392.

[10] Zhang, J.; Zhang, L.; Sun, F.; Wang, Z. An overview on thermal safety issues of lithium-ion batteries for electric vehicle application. IEEE Access 2018, 6: 23848–23863.

[11] Xiong, R.; Cao, J.Y.; Yu, Q.Q.; He, H.; Sun, F.C. Critical Review on the Battery State of Charge Estimation Methods for Electric Vehicles. IEEE Access 2017, 6: 1832–1843.

[12] Feng, X.; Ouyang, M.; Liu, X.; Lu, L.; Xia, Y.; He, X. Thermal runaway mechanism of lithium ion battery for electric vehicles: A review. Energy Storage Mater. 2018, 10: 246–267.

[13] Chen Z, Xiong R, Tian J, et al. Model-based fault diagnosis approach on external short circuit of lithium-ion battery used in electric vehicles [J]. Applied Energy, 2016, 184: 365-374.

[14] Gao W, Zheng Y, Ouyang M, et al. Micro-short-circuit diagnosis for series-connected lithium-ion battery packs using mean-difference model [J]. IEEE Transactions on Industrial Electronics, 2018, 66: 2132-2142.

[15] Sun Z, Liu P, Wang Z. Real-time Fault Diagnosis Method of Battery System Based on Shannon Entropy [J]. Energy Procedia, 2017, 105: 2354-2359.

[16] Yao L, Wang Z, Ma J. Fault detection of the connection of lithium-ion power batteries based on entropy for electric vehicles [J]. Journal of Power Sources, 2015, 293: 548-561.

[17] Hong J, Wang Z, Yao Y. Fault prognosis of battery system based on accurate voltage abnormity prognosis using long short-term memory neural networks [J]. Applied Energy, 2019, 251: 113381.

[18] Wu C, Zhu C, Ge Y. A new fault diagnosis and prognosis technology for high-power Lithium-Ion battery [J]. IEEE Transactions on Plasma Science, 2017, 45: 1533-1538.

[19] Kim T, Makwana D, Adhikaree A, et al. Cloud-based battery condition monitoring and fault diagnosis platform for large-scale lithium-ion battery energy storage systems [J]. Energies, 2018, 11: 125.

[20] Richardson R R, Osborne M A, Howey D A. Battery health prediction under generalized conditions using a Gaussian process transition model [J]. Journal of Energy Storage, 2019, 23: 320-328.

[21] Weng C, Feng X, Sun J, et al. State-of-health monitoring of lithium-ion battery modules and packs via incremental capacity peak tracking [J]. Applied Energy, 2016, 180: 360-368.

[22] Li Y, Abdel-Monem M, Gopalakrishnan R, et al. A quick on-line state of health estimation

method for Li-ion battery with incremental capacity curves processed by Gaussian filter [J]. Journal of Power Sources, 2018, 373: 40-53.

［23］Zhao Y, Liu P, Wang Z, et al. Fault and defect diagnosis of battery for electric vehicles based on big data analysis methods [J]. Applied Energy, 2017, 207:354-362.

数据安全篇 | **新能源汽车数据安全风险分析**

◎ 申任远　黄　磊*

---

* 申任远，国家计算机网络与信息安全管理中心，主要研究方向为车联网网络与信息安全；黄磊，国家计算机网络与信息安全管理中心，主要研究方向为车联网网络与信息安全。

摘 要： 随着新能源汽车产业的发展，车辆原有的机械控制系统逐渐被电控系统替代，越来越多的电子单元在车上出现；整车智能化程度的提高，更是进一步导致新能源汽车中软件组成部分所占比例的提升。但高度的信息化必将伴随大量的数据，新能源汽车相关的数据更是关联到车辆控制等重要功能，如果不做好安全防护可能会导致大面积的恶意操控事件，对公共安全产生极大威胁。本文以新能源汽车的数据安全为研究重点，分析了新能源汽车数据的安全形势，从收集、存储、传输、利用等方面对数据的潜在安全风险进行了评估，并从"云管端"三方面提出了数据安全防护的建议，为新能源汽车数据安全防护体系建设提供参考。

关键词： 新能源汽车　信息化　数据安全　风险评估　安全防护方法

一 引言

根据习近平总书记关于"没有网络安全，就没有国家安全"的重要指示精神，网络安全已成为国家安全的基石。《网络安全法》中对我国关键信息基础设施的安全保护从基本法层面做了总体制度安排。以此为规范依据，2017年国家网络安全与信息化委员会办公室公布了《关键信息基础设施安全保护条例（征求意见稿）》，对包括交通、能源、电力等行业网络与信息安全保障提出了具体的制度要求，谱写了关键信息基础设施安全保护立法进程的新篇章。

新能源汽车作为关键信息基础设施中交通领域的重要组成部分，已成为国家发改委、工信部等11部委发布的《智能汽车创新发展战略》等一系列国家政策中重点强调和发展的领域。作为未来5G通信、无人驾驶、智慧交通、人工智能等新兴科技的典型应用，新能源汽车的发展方向非常明确，未来市场规模巨大。习近平总书记在十九大报告中明确提出"交通强国"的号召。2018年，交通部印发的《关于加快推进新一代国家交通控制网和智慧公路试点的通知》确定在全国9省份开展智慧公路建设示范工程，依托智能网联汽车技术的智慧公路建设已成为我国交通领域未来重要战略发展方向。智能网联汽车技术是"中国制造2025"和"互联网+"发展战略的重要内容，而汽车信息安全是智能网络汽车发展过程中备受关注的问题，在一开始就受到电信行业、汽车行业、汽车电子设备行业以及互联网服务商的重视。

二 新能源汽车数据安全现状

（一）新能源汽车发展现状

新能源汽车产业的溢出效应巨大，它的发展有效促进了通信、互联网、电子信息、充电设施等行业的协同创新发展。与此同时，随着汽车电动化、网联化、智能化的趋势越来越明显，自2010年以来，中国一直以各项政策措施刺激消费者和制造商涌入新能源汽车市场。如今，在绿色、低碳和可持续发展这些大方向倡导下，中国的新能源汽车产业快速发展，更多的人开始接受新能源汽车。国家发改委国际合作司副司长高健近期介绍，预计2025年全球联网汽车数量将接近7400万辆，其中，中国联网汽车数量将达2800万辆。同时，业内外普遍认为，随着汽车智能化、网联化程度加深，汽车面临的网络安全风险也在不断增大。

新能源汽车由许多互联的、基于软件的IT部件组成，智能联网系统沿袭了既有的计算和联网架构的同时，也继承了这些系统天然的安全缺陷，并且普遍缺乏有效的信息安全防护手段。汽车智能化、网络化使汽车内部电子设备数量迅速增加，电控系统日益复杂，这些车载电子设备、电控单元与外界的信息交互也越来越多，大大增加了黑客对汽车的攻击面，尤其是汽车通过通信网络接入互联网连接到云端之后，每个计算、控制和传感单元，每个连接路径都有可能因存在安全漏洞而被黑客利用，从而实现对汽车的攻击和控制。汽车正逐渐成为网络黑客入侵的热门目标，汽车受到信息安全攻击的威胁正逐步攀升。

目前，新能源汽车的安全保障手段相对匮乏，安全技术能力十分不足，部分重要场景甚至为空白，其所面临的安全风险已成为威胁国家安全的重要因素。首先，新能源汽车面临大规模网络恶意控制风险。当前的汽车系统正逐渐部署对汽车的远程调度、控制、更新等功能，此过程中，存在大量恶意攻击者获取信息平台权限或者劫持通信链路，进一步对大规模车辆同步实施网络恶意控制的风险，造成难以想象的巨大灾难。其次，交通关键信息基础设施面临大规模瘫痪风险。新能源汽车作为交通关键信息基础设施的神经中枢，如果受到恶意攻击，则会导致交通设施大范围功能瘫痪，极大地破坏交通关键信息基础设施正常运行。近年来，国内外发生了多起关键信息基础设施被恶意攻击的案例，新能源汽车所面临的安全风险同样会对交通关键信息基础设施带来难以估量的危害。再次，新能源汽车面临敏感信息泄露风险。新能源汽车作为国家交通信息的收集者、传递者与承载者，面临严峻的数据安全风险。新能源汽车信息泄露将严重危害国家、个人、企业数据安全，特别是涉及国家交通设施的战略敏感数据和重要人物数据，如果被恶意势力获得将造成严重的后果。新能源汽车安全风险会对大规模高速移动车辆、正在运行的交通关键信息基础设施造成损害，因此其带来的安全威胁相比传统网络安全更加严重，影响也更加深远。随着5G与新能源汽车的不断融合、汽车电子电器架构的不断更新、自动驾驶新场景的不断应用，新的安全风险也必将持续发生，严重威胁我国交通关键信息基础设施健康发展与稳定运行，威胁我国政治安全、社会安全与人民生命财产安全，是维护我国国家安全所必须面对的严峻现实。

（二）新能源汽车数据收集情况

新能源汽车拥有丰富的智能网联功能，包括影音娱乐远程服务功能、移动应用远程控制功能、远程软件更新（OTA）功能及辅助自动驾驶功能等。启用辅助自动驾驶功能后，依靠环绕车身的摄像头、传感器、雷达等设备，车辆能够在行驶车道内自动辅助实施转向、加速和制动，具体包括：自动辅助导航驾驶、召唤功能、自动泊车、自动辅助变道等。通过 OTA 软件更新，车辆还可以不断升级完善以及进行补丁修复。车内配备智能车载终端集成了车辆功能控制选项，包括网络媒体、车载导航、车身控制等。新能源汽车拥有实时收集车辆状态数据、轨迹数据、用户数据、音视频数据等的能力。

新能源汽车所收集的数据包括两种主要类型：关于用户或用户设备的数据以及关于车辆的数据。

1. 用户或用户设备的数据

主要包括用户的姓名、地址、电话号码、电子邮件、付款信息、驾驶证或政府签发的其他身份证件信息，或者来自关于用户设备的信息。获取形式包括如下几种：新能源汽车企业的数字服务，如网站、软件应用程序、社交媒体网页、电子邮件内容或其他数字服务；个人账户，包括用户的客户注册信息、订单状态、产品的质量保证和其他文件以及关于用户的一般信息、保险单、驾驶证、融资协议及类似信息。

2. 车辆的数据

日志数据：包括车辆性能、使用、操作和状况的某些远程信息处理日志数据，如车辆识别号、车速信息、里程表读数、电池使用管理信息、电池充电历史记录、电气系统功能、软件版本信息、信息娱乐系统数据、安全相关数据和摄像头图像（包括关于车辆辅助防护系统、制动和加速系统、安全系统、电子制动器和事故的信息）、事故短视频片段、关于使用和操作自动辅助驾驶及其他功能的信息,以及其他用于帮助识别问题和分析车辆性能的数据。

安全分析数据:包括关于涉及用户新能源车辆的事故或险兆事故类似情况的数据(如气囊展开、摄像头传感器数据和图像以及其他最近的传感器数据)、远程服务相关数据(如遥控锁车/开锁、启动/停止充电和按喇叭命令)、确认用户的车辆与当前软件版本和某些车载资讯系统数据一同在线的数据报告、车辆网络连接信息、有关任何会严重影响用户车辆操作的问题的数据、有关任何安全关键问题的数据以及有关每个软件和固件更新的数据。

服务历史记录:包括每辆新能源车辆服务历史记录的数据,包括客户姓名、车辆识别号、修理历史记录、任何有待完成的召回、任何逾期票据、任何客户投诉以及任何其他与车辆服务历史记录有关的信息。

充电信息:包括充电率和用户所使用的充电站的信息(包括使用超级充电站以及家用或商用插座的情况),以便分析正在使用哪些充电站、给电池充电的时长和效率以及哪些地方需要增设充电站;在部分司法管辖区,哪些充电站可以参加政府燃料标准计划。

自动辅助驾驶信息:包括汽车的外部摄像头收集非个人可识别的图像或短视频片段,以学习如何识别车道线、街道标志和交通信号灯位置。

(三)新能源汽车数据安全案例

某新能源汽车的车载信息及娱乐服务能够给用户带来不错的驾乘体验和便利性,但是根据系统设定,用户在享受服务之前必须输入详细的个人信息,而这些用户输入的信息被存储在 MCU 媒体控制单元中,这个 MCU 就是用户隐私泄露的关键。2020 年,一名国外黑客发现,即使这些淘汰的 MCU 媒体控制单元已经被技术销毁,但是上面仍储存大量的客户个人信息,包括手机通信列表、通话记录、WiFi 密码、家庭住址以及导航记录等,通过这种方式获取到大量用户的个人信息。

2019 年初,某新能源汽车就爆出有泄露客户隐私的安全隐患。黑客能够如此轻松地从 MCU 上获取信息,关键就在于 Linux 车机系统并没有对媒体控制单元的硬盘进行任何加密处理,从而导致用户信息泄露。

澳大利亚网络安全研究专家发现，借助任意一辆某新能源汽车前挡风玻璃上的 VIN 码便可通过车载系统手机客户端的身份验证，获取车主身份及车辆充电量信息，并获得车内空调的操控权，造成用户敏感信息泄露以及车辆被远程控制的风险。

三　新能源汽车数据安全风险评估

随着信息化、智能化、网联化的发展，新能源汽车成为汽车、电子、信息通信、智慧交通等各行业深度融合的新兴产业形态，其智能网联功能的实现离不开数据的支撑，数据安全直接影响新能源汽车的安全运行。数据作为新能源汽车信息交换共享的载体，也是其智能决策、实现自动驾驶的基础要素，智能网联汽车数据安全直接关系到国家、社会和个人的切身利益。本章将详细展开数据全生命周期涉及的安全风险评估，涵盖数据收集、数据存储、数据传输、数据使用、数据共享 5 个环节。

（一）数据收集

数据收集是数据安全中至关重要的一环，现阶段新能源汽车产业对数据需求量巨大，产销用各环节收集大量数据信息，涵盖车辆销售、车辆运行、车辆充电、售后服务以及车辆固件升级 5 个部分。

新能源汽车销售过程中收集大量用户信息，包括姓名、地址、电话号码、电子邮件、付款信息、身份证、驾驶证等个人敏感数据，基于此数据汽车企业可以分析得出个人和商业用户的数量、行业、地区分布等统计信息。此类数据有利于汽车企业根据实际情况制定新能源汽车的销售策略，同时也给个人敏感信息带来了安全风险。部分汽车企业存在过度收集非必要个人信息的情况，信息一旦发生泄露，会被非法组织加以利用进行违法犯罪活动，如电信诈骗，而且信息越全面充分，个人越容易上当受骗。此外，原始数据在进行分析处理时，可能会涉及数据在不同部门之间的转移，增加了数据泄露的风险。

新能源汽车运行期间收集各种数据信息，包括摄像头采集的路况信息、车辆定位信息、车内音视频采集信息、车辆工况信息、车载终端应用服务信息。

新能源汽车配备环绕车身的摄像头、传感器、雷达等设备，实时采集路况信息，用于车辆的辅助和自动驾驶功能。路况信息一般是摄像头拍摄的街道及街道两旁建筑的音视频信息，由于车辆行驶位置并不可控，一旦车辆涉及重要或敏感人员、国家敏感区域，可能会导致国家秘密泄露等严重的后果。车辆定位装置基本上是车辆的标配，用来记录车辆的位置信息和支撑车辆导航系统，而持续记录的车辆位置信息可能导致车辆行驶轨迹泄露、行程信息暴露。由于面部识别和声控系统技术的迅速发展，新能源汽车将其引入车内，在为用户提供方便快捷服务的同时，也可能导致个人特征信息泄露，如面容、瞳孔、声音等。新能源汽车会收集车辆工况状态数据和控制数据，此类数据直接展示车辆当前的状态。车载智能终端承载各种应用服务，包括影音娱乐、天气导航、固件更新、软件升级、信息服务等，并且个人账户信息和车载终端相绑定，存在隐私泄露的风险。

新能源汽车在充电的过程中会进行数据交换，充电桩会获取车辆的状态信息，可能会导致车辆信息泄露。此外，充电时的有线连接较为稳定，可能会成为车辆固件升级或更新的一种方式，因此，充电桩可能面临车辆固件信息泄露的风险，一旦固件信息被恶意篡改，车辆充电时会被刷写非正常固件，导致严重的信息安全风险。

新能源汽车售后服务过程中会收集个人隐私和车辆状态及维修数据，可能存在个人与车辆敏感信息泄露的安全风险。维修过程中若涉及软件系统的修复，可能存在恶意固件刷写和软件系统日志信息泄露的安全风险。

车辆固件升级分为两种情况，一种是本地升级，直接连接设备到车辆上，另一种是OTA远程升级，云端直接推送至车辆。相比之下，远程升级面临更多的风险点，平台端和传输过程都有可能导致固件被恶意篡改，威胁车辆安全行驶。

（二）数据存储

新能源汽车的数据存储由车端和云端两部分组成，以云端存储为主。车辆在行驶过程中会产生各种数据信息，其中车载软件系统的操作日志信息和个人账户信息会储存在车端，而车辆的状态、摄像头采集的音视频等信息由于数据量过大，只会占用车端很少一部分存储空间，根据需要上传至云端存储。车端终端系统作为车端数据存储的设备，大多数是安卓系统或基于 Linux 开发的系统，这样的开源系统会经常曝出通用漏洞，如果系统版本更新不及时，可能受到网络安全威胁，直接造成新能源汽车大范围的数据泄露事件，甚至社会性的车辆安全事件。云端存储由于数据量庞大、管理体系复杂，往往面临更严峻的安全威胁。一方面，云平台中的数据如果没有进行分类分级，只是按照数据默认敏感等级进行安全保护，从而导致未分类数据中敏感级别低于默认敏感级别的数据会被过度保护，存在安全资源过度投入，防护过度也会导致系统运作效率降低，而大量敏感级别高于默认级别的数据面临防护不足的风险，也会阻碍敏感数据的加密存储和脱敏流程；另一方面，云平台对不同级别的数据如果没有相应的细粒度访问控制机制，会缺少对运维人员访问权限的限制，引发访问权限失控、越权访问等安全事件，从而导致重要数据滥用的严重后果。

（三）数据传输

新能源汽车不仅数据传输量大，而且对数据传输的可靠性和安全性要求极高。数据传输方式可以大致分为本地传输、近程传输、远程传输。本地传输指的是车载网络通信，包括 CAN 总线、LIN 总线、FlexRay 总线、MOST 总线和车载以太网等，其中 CAN 总线在车载网络拓扑中占的比重最大，负责各个 ECU 之间的通信连接。CAN 总线作为传统汽车沿袭下来的串行通信协议总线，其协议本身的缺陷可能导致一些安全风险，包括 CAN 报文被篡改和伪造的安全风险，连接接口、通信总线被阻塞从而导致数据不可用或无法及时反馈的风险以及 CAN 总线与 ECU 之间缺少相应的认证保护技术引起的风险。近程传输主要包括蓝牙、WiFi、NFC、无线传感器、无线射频等近距离通信方式。其中蓝牙、NFC 已被部分新能源汽车用来替代车钥匙，方便用户的同时也带来了车辆被伪造的通信信息启动的安全风险；无线传感器存在通信信息被窃听、被中断、被注入等风险，甚至通过干扰传感器通信设备还会造成无人驾驶汽车偏行、紧急停车等危险后果；无线射频主要用于无线车钥匙以及无钥匙进入系统，存在无线射频信号被窃听、被重放等风险，导致车辆开启，威胁人身和财产安全。远程传输主要包括蜂窝网络 4G/5G 和 C-V2X 等远距离通信方式，传输数据时，在通信链路上会面临被窃听或遭受中间人攻击的风险；以及在车联网模式下新能源汽车会通过 V2X 广播与其他车辆或路测单元通信,可能导致较大范围数据泄露的风险。

(四)数据使用

新能源汽车对数据使用的需求主要体现在以下场景,用户个人信息通过数据分析得出整体用户的统计信息,有利于制定车辆销售策略;车载摄像头收集的音视频信息用于车辆自动驾驶算法的学习完善;车辆状态信息包括定位信息用于诊断车辆状态以及紧急救援。这些数据可能包含个人敏感隐私信息甚至国家敏感区域信息,存在一定程度的安全风险,如数据使用边界鉴定不清晰,存在数据知悉范围扩大、重要敏感数据被非授权获取的风险;数据管理权限不明确,存在数据过度滥用的风险;若没有异常行为监控手段,可能存在数据违规使用,导致数据泄露的风险。此外,在进行数据分析和数据挖掘时,对于相关数据融合所产生的隐私泄露问题,也是数据使用面临的风险之一。

(五)数据共享

新能源汽车的数据存在向供应商、合作伙伴、集团其他业务等第三方共享、转让、委托处理数据的情况。大量敏感数据在多部门、组织之间频繁交换和共享,使系统和数据安全的权责不明确,缺少权限控制,存在数据过度共享、扩大数据暴露面等安全风险和隐患,一旦出现问题难以追踪溯源,并且数据的共享开放使原本的边界安全机制无法有效保护流转到边界外的数据。此外,部分新能源汽车还涉及数据跨境传输的情况。由于部分车辆的关键零部件缺少核心技术自主可控只能国外生产,可能导致重要数据回传境外的安全风险。目前,监测监管体系还不完善,存在数据违规跨境传输的安全风险。

四 新能源汽车数据安全防护建议

围绕新能源汽车的业务设计思路,仍然可以按照"云管端"三个维度对新能源汽车业务进行划分。云主要指新能源汽车的 TSP 平台，包括汽车企业自建的数据中心、应用服务等；管主要指新能源汽车涉及的多种通信通道，包括车内控制总线、蓝牙、WiFi、移动网络等；端主要指新能源汽车的车载设备及用户手机终端的相关软件，包括 HU、TBOX、ECU、手机 App 等。同时新能源汽车相关的数据也可以按照这三个维度进行划分，例如云的用户信息数据库数据，管的车辆控制指令和状态数据，端的运行日志数据等。

为新能源汽车的数据添加安全防护，旨在保证机密性、完整性、可用性这三个重要的信息安全属性。在传统信息安全领域保障机密性主要依靠的是加密等技术，保障完整性主要依靠的是校验等技术，保障可用性主要依靠的是备份冗余等技术。新能源汽车的数据安全防护也应满足对机密性、完整性、可用性的保障需求，但同时也应考虑到新能源汽车的独特需求，如控制功能的低延迟性、车端系统的高可靠性、车辆行驶时的高速性等。

（一）"云"——TSP 平台

TSP 平台是汽车企业利用通信网络为驾驶员和乘客提供多样化的信息服务的应用平台，主要包括行车导航、路况信息、行车安全预警、免提通话、天气服务、紧急救援、车辆性能检测等类型的应用服务。通常情况下，TSP 平台在应用层之下的结构与传统 Web 服务系统相同，应用层的服务由车企定制开发以满足业务需求。

1. 数据备份与恢复

TSP 云平台通常涉及大量的应用数据库，在 TSP 平台运行过程中，可能会出现服务器宕机、停电、火灾等突发事件，所有这些突发事件均有可能导致服务器应用数据库的数据丢失，因此，有必要在 TSP 云平台设置数据备份与恢复策略，以保证平台数据管理的高可靠性。数据备份是容灾的基础，存储热备份数据的数据库应当部署在与原始数据不同地点的数据中心，以防止单次灾害性突发事件同时影响到主备数据库；对于陈旧数据应当定期归档转移至冷备份数据库，以防止大量的陈旧数据累加在主数据库和热备份数据库中占用存储空间。

2. 数据库权限控制

TSP 平台的数据库为应对不同的业务需求，通常会设置多个访问用户，每个用户具备不同的数据库表访问权限，同时会存在 ROOT 用户拥有访问所有库表的最高权限。数据库应对存储敏感信息的存储空间进行严格访问权限控制，防止无关的系统软件进程、应用软件和用户非法接触到敏感信息。对数据库的权限控制首先要限定数据库启动权限，以管理员权限启动的数据库，如果出现未授权访问等漏洞，可能导致数据库所在的服务器被控制；将数据库用户权限粒度划分得更细，将可以使非法获取某一用户权限后可执行的操作更少，一定程度上增强数据库的安全性能。

3. 字段加密存储

TSP 数据库中存在许多如车主姓名、电话号码、车架号等标识身份的数据，如果数据库被 dump，则会导致大量个人信息泄露的事件发生。因此即便为数据库设置好了控制权限，也应当对库中具体存储的字段内容进行加密处理，以保证库中字段泄露时也不会产生恶劣影响。首先数据库字段加密需要关注的是透明度问题，即字段加解密的操作对于业务性能的影响应当在可以接受的范围内，如果无法接受则应当在安全性与性能之间做出取舍，或者采用更高性能的加解密方案；由于对字段的加密存储一定会损失部分性能，因此可以按照数据字段的敏感级别判断是否需要加密存储，或按敏感级别采用不同的加解密方法以达到性能和安全性的平衡。

4. 日志审计

TSP 平台的日志对于获取其运行状态和安全事件回溯有至关重要的作用，定期审计 TSP 平台数据库的日志，可以清晰地了解近期操作数据库的用户是谁，具体执行了哪些操作。查看到异常的日志信息如无条件的大规模数据查询行为等就可能会发现隐藏的入侵痕迹，及时加强防护可以防止数据的进一步泄露。TSP 平台应当严格控制对日志的操作权限，防止部分技术能力较强的入侵者在清理痕迹时将日志修改删除；日志的具体条目也应当带有标识日志类型等级的关键词，这种索引信息可以在日志审计中极大地提升工作效率。

5. 应用层防火墙

TSP 平台所在的服务器群通常会和传统信息系统一样部署防火墙，但由于 TSP 平台对接车辆、手机端 App 的应用层服务，而应用层的服务又涉及车辆控制、车辆状态、身份标识、位置等多种数据类型和复杂的业务逻辑，因此相比其他信息系统，TSP 平台在应用层的防护需求会更加强烈。设立应用层防火墙有助于针对 TSP 平台的特殊业务需求进行专项防护，抵抗针对具体业务漏洞的攻击行为。

（二）"管"——网络通信

车辆、TSP、手机端 App 三者之间通过网络通信传输数据及控制指令，而车内也有 CAN 总线等车内网络负责连通各个车载设备。目前新能源汽车领域主要使用的车外通信方式是移动网络，但也兼容 WiFi 等无线通信方式；车内通信则是 CAN、LIN、车载以太网等方式。在"管"侧通常存在通信劫持等风险，如何保证通信链路的安全性以及被劫持后通信内容的保密性是"管"侧需要重点关注的问题。

1. 加密的通信协议

"管"侧通信的所有内容均应当经过加密处理，使中间人无法解析出实际的通信内容。目前在基于 IP 协议的网络中 TLS 协议应用最为广泛，可在建立传输层连接后构筑加密的信息传输通道，保证所有应用层的通信内容均不会泄露。在车内网络中可基于 AUTOSAR 标准的 SecOC 技术，对数据报文的有效性进行验证。

2. 证书认证体系

在车辆、TSP 平台、手机端 App 相互通信的过程中，需要验证通信双方的身份是否为合法身份。应对这一需求的防护方法是建立完善的证书认证体系，在每一次建立连接时均确认证书的有效性。企业可以选择自建 CA 证书授权中心，并为所有的平台和设备预置 CA 根证书；各端间的通信应满足双向校验原则，提防任意形式的中间人攻击。

(三)"端"——车载设备

车载设备担任着传统 CS 架构中的客户端角色,作为更易被触碰到的一侧,具有基数大、不易管理、安全影响强的特点。以 TBOX 为统一节点,车载设备如 ECU、HU、Gateway 等在理论上都可以与外界互连,由于没有完全物理隔离,对安全防护会有更强的需求。

1. 安全芯片

安全芯片主要用于提供基础的加密计算能力和密钥存储能力,基于安全芯片可实现基于国密算法的身份认证、数据加密、安全启动和固件安全升级等安全应用方案,为新能源汽车提供信息安全保护,因此在新能源汽车"端"侧尤为重要。

2. OTA 升级验证

新能源汽车的 OTA 软件升级是影响整车安全性最重要的功能之一,在升级前应当对升级包的数据完整性进行校验,防止被篡改或错误的升级包被刷写。需要设置刷写回滚机制,在完成刷写后验证刷写结果,未通过验证则应当回滚至升级前的版本。

3. 总线异常监测

车内总线中传输着车辆的状态数据和车辆的控制数据,是新能源汽车车端数据敏感性最高的组件之一,业内当前的设计思路是大部分的总线数据时间触发性传输,少部分为事件触发性传输。针对总线进行异常监测,首先可以按照数据包的发送间隔判断是否存在漏传、多传等异常现象,然后根据数据包的内容,结合当前工况等信息判断此数据包的出现是否合理。

五 总结

数据是信息系统中最核心的组成部分之一,越复杂的信息系统这一特性体现得越明显,随着新能源汽车软件化和智能化程度越来越高,数据的重要性也同样慢慢凸显出来。要保障新能源汽车的整车安全性，数据安全是无法避免的重要问题，传统信息系统的评估和防护方法虽然是很好的借鉴，但新能源汽车仍旧具备与信息系统不同的特点，直接套用传统方法可能可以达到一定成效，但绝对无法完全满足全部需求。

应当结合其他领域的经验，分析新能源汽车的独特性需求，设计与新能源汽车特性相贴合的方案，加强产销用完整生命周期的数据安全监管，才能行之有效地做好新能源汽车数据安全的评估和防护工作。

参考文献

[1] 于赫：《网联汽车信息安全问题及CAN总线异常检测技术研究》，吉林大学博士学位论文，2016。

[2] 许晖：《来而不往非君子 智能网联汽车的刷漏洞时代》，《汽车之友》2018年第10期，第106~109页。

[3] 田苗、王松、蔡蕾、申万万、卢冲：《车联网安全保护研究》，《电脑知识与技术》2017年第6期，第72~75页。

[4] 史宁、高荣刚、李景剑：《汽车产品信息安全认证关键技术研究》，《汽车工业研究》2018年第11期，第33~35页。

[5] 杨梓：《智能网联汽车数据安全问题日益凸显》，《中国能源报》2021年3月15日，第17版。

[6] 曾宇：《基于车联网的高速公路安全预警系统设计》，长安大学硕士学位论文，2017。

[7] 杨俊峰：《车轮上的创新》，《人民日报》（海外版）2020年12月8日，第5版。

[8] 王建：《汽车智能网联系统中的信息安全问题探究》，《时代汽车》2021年第2期，第193~194页。

[9] 覃庆玲、谢俐倞：《车联网数据安全风险分析及相关建议》，《信息通信技术与政策》2020年第8期，第37~40页。

[10] 孟震：《智能网联汽车信息共享安全机制的研究与实现》，北京邮电大学硕士学位论文，2016。

[11] 赵馨月：《智能网联汽车信息安全关键技术》，《时代汽车》2021年第1期，第18~19页。

数据安全篇 | 基于车辆运行数据的纯电动汽车
用户驾驶风格识别与驾驶能耗分析

◎王　宁　王天浩　李君临*

＊王宁，博士，同济大学副教授，主要研究方向为智能汽车出行与汽车大数据分析；王天浩，同济大学，主要研究方向为智能汽车出行与汽车大数据分析；李君临，同济大学，主要研究方向为智能汽车出行与汽车大数据分析。

摘　要：驾驶风格是用来体现驾驶员在车辆运行状态下对车辆操作的行为特征，对用户驾驶风格进行识别与分析，有利于推进智能驾驶的发展。本文基于116辆纯电动汽车的车辆运行数据，通过主成分分析方法与K-means聚类算法，对用户驾驶行为进行分类分析，对驾驶风格进行了分类识别。利用XGBoost算法构建纯电动汽车驾驶行为与能耗输入模型，利用SHAP对模型进行解释。结果表明，将驾驶风格分为3类具有较好的分类效果，可分别对应冷静型、普通型与激进型；当驾驶员的驾驶风格趋向于激进型时，车辆的驾驶能耗越高，驾驶风格激进一个层级，车辆百公里电耗增加3~4倍。

关键词：纯电动汽车　驾驶风格　车辆运行数据

一　引言

（一）研究背景

2020年9月30日，习近平主席在联合国生物多样性峰会上的讲话中指出：中国二氧化碳排放力争于2030年前达到峰值，努力争取2060年前实现碳中和。纯电动汽车与传统内燃机汽车和混合动力汽车相比，是一种环保的交通工具，其不存在因燃料燃烧产生的噪声、振动、能源高温等问题，因此，具有零排放优势的纯电动汽车将是未来汽车市场的主流产品之一。近年来，基于电动汽车自动驾驶技术与智能出行理念的飞速发展，其核心技术之一是智能控制。在进行智能控制时，需要考虑安全性、舒适性、高效性、便利性等因素，因此对驾驶员驾驶行为预测及驾驶风格识别的研究引起了越来越多的关注。驾驶风格指驾驶员习惯的驾驶方式，用来表征在实际环境中对车辆操作的行为特征。通过对驾驶员驾驶习惯和车辆行驶数据的分析准确识别出驾驶员的驾驶风格，对于改善车辆的安全性和舒适性均有重要意义。进行驾驶行为预测和驾驶风格的识别，可以推进智能驾驶的发展。同时，进行驾驶风格对纯电动汽车驾驶能耗影响的分析，有助于提升车辆的运行经济性。

（二）研究现状

目前，针对驾驶风格的评测主要分为主观评测和客观评测两种。主观评测包括专家打分、问卷调查等方式，但该方法受环境因素的影响较大，使用范围受限；客观评测主要基于实车实验或驾驶模拟器获得真实驾驶数据，通过对数据的分析来客观地评价驾驶风格。

驾驶风格用来表征驾驶员在实车运行环境中对车辆操作的行为特征，通过对驾驶员操作习惯和汽车行驶数据的分析，动态识别出驾驶员的驾驶风格，并对控制参数进行自适应调节，这对于改善车辆的燃油经济性有重要意义。国内外学者对驾驶风格的识别进行了相关研究，例如，Constantinescu等应用主成分分析和分层聚类分析方法对驾驶风格进行分类和识别；Aljaafreh等设计了模糊推理系统,将在一定长度时间窗中的车辆纵向加速度和横向加速度的欧式范数以及平均车速作为输入,实现了驾驶风格识别;Nadezda 等利用 K 最近邻算法、神经网络、决策树、随机森林等方法对驾驶员风格进行了识别,并对各种识别方法准确度进行了比较;Meiring 等对在驾驶风格识别中用到的人工智能算法进行了总结,指出模糊逻辑推理系统、隐马尔可夫模型和支持向量机在驾驶风格识别方面有更好的应用前景。

目前,针对纯电动汽车的能耗研究以固定循环工况为主,以新欧洲循环测试(New European Driving Cucle,NEDC)、全球轻型汽车循环(Worldwide Harmonized Light Vehicles Test Cycle,WLTC)等为基础进行能耗分析,但此分析方法与实际道路运行的结果存在较大出入。为此,研究人员采用车辆道路实测数据,重点研究了道路参数(坡度、交通状况)、车辆运行特征参数以及环境温度对电动汽车能耗的影响,未考虑驾驶风格对车辆能耗的影响。研究表明,驾驶风格对动力电池能耗有重要影响。Yi 等分析了驾驶风格对车辆能量的敏感性;考虑驾驶风格的影响,Jimenez 等建立了车辆续驶里程估计模型。当前纯电动汽车能耗研究着重于车辆自身参数、道路及环境因素的影响,对于驾驶员角度的驾驶风格研究较少。

(三)研究意义

近年来,人们对驾驶风格对车辆运行的影响关注度日益增加。驾驶行为与驾驶风格在定义上有所区别,驾驶行为指的是驾驶员在某一次驾驶过程中的具体操作和对车辆控制的具体行为,驾驶风格指的是驾驶员在驾驶车辆时所表现出的定性的综合性行为特征。驾驶员的驾驶行为能够反映出其驾驶风格,某驾驶员的驾驶风格从一定程度上可以决定其驾驶行为。因此,对驾驶风格的研究能够明确某一类人的整体特征,并以此为依据对智能汽车进行优化升级,使车辆的最优运行状态与驾驶风格相匹配。在驾驶安全方面,道路车辆不断增多,尤其是城市中人口密度日益增大,交通事故频繁发生,通过驾驶风格的识别,智能汽车可以进一步改善驾驶者个人因素对驾驶过程的影响,从而降低事故发生率。分析驾驶行为、驾驶风格与能耗之间的关系,可以通过规范驾驶员的驾车习惯降低驾驶能耗,对未来自动驾驶提升车辆运行的经济性有重大意义。

二 数据预处理

本文所用数据为116辆纯电动汽车于2020年第二、三季度的车辆运行数据,数据采样间隔为2s,数据格式如表1所示。

表 1 数据格式

车号	采集时间	加速踏板位置	电池包主负继电器状态	电池包主正继电器状态	制动踏板状态	驾驶员离开提示	主驾驶座占用状态	驾驶员安全带状态	驾驶员需求扭矩值
1	2020-08-31 17:56:02	0.0	断开	断开	未踩	No Warning	空置	未系	0.0
1	2020-08-31	0.0	断开	断开	未踩	No Warning	空置	未系	0.0
…	…	…	…	…	…	…	…	…	…
车号	手刹状态	整车钥匙状态	低压蓄电池电压	整车当前挡位状态	整车当前总电流	整车当前总电压	车辆行驶里程	车速	方向盘转角
1	放下	OFF	7.93	空挡	0.0	120.7	7682	0.00	0.00
1	放下	OFF	7.93	空挡	0.0	120.7	7682	0.00	0.00
…	…	…	…	…	…	…	…	…	…

由表1可以看出,采集的原始数据中包括采集时间、加速踏板位置、电池包主负继电器状态、电池包主正继电器状态、制动踏板状态、驾驶员离开提示、主驾驶座占用状态、驾驶员安全带状态、驾驶员需求扭矩值、手刹状态、整车钥匙状态、低压蓄电池电压、整车当前挡位状态、整车当前总电流、整车当前总电压、车辆行驶里程、车速、方向盘转角。通过初步数据筛查,发现车辆数据存在部分未采样(NaN)的空数据,采集数据的车辆存在较长时间的未行驶

状态，原始数据车速等部分数据元素不随时间变化而变化，属于无效数据，为保证下一步数据分析的准确度，因此需要对数据进行预处理，剔除车辆未行驶状态的数据元素。为便于后续计算，删除采集时间相同的冗余数据点和空数据；为得到车辆运行时的数据，删除停车时采集的车辆数据，做如下处理：删除车速 =0 且主驾驶座位占用状态 = 空置的数据点，删除整车钥匙状态 =OFF 的数据点。另将数据分段，将停车间隔大于 10s 的所有车辆运行数据段全部分割开来，便于后期分割驾驶风格识别周期数据段。

如图 1、图 2 所示，原始数据的车速、加速踏板位置等数据的波动频率较大，同时个别点的加速度值超过纯电动汽车的合理加速度范围，这些数据点为异常点。使用离群点检测进行数据清洗。去除数据异常值。

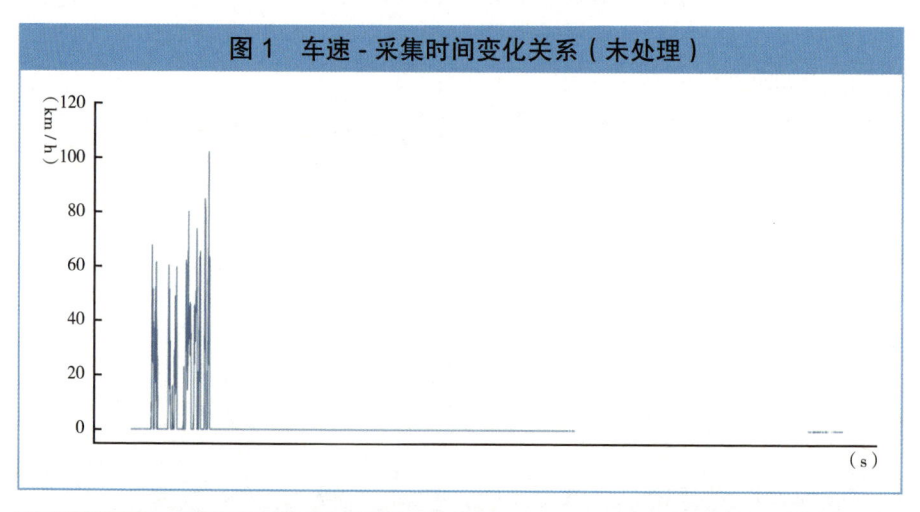

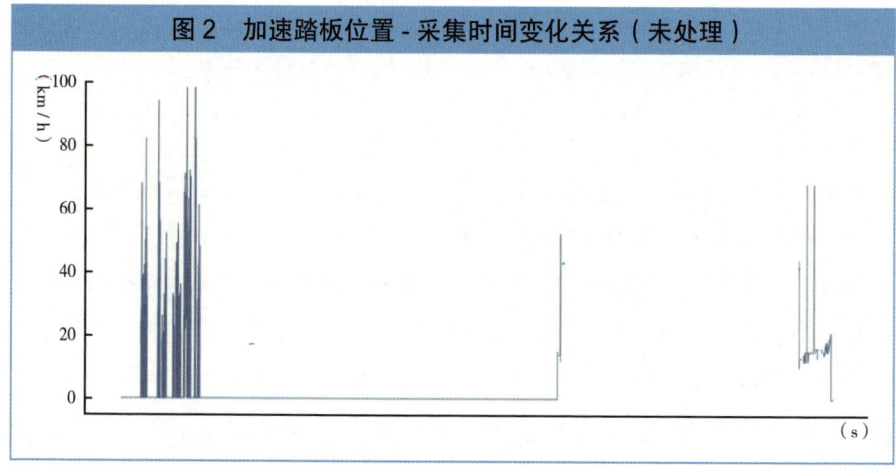

图 1　车速 - 采集时间变化关系（未处理）

图 2　加速踏板位置 - 采集时间变化关系（未处理）

处理后的数据如图 3、图 4 所示。

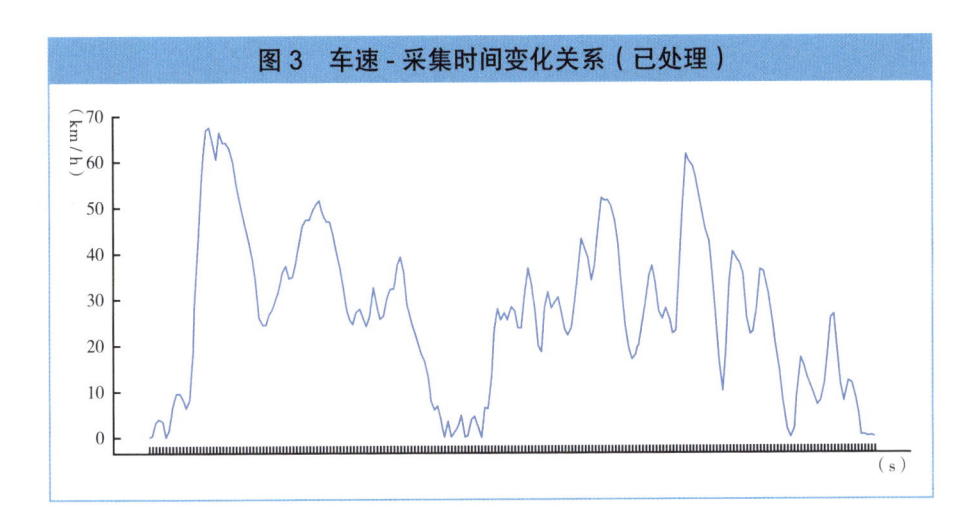

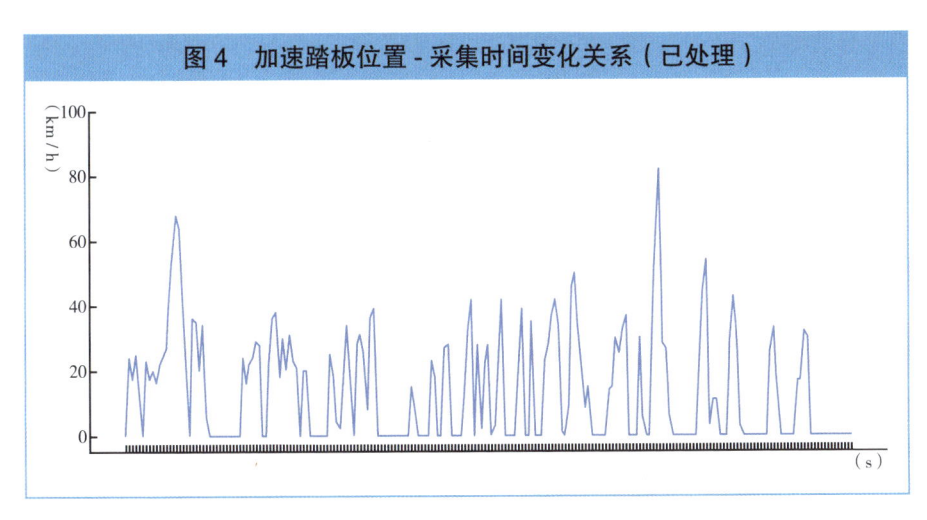

图 3 车速-采集时间变化关系（已处理）

图 4 加速踏板位置-采集时间变化关系（已处理）

三 驾驶行为特征参数构建与主成分分析

在进行驾驶风格识别前，需要构建标定用户驾驶行为特征参数，用以对各识别片段的驾驶风格进行描述。构建的驾驶风格特征参数通常是一些与行驶信息有关的统计量，数目较多且彼此间存在相关性，因此需要使用主成分分析方法对其进行降维处理。

（一）特征参数构建

为了获得更好的聚类效果，在构建标定用户驾驶行为特征参数时，参数数目不能太多也不能太少。对采集数据进行分析和测试，将驾驶风格拟分为2~4类，但是不对驾驶风格做具体主观定义，主观定义与数据分析结果匹配度不一定十分恰当。据此，综合相关文献，选取并构建了10个具有代表性的特征参数，如表2所示。

在计算特征参数时，需要确定驾驶风格识别周期的长度，并在运行记录选择过程中，去掉状态为停止的干扰项，只对汽车运行过程中的数据进行分析。

表2　特征参数

1	车速的平均值
2	车速的标准差
3	加速度绝对值的平均值
4	加速度绝对值的标准差
5	冲击度绝对值的平均值
6	冲击度绝对值的标准差
7	加速踏板位置的平均值
8	加速踏板位置的标准差
9	加速踏板位置变化率的平均值
10	加速踏板位置变化率的标准差

其中，车速平均值：

$$\bar{V} = \frac{\sum_{i=1}^{n} V_i}{n} \tag{1}$$

式（1）中，n为驾驶风格识别周期长度内的采样点个数。

车速的标准差：

$$\sigma_V = \sqrt{\frac{1}{n}\sum_{i=1}^{n}(V_i-\bar{V})^2} \qquad (2)$$

加速度绝对值的平均值：

$$|\overline{a}| = \frac{1}{n-1}\sum_{i=1}^{n-1}\left(\left|\frac{V_{i+1}-V_i}{T}\right|\right) \qquad (3)$$

式（3）中 T 为标准采样间隔（单位：s）；

加速度绝对值的标准差

$$\sigma_{|a|} = \sqrt{\frac{1}{n-1}\sum_{i=1}^{n-1}\left(\left|\frac{V_{i+1}-V_i}{T}\right|-|\overline{a}|\right)^2} \qquad (4)$$

冲击度绝对值的平均值（冲击度指汽车加速度的倒数）：

$$|\overline{j}| = \frac{1}{n-2}\sum_{i=1}^{n-2}\left(\left|\frac{a_{i+1}-a_i}{T}\right|\right) \qquad (5)$$

式（5）中，

$$a_i = \frac{V_{i+1}-V_i}{T} \qquad (6)$$

冲击度绝对值的标准差：

$$\sigma_{|j|} = \sqrt{\frac{1}{n-2}\sum_{i=1}^{n-2}(|j_i|-|\overline{j}|)^2} \qquad (7)$$

式（7）中

$$j_i = \frac{a_{i+1}-a_i}{T} \qquad (8)$$

加速踏板位置的平均值：

$$\overline{P_{APP}} = \frac{\sum_{i=1}^{n}P_{APP_i}}{n} \qquad (9)$$

式（9）P_{APP_i} 中为驾驶风格识别周期长度内第 i 个采样点的加速踏板位置；

加速踏板位置的标准差：

$$\sigma\overline{P_{APP}} = \sqrt{\frac{1}{n}\sum_{i=1}^{n}(P_{APP_i}-\overline{P_{APP}})^2} \qquad (10)$$

加速踏板位置变化率的平均值：

$$R_{PAPP} = \frac{1}{n-1} \sum_{i=1}^{n-1} \left(\left| \frac{P_{APP_{i+1}} - P_{APP_i}}{T} \right| \right) \tag{11}$$

加速踏板位置变化率的标准差：

$$\sigma_{|a|} = \sqrt{\frac{1}{n-1} \sum_{i=1}^{n-1} \left(\left| \frac{P_{APP_{i+1}} - P_{APP_i}}{T} \right| - \overline{\sigma P_{APP}} \right)^2} \tag{12}$$

根据经验，设定驾驶风格识别周期为 8s，并对原始数据进行识别片段的划分，其中每个识别片段长度等于驾驶风格识别周期长度。

（二）主成分分析

主成分分析，是考察多个变量间相关性的一种多元统计方法，研究如何通过少数几个主成分来揭示多个变量间的内部结构，即从原始变量中导出少数几个主成分，使它们尽可能多地保留原始变量的信息，且彼此间互不相关。通常数学上的处理就是将原来多个指标作线性组合，作为新的综合指标。它借助一个正交变换，将其分量相关的原随机向量转化成其分量不相关的新随机向量，这在代数上表现为将原随机向量的协方差阵变换成对角形阵，在几何上表现为将原坐标系变换成新的正交坐标系，使之指向样本点散布最开的 p 个正交方向，然后对多维变量系统进行降维处理，使之能以一个较高的精度转换成低维变量系统，再通过构造适当的价值函数，进一步把低维系统转化成一维系统。

主成分分析降维的主要思想是将 n 维特征映射到 k 维上，这 k 维是全新的正交特征，也被称为主成分，是在原有 n 维特征的基础上重新构造出来的 k 维特征。主成分分析的工作就是从原始的空间中按顺序找一组相互正交的坐标轴，新的坐标轴的选择与数据本身是密切相关的。其中，第一个新坐标轴选择是原始数据中方差最大的方向，第二个新坐标轴选取是与第一个坐标轴正交的平面中使方差最大的，第三个轴是与第 1、2 个轴正交的平面中方差最大的。依此类推，可以得到 n 个这样的坐标轴。通过这种方式获得的新坐标轴，我们发现，大部分方差都包含在前面 k 个坐标轴中，后面的坐标轴所含的方差几乎为 0。于是，我们可以忽略余下的坐标轴，只保留前面 k 个含有绝大部分方差的坐标轴。事实上，这相当于只保留包含绝大部分方差的维度特征，而忽略包含方差几乎为 0 的特征维度，实现对数据特征的降维处理。

概括起来说，主成分分析主要有以下几个方面的作用。

（1）主成分分析能降低所研究的数据空间的维数。即用研究 k 维的 Y 空间代替 n 维的 X 空间（$k<n$），而低维的空间代替高维的空间所损失的信息很少。即使只有一个主成分 Y_1（即 $k=1$）时，这个 Y_1 仍是使用全部 X 变量（n 个）得到的。例如要计算 Y_1 的均值也得使用全部 X 的均值。在所选的前 k 个主成分中，如果某个 X_i 的系数全部近似于零的话，就可以把这个 X_i 删除，这也是一种删除多余变量的方法。有时可通过因子负荷 a_{ij} 的结论，弄清 X 变量间的某些关系。

（2）多维数据的一种图形表示方法。我们知道当维数大于 3 时便不能画出几何图形，多元统计研究的问题大都多于 3 个变量。要把研究的问题用图形表示出来是不可能的。然而，经过主成分分析后，我们可以选取前两个主成分或其中某两个主成分，根据主成分的得分，画出样品在二维平面上的分布状况，由图形可直观地看出各样品在主分量中的地位，进而还可以对样本进行分类处理，可以由图形发现远离大多数样本点的离群点。

（3）由主成分分析法构造回归模型。即把各主成分作为新自变量代替原来自变量做回归分析。

（4）用主成分分析筛选回归变量。回归变量的选择有着重要的实际意义，为了使模型本身易于做结构分析、控制和预报，便于从原始变量所构成的子集合中选择最佳变量，构成最佳变量集合。用主成分分析筛选变量，可以用较少的计算量来选择变量，获得选择最佳变量子集合的效果。

通过构造原变量的线性组合，将原来众多具有相关性的变量化为少数几个相互独立的综合变量，同时尽可能多地保留原数据的信息。在主成分求解之前，为消除量纲的差异，必须对其进行标准化处理，将每个特征参数对应的数据都变成均值为 0、方差为 1 的高斯分布。

定义识别片段矩阵为：

$$X = (X_1, X_2, \cdots, X_p)^T \tag{13}$$

$$X_i = (x_{i,1}, x_{i,2}, \cdots, x_{i,n}) \tag{14}$$

将识别片段的特征参数矩阵标准化后得到标准矩阵：

$$Y = (Y_1, Y_2, \cdots, Y_p)^T \tag{15}$$

$$Y_i = (y_{i,1}, y_{i,2}, \cdots, y_{i,n}), i=1, 2, \cdots, p \tag{16}$$

则

$$y_{i,j} = \frac{x_{i,j} - u_i}{\sqrt{\sigma_i}}, (i \leq p, j \leq n) \tag{17}$$

$$u_i = E(X_i) \tag{18}$$

$$\sigma_i = D(X_i) \tag{19}$$

式中，i 为标准矩阵（特征参数矩阵）的行下标；j 为标准矩阵的列下标；p 为行数，代表特征参数的数目，为 10；n 为列数，代表按驾驶风格识别周期划分的片段数；E 为期望运算符；D 为方差运算符。

对特征参数进行主成分分析，首先建立标准矩阵的系数矩阵：

$$L = (l_1, l_2, \cdots, l_i, \cdots, l_p) \tag{20}$$

$$l_i = (l_{i1}, l_{i2}, \cdots, l_{ip})^T, i=1, 2, \cdots, p \tag{21}$$

使主成分得分矩阵 $Pc = [l_1^T Y, l_2^T Y, \cdots, l_p^T Y]$ 的列向量两两协方差为零，这样就将 p 个线性相关的特征参数转化为 p 个线性无关的主成分。因为每个主成分都是经过标准化处理的特征参数的线性组合，所以主成分也是无量纲或量纲为 1 的。经过主成分分析得到的结果样例如表 3 所示。

表 3　主成分分析结果　　　　　　　　　　　单位：%

主成分	1 号车	2 号车
第一主成分	45.22	50.60
第二主成分	20.66	20.87
第三主成分	14.91	11.84
第四主成分	6.49	5.45

主成分	1号车	2号车
第五主成分	4.82	4.53
合计	92.10	93.29

四 基于 K-means 聚类的驾驶风格识别方法

（一）K-means 聚类方法介绍

K 均值聚类算法（k-means clustering algorithm）是一种迭代求解的聚类分析算法，其步骤是预先将数据分为 K 组，则随机选取 K 个对象作为初始的聚类中心，然后计算每个对象与各个种子聚类中心之间的距离，把每个对象分配给距离它最近的聚类中心。聚类中心以及分配给它们的对象就代表一个聚类。每分配一个样本，聚类的中心会根据聚类中现有的对象被重新计算。这个过程将不断重复直到满足某个终止条件。终止条件可以是没有（或最小数目）对象被重新分配给不同的聚类，没有（或最小数目）聚类中心再发生变化，误差平方和局部最小。

先随机选取 K 个对象作为初始的聚类中心。然后计算每个对象与各个种子聚类中心之间的距离，把每个对象分配给距离它最近的聚类中心。聚类中心以及分配给它们的对象就代表一个聚类。一旦全部对象都被分配了，每个聚类的聚类中心会根据聚类中现有的对象被重新计算。这个过程将不断重复直到满足某个终止条件。终止条件可以是以下任何一个。

（1）没有（或最小数目）对象被重新分配给不同的聚类。

（2）没有（或最小数目）聚类中心再发生变化。

（3）误差平方和局部最小。

（二）驾驶风格分类

在进行驾驶风格识别前需要对驾驶风格进行分类。因驾驶风格是驾驶员在实车运行环境中对车辆操作的行为特征，其分类数目与车型无关，因此利用 K-means 聚类方法对纯电动汽车试验数据进行聚类分析，并确定合理的分类数目。为确定驾驶风格类型，将1~29号车辆的样本数据分别聚成2类、3类和4类，不同聚类数目的驾驶风格识别结果如图5所示。

由图5可看出，随着聚类数目的增加，不断有新的类簇从旧的类簇中产生，同时原有类簇之间的界限也发生了变化。对各类簇所对应样本的变化进行统计，结果如表4所列。

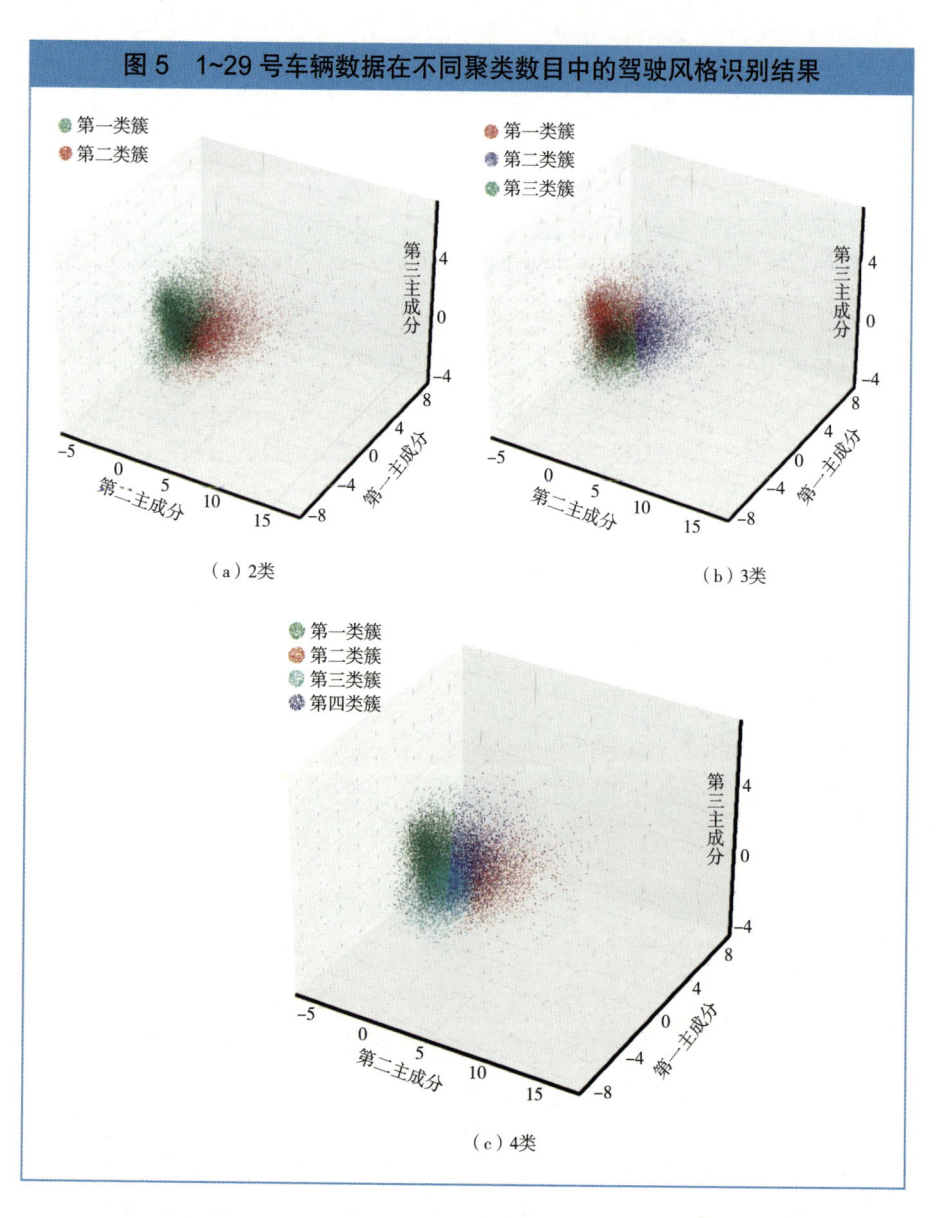

图5 1~29号车辆数据在不同聚类数目中的驾驶风格识别结果

（a）2类

（b）3类

（c）4类

表4 样本数目随聚类数目的变化

项目	聚类数目2	聚类数目3	聚类数目4
第一类簇	18756	13479	15470
第二类簇	40257	13850	12697
第三类簇	—	31684	7296
第四类簇	—	—	23550

当聚类数目为2时，两类簇样本数目差别巨大，第二类簇内的样本数目达到总样本数目的68.21%，比例超过50%。这是因为所选的聚类数目偏少，分类不充分导致的欠分类问题；聚类数目为3时，各类簇样本数目的差距开始变小；聚类数目为4时，各类簇样本数目的差距继续变小，但第四类簇内样本数目占总样本数目的比例已不足15%，这是由聚类数目过多带来的过分类问题。为了研究驾驶风格分类中的欠分类与过分类问题，对随着聚类数目的变化各类簇间样本数目的转移进行了统计，如表5和表6所示。

表5 聚类数目从2变化到3时样本在类簇间的转移结果

原始类簇	新类簇	数目
1	1	13283
1	2	53
1	3	5420
2	1	196
2	2	8430
2	3	26264

由表5可知，当聚类数目从2变为3时，第一类簇的样本数目下降，有28.9%属于第一类簇的样本被分到了第三类簇，同时第一类簇与第二类簇间的界限几乎没有变化，第二类簇内超过68%的样本被分到了新出现的第三类簇中，占第三类簇总样本数的83%。因此聚类数目为2时无法充分分类，存在欠分类。

表 6　聚类数目从 3 变化到 4 时样本在类簇间的转移结果

原始类簇	新类簇	数目
1	1	349
1	2	6957
1	3	—
1	4	6173
2	1	353
2	2	—
2	3	23176
2	4	8155
3	1	11995
3	2	339
3	3	374
3	4	1142

由表 6 可知，当聚类数目从 3 变到 4 时，原第三类簇中包含的样本数有大幅下降。第三类簇损失的样本主要流向了第四类簇。因此第四类簇的产生基本源于第三类簇的产生是明显的过分类，其样本来源于前面所有的类簇，且较大地改变了第二类簇与第三类簇间的界限。

综上所述，驾驶风格分为 3 类具有较好的分类效果，且各类簇具有合理的样本数与清晰的界限。

（三）驾驶风格识别

利用 K-means 聚类方法，将驾驶风格分为 3 类，第 30~58 号车、第 59~87 号车、第 88~116 号车作为数据测试集，其 3 组车辆的驾驶风格识别结果如图 6 所示。

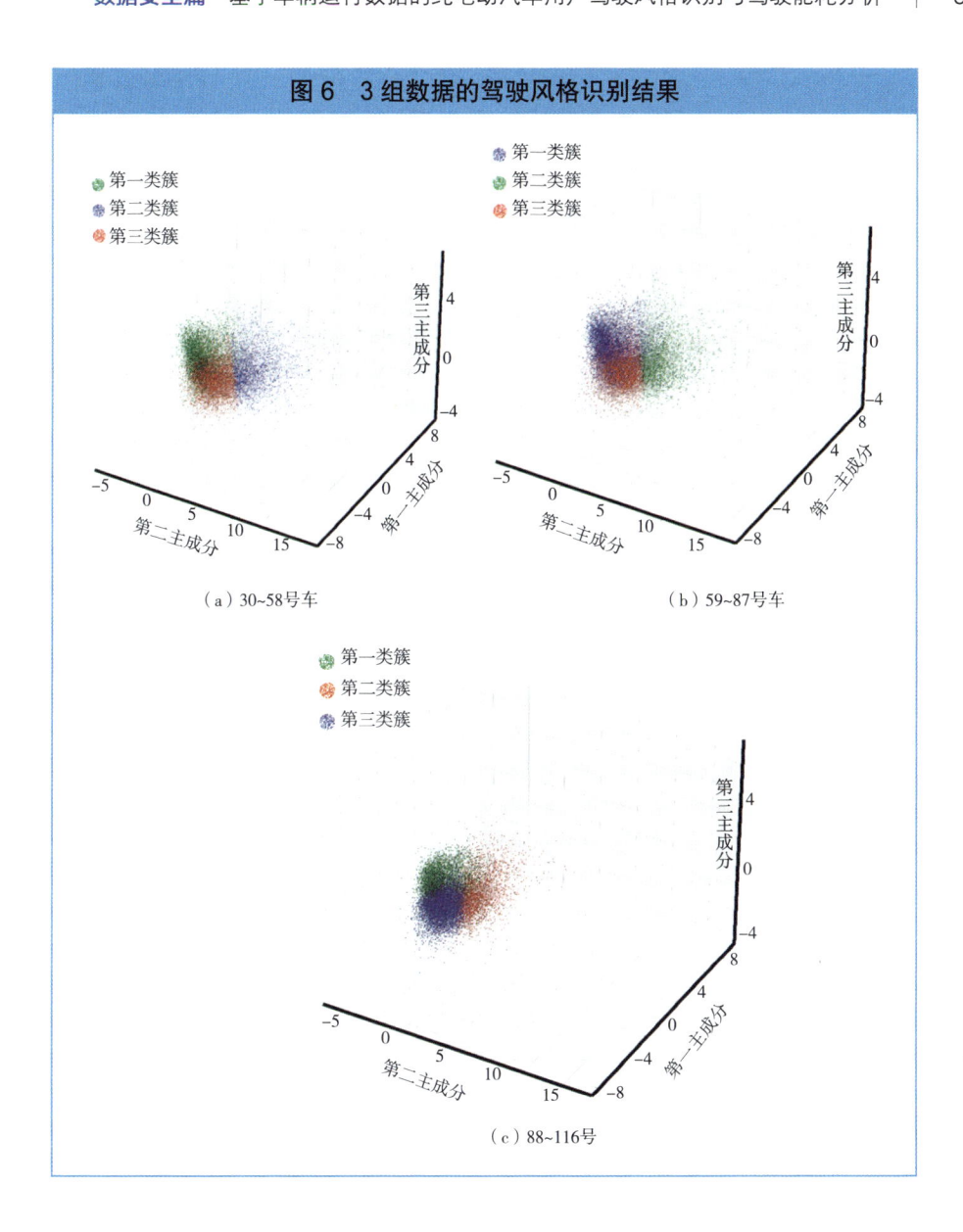

图6 3组数据的驾驶风格识别结果

(a) 30~58号车

(b) 59~87号车

(c) 88~116号

由图6可看出，3组行驶数据的驾驶风格被清晰地分为3类，这验证了对于不同的行驶数据，K-means聚类方法都可以实现驾驶风格的有效识别。

（四）识别结果分析

前述分析中将驾驶风格分为 3 类，但没有将驾驶风格识别结果与人们对驾驶风格的定性认知结合起来。根据相关文献，按照驾驶员驾驶车辆激进程度的从弱到强将驾驶风格定性分为冷静型、普通型和激进型 3 种。经计算，3 种驾驶风格的驾驶特征参数均值如表 7 所列。

由表 7 可知，在 3 种驾驶风格中，从冷静型到激进型，加速度均值、加速度标准差、冲击度均值、冲击度标准差都是从小到大，这与越激进的驾驶风格越倾向于急加速和急减速的定义一致。因此用 K-Means 聚类方法对纯电动汽车驾驶风格进行识别是合理的。

表 7　3 种驾驶风格的驾驶特征参数均值

特征参数	冷静型	普通型	激进型
速度均值（km/h）	54.78857	30.32051	12.13861
速度标准差（km/h）	2.342856	3.410263	3.645573
加速度均值（m/s^2）	0.819166	1.192089	1.329687
加速度标准差（m/s^2）	0.484394	0.730505	0.852843
冲击度均值（m/s^3）	0.332326	0.501718	0.642063
冲击度标准差	0.22639	0.336679	0.4217
加速踏板位置均值（%）	27.31314	16.57828	9.915558
加速踏板位置标准差（%）	8.175218	9.012716	8.474944
加速踏板位置变化率均值（%/s）	3.639886	4.019042	3.812952
加速踏板位置变化率标准差（%/s）	3.248977	3.608214	3.668703
百公里电耗（kW·h）	2.948	11.068	55.178

五 基于 SHAP 的用户驾驶行为对驾驶能耗的影响分析

在上文的基础上，为探究纯电动汽车用户驾驶行为以及用户驾驶风格对纯电动汽车驾驶能耗的影响，采用 XGBoost 算法构建纯电动汽车能耗模型，并利用 SHAP 方法解释模型输入的特征参数对预测结果的影响。

（一）XGBoost 算法 SHAP 简介

XGBoost 是华盛顿大学陈天奇于 2016 年开发的 Boosting 库，兼具线性规模求解器和 CART 学习算法，在多种实际应用场景的性能表现出色。XGBoost 的训练过程中的核心在于不断地添加树，其中每次添加一棵树，本质是学习一个新函数，来拟合上次预测的残差。它是 GBDT 算法上的改进，可自动调用 CPU 进行多线程并行计算，并且能够达到更高的精度。

在样本数据充足的前提下，通过 XGBoost 算法可以训练出预测精度较高的能耗预测模型，但是 XGBoost 与传统的线性模型相比，在模型的可解释性上，几乎是一个黑箱模型。为了解决这个问题，本文采用 SHAP 值对模型中价格的影响因素进行解释分析。SHAP 是由 Lundberg 和 Lee 于 2017 年提出的，用于增强 XGBoost 等模型的可解释性。SHAP 模型的核心是源自合作博弈论的概念 Shapley 值，SHAP value 根据玩家对总支出的贡献来为玩家分配支出的方法，玩家在联盟中合作并从这种合作中获得一定的收益。对于每个预测样本，模型都产生一个预测值，SHAP value 是该样本中每个特征所分配到的数值。

假设第 i 个样本为 x_i，第 i 个样本的第 j 个特征为 x_{ij}，模型对该样本的预测值为 y_i，整个模型的基线（通常是所有样本的目标变量的均值）为 y_{base}，那么 SHAP value 计算公式如下：

$$y_i = y_{base} + f(x_{i1}) + f(x_{i2}) + \cdots + f(x_{ip}) \tag{22}$$

其中 $f(x_{i1})$ 为 x_{ij} 的 SHAP 值。$f(x_{i1}, 1)$ 就是第 i 个样本中第 1 个特征对最终预测值 y_i 的贡献值。每个特征的 SHAP 值表示以该特征为条件时预期模型预测的变化。对于每个功能，SHAP 值说明了贡献，以说明实例的平均模型预测与实际预测之间的差异。当 $f(x_i,1)>0$，说明该特征提升了预测值，反之，说明该特征使贡献降低。XGBoost 传统的 feature importance 只能反映出特征的重要程度，但并不清楚该特征是怎样影响预测结果的。SHAP value 最大的优势是 SHAP 值能反映出每一个样本中特征的影响力，而且还指出影响的正负性。

（二）特征参数选择

在前述构建驾驶风格识别周期片段时，构建了速度的平均值、速度的标准差、加速度绝对值的平均值、加速度绝对值的标准差、冲击度绝对值的平均值、冲击度绝对值的标准差、加速踏板位置的平均值、加速踏板位置的标准差、加速踏板位置变化率的平均值、加速踏板位置变化率的标准差等 10 个与驾驶行为相关的特征参数，该 10 个特征参数的数值仅表征该片段的驾驶行为。

根据上文 K-Means 聚类结果，可以将每个驾驶片段识别分类为不同的驾驶风格，作为模型输入的特征参数，总计共 11 个特征参数。

为了更加准确地找出用户驾驶行为与能耗之间的关系，选择原始数据中的车速、加速踏板位置、方向盘转角，并计算每个数据采样点的加速踏板位置变化率、加速度、冲击度、方向盘转角变化率的瞬时值，以此 7 个字段作为瞬时值特征参数，如表 8 所示。

表 8 特征参数（瞬时值）	
1	车速
2	加速踏板位置
3	方向盘转角
4	加速踏板位置变化率
5	加速度
6	冲击度
7	方向盘转角变化率

（三）模型构建

本文中以 RMSE（均方根误差）作为预测模型的评价函数，其数值越小表示预测精度越高。

其计算公式为：

$$\text{RMSE} = \sqrt{\frac{1}{s}\sum_{i=1}^{s}(y_i - \hat{y}_i)^2} \tag{23}$$

其中 y_i 为第 i 个训练实例能耗的真实值，$\hat{y}_i$ 为第 i 个训练实例能耗的预测值，s 为样本的个数。

当以 116 辆车的数据切片得到的驾驶风格识别片段作为训练集与测试集时，参数设置如图 7 所示。其中，n_estimators 表示迭代次数；learning_rate 表示学习率；max_depth 表示树的最大深度；gbtree 表示树模型做基分类器。将此模型设为模型 A。

图 7 XGBoost 参数设置（1）

```
XGBRegressor（base_score=0.5, booster='gbtree', colsample_bylevel=1,
    colsample_bynode=1, colsample_bytree=1, gamma=0, gpu_id=-1,
    importance_type='gain', interaction_constraints='',
    learning_rate=0.05, max_delta_step=0, max_depth=25,
    min_child_weight=1, missing=nan, monotone_constraints='()',
    n_estimators=500, n_jobs=8, num_parallel_tree=1, random_state=0,
    reg_alpha=0, reg_lambda=1, scale_pos_weight=1, subsample=0.8,
    tree_method='exact', validate_parameters=1, verbosity=None）
```

模型运行后，RMSE=0.032。

当以 116 辆车的实时运行数据（均为瞬时值）作为训练集与测试集时，参数设置如图 8 所示。并将此模型设为模型 B。

图 8 XGBoost 参数设置（2）

```
XGBRegressor（base_score=0.5, booster='gbtree', colsample_bylevel=1,
    colsample_bynode=1, colsample_bytree=1, gamma=0, gpu_id=-1,
    importance_type='gain', interaction_constraints='',
    learning_rate=0.05, max_delta_step=0, max_depth=22,
    min_child_weight=1, missing=nan, monotone_constraints='()',
    n_estimators=500, n_jobs=8, num_parallel_tree=1, random_state=0,
    reg_alpha=0, reg_lambda=1, scale_pos_weight=1, subsample=0.8,
    tree_method='exact', validate_parameters=1, verbosity=None）
```

模型运行后，RMSE= 0.043。

因为本研究中的 XGBoost 预测模型仅作为 SHAP 方法的输入，因此无须对其拟合优度进行判断，当 RMSE ≤ 0.05 时，模型即符合研究要求。

（四）基于 SHAP 的模型解释

图 9 显示了模型 A 的 SHAP 摘要图，该图根据要素对影响能耗的因素重要性进行排序。可以看到，加速踏板位置的绝对值、车速的平均值、加速踏板位置的标准差、车速的标准差等特征的差异对模型的影响显著。其中，当加速踏板位置的绝对值、车速的平均值、加速踏板位置的标准差、车速的标准差的数值增大时，对能耗变化造成正面影响。具体而言，这些特征的值越高，SHAP 值越大，对应能耗越高。

图 9 模型 A 的 SHAP 特征分析

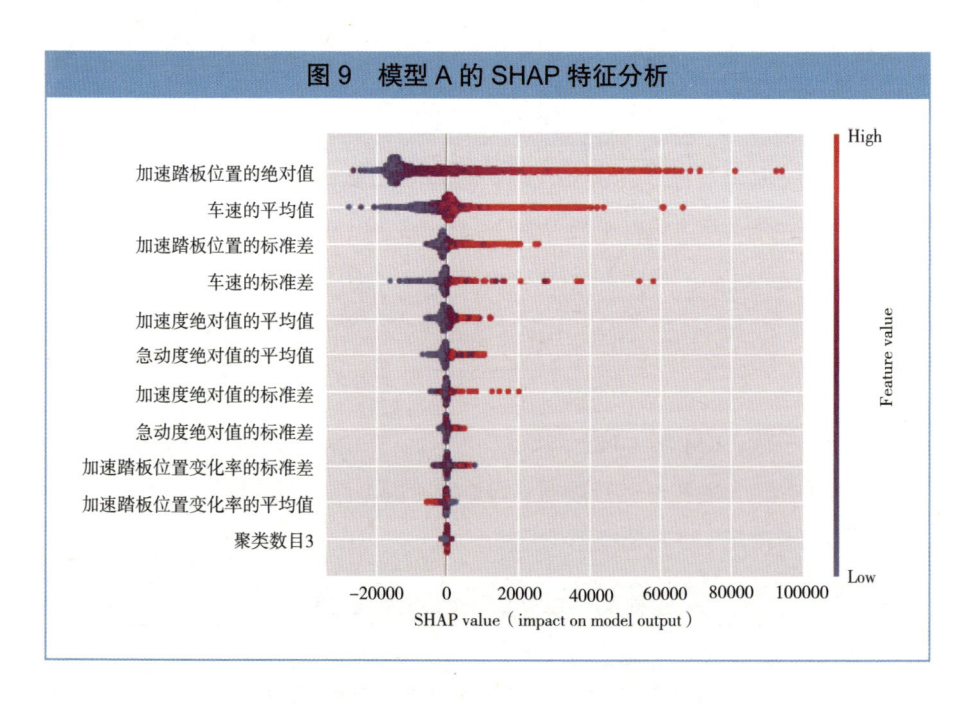

图 10 为模型 B 的 SHAP 摘要图。可以看到，加速踏板位置、车速、加速度、加速踏板位置变化率、冲击度等特征的差异对模型的影响较显著。其中，当加速踏板位置变化率、车速、加速度增大时，对能耗变化造成正面影响。具体而

言，这些特征的值越高，SHAP 值越大，对应能耗越高。当加速踏板位置变化率、冲击度减小时，对能耗变化造成正面影响。具体而言，这些特征的值越高，SHAP 值小，对应能耗越低。

图 10 模型 B 的 SHAP 特征分析

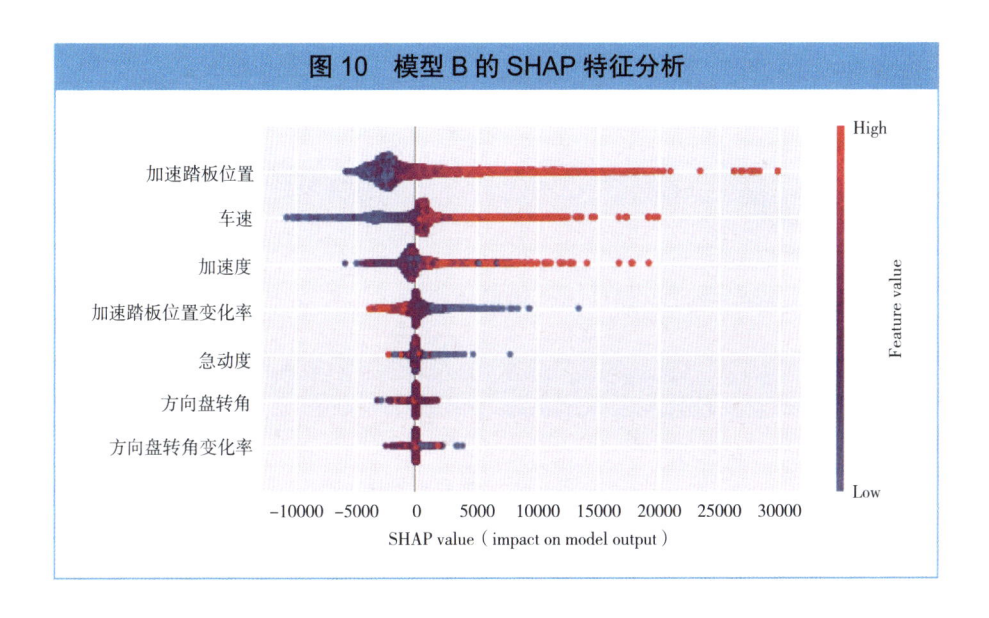

图 11 与图 12 分别为模型 A 与模型 B 的各特征参数 SHAP 特征。结合图 9 与图 10，可以得出，对能耗有显著影响的特征有：加速踏板的位置、车速、加速度。加速踏板位置数值越大，其 SHAP 值越大，这表明当驾驶员行车加速时，加速踏板踩得越深，驾驶能耗越高；车速的数值越高，其 SHAP 值越大，表明当驾驶员行车时，其车速越快，驾驶能耗越高；加速度的数值趋近 0 时，其 SHAP 值减小，当加速度绝对值增大时，其 SHAP 值增加，表明驾驶员行车时，加速度的绝对值越偏离 0 值（急剧加速或急剧减速），其驾驶能耗越高。图 11（d）表明，驾驶风格为冷静型的 SHAP 值小于 0，激进型和普通型 SHAP 值均大于 0，且激进型 SHAP 均值 > 普通型 SHAP 均值，同时由表 7 可知，在不同驾驶风格下，驾驶风格每激进一个层级，百公里电耗增大 3~4 倍。这表明驾驶风格越激进，车辆的驾驶能耗越高。

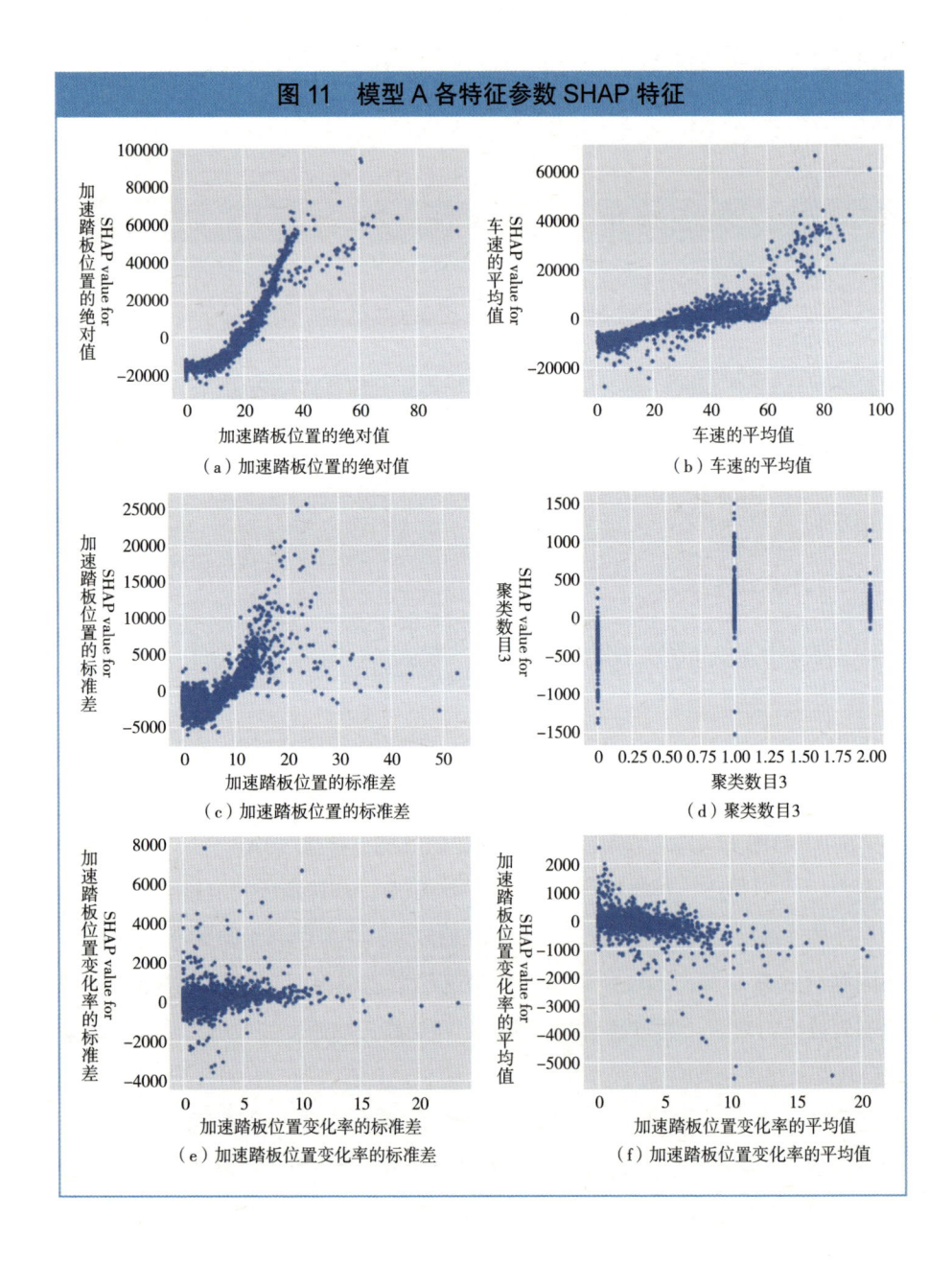

图 11 模型 A 各特征参数 SHAP 特征

(a) 加速踏板位置的绝对值

(b) 车速的平均值

(c) 加速踏板位置的标准差

(d) 聚类数目3

(e) 加速踏板位置变化率的标准差

(f) 加速踏板位置变化率的平均值

（g）冲击度绝对值的标准差

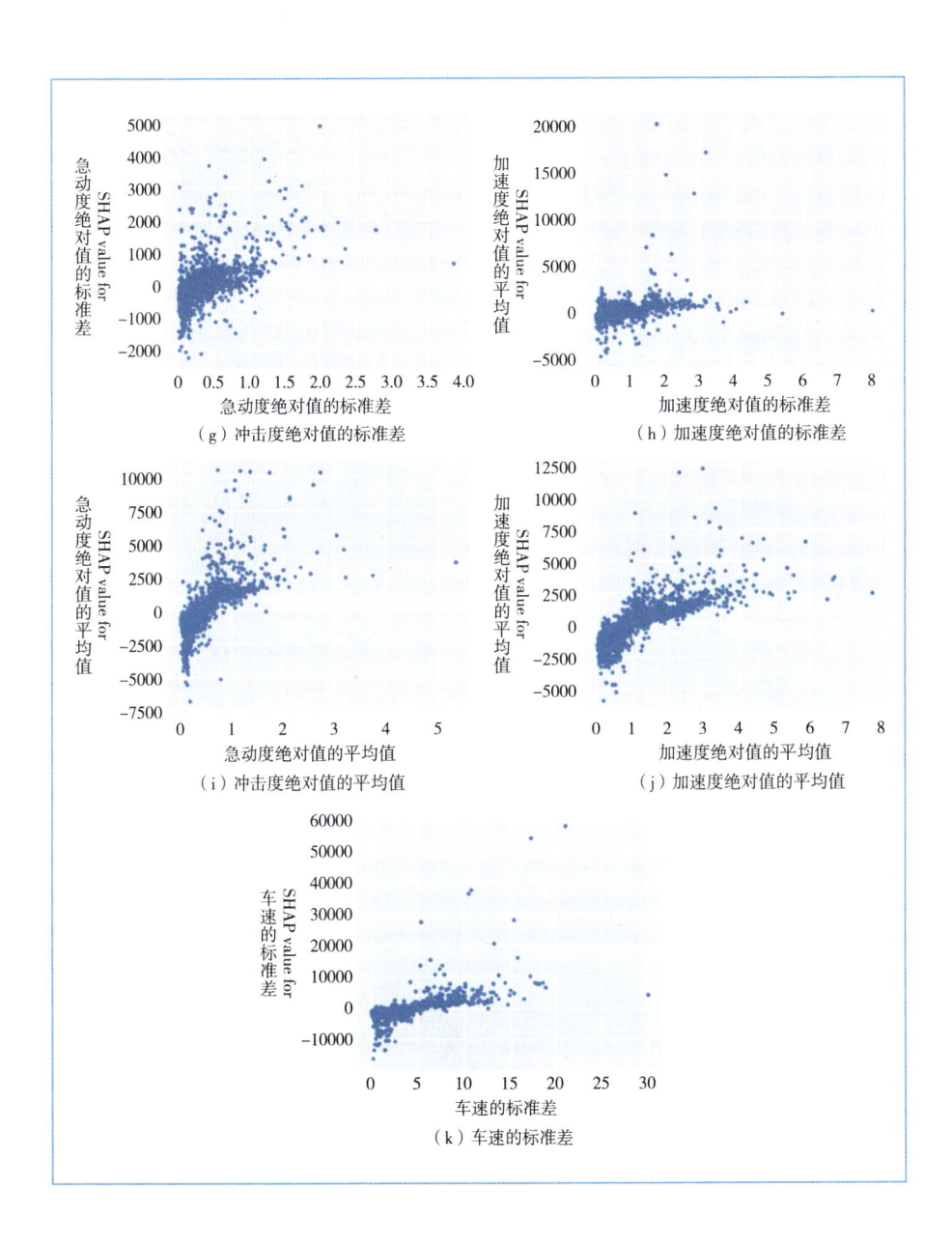

（h）加速度绝对值的标准差

（i）冲击度绝对值的平均值

（j）加速度绝对值的平均值

（k）车速的标准差

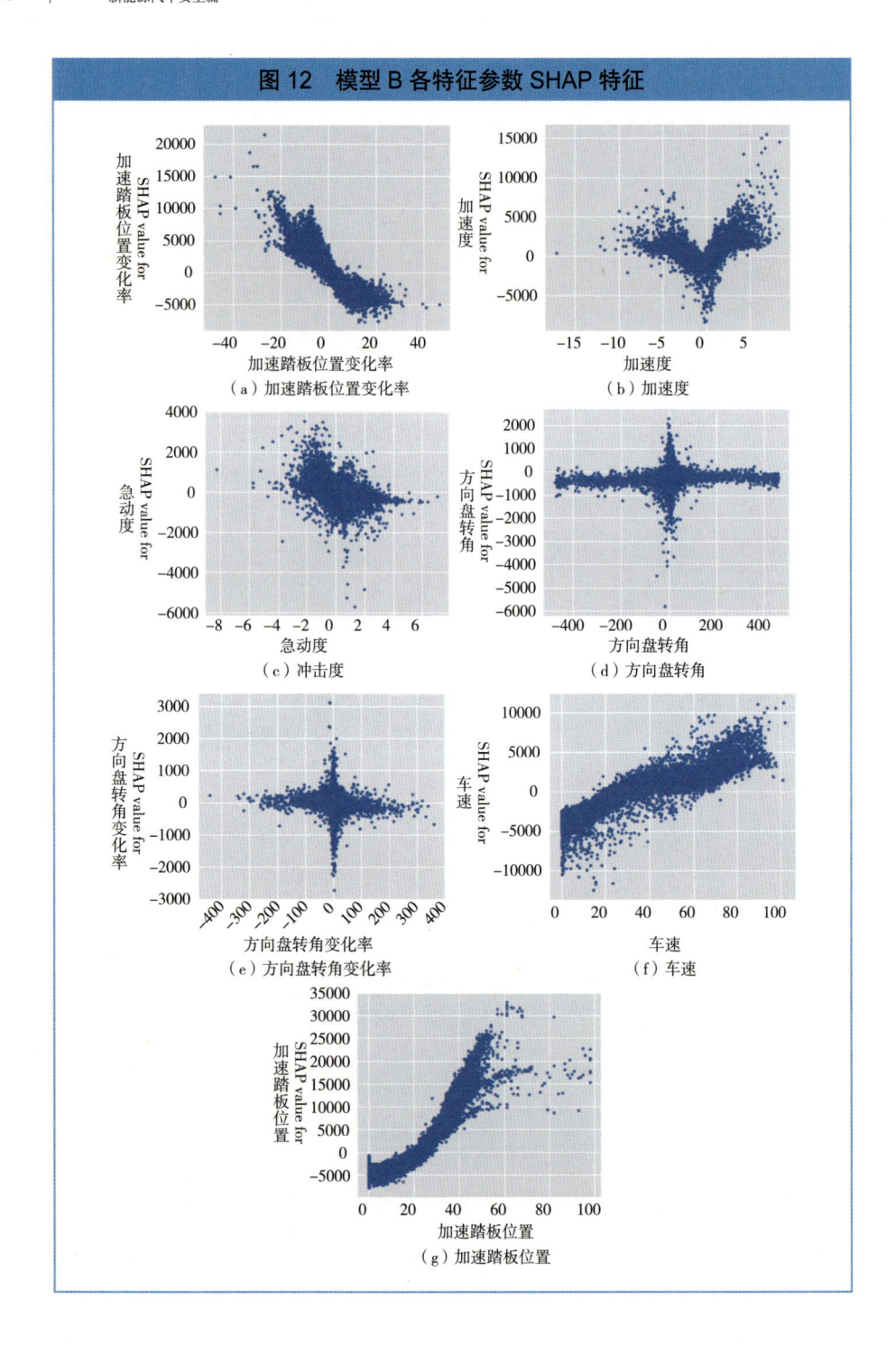

图 12　模型 B 各特征参数 SHAP 特征

六　结论与展望

本文基于纯电动汽车的车辆运行数据，选取了标定驾驶行为的若干指标，构建驾驶风格识别的特征参数，并对各特征参数进行了主成分分析，利用K-Means聚类算法对驾驶风格进行识别。结果表明，当分类数目为3时，分类效果最好。利用XGBoost模型构建了驾驶行为与能耗的输入模型，并用SHAP对其进行解释。综合分析结果表明驾驶员的驾驶风格越激进，车辆的驾驶能耗越高，驾驶风格每激进一个层级，车辆百公里电耗增大3~4倍。

本文以运行片段为分析对象对驾驶风格进行了分类，后续可将不同风格的运行片段进行重组，识别并确定驾驶员在一次出行过程中的具体驾驶风格，建立识别模型，并据此对驾驶员的激烈驾驶行为进行警告和纠正。在利用XGBoost算法构建模型时，仅考虑将其作为SHAP的输入，后续可通过调查问卷、采集更多样的车辆数据等方式获取更多的特征参数。

参考文献

[1] 刘艺柱、杨瑞兰:《采用滑动平均滤波法提高硬币识别准确率的研究》，《制造业自动化》2010年第1期，第42~44页。

[2] 秦大同、詹森、曾育平等:《基于驾驶风格识别的混合动力汽车能量管理策略》，《机械工程学报》2016年第8期，第162~169页。

[3] 曹莉、文海玉主编《应用数理统计》，哈尔滨工业大学出版社，2012。

[4] 彭育辉、杨辉宝、李孟良等:《基于K-均值聚类分析的城市道路汽车行驶工况构建方法研究》，《汽车技术》2017年第11期，第13~18页。

[5] 杨贵军、徐雪、赵富强:《基于XGBoost算法的用户评分预测模型及应用》，《数据分析与知识发现》2019年第1期，第118~126页。[Guijun Yang, Xue Xu, Fuqiang Zhao, "Predicting User Ratings with XGBoost Algorithm", *Data Analysis and Knowledge Discovery*, 2019, 3(1): 118-126.]

[6] 丁勇、陈夕、蒋翠清等:《一种融合网络表示学习与XGBoost的评分预测模型》，《数据分析与知识发现》2020年第11期，第52~62页。[Ding Yong, Chen Xi, Jiang

Cuiqing, et al., "A Rating Prediction Model by Integrating Network Representation Learning and XGBoost", *Data Analysis and Knowledge Discovery*, 2020, 4(11): 52-62.]

［7］Eva Ericsson, "Independent Driving Pattern Factors and Their Influence on Fuel-Use and Exhaust Emission Factors", *Transportation Research Part D*, 2001, 6(5):325-345.

［8］Constantinescu Z., Marinoiu C., Vladoiu M., "Driving StyleAnalysis Using Data Mining Techniques", *InternationalJournal of Computers Communications & Control*, 2010, V(5):654-663.

［9］Aljaafreh A., Alshabatat N., Al-Din M. S. N., Driving Style Recognition Using Fuzzy Logic// IEEE International Conference on Vehicular Electronics and Safety. IEEE, 2012:460-463.

［10］Karginova N., Byttner S., Svensson M., "Data-Driven Methodsfor Classification of Driving Styles in Buses", *Stäng*, 2012.

［11］Meiring G. A., Myburgh H.C., "A Review of Intelligent Driving Style Analysis Systems and Related Artificial Intelligence Algorithms", *Sensors* (Basel, Switzerland), 2015, 15(12):30653-30682.

［12］Yuan X. M., Zhang C. P., Hong G. K., et al., "Method for Evaluating the Real-world Driving Energy Consumptions of Electric Vehicles", *Energy*, 2017, 141: 1955-1968.

［13］Liu K., Yamamoto T., Morikawa T., "Impact of Road Gradient on Energy Consumption of Electric Vehicles", *Transportation Research Part D: Transport and Environment*, 2017, 54: 74-81.

［14］Li W., Stanula P., Egede P., et al., " Determining the Main Factors Influencing the Energy Consumption of Electric Vehicles in the Usage Phase", *Procedia CIRP*, 2016, 48: 352-357.

［15］Zhang R., Yao E. J., "Electric Vehicles' Energy Consumption Estimation with Real Driving Condition Data", *Transportation Research Part D: Transport and Environment*, 2015, 41: 177-187.

［16］Liu K., Wang J. B., Yamamoto T., et al., "Exploring the Interactive Effects of Ambient Temperature and Vehicle Auxiliary Loads on Electric Vehicle Energy Consumption", *Applied Energy*, 2018, 227: 324-331.

［17］Yi Z. G., Bauer P. H., "Effects of Environmental Factors on Electric Vehicle Energy

Consumption: A Sensitivity Analysis", IET Electrical Systems in Transportation, 2017, 7(1): 3-13.

[18] Felipe J., Amarillo J. C., Naranjo J. E., et al., Energy Consumption Estimation in Electric Vehicles Considering Driving Style, 2015 IEEE 18th International Conference on Intelligent Transportation Systems. Piscataway, USA: IEEE, 2015(2015-09-02)[2020-07-26]. https://doi.org/10.1109/ITSC.2015.25.

[19] Tricot N., Sonnerat D., Popieul J. C., Driving Styles and Traffic Density Diagnosis in Simulated Driving Conditions// Intelligent Vehicle Symposium. IEEE, 2002:298-303 vol.2.

[20] Chen T., Guestrin C., XGBoost: A Scalable Tree Boosting System. Proceedings of the 22nd ACM SIGKDD International Conference on Knowledge Discovery and Data Mining, August 13-17, 2016, San Francisco, California. New York: ACM, 2016:785-794.

[21] Zhu Ming, Wang Chunmei, Gao Xiang, et al., "Application of Xgboost in the Prediction of Satellite Network Coordination Situation", *Journal of Chinese Computer Systems*, 2019, 40(12): 2561-2565.

[22] Lundberg S. M., Lee S. I., A Unified Approach to Interpreting Model Predictions// Annual Conference on Neural Information Processing Systems. 2017: 4765-4774.

综合应用篇 | 基于大数据的新能源客车安全技术研究与应用

◎赵亚涛　韩光辉　陈雨晴　冯丹丹　盛　桥　孙俊帆*

*赵亚涛，郑州宇通客车股份有限公司，智能管理系统工程师，主要研究方向为新能源车辆安全监控与大数据分析；韩光辉，郑州宇通客车股份有限公司，电机与电气专业首席工程师，高级工程师，主要研究方向为电机及控制器设计开发、状态监测与故障诊断技术；陈雨晴，郑州宇通客车股份有限公司，电池安全研究工程师，博士研究生，主要研究方向为动力电池大数据安全预警；冯丹丹，郑州宇通客车股份有限公司，数据分析师，工程师，主要研究方向为整车零部件故障预警和故障诊断；盛桥，郑州宇通客车股份有限公司，新能源动力系统应用技术工程师，主要研究方向为新能源车辆安全技术；孙俊帆，郑州宇通客车股份有限公司，智能管理系统工程师，主要研究方向为新能源远程智能监控。

摘　要：新能源汽车安全是行业发展的重要研究课题，也是当前社会关注焦点。电池、电机、电控系统作为新能源动力系统的主体，是整车安全的关键研究部件。本文基于宇通客车在电池、电机安全方面的研究经验，重点阐述安全问题的产生机理，并结合大数据分析技术介绍数据失效特征的深度挖掘方法。实际应用方面，宇通客车利用车联网大数据平台，融合技术专家知识库和人工智能技术，在云端实现对运营车辆的状态估计、预警分析、故障诊断，通过关键零部件预测性维护、故障智能派单等措施，保障车辆运营安全。

关键词： 运营安全　大数据分析　失效模式　故障预警　新能源客车

一 新能源汽车安全背景介绍

（一）中国新能源汽车行业趋势

新能源汽车是全球汽车产业绿色发展和转型升级的重要方向，各汽车生产国已将发展新能源汽车作为国家重点战略，积极推进传统燃油车禁售规划，加快新能源技术创新，促进相关行业发展。

新能源汽车作为我国汽车产业的主要发展方向，近年来在基础材料、基础零件、电机、电控、电池以及整车等各方面均取得了实质性突破，新能源汽车产销量连续 6 年位居全球第一，累计推广 550 万辆，如图 1 所示，预计未来 15 年中国将迎来汽车产业转型升级的重要战略机遇期。在此背景下，2020 年 11 月，国务院印发《新能源汽车产业发展规划（2021~2035 年）》，从新能源汽车关键技术攻关、基础设施建设、加强国际合作、政策支持四个主要方面做出了规划，为新能源汽车产业的发展指明方向、厘清思路。

图 1　2015~2020 年中国新能源汽车销量

资料来源：根据相关资料整理。

（二）新能源整车安全形势及分析

安全问题是新能源汽车产业发展面临的重要挑战，新能源汽车由于安装了电池、电机、高压线束等特殊部件，带来了特有的安全问题。例如，由车辆进水导致动力电池短路、漏电，相比传统车对驾乘人员雨天行驶潜在风险更大；整车设计、电池技术和产品生产工艺水平参差不齐；控制策略设计隐患，导致极端工况下动力电池过充；高电压、大电流的高压回路，一旦发生泄漏，将对乘客及司机人体造成重大危害，因此新能源汽车安全技术提升日益重要。

近年来，新能源汽车安全事故频发，据公开资料以及新闻报道的不完全统计，2017年1月至2020年6月国内发生电动汽车安全事故189起，2017~2019年电动汽车起火事件由17起/年增加到92起/年。对车辆起火的场景分类，这三年间的事故车辆以纯电动汽车为主，因动力电池相关的自燃起火情况如图2所示。

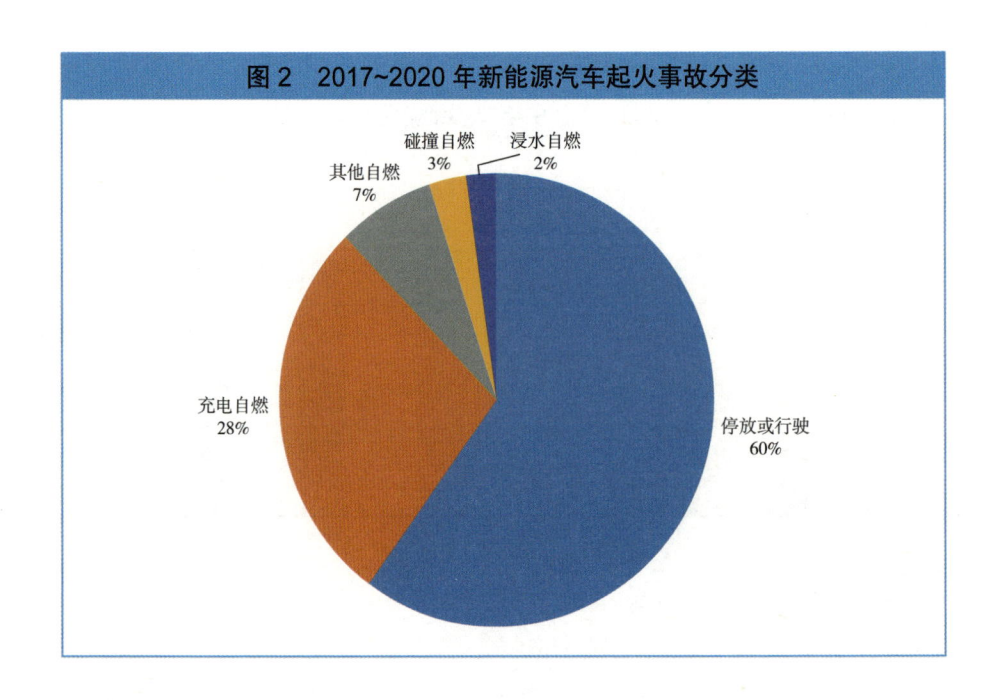

图2 2017~2020年新能源汽车起火事故分类

- 停放或行驶 60%
- 充电自燃 28%
- 其他自燃 7%
- 碰撞自燃 3%
- 浸水自燃 2%

新能源汽车由于其自身结构特性，其燃烧事故与传统车辆起火事故有明显差异。

（1）燃烧事故场景多样性，行驶、充电、静置、碰撞事故等场景下均有案例发生。

（2）热失控发生后燃烧速度快，常规灭火越难扑灭，整车烧毁占多数。

因此，新能源汽车防火方面应从动力电池的预警、灭火、阻燃隔热和结构防护方面进行综合考虑；确保新能源电池及电控避免出现热失控隐患，保证在车辆着火情况下能及时阻断火源传播，避免人员伤亡事故。

（三）新能源汽车安全规范要求及规定

1. 国家对新能源汽车安全管理的引导

2016年，工信部发布通知要求进一步做好新能源汽车推广应用安全监管工作，提出4个方向的要求：提升产品的质量安全水平、建立健全企业的监测平台、提高售后服务能力、做好产品的质量检查工作。2018年9月，工信部相继发布了《关于开展新能源客车安全隐患专项排查工作的通知》《关于开展新能源乘用车、载货汽车安全隐患专项排查工作的通知》，要求每年都要对新能源客车、新能源乘用车、载货汽车开展安全隐患专项排查工作。2019年3月，国家市场监督管理总局相继发布《家用汽车产品修理、更换、退货责任规定（修订征求意见稿）》《关于进一步加强新能源汽车产品召回管理的通知》，前者进一步完善了电动汽车主要零部件的三包政策，后者要求新能源汽车生产者应建立健全新能源汽车可追溯信息管理制度。2019年10月，国家市场监督管理总局网站发布《市场监管总局质量发展局关于进一步规范新能源汽车事故报告的补充通知》，在新能源汽车火灾事故发生后，生产者应主动排查同型号、同批次或使用同样零部件的车辆是否存在火灾安全隐患。

2. 针对新能源车辆的强制标准实施

截至目前，我国电动汽车领域已发布145项国家标准和行业标准。2020年5月，工信部发布《电动汽车安全要求》《电动客车安全要求》和《电动汽车用动力蓄电池安全要求》三项针对新能源汽车的强制性国家标准，这些标准是保障我国在电动汽车领域持续健康发展的基础。

3. 后期新能源汽车安全的持续规划

新能源汽车安全作为行业发展的主锚，国家《新能源汽车产业发展规划（2021~2035年）》提到要全面加大新能源汽车安全监管力度，包括加强质量安全管理、安全状态监测和维修保养检测，健全维修保养检测、充换电等安全标准和法规制度，除此之外，还提出加强氢燃料电池安全研究，强化全链条安全监管。智能网联方面，提出打造网络安全保障体系，健全新能源汽车网络安全管理制度，构建统一汽车身份认证和安全信任体系，强化车载信息系统、平台及关键零部件安全检测，保障"车端—传输管网—云端"各个环节信息安全。

二 基于大数据的车辆安全技术研究

（一）电池安全技术研究

1. 电池系统安全失效分析

动力电池的安全问题主要来源于电池系统内部或外部因素导致的单体电池机械安全失效、热安全失效及电气安全失效。安全失效情况下，会诱发电池内部出现异常反应，电池内部热量快速集聚，导致内部压力冲破电池封装结构而冒烟或着火，这种现象被称为热失控。单体电池热失控若无法得到有效抑制，热量会在电池系统中快速蔓延，产生强烈的起火甚至爆炸，严重危害财产安全和人身安全。

（1）机械安全研究

单体电芯结构较为脆弱，在受到外部机械冲击发生形变时，内部正负极片一旦发生错位和挤压，很容易引发电芯内短路。另外，若电池回路中存在电连接松动缺陷，在长期或者强烈机械冲击下可能发生连接断裂而触发高压拉弧，致使电芯被击穿产生严重安全问题。车辆运行中动力电池受到的机械冲击主要来自外部碰撞、跌落侧翻、颠簸振动等，机械冲击对电池安全的影响因素包括冲击强度、冲击方向、入侵深度、电池SOC状态等。

为更真实地模拟整车实际运行过程的电池振动状态，对不同车辆类型、电池安装位置、地区路况进行振动加速度采集，建立更加贴合电池系统使用工况的振动路谱数据库,并且结合整车和电池系统的质保年限、质保里程评估振动时长,有利于更加准确地评估电池系统内各组件结构强度能否满足车辆在电池全生命周期内的使用要求,保障车辆振动工况下的电池系统结构安全性。

整车碰撞对电池产生的冲击力强,对电池安全性能的危害大。采用碰撞仿真的方法模拟不同撞击加速度、撞击物、撞击方向对电池系统产生的冲击力、入侵位移量等参数,能够快速分析碰撞过程对电池系统的伤害程度,并结合不同挤压方向、挤压力下电池安全性能测试,充分评估车辆在碰撞工况下的结构安全性,如图 3 所示。

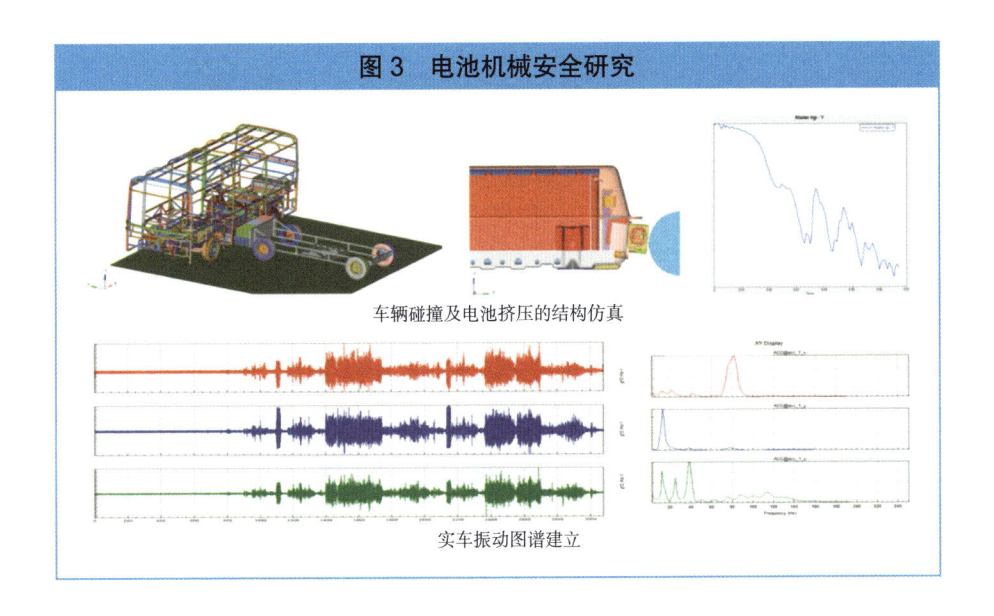

图 3 电池机械安全研究

电池机械安全失效模式分析如图 4 所示,主要包括电池箱体、箱内结构件、箱内电连接件的结构失效。材料刚性强度不足、结构设计缺陷是电池结构失效的重要原因,在受到外部机械冲击时,外部结构对冲击吸能不足,造成电芯形变而短路。电池箱体和箱内结构件若紧固不良,在车辆长期振动过程中电池结构强度易出现快速衰退,导致单体电芯移位而受到内部挤压、磕碰。此外,电池箱内电连接件结构若柔性缓冲不足,可能会出现连接处疲劳断裂而诱发高压拉弧问题。

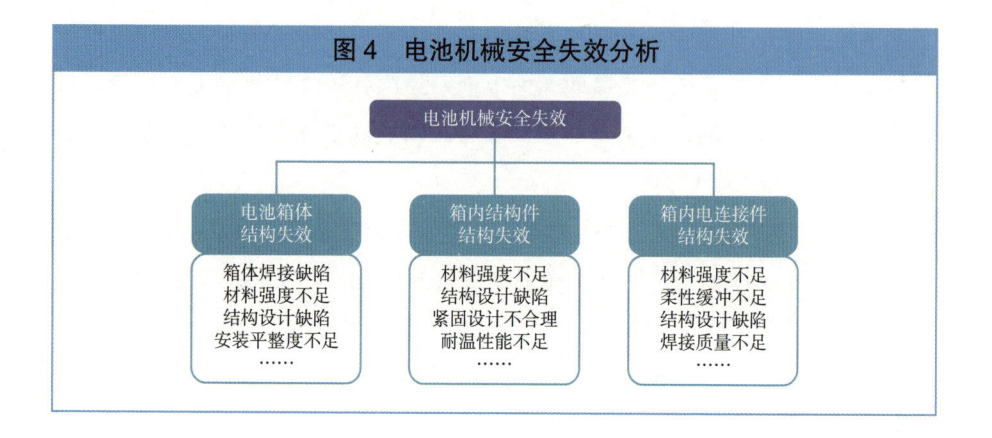

图4 电池机械安全失效分析

```
                        电池机械安全失效
                               │
        ┌──────────────────────┼──────────────────────┐
   电池箱体              箱内结构件              箱内电连接件
   结构失效              结构失效                结构失效
   ─────────           ─────────             ─────────
   箱体焊接缺陷          材料强度不足            材料强度不足
   材料强度不足          结构设计缺陷            柔性缓冲不足
   结构设计缺陷          紧固设计不合理          结构设计缺陷
   安装平整度不足        耐温性能不足            焊接质量不足
   ……                  ……                    ……
```

（2）热安全研究

单体电芯内部组分的耐热性能较差，在电池系统出现热滥用相关问题时，单体电芯内部材料在高温烘烤下发生收缩或分解反应，最终导致单体电芯短路并引发热失控。另外，当电芯外部持续受到热源长时间烘烤时，外部绝缘层也可能出现老化和收缩，进而引发电芯间绝缘失效造成电池热失控。

为避免电池内部热量积聚而诱发热失控问题，需充分研究电池在不同条件下的产热行为，建立电池热模型进行仿真分析，从而对电芯内部结构及热管理系统进行优化设计。此外，通过动力电池热失控机理研究，分析热失控关键特征，建立热失控模型和系统热扩散模型，在此基础上开发热失控探测报警和消防抑制剂喷放的算法逻辑，从而延长电池热失控探测后的抑制时间，如图5所示。

电池热安全失效模式分析主要包括散热功能异常和外部异常产热两方面。散热功能异常方面，若电池系统冷却功能异常或隔热功能设计不合理，在高温环境下，可能因散热性能变差造成电池内部热量积聚。电池外部异常产热的原因主要包含电连接件和加热系统的异常产热。电连接件若连接性能差和产热量大，可能会发生烧蚀并引发电池高温问题。目前新能源汽车的电池加热系统通常使用液热系统和加热片系统两种，其中加热片的换热效率更高，同时也存在更高的热滥用风险。在加热继电器粘连、加热功率偏大、加热片干烧/短路的情况下温度升高值可能超出电池承受范围，易诱发电池热失控，如图6所示。

图 5　电池热安全研究

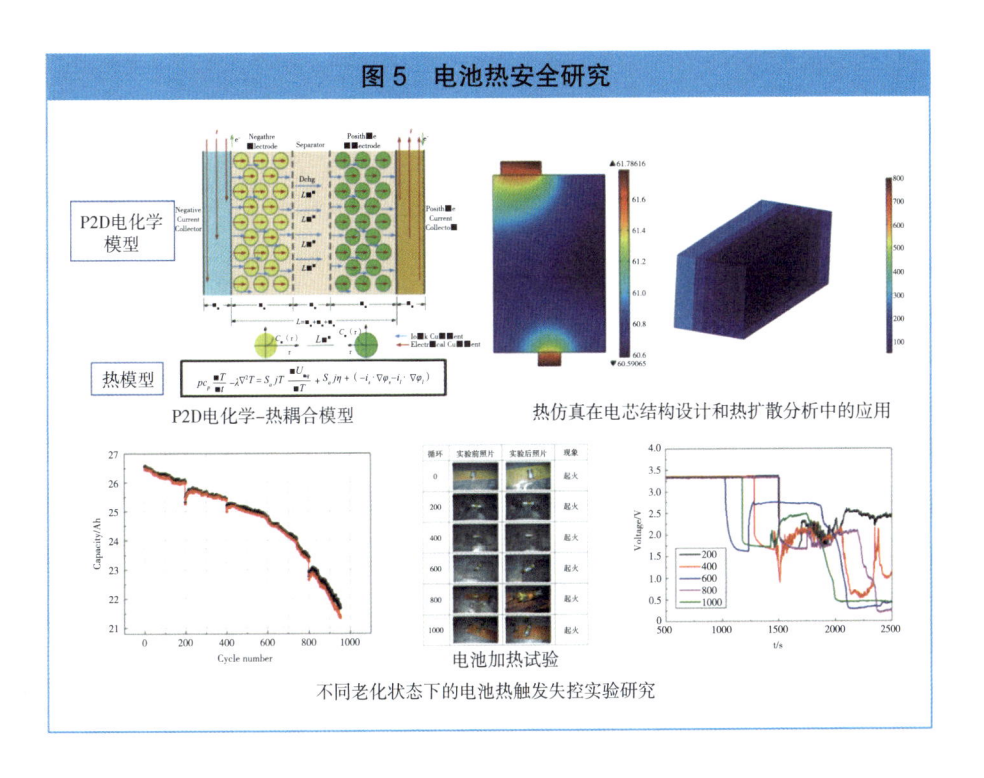

P2D电化学模型

热模型

P2D电化学-热耦合模型

热仿真在电芯结构设计和热扩散分析中的应用

电池加热试验

不同老化状态下的电池热触发失控实验研究

图 6　电池热安全失效分析

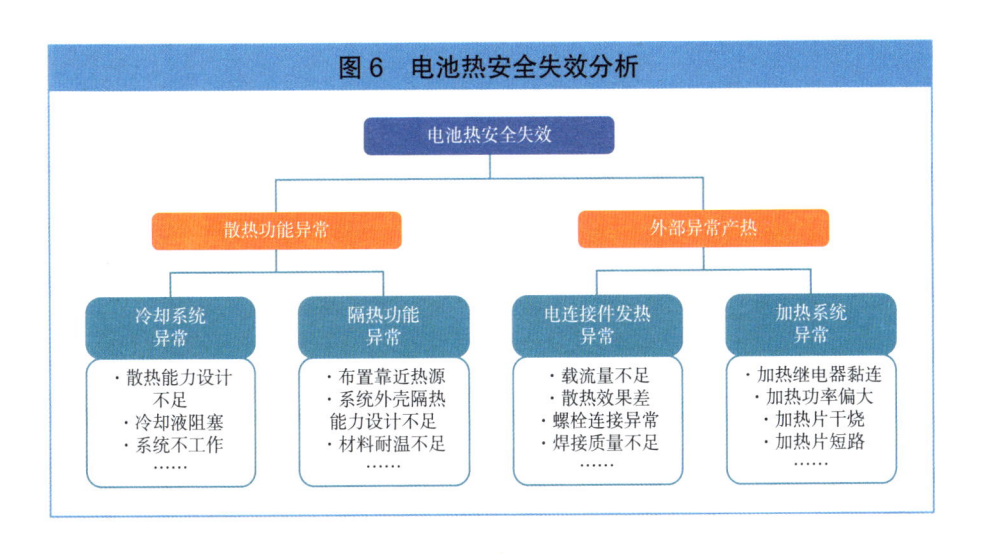

电池热安全失效
- 散热功能异常
  - 冷却系统异常
    - 散热能力设计不足
    - 冷却液阻塞
    - 系统不工作
    - ……
  - 隔热功能异常
    - 布置靠近热源
    - 系统外壳隔热能力设计不足
    - 材料耐温不足
    - ……
- 外部异常产热
  - 电连接件发热异常
    - 载流量不足
    - 散热效果差
    - 螺栓连接异常
    - 焊接质量不足
  - 加热系统异常
    - 加热继电器黏连
    - 加热功率偏大
    - 加热片干烧
    - 加热片短路
    - ……

(3)电气安全研究

电池电气安全失效主要由单体电芯短路问题导致。若电池在使用过程中频繁出现高压、过流、过充、过放等滥用情况，电极材料内的金属元素可能以单质形式析出，如锂、铜等，不断析出的金属穿过隔膜空隙，引起电池内短路；另外，若电池在生产环节中管控不到位，将导致电池内部引入导电杂质颗粒或者切割极片不当产生边缘毛刺，这些导电异物也可能会造成电池内部正负极短接。此外，电池系统内正负两端若出现绝缘失效、高压拉弧问题，也可能造成瞬间能量积聚，引发电池热失控。

随着电池系统能量密度的提高，紧凑化、轻量化的系统结构设计对电池电气安全提出了更高要求，需加强电池系统绝缘防护设计，合理设计各导电部件间的电气间隙、爬电距离，在关键部件采用高强绝缘材料，严控电池系统及电芯生产过程中的异物管理，确保BMS控制策略的功能安全。此外，针对电池使用过程中的短路问题，可以结合电池数据特征和机理模型开发短路在线故障诊断方法，在短路问题触发初级阶段进行特征识别和报警，如图7所示。

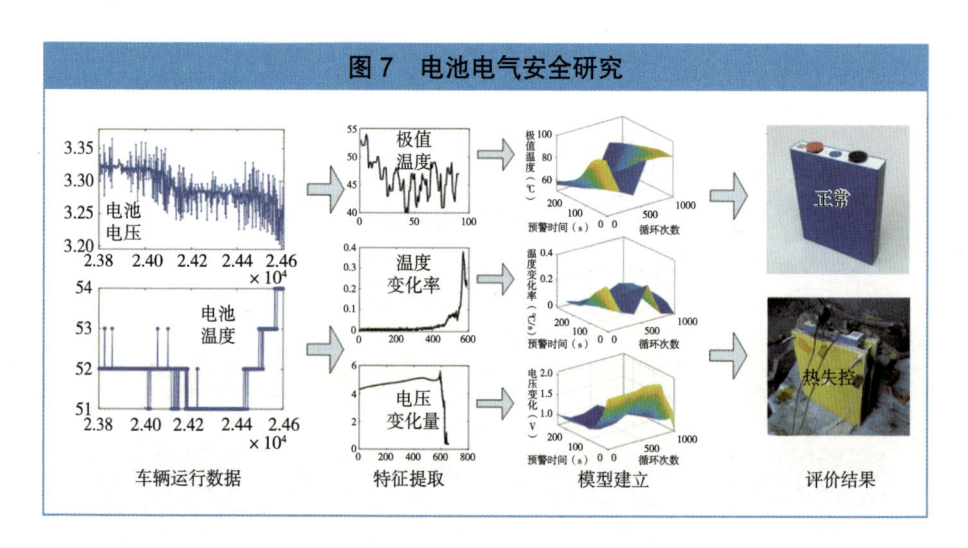

图7　电池电气安全研究

电气安全失效原因包括电芯内短路和电芯外短路两方面。电芯内短路问题具体可归结为电池滥用问题和电芯设计缺陷。在BMS控制策略异常导致电池过充/过放或继电器失效导致电池过放的滥用情况下，电芯内部易产生金属析晶。极片均匀度差、内部导电异物、极耳毛刺、隔膜缺陷等电芯设计缺陷一般可以通过电芯生产过程中的自放电检测进行识别，但也存在部分异常电芯流入市场的小概率事件，在使用过程中随着电芯的老化膨胀可能会出现突发性的电芯内短路事故。电芯外短路主要是由电池包内外部绝缘失效问题导致的，此外电连接异常产生的高压拉弧也可能导致严重安全问题，如图8所示。

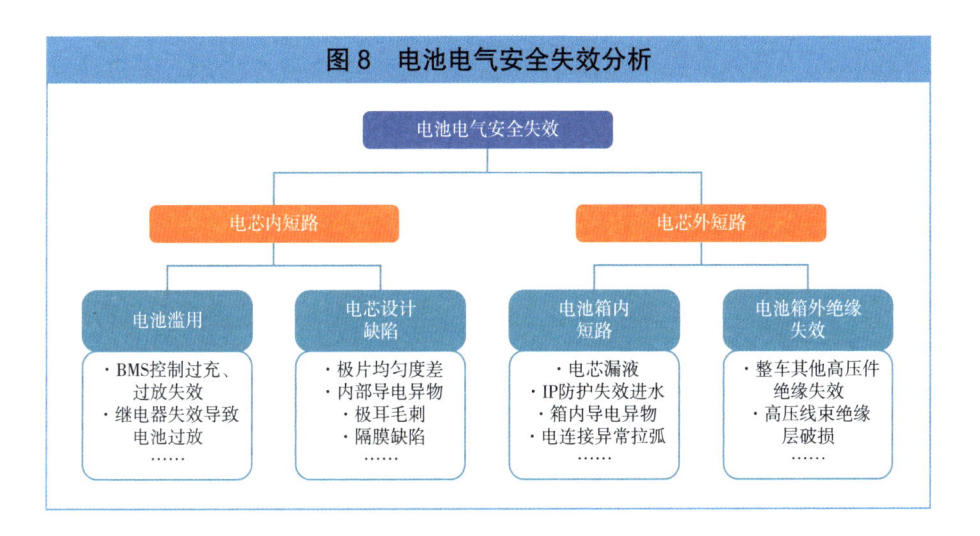

图8 电池电气安全失效分析

- 电池电气安全失效
  - 电芯内短路
    - 电池滥用
      - BMS控制过充、过放失效
      - 继电器失效导致电池过放
      - ……
    - 电芯设计缺陷
      - 极片均匀度差
      - 内部导电异物
      - 极耳毛刺
      - 隔膜缺陷
      - ……
  - 电芯外短路
    - 电池箱内短路
      - 电芯漏液
      - IP防护失效进水
      - 箱内导电异物
      - 电连接异常拉弧
      - ……
    - 电池箱外绝缘失效
      - 整车其他高压件绝缘失效
      - 高压线束绝缘层破损
      - ……

2. 失效数据特征挖掘

从电池安全失效模式来看，机械安全失效多在碰撞、外力冲击等突发情况下发生，事故发生的时间周期短、随机性强，难以进行早期预测，目前主要依靠辅助驾驶技术进行风险提示和预警；热安全失效主要表现为电池持续高温、温升速率快、温差大等温度相关数据特征，可通过横向对比相同地区、相同车型的温度异常分布以及同一车辆长周期的温度变化异常趋势进行预警；电气安全失效在早期主要表现为电池漏电、自放电加快、异常老化等微短路特征，后期会表现为温度骤升、电压骤降的热失控特征，需结合电池充放电机理模型进行电压、温度、电流等多维数据分析建立预警模型。

从数据异常变化特征分析，早期数据异常多表现为电压、温度相关的一致性、离群性及异常变化特征，可采用聚类分析、离群分析、趋势分析等大数据分析方法识别异常车辆，对电池安全问题、异常衰减问题的潜在风险进行识别和早期预警。问题中期电池已表现出明显的故障特征，如故障报警、高压漏电、电芯微短路、支路不均衡等，结合特定失效模型下的多维数据特征与电池失效机理间的关系分析，可采用决策树分析、关联分析等大数据分析技术建立高精度故障诊断及预警模型，准确识别电池故障，及时有效地排除电池安全隐患。问题末期电池数据呈现明显的热失控特征，此时可通过热失控测试、仿真分析技术结合火灾探测技术，在热失控早期进行实时报警和主动抑制，最大限度地保障车辆及人员安全，如图9所示。

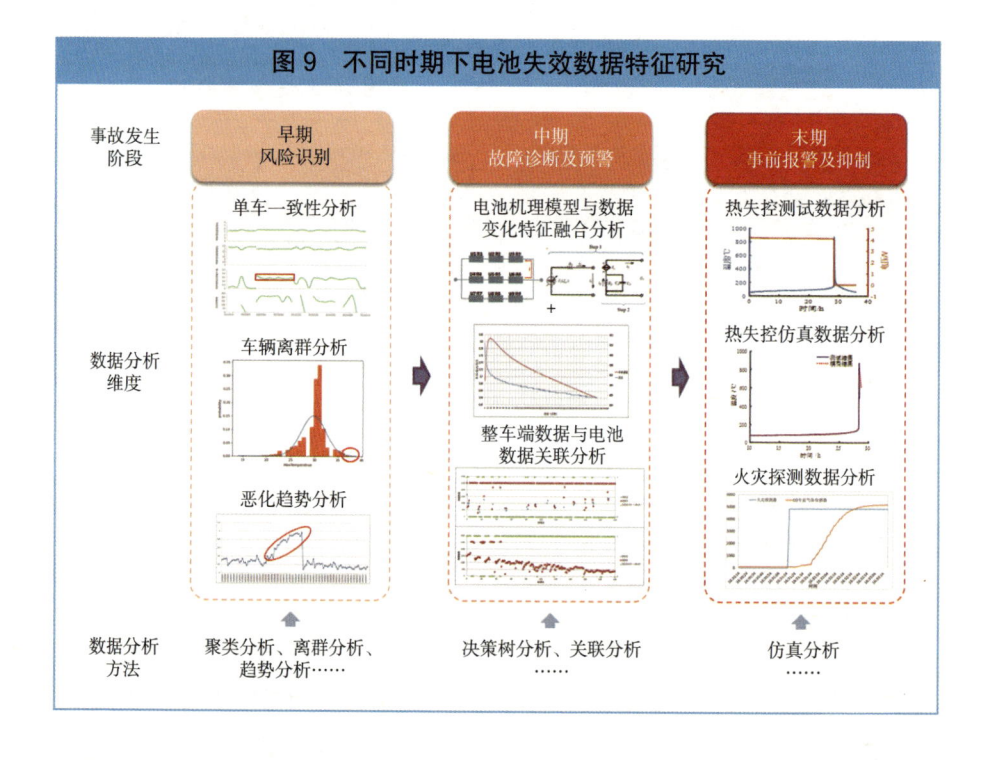

图9 不同时期下电池失效数据特征研究

（二）电机安全技术研究

电机系统是电动汽车的"心脏"，包括驱动电机、控制器及其冷却系统，电机系统故障直接影响整车安全性。

按照外界影响因素划分，电机故障分为5种类型，如表1所示。由此可以看出，驱动电机的故障模式非常复杂，危害程度等级分为轻微、一般、严重、致命。

表 1 电机的故障划分

划分原则	故障类型	故障描述	危害程度
外界影响因素	温度型故障	温度引起的绕组烧毁、永磁体失磁、轴承老化、转轴变形等	致命故障
	振动型故障	振动引起的绕组窜动或短线、绕组绝缘破损、永磁体失磁、铁芯松散、噪声过大、性能失调等	严重故障
	污染型故障	工作环境污染使绝缘老化加速、局部过热、润滑不良、冷却失调等	一般故障
	腐蚀型故障	化学腐蚀引起的绝缘老化加速、铁芯性能下降、永磁体性能下降、轴承疲劳加速、空气腐蚀等	一般、轻微故障
	其他型故障	未知源引起的故障	一般故障

在电动汽车用电机的实际应用过程中，温度引起的故障占了较大比重，且造成的绕组绝缘失效、永磁体失磁、轴承老化等故障是影响电动汽车用电机的致命故障。

1. 电机典型安全失效分析

通过上文分析可知，电机过温故障影响程度严重，是影响电机安全的关键失效模式之一，电动汽车电机绕组、磁钢及绝缘材料均受温度影响较大，当温度超过一定限值时，性能会出现下降甚至失效。定子温度不允许超过电机要求的最高允许温度，为保证电机性能稳定可靠运行，一般在电机内部布置两组温度传感器用于检测电机绕组温度。引发电机过温故障的原因包括以下几种。

（1）电机冷却系统损坏或匹配的散热量不足

电动汽车一般采用水冷永磁同步电机，电机机壳上布置水道，冷却水流经电机水道带走电机热量时水温升高，经散热器降低水温后再循环进入电机水道。入水口温度和冷却水流量是保证电机能否及时带走电机热量的关键，冷却液入水口温度过高或冷却液流量不足均会导致电机热量无法及时排出，造成电机温度过高。散热器选用功率较小或者损坏，流经散热器的冷却液不能降到合适温度，导致入水口温度过高；冷却管路中若含有较多杂质，会导致滤网堵塞，进而导致冷却液流量不足。

（2）插件松动、插针退针以及温度传感器损坏

电机绕组温度传感器为电阻型温度传感器，其电阻值随温度变化而变化，控制器通过检测温度值转化为电机温度。电机温度传感器电阻值信号通过电机内部低压线束、电机端插件、线束段插件、整车低压线束传递至控制器解码电路。温度传感器损坏、插针退针或插件松动会导致传递至解码电路的电阻值无穷大，触发电机过温故障。

（3）电机过载

电机有连续运行和短时运行两种工作状态，连续运行工作状态下，电机发热量与冷却系统散热量相当，电机温度处于平衡状态。短时运行工作状态下，电机处于过载状态，发热量较大，冷却系统散热量小于电机发热量，热量持续聚积，在达到电机保护温度前，过载状态只能持续一段时间，如果电机过载时间较长，会触发电机过温故障。

2. 失效特征分析

电机过温最直接的特征是电机绕组温度，但当绕组温度明显升高时，电机过温故障已经发生，电动汽车的整车性能会受到影响，严重时甚至会发生车毁人亡的事故。纯电动汽车电机冷却系统水路结构如图10所示，结合电机及其冷却系统失效模式进行分析，得到多种故障的特征数据，比如，冷却水泵流量、风扇转速、冷却液温度、温度传感器故障和电机过载时的电机转速、扭矩、温度等特征数据。

在实际应用中，电机冷却水泵、散热水箱和风扇不带传感器，无法采集到水泵的流量、风扇转速和冷却液温度，并且电机温度传感器过载故障一旦报出，故障已经发生，可见，通过这些直接特征是无法对电机过温进行预测的，需要对特征数据集合的数据进行去除奇异点处理，采用三西格玛异常检测算法，确定集合中异常数据的阈值，得到融合特征，形成电机过温的新数据集合，基于不同部件失效机理，在直接特征的基础上构建新的电机平均温度、电机各温度段数据占比、电机控制器平均温度、电机控制器各温度段数据占比、电机温度传感器掉线次数以及日环境温度极值等融合特征数据。

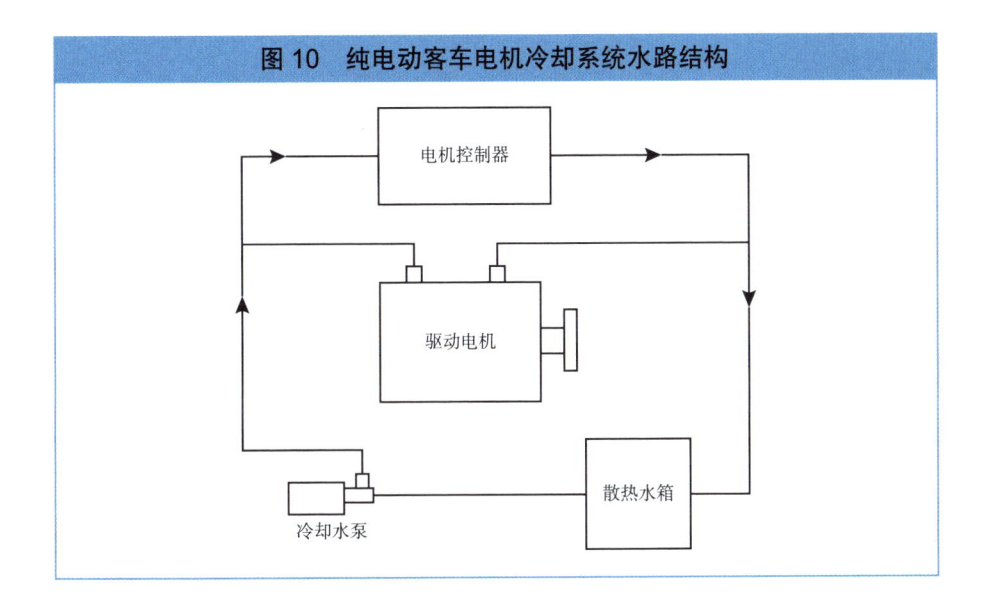

图 10　纯电动客车电机冷却系统水路结构

三　新能源客车大数据平台开发与应用

（一）平台概述

1. 平台简介

宇通客车大数据平台建设重点布局并打造平台技术、数据智能、快速交付等能力，为客车、专用车、重工业务提供高效、高性价比的车联网和物联网服务。在平台技术方面，持续构建网联能力、中台能力、视频服务能力，通过自研和合作多种方式形成技术生态。在快速交付方面，引入敏捷的文化和工具，建设企业级的产研测一体化平台，提升 IT 专业技术能力。

宇通客车大数据平台在逻辑架构设计上考虑到系统未来的扩展需要以及开发过程中的分工需要，采用分层（Layer）的架构模式；从车联网、基础组件、数据中台等多个方面抽象出云平台面向业务群支撑需要完成的各项业务的特性与关联性，如图 11 所示。

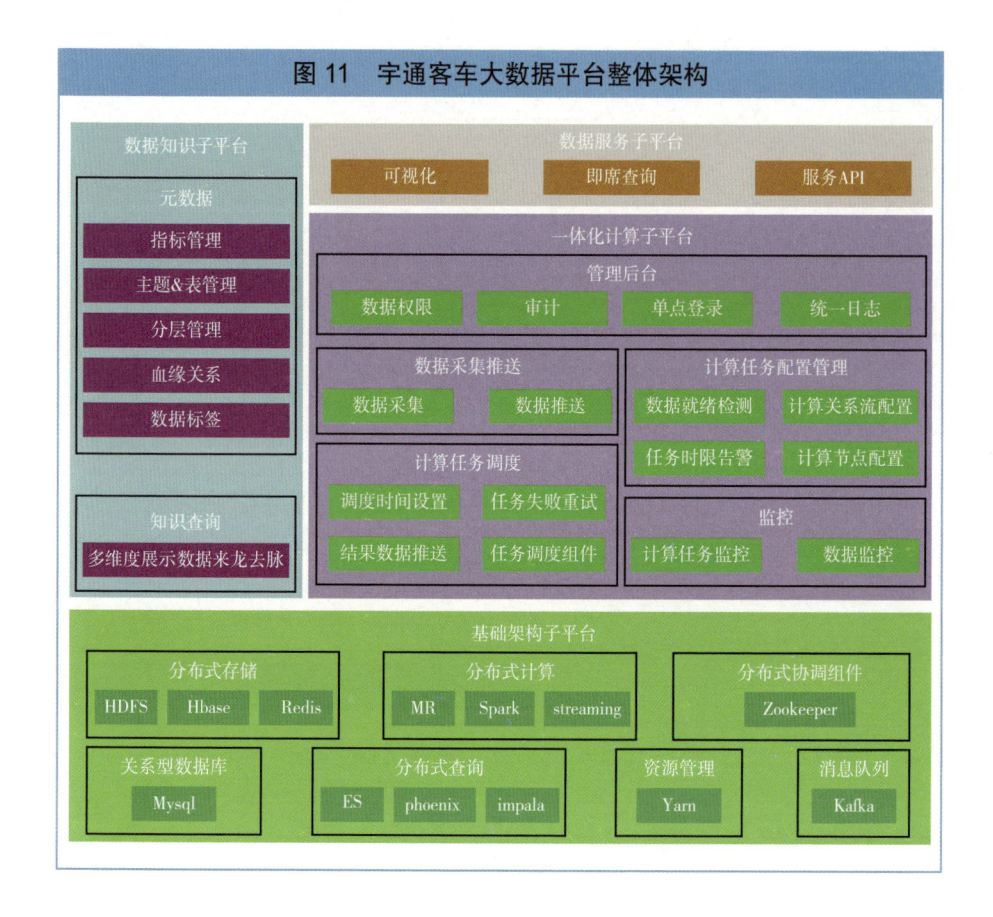

图 11 宇通客车大数据平台整体架构

2. 平台特点

开源的大数据存储与计算技术，高可用的分布式集群架构，前后端完全分离，均采用开源框架扩展实现，并基于框架技术上自主研发、优化、整合；前端整体采用 VUE 框架，支持双向监听机制，所见即所得，直观地体验；后端采用通用型 restful 架构，API 接口统一管理；实时交互数据存储采用开源的 Greenplum 数据库，采用集群架构，确保数据高可用。

宇通客车大数据平台采用分布式 Hadoop 技术，搭建基于 Hbase+HDFS 的数据平台，计算采用 Spark 框架，实现计算因子动态热加载，模板化的、高吞吐量的、具备容错机制的实时流数据的计算处理；存储和计算采用集群扩展，目前 Hadoop 已有近百个节点，软件 + 硬件负载均衡，提供高弹性的全链条集群扩展能力，支持系统线性灵活扩展以满足不断增长的业务流量，并有效提升可靠性；任务调度，采用分布式自定义任务调度管理，可以对任务进行灵活地查看、管理。

（二）架构设计

宇通客车大数据平台由边缘层、平台层、应用层构成。边缘层基于 Socket 实现与大数据平台的远程通信，采用 TCP/IP 协议，保证数据传输的稳定与可靠；平台层采用开源高性能计算引擎 Spark 和并行处理数据库 Greenplum，构建海量数据处理能力。平台应用采用 B/S（浏览器／服务器）模式进行开发，实现对车辆运营安全的监控功能，包括新能源远程监控、关键零部件故障预测，促进新能源客车关键零部件故障准确识别，预防重大故障发生。

1. 边缘层

边缘层主要包括外围采集电路、MCU 处理器、SOC 处理器（通信模组）、存储模块等，监控终端作为远程分析平台的数据通道，采集新能源车辆低压 CAN 网络数据实时存储至终端内部存储模块，并通过无线通信网络上传至远程分析平台。

车载终端采集内容包含驾驶过程中车速、转速、转矩、总电压、总电流、整车状态等信号。涵盖国标 GB/T32960.3 要求的 62 项数据。实时数据的采集方式包括周期采集和变位采集两种，周期量以不高于 20 秒周期采集；开关量状态发生变化即采集。车载终端按照周期量 1s 周期采集频率和开关量实时采集频率，对采集到的内容进行本地存储。本地存储格式为 txt 格式，存储介质容量满足至少 7 天的实时数据存储，当车载终端内部存储介质存储满时，具备内部存储数据的自动循环覆盖功能。本地存储的数据可通过平台远程提取和通过专用工具实车提取。外部供电异常断开后，车辆仍可以独立运行，且至少保障外部供电断开前 10min 的数据上传到平台。车载监控终端通过 GB/T 32960 标准认证，在功能和性能上都符合 GB/T 32960 相关要求，保证数据的完整性、真实性、不可否认性（见表2）。

表 2　新能源车载终端标准认证

序号	国家标准号	国家标准名称	符合结果
1	GB/T 32960.1-2016	电动汽车远程服务与管理系统技术规范 第 1 部分：总则	符合
2	GB/T 32960.2-2016	电动汽车远程服务与管理系统技术规范 第 2 部分：车载终端	符合
3	GB/T 32960.3-2016	电动汽车远程服务与管理系统技术规范 第 3 部分：通讯协议及数据格式	符合

2. 平台层

平台层主要包括大数据平台和机器学习算法平台，通过对海量数据的存储、计算，结合机器学习算法构建大数据分析能力。

（1）大数据平台

大数据平台包括数据接入、数据存储、数据处理、数据推送等功能模块。数据接入方面，平台使用 Flume 拉取上报后解析的实时流数据，使用 Kafka 与上、下游数据对接，使用 Redis 作为计算缓存，同时支持不同的数据类型及数据格式。数据存储方面，将采集的数据根据数据类型及使用场景存放在不同类型的数据库。通过把实时数据存储在 Redis 和 HBase，实现车辆定位、上报明细运营数据的高效查询；采用分布式文件系统 HDFS 存储海量的上报数据，为数据建模提供多种异构数据源。数据处理方面，计算引擎包括实时处理和离线处理，实时处理采用 SparkStreaming 流处理技术，对数据实时计算，提供车辆运营里程、能耗分析等实时分析展示。离线分析采用 SparkSQL 计算引擎，利用维度建模方法，建设业务数据模型。支持 SQL 编辑器多人即席查询，同时支持任务编排，采用 Alluxio 作为缓存系统，每次查询可以直接从内存中读取数据，大大提高数据分析探索效率。数据推送方面，对建模处理过的数据，采用 Spark 技术，支持高并发、高容错推送到各个关系型数据库、NoSQL 数据库和分布式数据库中。

（2）算法平台

机器学习算法平台主要包括数据噪声处理、数据特征构建、数据均衡处理、模型训练等内容，主要流程如图 12 所示。

图 12　模型构建流程

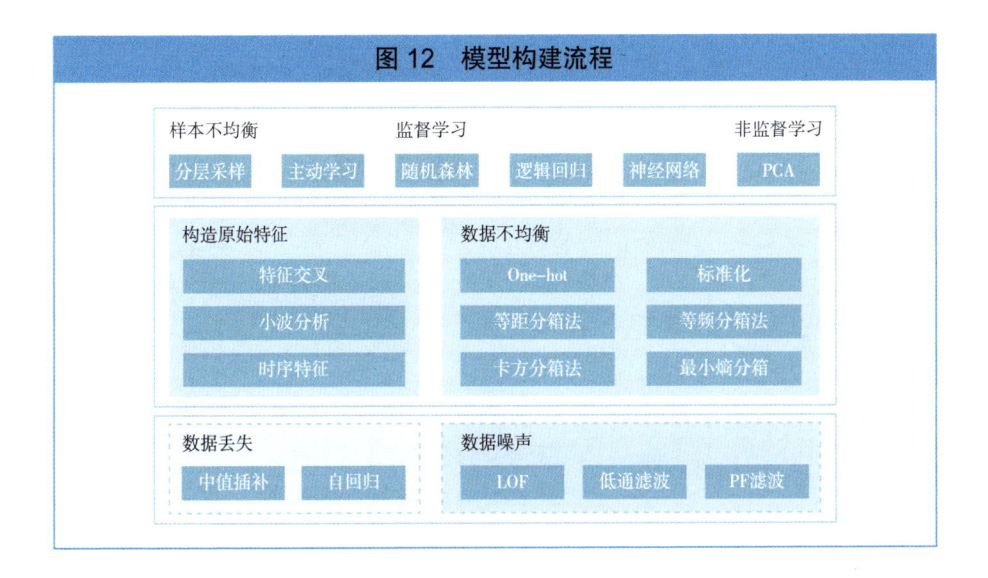

样本不均衡	监督学习			非监督学习
分层采样　主动学习	随机森林	逻辑回归	神经网络	PCA

构造原始特征	数据不均衡	
特征交叉	One-hot	标准化
小波分析	等距分箱法	等频分箱法
时序特征	卡方分箱法	最小熵分箱

数据丢失	数据噪声		
中值插补　自回归	LOF	低通滤波	PF滤波

数据噪声处理方面，对原始采集数据缺失部分，采用中值插补等方法进行数据补充；采用多种滤波算法对数据进行降噪，过滤上报的异常数据，使数据表现更加平滑，提高模型训练的准确性；数据特征构建方面，用时序特征处理、小波分析等算法构建数据特征，同时可以对单个特征结合业务构建交叉特征；数据均衡处理方面，对构建的特征结合业务和实际历史数据表现分析分类，对分类数据存在不均衡的情况采样分层采样和基于距离的采样算法对数据进行过采样或者欠采样处理；模型训练方面，用常见的逻辑回归、随机森林、神经网络等算法，如有监督学习算法和PCA（主成分分析法）等进行模型训练。

3. 应用层

通过进一步提升智能网联汽车数字化能力，提升售后服务人员依据车联网的"软件+平台"指导下的精准维修保养和安全管理等专业技能，策划制定系统性智能化服务解决方案，化被动服务为主动服务，为用户提供新能源客车监控、关键零部件预测、故障派单优化等应用解决方案，最终将传统全包服务模式与借助车联网、大数据应用技术的"软件+平台"能力相结合，输出系统性智能化服务解决方案，打造技术壁垒，提升服务竞争力（见图13）。

图 13　整体业务数据处理流程

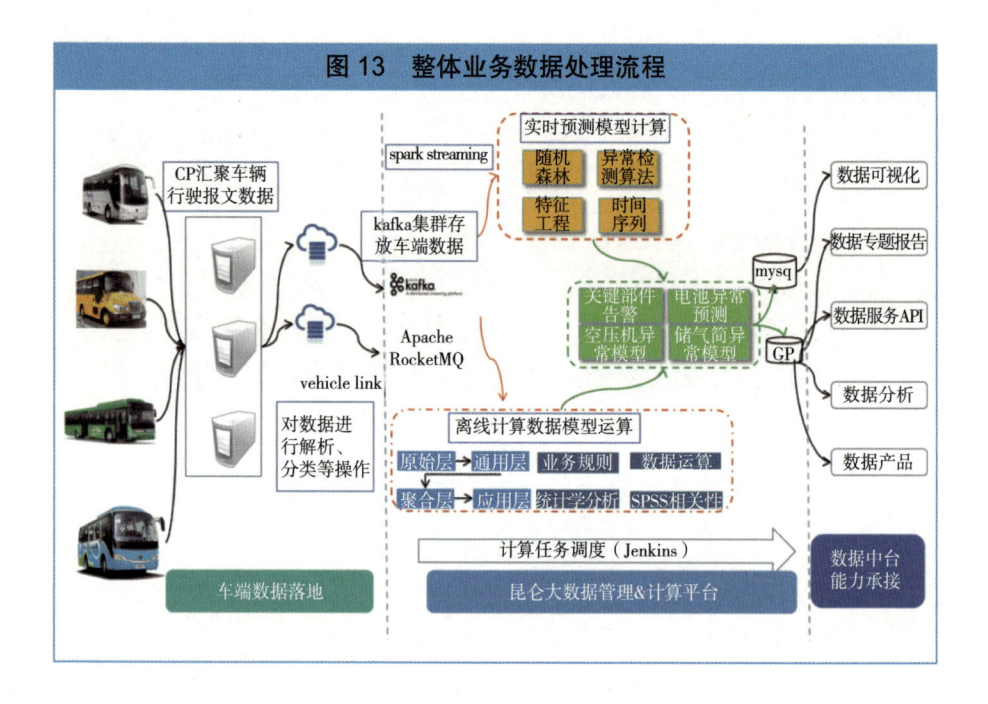

应用整体架构分为三层。

一是技术支持，是整体业务架构的底座部分，包含车联网平台、售后一体化服务平台和大数据分析平台，其中，车联网平台负责车辆数据的通信连接和采集处理，售后一体化服务平台负责管理车辆营销售后基础数据和流程数据，大数据分析平台提供对海量数据的存储和统计分析能力。

二是服务模式，主要包括前置服务、远程服务、管车服务等，通过对车辆数据和故障数据的分析，实现故障的提前推送、即时预警，售后外服人员提前备件并及时联系客户保障车辆可运行，对于存在固件缺陷和异常的可以通过车联网平台实现远程诊断和升级。通过对车辆上报海量数据的统计，实现对异常高耗车辆识别、关键零部件故障预警等运营管理需求的支撑。

三是通过线上服务通道和远程升级工具，远程解决故障，实现快速、高效、无感地解决问题，通过以养代修，减少维修成本，基于对车辆使用情况的收集分析和异常识别，为客户提供安全可靠的车辆驾驶环境。

（三）平台技术应用

1. 新能源监控解决方案

聚焦新能源车行业，利用新能源车载终端采集的新能源数据，通过融合智能网联技术、大数据技术，以新能源车载终端、云服务平台为核心，实现对车辆全生命周期的数字化管理，实现车辆信息感知、车云信息交互以及智能化功能，针对不同业务细分领域提供分析、诊断、预测等数据产品，指导上下游业务，满足宇通对纯电动、混合动力、燃料电池等新能源车型监控的需求，服务于商用车、智能交通等多个领域，实现安全事故预防、节能因素挖掘、故障分级预警监控等功能（见图14）。平台接入物联网终端的能力达到百万级别，打造全球领先的行业级网联技术平台。

图14 新能源监控解决方案

（1）基于大数据的远程智能实时安全监控

宇通新能源监控平台使用行业主流的 Hadoop+Spark 大数据处理技术，能够支撑海量数据的存储和计算，通过对大数据处理技术组件的整合及开发，完成新能源车辆数据获取、无线通信、存储和分析，通过建立新能源远程监控平台，实现对车辆位置和运行状态等参数的监控。基于大数据的远程智能实时安全监控从充电状态、行车状态、故障诊断等多维度全方位进行车辆运营信息数据统计分析和评估，如图 15 所示。

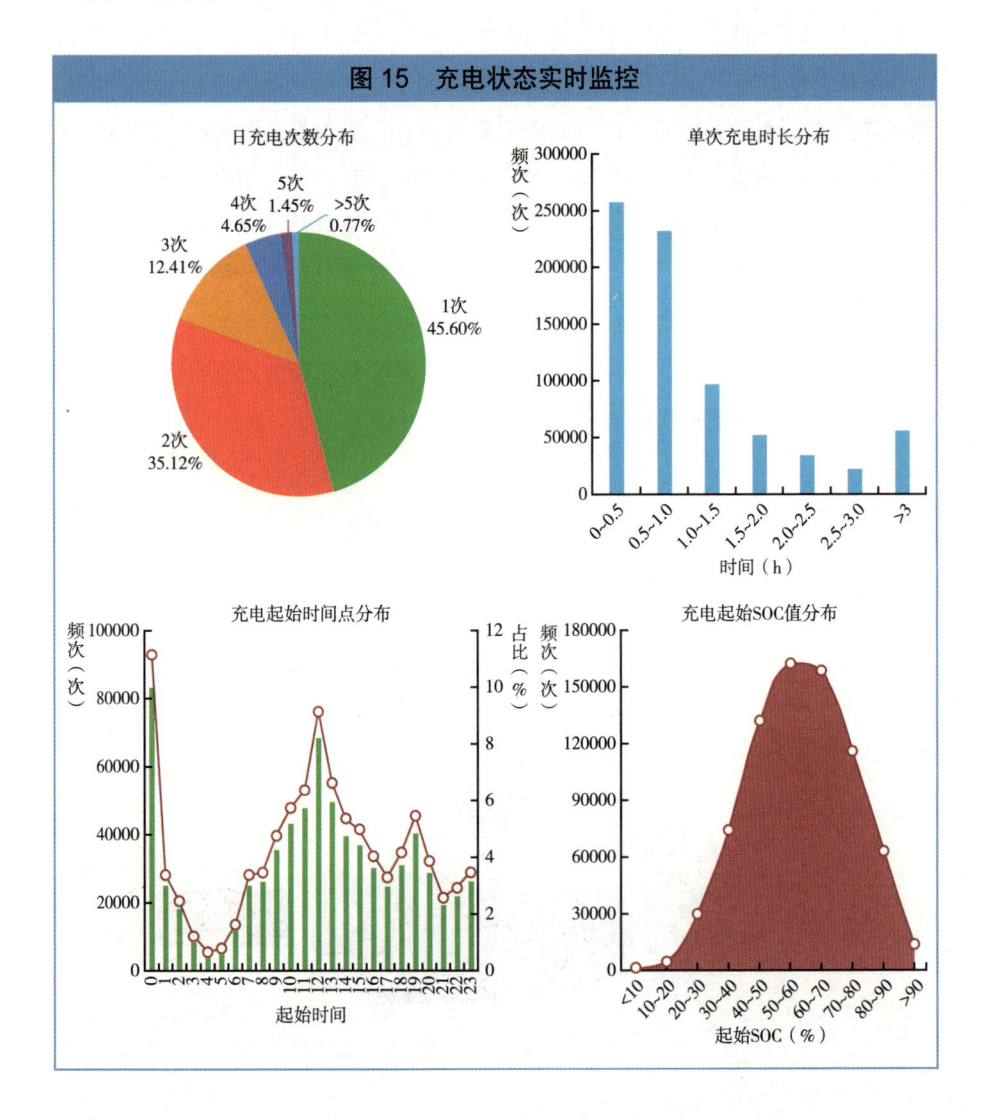

图 15 充电状态实时监控

（2）基于大数据的远程智能监控故障预警

远程诊断是一个面向车厂售后部门和运企机务部门的在线分析平台，基于可持续扩展的诊断引擎，实现对整车多品牌、多种类部件的故障诊断及维修指导等功能。车载终端通过无线网络向平台发送车辆状态数据、车辆故障数据，车联网平台首先将接收到的故障和诊断信息传递给大数据平台，大数据平台对车联网数据进行基于业务经验的处理，读取 CRM 数据库中故障表，按照故障类型、派单阈值进行派单。在保证准确和覆盖的情况下，可通过灵活的市场服务派单策略，最终将满足故障码推送条件的信息以短信和邮件的形式推送给售后，如图 16 所示。

图 16　车辆远程诊断

对于市场车辆问题的监控，基于专家的规则判断能保证模型在一定条件下的适用，但不能保证准确、多工况的适用和全市场覆盖。通过数据来透视问题，发现潜在的规则和问题关联表现。使用衍生变量、指标相关性分析、决策树/随机森林等机器学习算法对过滤后的故障码和状态数据进行故障场景化分析和一致性分析验证。针对推送精度问题，通过对新能源故障进行日常统计监控，从根源上分析故障原因并积极采取措施解决；对报警策略等故障的判断条件、方式等进行改进优化，提升报警精确度；有效推动零部件优化，完善报警策略。

2. 关键零部件预测性维护解决方案

预测性维护服务方案，可满足客户对车辆管理高可用、低维护成本的双重期望。

①整体解决方案：基于宇通大数据平台，利用离线采集到的数据上传到数据服务器，在云端服务器存储训练数据，生成预测模型，实现基础的故障监控功能。同时结合专家知识，通过机器学习和人工智能等技术，重点构建故障预测诊断核心的规则引擎、场景匹配机制和触发策略，保证最终输出结果的准确性及及时性，如图 17 所示。

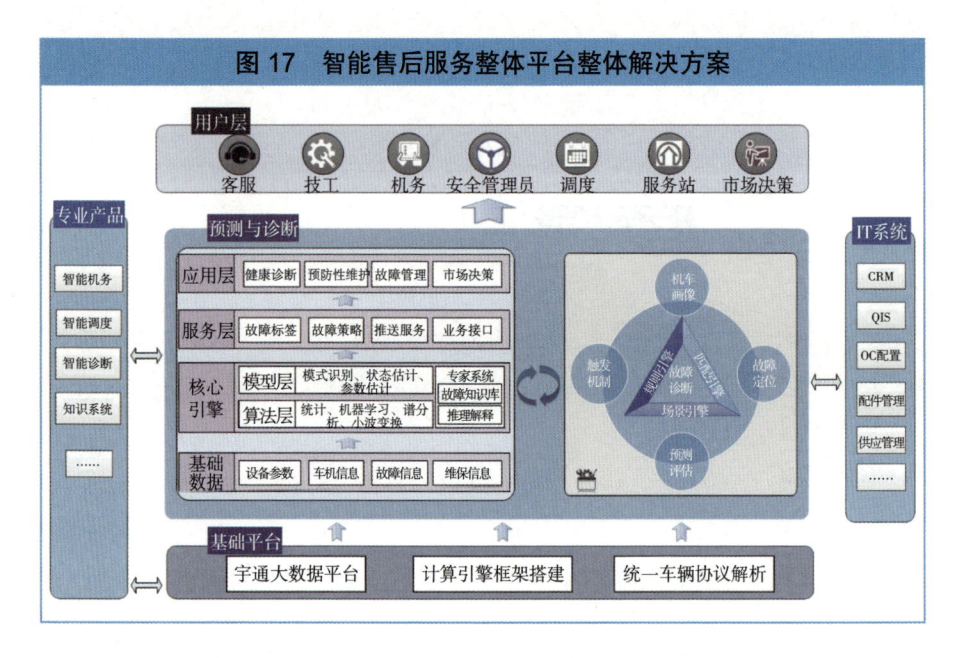

图 17 智能售后服务整体平台整体解决方案

②开展应用实效：通过大数据故障预警技术主动识别多起重大批量故障，安全特性故障率下降 90.7%，可靠性故障率下降 90.41%，有效减少电池及整车的安全可靠性问题。

（1）基于聚类分析法的电池一致性预警

电池系统一致性问题是电池失效现象中的 TOP 问题，在市场车辆问题的占比约为 13%。其原因包括单体 SOC 状态不一致、容量衰减不一致、故障、漏液等。若一致性问题未得到及时处理，可能导致客户车辆 SOC 估计不准、车辆抛锚、续驶里程缩短，甚至诱发安全隐患，造成安全性事故。

对电池系统一致性问题的产生原因及数据特征进行分析，基于相关性分析识别到压差大为电池一致性问题的主要特征指标，同时电池压差与单体最低电压、SOC 值呈相关关系，单体最低电压和 SOC 值越小，越容易导致压差大的现象；基于市场车辆运营数据统计及 LOF&DBSCAN 无监督聚类分析算法，确定不同单体最低电压及 SOC 值下的压差阈值（见图18）。

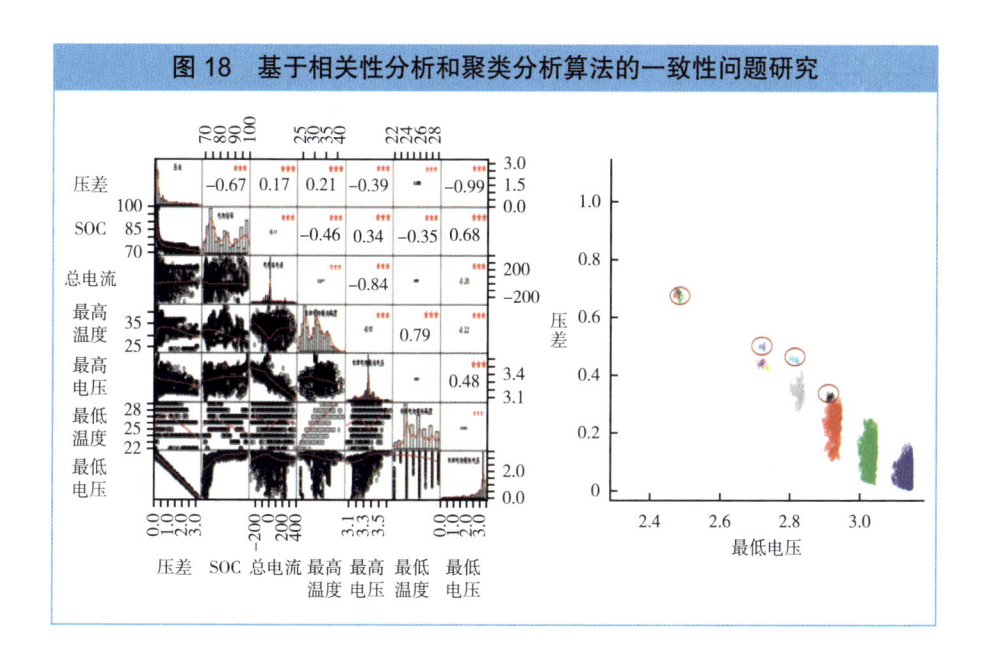

图 18 基于相关性分析和聚类分析算法的一致性问题研究

融合电池健康度（SOH）估计算法、单体电芯内阻估计算法对一致性问题进行数据特征提取和故障树建立；针对不同车辆故障表现，对不同预警结果提出针对性维修建议（见图19）。电池一致性预警功能应用上线以来，准确率达到 90% 以上，有助于售后快速排查电池故障、提前备件，避免安全问题、车辆抛锚、续航里程不足等问题对客户正常运营产生影响。

（2）基于趋势分析法的电池自放电预警

电池自放电异常是由电芯内部微短路损耗、隔膜缺陷、杂质等因素造成电池出现自放电过大的现象，若不及时处理易造成车辆行驶中出现低压报警、车辆抛锚、电芯短路等安全问题。

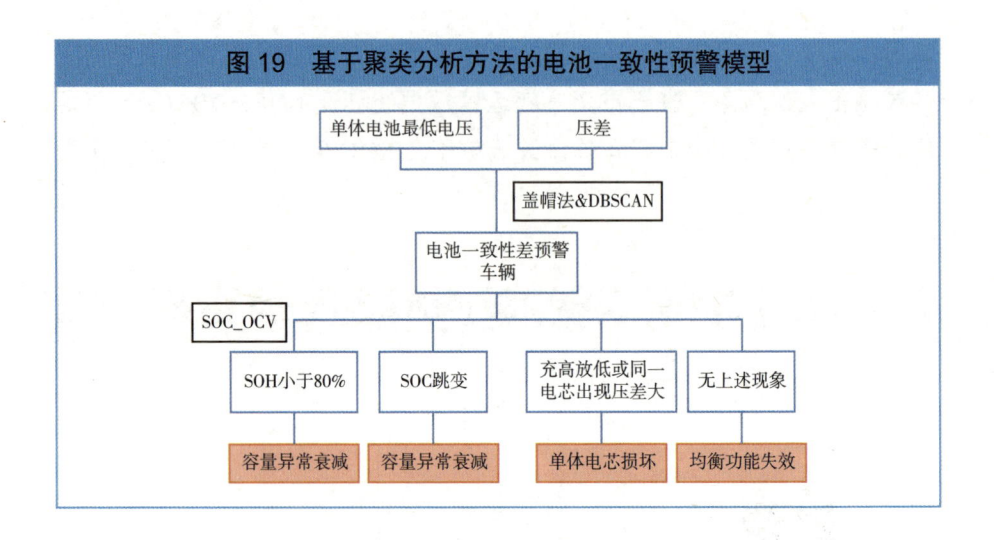

图 19 基于聚类分析方法的电池一致性预警模型

对电池自放电问题的数据特征进行分析,在电池运行过程中某一电芯的电压下降速率明显较其他电芯快,具体表现为:该电芯处于最低电压状态的频率逐渐提升或者电池系统的压差逐步增大。对市场失效案例进行分析,车辆在故障前期出现明显的一致性恶化趋势;客户反馈车辆故障后,售后指导客户进行车辆均衡保养,电池一致性问题得到解决;但随后的一个月时间内,电池一致性急剧恶化,车辆再次发生故障报警;随后售后对单体电芯所在的电池箱进行了更换处理,故障彻底解决,如图 20 所示。

对故障电芯进行失效分析:和正常电芯相比,失效电芯在低 SOC 静置状态的电压下降速率明显偏高;同时失效电芯的隔膜表面出现了金属异物,主要成分为铜(Cu)和铁(Fe)。杂质形成的机理为:充电过程中,阴极侧的 Fe 等金属单质失电子变成离子态,穿梭至阳极侧隔膜时与阳极过来的电子结合,在隔膜表面沉积形成枝晶,最终枝晶导通隔膜,造成内部微短路,导致电芯自放电异常,如图 21 所示。

基于单体电池最低电压频率变化趋势和一致性变化趋势建立电池自放电预警模型,采用趋势分析算法识别自放电异常增大特征,结合市场车辆数据正态分布状态和失效案例故障特征值界定预警模型阈值,通过市场排查结果对模型阈值和严重度划分进行多轮迭代优化,最终将预警准确率提升至 90% 以上,有效降低了电池微短路造成的车辆运营安全风险(见图 22)。

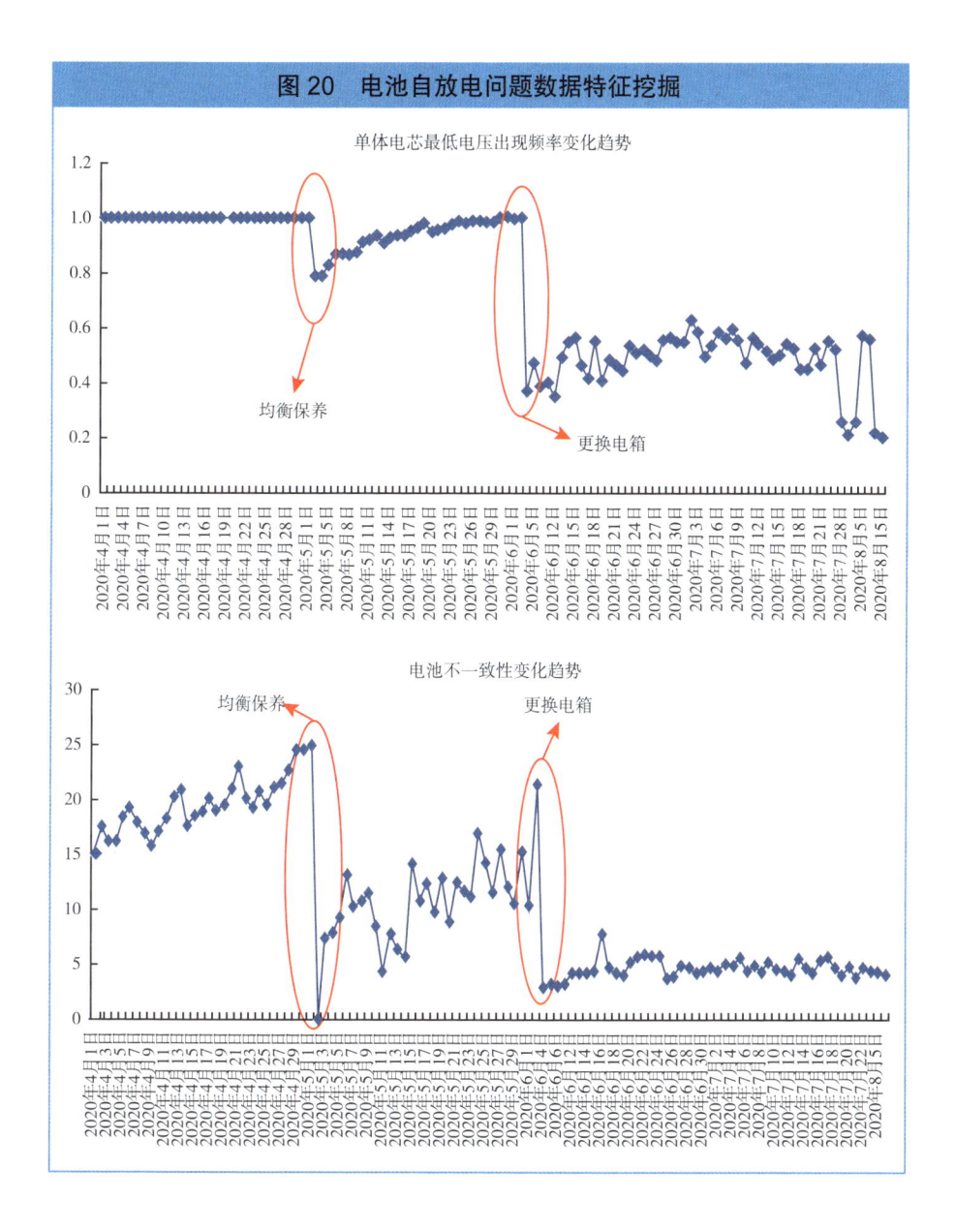

图 20 电池自放电问题数据特征挖掘

图 21　自放电异常电芯的失效机理研究

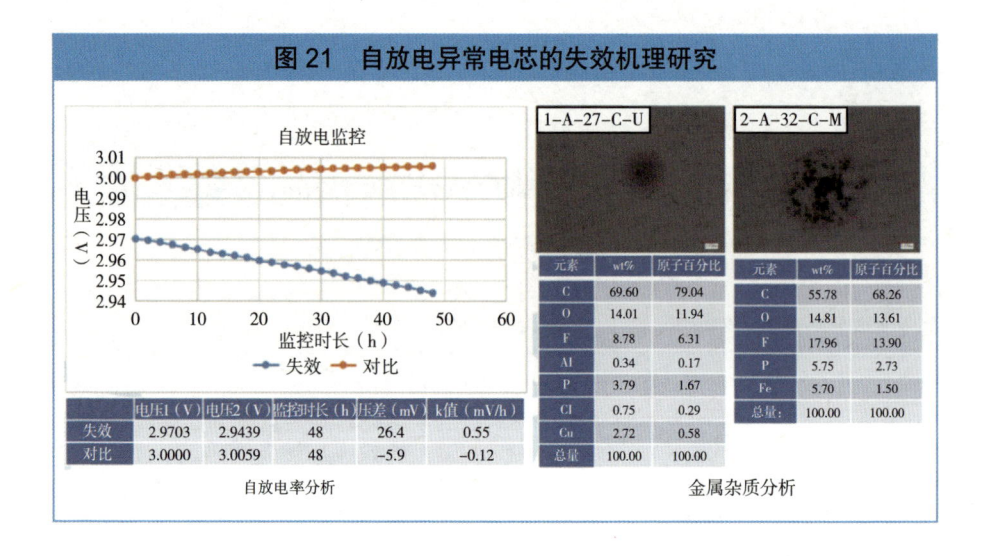

自放电率分析

	电压1（V）	电压2（V）	监控时长（h）	压差（mV）	k值（mV/h）
失效	2.9703	2.9439	48	26.4	0.55
对比	3.0000	3.0059	48	−5.9	−0.12

金属杂质分析

1-A-27-C-U

元素	wt%	原子百分比
C	69.60	79.04
O	14.01	11.94
F	8.78	6.31
Al	0.34	0.17
P	3.79	1.67
Cl	0.75	0.29
Cu	2.72	0.58
总量	100.00	100.00

2-A-32-C-M

元素	wt%	原子百分比
C	55.78	68.26
O	14.81	13.61
F	17.96	13.90
P	5.75	2.73
Fe	5.70	1.50
总量	100.00	100.00

图 22　基于趋势分析法的电池自放电预警

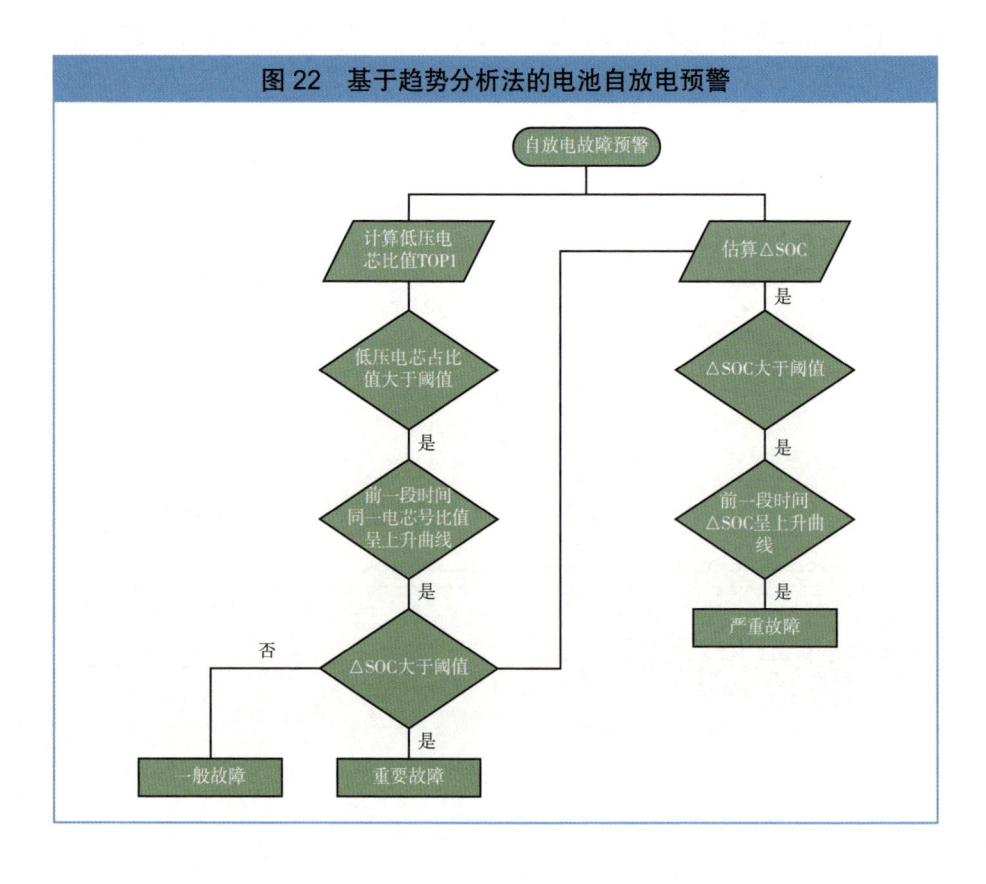

（3）基于充放电特征分析的电池阻抗异常预警

电池阻抗异常会导致电池在充放电过程中的极化加剧，在数据上表现为大倍率回馈或充电末端（充高状态）电压快速升高、大倍率放电或放电末端（放低状态）电压急剧下降的现象，并且同一单体电池可能既在充高状态时出现在最高电压位置，又在放低状态时出现在最低电压位置。通常情况下，电池阻抗异常问题主要是由单体电芯异常老化导致的，也可能指向电芯鼓胀、漏液、电连接不良等安全问题，若不及时处理可能造成续航里程严重缩短、车辆抛锚，甚至导致电池拉弧烧蚀、电芯热失控。

考虑到不同电池体系充放电电压范围及特征的差异性，需结合充放电电压曲线和市场失效案例定义充高状态及放低状态判定阈值，以单体电芯同时出现在充高状态最高电压位置和放低状态最低电压位置作为异常判定特征，以电池一致性表现作为严重等级判定阈值，建立电池阻抗异常预警模型，如图23所示。

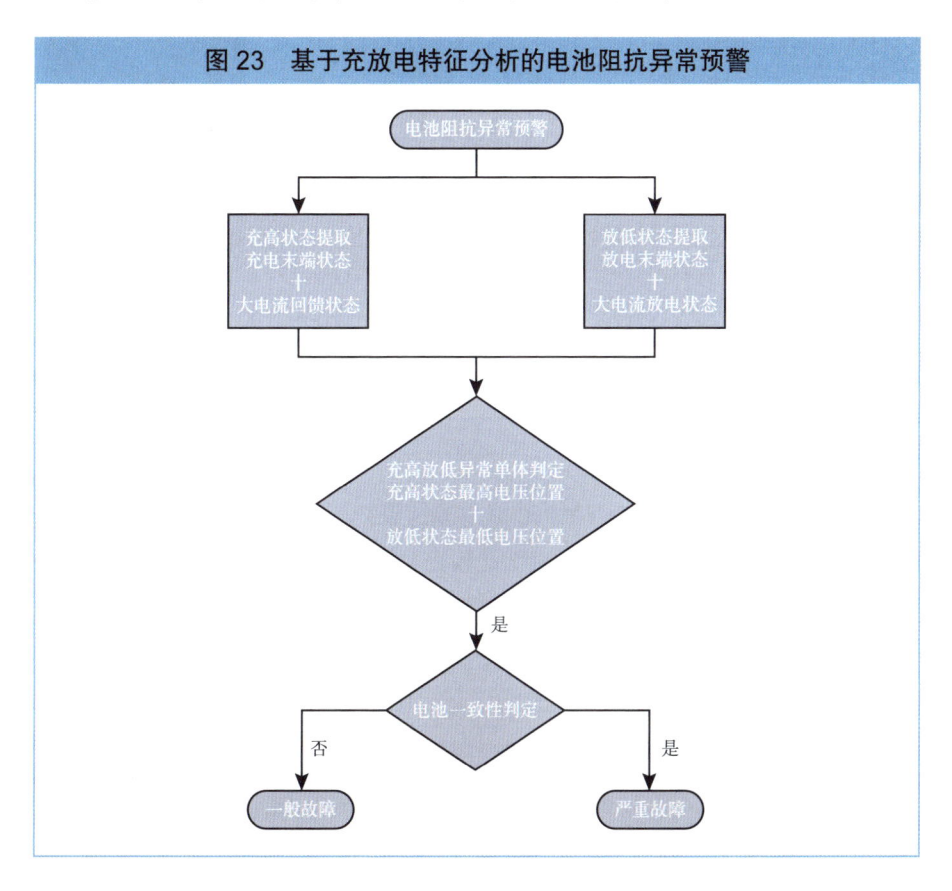

图23 基于充放电特征分析的电池阻抗异常预警

在实际应用中，电池阻抗异常预警模型已识别到多起电芯异常问题，预警准确率达到 90% 以上，有效降低了电池阻抗异常造成的车辆运营安全风险。如图 24 所示的实验车辆，预警发现 20 号单体存在异常充放电特征，相邻电芯的电压变化范围为 3.1~3.4V，20 号电芯的电压变化范围为 2.9~3.7V，出现充电末端电压快速升高、放电末端电压急剧下降的现象。对该单体所在电箱进行拆解分析，发现该电芯的铝巴片焊接位置有明显裂痕，导致该位置接触阻抗异常增大。电池阻抗异常预警能够在焊缝开裂初期及时发现风险并指导售后排查处理，避免裂缝持续扩大而导致电池拉弧，保障了车辆运营安全，如图 24 所示。

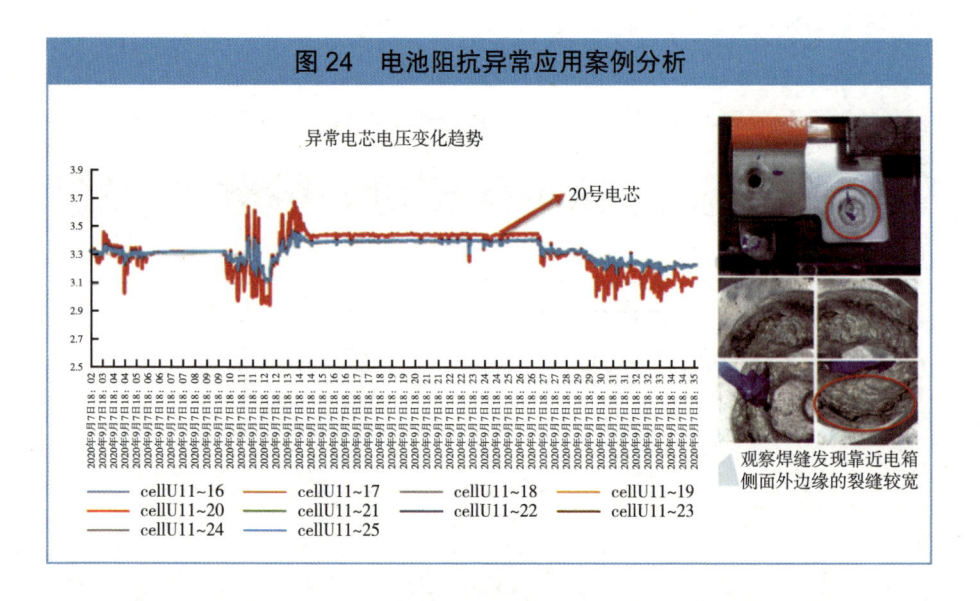

图 24 电池阻抗异常应用案例分析

（4）基于随机森林算法的电机过温故障预警

电机高温是由于车辆运营环境路面较差、空气扬尘及夏季柳絮严重，散热器翅片孔被泥土、柳絮等杂质堵塞，散热器通风不良、系统冷却能力下降，若维护保养不及时，在高温季节长时间运营后容易出现电机和电机控制器过温故障，导致车辆限动力甚至断动力抛锚，影响车辆安全运营。

电机高温故障存在低温时患病高温时发病现象，表现在电机温度、水泵温度、电子风扇温度故障前后温度差异较大，电机与电机控制器温差较小；受工况影响，电机正常车辆在高速或高负载时也会出现电机温度急剧上升的情况，需结合电机转速、转矩，利用多维数据特征工程，建立不同失效模式的电机高温预警模型，提升模型识别准确率，如图 25 所示。

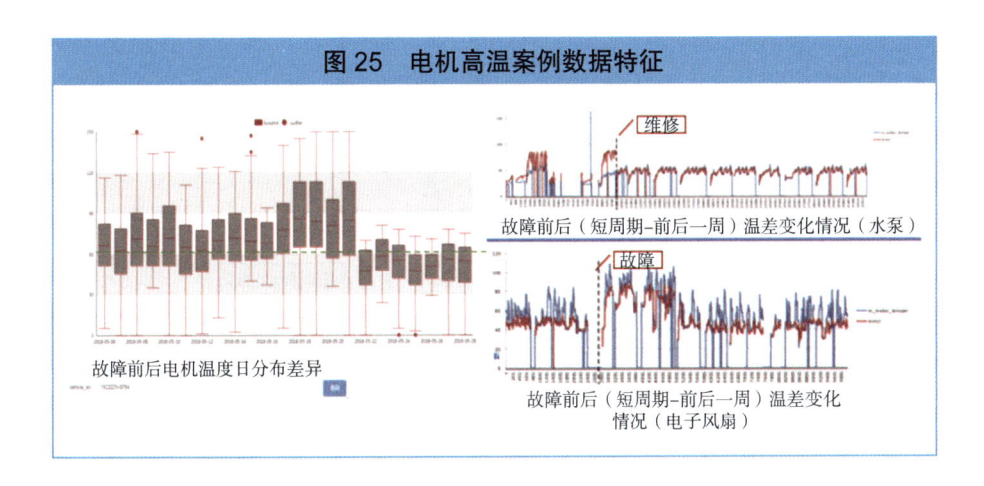

图 25　电机高温案例数据特征

结合电机云端数据衍生出电机平均温度、电机各温度段数据占比、电机控制器平均温度、电机控制器各温度段数据占比、电机与电机控制器温差均值、电机温度传感器掉线次数以及日环境温度极值等融合特征数据。

采用三西格玛异常检测算法，分析故障前后电机温度日分布的差异，得到异常数据阈值；分析故障前后一周的电机与电机控制器温差变化情况，得到冷却系统水泵和电子风扇故障的差异；分析电机近两年的电机与电机控制器温差得到电机生命周期的特征。将历史不同失效模式的车辆故障期间的融合特征数据作为负样本，没有发生过电机冷却系统故障的车辆的融合特征作为正样本，采用有监督学习决策树算法进行模型训练，如图 26 所示。

经过多轮市场验证和模型迭代优化，模型准确率在 95% 以上，并能提前 3 天识别电机高温问题，在故障发生前对车辆进行检查维修，有效保障电机运行效率和避免造成更大事故。如图 27 案例，识别车辆存在电池高温问题后的第三天，在维修保养时发现存在电机系统高温现象，经检修，是水泵线路问题导致车辆出现电机高温现象。

（5）基于决策树算法的电池液冷系统故障预警

电池液冷系统的降温能力是保证液冷电池可靠性及寿命的重要指标，使用特殊的冷却液在动力电池内部的冷却液管路中流动，将动力电池产生的热量传

图 26 驱动电机高温故障模型建立方法

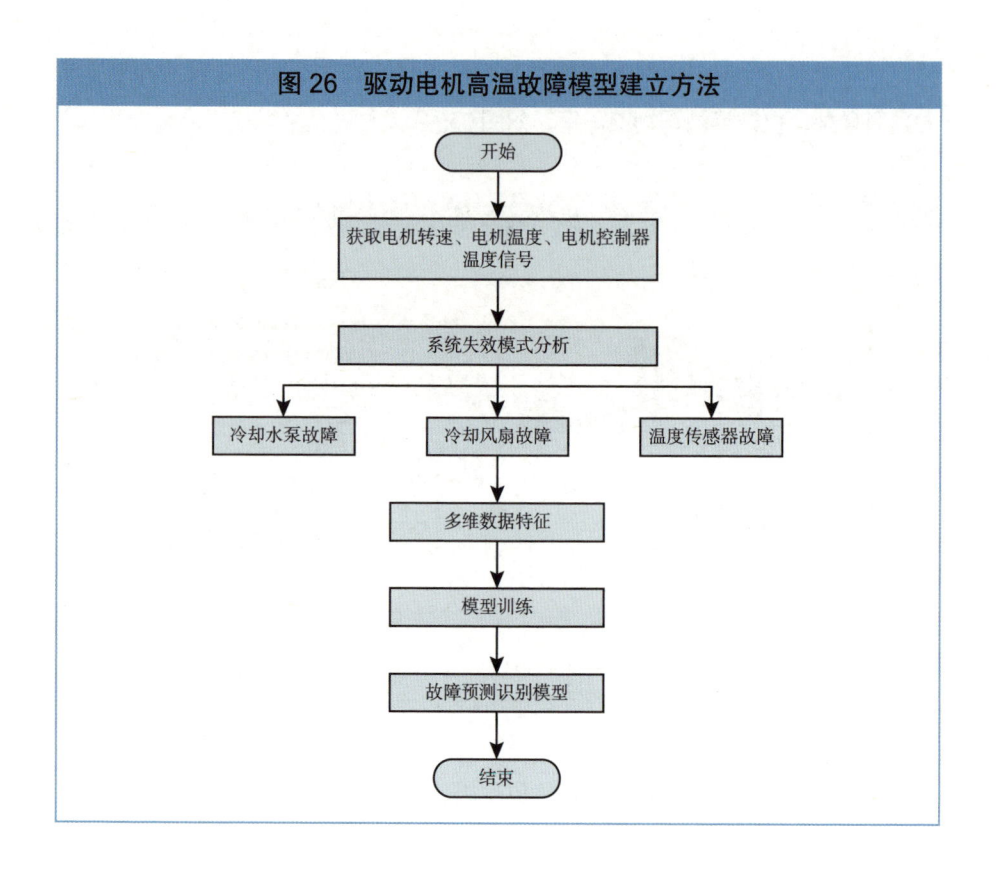

图 27 案例：模型识别当天车辆数据特征

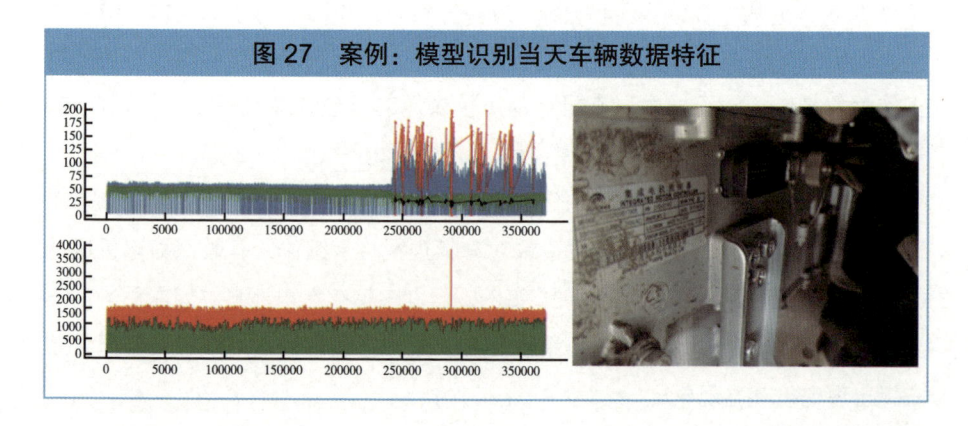

注：蓝色：电机温度，绿色：电机控制器温度，红色：报故障码时电机温度，黑色：报故障码时电机控制器温度；下图中，红色：电机转速，绿色：电机转速。

递给冷却液，从而降低动力电池的温度，将动力电池维持在一个适当的工作温度，使动力电池的放电性能处于最佳状态；电池液冷系统故障会导致电池高温，影响电池寿命及整车安全，特别是在高温情况下抛锚现象会频发，影响客户运营时长。

电池液冷系统故障主要表现在液冷车辆出现高温、温差大等现象；通过梳理液冷系统失效故障树发现，出现电池液冷系统故障主要有液冷管路接错、冷却液添加量不足、管路进气、冷却液循环水泵损坏等多种原因；利用车辆工况数据、电池状态、电池温度、制冷状态、水泵状态、进出水温度、故障码等信息，对各失效故障进行类型细分和机理表现探索；对液冷故障码类识别稳态故障类型，提升预警准确度；对非故障码类，基于数据特征制定，利用无监督学习算法（单指标图基检验、多指标LOF、时序检测）和有监督学习算法（C5.0、C&R树）进行特征提取和规则汇总，最终输出故障矩阵列表和对应的维修建议。

电池液冷系统故障预警已推广应用，经过多轮市场验证和模型迭代优化，液冷热管理系统能够实现故障结果90%的准确度及80%的市场故障问题覆盖度；有效保障了液冷车辆热失控防护功能，减少高温情况下的限控、抛锚风险，提前识别并快速定位故障。

四 结语

新能源汽车安全问题是行业发展的主锚。基于新能源车辆安全问题的失效机理分析，利用大数据分析方法深度挖掘失效数据特征，建立车辆充电、运营过程中的关键指标实时监控和智能化分析系统，实现车辆运营状态在线估计；融合专家经验和大数据分析工具建立故障预警模型，实现对车辆关键零部件的预测性维护；开发智能化故障诊断及派单系统，实时将车辆故障以短信和邮件的形式推送给售后服务人员，保障车辆运营安全。

在人工智能和大数据不断发展的背景下，整个新能源汽车行业应致力于打通上下游产业链的大数据信息网络，增强多源信息、多维数理模型的相互融合，引入深度机器学习技术，提升车辆主动安全预警能力。

综合应用篇 | **工况适应性研究报告**
——某串联式混动 HEV 车型

◎李 哲 欧 阳 王 毅 白 琴 高梓豪
陶俊龙 罗少华*

* 李哲，博士，中国汽车工程研究院股份有限公司，主要研究方向为新能源汽车整车控制技术；欧阳，博士，中国汽车工程研究院股份有限公司，技术研究部副部长，高级工程师，主要研究方向为整车深度测试评价等；王毅，博士，中国汽车工程研究院股份有限公司，主要研究方向为新能源汽车热管理控制技术；白琴、高梓豪、陶俊龙、罗少华，中国汽车工程研究院股份有限公司，主要研究方向为新能源汽车深度测试评价与整车控制器开发技术。

摘　要：基于混合动力汽车整车深度测试评价技术和混动车型工况适应性评价体系应用研究，以某日系 HEV 车型为研究对象，进行常温及高、低温环境下，CLTC、JC08 和 WLTC 标准循环工况试验。依据试验结果，分析不同试验温度下整车能耗、热流、动力总成工作模式、能量管理策略、再生制动控制策略等，为整车能耗优化应用奠定基础。

关键词：工况适应性　能量管理策略　深度测试　HEV 车型

一 引言

串联式混合动力汽车是平衡能源危机与里程焦虑的一种解决方案。结构上可实现发动机与车辆完全机械解耦，使发动机始终控制在优化的工作区稳定运行，不受汽车行驶工况的影响。混动系统适合于负载频繁变化的市区工况，具备优秀的燃油经济性提升空间，受到越来越多汽车厂商和研发机构的关注。

某日本本土主机厂基于其纯电技术平台开发了串联混合驱动系统，并于 2016 年推出了搭载这一系统的新车型，车辆不可外接插电，定位为日本城市工况下通勤代步车。

串联式混动系统结构虽然较为简单，但 HEV 车型电池电量相对较小，控制过程中需要考虑多源能量源的动态、瞬态耦合特性，加大了控制系统的设计难度。而性能优秀的能量管理策略作为整车整体性能提升的必要条件，对充分发挥混合动力汽车的节能潜力尤为重要，也是混合动力电动汽车的控制核心所在，对整车动力性、经济性等具有决定性影响。本研究报告以前述车型为研究对象，进行不同环境温度的标准循环工况试验。依据试验结果，从电机、发动机、动力电池等部件特性出发，分析其硬件选型匹配特点；从混动系统功率分配策略、电量平衡策略和能量回收策略出发，分析其整车控制策略整体设计框架和混动系统两种工作模式的边界转移与切换机理，串联模式下电量保持、功率分配、发动机工作点转移策略，以及功率限制下的能量管理策略等。可为整车能耗优化应用奠定基础，为开发车型能量管理策略架构的总体设计以及执行过程中切换阈值的具体选择提供重要参考。

（一）整车参数

本报告测试车辆关键技术参数如表 1 所示。样车配备使用型号为 HR12DE 发动机给电池供电，满足整车电力需求；驱动系统采用与纯电平台相同的 EM57 电动机，采用独立的水冷冷却系统；电池配备薄片型锰酸锂电池组，电池总量为 $1.45kW \cdot h$，均匀布置于车辆前座座椅下方，动力电池热管理采用风冷形式。

表 1　样车主要技术参数

类别	名称	单位	/
整车参数	整备质量	kg	1300
	最大允许质量	kg	1575
	驱动方式	—	4WD
发动机 HR12DE	类型	—	1.198L 机械增压直列 3 缸汽油发动机
	峰值功率	kW@rpm	58@5400
	峰值扭矩	Nm	103@3600~5200
前电机 EM57	类型	—	三相交流同步电机
	额定功率	kW	70
	峰值功率	kW@rpm	80@3008~10000
	峰值转速	rpm	10900
	峰值转矩	Nm@rpm	254@0~3008
动力电池	类型	—	薄片型磷酸锂
	容量	kW·h	1.45
	额定电压	V	292
	成组方式	—	20cells，4stacks
后电机 N2	类型	—	直流电机
	峰值功率	kW/rpm	3.5/4000
	峰值转矩	Nm/rpm	1.5/1200
传动系统	驱动电机 + 主减速（总）	—	7.388
	发动机 - 发电机	—	0.6
轮胎	车轮型号	—	185/65 R15

整车系统架构如图1所示，由 VCM（Vehicle Control Module）控制，通过 MC（Motor Controller）、GC（Generator Controller）、BMS（Battery Management System）与 ECM（Engine Control Module）协同配合，通过最佳发电进行能量管理和驱动控制。

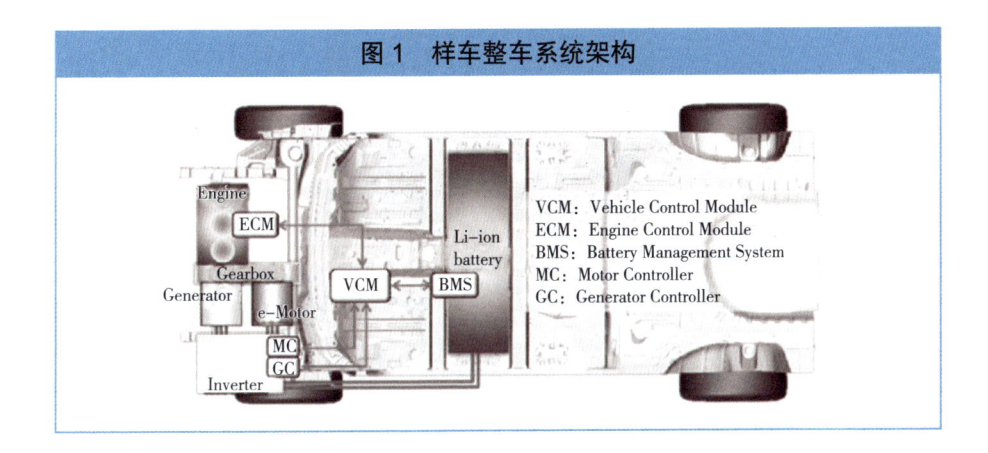

图1 样车整车系统架构

（二）车辆工作模式

混动系统根据发动机是否参与工作，主要包括以下两种工作模式。

①纯电动模式：当电池 SOC 较高时，车辆由动力电池提供能量，车辆运行在纯电动驱动模式，如图2所示。

②串联模式：发动机工作，驱动发电机发电，电池则根据需求功率与发电机产生的电功率分配关系处于放电、充电、不充不放三种状态。

当车辆 SOC 较低时，发动机启动高效运转，一部分能量用于驱动车辆，另一部分能量给电池充电，如图3所示；尽管实际驱动过程中可能由电池提供能量，车辆最终能量源于发动机，在负荷持续较高的高速路工况行驶时，因为要经过"机械能—电能—机械能"多次能量转换，系统效率相对较低，则该种模式下以车辆系统能效最优为重要目标。

当车辆需求功率较高、电池电量充足时，发动机启动，发动机与动力电池两能量源共同输出，保证车辆的动力驱动，如图4所示。

图 2　纯电动驱动模式

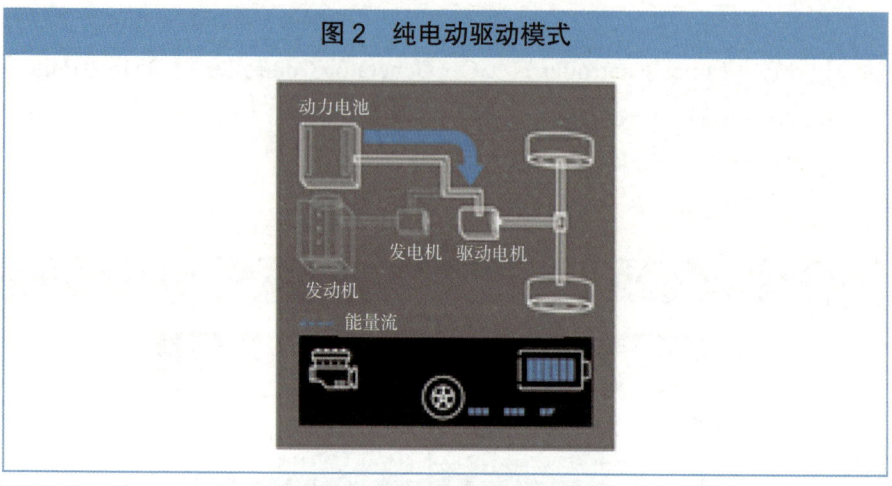

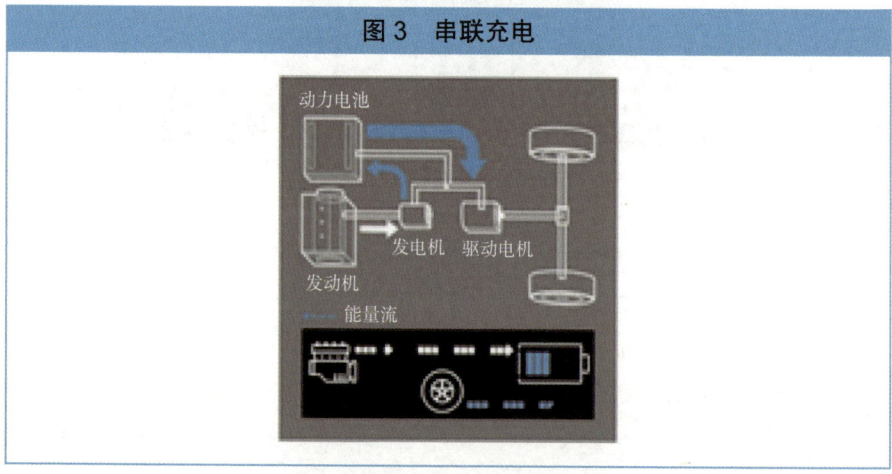

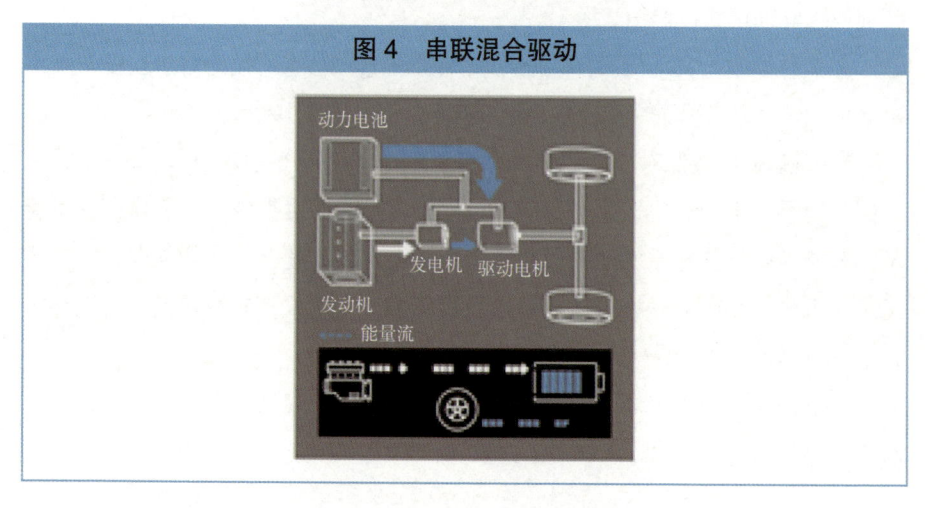

图 3　串联充电

图 4　串联混合驱动

（三）车辆驾驶模式及回收挡位

车型设置三种驾驶模式——Eco、Normal、Smart，其中，Normal 模式下车辆有 B、D 两个回收挡位可选，不同驾驶模式下车辆性能对比如图 5 所示。

图 5 不同驾驶模式车辆性能对比

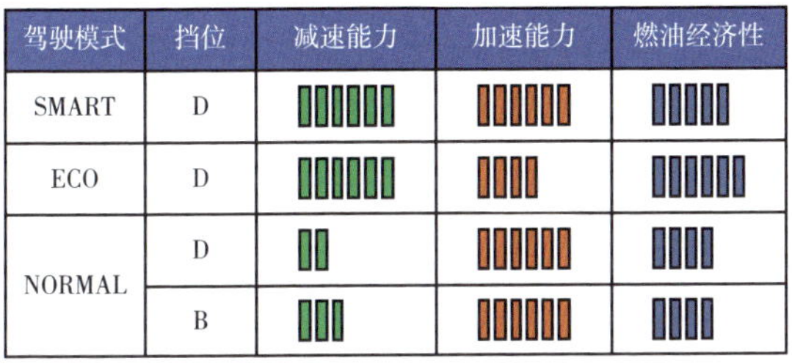

驾驶模式	挡位	减速能力	加速能力	燃油经济性
SMART	D	■■■■	■■	■■■
ECO	D	■■■■	■■	■■■■
NORMAL	D	■	■■■	■■■
	B	■■	■■■	■■■

本报告的主要目的是针对混动样车的循环工况试验，对样车在不同工况条件下的工况适应性进行分析。本报告所用的主要测试变量信息见表 2。

表 2 主要测试变量信息

序号	测量参数	单位	分辨率	信号来源
1	车速	km/h	0.02	总线
2	加速踏板开度	%	0.1	总线
3	真空传感器	kPa	0.01	总线
4	电池包最小温度	℃	0.1	总线
5	高压电池 SOC	%	0.1	总线
6	高压电池电压	V	0.01	总线
7	高压电池电流	A	0.01	总线

续表

序号	测量参数	单位	分辨率	信号来源
8	电芯最高温度	℃	0.1	总线
9	电机转速	rpm	0.01	总线
10	电机实际扭矩	Nm	0.01	总线
11	发电机实际转速	rpm	0.1	总线
12	发电机扭矩	Nm	0.1	总线
13	发动机机油温度	℃	0.1	总线
14	发动机实际转速	rpm	0.01	总线
15	发动机实际扭矩	Nm	0.01	总线
16	发动机进水温度	℃	0.01	传感器
17	发动机出水温度	℃	0.01	传感器
18	电机进水温度	℃	0.01	传感器
19	电机出水温度	℃	0.01	传感器
20	燃油流量	L/h	—	传感器

二 车辆部件特性

（一）电机

电机效率：驱动电机在第一、第二象限内的综合效率map如图6、图7所示。

根据测试结果：在第一象限内，驱动效率大多在90%以上，最高效率点超过95%，效率在低转速（<1000rpm）及低扭矩（<30Nm）区较低。

图6 驱动电机第一象限效率 map

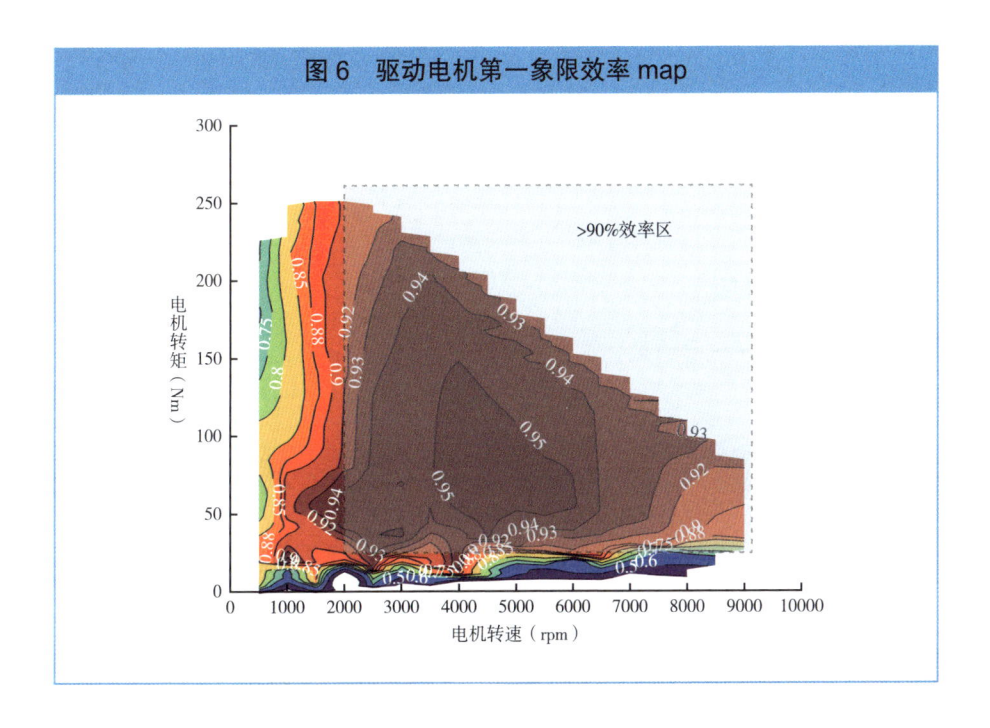

图7 驱动电机第二象限效率 map

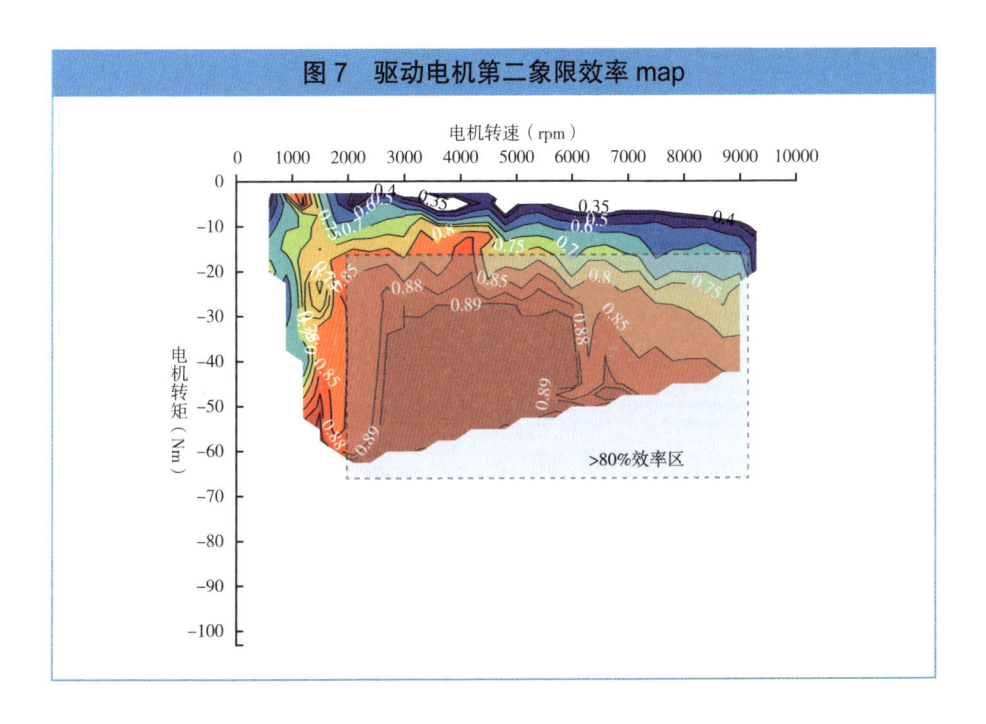

在第二象限内，回收效率大多在80%以上，最高效率点超过90%。类似的，在低转速（<1000rpm）及低回收扭矩（>-20Nm）区回收效率较低。

（二）发动机

1. 发动机油耗

根据稳态工况试验结果，得到发动机燃油经济性 map，如图8所示。

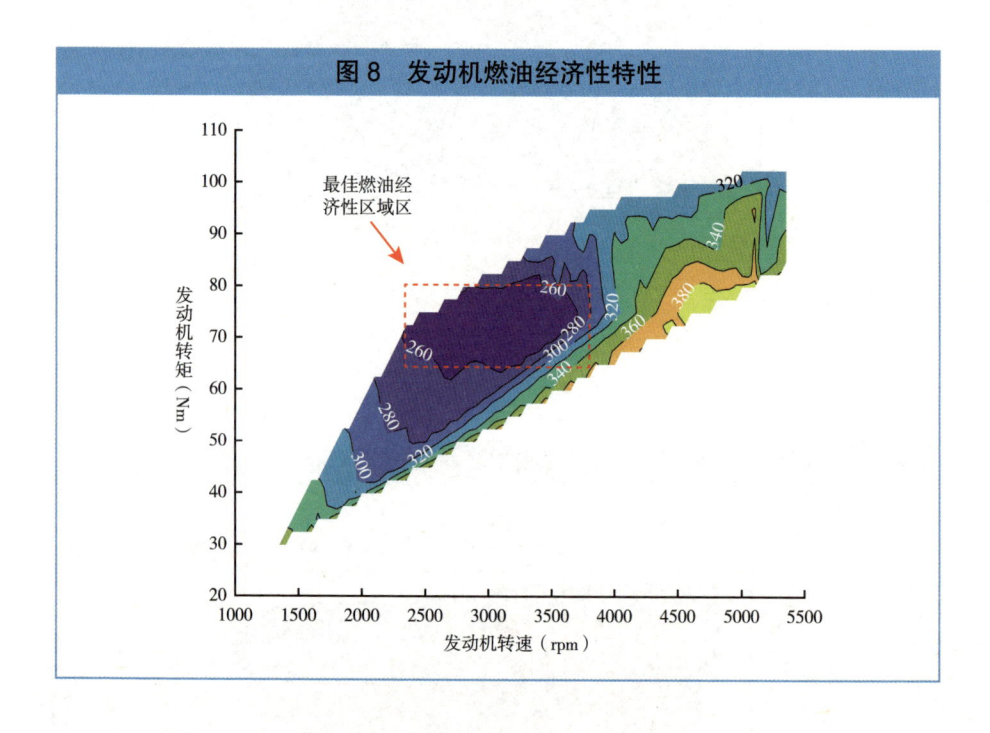

图8　发动机燃油经济性特性

根据试验结果拟合发动机燃油油耗图：燃油经济性最优区域为转速 2300~3700rpm，扭矩 65~80Nm，发动机最佳燃油消耗率约 250g/kW·h。

2. 发动机工作点

WLTC、JC08、CLTC 工况发动机工作点如图9~图11所示。

图9 WLTC 工况发动机工作点

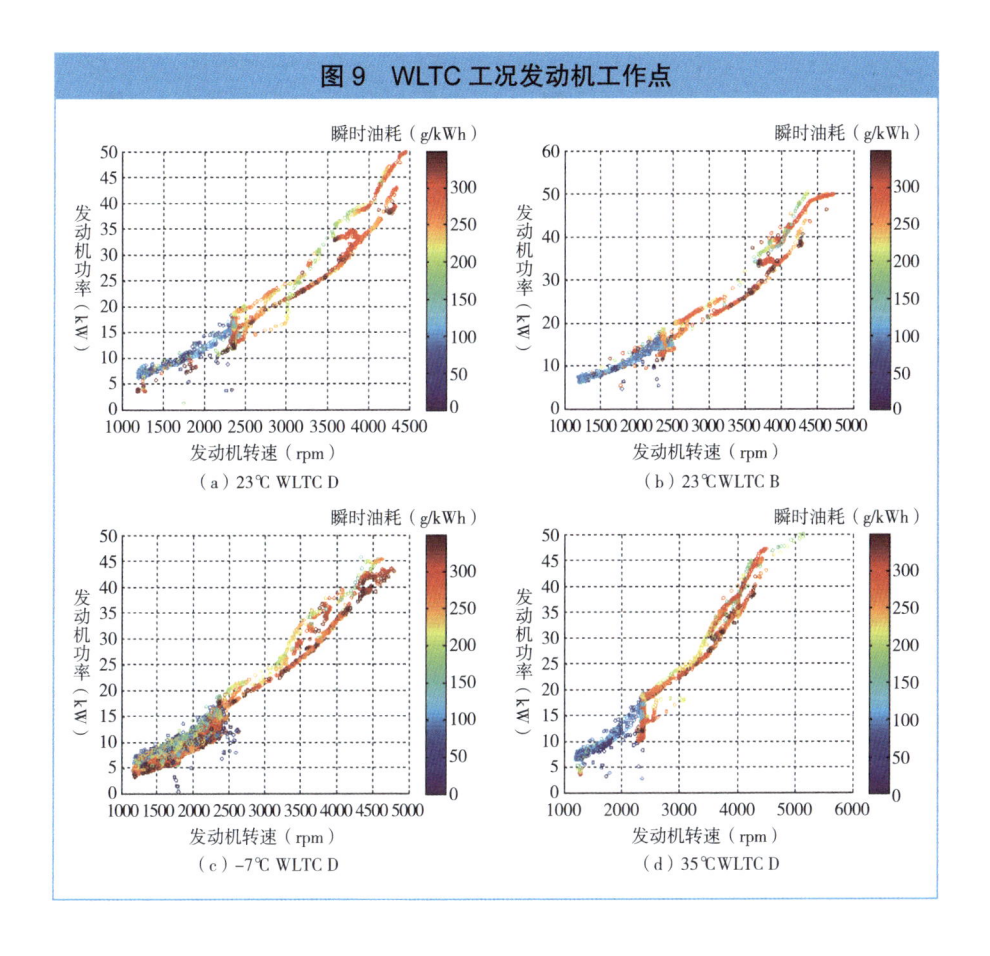

(a) 23℃ WLTC D
(b) 23℃ WLTC B
(c) -7℃ WLTC D
(d) 35℃ WLTC D

不同循环工况条件下，发动机工作点集中在同一分布带上，发动机燃油消耗处于中等水平。WLTC 循环工况发动机转速主要在 1200~4700rpm，功率主要在 8~50kW；JC08 循环工况由于需求功率小于 WLTC 工况，发动机工作转速主要在 1200~2500rpm，输出功率主要在 8~20kW，CLTC 工况发动机工作转速主要在 1200~3500rpm，输出功率主要在 8~30kW。根据不同温度 WLTC 及 JC08 循环工况发动机工作特性，温度对发动机工作点影响明显，主要表现为低温下发动机在低转速低扭矩区工作点增加且瞬时油耗增加。

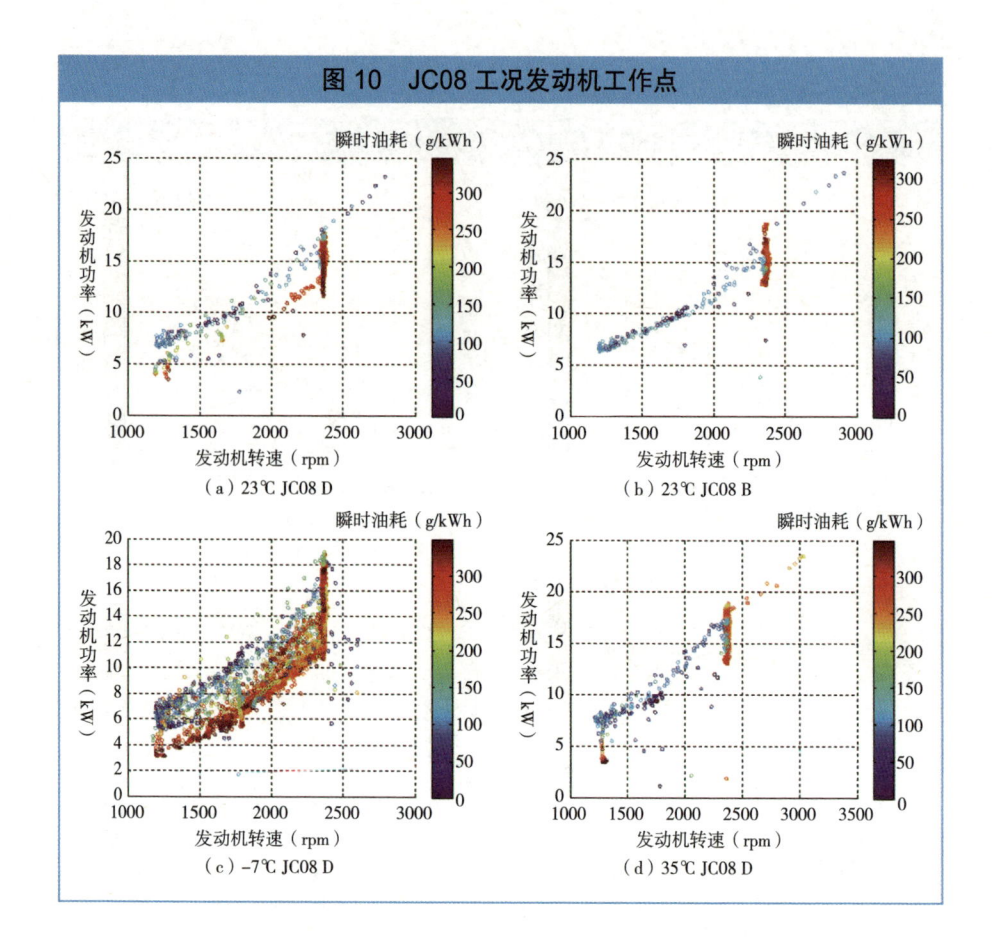

图 10　JC08 工况发动机工作点

（a）23℃ JC08 D

（b）23℃ JC08 B

（c）-7℃ JC08 D

（d）35℃ JC08 D

（三）动力电池

1. 放电内阻

放电状态下，测试得到电池内阻与电池温度解析关系如图 12 所示。电池内阻 – 温度一次函数解析式为：

$$r = -0.0037 \times \text{Temp} + 0.283$$

电池内阻与电池 SOC 关系如图 13 所示。

图 11 CLTC 工况发动机工作点

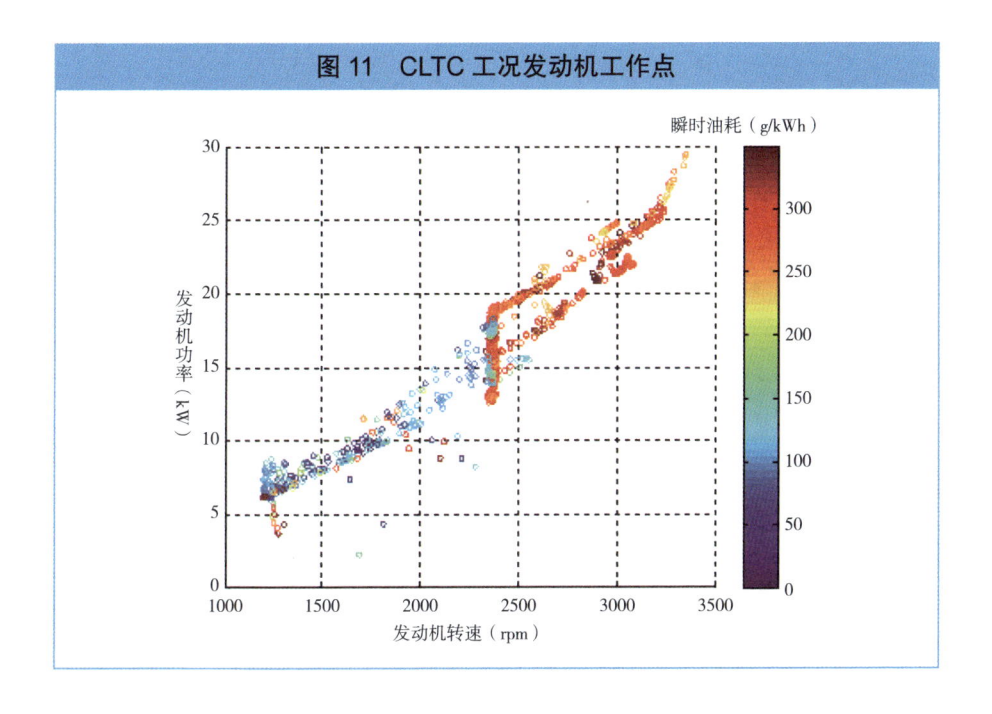

图 12 动力电池放电内阻与温度关系

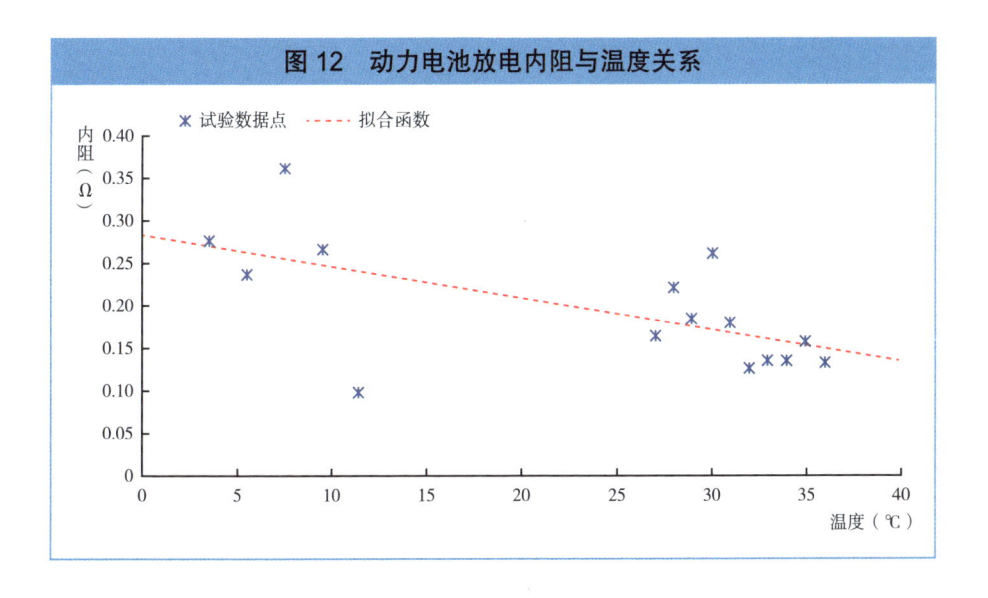

图 13 动力电池放电内阻与 SOC 关系

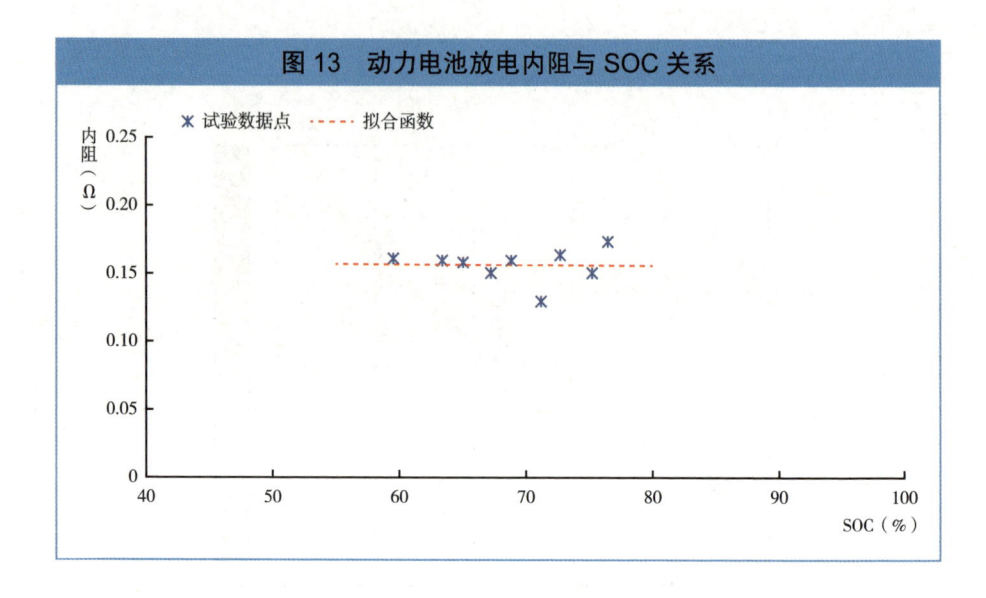

电池内阻 - SOC 一次函数解析式为：

$$r = -0.00004 \times SOC + 0.1592$$

2. 充电内阻

充电状态下，电池内阻与电池温度关系如图 14 所示。

图 14 动力电池充电内阻与温度关系

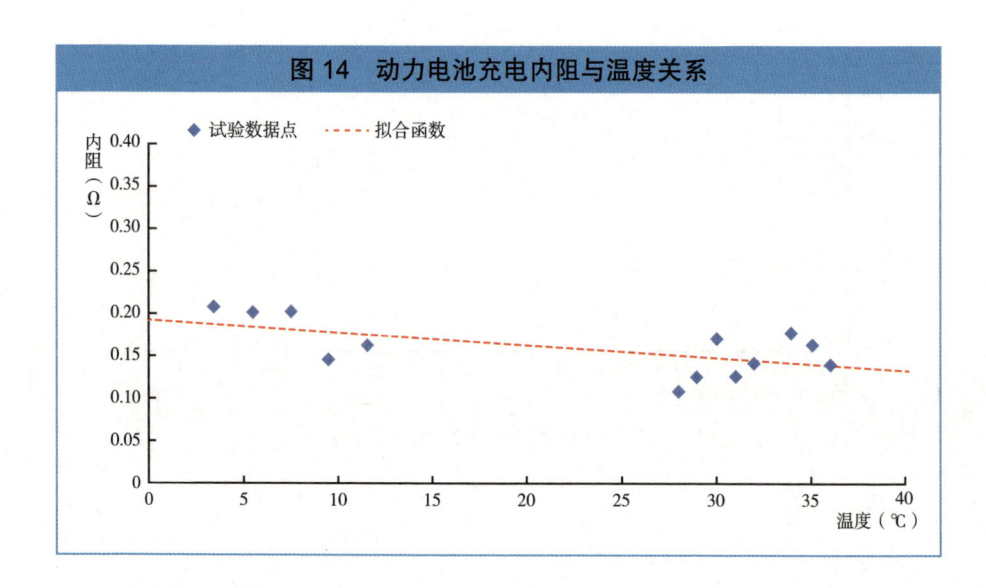

电池内阻－温度一次函数解析式为：

$$r = -0.0015 \times \text{Temp} + 0.1935$$

充电状态下电池内阻与电池 SOC 关系如图 15 所示。

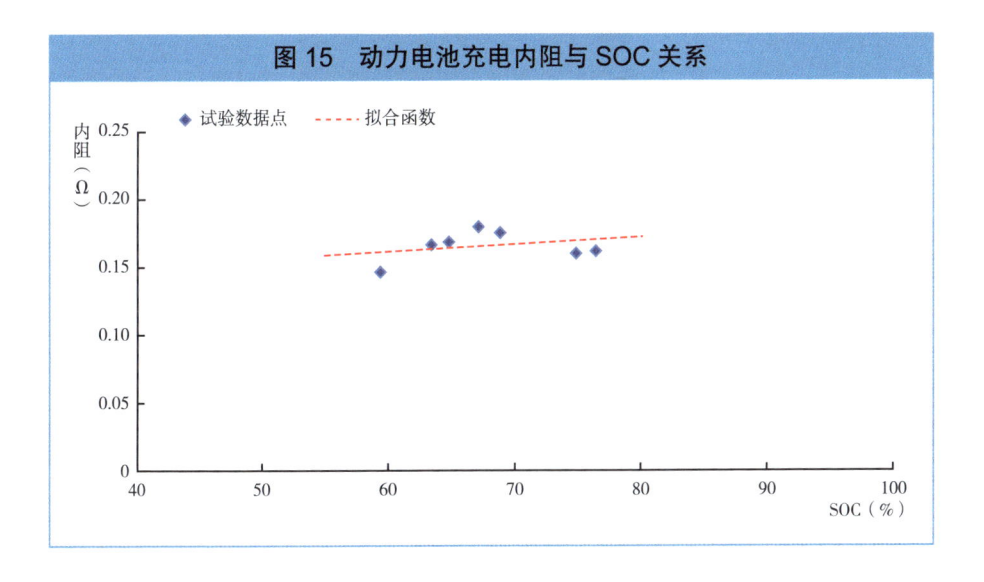

图 15　动力电池充电内阻与 SOC 关系

电池内阻－SOC 一次函数解析式为：

$$r = 0.0005 \times \text{SOC} + 0.1327$$

表 3　电池充放电内阻与 SOC、电池温度关系

	温度 Temp（℃）	SOC（%）
放电	$r = -0.0037 \times \text{Temp} + 0.283$	$r = -0.00004 \times \text{SOC} + 0.1592$
充电	$r = -0.0015 \times \text{Temp} + 0.1935$	$r = -0.0005 \times \text{SOC} + 0.1327$

3. 放电限制条件

整车层级下，动力电池的输出功率受整车控制策略限制，具体为不同电池 SOC、电池温度下，电池的极限输出功率不同。电池的最大放电功率与 SOC、温度关系如图 16、图 17 所示。

图 16　电池瞬时最大放电功率与 SOC 关系

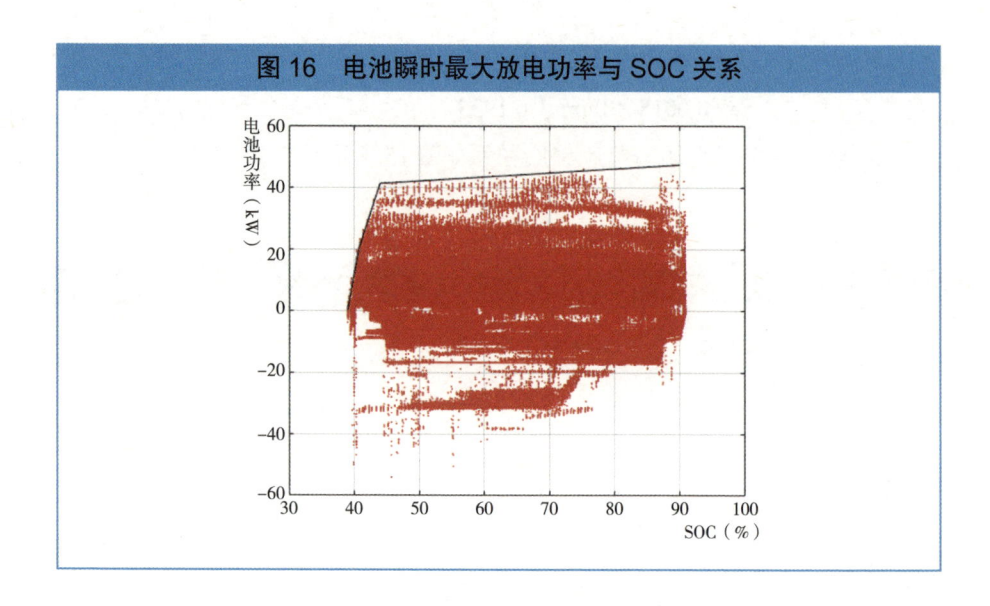

图 17　电池瞬时最大放电功率与电芯最高温度关系

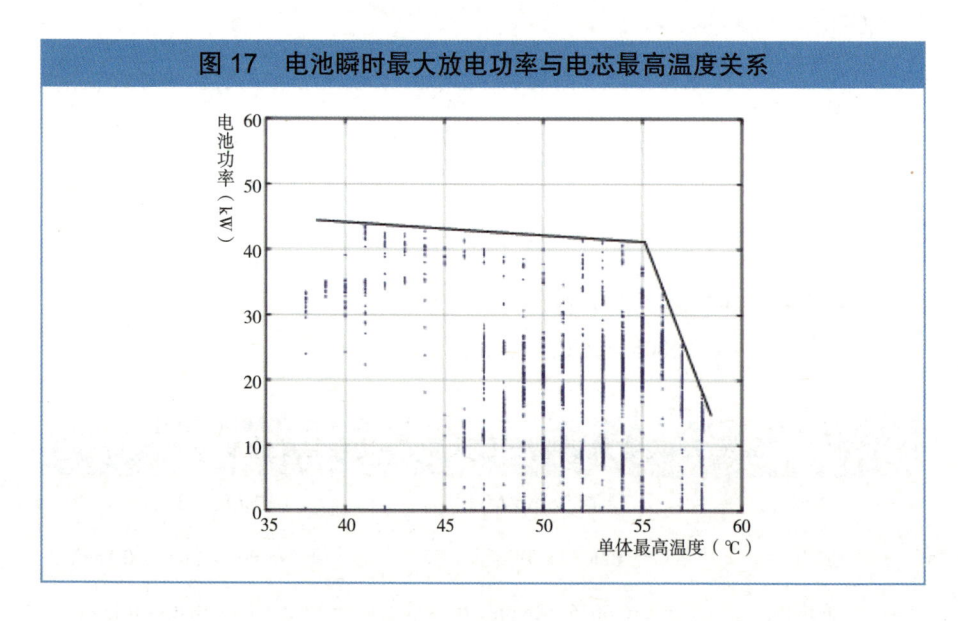

电池瞬时最大放电功率与电池 SOC 的解析式表达为：

$$P_{bati} = \begin{cases} 11.765 \times SOC - 458.82 & (39 \leq SOC < 40.7) \\ 6.421 \times SOC - 241.34 & (40.7 \leq SOC < 44) \\ 0.132 \times SOC + 35.38 & (44 \leq SOC < 90) \end{cases}$$

式中，P_{bati} 表示电池最大瞬时放电功率（kW）；SOC 表示电池 SOC（%）。电池瞬时最大放电功率与电池最高温度的解析式表达为：

$$P_{bati} = \begin{cases} -0.171 \times T_{bmax} + 50.43 & (40 \leq T_{bmax} < 55) \\ -7.830 \times T_{bmax} + 471.92 & (55 \leq T_{bmax} < 58) \end{cases}$$

式中，P_{bati} 表示电池最大瞬时放电功率（kW）；T_{bmax} 表示电芯最高温度（℃）。

三 混动系统硬件匹配

（一）选型匹配分析

1. 硬件最大功率匹配

驱动电机最大输出功率为 80kW，发动机最大输出功率为 58kW，电池在温度、SOC 不受限制时，短时最大放电功率 > 40kW。

发动机、动力电池输出能量至电机的能量传递效率约为 95%。考虑极限输出情况，发动机与电池均以最大功率输出，总输出功率约 93.1kW，一部分功率满足驱动电机需求 80kW，富余部分 13.1kW 可满足高压附件用电需求。

由以上分析可知，在电池温度适中及中高 SOC 范围内，驱动电机、发动机、电池的最大功率选型匹配为合适。

2. 常用功率范围匹配

根据循环工况分解，可得到 WLTC 工况、CLTC 工况在不同车速范围内、加速度范围内的运行时间占比，如图 18、图 19 所示。

根据对法规工况的分解分析，在 WLTC、CLTC 工况中，车速集中区间为 20~60km/h，该车速区间运行时间占比分别为 45.7%、56.2%；加速度范围集中在 −0.05~0.05g，该加速度区间运行时间占比分别为 67.7%、76.2%。因此可得到驱动电机常用运行区间如图 20 所示。

在电机常用运行区间内，驱动工况下（加速度 >0），电驱动系统效率

图 18　不同循环工况车速区间运行时间占比

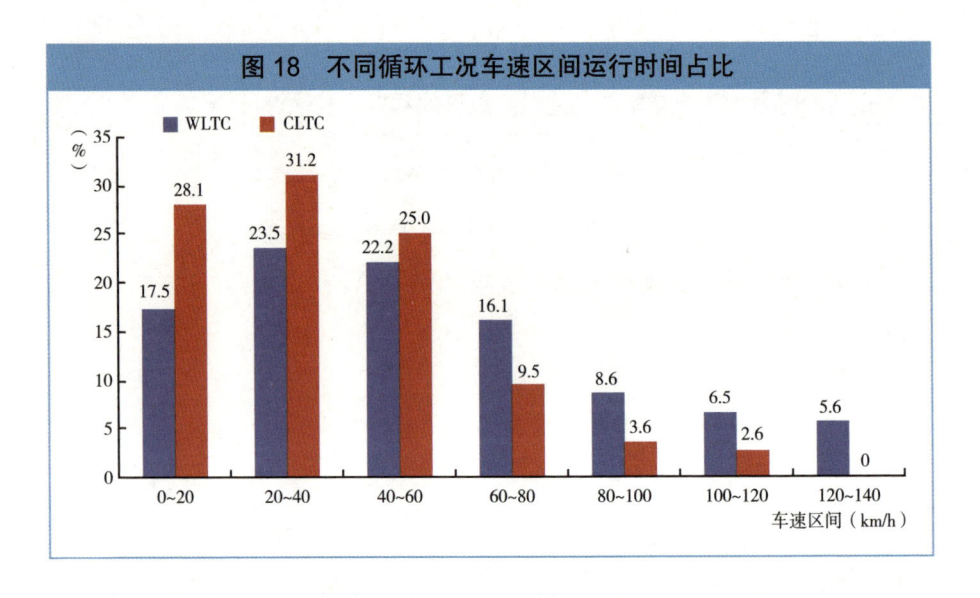

车速区间（km/h）	WLTC	CLTC
0~20	17.5	28.1
20~40	23.5	31.2
40~60	22.2	25.0
60~80	16.1	9.5
80~100	8.6	3.6
100~120	6.5	2.6
120~140	5.6	0

图 19　不同循环工况加速度区间运行时间占比

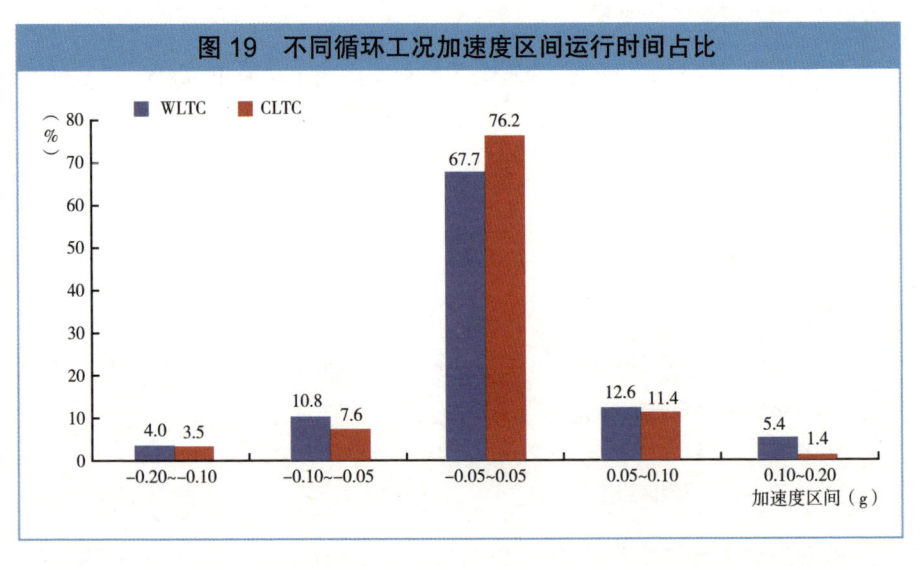

加速度区间（g）	WLTC	CLTC
−0.20~−0.10	4.0	3.5
−0.10~−0.05	10.8	7.6
−0.05~0.05	67.7	76.2
0.05~0.10	12.6	11.4
0.10~0.20	5.4	1.4

为85%~93%，电机输出功率范围为1.1~18.1kW。根据能量管理策略解析报告纯电与串联模式的分界条件可知，纯电模式下电机最大输出功率为17.46kW，常用功率范围96.5%均在纯电模式功率覆盖范围内（见图20），因此在大部分条件下（SOC中等、电池温度适中）车辆均可行驶在纯电模式，减少发动机启动运行。

图 20 工况常用功率范围效率

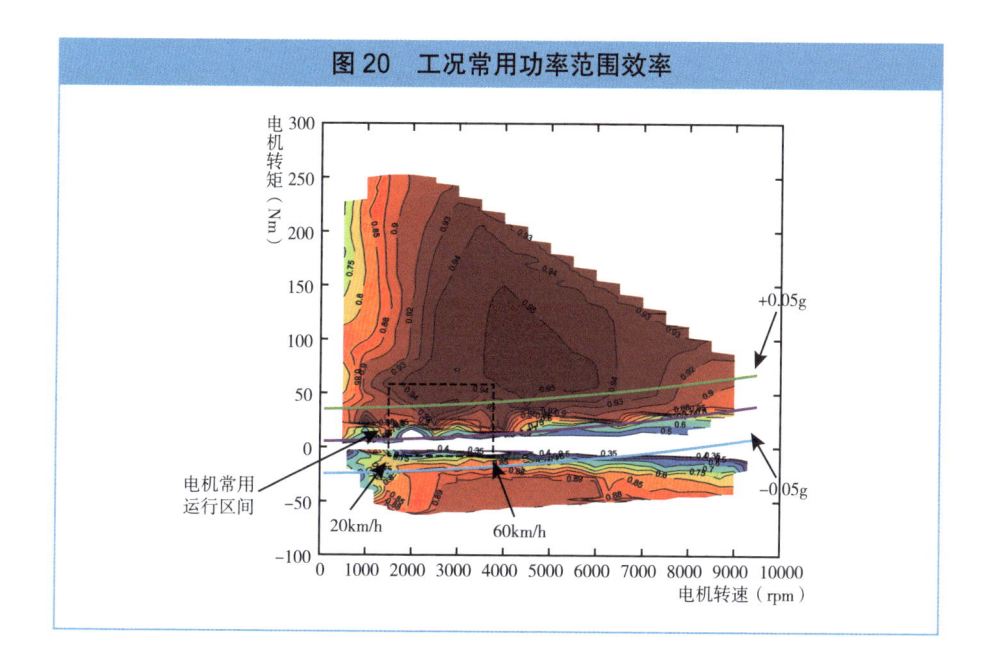

（二）适用性、经济性匹配

1. 驱动电机效率

图 21 为不同循环工况内电机工作点在电机效率云图中的分布。

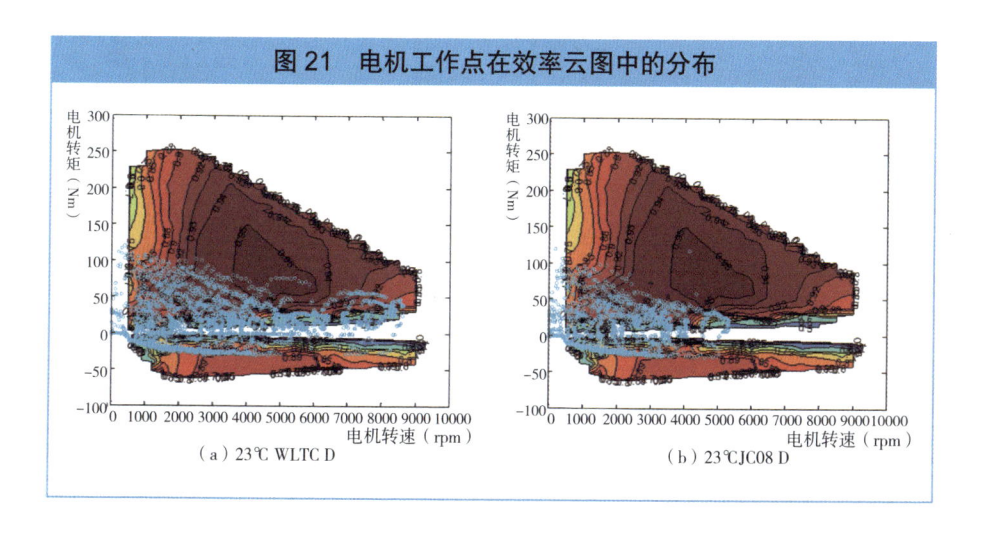

图 21 电机工作点在效率云图中的分布

（a）23℃ WLTC D

（b）23℃ JC08 D

(c) 23℃ CLTC D

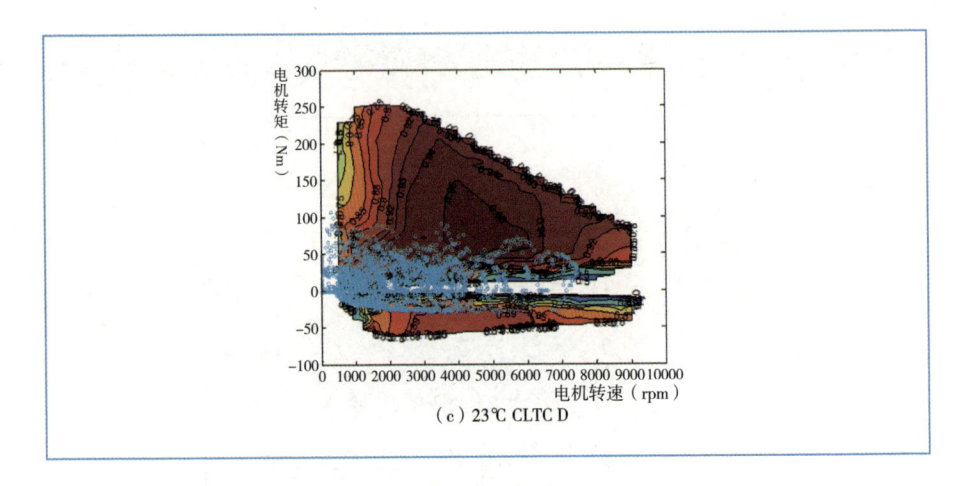

图 22~图 32 分别为 WLTC、JC08、CLTC 工况具体的电机工作点效率分布。WLTC 工况不同温度下电机效率区间分布情况如图 23 所示。

由图 22、图 23 可知 WLTC 工况：

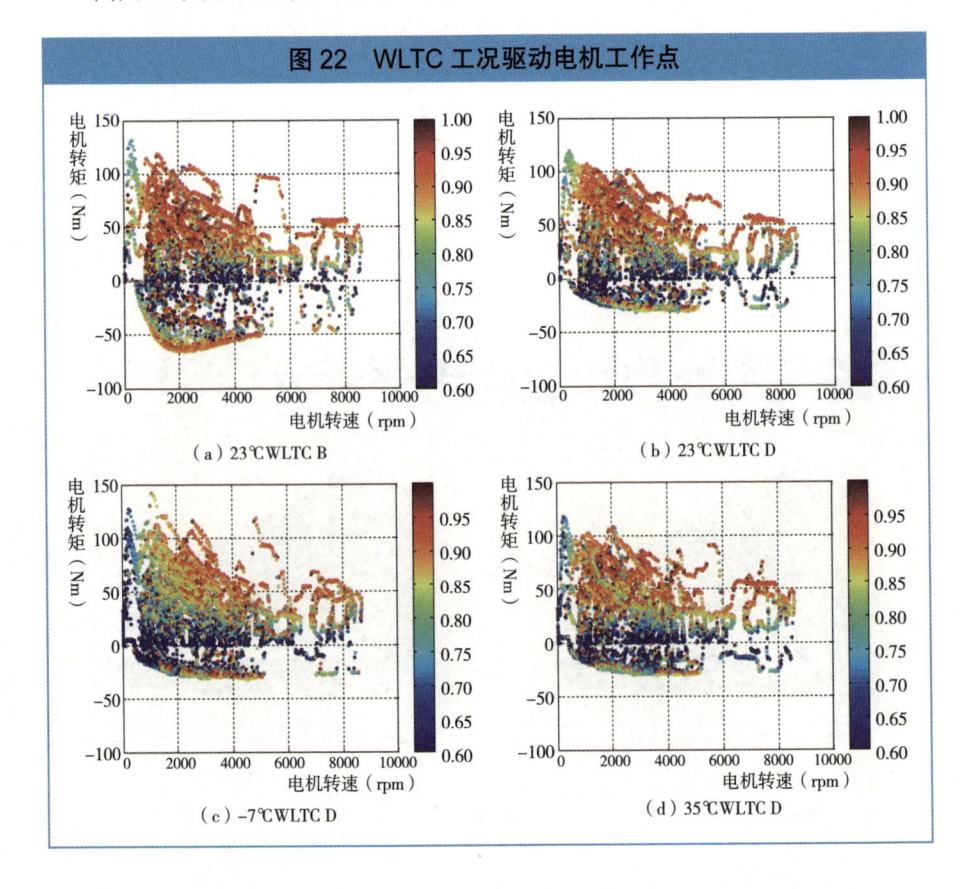

图 22　WLTC 工况驱动电机工作点

(a) 23℃WLTC B

(b) 23℃WLTC D

(c) -7℃WLTC D

(d) 35℃WLTC D

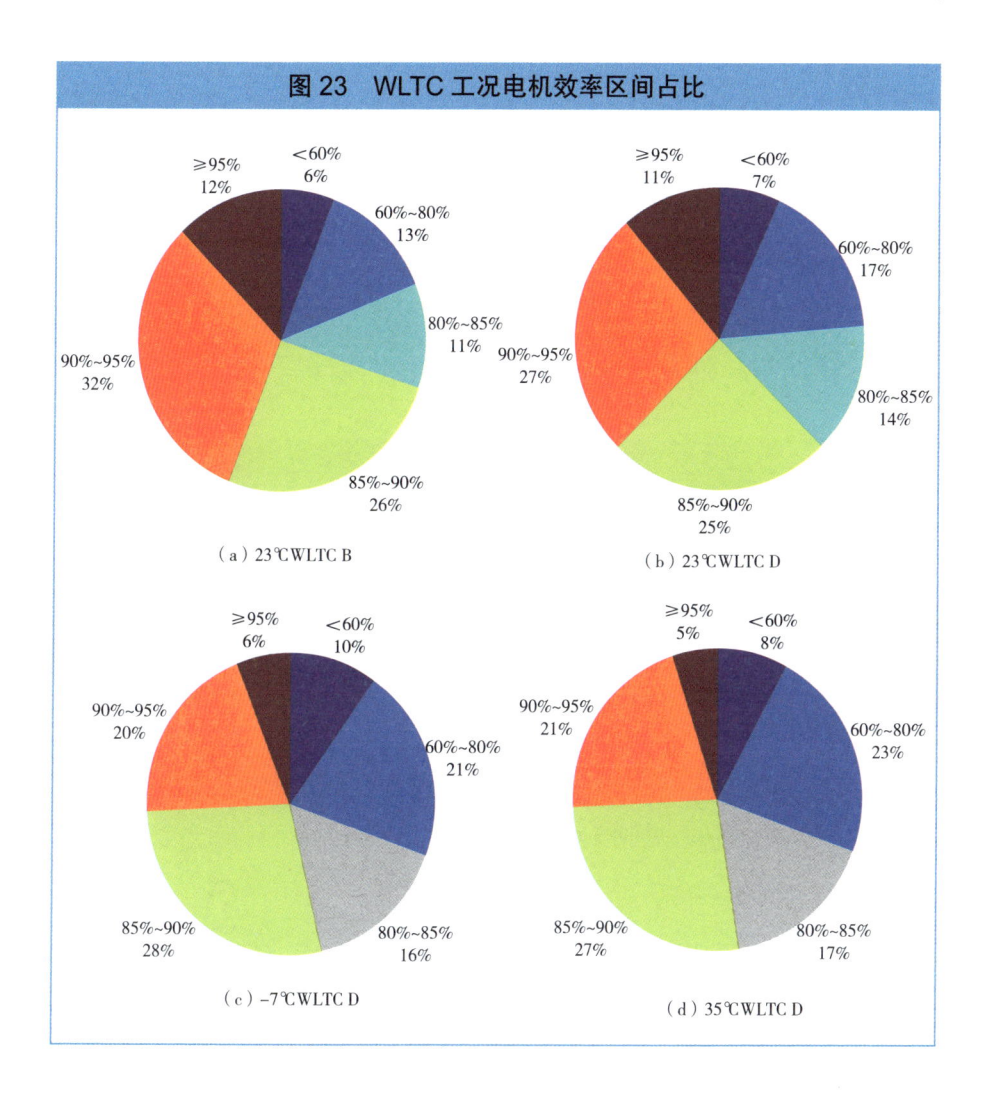

图 23　WLTC 工况电机效率区间占比

(a) 23℃WLTC B
- ≥95% 12%
- <60% 6%
- 60%~80% 13%
- 80%~85% 11%
- 85%~90% 26%
- 90%~95% 32%

(b) 23℃WLTC D
- ≥95% 11%
- <60% 7%
- 60%~80% 17%
- 80%~85% 14%
- 85%~90% 25%
- 90%~95% 27%

(c) -7℃WLTC D
- ≥95% 6%
- <60% 10%
- 60%~80% 21%
- 80%~85% 16%
- 85%~90% 28%
- 90%~95% 20%

(d) 35℃WLTC D
- ≥95% 5%
- <60% 8%
- 60%~80% 23%
- 80%~85% 17%
- 85%~90% 27%
- 90%~95% 21%

- 相比于高、低温工况，常温下电驱动系统效率更高，85% 以上高效率区间占比更多，B 挡、D 挡分别占 70%、63%；
- 高、低温下，电驱动系统效率略有降低。-7℃低温和 35℃高温 85% 以上效率区间占比分别降低至 54%、53%；
- 常温下 B 挡为热机状态，且回收扭矩更大，电机工作点更接近高效区。回收效率可达到 90% 以上。D 挡回收效率多在 85%~90%。

WLTC 工况下驱动电机的进出水温度变化如图 24 所示。

根据 WLTC 工况电机进出水温度可知：

- 冷机启动时，WLTC 一个循环工况完成后，驱动电机未达到热流平衡，电机进出水温度持续上升，最终出水温度约为 34℃，电机平均效率为 83.4%；B 挡热机启动时，电机进出水温度基本不变，如图 24（b）所示，电机最终出水温度约为 35℃，电机平均效率为 84.6%。
- −7℃ 及 35℃ 环境温度下，电机最终出水温度分别为 4℃ 及 44℃，电机平均效率分别为 80.3%、81.0%，低于常温工况电机平均效率 83.4%；高、低

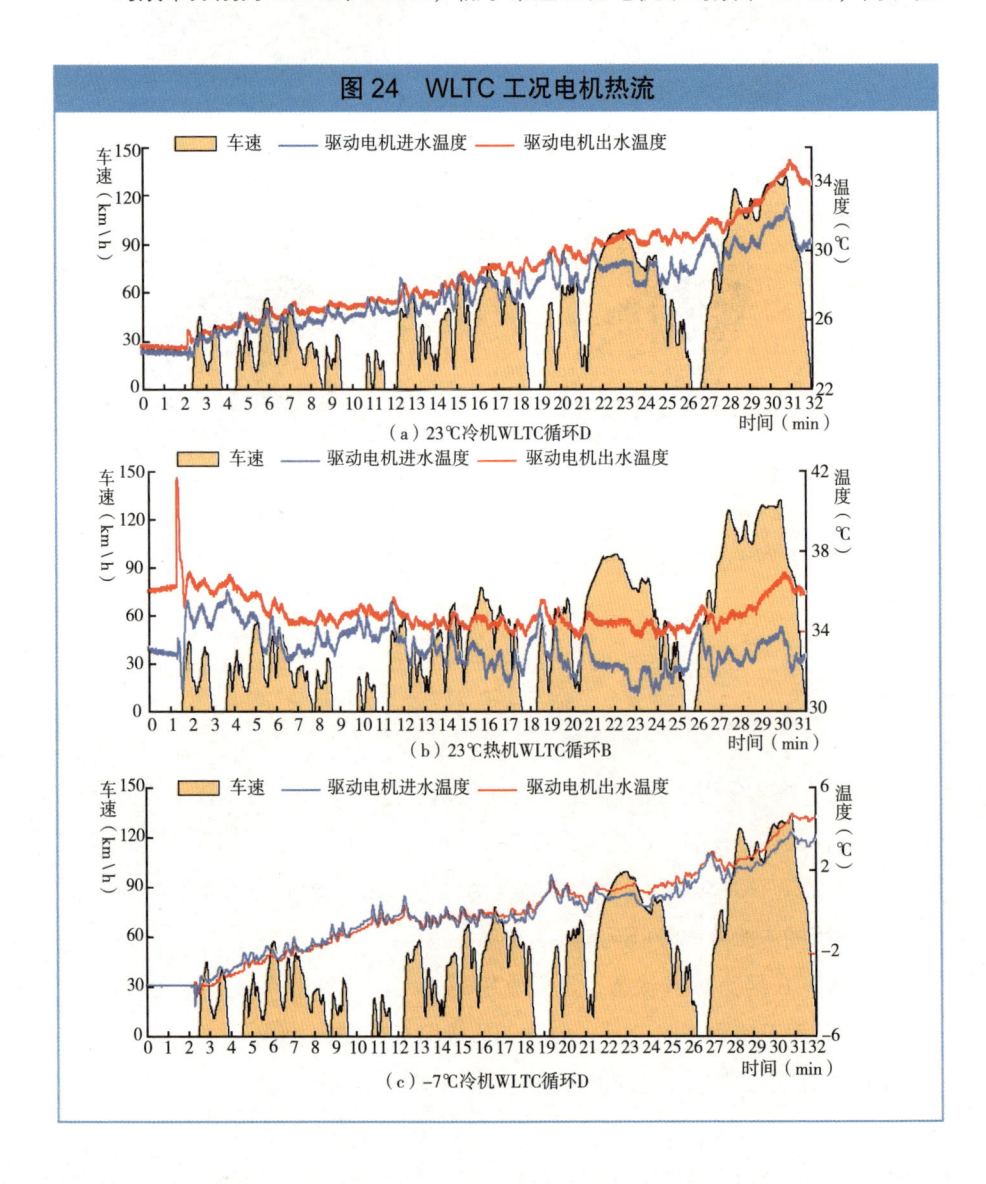

图 24　WLTC 工况电机热流

（a）23℃冷机WLTC循环D

（b）23℃热机WLTC循环B

（c）−7℃冷机WLTC循环D

(d) 35℃冷机 WLTC 循环 D 挡

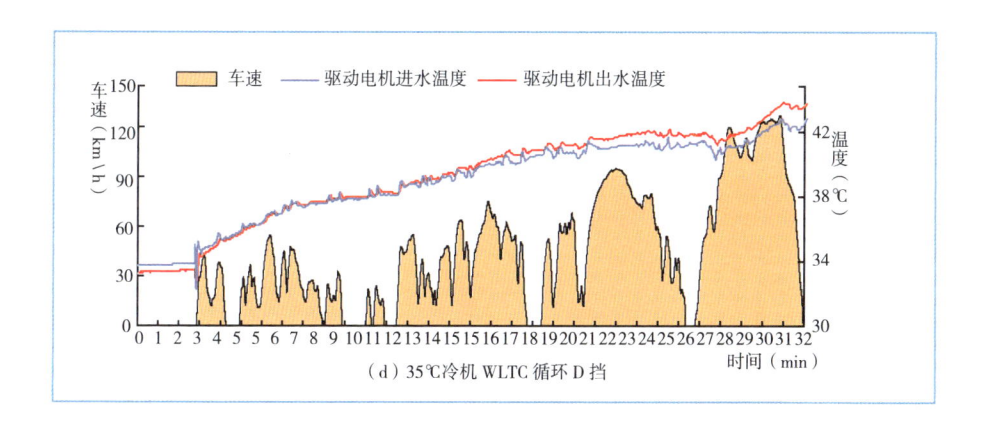

温环境温度均会影响电机效率，如图 25 所示。

图 26 为 JC08 工况具体的电机工作点效率分布。

JC08 工况不同温度下电机效率区间分布情况如图 27 所示。

由图 26、图 27 可知，JC08 工况：

- 与 WLTC 工况类似，常温下 JC08 工况电驱动系统效率较高，可达到 85% 以上，B 挡、D 挡高效率区间（>85%）占比分别为 60%、54%。由于 JC08 工况整体需求功率低于 WLTC 工况，因此高效区间占比有所降低；
- 高、低温下，电驱动系统高效率区间减少。-7℃低温和 35℃高温下高效

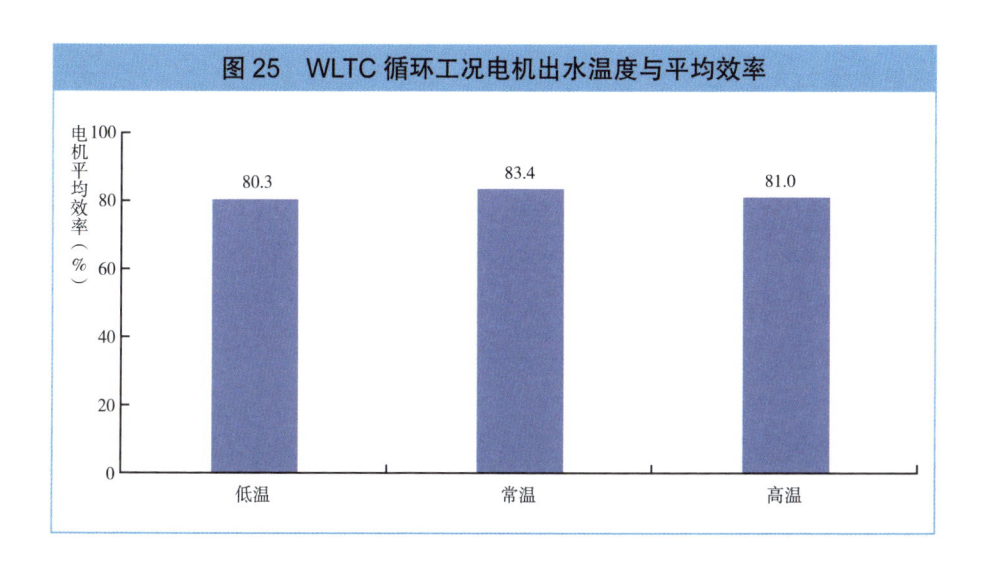

图 25 WLTC 循环工况电机出水温度与平均效率

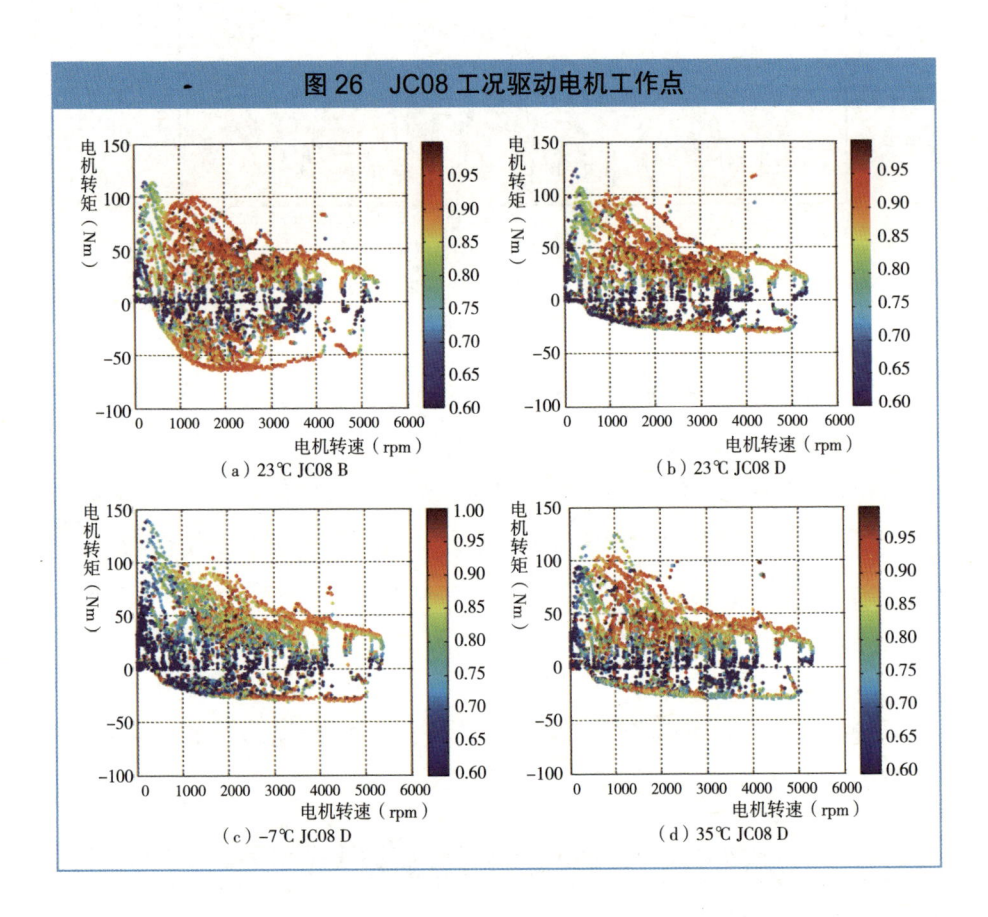

图 26 JC08 工况驱动电机工作点

(a) 23℃ JC08 B
(b) 23℃ JC08 D
(c) -7℃ JC08 D
(d) 35℃ JC08 D

率区间（>85%）占比分别降低至 41%、46%。

- 常温下 B 挡回收扭矩更大，接近高效区。回收效率可达到 90% 以上。D 挡回收效率多在 85%~90%。

图 27 JC08 工况电机效率区间占比

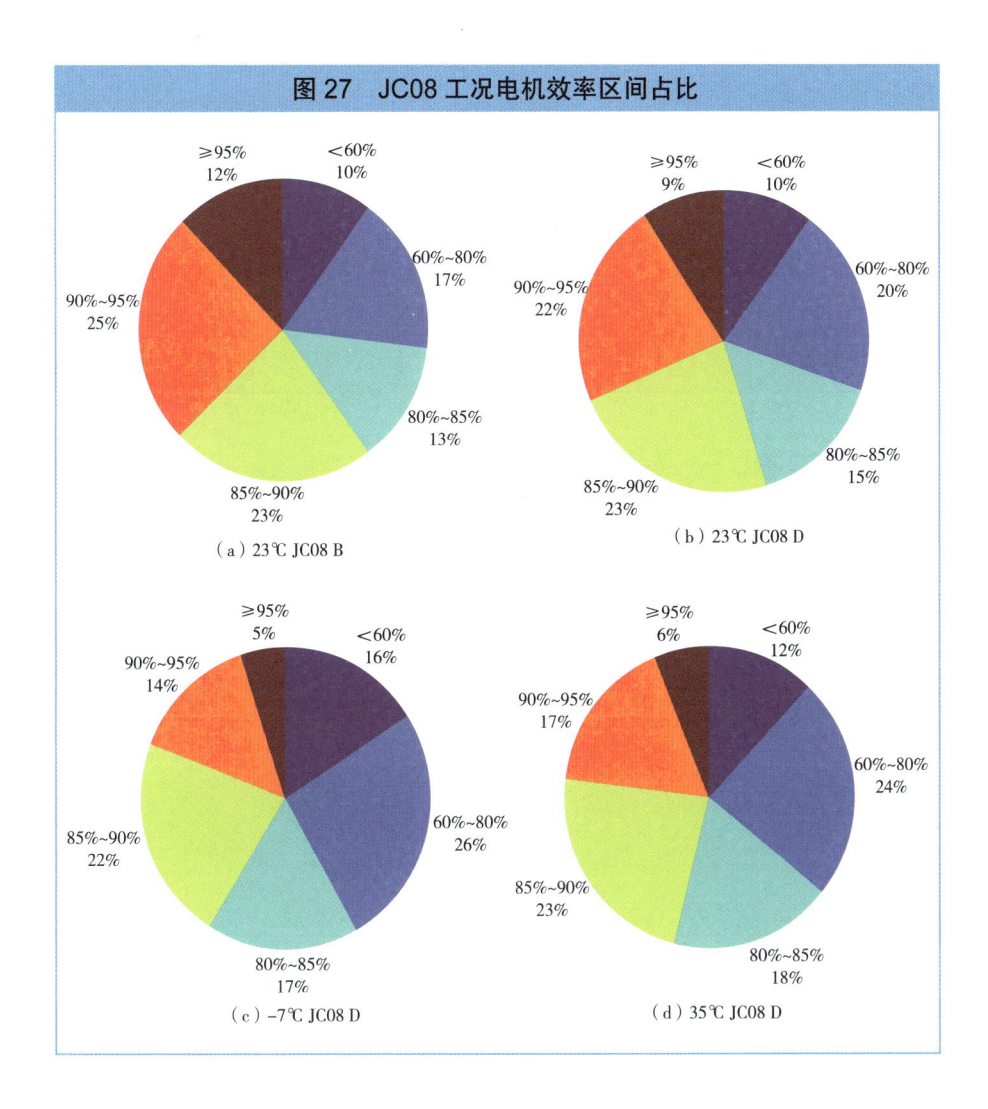

(a) 23℃ JC08 B
- ≥95%: 12%
- <60%: 10%
- 60%~80%: 17%
- 80%~85%: 13%
- 85%~90%: 23%
- 90%~95%: 25%

(b) 23℃ JC08 D
- ≥95%: 9%
- <60%: 10%
- 60%~80%: 20%
- 80%~85%: 15%
- 85%~90%: 23%
- 90%~95%: 22%

(c) -7℃ JC08 D
- ≥95%: 5%
- <60%: 16%
- 60%~80%: 26%
- 80%~85%: 17%
- 85%~90%: 22%
- 90%~95%: 14%

(d) 35℃ JC08 D
- ≥95%: 6%
- <60%: 12%
- 60%~80%: 24%
- 80%~85%: 18%
- 85%~90%: 23%
- 90%~95%: 17%

图 28 为 JC08 循环工况电机热流情况。

根据 JC08 工况电机进出水温度可知：

· 热机状态下，JC08 工况热流平衡转台下，电机温度为 28~30℃，稍低于 WLTC 热流平衡时电机温度 30~34℃。

· -7℃ 及 35℃ 环境温度下，电机最终出水温度分别为 0℃ 及 40℃，电机平均效率分别为 75.6%、78.6%；常温工况下，电机出水温度约为 27℃，电机平均效率为 80.5%。JC08 循环工况电机平均效率如图 29 所示。

图 28　JC08 工况电机热流

（a）23℃冷机JC08循环D

（b）23℃热机JC08循环B

（c）-7℃冷机JC08循环D

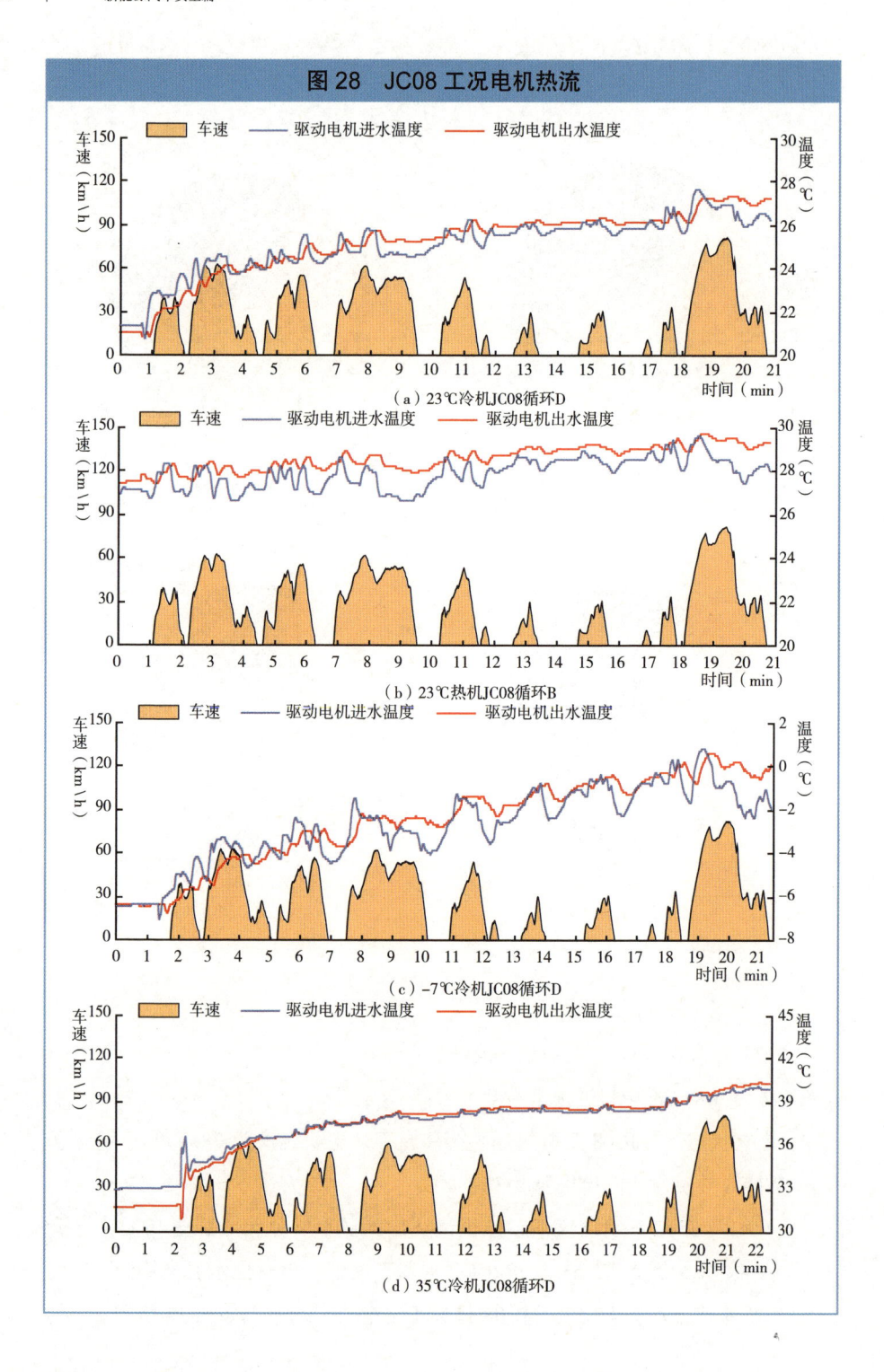

（d）35℃冷机JC08循环D

图 29 JC08 循环工况电机出水温度与平均效率

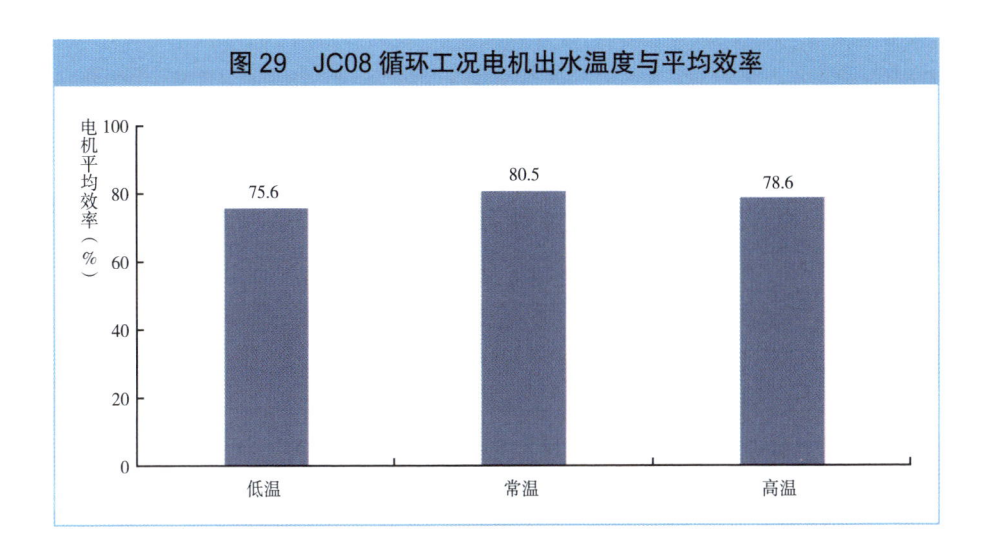

CLTC 工况具体的电机工作点效率分布如图 30 所示。

由图 30、图 31、图 32 可知，CLTC 工况：

· 常温工况 D 挡工况，除低速、低扭矩区大部分工作点效率高于 80%，电机平均效率为 80.9%；

· 高效率区间（>85%）占比为 55%。

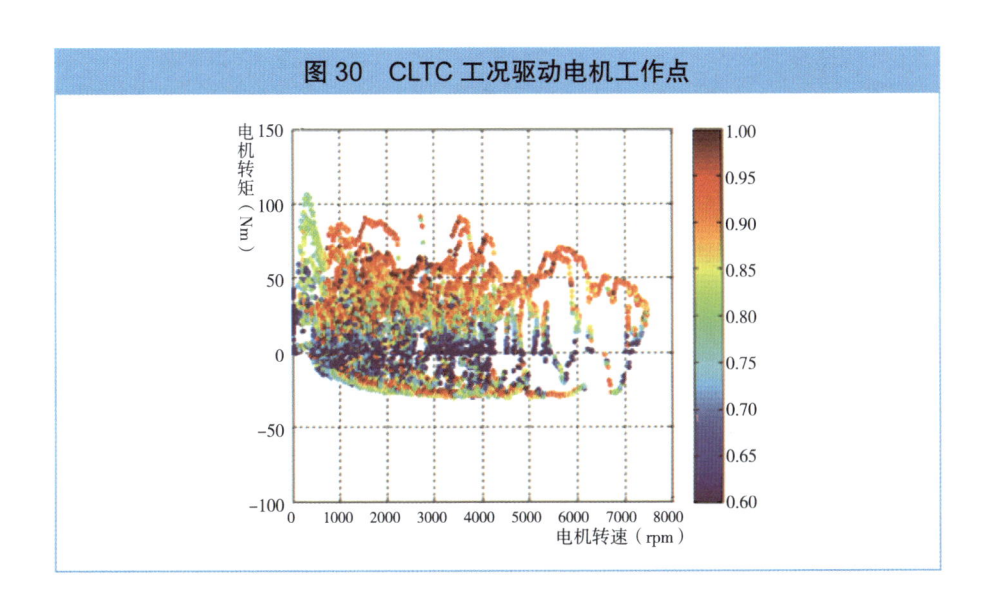

图 30 CLTC 工况驱动电机工作点

图31 CLTC工况电机效率区间占比

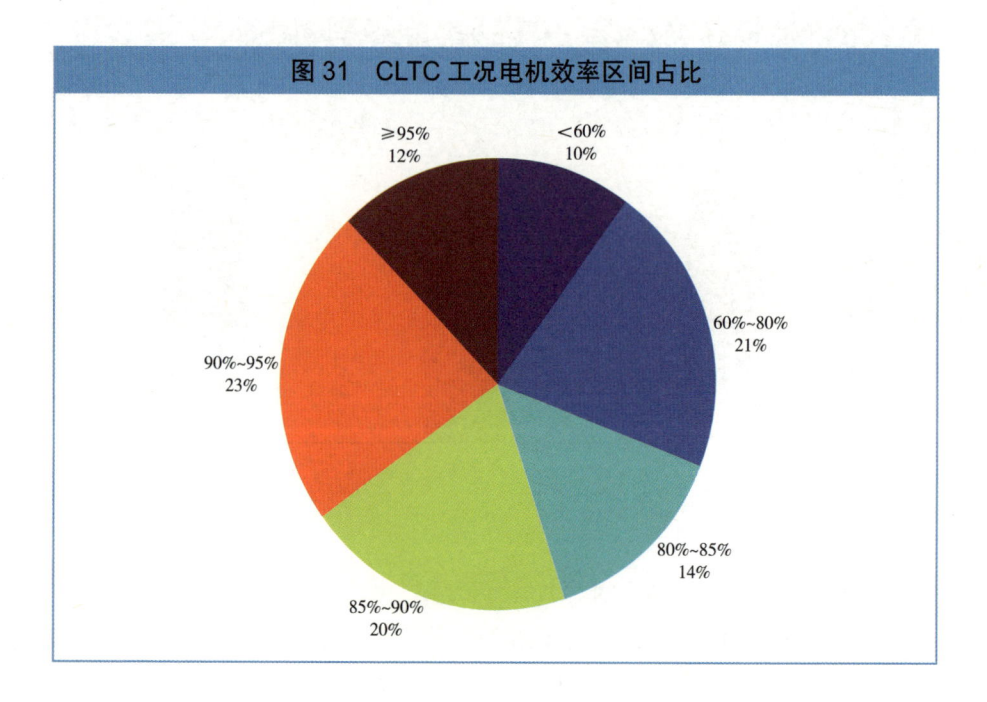

- ≥95% 12%
- <60% 10%
- 60%~80% 21%
- 80%~85% 14%
- 85%~90% 20%
- 90%~95% 23%

图32 23℃冷机 CLTC 循环 D 挡电机热流

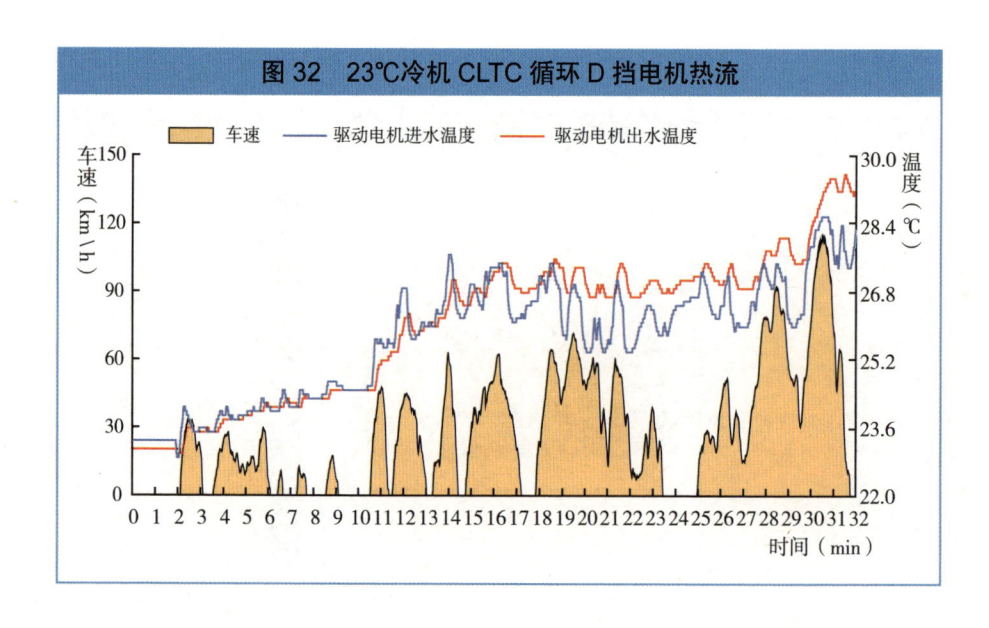

各工况下电驱动系统综合效率占比统计见表 4。

表 4 驱动电机效率区间占比

循环工况	温度（℃）	挡位	效率区间（%）						平均效率（%）
			≥95	90~95	85~90	80~85	60~80	<60	
WLTC	23	B	12	32	26	11	13	6	84.6
	23	D	11	27	25	14	17	7	83.4
	-7	D	6	20	28	16	21	10	80.3
	35	D	5	21	27	17	23	8	81.0
JC08	23	B	12	25	23	13	17	10	81.5
	23	D	9	22	23	15	20	10	80.5
	-7	D	5	14	22	17	26	16	75.6
	35	D	6	17	23	18	24	12	78.6
CLTC	23	D	12	23	20	14	21	10	80.9

由以上分析可得到如下结论。

- 23℃常温 D 挡下，WLTC、JC08、CLTC 工况电驱动系统平均效率分别为 83.4%、80.5%、80.9%，该试验车型驱动系统经济性对工况的匹配程度为：WLTC 工况 >CLTC 工况 >JC08 工况。
- 环境温度对电驱动效率有一定影响。冷机高、低温，一个循环工况下电机未达到热流平衡态，电机温升使其效率略有降低。电机温度对电机效率影响程度大小为：-7℃低温 > 高温 35℃。
- 不同回收强度下电驱动系统效率为：B 挡强回收 >D 挡弱回收。

2. 发动机燃油经济性

· 油耗情况分析

不同工况下发动机工作点及油耗如图 33、表 5 所示。

WLTC 工况发动机工作区间为：转速 1200~4600rpm，功率 8~50kW，百公里燃油消耗 5.9531L/100km。

JC08 工况发动机工作区间为：转速 1200~3000rpm，功率 6~24kW，百公里燃油消耗 5.2444L/100km。

CLTC 工况发动机工作区间为：转速 1200~3400rpm，功率 6~30kW，百公里燃油消耗 5.0151L/100km。

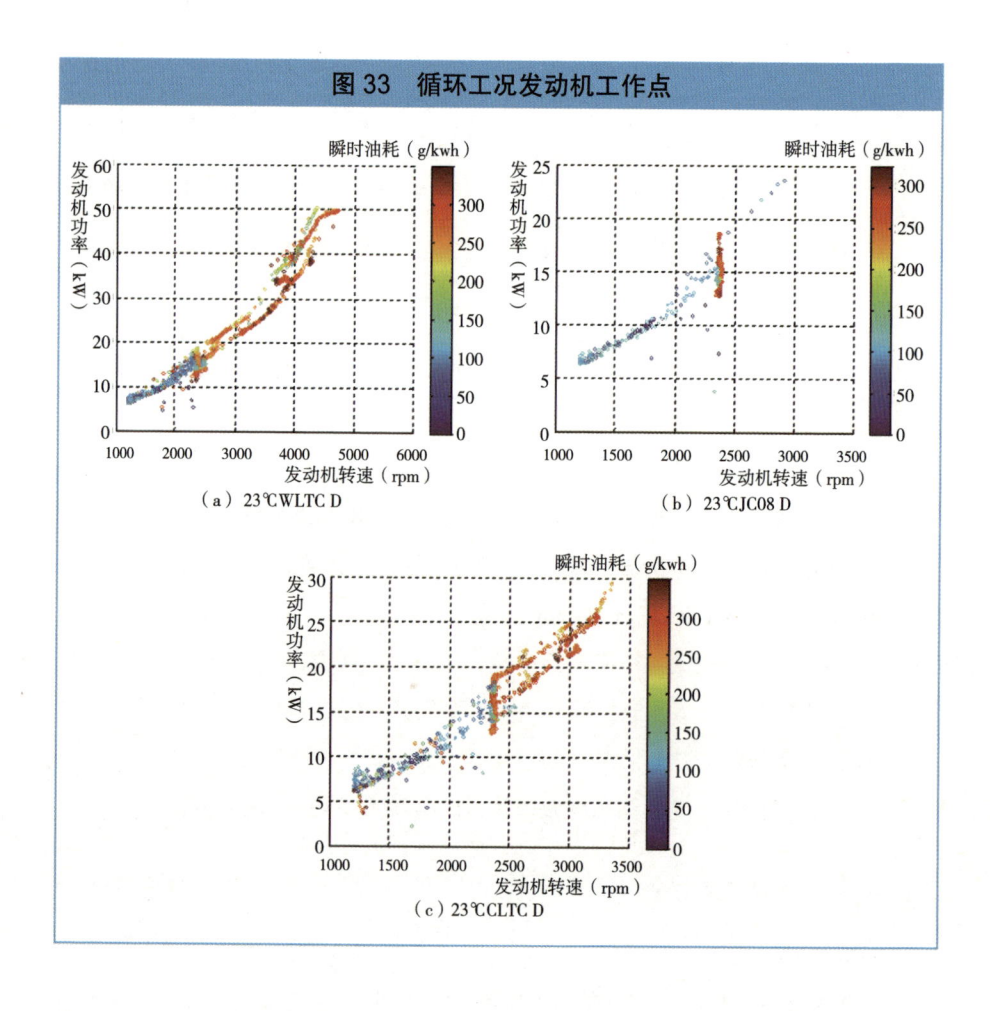

图 33 循环工况发动机工作点

(a) 23℃WLTC D

(b) 23℃JC08 D

(c) 23℃CLTC D

表5　循环工况燃油消耗及SOC变化

试验工况	冷/热机	环境温度（℃）	挡位	总燃油消耗（L）	百公里油耗（L/100km）	工况起止SOC（%）
WLTC	冷机	23	D	1.3856	5.9531	78.3~71.5
JC08	冷机	23	D	0.4296	5.2444	61.4~64.7
CLTC	冷机	23	D	0.7253	5.0151	71.5~71.6

· 工作点分析

由于车辆构型为串联构型，发动机转速与车轮解耦，即发动机转速不与车速直接关联，而是根据需求功率与控制策略启停，以及按照相应的规则输出对应功率。

为了得到发动机高频工作区间，以5%加速踏板开度为间隔，统计得到各工况下不同加速踏板开度区间占比，占比最高的三个区间内发动机工作状态作为发动机高频工作点。各个踏板开度区间内运行时间占比如表6所示。

表6　加速踏板开度区间运行时间占比　　　单位：%

工况	加速踏板开度区间								
	0%~5%	5%~10%	10%~15%	15%~20%	20%~25%	25%~30%	30%~35%	35%~40%	≥40%
WLTC	4	12	14	21	15	15	7	3	9
JC08	7	18	19	29	16	10	1	0	0
	15	23	21	19	12	4	3	2	1

图34为各工况下高频踏板开度区间内去除发动机启动的瞬态点后发动机工作点在燃油消耗图中的分布。

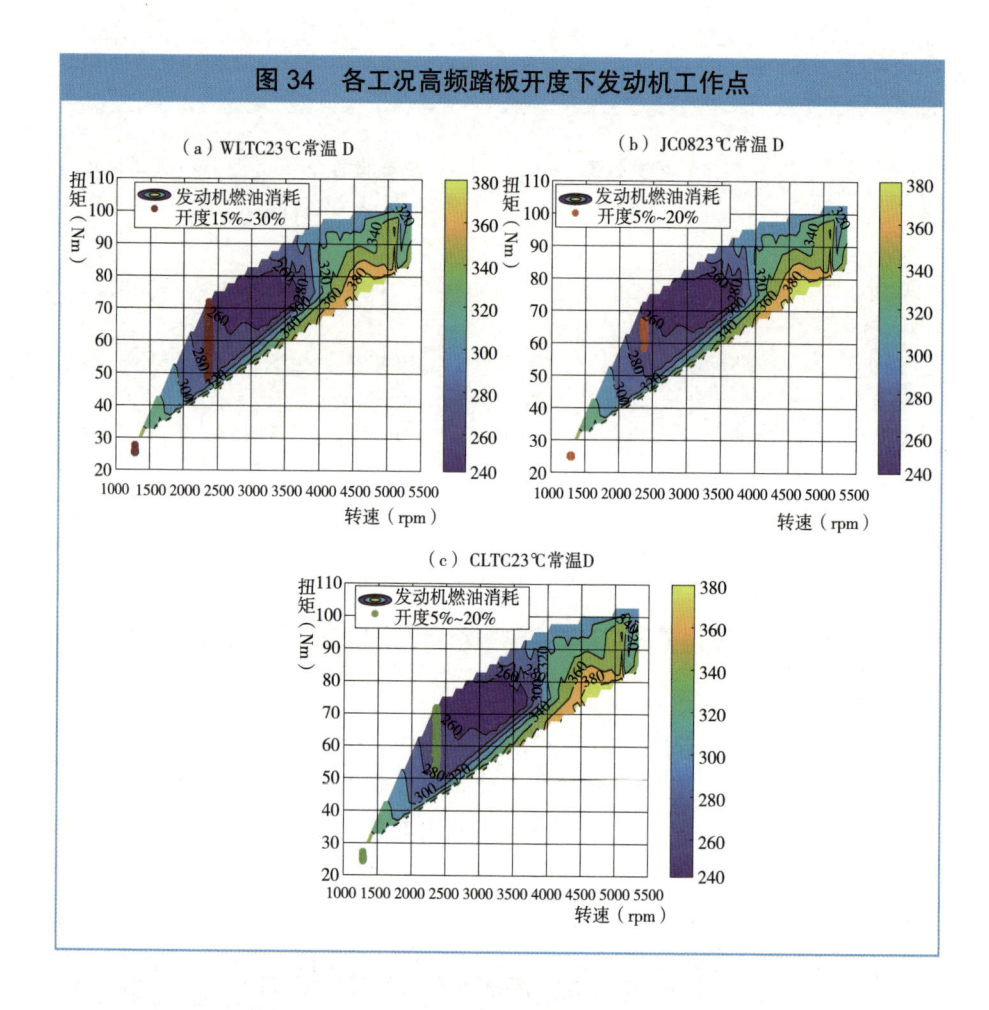

图 34 各工况高频踏板开度下发动机工作点

（a）WLTC23℃常温D
（b）JC0823℃常温D
（c）CLTC23℃常温D

由表6、图34可知，WLTC、JC08、CLTC工况对应踏板开度频率最高区间分别为15%~30%、5%~20%、5%~20%，在该踏板开度区间内，三种工况发动机工作点较为接近：发动机转速集中在1300rpm和2370rpm附近，分别为怠速热机转速和稳定输出转速。根据稳态试验数据可知，踏板开度≤30%时，发动机输出功率≤17kW。该结论与循环工况高频踏板区间发动机工作点吻合。

图35所示为不同循环工况中，加速踏板处于高频开度下发动机输出功率与电池SOC的关系，由图可知，发动机工作功率集中在16~18kW。

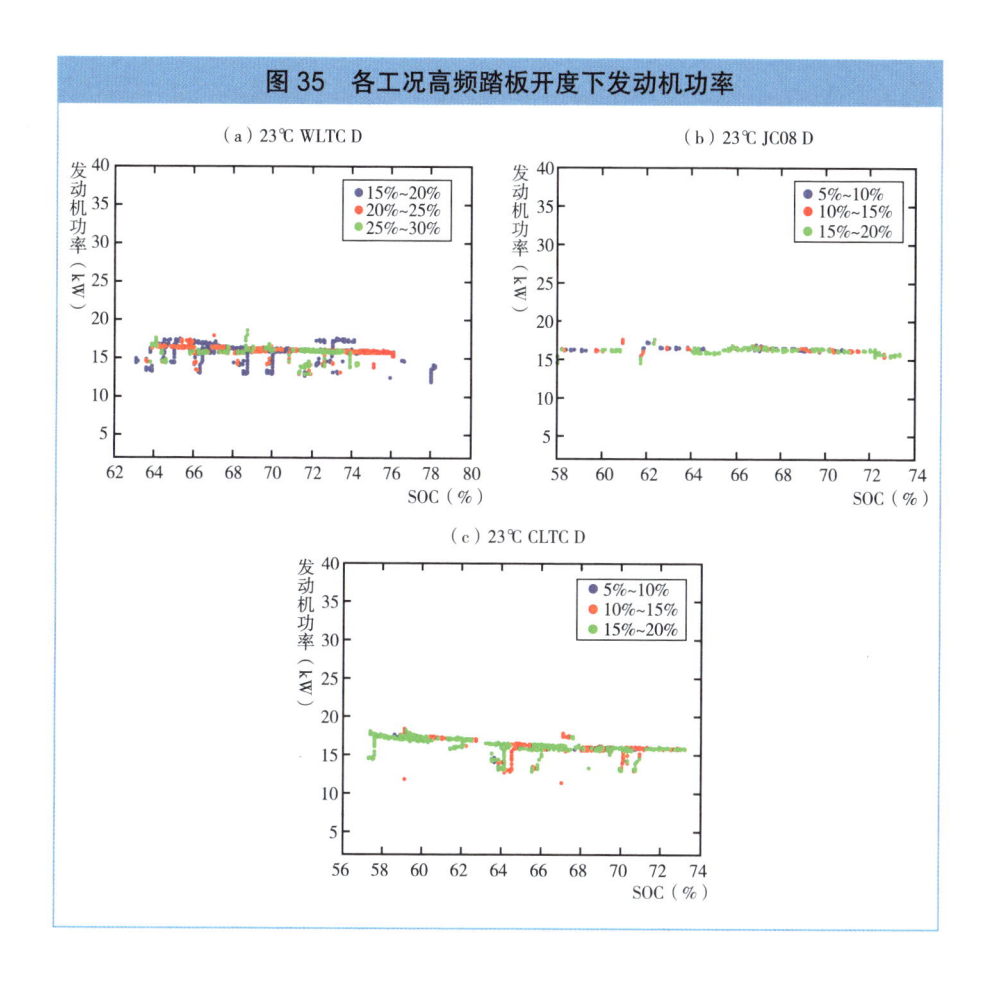

图 35　各工况高频踏板开度下发动机功率

(a) 23℃ WLTC D

(b) 23℃ JC08 D

(c) 23℃ CLTC D

· 发动机运行时间

WLTC、JC08、CLTC 三种工况发动机在不同转速下的运行时间如表 7 所示。

表 7　循环工况发动机运行时间　　　　　　　　　　　单位：s

循环工况	挡位	发动机总运行时间	最优转速时间	真空度起发动机时间	怠速热机时间
WLTC	B	781.6	463.0	47.0	0
	D	915.8	489.4	62.4	89.3

循环工况	挡位	发动机总运行时间	最优转速时间	真空度起发动机时间	怠速热机时间
JC08	B	269.0	192.5	23.3	0
	D	357.2	207.9	33.2	66.7
CLTC	D	559.5	326.9	51.9	54.5

由图36、图37结果可知：

·冷机状态下，发动机运行时间占比大小为：WLTC>CLTC>JC08；

·冷机状态下，发动机运行时间更长，WLTC、JC08工况发动机运行时间占比增加8个百分点；

·JC08与CLTC工况下，发动机在最佳油耗转速下运行时间占比更高，均为58%；

·常温D挡冷机状态，车辆对不同工况适应性大小为：JC08>CLTC>WLTC。车辆在JC08工况下，发动机运行时间占比最低，启动后在最佳油耗转速运行时间占比最高，因此对JC08工况适应性最好。

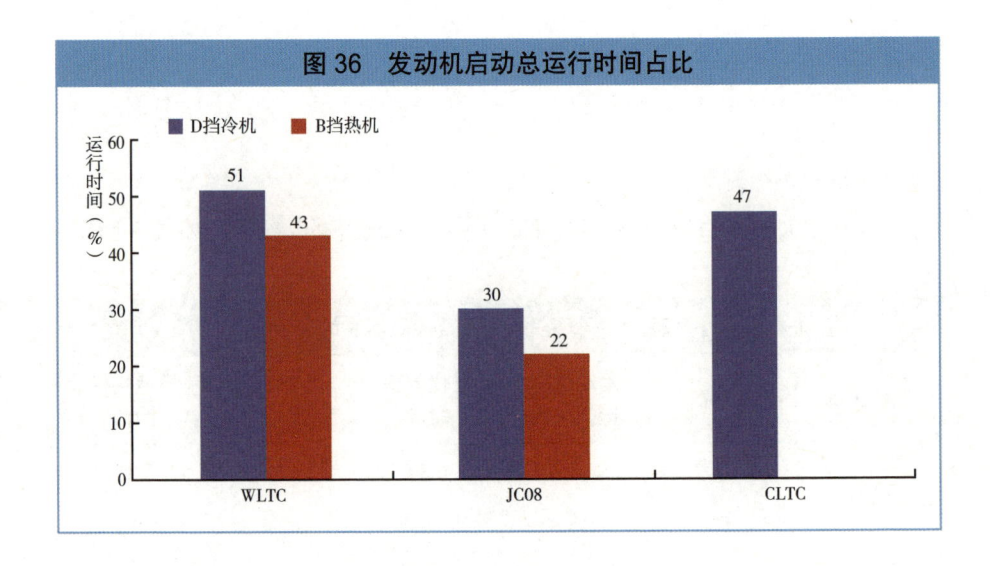

图36 发动机启动总运行时间占比

工况	D挡冷机	B挡热机
WLTC	51	43
JC08	30	22
CLTC	47	

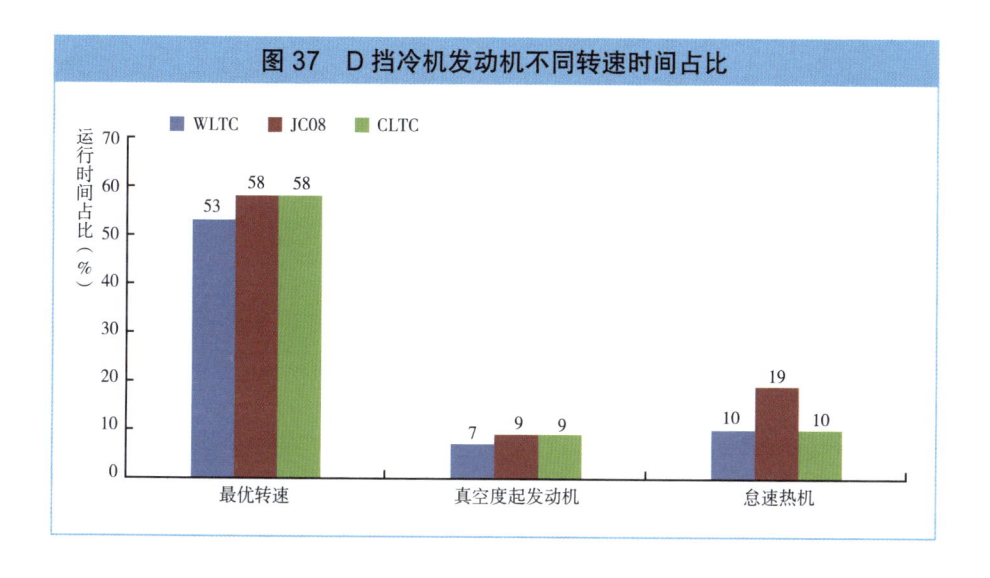

图 37　D 挡冷机发动机不同转速时间占比

3. 电池充放电及 SOC

三种循环工况下，D 挡 23℃常温、冷机，SOC 变化情况如表 8、图 38 所示。

不同工况下电池起止 SOC 差值 <10%；最高与最低 SOC 变化在 15%~18%，电池 SOC 均保持在正常范围（45%~80%）内，且处于较高（>60%）的水平，可避免 SOC 较高时发动机工作点移动，SOC 过低时放电功率受限，助力能力减弱。

表 8　不同循环工况下电池 SOC 范围

试验工况	环境温度（℃）	回收强度	状态	SOC 变化范围（最高、最低）（%）	SOC 起止范围（%）	电量平衡值（Ah）
WLTC	23	D	冷机	63.1~78.2	78.3~71.5	0.2136
JC08	23	D	冷机	56.9~75.3	61.4~64.7	-0.1648
CLTC	23	D	冷机	56.8~74.3	71.5~71.6	-0.1027

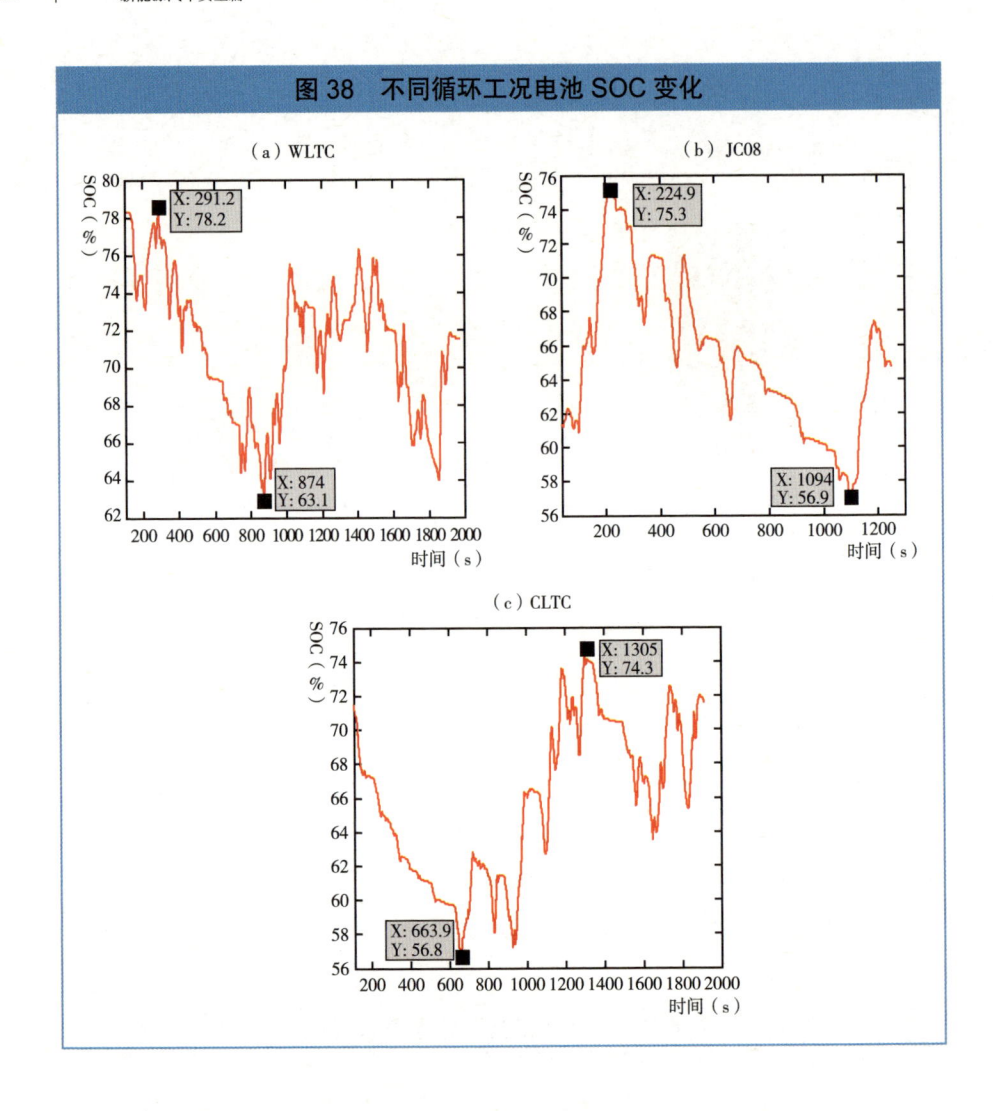

图 38 不同循环工况电池 SOC 变化

根据以上分析可知,在三种循环工况下,电池与发动机通过较好的匹配与控制策略,使电池 SOC 均保持在理想范围内。

(三)功率匹配分析

各工况驱动状态(电机正扭矩输出)下电机、电池及发动机平均功率如表 9 所示。

表9 常温D挡驱动工况下部件平均功率

循环工况	温度（℃）	挡位	电机驱动平均功率（kW）	电池平均功率（kW）	发动机平均功率（kW）	发动机功率占比（%）
WLTC	23	D	11.91	2.33	10.10	84.80
JC08	23	D	6.20	1.73	4.66	75.16
CLTC	23	D	7.04	1.66	5.54	78.69

根据表9统计结果，可知：

· 工况驱动状态下电机平均输出功率与发动机、电池输出功率基本平衡，即电机功率＝发动机功率＋电池功率。

· 整个工况过程中，电池平均功率为正值，即小功率放电，SOC降低。

· 电机功率变化时，电池输出功率变化较小，三种工况下电池平均功率与发动机平均输出功率比为0.23∶1、0.37∶1、0.30∶1。

WLTC、JC08、CLTC工况下其他试验条件驱动状态时电机平均功率及电池、发动机功率如表10所示。

表10 不同温度、挡位下循环工况部件平均功率

循环工况	温度（℃）	挡位	电机驱动平均功率（kW）	电池平均功率（kW）	发动机平均功率（kW）	发动机功率占比（%）
WLTC	23	B	11.94	2.63	9.66	80.90
	23	D	11.91	2.33	10.10	84.80
	−7	D	12.43	−0.09	13.23	106.44
	35	D	11.91	1.00	12.92	108.48
JC08	23	B	6.33	2.36	4.03	63.67
	23	D	6.20	1.73	4.66	75.16
	−7	D	6.85	−1.68	9.44	137.81
	35	D	6.10	0.89	7.26	119.02
CLTC	23	D	7.04	1.66	5.54	78.69

由图 39~ 图 41 可知：

· 驱动电机与发动机平均输出功率大小关系为：WLTC>CLTC>JC08；

· 常温下不同工况电池输出功率均较小，为 1.6~2.6kW；

· 高温下电池输出功率降低至 0.9~1.0kW，低温下电池平均功率为负，−1.7~−0.1kW，电池充电。

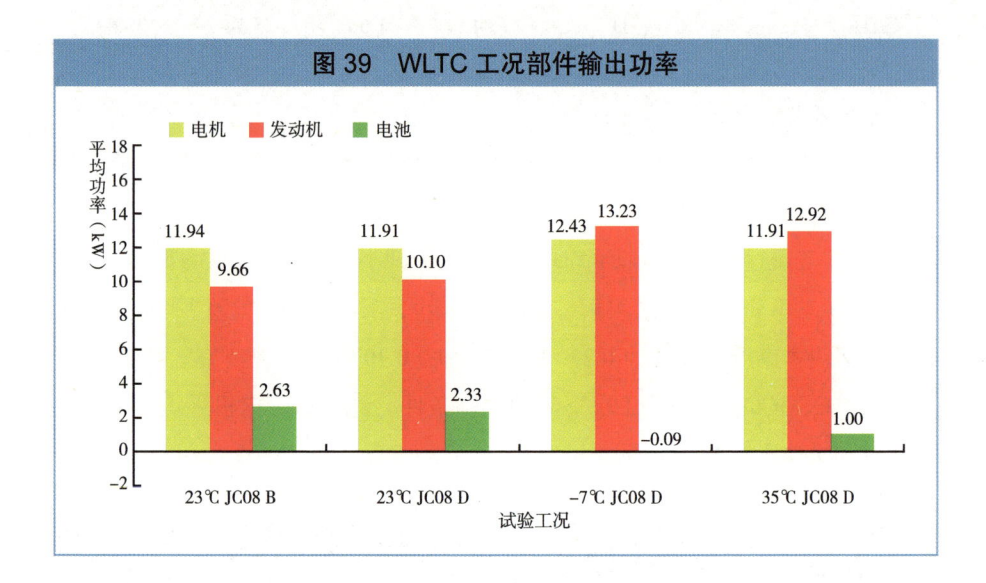

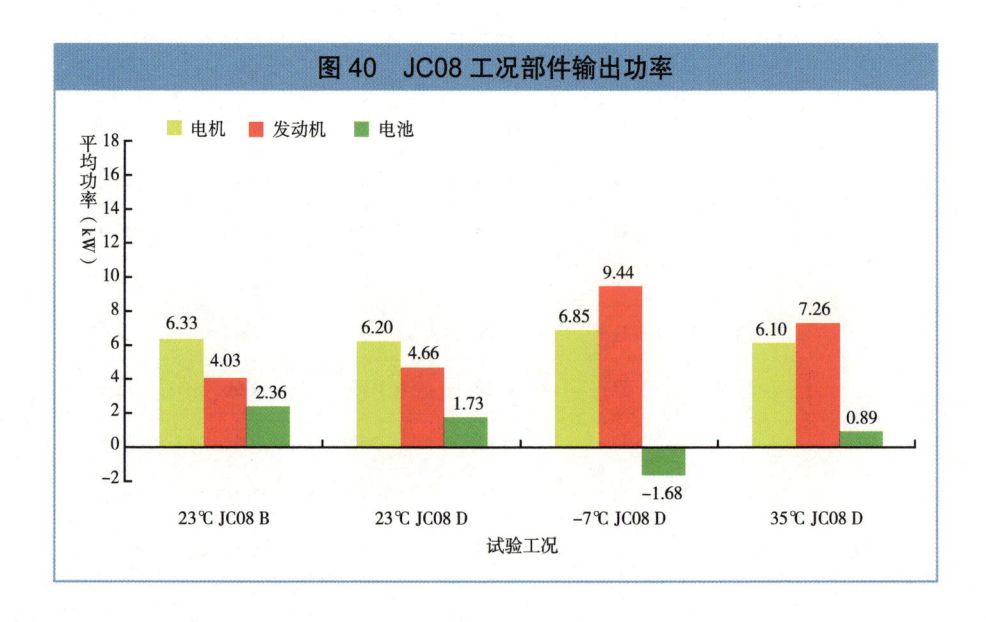

图 39　WLTC 工况部件输出功率

试验工况	电机	发动机	电池
23℃ JC08 B	11.94	9.66	2.63
23℃ JC08 D	11.91	10.10	2.33
−7℃ JC08 D	12.43	13.23	−0.09
35℃ JC08 D	11.91	12.92	1.00

图 40　JC08 工况部件输出功率

试验工况	电机	发动机	电池
23℃ JC08 B	6.33	4.03	2.36
23℃ JC08 D	6.20	4.66	1.73
−7℃ JC08 D	6.85	9.44	−1.68
35℃ JC08 D	6.10	7.26	0.89

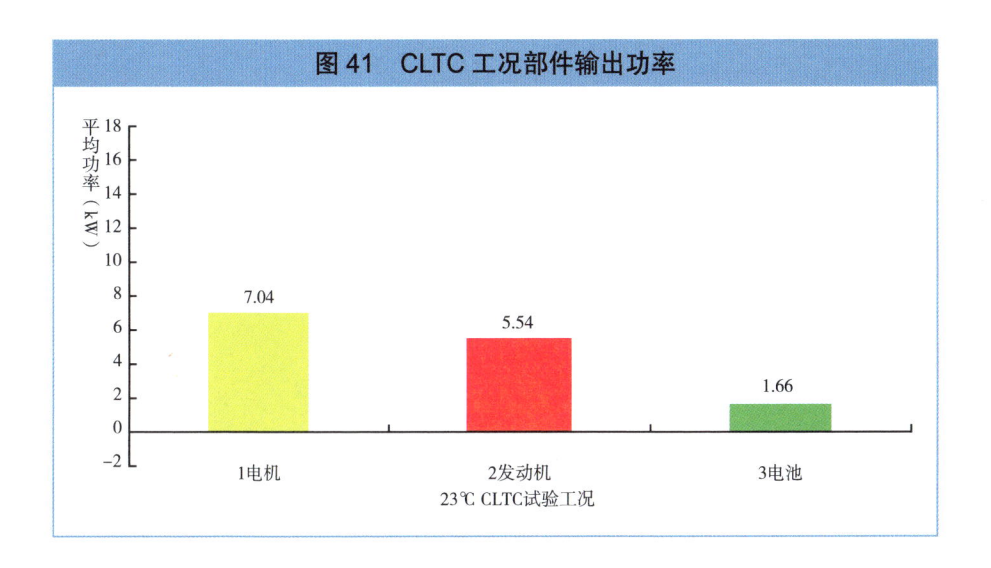

图 41 CLTC 工况部件输出功率

部件	平均功率（kW）
1 电机	7.04
2 发动机	5.54
3 电池	1.66

23℃ CLTC 试验工况

四 控制策略

（一）能量管理策略

根据该车型《能量管理策略解析报告》可知，整车的能量管理策略包含以功率需求为目标的功率分配，以及以电量平衡需求为目标的控制策略，在车辆运行过程中根据整车需求功率和当前 SOC 判断发动机的启停，以及对发动机工作点进行控制，以达到最佳的整车综合性能。

1. 功率需求目标

·JC08 工况

本试验车型为日本国内销售车型，设计工况为日本 JC08 循环工况。因此以 JC08 工况进行详细分析。23℃常温、D 挡冷机 JC08 单循环工况试验结果如图 42 所示，选取三段代表性运动学片段进行分析。

第一运动片段：56~270s，低车速、怠速热机过程；第二运动片段：400~580s，中车速段；第三运动片段：1080~1250s，高车速段。

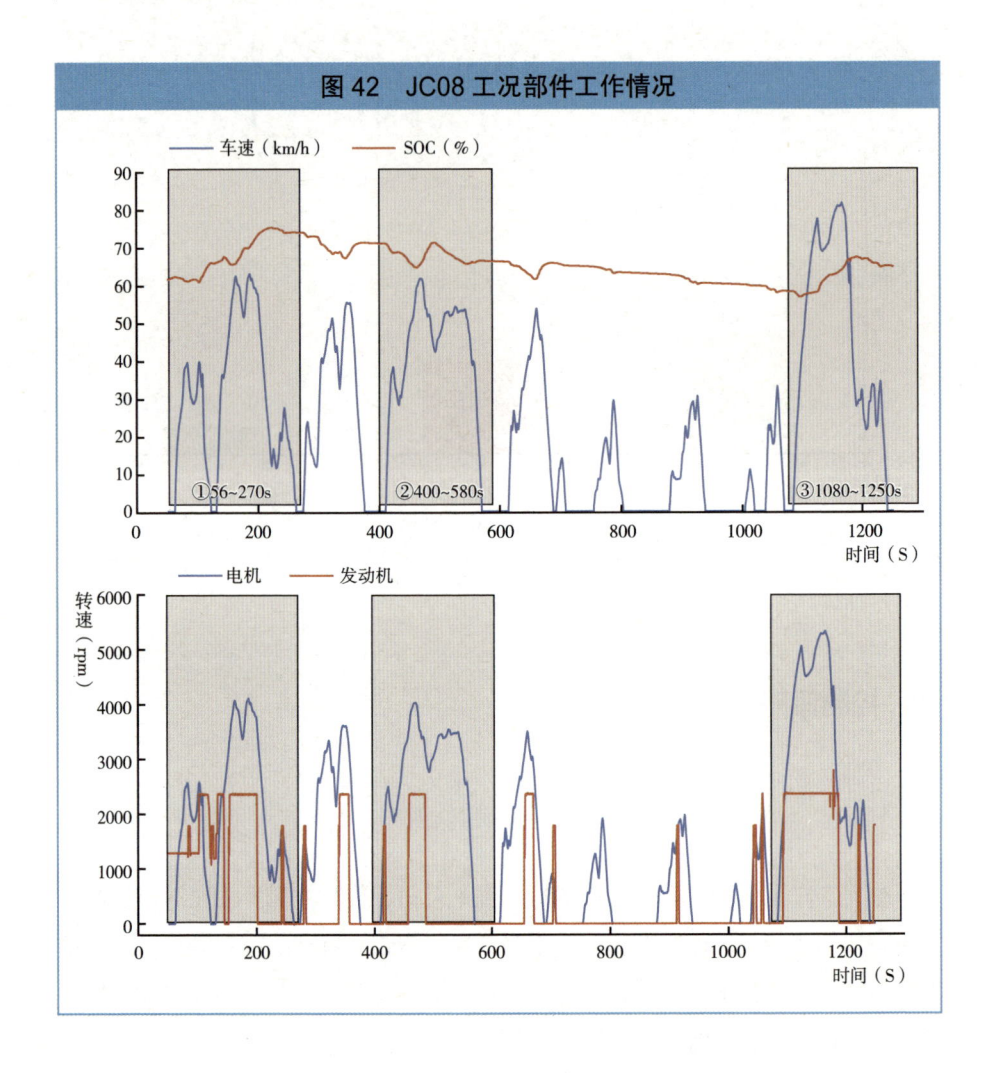

图 42　JC08 工况部件工作情况

①第一运动片段，56~270s

56~146s：发动机怠速热机。56s 时，试验开始，由于为冷机工况，试验开始后发动机启动热机，热机转速约 1300rpm；需求功率较大时，发动机转速 2370rpm 热机；122.5s 时，需求功率为 0，发动机转速降低至 1300rpm 继续怠速热机；146s 时，需求功率 <15kW，发动机完成热机又无功率输出需求，因此停机（见图 43）。

146~152s：纯电模式，电池提供电机能量。

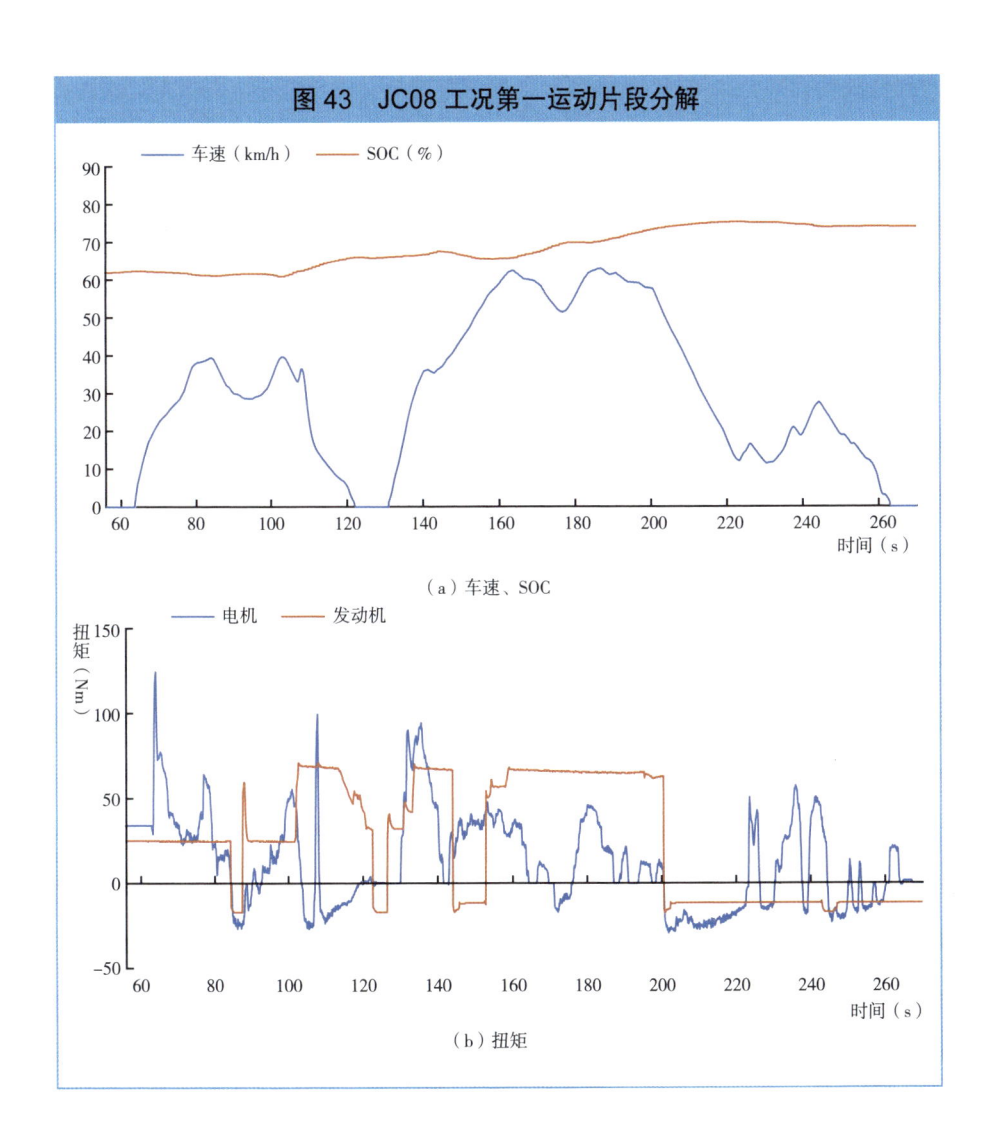

图 43　JC08 工况第一运动片段分解

（a）车速、SOC

（b）扭矩

(c) 转速

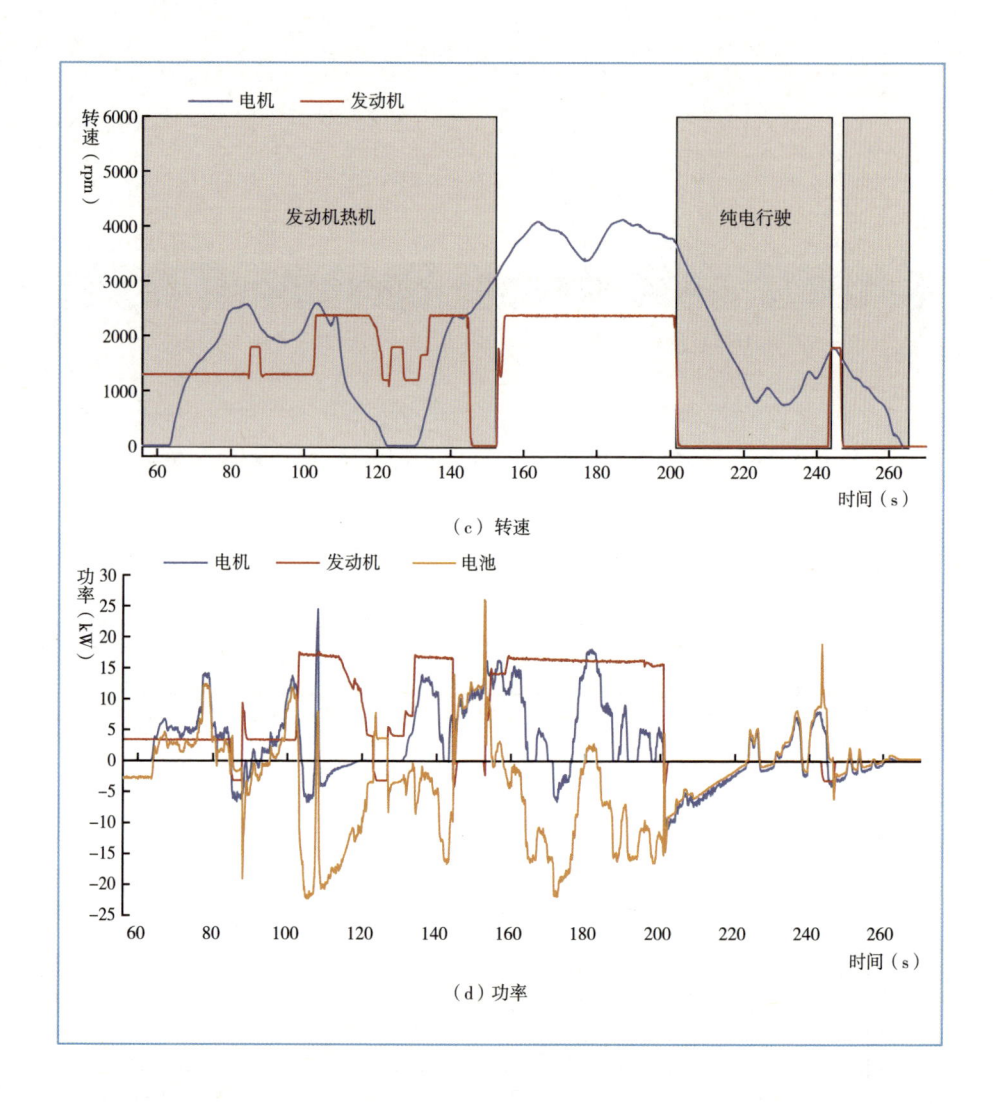

(d) 功率

152~200s：串联模式152s时，需求功率约15kW，发动机启动，工作在燃油经济性最佳工作点，燃油消耗率约240~250 g/kW·h，稳定输出功率16.5kW；需求功率变化时，发动机功率不变，电池进行充、放电缓冲功率的变化；171s时，短暂松踏板至10%开度持续约5s，电机负扭矩回收车辆减速，发动机不会立即停机，发电功率与回收功率同时给电池充电，电池瞬时充电功率达到22kW。至200s时发动机停机，车辆滑行，电池回收。

200~270s：车辆纯电行驶。

85s 及 123s 处，发动机转速 1800rpm，扭矩 -17Nm，实际为发电机带动发动机，补充制动真空度所引起。其余工况均存在相同情况，后文不再赘述。

② 第二运动片段，400~580s

400~457s：纯电行驶，电机功率 -6.4~13.2kW（见图 44）。

457~488s：457s 时发动机启动，经过短暂调整，发动机输出功率 16.3kW。同样的，发动机输出功率不变，电池进行充、放电缓冲（此段需求功率小于发

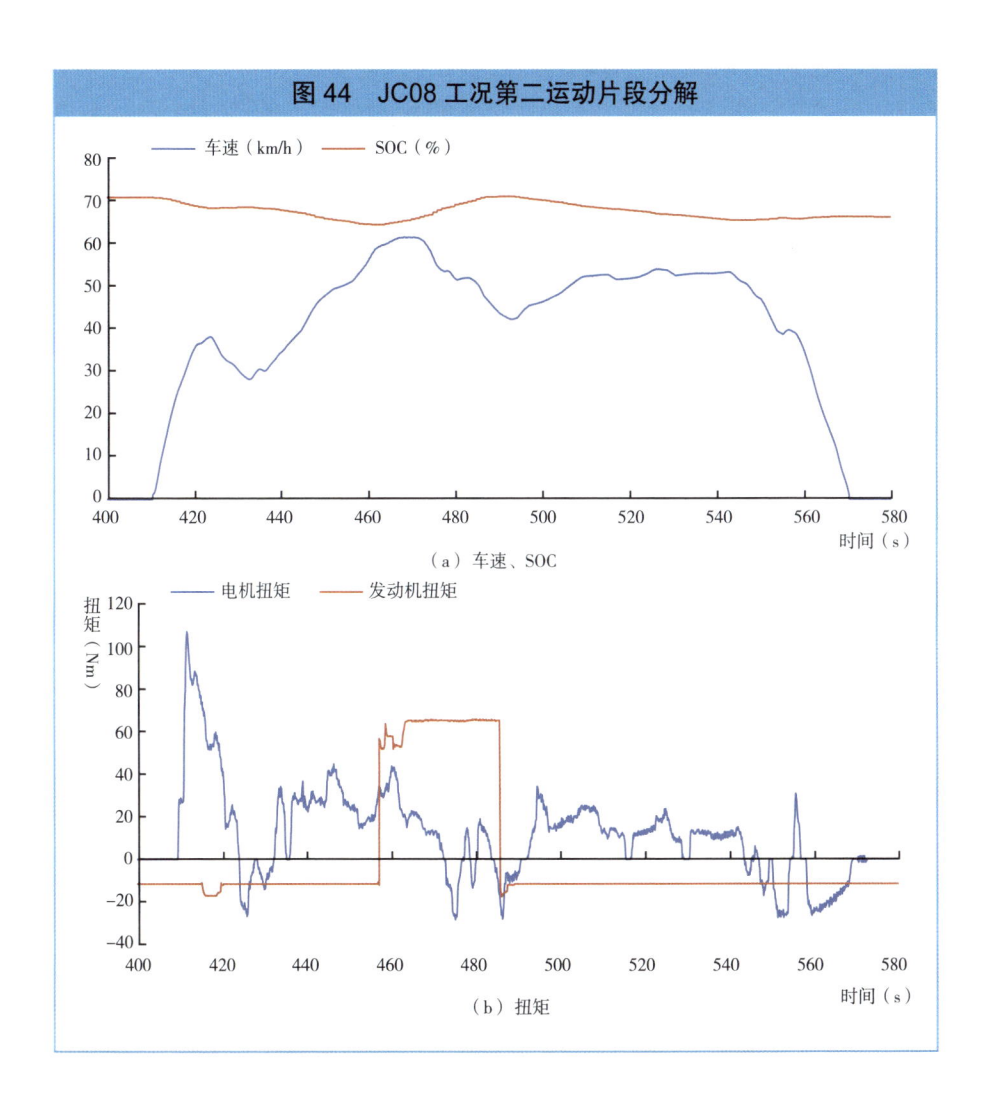

图 44　JC08 工况第二运动片段分解

（a）车速、SOC

（b）扭矩

(c) 转速

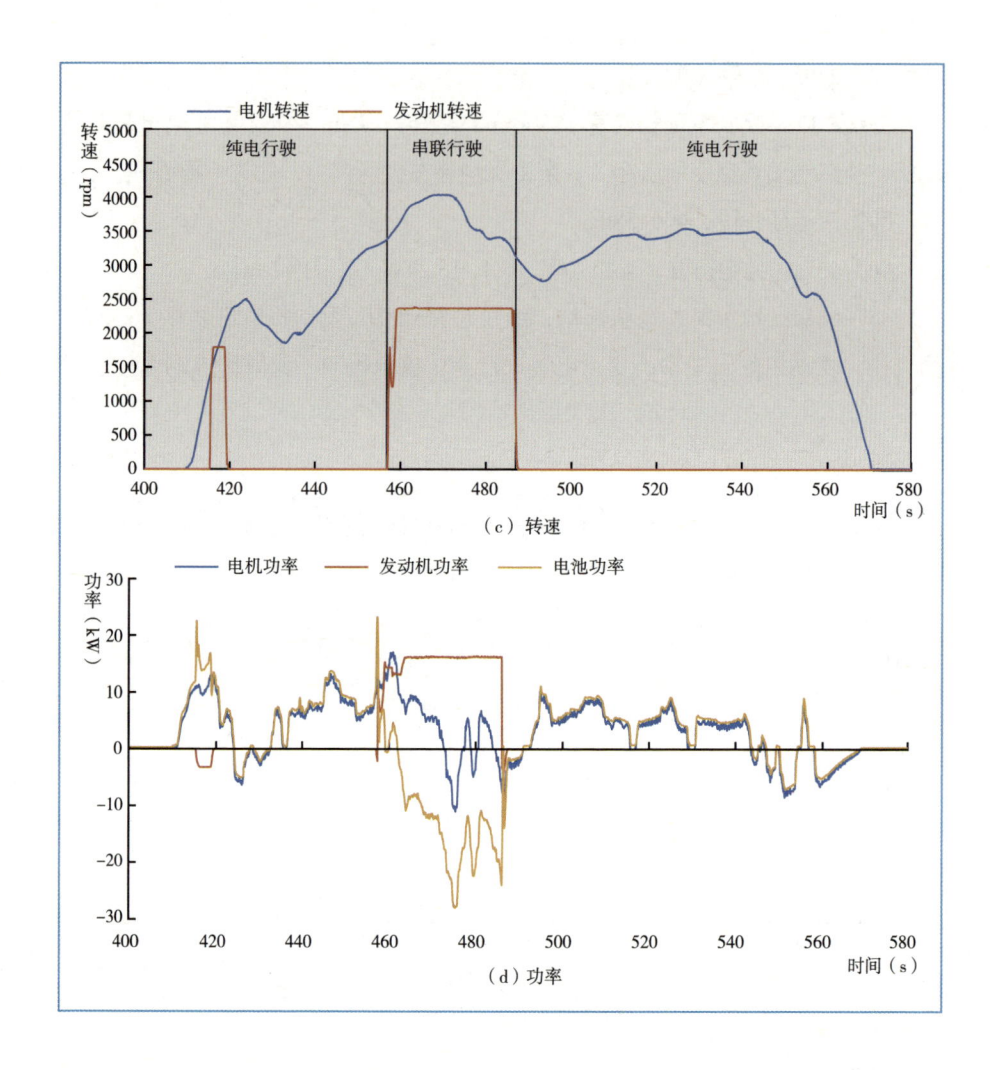

(d) 功率

动机功率，电池仅充电）。电机需求功率 −11~17kW。

488~580s：纯电行驶，电机功率 −9.2~10.3kW。

③第三运动片段，1080~1250s

完全松开加速踏板后，需求功率降为 0，发动机停止输出。此时车辆由驱动转为滑行状态，电机回收能量（见图 45）。

高速松踏板，车辆滑行回收，为防止电池回收功率过大，发动机作为阻尼器耗电；电机回收能量一部分由发电机拖动发动机耗散，剩余部分由电池回收。

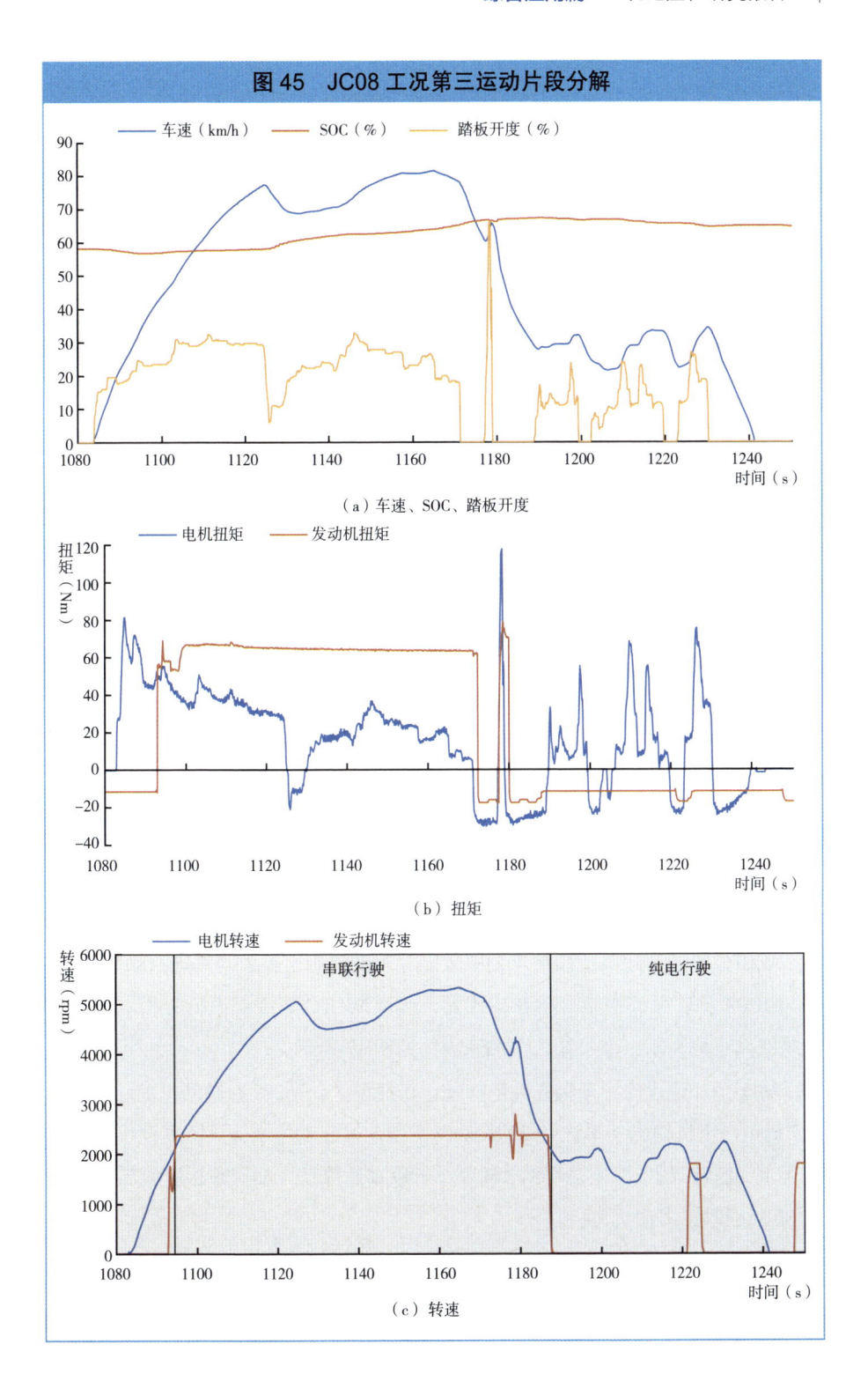

图 45　JC08 工况第三运动片段分解

（a）车速、SOC、踏板开度

（b）扭矩

（c）转速

(d) 功率

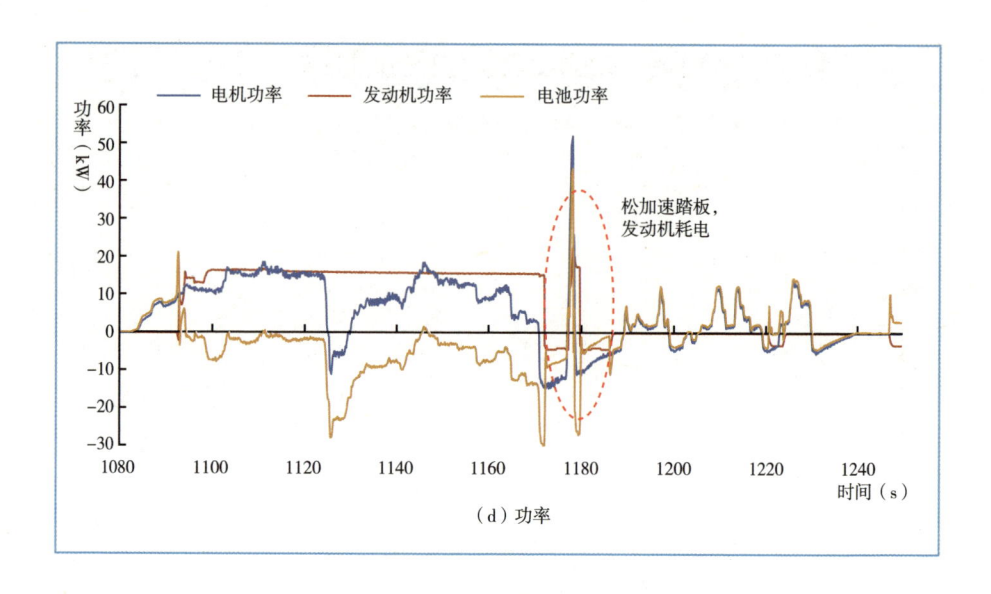

小结：

对于 JC08 工况，试验车型在需求功率 <13kW 时运行为纯电模式，驱动时电池放电，减速时电机回收；发动机启动后运行为串联模式，发动机稳定工作点在最佳油耗点，转速 2370rpm，功率约 16kW。

· WLTC 工况

如图 46 所示，WLTC 工况下，除了工况起始时发动机怠速热机以及四部需求功率较高时发动机不在最佳经济转速下输出，其余正功率发电时，发动机启动后均在 2370rpm 转速下工作，保证整车最佳燃油经济性能。

WLTC 第四部超高速段需求功率较高，发动机输出更大功率进行功率跟随，是与 JC08 及前三部的差异所在，因此，选取 WLTC 第四部进行分析。根据需求功率大小分为①、②、③三个加速段，如图 47 所示。

第①个加速段内，车辆先纯电行驶，车速增大。1629s 时发动机启动，转速 2370rpm，电机输出功率达到 27.6kW 时，电池输出功率 9.6kW，发动机功率增大至 19.3kW，超出稳定功率约 16kW。末段车速降低，加速踏板开度减小，电机 8kW 回收，发动机停机。

第②个加速段内，需求功率快速增大至 43.7kW，发动机启动后功率增加，转速扭矩同步增大，同时电池进行功率补充。随后发动机与电池随需求功率变

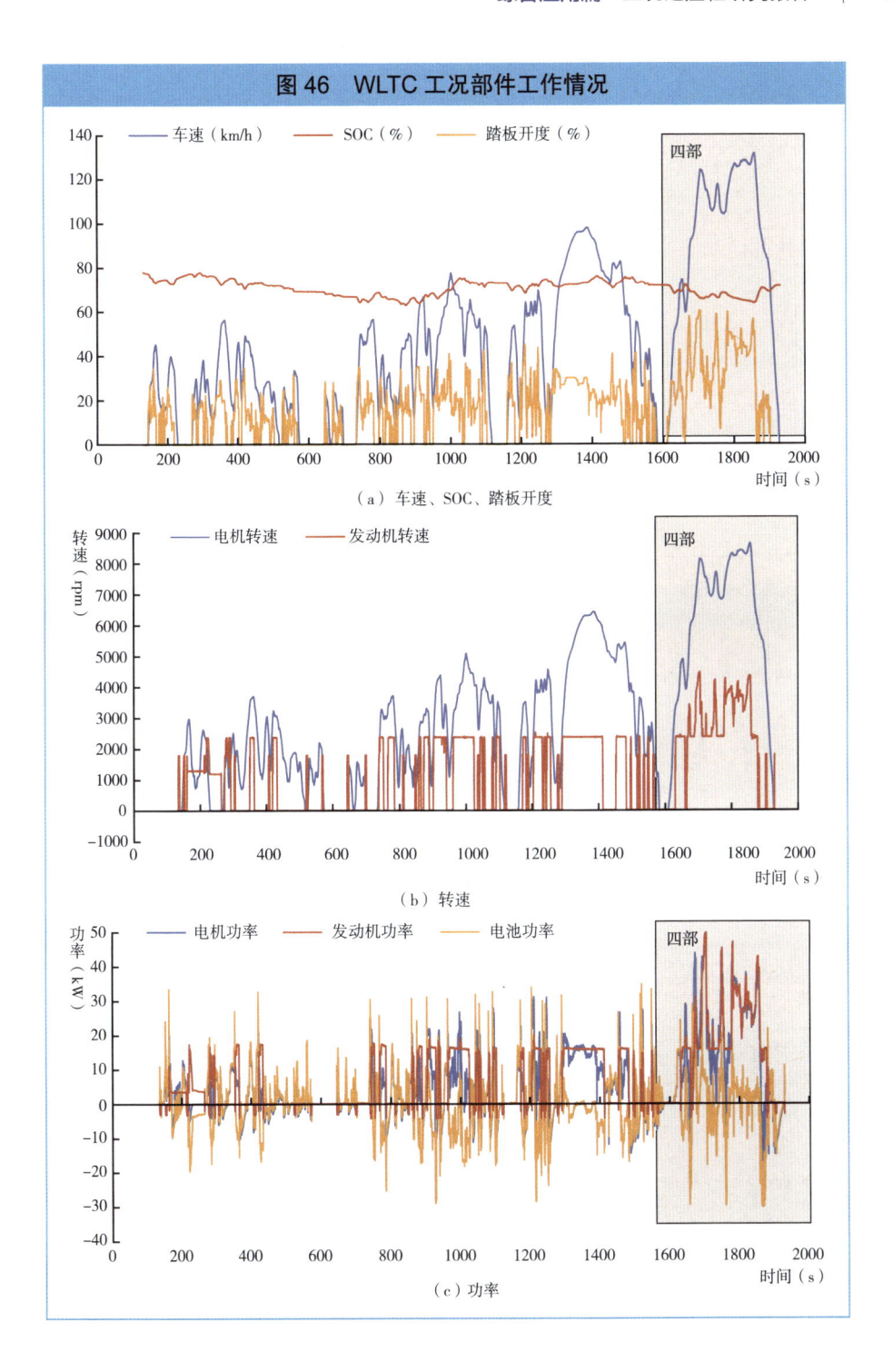

图46 WLTC工况部件工作情况

（a）车速、SOC、踏板开度

（b）转速

（c）功率

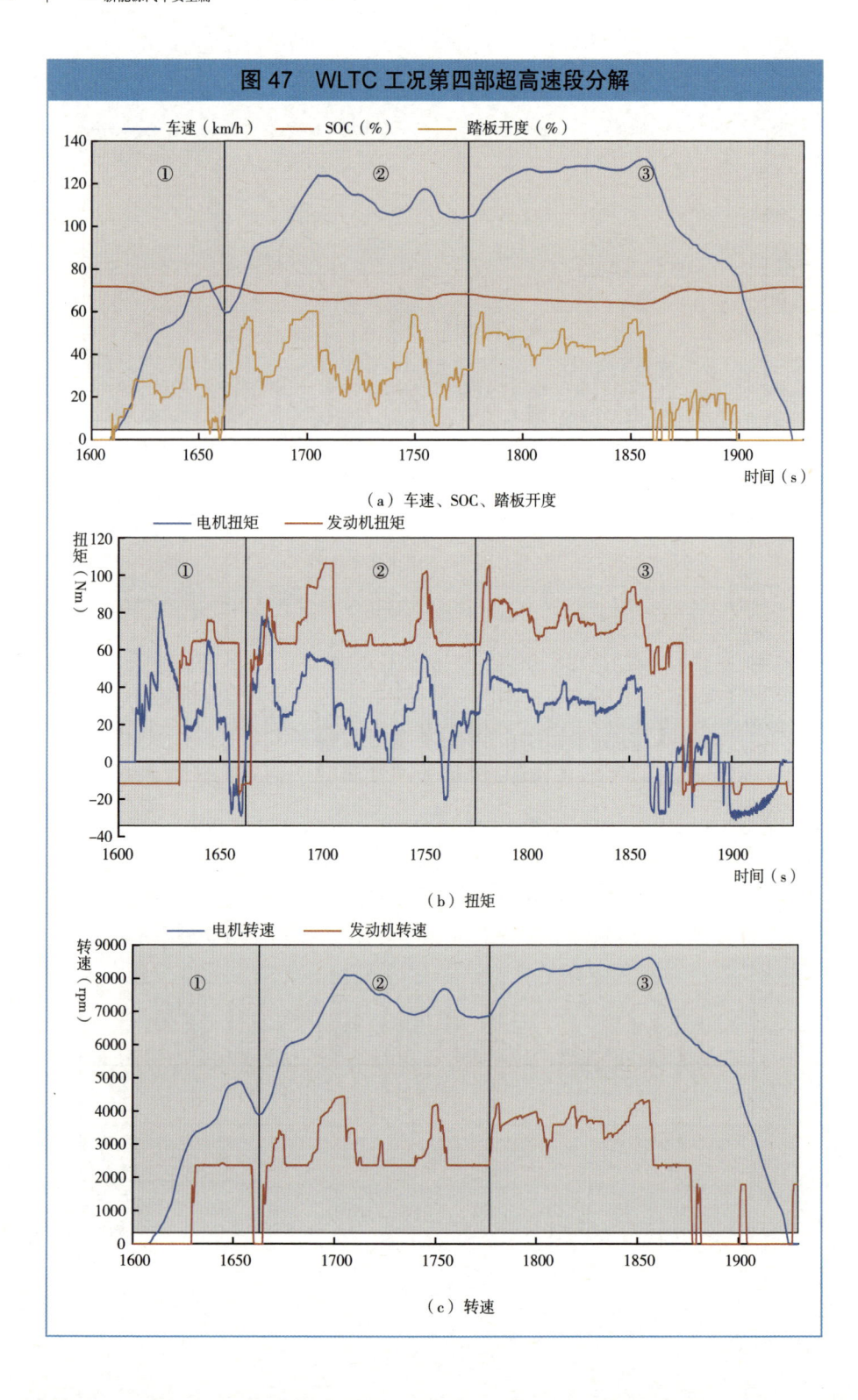

图 47　WLTC 工况第四部超高速段分解

（a）车速、SOC、踏板开度

（b）扭矩

（c）转速

(d) 功率

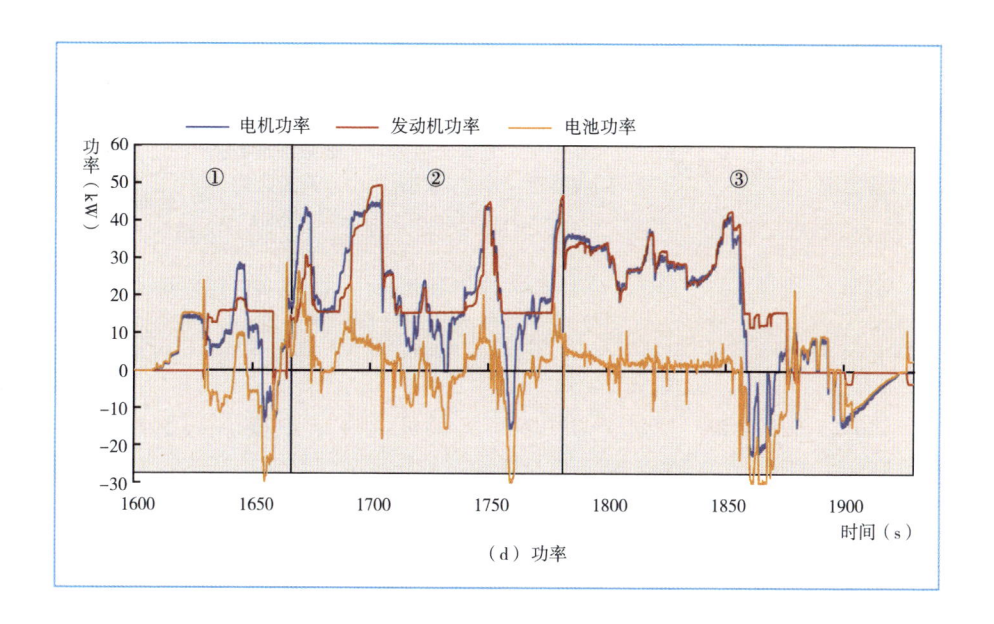

化：需求功率＞发动机稳定功率时，发动机调节输出功率进行跟随，电池进行补充；需求功率＜发动机稳定功率时，发动机保持16kW工作，电池充电。

第③个加速段内，需求功率更高，发动机功率跟随，电池1~2kW功率补充，随时对功率的快速变化进行调节。减速阶段需求功率降低，电机回收，一段时间后发动机停机。

小结：

对于WLTC工况，试验车型在前三部需求功率较小时与JC08工况相似，以纯电模式或稳定工作点的串联模式满足动力需求，同时保证最优经济性能；在第四部超高速段，需求功率高于最佳经济性功率17kW时，发动机跟随需求功率变化，电池小功率1~2kW进行补充调节，在满足动力性需求的同时，降低电池输出功率，保留一定的电池输出能力。

· 瞬态与稳态的功率分配

根据前文分析，不同工况下高频加速踏板开度区间以及SOC变化范围如表11所示。

表 11 循环工况高频踏板区间、SOC 范围

试验工况	环境温度（℃）	回收强度	状态	高频加速踏板开度区间（%）	SOC 变化范围（%）
WLTC	23	D	冷机	15~30	63.1~78.2
JC08	23	D	冷机	5~20	57.0~75.3
CLTC	23	D	冷机	5~20	56.8~74.3

根据试验结果：WLTC 工况下，高频率踏板开度区间为 15%~30%，对应需求功率范围为 −2.1~19.3kW，SOC 变化范围为 63.1%~78.2%。除怠速热机外，发动机转速全部在 2370rpm 点附近，输出功率为 16~18kW，与稳态功率分配解析结论一致。

同样的，JC08 工况和 CLTC 工况，高频加速踏板开度区间对应实际需求功率分别为 −10.9~10.6kW、−18.5~14.4kW，SOC 范围分别为 57.0%~75.3%、56.8%~74.3%，发动机均在 15~17kW 稳定点工作，电池充电，与稳态功率分配解析结论一致。

在循环工况中整车需求功率连续变化，根据分析得到实际瞬态工况下的分配策略如下：

- 需求功率 ≤ 20kW 时，发动机启动后稳定点输出（2370rpm，70Nm），功率约 17kW，电池充电，当需求功率变化时，电池充电功率随之变化。此阶段为发动机"固定点"控制，如图 48 所示。
- 需求功率 >20kW 时，发动机输出功率增大，跟随需求功率变化，电池小功率输出，当需求功率快速变化时进行缓冲。此阶段为发动机"功率跟随"控制，如图 49 所示。

图48 JC08工况发动机固定点控制示意

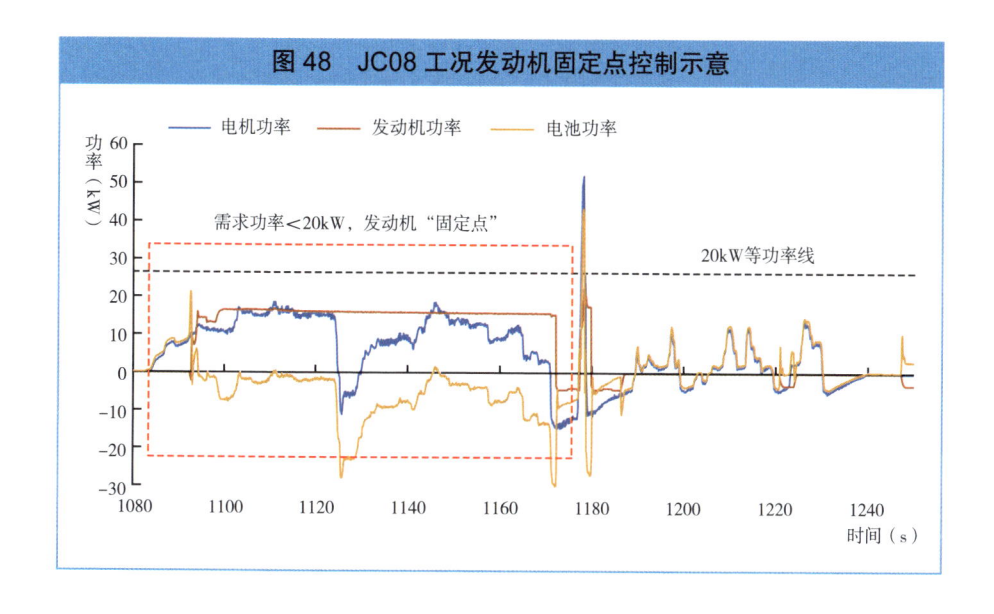

图49 WLTC工况发动机固定点控制示意

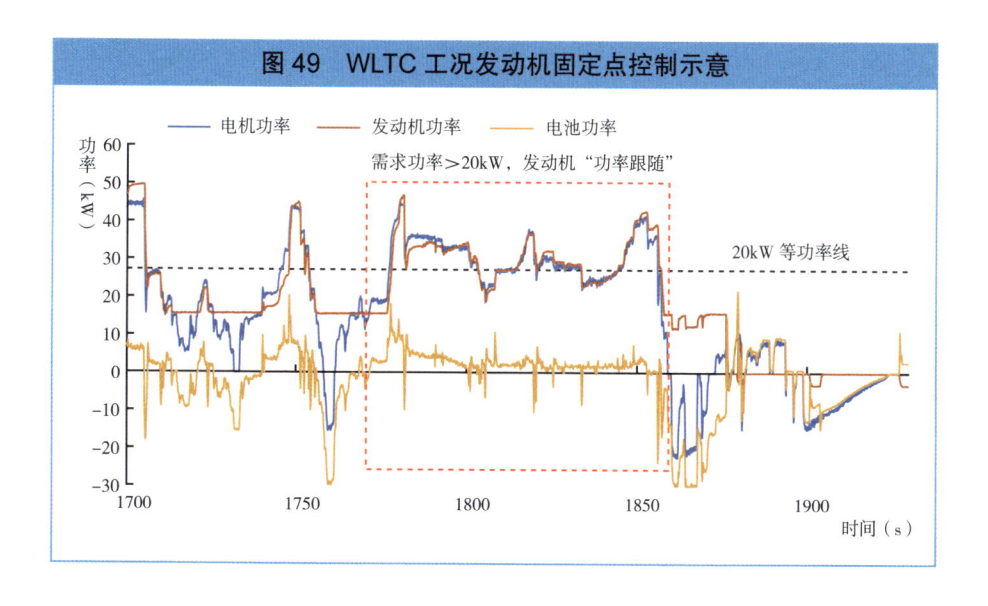

完整循环工况下，电机实际最大输出功率、平均输出功率及平均效率如表12所示。

表12 驱动电机输出功率、平均效率

循环工况	温度（℃）	挡位	电机最大功率（kW）	电机平均功率（kW）	工况平均效率（%）
WLTC	23	B	56.17	5.19	84.6
	23	D	45.70	5.60	83.4
	−7	D	60.71	6.45	80.3
	35	D	59.08	5.44	81.0
JC08	23	B	36.75	1.81	81.5
	23	D	52.27	2.12	80.5
	−7	D	33.88	2.65	75.6
	35	D	42.75	1.86	78.6
CLTC	23	D	42.51	2.72	80.9

发动机在 WLTC、JC08、CLTC 完整工况内的实际最大输出功率及平均输出功率如表13所示。

表13 发动机输出功率

循环工况	温度（℃）	挡位	最大功率（kW）	平均功率（kW）
WLTC	23	B	50.3	18.3
	23	D	49.7	16.3
	−7	D	45.7	13.5
	35	D	49.9	17.9
JC08	23	B	23.6	15.2
	23	D	23.2	13.0
	−7	D	18.9	9.6
	35	D	23.4	14.9
CLTC	23	D	29.5	14.5

各循环工况下电池功率特性统计如表 14 所示。

表 14 循环工况电池充、放电功率

循环工况	温度（℃）	挡位	最大放电功率（kW）	最大充电功率（kW）	平均充电功率（kW）	平均放电功率（kW）
WLTC	23	D	34.58	32.75	6.02	5.02
	23	B	35.82	42.77	6.67	4.92
	−7	D	40.92	39.26	4.29	4.21
	35	D	38.03	32.90	6.67	4.10
JC08	23	D	42.98	31.23	3.92	4.51
	23	B	30.16	32.11	3.94	5.06
	−7	D	30.40	23.40	4.14	3.26
	35	D	35.89	31.02	7.16	2.73
CLTC	23	D	30.54	30.67	4.42	3.84

2. 电量平衡策略

根据能量管理策略解析，整车控制策略存在电量平衡区间的控制目标：在恒定的整车需求功率下，通过控制发动机的启停和工作点使电池 SOC 在一定的范围内波动，不同的需求功率对应不同的 SOC 上下限（见图 50）。

· 电池 SOC 低于平衡区间下限

如图 51 所示，在 JC08 工况中，约 163s 时，电池 SOC 为 65.7%，电机功率降至 <5kW，低于该 SOC、车速下的纯电模式最大功率为 6.8kW，但此时发动机未停机进入纯电运行。原因为电量保持策略要求发动机继续发电提高 SOC：根据能量管理策略解析结论可知，需求功率为 5kW 时，SOC 波动范围为 70.3%~81.6%，此时 SOC 低于 SOC 波动范围的下限值，因此发动机继续发电；201s 时，电池 SOC 为 73.5%，在电量平衡目标范围内，因此发动机可在此时停机。

图 50　SOC 范围与需求功率关系示意

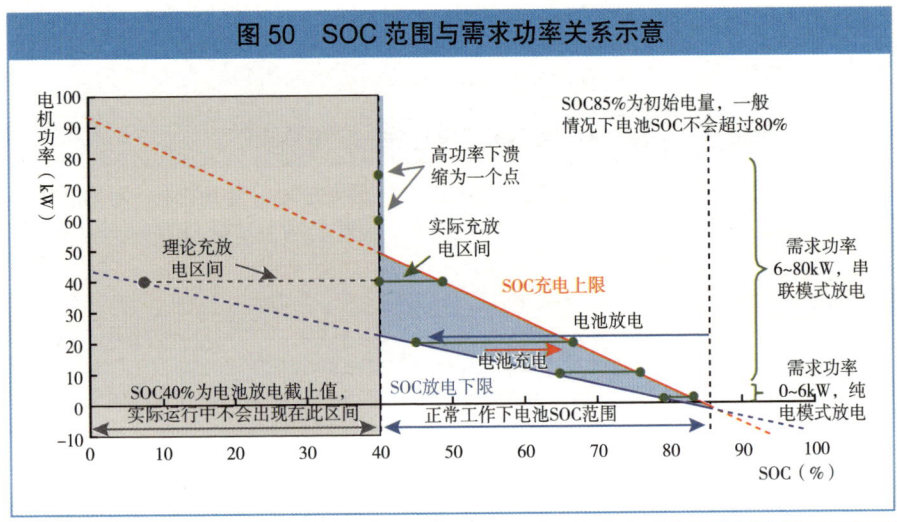

图 51　电量平衡目标发动机工作

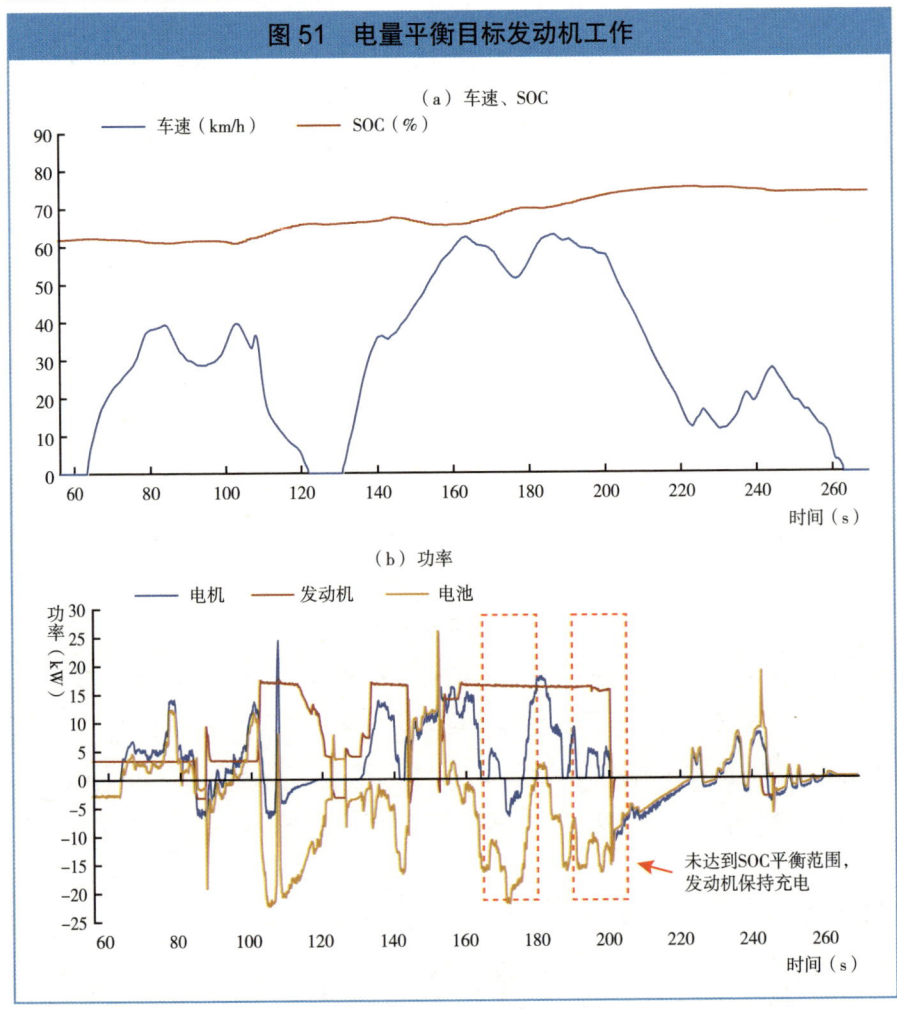

（a）车速、SOC

（b）功率

· 电池 SOC 高于平衡区间上限

相同需求功率下，电池 SOC 更高时，电池的助力功率越大。如图 52、图 53 所示，410~450s 内，整车最大需求功率约 13.1kW，此时 SOC 约 66.1%，发动机未启动，车辆纯电行驶；约 655s 时，需求功率 10.3kW，此时电池 SOC 约 62.1%，发动机启动。

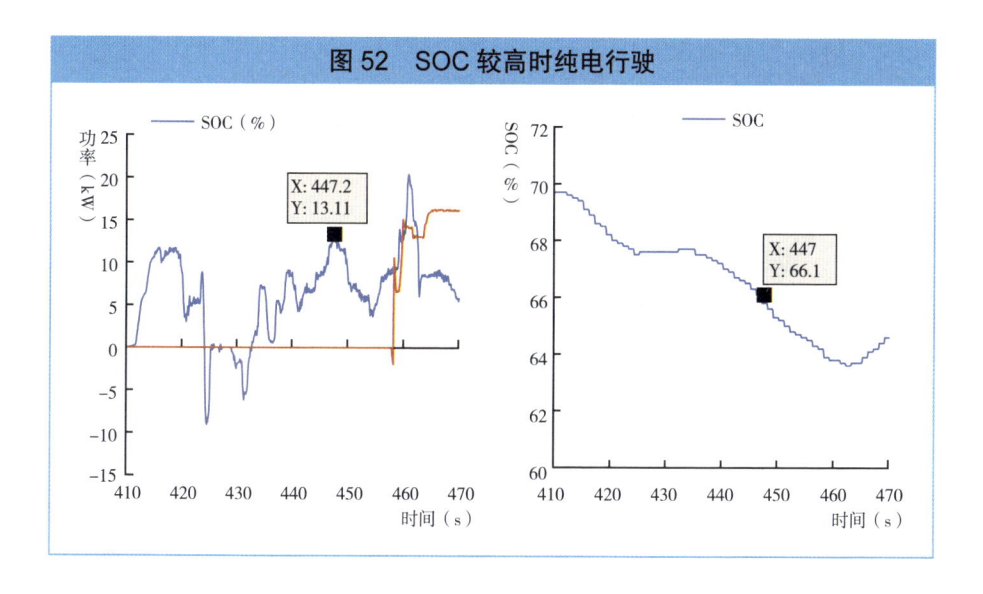

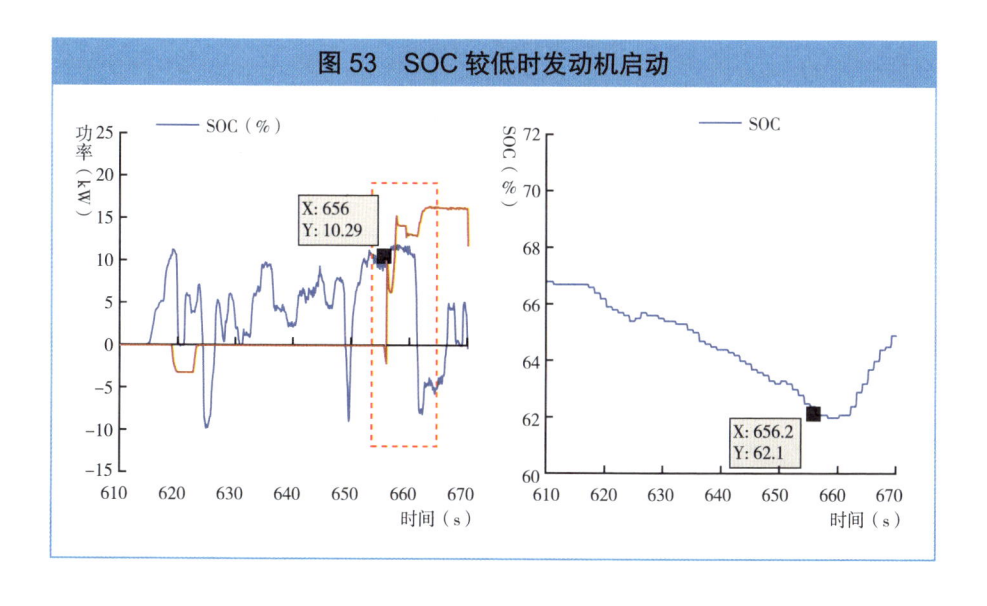

图 52　SOC 较高时纯电行驶

图 53　SOC 较低时发动机启动

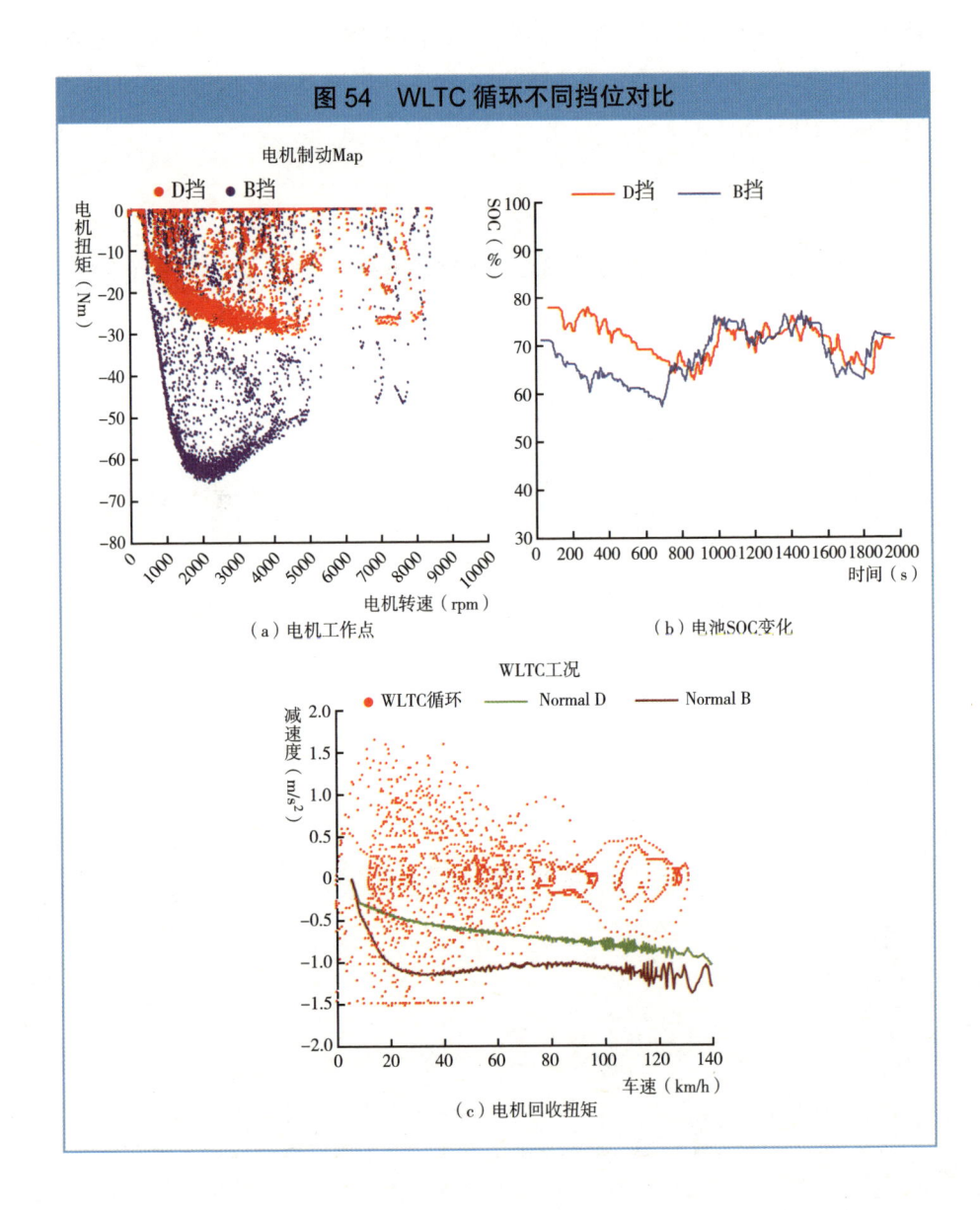

图 54　WLTC 循环不同挡位对比

(a) 电机工作点

(b) 电池SOC变化

(c) 电机回收扭矩

(二)能量回收

1. 不同挡位能量回收

试验车辆在不同工况下以不同挡位进行循环工况试验时,电机回收能量不同。电机实际回收能量见表15。

表15 循环工况不同挡位回收能量　　单位:kW·h

回收能量	D 挡	B 挡
WLTC	0.5044	0.8637
JC08	0.2589	0.3580

由表15可知,B挡强回收挡位下,电机回收能量更多,WLTC工况B挡回收能量增加约71.2%,JC08工况B挡回收能量增加约38.4%。

不同挡位(D/B挡)对循环工况中电机制动的影响:

D挡滑行电机最大回收力矩为31Nm;高车速下电制动提供最大减速度约 $-1m/s^2$。

B挡滑行电机最大回收力矩为65Nm;车速30~140km/h,电制动提供减速度 -1.0 ~ $-1.2m/s^2$。

2. 不同温度能量回收

不同温度下电机回收能量如表16所示。

表16 循环工况D挡不同温度回收能量　　单位:kW·h

回收能量	-7℃低温 D 挡	23℃常温 D 挡	35℃高温 D 挡
WLTC	0.4093	0.5044	0.4888
JC08	0.2101	0.2589	0.2400

由试验结果可知,环境温度对整车能量回收有一定影响。

·高、低温下电机效率降低,回收能量减少。

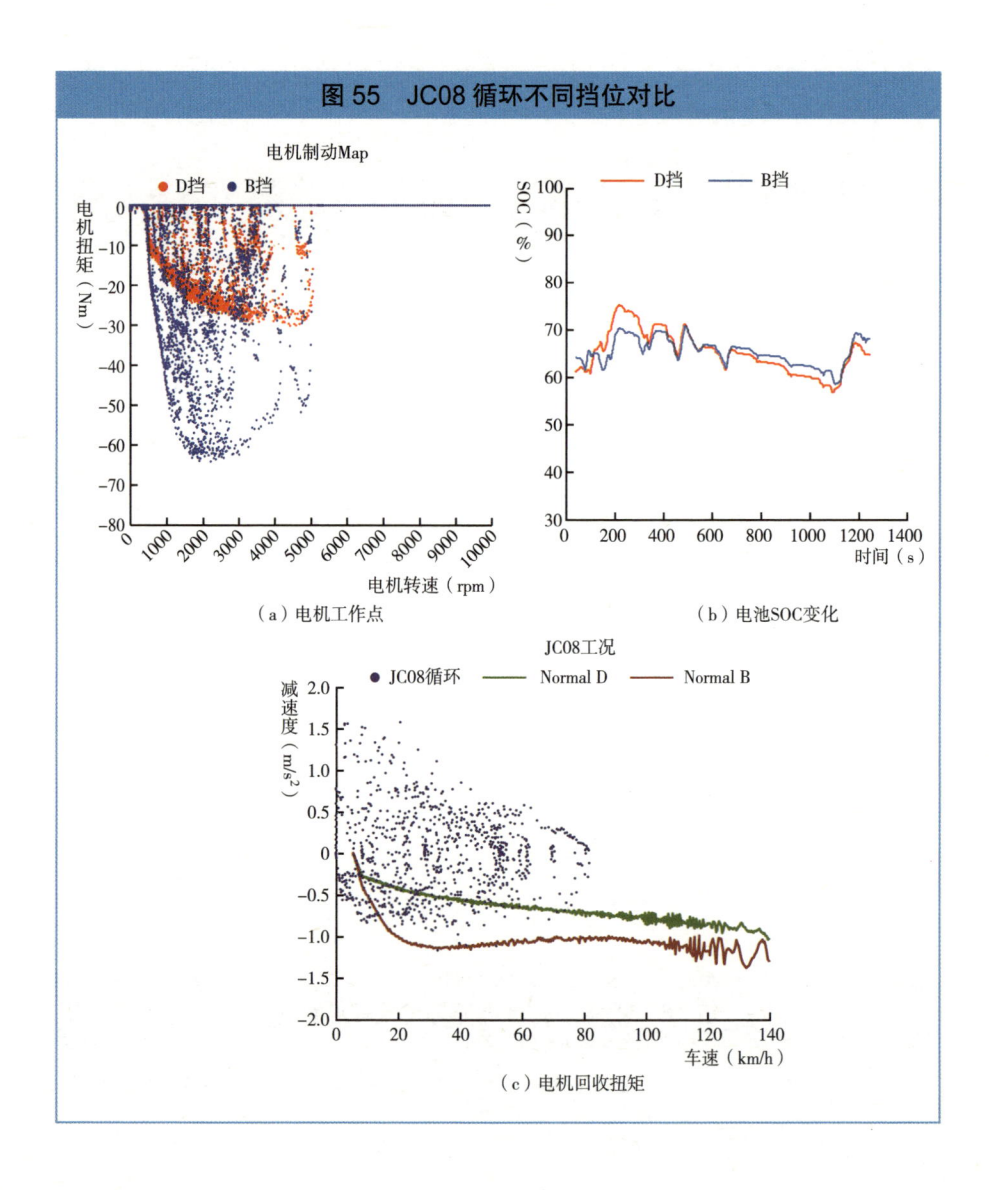

图55 JC08循环不同挡位对比

- WLTC 工况 -7℃低温、35℃高温分别减少 19%、3%；JC08 工况 -7℃低温、35℃高温分别减少 19%、8%。

五 总结

（一）硬件特性

通过试验测试得到被测车辆的硬件特性。驱动电机效率 map 见图 6、图 7；发动机油耗 map 见图 8；电池充放电内阻特性见图 12~ 图 15。

（二）硬件匹配

从发动机、驱动电机、电池选型匹配、适用性/经济性匹配、循环工况功率匹配等方面分析，可知：

选型匹配上，电机峰值功率输出时，除提供电机驱动需求，发动机、电池最大功率有 13kW 富余功率，匹配情况为合适；常用功率范围内，车辆可纯电模式运行，减少发动机启动时间。

适用性/经济性匹配，不同工况下驱动电机平均效率、发动机油耗、SOC 范围见表 17。

表 17 动力部件工况经济性能

试验工况	环境温度（℃）	回收强度	状态	驱动电机平均效率（%）	百公里油耗（L/100km）	SOC 起止范围（%）
WLTC	23	D	冷机	83.4	5.9531	78.3~71.5
JC08	23	D	冷机	80.5	5.2444	61.4~64.7
CLTC	23	D	冷机	80.9	5.0151	71.5~71.6

功率匹配，发动机输出平均功率占比 75%~85%，且需求功率越大，发动机输出功率占比增加：WLTC>CLTC>JC08。

（三）控制策略

1. 功率分配

瞬态工况中，串联混动模式下的功率分配策略与稳态工况功率分配结果一致，在循环工况中具体体现为：

- 需求功率 <20kW 时，发动机"固定点"控制，稳定点（2370rpm、70Nm），功率 17.4kW 不变，电池输出功率随需求功率变化改变。
- 需求功率 >20kW 时，发动机"功率跟随"控制，需求功率变化，发动机输出功率跟随需求功率变化，电池进行缓冲。

2. 能量回收

不同挡位（B/D）与不同初始温度（23℃常温、35℃高温、-7℃低温）均会影响车辆的能量回收，对车辆的经济性能影响较大。

- B 挡强回收在循环工况中回收能量更多：WLTC 工况 B 挡回收能量增加 71.2%，JC08 工况 B 挡回收能量增加 38.4%。
- 高低温环境下，电机效率均会降低：35℃及 -7℃环境温度下电机平均效率分别为 70.9%、78.3%；常温工况下电机平均效率为 84.6%。

综合应用篇 | **基于大数据技术的电动汽车充电过程安全保护策略**

◎周 頔 邓 迟 郑文斌* 屈曦颂

*周頔,博士,深圳市计量质量检测研究院,新能源检测事业部副部长,高级工程师,主要研究方向为新能源大数据、新能源检测;邓迟,博士,普天新能源有限责任公司,技术总监,高级工程师,主要研究方向为充电设施产业;郑文斌,博士,哈尔滨工业大学,工程师,主要研究方向为新能源汽车大数据、高精度计量检测。

摘 要：随着电动汽车的快速发展，电动汽车起火事故也逐步常态化，在众多电池起火事故中，过充电以及充电故障造成电池内部短路引发安全事故成为主要事故。通过基于电动汽车运行过程与充电过程采集的数据，研究电池系统安全风险监测的评估方法、指标和阈值，通过建立全寿命周期的电动汽车电池充电过程中的安全防护体系，推动实现辐射充电行业、制造、运行、应用及管理的充电安全风险监测防护方法、大数据安全鉴别方法、故障预警技术要求基本规范，有效提升电动汽车充电过程安全性。

关键词：电池安全　动态安全阈值　安全防范策略　电动汽车

一 国内外现状及趋势分析

（一）电动汽车安全问题研究

发展新能源汽车是保障我国能源战略安全、实施节能减排的重要举措，也受到世界各国政府的高度重视和大力扶持。我国已成为全球最大的新能源汽车市场，中国汽车工业协会行业信息部公布截止到2019年12月，我国新能源电动汽车累计产销量分别为124.2万辆和120.6万辆。作为电动汽车的能量载体，动力电池系统在电动汽车中尤为重要，其充放电安全性能的优劣极大地影响了产业可持续健康发展。近年来，随着新能源汽车产销量规模扩大，电动汽车充电过程动力电池安全事故频频发生，充电过程中和充电结束后一段时间内电动汽车发生起火是最常见的事故，对人身安全造成了严重威胁和财产损失。迫切需要建立多方位的防控措施。然而当前新能源汽车市场存在针对电动汽车电池系统安全风险监测及故障预警规范不够完善、技术手段不完善、没有参考标准等问题，亟须针对充电功能安全开展相关工作。

目前，充电相关安全事故约占30%，行驶中动力电池发生事故率接近30%，而电动汽车年烧车事故率将近1%，充放电安全已成为电动汽车发展中严重的制约因素，也是我国"到'十四五'末新增近2000万辆"目标实现的最大障碍。目前，无论是政府主管部门、研究机构还是产业界都在多举措保障充电安全，其中，建立大数据预警防控手段，可以有效地将事故抑制在萌发状态，将较大幅度降低事故发生率。

目前，国内有许多团队针对电动汽车安全防范措施在不同的方向和领域进行了深入的研究，主要包括以下几个研究热点和方向。

电池安全机理：针对电动汽车动力电池的充电安全控制技术作为研究的重点，国内主要的研究机构包括清华大学、北京理工大学、北京交通大学等。

云平台大数据：建立云平台对充电设施和电动汽车的运行过程进行实时安全监控，并形成大数据分析。国内的主要研究机构包括北京理工大学、北京交通大学、国网、特来电、普天、星星充电等。

电动汽车安全：国内主流车企也逐渐将重心转移到电动汽车的研发和生

产中，并采取相应安全措施防范电动汽车安全问题的发生。主要包括主流车企——中国一汽、东风汽车、长安汽车等。

安全技术标准：主要组织包括中国汽车技术研究中心、中国电动汽车充电技术与产业联盟、中国电力企业联会等。同时，充电设施和电动汽车相关行业协会，包括中促联盟也针对电动汽车安全问题制定了相应的安全指南。

（二）电动汽车电池系统安全风险技术研究

电动汽车锂离子电池普遍采用石墨作为负极材料，低温条件下石墨负极锂离子电池内部各类阻抗大幅增加，若采用大电流充电，石墨负极电位将快速降低，极易析出金属锂，造成电池容量衰减和寿命折损，并且金属锂可能持续生长，形成锂枝晶，进而刺破隔膜，造成短路，引发热失控等具有严重危害性的安全事故。石墨负极锂离子电池不仅在低温条件易析锂，有研究表明，电池充电倍率或能量密度增加和老化均会促使锂金属析出，随着锂离子电池能量密度的提高，相同充电倍率条件意味着析锂风险增加。

对近几年频发的电动汽车安全事故原因分析可知，正常行驶、充电、静置和车祸都造成过电池起火事故，但电池起火的直接原因均是电池局部过热而引发热单体热失控进而造成热蔓延产生爆燃。但在众多电池起火事故中，过充电以及充电故障造成电池内部短路引发安全事故成为主要因素之一。目前，针对充电安全控制技术的研究主要集中在过充而引起的热失控、全生命周期健康度辨识技术和充电安全预警三个方面。

1. 过充而引起的热失控研究

用户强制性非规范充电和充电管理系统控制算法失效都会引发电池过度充电。目前，由过充电引起的热失控研究主要集中于热失控过程的机理解释与电热耦合模型建立，旨在进行电池安全性评估与降低电池热失控风险。

2. 全生命周期性能衰减研究

由于锂离子电池健康状态关系着电动汽车安全问题，目前国内外对于电动汽车动力电池健康状态的相关研究有很多，按研究方法分类主要分为电池机理型、数据驱动型两大类。所有使用了电池等效电路模型、电池衰退机理等进行电池健康状态研究的方法均归纳为电池机理型方法。数据驱动方法是根据锂离子电池历史数据进行建模，使用模型实现电池衰退容量、健康状态或剩余寿命估计的方法，这种方法的优点在于只需将电池数据进行合理地处理，选用合适的数据挖掘和机器学习算法进行分析，而不需要深入理解电池的老化衰退机理，更适合当前各行业大数据驱动和能源互联网趋势，是当前受到普遍关注的研究方法。目前研究较多的数据驱动预测方法主要包括人工神经网络、支持向量机、高斯过程回归和相关向量机等。

3. 充电相关安全性能预测及事故风险预警

充电安全预警不同时间尺度特征量主要分为短时与长时尺度，其中，短时尺度主要有异常电压检测、异常温度检测、内阻不一致性、电压变化率、温度变化率和电压极差；长时尺度主要有内阻变化率、IC 曲线特征参数和电压曲线变化。

假使电动电池受到滥用伤害，在短时间内不一定出现异常，但存在故障风险，特别是在其后续充电过程中，因此，为了保证电池安全充电，需要在充电管理系统中通过历史数据分析，辨识性能劣化风险，并采取一定的主动安全措施，如预警、保护、及时检定和维护等，提高安全性。

（三）电动汽车电池系统安全待解决的问题

1. 技术层面

电池系统充电安全控制技术已不能满足现有的使用要求，电池组寿命加速衰退、异常和故障诊断等问题未能从根本上得到解决，而深层次的电池失效机理分析与安全预警基本空白，动力电池充电安全已成为电动汽车快速发展的关键瓶颈。随着电动汽车在寿命周期内可用续驶里程的逐渐减小，全寿命周期健康度识别技术应大力发展，并开发用于电池全寿命周期的安全风险监测与故障预警方法，建立全生命周期电池系统充电安全风险监测的评估方法和指标，实现充电管理系统智能化。基于大数据的充电安全风险评估与预警技术得到全面发展，需要形成多级安全预警和控制冗余机制，降低充电事故的发生率，提升电动汽车使用的安全性。但由于生产过程的多种变差因素与动力电池电化学特性的本质影响，电动汽车电池系统性能会在整车运行过程中出现故障与性能逐渐衰退，主要体现为单体电池的一致性变差、故障率提升，严重时会引发安全事故。因此，需要对电动汽车电池系统的性能进行评估和诊断，并且对其安全风险进行持续监测，必要时进行故障预警，从而提高电池系统运行的安全性和可靠性。

2. 标准层面

安全问题是电动汽车产业发展的核心问题。解决安全问题还是要依靠标准的完善。我国电动汽车的研发和产业化工作发展很快，而相关电动汽车动力电池标准的制定修订工作周期却相对较长。现有的标准对一些新技术和新产品覆盖不全面，存在某些产品或某些技术领域缺乏标准或标准不能满足实际安全需求的问题；同时，还存在标准的制定修订工作跟不上发展需要的情况，这就需要尽快完善安全技术标准体系。

3. 管理层面

电动汽车的安全问题是个跨行业、跨学科的系统管理性问题，不能只考虑产品本身，更要从整体出发，研究系统性的安全解决方案。安全应当贯穿电动汽车全生命周期，是动态的，而不是静态的。因此，需要有行业组织、政府机构牵头，加强事中和事后监管，从制度上保障电动汽车充电安全。

二 全寿命周期的动力电池安全故障分析

（一）动力电池故障原因

电动汽车在行驶的过程中，会出现各种各样的故障，从而影响电动汽车在行驶过程中的整车安全。表征电池特性的参数包括温度、电压、电流以及绝缘电阻，当电池出现故障的时候表现为温度等参数的异常。产生这样的故障，主要原因是电池的内部特性。构成锂电池的电解液主要由锂盐和有机溶剂构成，它满足电池在更高的电压平台和更高的温度范围内工作，但是，锂电池在比其他二次电池具有优越性的同时，它存在沸点低、具有可燃性、电池电压接近分解电压等缺点，这些都是锂电池易出现安全事故的根源。

（1）过充电。过充电是指电池充满电之后，没停止充电，而是继续充电的情况。一般而言，电池虽然已经充满电，但是电池的电压不会发生明显的升高，但是如果电流过大，就会对电池造成影响，使电池的电压过高，引起电池的变形、漏液等。当充电电流过大时，可能造成电池的内压变高，从而引起电池的变形、漏液，此时电池过充电，正极产生的气体透过隔膜纸与负极产生的镉复合。所以，电池的性能下降。

（2）过放电。电池的过放电主要是指在对负载放电时，已经低于其最低电压，但是并没有停止放电而是继续放电。随着放电的继续进行，电量会不断下降，当电量下降到2.5V时，此时容量基本全部放光，如果此时电池不停止放电而是继续放电，那么电池的活性将会发生改变，将对电池造成不可逆转的损坏。造成过放电的原因主要是：①电池快要放完电时提供大电流的能力下降，电池出现过放电；②大量的电池串联。

（3）过温。工作温度过高。电池工作过程中，受时间、环境的影响，电池的温度升高，电池热管理失效。锂电池在使用的过程中，本身就是散热的过程，电池管理系统失效，会造成系统没有保护而不能及时散热，使锂电池的温度持续升高，造成系统内部短路或者热失控。

（4）过压。锂电池单体的个体差异会造成电池组的不一致性，必须控制住它的电压，一般而言，在电池管理系统中，单体锂电池的工作电压最小为2.5V，最高电压不超过3.7V。

（5）过流。在电池的充放电过程当中，不能超过它的最大工作电流，如果超过最大工作电流，电池将会出现永久性破坏。锂电池的最大电流一般为2C。产生过放电现象主要是因为：电池老化后，电池的性能下降；低温环境下的充放电，导致电池出现过流；电池内部出现短路造成电池过流，绝缘检测。

（二）动力电池故障类型

动力电池的故障主要分为软故障和硬故障，也就是内部故障和外部故障。内部故障主要包括极板硫化、活性物质脱落、极板栅架腐蚀、极板短路、自放电大、极板弯曲等；外部故障主要包括封胶开裂、壳体裂纹、极柱腐蚀、极柱松动等。本项目主要以电动汽车锂电池故障诊断系统为出发点，研究电池的内部故障。动力电池由于自身结构的复杂性,所以其内部会产生各种各样的故障,其中以极板硫酸盐化、活性物质脱落、自放电大、极板短路为主要的内部故障(见表1)。

表 1 电池故障类型

故障现象	故障特征	故障原因
极板硫酸盐化	电池充电时,电压上升很快,温度上升很快,过早析出气体;电池放电,电压下降快,容量很小	蓄电池不对负载放电,长时间静止存放,其自放电率很高,没有对其进行维护充电;没有及时放过电后的电池进行充电;长期处于欠充电状态;蓄电池经常过放电;电解液干涸,液面较低,加入电解液的浓度过高
活性物质脱落	蓄电池输出容量下降;电池充电时电池电解液浑浊,自底部上升棕褐色物质	初始充电电流过大;充电后期电流过大;过充电时间过长;温度较低时,进行化学反应,造成极板的拱曲;汽车高速行驶,会造成极板弯曲,导致活性物质脱落
自放电	电池在不对负载放电时,静止放置,30天内每昼夜容量降低大于2%	电解液含杂质,极板上下形成电位差导致放电;电池溢出来的电解液覆盖在电池板上,造成电池表面不清洁,长时间会造成电池正负极形成通路;电池两极的活性物质脱落,极板可能因下部沉淀物的堆积而造成短路;蓄电池不经常使用,长期搁置,会造成电池内部硫酸下沉,当下部密度比上部密度大时,上下位形成一定的电位差;栅架内部含有锑
极板短路	电动汽车突然失去启动能力;汽车启动,电解液受热快速喷出;单格短路后蓄电池电阻增加,仪表显示充电电压很低为零;密度上升很慢或无气泡	电池的隔膜损坏,造成活性物质脱落;用到的电解液含有杂质,极板上下部形成电位差

三　动力电池风险评估方法

（一）动力电池热失控状态评估

中国科学院院士、中国电动汽车百人会副理事长欧阳明高在2021年中国电动汽车百人会论坛发表了演讲，认为电池热管理系统效能优化、电池热失控仍是亟须破解的问题，动力锂电池的热安全问题一直是困扰以及制约电动汽车发展的关键问题之一。锂电池单体热失控发生后，导致温度上升，最终引发火灾乃至爆炸，同时连锁导致整个电池组最终均发生热失控，一方面对车辆等财产造成严重损失，另一方面燃烧、烟雾等会使人的生命安全受到危害。在所有的事故原因中，电动汽车起火燃烧爆炸的事件屡有发生，动力锂电池热失控（Thermal Runaway）问题占有很大比例，研究热失控的成因机制及与相关影响参数的关系，利用多源信息诊断与预测预警热失控的状态，并形成预警与对热失控的控制策略从而延缓或避免热失控的发生将具有重要的现实工程意义以及重大的科学意义，也将对动力锂电池在民用车辆、航天航空、军事等领域的进一步发展和应用具有重大价值。

动力锂电池热失控，指的是电池内部温度和电流发生一种累积的互相增强的化学和物理反应而引起的电池损坏，造成不可控现象的发生，这是使用过程中产生热量远大于散发热量而导致电池温度急剧升高引起电池失效的一种形式。热失控初始触发是单个电芯鼓包胀气甚至燃烧，最终体现的是电池包或电池组（PACK）冒烟起火和爆炸两种形式。热失控发生剧烈，危害性高，引起热失控的因素较多，电池在机械滥用、电滥用、热滥用等滥用条件下，会产生异常高温，并引发一系列副反应。副反应随着温度的提升而逐步发生并释放更多的热量，达到一定阶段就很难通过散热抑制电池的升温。热失控触发温度是评判电池热安全性的重要参数。电池热失控发生的化学反应包括正极材料、SEI膜、电解液的分解反应，以及电池各材料之间的相互反应。

目前无法完全利用物理、化学等模型彻底阐释热失控的机制，仍有改进空间，同时也无法对热失控的各个阶段的状态进行有效的控制从而减缓和彻底避免热失控。三种滥用诱发方式之间是必然存在一定联系的，并非完全独立的，可以从另一个角度，利用监测数据作为驱动，数据挖掘与人工智能学习（Artificial Intelligence）的方法将为动力锂电池热失控状态的在线诊断和预警提供可能。从结果出发，以数据为导向，追寻热失控的机理、发生条件、影响因素等。那么综合起来是产热过多造成失控，体现形式是电池短路、内短路、过充、过放、过热。数据挖掘从大量的数据中挖掘出隐含的、先前位置的具有价值的信息或规律，在数据驱动下可以通过目前车载的实际传感器中可监测的多种类数据和参数判断热失控发生风险，包括电压、电流、温度，进一步可以包括气压等，可通过建立精确模型进行有效评估并辅助热失控发生风险的参数包括 SOC、SOH、温升、电阻（内短路）等其他梯度参数。目前已经有大量实验研究动力电池热失控和热管理相关问题，在温度与热失控风险的关系方面，欧阳明高团队总结出了电池热失控的三个典型特征温度，生热起始温度（即稳定的温升开始）、热失控引发温度、热失控达到最高温度，并且做过多种电池实验认为都符合这个规律。

在研究内短路与热失控的风险关系方面，已经有研究证明没有内短路照样有热失控。但是内短路仍然是造成热失控的重要指标之一，或者说内短路发生后是会造成热失控的，因此，需要关注内短路发生后与热失控之间的关联、风险及影响等。

（二）基于充电过程的动力电池容量评估方法

随着电动汽车大规模应用，动力电池的质量经常被市场诟病，衰减快、续航里程短，尤其是自燃问题让市场谈电色变。电动汽车锂电池全生命周期下电池健康状态的精准评估对于提升锂电池整体性能具有重要意义。电动汽车锂电池放电容量、交直流阻抗等参数在实际使用当中难以直接测量，作为输入变量应用于在线评估模型中存在难度，同时传统电池检测时间过长，无法在实际车辆上应用。

基于大数据技术可将电动汽车所有实时数据上传，在大数据平台上对在用电动汽车健康状态进行评估。方案利用电动汽车电池本身充电工作电压、充电时间、充电次数和电池编号数的数据，提出以初始完整充电数据为基础逐步迭代改进健康状态模型参数,用以减小由锂电池性能衰减过程中充电曲线的逐步变化造成的模型偏差。该方案可在电动汽车每次充电完成后在线对电池进行健康状态评估。

该方案在不改变电动汽车控制策略及动力电池不拆卸的状态下,对电池的健康状态进行实时评估,大大缩短检测时间,率先解决了电动汽车使用过程中对电池检测难题,同时为维保、监控、预警等环节提供测试方法,并且为企业及用户实现量化对动力电池的管理和使用,从后市场端的质量监控倒逼整个产业的产品升级。

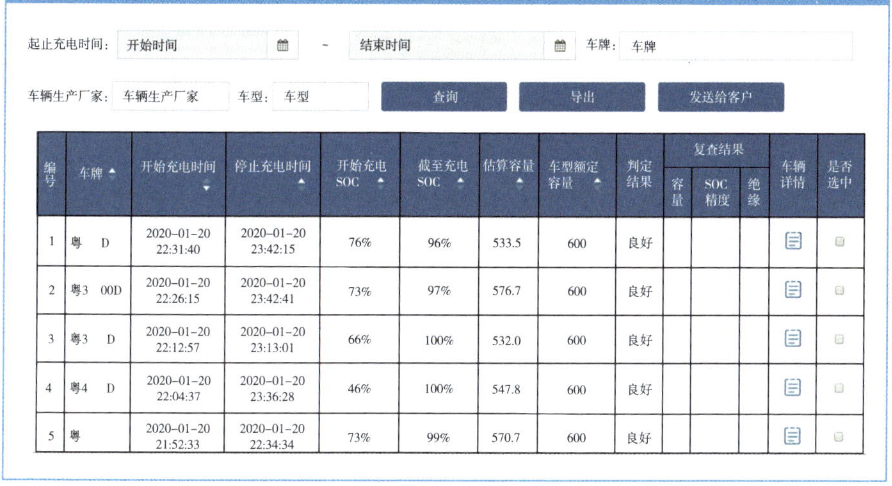

编号	车牌	开始充电时间	停止充电时间	开始充电 SOC	截至充电 SOC	估算容量	车型额定容量	判定结果	复查结果 容量	SOC 精度	绝缘	车辆详情	是否选中
1	粤 D	2020-01-20 22:31:40	2020-01-20 23:42:15	76%	96%	533.5	600	良好				📄	☐
2	粤3 00D	2020-01-20 22:26:15	2020-01-20 23:42:41	73%	97%	576.7	600	良好				📄	☐
3	粤3 D	2020-01-20 22:12:57	2020-01-20 23:13:01	66%	100%	532.0	600	良好				📄	☐
4	粤4 D	2020-01-20 22:04:37	2020-01-20 23:36:28	46%	100%	547.8	600	良好				📄	☐
5	粤	2020-01-20 21:52:33	2020-01-20 22:34:34	73%	99%	570.7	600	良好				📄	☐

图 1 电动汽车电池健康状态评估结果界面

(三)动力电池及充电系统测量精度远程计量保障

2025 年预计充电桩总量达到 450 万个,按照现行充电设施检定规程,一台充电设施需要 40 分钟的检定时间,全国充电设施检定时间超过 300 万小时,远远超过目前全国检定机构的能力。电动汽车上的电池管理系统(BMS)在充电过程中与充电桩同时对充电电压、电流、电能进行实时测量。

图 2　远程计量保障原理示意

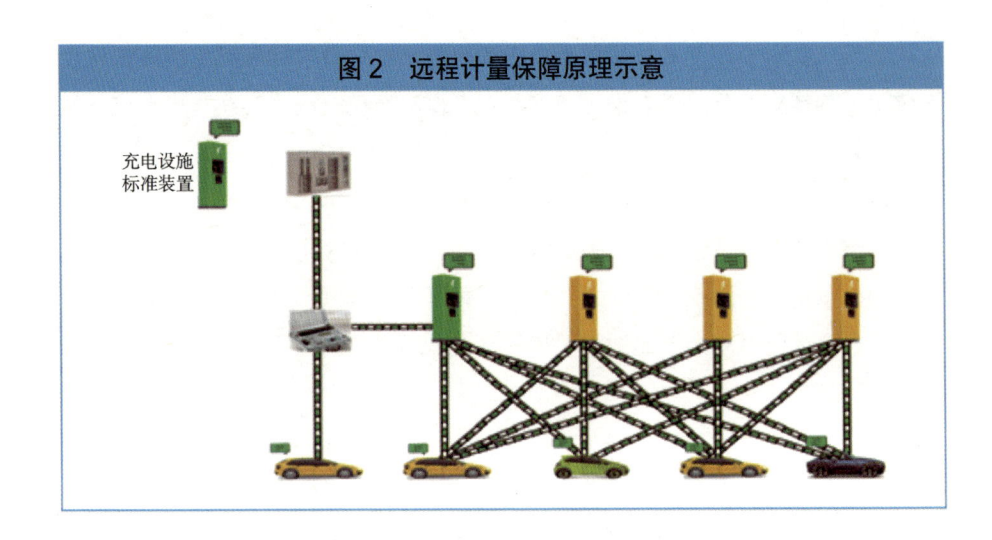

基于大数据技术将"车、桩"数据同步至大数据平台，对新能源汽车 BMS 及充电设施之间的数据进行远程计量保障。计量保障方式原理采用贝叶斯理论的机器学习方法，首先确定一台标准充电桩，"标准桩"作为充电设备可正常为电动汽车提供充电服务，在实际充电过程中标准充电桩与电动汽车 BMS 的测量结果数据进行交互，同时进行校准，通过标准充电桩确定电动汽车 BMS 的测量准确度，成为"标准车"，而后"标准车"通过正常充电过程对其他充电桩进行校准，检测充电过程的充电桩实际输出电信息与充电桩报文中的电信息值，进行验证校准（报文电信息值＝桩示值），计算相对误差，判定计量结果。为了减少校准过程中的精度损失，基于充电桩与电动汽车"多对多"网状结构的大数据训练一个模型去拟合标准器，将"模拟标准器"的误差用于贝叶斯中的前验概率分析，进一步减小远程计量的不确定度。

充电桩远程计量保障借助 5G 技术，使计量检定人员可以远程控制充电桩，完成远程计量，此方案能够显著降低计量成本，缩短量值溯源和传递时间，将固化的周期检定转化为实时在线计量。

（四）动力电池相关参数的风险阈值确定方法

将电池、充电设施故障等级确定成三级故障，见表 2，故障详细定义见表 3。

图3 远程计量结果页面

表2 故障告警级别编码

故障级别分类	编码
人身安全级	1
设备安全级	2
告警提示级	3

表 3　故障详细定义

故障告警类型	编码	故障描述	故障级别分类
充电系统故障	1	交流接触器故障	3
	2	急停	3
	3	电流表通信故障	3
	4	绝缘监测故障	1
	5	绝缘设备通信故障	2
	6	绝缘监测异常	2
	7	绝缘监测模块故障	2
	8	异常掉电	3
	9	烟雾报警告警	1
	10	交流断路器故障	3
	11	直流母线输出接触器故障	2
	12	直流母线输出熔断器故障	2
	13	充电接口电子锁故障	2
	14	充电机风扇故障	3
	15	避雷器故障	2
	16	充电中车辆控制导引告警	2
	17	充电桩过温故障	2
	18	充电枪过温故障	2
	19	充电枪未归位故障	3
	20	BMS 辅助电源异常	3
	21	预充失败告警	2
	22	空闲时直流母线电压异常告警	1
	23	整组模块通信故障	3
	24	泄放电路故障	2
	25	电压不匹配，5% 误差	2
	26	维修门开停止充电	1
	27	后台通信故障	3
	28	车辆充电连接器故障（车报）	2
	29	车辆侧高压继电器故障	2
	30	单模块通信故障	2
	31	充电模块故障	2

续表

故障告警类型	编码	故障描述	故障级别分类
电池系统故障	101	BMS 通信超时	2
	102	电池反接故障	2
	103	充电前电池未连接	3
	104	电池组过压	2
	105	电池组连接器故障（同步）	2
	106	单体电池电压过低	2
	107	单体电池电压过高	2
	108	SOC 异常	2
	109	车辆检测点 2 电压检测故障	2
	110	车辆其他故障	3
	111	车辆侧电流过大	2
	112	车辆侧电压过高	2
	113	电量不能传输	3
	114	电流不匹配	3
	115	车辆侧输出连接器过温故障	2
	116	BMS 元件，输出连接器过温	2
	117	绝缘检测前直流接触器外侧电压异常	2
	118	充电前电池电压检测过低	3
	119	充电前电池电压检测过高	3
	120	动力蓄电池温度过高	2
	121	动力蓄电池绝缘状态	1
	122	蓄电池充电过流告警	2

电池风险阈值分为 3 级，基于现有电池以及充电桩参数以及相关标准，确定 1 级风险阈值；基于历史事故数据，确定变化率等 2 级风险阈值；基于大数据平台，对长期运行的动力电池的电池包各类数据进行预处理，挖掘数据故障特征，建立以日为单位的特征向量和尺度变换后以周为单位的特征向量，建立电池长期性能衰退预测模型，将实时数据带入预测模型，建立 3 级风险阈值，对可疑车辆进行重点关注。

四 动力电池长时间尺度故障预警机制

（一）长时间尺度下故障预警机制

长时间尺度的电池 SOH 评估指的是在电池的全寿命周期使用过程中，随着时间的增加，多个电池逐渐老化、性能逐渐衰退的情况下，对电池的性能进行评估，研究集中在数据分析模型与半经验模型。从长时间尺度评价车载锂离子动力电池系统的性能衰减情况，辨识性能劣化风险，并采取一定的主动安全措施，如预警、保护、及时检定和维护等方式，提高安全性。

1. 容量

在检测环境条件下，使用检测设备按以下步骤检测动力电池系统充电可用容量 C_t'：

（a）通过检测设备或整车（含车载用电设备）放电的方式，将车辆 SOC 调整至小于 30%；

（b）关闭车辆电源，静置 30 min；

（c）使用检测设备对动力电池系统充电；

（d）获取车辆 SOC 在 $[x_1, x_2]$（40% ≤ x_1 < x_2 ≤ 60%，x_2-x_1 ≥ 5%）区间时，动力电池系统充电容量 C_1；

（e）动力电池系统充电至厂商规定的充电截止条件；

注：(e) 项为可选项，视情况进行。

（f）根据以下公式计算动力电池系统充电可用容量 C_t'；

$$C_t' = \frac{C_1}{x_2 - x_1} \tag{1}$$

（g）获取实际初始充电可用容量 C_0，根据以下公式计算当前实际充电可用容量保持率：

$$\eta' = \left(\frac{C_t'}{C_0}\right) \times 100\% \tag{2}$$

2. 内阻

在检测环境条件下，使用检测设备按以下步骤检测动力电池系统直流内阻 DCR'_t：

（a）通过整车（含车载用电设备）充放电的方式，将动力电动系统 SOC 调整至 50%；

（b）关闭车辆电源，静置 30 min；

（c）恒流输出 $0.1I$（A），持续 10s，记录动力电池系统第 10s 的总电压值 U_1 和电流值 I_1；

（d）恒流输出 I（A），持续 10s，记录动力电池系统第 10s 的总电压值 U_2 和电流值 I_2；

注：I 为此时车辆向检测设备请求的充电电流需求值，单位为安培（A）。

（e）根据以下公式计算当前直流内阻；

$$DCR'_t = (U_2 - U_1)/(I_2 - I_1) \tag{3}$$

（f）获取新车下线首次快速法测得的初始直流内阻，根据以下公式计算当前直流内阻增长率

$$\Delta DCR = (DCR'_t/DCR'_0 - 1) \times 100\% \tag{4}$$

3. SOC 估算误差

充电 SOC 估算误差按以下步骤进行：

（a）以 1s 为采样周期，记录车辆 BMS 的 SOC 读数 SOC_n 及检测设备累计容量 C_n；

（b）记录动力电池系统达到充电截止条件时，检测设备累计容量 C_m；

（c）采用地方标准 DB4403/T 20—2019 里的 6.2.1 里的测量方法得到 C'_t；

（d）根据公式计算出每隔 1s 的实际 SOC_m

$$SOC_m = \left(1 - \frac{C_m - C_n}{C'_t}\right) \times 100\% \tag{5}$$

(e）根据以下公式计算充电SOC估算误差：

$$\max(|SOC_m - SOC_n|) \tag{6}$$

（二）短时间尺度下故障预警机制

短时间尺度的电池状态估计指的是在电池全生命周期内单次充放电使用过程中，通过电池曲线特性，对电池荷电状态SOC、电池容量以及SOH等参数进行估算，模型主要研究方向为电化学模型和等效电路模型。在短时间尺度上评价车载锂离子动力电池系统的安全性，防止充电事故的发生。

1. 三级防控预警及管控

对下列情形的电动车需要采取充电三级防控预警措施。

动力电池健康评价结果为黄色。

基于历史事故数据，对于发生过充电起火事故或者风险评估不达标的充电场站进行重点安全风险监控。

基于大数据和充电监控系统，筛选出电动汽车电池系统运行时间达到3年的车辆，进行重点关注。

对于车辆使用性质为货运的车辆或者发生过充电事故车辆同一品牌的其他车辆进行防控预警（见表4）。

表4 三级预警参数及其阈值

预警参数	拟定阈值	说明
电池系统使用时间	$t \geq 3$	电动汽车电池系统运行时间达到3年
充电站充电事故次数	$m \geq 1$	充电场站发生过充电起火事故
车辆充电事故次数	$n \geq 1$	某一品牌车辆发生过充电事故

三级预警管控

车辆停放位置的现场管理人员应加强监控。

车辆停放位置应尽量远离其他车辆。

2. 二级防控预警及管控

对下列情形的电动车需要采取充电二级防控预警措施。

健康评价结果为橙色。

充电过程中电动汽车动力电池出现故障报警，充电机停止充电等情况。

近期充电可用容量波动超过 5%。

充电过程中出现表 5 中的情况

表 5　二级预警参数及其阈值

预警参数	拟定阈值	说明
电池输入电压	U>3.65V（磷酸铁锂）	单体输入电压大于额定工作电压
	U>4.2V（三元）	
电池输入电流倍率	Ic>I	充电桩输出电流大于电池额定电流
荷电状态	SOC>90%	SOC 超过 90%

二级预警管控

确定最大输入电压和输入电流，基于《GB/T 27930-2015 电动汽车非车载传导式充电机与电池管理系统之间的通信协议》进行匹配，若数据异常应紧急告警。

对二级预警充电机采取限流措施，建议充电截止至 SOC90%~95%。

对预警电动汽车提出线下维修检查建议。

3. 一级防控预警及管控

对下列情形的电动车需要采取充电一级防控预警措施。

健康评价结果为红色。

一级防控预警中出现以下情况。

电池最高电压：分析历史充电数据中单体最高电压，进行不同时期充电数据比对，若出现异常数据需进行预警。对于磷酸铁锂电池，预警阈值设为 3.8V；三元材料电池预警阈值设为 4.5V。

单体之间电压差：基于充电数据统计分析，充电过程出现过单体最高电压与最低电压压差超过 300mV 且持续 10s 情况的车辆可能存在电池不一致性问题，需进行预警。

单体最高温度：基于充电数据统计分析，充电过程中多次出现单体最高温度超过 50℃的车辆可能存在电池故障问题，需进行预警。

温升速率：基于历史充电数据，充电过程中多次出现蓄电池温升速率超过 5℃/min 的车辆可能存在电池故障问题，需进行防控预警。

电压锐变：基于历史充电数据，充电过程中多次出现电压降低且对应单体温度升高情况的车辆可能存在电池故障问题，需进行防控预警。

电池容量：基于历史充电数据，将电池微观时间尺度下日常单次片段数据的容量估算模型与宏观时间尺度下全生命周期衰减预测模型相融合，对 SOH 进行在线评估，根据电池容量性能评估设置预警阈值。

限流对应温度变化：充电过程由于充电电流降低电池温度也会轻微变化，基于历史充电数据建立差异模型，对于出现异常数据的车辆进行防控预警（见表 6）。

表 6　二级预警参数及其阈值

预警参数	拟定阈值	说明
电池最高电压	$U>3.8V$（磷酸铁锂）	单体输入电压大于允许的最高电压
	$U>4.5V$（三元）	
单体之间电压差	$\triangle U>300mV$，$t \geq 10s$	单体最高电压与最低电压压差超过 300mV 且持续 10s
单体最高温度	$T \geq 50℃$	单体最高温度超过 50℃
温升速率	$dT/dt>5℃/min$	蓄电池温升速率超过 5℃/min
电压锐变	$\triangle U>20\%$	电压降低超过额定电压的 20%

续表

预警参数	拟定阈值	说明
电池容量	$\triangle C>20\%$	电池容量衰减大于20%
限流对应温度变化	$\triangle T>0$	充电电流降低，电池温度不降反升且持续升高

一级预警管控

当电动汽车出现一级报警时，若 SOC 小于 90%，降低需求电流至 1/3。如果再次出现一级报警立刻停止充电，同时对该车辆进行管控，即使其开至空旷位置，进行进一步观察；如果不再出现一级报警，则采取二级管控措施。

当电动汽车出现一级报警时，若 SOC 大于 90%，立刻停止充电，同时对该车辆进行管控，即使其开至空旷位置，进行进一步观察。

综合应用篇 | 基于新能源汽车环境适应性的整车能量流测试研究报告

◎赵智超 欧阳 李路 王毅 付建勤*

* 赵智超，博士，中国汽车工程研究院股份有限公司，高级专家，高级工程师，主要研究方向为整车能量管理与低能耗技术应用；欧阳，博士，中国汽车工程研究院股份有限公司，技术研究部副部长，高级工程师，主要研究方向为整车深度测试评价等；李路，中国汽车工程研究院股份有限公司，动力系统开发工程师，主要研究方向为整车能量流测试优化技术；王毅，博士，中国汽车工程研究院股份有限公司，主要研究方向为新能源汽车热管理控制技术；付建勤，博士，湖南大学副教授，主要研究方向为新能源动力系统性能数值化开发。

摘　要：针对整车与系统部件开发、验证体系差异性，以及当前新能源汽车能耗与续航里程的环境适应性问题，中国汽研基于多源信息融合测试技术，开展典型新能源电动车常温和高、低温环境下的能量流测评分析。研究发现，纯电动车能耗与续航里程在高、低温环境下的衰减问题仍比较突出。尤其是在低温环境下，续航里程衰减40%~50%，能耗增加45%~80%。基于实车能量流分布特性与关键系统部件能效分析，对影响高、低温环境下续航与能耗水平的因素进行分析，主要包含系统部件性能衰减、控制策略以及热管理系统功耗三个方面。

关键词：能耗　续航里程　整车能量流　环境适应性　新能源汽车

一 研究背景与意义

（一）研究背景

在国内外新能源汽车开发和产业化过程中，测试评价体系与技术一直是备受关注的研究重点。其中，包含美国、日本、欧洲等在内的汽车产业发达国家和地区，在聚焦新能源汽车开发技术的同时，也在不断完善测试评价技术来推动新能源汽车产业发展。通常而言，以往的测试评价工作主要围绕国家标准化组织要求的测试内容展开，主要涉及动力性、经济性等整车级测试，以及动力电池、电机、电控系统的关键零部件性能测试。

然而，正是由于整车与系统/部件开发验证体系的独立性和差异性，整车性能表现往往不能达到开发预期，即存在"优秀系统/部件≠优秀整车"的现象。在工况层面，整车动力经济性开发验证基于整车行驶工况，如聚焦能耗维度，采用WLTC、CLTP、NEDC、实际道路工况等。系统/部件开发验证则基于对应的国/行/企标，为单体/系统级工况和目标体系，如电机效率、传动效率、DC/DC效率、电池充放电性能等，均在单体台架/设备上，按标准约定工况执行；在状态层面，受车载部件工作状态（如温度、压力、流量和负载等）、控制策略、系统集成水平等影响，系统/部件在整车集成状态与单体状态下的性能差异大，如温度对电池性能、电机效率和传动效率的影响，低压系统功率（负载率）对DCDC效率的影响等。

针对上述问题，需从整车能量管理角度出发，建立可综合考察整车性能、系统/关键零部件性能以及控制策略关联性的测评体系，反映整车状态下各系统/关键零部件的实际性能和协同状态。西门子联合LMS开发了整车能量管理测试分析平台，采用"整车能量流测试与多物理场集成仿真耦合"的手段辅助新能源汽车精细化开发，其包含功能较为完善的整车能量管理测试系统和集成分析软件，可实现整车能量流分析、整车能量管理策略解析、控制策略在线验证（MIL、HIL）、动力系统能耗分析等功能，建立了相对成熟的技术服务体系。

（二）研究意义

经过多年的自主研发体系建设和技术积累，中国汽车工程研究院股份有限公司（以下简称"中国汽研"）已具备完整的新能源整车及电机、电池、电控等关键零部件测评技术能力。此外，聚焦新能源汽车能耗与环境适应性问题，开展了大量基于"构型 - 策略 - 工况 / 环境"的多维度能量流对标测试，剖析能量的产损、传递 / 转换过程与影响机制，量化评价关键系统 / 部件的工作状态和能效。基于此，建立了整车状态下的系统部件性能评价体系 / 数据库，辅助竞品对标分析，支撑概念设计阶段的系统零部件选型匹配、目标分解与指标管控，为整车性能精细化开发提供数据支撑。一方面，可全面了解车型能量消耗分布情况，可快速、定量地锁定样车与标杆车型的能耗差异，准确识别优化方向；另一方面，可搭建并校核能量流分析模型，精确评估各项改进措施的优化贡献，以及对车辆其他属性的影响，寻求综合优化方案。

二 测试评价方法

（一）多源信息融合采集平台

整车能量流测试"机 - 电 - 热 - 液"的测量，涉及多类型传感器的同步、有效采集。中国汽研基于在测试领域的多年深耕，研发了多源信息融合采集平台，平台结构示意如图1所示。平台包含四种类型模块，即CAN模块、PT100模块、K模块以及模拟量模块，信号类型涵盖数字量、模拟量和总线信号，模块供电为外部供电，模块间用火线连接以进行时钟同步，在上位机中统一进行I/O口定义及传感器参数匹配。平台采用模块化管理，可根据不同测量场景进行调节；该平台现具备248通道，采集频率0~300HZ的能力，满足不同测试场景下的测试需求。

图 1 平台结构示意

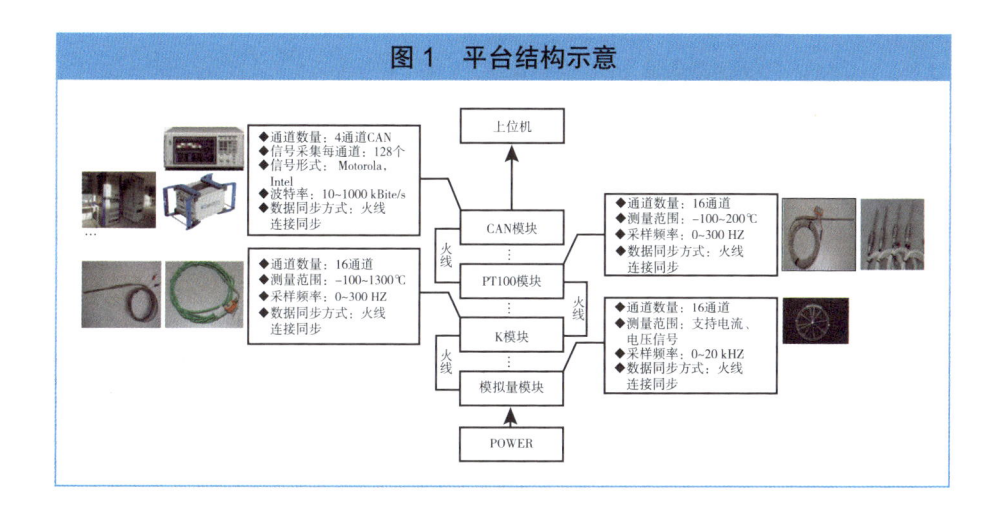

（二）能量分解测试方法

1. 整车能量测评指标

基于纯电动汽车、混合动力汽车的能量形式与传递路径，综合整车状态下发动机、电驱动系统、高/低压系统用电器、热管理系统等关键系统部件的能量平衡和关联影响机制，代表性的能量流评价指标如图 2 所示，包含整车级、总成级及系统/部件级的分解指标。

①整车级：风阻、滚阻能耗、加/减速能耗；

②总成级：电驱动总成、发动机总成、电池包总成；

③系统/部件级：DC/DC、OBC、空调压缩机、电池/暖风 PTC、风扇、水泵、鼓风机等。

2. 能量分解测试方法

根据新能源整车的典型能量流特征，其中共涉及各系统/部件的电能、机械能及热能三类能量形式，其分解分析方法如表 1 所示。

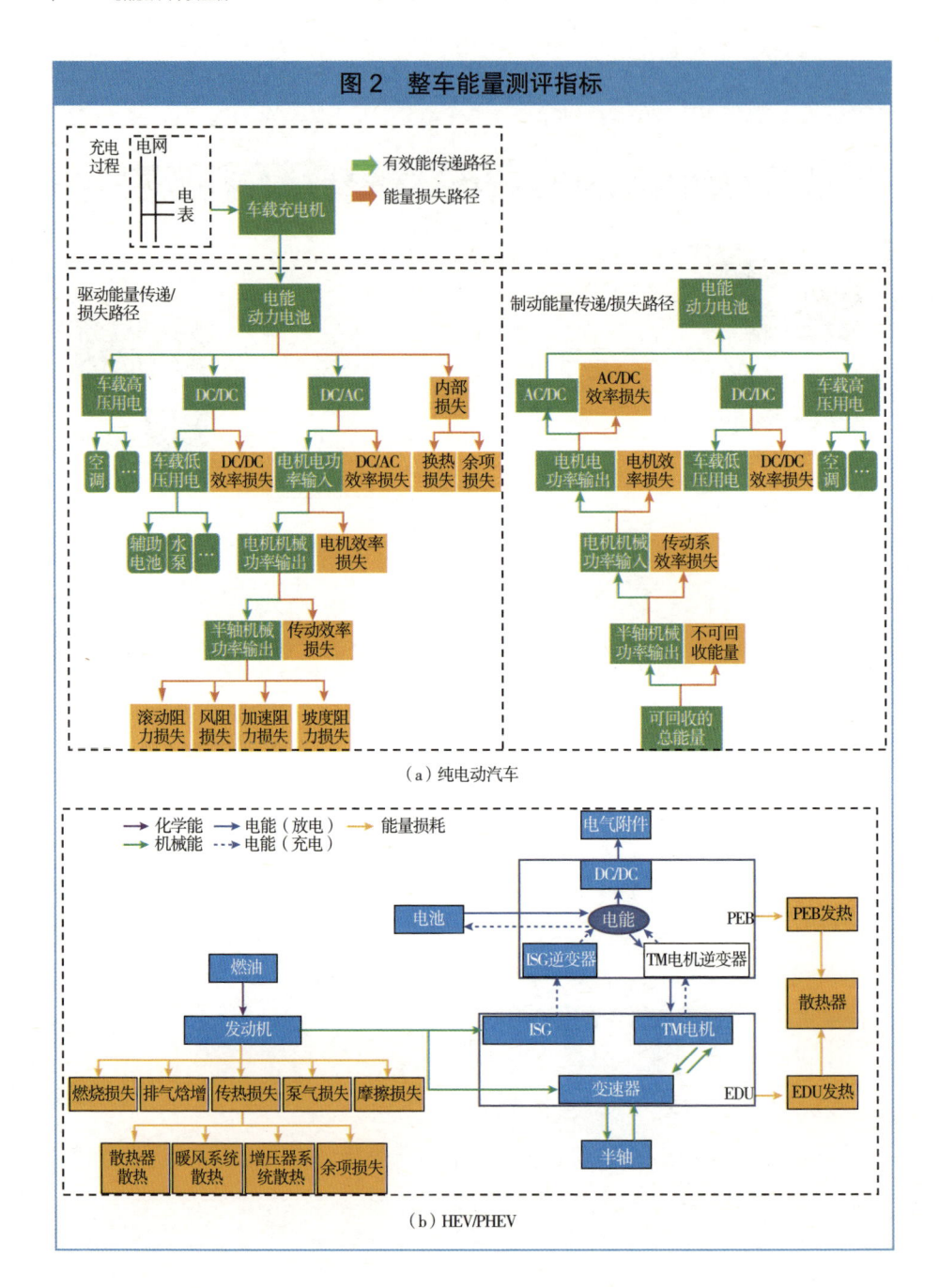

图 2 整车能量测评指标

(a) 纯电动汽车

(b) HEV/PHEV

表 1　能量分解测试方法

多物理场能量类型	系统/部件	测试信号		分解计算方法	备注
		信号名称	信号来源		
电能	MCU	输入/出端电流(I)	电流传感器	$Q=\int_{0}^{t1} U \cdot I$	/
		输入/出端电压(U)	电压传感器		/
	充电桩/电网	电网输入能量	电表	/	/
	电池/乘员舱PTC	输入端电流(I)	电流传感器	$Q=\int_{0}^{t1} U \cdot I$	/
		输入端电压(U)	电压传感器		/
	空调压缩机	输入端电流(I)	电流传感器	$Q=\int_{0}^{t1} U \cdot I$	/
		输入端电压(U)	电压传感器		/
	DC/DC	输入/出端电流(I)	电流传感器	$Q=\int_{0}^{t1} U \cdot I$	/
		输入/出端电压(U)	电压传感器		/
	电子水泵	输入端电流(I)	电流传感器	$Q=\int_{0}^{t1} U \cdot I$	/
		输入端电压(U)	电压传感器		/
	……				

续表

多物理场能量类型	系统/部件	测试信号 信号名称	测试信号 信号来源	分解计算方法	备注
机械能	电机输出	电机转速（S）	总线	$Q=\int_0^{tl} \frac{S \cdot T}{9550}$	输出端扭矩测量视实际情况确定
机械能	电机输出	电机扭矩（T）	总线/传感器	$Q=\int_0^{tl} \frac{S \cdot T}{9550}$	输出端扭矩测量视实际情况确定
机械能	发动机输出	发动机转速（S）	总线	$Q=\int_0^{tl} \frac{S \cdot T}{9550}$	输出端扭矩测量视实际情况确定
机械能	发动机输出	发动机扭矩（T）	总线/传感器	$Q=\int_0^{tl} \frac{S \cdot T}{9550}$	输出端扭矩测量视实际情况确定
机械能	半轴	半轴转速（S）	计算	$Q=\int_0^{tl} \frac{S \cdot T}{9550}$	半轴转速利用前端转速和速比计算
机械能	半轴	半轴扭矩（T）	传感器	$Q=\int_0^{tl} \frac{S \cdot T}{9550}$	半轴转速利用前端转速和速比计算
传热	散热器换热	散热器进/出水流量（Q）	传感器	$Q=\int_0^{tl} Q \cdot \rho \cdot C_P \cdot (T_{in}-T_{out})$	/
传热	散热器换热	散热器进/出水温度（T_{in}/T_{out}）	传感器	$Q=\int_0^{tl} Q \cdot \rho \cdot C_P \cdot (T_{in}-T_{out})$	/
……					

三　纯电动汽车能量流测试分析

（一）测试概述

针对当前纯电动车型产业化过程中的环境适应性问题，中国汽研聚焦电动车能耗与续航衰减分析，选取了国内外 4 款典型量产纯电乘用车（其中，国内外车型各选取 2 款），开展了不同环境下的能量流测试分析。测试车辆信息与测试条件分别如表 2、表 3 所示。

表 2　测试车型信息

参数分类	参数名称	单位	车型信息			
			车型 A	车型 B	车型 C	车型 D
整车	长/宽/高	mm	4170/1770/1600	5037/2070/1684	4445/1770/1550	4600/1870/1700
	整备质量	kg	1625	2441	1556	2070
	驱动方式	—	前置前驱/单电机	电动四驱/双电机	前置前驱/单电机	前置前驱/单电机
	续航里程	km	—	/	/	400
电机	功率/扭矩	—	150kW/360N·m	386kW/525N·m	70kW/270N·m	160kW/310N·m
动力电池	电量	kW·h	60	60	40	62
	类型	—	锂电池	三元锂	镍铝锰酸锂	镍钴锰酸锂
轮胎	规格	—	215/50 R17	255/45 R20	225/50 R17	235/50 R19
	胎压	kPa	—	—	—	230
变速箱	—	—	单级减速	单级减速	单级减速	单级减速

表 3　测试工况信息

序号	循环	环境温度（℃）	SOC（%）	驱动模式	空调状态
1	WLTC 循环	低温 -7	100	ECO	开
2		常温 25	100	ECO	关
3		高温 35	100	ECO	开

（二）整车能量流分布特性

1. 车型 A 测试分析

常温（25℃）WLTC 工况下，实测续航里程与电耗分别为 395km 和 16.7kW·h/100km；低温 -7℃环境下，续航里程为 204km，衰减 48%，能耗为 30.4kW·h/100km，增加 81%；高温 35℃环境下，续航里程为 268km，衰减 32%，能耗为 25kW·h/100km，增加 49%（见图 3）。

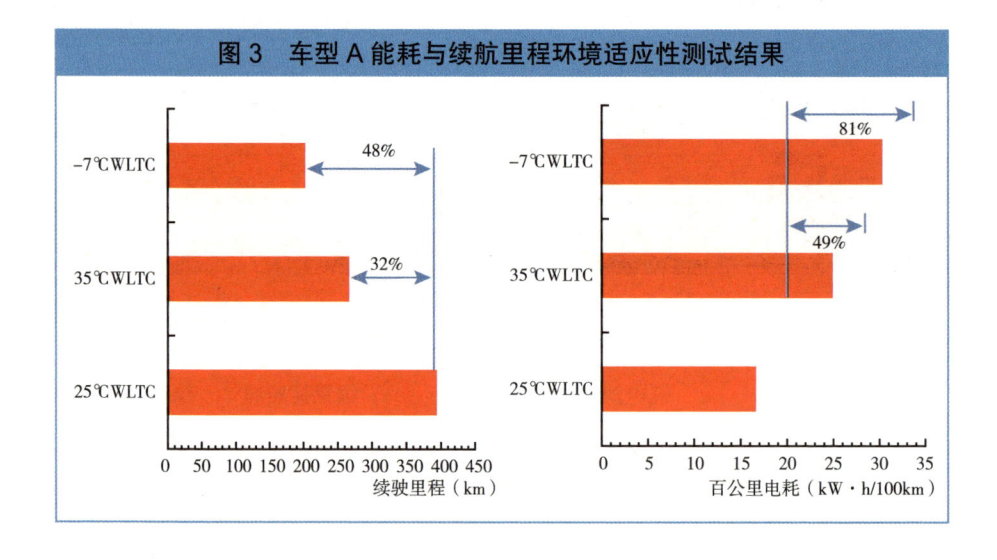

图 3 车型 A 能耗与续航里程环境适应性测试结果

从实测整车能量流分布来看，常温驱动工况，电池所放出电能传递至半轴端用于整车驱动的能量占比接近 87%，电驱动总成能耗损失占比（MCU/ 电机 / 减速器）接近 10%。减速制动工况下，参考半轴端最大可回收制动能量，电池端回收能量占比接近 88%，电驱动总成能耗损失占比接近 9%。

高、低温环境下，驱动工况下半轴端有效驱动能量占比分别为 71% 和 67%，电驱动总成能耗较常温工况变化不大，占比接近 7%~8%，主要差异在于高低温环境下，热管理系统能耗显著提升。其中，针对高温与低温环境，主要的功耗部件又分别集中于空调系统的暖风 PTC 和空调压缩机，驱动工况能耗占比分别达到 18% 和 19%，减速制动工况能耗占比分别达到 34% 和 29%，且此

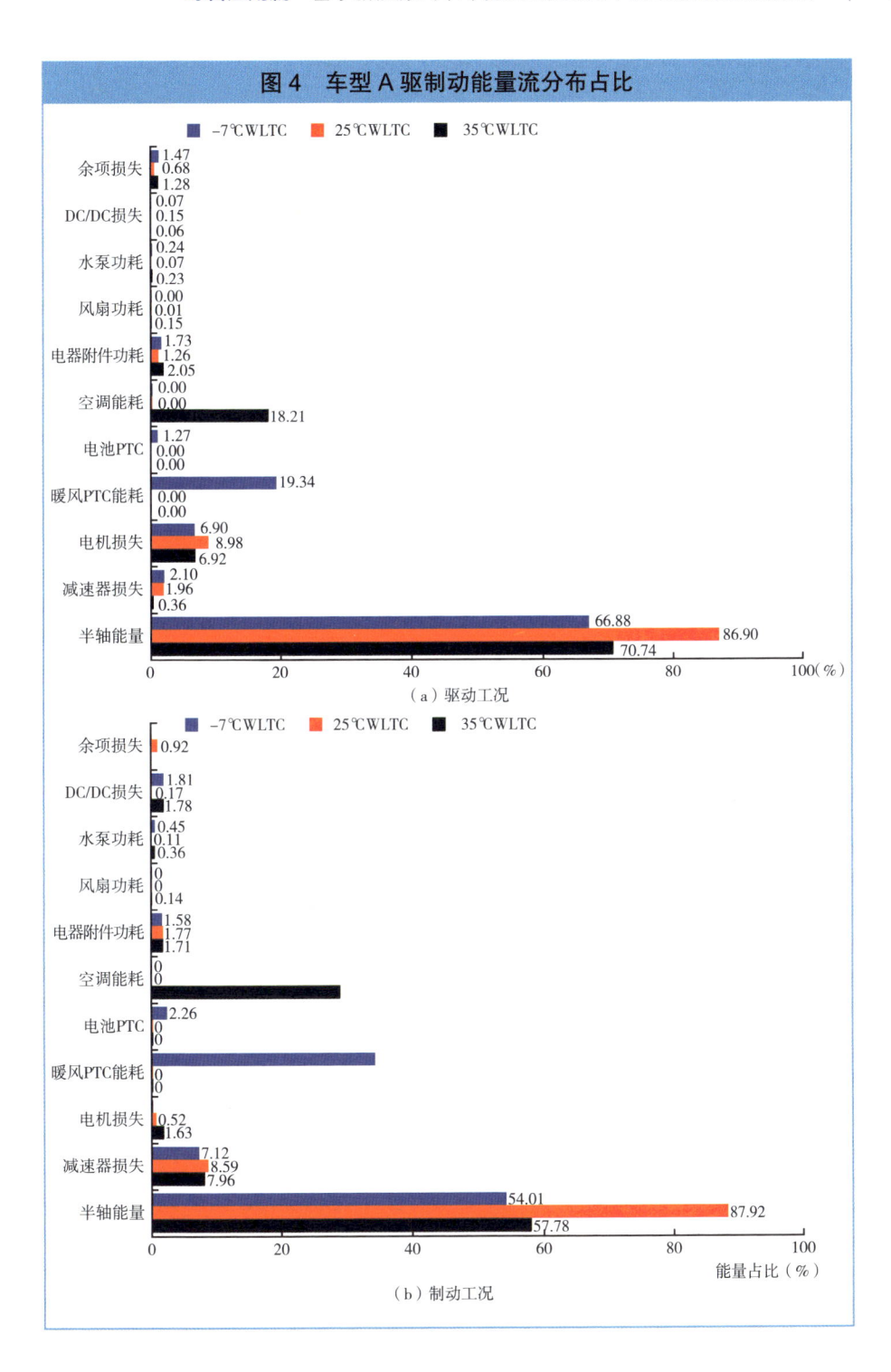

图 4　车型 A 驱制动能量流分布占比

项目	−7℃WLTC	25℃WLTC	35℃WLTC
余项损失	1.47	0.68	1.28
DC/DC损失	0.07	0.15	0.06
水泵功耗	0.24	0.07	0.23
风扇功耗	0.00	0.01	0.15
电器附件功耗	1.73	1.26	2.05
空调能耗	0.00	0.00	18.21
电池PTC	1.27	0.00	0.00
暖风PTC能耗	19.34	0.00	0.00
电机损失	6.90	8.98	6.92
减速器损失	2.10	1.96	0.36
半轴能量	66.88	86.90	70.74

(a) 驱动工况

项目	−7℃WLTC	25℃WLTC	35℃WLTC
余项损失	0.92		
DC/DC损失	1.81	0.17	1.78
水泵功耗	0.45	0.11	0.36
风扇功耗	0	0	0.14
电器附件功耗	1.58	1.77	1.71
空调能耗		0	0
电池PTC	2.26	0	0
暖风PTC能耗		0	0
电机损失	0.52		1.63
减速器损失	7.12	8.59	7.96
半轴能量	54.01	87.92	57.78

(b) 制动工况　　　能量占比(%)

时回收电量往往不足以支撑 PTC 和空调压缩机能量消耗，动力电池在部分工况持续放电。

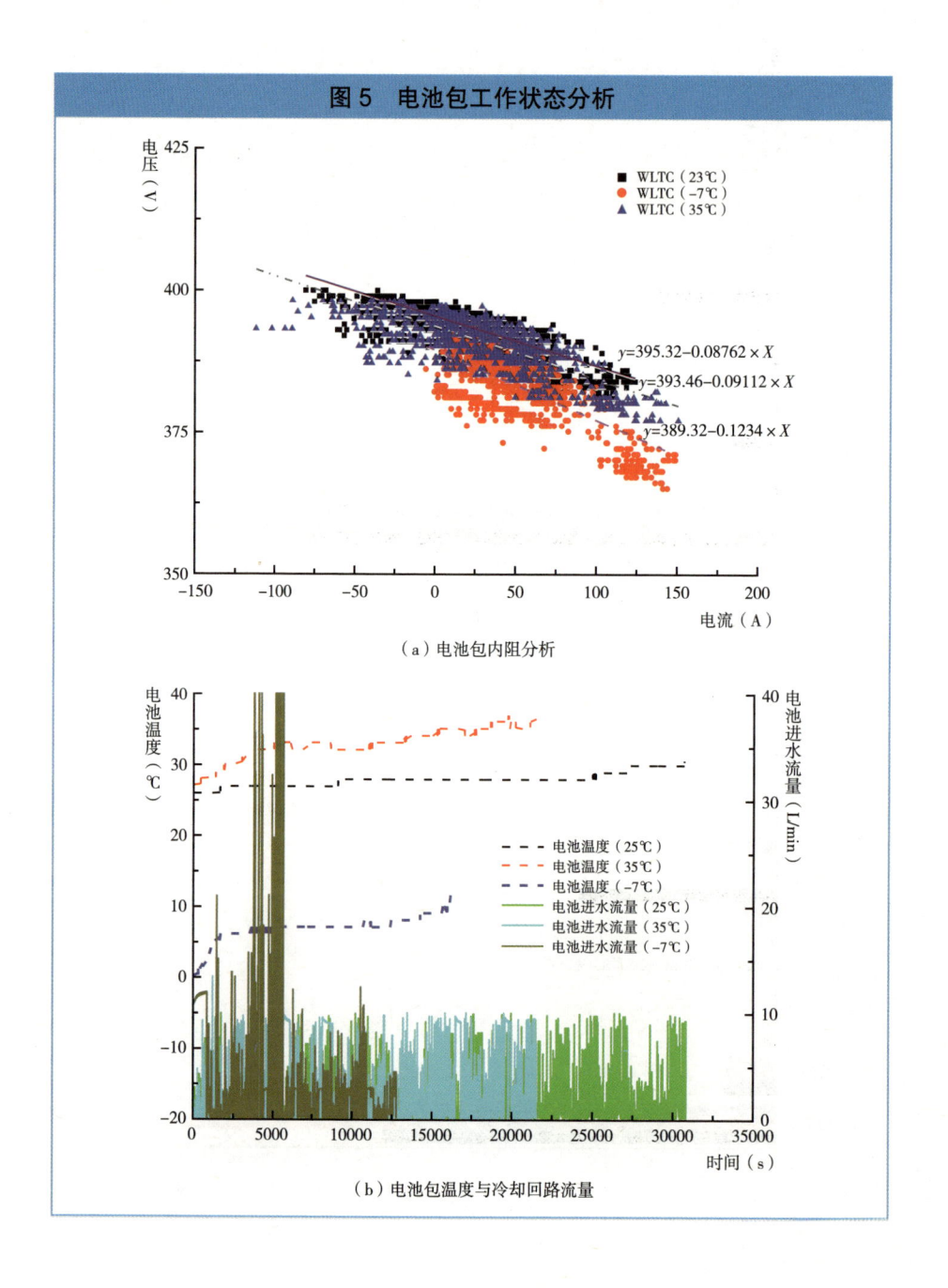

图 5 电池包工作状态分析

(a) 电池包内阻分析

$y=395.32-0.08762 \times X$
$y=393.46-0.09112 \times X$
$y=389.32-0.1234 \times X$

(b) 电池包温度与冷却回路流量

基于电池包等效内阻模型分析，将各温度环境下 WLTC 工况的电池包母线电流、电压进行拟合可见，电池包等效内阻在高温与低温下均有所升高。对于车型 A，常温环境电池包平均温度在 25~30℃，冷却/加热回路流量 0~10L/min，等效内阻约为 87.6mΩ；高温环境电池包平均温度在 27~37℃，冷却/加热回路流量 0~10L/min，等效内阻约为 91.1 mΩ；低温环境电池包平均温度在 0~10℃，冷却/加热回路流量 0~40L/min（水泵标定转速调节），等效内阻约为 123.4 mΩ。

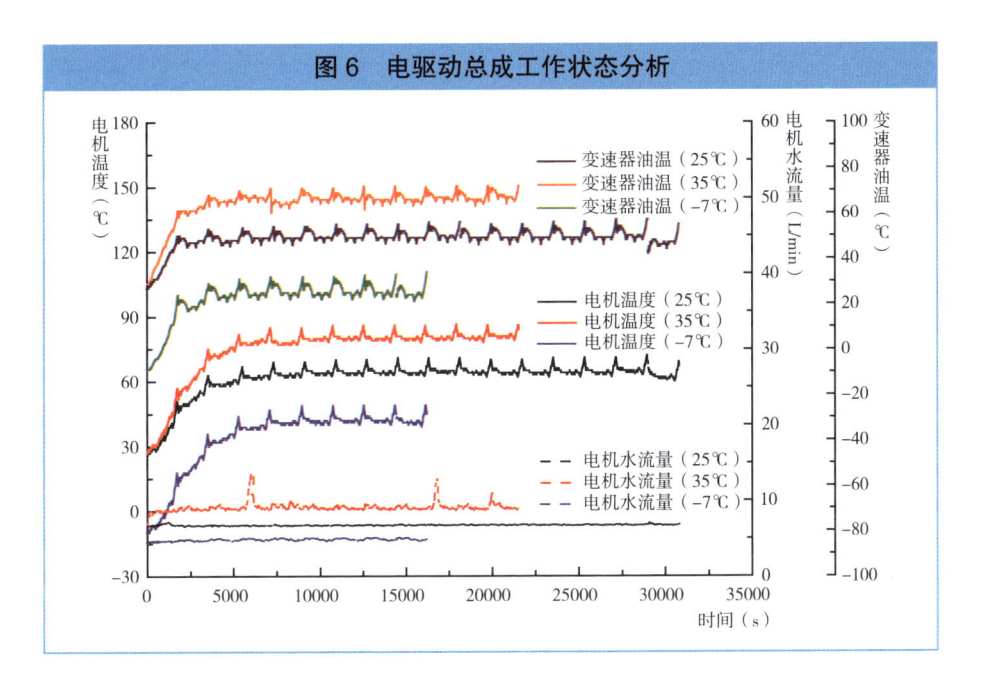

图 6 电驱动总成工作状态分析

针对电驱动总成，在各温度环境下均达到热平衡状态，电机与减速器工作温度随循环工况热负荷变化而跟随变化。对于车型 A，常温环境电机平均温度在 63~72℃，冷却回路流量 7L/min，减速器油温在 50~60℃；高温环境电机平均温度在 75~85℃，冷却回路流量 8~13L/min（水泵标定转速调节），减速器油温在 60~70℃；低温环境电机平均温度在 40~50℃，冷却回路流量 5L/min，减速器油温在 20~30℃。

2. 车型 B 测试分析

常温（25℃）WLTC 工况下，实测续航里程与电耗分别为 256km 和 26kW·h/100km；低温 -7℃ 环境下，续航里程为 163km，衰减 36.3%，能耗为 40kW·h/100km，增加 53.9%；高温 35℃ 环境下，续航里程为 198km，衰减 22.7%，能耗为 34kW·h/100km，增加 30.8%（见图 7）。

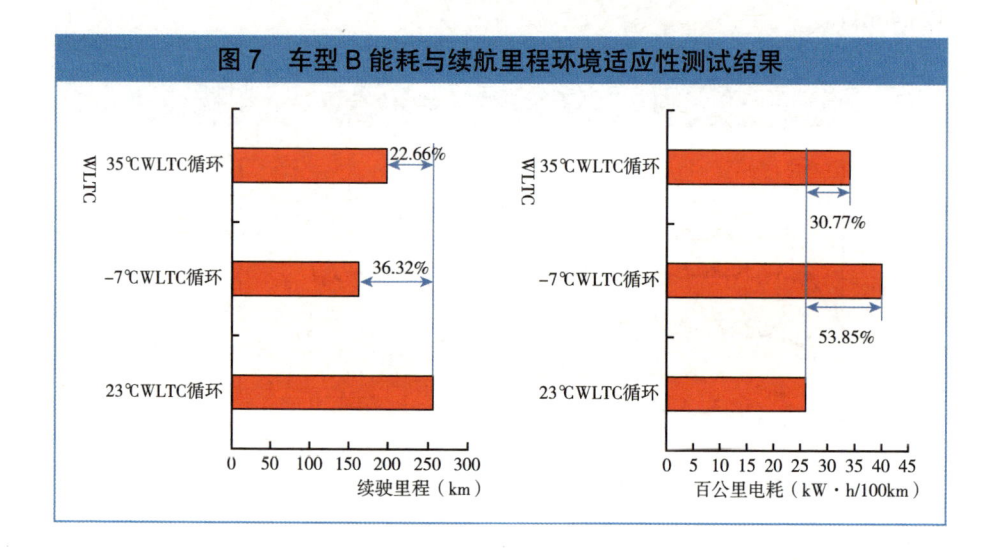

图 7　车型 B 能耗与续航里程环境适应性测试结果

从实测整车能量流分布来看，常温驱动工况，电池所放出电能传递至半轴端用于整车驱动的能量占比接近 79%，其中前、后轴能量分配比约为 1.2∶1。就能耗损失而言，电驱动总成能耗损失占比接近 18.6%，为主要的能耗来源，与有效驱动能量分配比相近，前、后电驱动总成损失比例约为 1.4∶1；减速制动工况，主要依靠前电驱总成进行能量回收，电池端回收能量占比接近 75.8%，电驱动总成能耗损失占比接近 20.2%。

高、低温环境下，驱动工况下半轴端有效驱动能量占比分别为 62% 和 60.5%，两者接近。从能量分配的角度而言，高温工况下前后电机能量比为 1∶1，低温工况下主要是前电机驱动，能量比为 5∶1。就能耗损失而言，电驱动总成能耗较常温工况变化不大，占比接近 17%~18%。续航与能耗的衰减原因在于高低温环境下，热管理系统能耗显著提升。其中，高、低温环境下热管

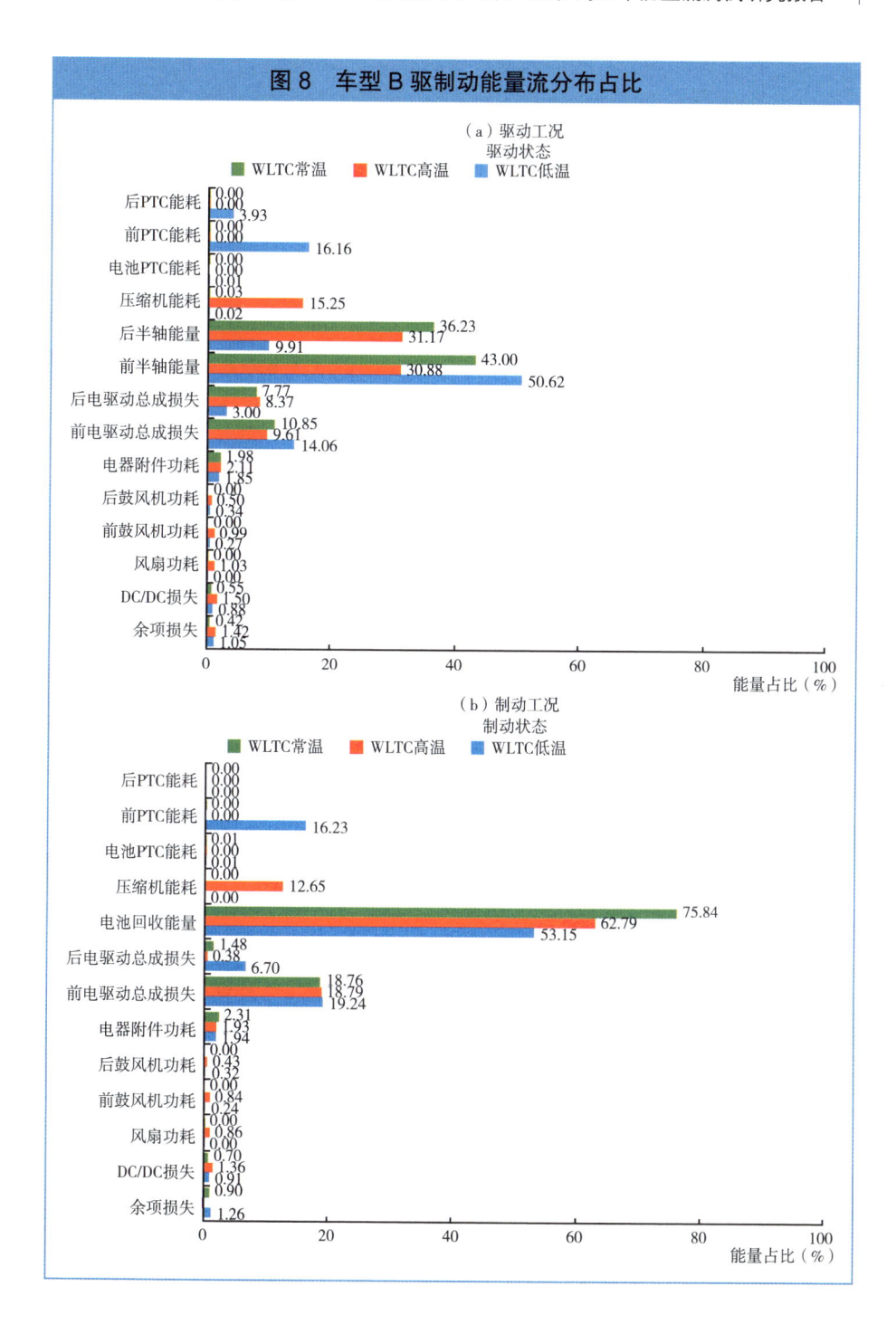

图 8 车型 B 驱制动能量流分布占比

(a) 驱动工况

理系统的主要功耗部件分别为空调系统的暖风 PTC 和空调压缩机，驱动工况能耗占比分别达到 16.2% 和 15.3%，减速制动工况能耗占比分别达到 16.2% 和 12.7%，且此时回收电量往往不足以支撑 PTC 和空调压缩机能量消耗，动力电池在部分工况在持续放电。

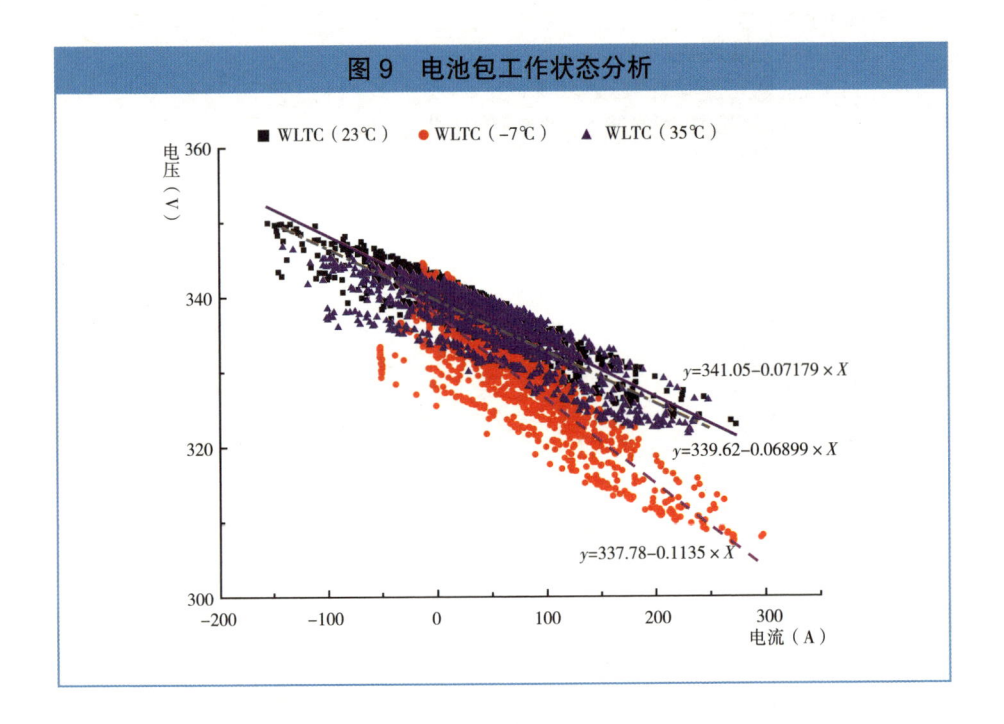

图 9　电池包工作状态分析

基于电池包等效内阻模型分析，对于车型 B，常温环境电池包等效内阻约为 69mΩ；高温环境电池包等效内阻约为 72mΩ；低温环境电池包等效内阻约为 113.5mΩ。

针对电驱动总成，由于车型 B 的热管理系统包含电池包冷却/加热回路、电驱动冷却回路、电机余热回收回路、空调系统冷却及冷却水回路，换热 chiller 一体化集成设计，架构与控制策略复杂度与耦合度较高，流量范围分布较广。常温环境电机冷却回路流量 5~15L/min；高温环境电机冷却回路流量 5~17L/min；低温环境电机冷却回路流量 5~10L/min。

图 10　电驱动总成工作状态分析

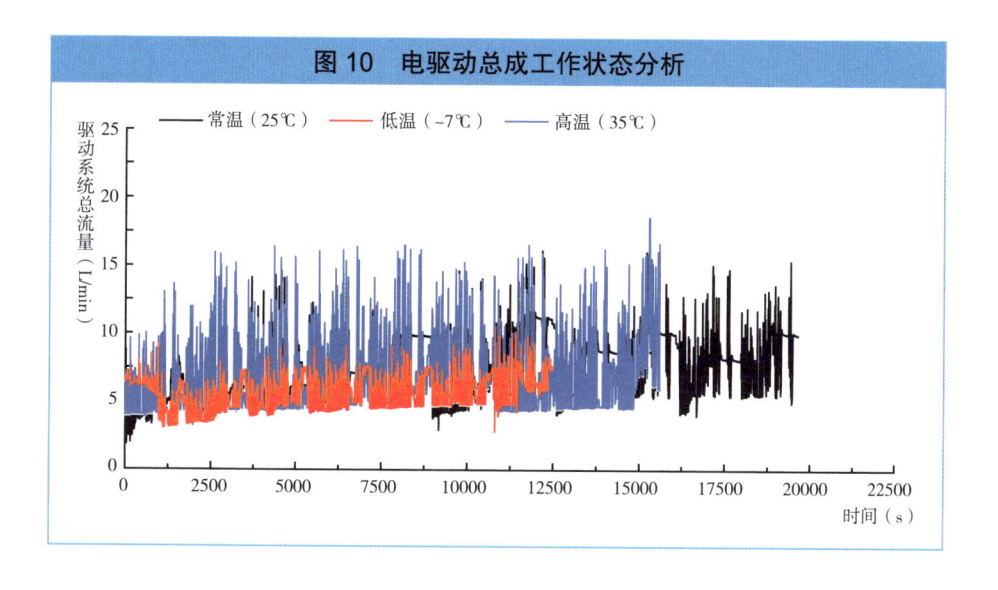

3. 车型 C 测试分析

常温（25℃）WLTC 工况下，实测续航里程与电耗分别为 262km 和 17.48kW·h/100km；低温 -7℃ 环境下，续航里程为 139km，衰减 47%，能耗为 31.01kW·h/100km，增加 77%；高温 35℃ 环境下，续航里程为 228km，衰减 13%，能耗为 20.13kW·h/100km，增加 15%（见图 11）。

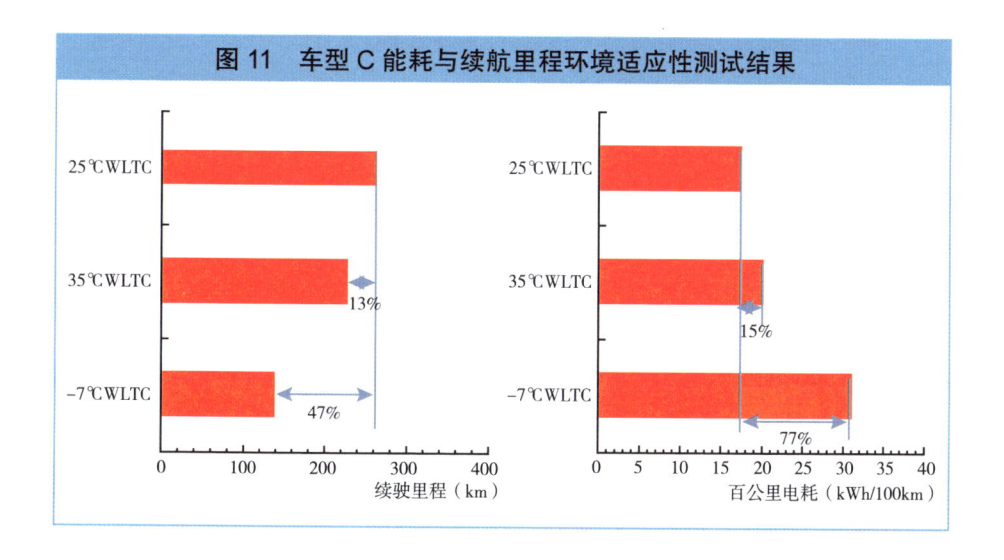

图 11　车型 C 能耗与续航里程环境适应性测试结果

从实测整车能量流分布来看，常温驱动工况，电池所放出电能传递至半轴端用于整车驱动的能量占比 83.25%，传动系统损失 5.33%。减速制动工况下，参考半轴端最大可回收制动能量，电池端回收能量占比 86.32%，主要得益于车型 C 所采用的单踏板技术，相对较大程度地回收了整车的减速制动能量；高、低温环境下，驱动工况下半轴端有效驱动能量占比分别为 76.90% 和 61.64%，传动系统损失较为接近，为 5% 左右，热管理系统能耗显著提升。其中，针对高温与低温环境，主要的功耗部件又分别集中于空调系统的暖风 PTC 和空调压缩机，驱动工况能耗占比分别达到 21.58% 和 9.29%，减速制动工况能耗占比分别达到 24.38% 和 10.98%（见图 12）。

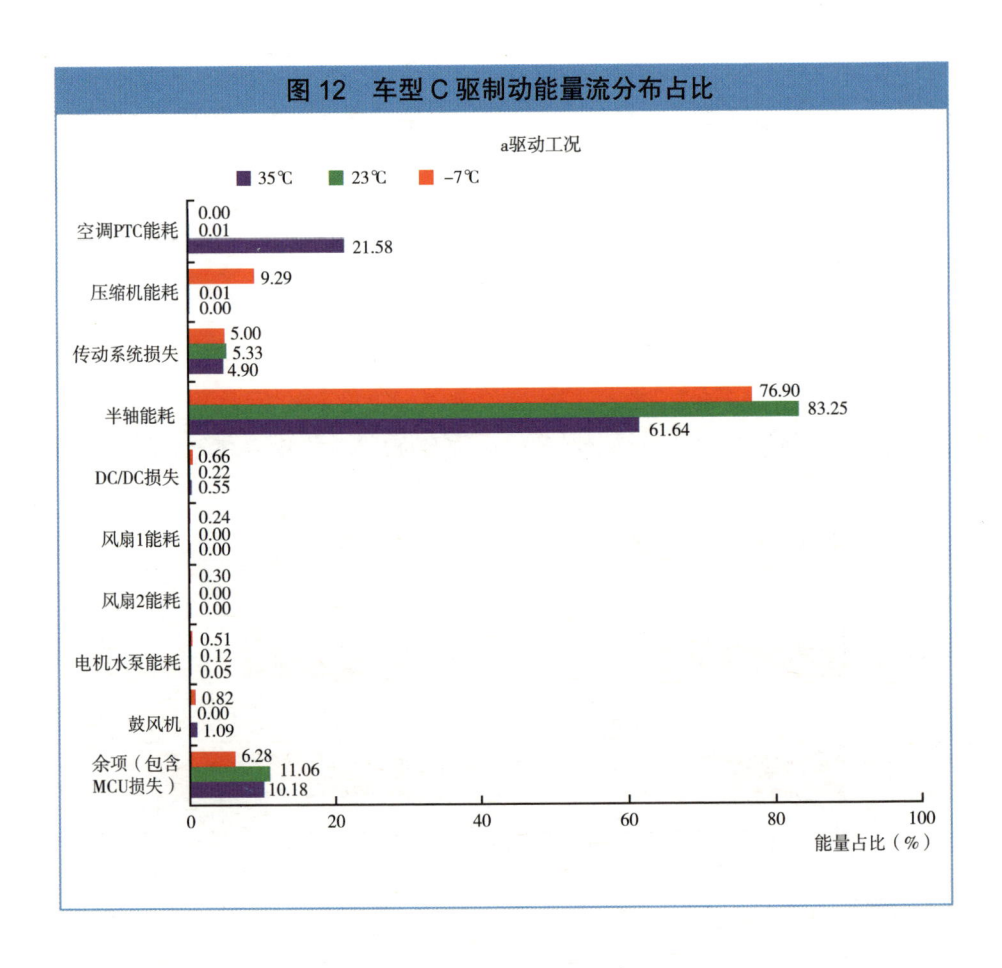

图 12 车型 C 驱制动能量流分布占比

a 驱动工况

部件	35℃	23℃	−7℃
空调PTC能耗	0.00	0.01	21.58
压缩机能耗	0.01	0.00	9.29
传动系统损失	5.00	5.33	4.90
半轴能耗	83.25	76.90	61.64
DC/DC损失	0.66	0.22	0.55
风扇1能耗	0.24	0.00	0.00
风扇2能耗	0.30	0.00	0.00
电机水泵能耗	0.51	0.12	0.05
鼓风机	0.82	0.00	1.09
余项（包含MCU损失）	6.28	11.06	10.18

能量占比（%）

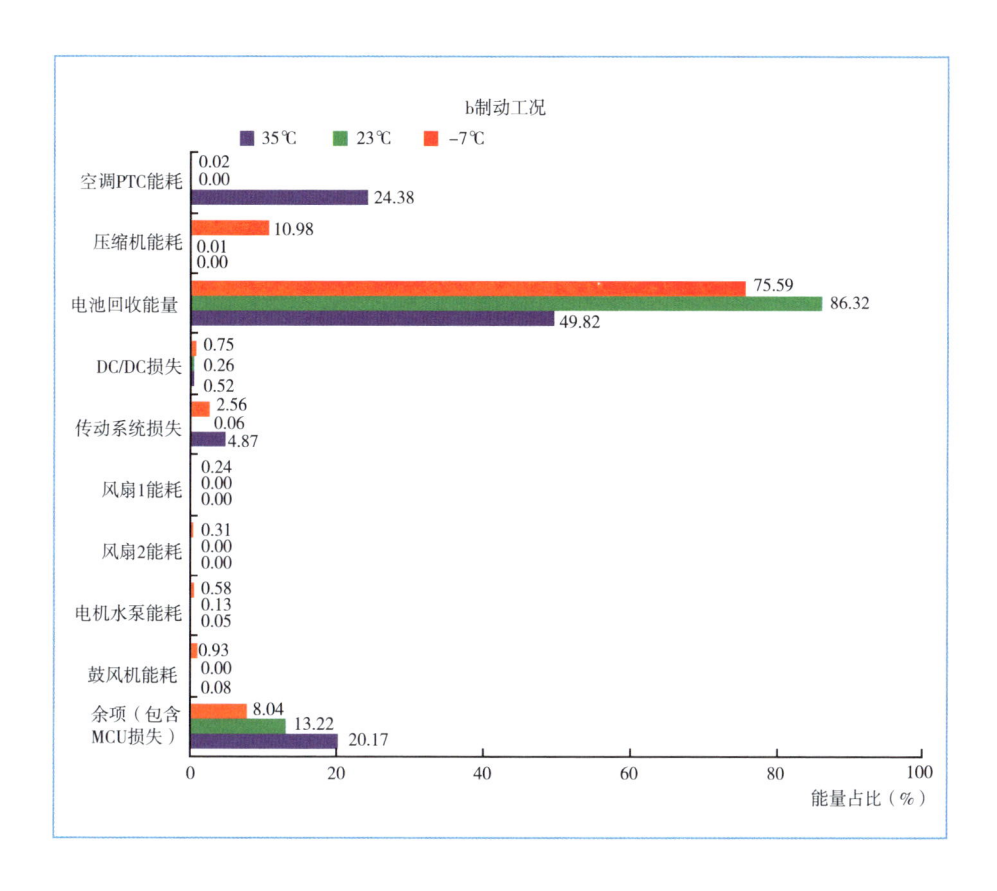

综合应用篇 基于新能源汽车环境适应性的整车能量流测试研究报告

b 制动工况

项目	35℃	23℃	−7℃
空调PTC能耗	24.38	0.00	0.02
压缩机能耗	0.00	0.01	10.98
电池回收能量	49.82	86.32	75.59
DC/DC损失	0.52	0.26	0.75
传动系统损失	4.87	0.06	2.56
风扇1能耗	0.00	0.00	0.24
风扇2能耗	0.00	0.00	0.31
电机水泵能耗	0.05	0.13	0.58
鼓风机能耗	0.08	0.00	0.93
余项（包含MCU损失）	20.17	13.22	8.04

能量占比（%）

基于电池包等效内阻模型分析，车型 C 的内阻整体偏大，与电池包集成水平相关，同时其采用风冷技术，导致电池包无法进行适宜工作温度的调配有关，常温环境电池包等效内阻约为 136mΩ；高温环境电池包等效内阻约为 156mΩ；低温环境电池包等效内阻约为 305mΩ（见图 13）。

针对电驱动总成，在各温度环境下均达到热平衡状态，电机与减速器工作温度随循环工况热负荷变化而跟随变化。对于车型 C，常温环境电机平均温度在 50~70℃，冷却回路流量 6~13L/min（水泵标定转速调节）；高温环境电机平均温度在 55~75℃，冷却回路流量 17L/min，工作点稳定；低温环境电机平均温度在 15~40℃，冷却回路流量 5L/min（见图 14）。

图 13　电池包工作状态分析

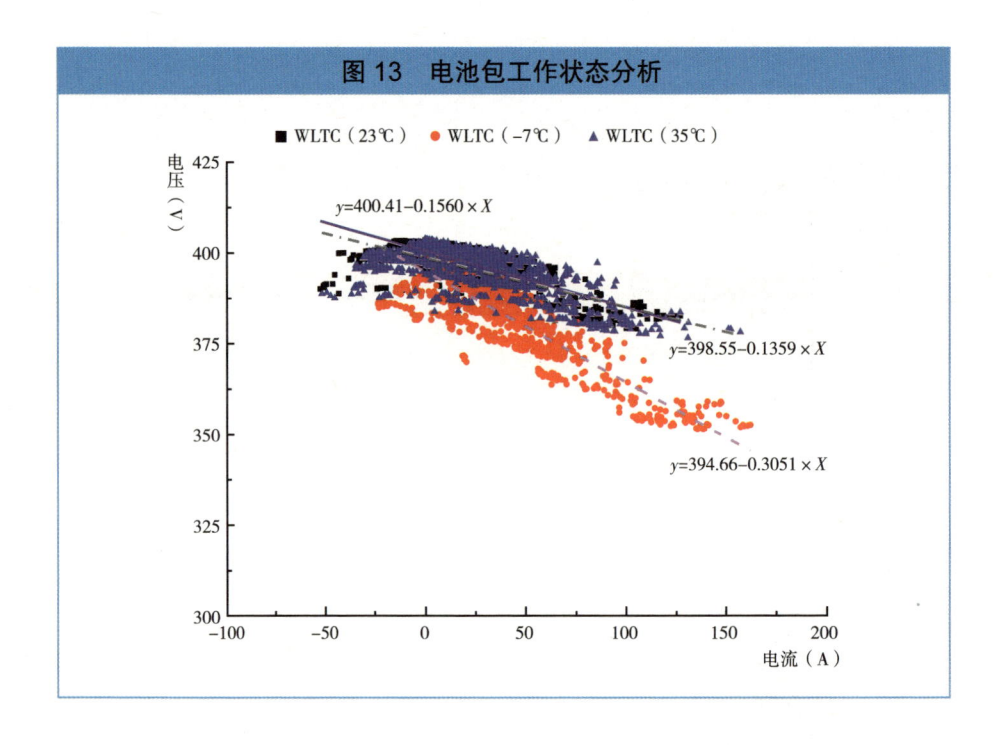

$y = 400.41 - 0.1560 \times X$

$y = 398.55 - 0.1359 \times X$

$y = 394.66 - 0.3051 \times X$

图 14　电驱动总成工作状态分析

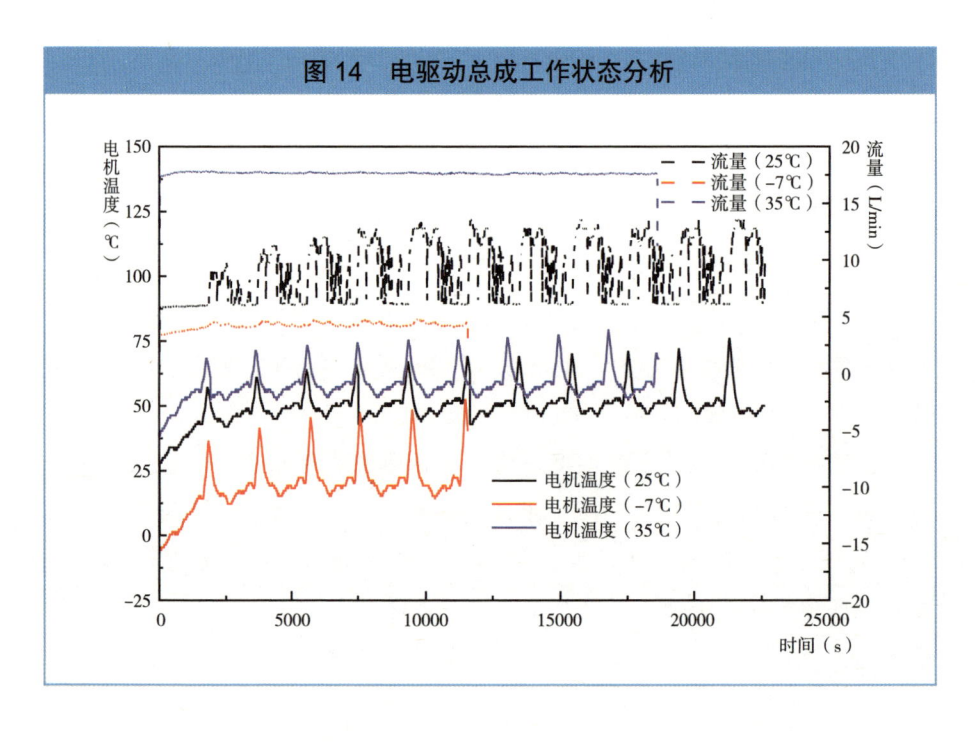

4. 车型 D 测试分析

常温（25 ℃）WLTC 工况下，实测续航里程与电耗分别为 319km 和 22.87kW·h/100km；低温 -7℃ 环境下，续航里程为 161km，衰减 50%，能耗为 36.65kW·h/100km，增加 43%；高温 35℃ 环境下，续航里程为 275km，衰减 14%，能耗为 26.77kW·h/100km，增加 17%（见图 15）。

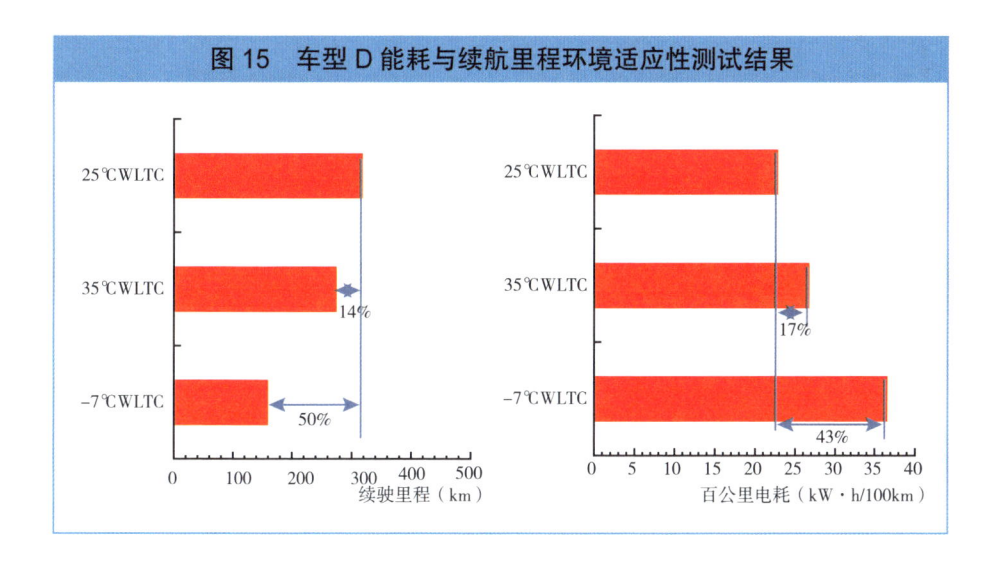

图 15　车型 D 能耗与续航里程环境适应性测试结果

从实测整车能量流分布来看，常温驱动工况，电池所放出电能传递至半轴端用于整车驱动的能量占比 80.37%，传动系统损失占比 12.92%。减速制动工况下，参考半轴端最大可回收制动能量，电池端回收能量占比 84.64%，传动系统损失占比 5.88%。

在高、低温环境下，驱动工况下半轴端有效驱动能量占比分别为 68.78% 和 67.19%，传动系统损失占比分别为 11.89% 和 11.00%。其中，针对高温与低温环境主要的功耗部件又分别集中于空调系统的暖风 PTC 和空调压缩机，驱动工况能耗占比分别达到 16.62% 和 9.14%，减速制动工况能耗占比分别达到 15.85% 和 8.37%（见图 16）。

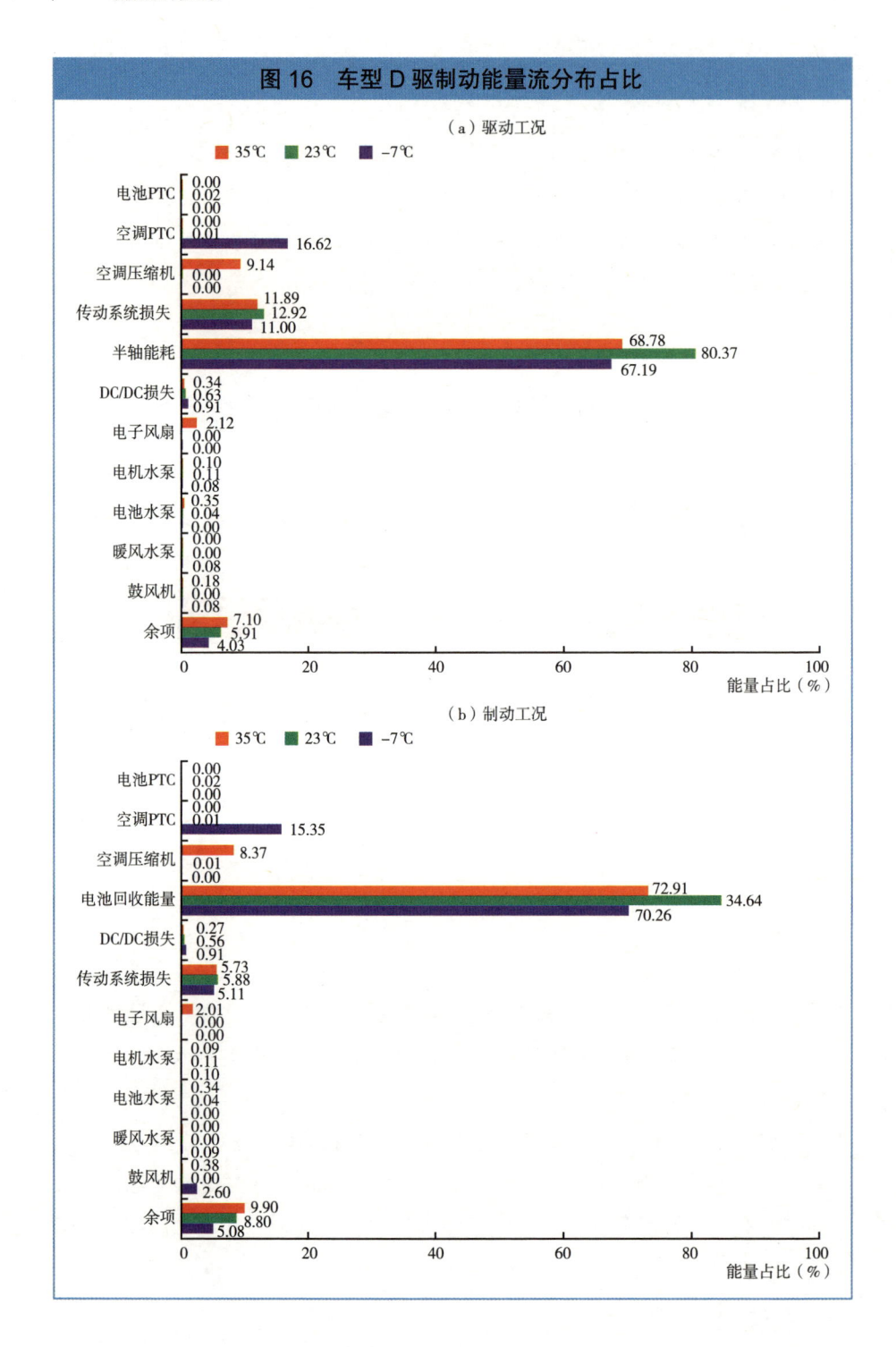

图 16　车型 D 驱制动能量流分布占比

(a) 驱动工况

项目	35℃	23℃	−7℃
电池PTC	0.00	0.02	0.00
空调PTC	0.01	16.62	—
空调压缩机	9.14	0.00	0.00
传动系统损失	11.89	12.92	11.00
半轴能耗	68.78	80.37	67.19
DC/DC损失	0.34	0.63	0.91
电子风扇	2.12	0.00	0.00
电机水泵	0.10	0.11	0.08
电池水泵	0.35	0.04	0.00
暖风水泵	0.00	0.00	0.08
鼓风机	0.00	0.18	0.08
余项	7.10	5.91	4.03

(b) 制动工况

项目	35℃	23℃	−7℃
电池PTC	0.00	0.02	0.00
空调PTC	0.01	15.35	—
空调压缩机	8.37	0.01	0.00
电池回收能量	72.91	34.64	70.26
DC/DC损失	0.27	0.56	0.91
传动系统损失	5.73	5.88	5.11
电子风扇	2.01	0.00	0.00
电机水泵	0.09	0.11	0.10
电池水泵	0.34	0.04	0.00
暖风水泵	0.00	0.00	0.09
鼓风机	0.00	0.38	2.60
余项	9.90	8.80	5.08

图 17 电池包工作状态分析

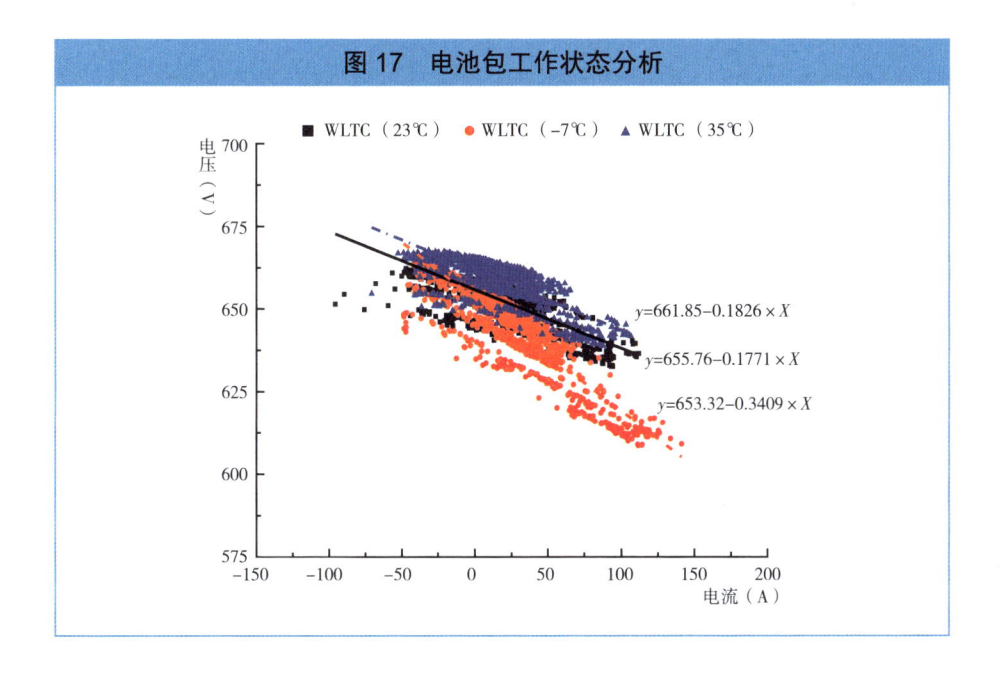

- WLTC（23℃）
- WLTC（-7℃）
- WLTC（35℃）

$y=661.85-0.1826 \times X$
$y=655.76-0.1771 \times X$
$y=653.32-0.3409 \times X$

基于电池包等效内阻模型分析，车型 D 的内阻整体偏大，主要与电芯单体性能和电池包集成水平有关，常温环境电池包等效内阻约为 177mΩ；高温环境电池包等效内阻约为 183mΩ；低温环境电池包等效内阻约为 341mΩ（见图 17）。

针对电驱动总成，在各温度环境下均达到热平衡状态，电机与减速器工作温度随循环工况热负荷变化而跟随变化。对于车型 D，常温环境电机平均温度在 50~70℃，冷却回路流量 6~13L/min（水泵标定转速调节）；高温环境电机平均温度在 55~75℃，冷却回路流量 17L/min，工作点稳定；低温环境电机平均温度在 15~40℃，冷却回路流量 5L/min（见图 18）。

图 18 电驱动总成工作状态分析

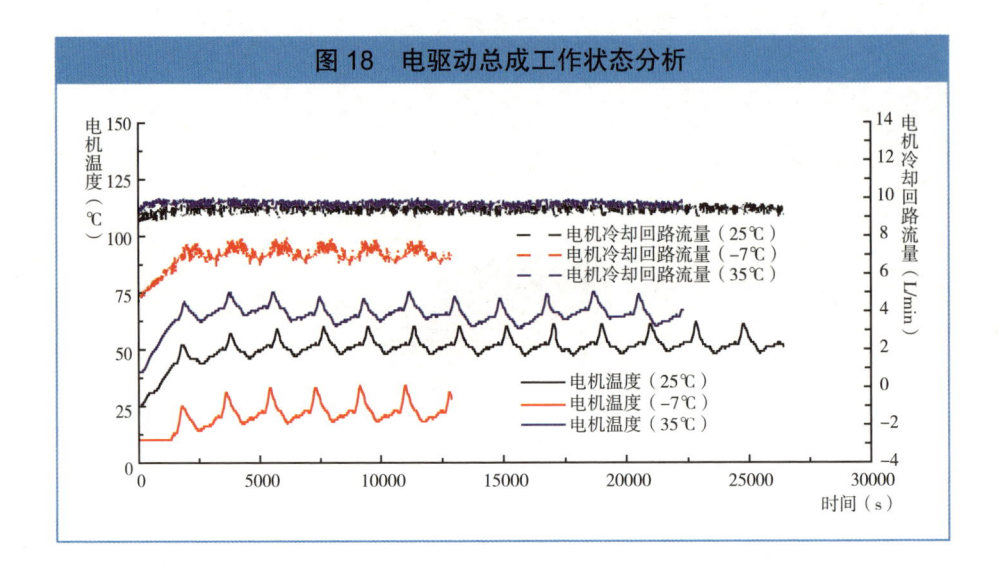

（三）关键系统部件能效测试分析

其中，有效能量效率的计算，表示为半轴端监测的有效驱动能量与电池母线监测的电能比值；能量回收效率的计算，表示为电池母线监测的能量与半轴端可回收的总能比值，包含电器附件能耗；电池的充放电效率的计算，表示为工况循环过程中电池母线监测的总放电电能与充电过程中电池母线监测的总充电电能比值。

表 4 整车与关键系统部件能效统计（WLTC 25℃） 单位：%

分类	参数名称	车型 A	车型 B	车型 C	车型 D
整车级	有效能量效率	86.90	79.22	83.25	80.37
能量回收效率		87.92	75.84	86.32	84.64

续表

分类		参数名称	车型 A	车型 B	车型 C	车型 D
系统部件级	动力电池	电池充放电效率	95.84	96.72	97.96	97.37
	电驱系统	传动效率（驱动）	97.79	前：93.30 后：95.25	94.72	88.29
		传动效率（制动）	99.48	前：94.57 后：93.63	98.88	87.38
		电驱动系统总成效率（驱动）	88.82	前：79.85 后：82.33	84.96	86.16
系统部件级	电驱系统	电驱动系统总成效率（制动）	90.89	前：79.86 后：78.28	86.83	94.13
	功率转换装置	DC/DC 效率	90.41	77.59	82.16	75.69
		OBC 效率	86.27	92.01	87.47	88.63
	低压系统用电器	总功率	1.77	1.80	1.695	4.292
		电机水泵功耗	0.07	0.09	0.066	0.278
		电池水泵功耗	—		0.829	0.309
		电子风扇功耗	0.01	—	—	1.136
		余项	1.24	1.71	0.866	2.569
	高压系统用电器	空调压缩机功耗	0	0	0	0
		PTC 系统功耗	0	0	0	0

常温环境下，电池充放电效率较为接近，集中分布在 97% 左右；电驱动总成效率在驱动工况下介于 84%~90%，制动工况下为 86%~95%。车型 B 的电驱动总成效率整体偏低，主要由于其选用异步电机，较大多数主流车型采用的永磁同步电机而言，效率有所下降。针对功率转换装置，OBC 转化效率为 86%~93%，DC/DC 转化效率差异较大，在 75%~91%，其主要取决于实车运行状态下低压系统用电器的负载率；高、低压系统用电器功耗很低，占总能耗的 1%~5%，主要包含风扇与水泵间断性工作，满足动力电池、电驱动系统的冷却需求。

表 5　整车与关键系统部件能效统计（WLTC 35℃）　　单位：%

分类		参数名称	车型 A	车型 B	车型 C	车型 D
整车级		有效能量效率	71.81	62.06	76.90	68.78
能量回收效率			62.06	62.72	73.40	72.97
系统部件级	动力电池	电池充放电效率	94.12	95.34	95.81	96.92
	电驱系统	传动效率（驱动）	99.5	前：94.52 后：95.81	93.89	86.02
		传动效率（制动）	98.24	前：94.26 后：95.74	97.68	89.03
		电驱动系统总成效率（驱动）	90.68	前：76.29 后：78.83	87.53	85.25
		电驱动系统总成效率（制动）	89.69	前：80.79 后：78.79	91.31	94.19
	功率转换装置	DC/DC 效率	86.70	75.36	82.45	94.46
		OBC 效率	87.15	91.88	87.32	88.12

续表

分类		参数名称	车型 A	车型 B	车型 C	车型 D
系统部件级	低压系统用电器	总功率	1.89	3.64	2.254	7.926
		电机水泵功耗	0.20	0.06	1	0.261
		电池水泵功耗				0.862
		电子风扇功耗	0.12	0.81	0.276	3.589
		余项	1.57	2.77	0.978	3.214
	高压系统用电器	空调压缩机功耗	14.86	11.88	4.86	8.16
		PTC 系统功耗	0	0	0	0

表6 整车与关键系统部件能效统计（WLTC -7℃）

分类		参数名称	车型 A	车型 B	车型 C	车型 D
整车级能量回收效率		有效能量效率	67.82	61.48	61.65	67.20
			59.45	53.05	48.78	70.18
系统部件级	动力电池	电池充放电效率	93.03	91.43	93.96	94.84
	电驱系统	传动效率（驱动）	96.95	前：93.10	92.62	90.50
				后：94.38		
		传动效率（制动）	99.50	前：93.97	93.10	85.93
				后：93.14		
		电驱动系统总成效率（驱动）	88.14	前：78.26	84.57	85.95
				后：76.60		

续表

分类		参数名称	车型 A	车型 B	车型 C	车型 D
系统部件级	电驱系统	电驱动系统总成效率（制动）	92.55	前：74.11 后：74.02	85.43	94.80
	功率转换装置	DC/DC 效率	86.84	73.28	79.46	69.01
		OBC 效率	93.31	92.13	88.03	87.62
	低压系统用电器	总功率	1.34	1.81	0.971	2.325
		电机水泵功耗	0.18	0.05	0.357	0.189
		电池水泵功耗				0.227
		电子风扇功耗	0	0	0	0
		余项	1.16	1.76	0.614	1.909
	高压系统用电器	空调压缩机功耗	0	0	0	0
		PTC 系统功耗	14.58	11.94	9.26	10.32

高温环境下，电池充放电效率较常温有所下降，平均值在 95% 左右，且取决于各车型电池包性能和热管理系统设计与标定水平，展现出差异性；电驱动总成效率在驱动工况下介于 85%~90%，制动工况下为 89%~95%。车型 B 的电驱动总成效率仍处于各车型中较低水平；功率转换装置效率整体有所提升，主要原因在于动力系统热负荷增加以及换热温差降低，水泵、风扇等低压系统用电器总功率提高，负载率有所提升，OBC 转化效率为 87%~92%，DC/DC 转化效率差异较大，在 75%~95%；低压系统用电器功耗占比提升至 1%~8%；高压系统用电器功耗占比提升至 4%~15%，主要为空调压缩机启动满足降温需求，此项成为高温环境下附件系统主要能耗。其中车型 C 的空调压缩机标定采用 PWM 控制，相比其他车型，该项功耗有明显下降。

低温环境下，电池充放电效率持续下降，平均值在 93% 左右；电驱动总成效率在驱动工况下介于 84%~89%，制动工况下为 85%~95%。车型 B 的电驱动总成效率仍处于各车型中较低水平；功率转换装置效率受温度与负载率综合影响，差异较大，OBC 转化效率为 87%~94%，DC/DC 转化效率介于 69%~87%；低压系统用电器功耗占比提升至 0.9%~2.4%，呈下降趋势；高压系统用电器功耗占比提升至 9.2%~14.6%，包括暖风 PTC 满足采暖需求以及电池包 PTC 满足加热需求，此项成为低温环境下附件系统主要能耗。

四　总结

通过典型新能源电动车不同环境温度下的能量流测评研究发现，纯电动车能耗与续航里程的环境适应性问题仍比较突出。尤其是在低温环境下，续航里程衰减 40%~50%，能耗增加 45%~80%，成为制约电动汽车推广应用过程中的重要因素之一，未来也将持续成为技术研发与消费者的核心关注点。基于实车能量流分布特性与关键系统部件能效分析，对影响高、低温环境下续航与能耗水平的因素进行甄别，主要包含性能衰减、控制策略以及热管理系统功耗三个方面。

（1）相比常温工况，动力电池等效内阻在高、低环境温度下均有所增加，低温环境下尤为明显，从而导致电池包充放电效率下降。同时，基于安全维度考虑，标定策略针对电池包在高、低温状态下的放电倍率和最大放电深度均存在限制，导致电池包有效放电能力下降，续航与能耗水平均产生衰减。

（2）常温和高温环境，结合热管理系统标定状态，电驱动总成更接近其最优工作温度，电机本体效率与传动效率整体较高，各车型电驱动总成的循环平均效率在 85%~95%，而低温环境下，有 1%~2% 的效率劣化。

（3）就附件功耗而言，高、低温环境下，由于电池包冷却与加热、电机冷却以及乘员舱降温采暖需求，热管理系统功率器件如暖风 PTC、电池 PTC 与空调压缩机的功耗占比达到 10%~15%，其为导致续航与能耗水平衰减的主要因素。

图书在版编目（CIP）数据

汽车大数据应用研究报告.2021：新能源汽车安全篇/国际欧亚科学院中国科学中心等主编.--北京：社会科学文献出版社，2021.10
ISBN 978-7-5201-9012-1

Ⅰ.①汽… Ⅱ.①国… Ⅲ.①新能源-汽车工业-工业安全-研究报告-中国-2021　Ⅳ.① F426.471

中国版本图书馆CIP数据核字（2021）第184263号

汽车大数据应用研究报告（2021）
——新能源汽车安全篇

主　　编 /	国际欧亚科学院中国科学中心
	中国汽车工程研究院股份有限公司
	国家市场监管技术创新中心（新能源汽车数字监管技术及应用）
	汽车大数据应用联合研究中心

出 版 人 / 王利民
责任编辑 / 宋　静　吴云苓
责任印制 / 王京美

出　　版 /	社会科学文献出版社·皮书出版分社（010）59367127
	地址：北京市北三环中路甲29号院华龙大厦　邮编：100029
	网址：www.ssap.com.cn
发　　行 /	市场营销中心（010）59367081　59367083
印　　装 /	三河市东方印刷有限公司
规　　格 /	开　本：787mm×1092mm　1/16
	印　张：32　字　数：538千字
版　　次 /	2021年10月第1版　2021年10月第1次印刷
书　　号 /	ISBN 978-7-5201-9012-1
定　　价 /	298.00元

本书如有印装质量问题，请与读者服务中心（010-59367028）联系

▲ 版权所有 翻印必究